Frank Keuper / Dieter Puchta (Hrsg.)

Deutschland 20 Jahre nach dem Mauerfall

Frank Keuper
Dieter Puchta (Hrsg.)

Deutschland 20 Jahre nach dem Mauerfall

Rückblick und Ausblick

GABLER

Bibliografische Information der Deutschen Nationalbibliothek
Die Deutsche Nationalbibliothek verzeichnet diese Publikation in der
Deutschen Nationalbibliografie; detaillierte bibliografische Daten sind im Internet über
<http://dnb.d-nb.de> abrufbar.

Prof. Dr. Frank Keuper Keuper ist Inhaber des Lehrstuhls für Betriebswirtschaftslehre, insbesondere Konvergenz- und Medienmanagement an der Steinbeis-Hochschule Berlin. Weiterhin ist er Akademischer Leiter und Geschäftsführer des Sales & Service Research Center, dessen Förderer die T-Punkt Vertriebsgesellschaft mbH ist.

Prof. Dr. Dieter Puchta ist Vorsitzender des Vorstands der Investitionsbank Berlin und war zuvor Mitglied des Vorstands der Landesbank Berlin und der L-Bank Baden-Württemberg. Er ist Mitglied zahlreicher Aufsichts- und Beiräte.

1. Auflage 2010

Alle Rechte vorbehalten
© Gabler | GWV Fachverlage GmbH, Wiesbaden 2010

Lektorat: Barbara Roscher | Jutta Hinrichsen

Gabler ist Teil der Fachverlagsgruppe Springer Science+Business Media.
www.gabler.de

Umschlaggestaltung: KünkelLopka Medienentwicklung, Heidelberg
Druck und buchbinderische Verarbeitung: Ten Brink, Meppel
Gedruckt auf säurefreiem und chlorfrei gebleichtem Papier
Printed in the Netherlands

ISBN 978-3-8349-1527-6

Vorwort

Der 9. November ist für die Deutschen ein geschichtsträchtiges Datum. So rief der Sozialdemokrat *PHILIPP SCHEIDEMANN* am 9. November 1918 vom Reichstagsgebäude in Berlin die deutsche Republik aus. Auch *KARL LIEBKNECHT*, späterer Mitbegründer der *Kommunistischen Partei Deutschlands*, proklamierte am besagten Tag in Berlin die „freie sozialistische Republik Deutschland". In der Folge entwickelte sich mit der Weimarer Republik die erste demokratische Staatsform auf deutschem Boden.

Fünf Jahre später, am 9. November 1923, scheiterte in München der Versuch des bis dahin noch weitgehend unbekannten *ADOLF HITLER*, gemeinsam mit seinen Gefolgsleuten durch einen Putsch die Regierungsgewalt zu übernehmen. Die spätere nationalsozialistische Schreckensherrschaft zeigte erstmals ihre unheilvolle Fratze. Genau fünfzehn Jahre später sollten in der Nacht vom 9. auf den 10. November 1938 („Reichskristallnacht") die nationalsozialistischen Novemberpogrome beginnen – und damit die Zerstörung jüdischen Eigentums sowie die Verhaftung tausender jüdischer Bürger, in vielen Fällen mit Todesfolge.

In den 1960er Jahren entlädt sich in Westdeutschland zunehmend der Ärger über die nicht bzw. aus Sicht der Opponenten nur unzureichend erfolgte Aufarbeitung der Naziverbrechen. Ihren Verdruss bringen Studenten erneut an einem 9. November (1967) anlässlich der Amtsübernahme des neuen Rektors der Hamburger Universität deutlich zum Ausdruck, indem sie ein Plakat ausrollen mit dem Spruch: „Unter den Talaren – Muff von 1.000 Jahren". Diese Aussage sollte zu einem Leitspruch der „68er-Bewegung" in der Bundesrepublik Deutschland (BRD) und Berlin (West) werden. Gut zwanzig Jahre später sind es am 9. November 1989 die Bürger der Deutschen Demokratischen Republik (DDR), die mit ihrer friedlichen Revolution den „antifaschistischen Schutzwall" niederreißen und damit nach über 28 Jahren den Grundstein für ein wiedervereinigtes Deutschland.

Der 9. November 1989 steht jedoch für weit mehr als den Mauerfall. Dieses Datum markiert das Ende des Kalten Krieges, der über Jahrzehnte hinweg die Welt in Atem hielt. So wurde die Welt nicht nur geografisch in Nord und Süd unterschieden, sondern vor allem anhand der Zugehörigkeit zu einer politischen Ideologie in Ost- und Westblockstaaten. Doch der Reihe nach …

Als Ergebnis der Potsdamer Konferenz vom 17. Juli bis 2. August 1945 teilen die Siegermächte USA, das Vereinigte Königreich und die Sowjetunion das ehemalige Deutsche Reich in so genannte Besatzungszonen auf. Vier Jahre später, am 23. Mai 1949, wird mit der Verabschiedung des Grundgesetzes durch den Parlamentarischen Rat auf dem Gebiet der westlichen Besatzungszonen (USA, Vereinigtes Königreich, Frankreich) die BRD ins Leben gerufen. *KONRAD ADENAUER* wird Bundeskanzler und *THEODOR HEUSS* Bundespräsident. Demgegenüber schlägt am 7. Oktober 1949 in der sowjetischen Besatzungszone die Geburtsstunde der DDR. *OTTO GROTEWOHL* wird von der Volkskammer zum Ministerpräsidenten gewählt, *WILHELM PIECK* fungiert fortan als Staatspräsident. Mit der Gründung zweier deutscher Staaten auf deutschem Boden sind damit Fakten geschaffen.

Auch wenn BRD und DDR vorgeben, ein geeintes Deutschland zu wollen, streben beide Staaten in unterschiedliche Richtungen. Sowohl die BRD als auch die DDR werden systematisch in den jeweiligen Machtblock integriert. *KONRAD ADENAUER* verordnete der BRD eine auf Westintegration ausgerichtete Außenpolitik. Zeichen hierfür ist nicht nur die deutsch-französische Aussöhnung, sondern die Einbindung in die Europäische Gemeinschaft für Kohle und Stahl (EGKS) sowie der Beitritt zur NATO. Die DDR hingegen folgt politisch, ökonomisch und gesellschaftlich dem Vorbild der Sowjetunion. Folgerichtig wird sie Mitglied des Rats für gegenseitige Wirtschaftshilfe (RGW) und in den Warschauer Pakt – das Militärbündnis des Ostblocks – integriert. Mit der Gründung der Bundeswehr in der BRD und der Nationalen Volksarmee in der DDR stehen sich bald zwei Armeen gegenüber, die die deutsche Teilung auch auf militärischem Gebiet manifestieren.

Auch auf wirtschaftlichem Gebiet verfolgen beide deutsche Staaten unterschiedliche Ansätze. In der BRD wird das Modell der Sozialen Marktwirtschaft sehr erfolgreich umgesetzt. Nicht zuletzt durch die Mittel aus dem MARSHALLplan – die durch die Schaffung eines Sondervermögens und die Gründung der *Kreditanstalt für Wiederaufbau* (KfW) nicht durch einmalige Subventionen verpulvert, sondern nachhaltig, langfristig revolvierend eingesetzt wurden – schafft es die Wirtschaft in der BRD, schnell wieder Tritt zu fassen. Vom „Wirtschaftswunder" ist die Rede, das nicht nur fast zur Vollbeschäftigung führt, sondern den Westdeutschen nach der langen Zeit der Entbehrungen auch zu bescheidenem Wohlstand verhilft.

In der DDR hingegen wird unmittelbar nach Kriegsende mit dem Aufbau einer zentralistischen Planwirtschaft begonnen. Auf Druck von *STALIN* dürfen MARSHALLplanmittel nicht in Anspruch genommen werden. Gleichzeitig muss die DDR an die Sowjetunion Reparationszahlungen in erheblichem Umfang leisten, und die Remilitarisierung verschlingt Unsummen von Finanzmitteln. Die Ausgangslage zum Wiederaufbau der Wirtschaft in der SBZ nach dem Ende des II. Weltkriegs ist demnach denkbar schlecht. Die ständigen Versorgungsengpässe, politische Repressalien, die mangelnden Möglichkeiten zur individuellen Selbstentfaltung, die Niederschlagung des Volksaufstands vom 17. Juni 1953, die nur mit Hilfe der sowjetischen Streitkräfte möglich war, und der Blick auf den ökonomisch prosperierenden Westteil Deutschlands veranlassen viele Menschen, der SBZ den Rücken zu kehren. Besorgnis erregend ist aus Sicht der SED-Partei- und DDR-Staatsführung vor allem die Abwanderung hoch qualifizierten Personals nach Westen, wodurch nicht nur die propagierte Überlegenheit des politischen Systems in Frage gestellt, sondern der das System tragende wirtschaftliche Wiederaufbau gefährdet ist.

Als Konsequenz lässt *WALTER ULBRICHT*, der damalige Chef der Sozialistischen Einheitspartei Deutschlands (SED) und Vorsitzender des Nationalen Verteidigungsrats, trotz anders lautender Bekundungen in der Nacht vom 12. auf den 13. August 1961 die so genannte Sektorengrenze in Berlin abschotten. In der Folge werden die kurzfristig aufgebauten Grenzanlagen in Form von Stacheldrahtzäunen durch eine Mauer aus Hohlblocksteinen ersetzt. Berlin (West) wird von Berlin (Ost) getrennt – und zusätzlich vom Staatsgebiet der DDR. Am 31. Juli 1989 ist die Demarkationslinie zwischen Berlin (West) und Berlin (Ost) 43,1 km und der „Außenring" um Berlin (West) herum 155 km lang.[1]

Ein Höhepunkt des Kalten Krieges ist die Kuba-Krise, in deren Verlauf der Welt vor Augen geführt wird, wie unversöhnlich sich die Blöcke gegenüberstehen und wie schnell durch eine unbedachte Aktion die Menschheit vernichtet werden kann. Nicht zuletzt deshalb tritt in der bundesdeutschen Gesellschaft ein Sinneswandel ein, dessen Auswirkungen sich 1969 in einem Politikwandel äußern. *WILLY BRANDT* und *WALTER SCHEEL* stehen einer sozial-liberalen

---

[1]   Vgl. *ZENTRUM FÜR ZEITHISTORISCHE FORSCHUNG E. V./BUNDESZENTRALE FÜR POLITISCHE BILDUNG/DEUTSCHLANDRADIO* (2009).

Koalition vor, die die Ostpolitik neu definiert und insbesondere eine Entspannung des deutsch-deutschen Verhältnissees anstrebt. Kern der neuen Ostpolitik ist ein Paradigmenwechsel weg von der *HALLSTEIN*-Doktrin, die das Ziel hatte, die DDR außenpolitisch zu isolieren, hin zum „Wandel durch Annäherung".

Ergebnis dieses Paradigmenwechsels sind u. a. der Moskauer Vertrag zwischen der UdSSR und der BRD vom 12. August 1970, der Warschauer Vertrag zwischen Polen und der BRD vom 7. Dezember 1970, das Berliner Viermächteabkommen vom 3. September 1971 und das Transitabkommen zwischen BRD und DDR vom 17. Dezember 1971. Diese Verträge bilden die Basis für den Abschluss des Grundlagenvertrags vom 21. Dezember 1972 (Inkrafttreten am 21. Juni 1973), der die Beziehungen zwischen den deutschen Teilstaaten regelt. In der Folge werden die BRD und die DDR Mitglieder der Vereinten Nationen (18. September 1973) und richten am 2. Mai 1974 Ständige Vertretungen ein. Dem Grundlagenvertrag folgen weitere Abkommen, z. B. über das Gesundheitswesen (25. April 1974), den Bau einer Autobahn zwischen Hamburg und Berlin (16. September 1978) oder die Erweiterung der Eisenbahnverbindung zwischen Berlin und Helmstedt (30. April 1980).

Der Mauerbau führte zu einer politischen und wirtschaftlichen Stabilisierung der DDR. Trotzdem gelang es der DDR-Wirtschaft nicht, den Abstand zur Bundesrepublik in Bezug auf Wertschöpfung und Produktivität zu verringern. Die weltweite Wirtschaftskrise infolge des Ölpreisschocks von 1973 hinterließ auch in den Bilanzen der DDR-Industriekombinate deutliche Spuren. Hinzu kam, dass die sozialen Wohltaten, z. B. im Bildungs-, Gesundheits-, Sport- oder Wohnungsbaubereich immer größere Summen verschlangen, galt es doch, dem Klassenfeind immer wieder die Überlegenheit des eigenen Systems vor Augen zu führen. Darüber hinaus wurden Prestigeprojekte wie die Produktion des 1-Mbit-Chip gefördert. Notwendige Investitionen in die Infrastruktur unterblieben jedoch, so dass die DDR-Wirtschaft zunehmend von der Substanz lebte, was den Bürgern angesichts der leeren Schaufenster nicht verborgen blieb. Den sich in den westlichen Industrienationen zunehmend vollziehenden Wandel vom sekundären zum tertiären Sektor hatte die DDR schlichtweg verschlafen.

Das Überleben der DDR konnte nur durch massive Finanzhilfen der BRD gewährleistet werden. So übernahm die BRD am 29.06.1983 eine Bürgschaft für einen Kredit an die DDR in Höhe von 1 Mrd. D-Mark, der von *FRANZ JOSEF STRAUSS* vermittelt wurde. Mit der Gewährung finanzieller Hilfen stieg auch die Bereitschaft der DDR, sich gegenüber dem Westen weiter zu öffnen. Am 10. Januar 1986 trifft *ERICH HONECKER* 11 Abgesandte des US-Repräsentantenhauses zur Erörterung der weltpolitischen Lage sowie zur Diskussion über die Beziehungen der DDR zu den USA. Zudem reiste der Präsident der DDR-Volkskammer, *HORST SINDERMANN*, vom 19. bis 22. Februar 1986 in die BRD, und am 6. Oktober desselben Jahres schloss Eisenhüttenstadt mit Saarlouis die erste deutsch-deutsche Städtepartnerschaft nach dem Mauerbau. Bereits 1987 reiste *ERICH HONECKER* dann als offizieller Staatsgast persönlich in die BRD, und in der Folge besuchte er auch Belgien und Frankreich.

Diese Öffnung der DDR hin zur BRD konnte nur zu Stande kommen, weil sich in der Sowjetunion seit dem Amtsantritt von *MICHAIL GORBATSCHOW* ein grundlegender politischer Wandel vollzog, der mit zwei Begriffen eng verbunden ist: *Glasnost* und *Perestroika*. Die Sowjetunion war wirtschaftlich nicht mehr in der Lage, das Wettrüsten zur Aufrechterhaltung des Kräftegleichgewichts zwischen Ost- und West beizubehalten. *GORBATSCHOW* schwor die Bürger der Sowjetunion deshalb auf notwendige Reformen ein. Glasnost stand für Offenheit und Transparenz gegenüber dem eigenen Volk. Dahinter verbarg sich ein deutlich größeres Maß an Presse-, Rede- und Meinungsfreiheit, als es in der Sowjetunion bis dahin der Fall war. Medien durften frei berichten, politische Gefangene wurden frei gelassen, das De-monstrationsrecht wurde gelockert und die Kirchen konnten wieder freier agieren. Ziel von Glasnost war es, die überkommenen stalinistischen Strukturen in der Sowjetunion endgültig abzuschaffen und ein demokratischeres Staatswesen zu schaffen. Perestroika bezeichnet die Neugestaltung des gesellschaftlichen und politökonomischen Systems in der Sowjetunion. Ausgangspunkt war die Erkenntnis von *GORBATSCHOW*, dass die sowjetische Wirtschaft auf dem Weltmarkt nicht konkurrenzfähig war, Forschung und Wissenschaft aus Geldmangel hinterherhinkten, die Schattenwirtschaft blühte, die Korruption nicht in den Griff zu bekom-men war und die Ausgaben für Rüstung und Militär das Staatsbudget in unverhältnismäßig hohem Maße belasteten.

Innenpolitisch sollte die Vormachtstellung der *KPdSU* beibehalten und der Sozialismus wei-ter gefestigt werden. Gleichwohl sollten freie Wahlen abgehalten und die Gewaltenteilung sowie das Rechtsstaatsprinzip ausgebaut werden, um die notwendige Demokratisierung des Landes zu forcieren. *GORBATSCHOW* strebte zudem an, das Wettrüsten zu beenden, sich aus Kriegsgebieten (z. B. Afghanistan) zurückzuziehen und die Vereinten Nationen in außenpoli-tischen Fragen besser einzubeziehen. Wichtig für die Zukunft der DDR und damit Gesamt-deutschlands war die Abkehr von der *BRESCHNEW*-Doktrin. Ein sozialistischer „Bruderstaat" konnte dadurch den Sozialismus als Ideologie abschaffen, ohne das politische oder militäri-sche Eingreifen der Sowjetunion befürchten zu müssen. So unterzeichnete die Sowjetunion im Januar 1989 mit ihren Verbündeten auch das Wiener KSZE-Abkommen. Danach war die Ausreise und Rückkehr aus einem Land für alle Bürger ohne Repressalien möglich. Darauf-hin rissen die ungarischen Grenzsoldaten am 2. Mai 1989 den Grenzzaun nach Österreich ab und öffnete am 10. September 1989 die Grenze auch für DDR-Bürger gen Westen. Die Tschechoslowakei untersagte deshalb den DDR-Bürgern den Grenzübertritt nach Ungarn, woraufhin mehrere Tausend DDR-Bürger die Botschaft der BRD in Prag besetzten. Nach zä-hen Verhandlungen verkündete Bundesaußenminister *HANS-DIETRICH GENSCHER* am 30. Sep-tember 1989 um 18:58 Uhr vom Balkon der Prager Botschaft, dass die sich in der Botschaft befindenden ausreisewilligen DDR-Bürger die Reise in den Westen tatsächlich antreten durf-ten.

Die DDR-Regierung war angesichts der Entwicklungen in der Sowjetunion, an der ungarisch-österreichischen Grenze sowie in der Prager Botschaft überfordert. Hinzu kam, dass sich am 4. September 1989 in der Bezirks- und Messestadt Leipzig Massenprotesten gegen die Partei- und Staatsführung und damit vor allem gegen die wirtschaftlichen, gesellschaftlichen und po-litischen Zustände in der DDR ereigneten. Diese Proteste griffen schnell auf andere Bezirks-städte, z. B. Dresden, Rostock oder Schwerin, über. Trotzdem feierte die Partei- und Staats-führung – ganz so, als sei nichts geschehen – am 7. Oktober 1989 den 40. Jahrestag der Re-publik mit einer glanzvollen Parade in Berlin, der auch *MICHAIL GORBATSCHOW* beiwohnte.

Der Druck der Demonstranten wurde zu groß und *ERICH HONECKER* musste am 18. Oktober 1989 abtreten. Dieser personelle Wechsel an der Regierungsspitze konnte jedoch nicht ver-hindern, dass am 23. Oktober 1989 die Leipziger skandierten: „Wir sind das Volk", und dass am 4. November 1989 sich mehr als eine Million Menschen auf dem Berliner Alexanderplatz zur größten Massendemonstration, die Nachkriegsdeutschland bis dahin erlebt hatte, einfan-den, um ihrem Protest Gehör zu verschaffen. Am 8. November 1989 trat das Politbüro der SED zurück, und am 9. November kam es dann auf einer Pressekonferenz in Berlin zu der folgenschweren, irrtümlichen[2] Antwort von GÜNTER SCHABOWSKI auf die Frage des italieni-schen Journalisten RICCARDO EHRMANN, nach der Rechtswirksamkeit der neuen Reiserege-lung, dass die allgemeine Reisefreiheit für alle DDR-Bürger ab sofort gelten würde. Damit war die Öffnung der Berliner Mauer noch in derselben Nacht – der Mauerfall – nicht mehr aufzuhalten. Der Weg zur deutschen Wiedervereinigung war geebnet. Die Weltordnung, die für viele als unerschütterlich und kaum veränderbar galt, hatte sich komplett gewandelt, was manche Historiker und Journalisten fälschlicherweise sogar vom „Ende der Geschichte" schwadronieren ließ. Das bemerkenswerte an diesem Wandel war unzweifelhaft der überwie-gend friedliche Verlauf – „Das Wunder von Berlin" war geboren. Zunehmend stellte sich je-doch die Frage: Was kommt jetzt?

Für das, was jetzt kommen sollte, gab es bisher keinen Plan, keine Blaupause und keinen Leitfaden. Ein solcher Plan war aber dringend erforderlich, denn der Strom ausreisewilliger Ostdeutscher ebbte nicht ab. Die dringend erwarteten Leitlinien kamen von Bundeskanzler HELMUT KOHL. Am 28.11.1989 hielt er eine deutschlandpolitische Rede in der Bonner Haus-haltsdebatte, die einen Plan zur Einheit Deutschlands enthielt: das Zehn-Punkte-Programm. Zu diesem Programm gehörten insbesondere Sofortmaßnahmen humanitärer Art, umfassende Wirtschaftshilfen, der Ausbau der Zusammenarbeit zwischen den beiden Staaten, der Aufbau einer Vertragsgemeinschaft, die Schaffung konföderativer Strukturen und letztlich auch die explizite Forderung nach der deutschen Einheit: „Mit dieser umfassenden Politik wirken wir auf einen Zustand des Friedens in Europa hin, in dem das deutsche Volk in freier Selbstbe-stimmung seine Einheit wiedererlangen kann. Die Wiedervereinigung, das heißt die Wieder-gewinnung der staatlichen Einheit Deutschlands, bleibt das politische Ziel der Bundesregie-rung."[3]

Im Januar 1990 skandierten die Menschen bei den Montagsdemonstrationen dann bereits nicht mehr „Wir sind das Volk!", sondern „Wir sind ein Volk!" Die Ereignisse überschlugen sich. Noch im März 1990 fanden die ersten wirklich freien Volkskammerwahlen statt, und nicht wenige in der DDR dachten, dass die DDR nun reformiert würde, aber die grundsätzli-che Teilung Deutschlands erhalten bliebe. Am 18. Mai 1990 aber fanden derlei Überlegungen mit der Umsetzung des von KOHL formulierten Plans auf dem Weg zur deutschen Einheit ein jähes Ende, denn der Staatsvertrag zur Wirtschafts-, Währungs- und Sozialunion wurde ge-schlossen. Drei Tage später wurde dieser Vertrag von beiden Parlamenten, dem Bundestag und der Volkskammer, gebilligt. Der Beitritt der DDR zur BRD gemäß Artikel 23 des Grundgesetzes der BRD war damit besiegelt, und der 3. Oktober 1990 gilt seither als Tag der deutschen Einheit – ein gesamtdeutscher Feiertag. So wie 1949 die Einführung der D-Mark im Westen wesentlich zur deutschen Teilung beitrug, war die Währungsunion 1990, durch die die DDR-Mark durch die vielfach heiß ersehnte D-Mark abgelöst wurde, ein wesentlicher Schritt für die Reunion.

HELMUT KOHL gelang es am 17. Januar 1991, zum dritten Mal wiedergewählt zu werden – zum „Kanzler der Einheit". Bei der Bundestagswahl 1994 setzte er sich erfolgreich gegen RUDOLF SCHARPING durch. Erst die Wahlniederlage 1998 gegen GERHARD SCHRÖDER beende-te die „Ära KOHL" und somit die längste Kanzlerschaft nach Kriegsende auf deutschem Bo-den. In diese Zeit fallen neben den bereits erwähnten Ereignissen die erfolgreiche Integration

---

[2] Dies ist bis heute die offizielle Version. Es gibt jedoch auch die These, dass die Frage des italienischen Journalis-ten (aus dem Politbüro) „bestellt" war.

[3] KOHL (1989).

Deutschlands in die NATO als Folge des Zwei-plus-Vier-Vertrags, die Ansiedlung der *Europäischen Zentralbank* (EZB) in Frankfurt am Main, der Beitritt zum Schengener Abkommen oder der Abschluss des Vertrags über die Europäische Union (Vertrag von Maastricht).

Von 1998 an führte GERHARD SCHRÖDER als siebter Bundeskanzler die Regierungsgeschäfte und führte eine rot-grüne Bundesregierung. Innenpolitische Akzente setzte die Koalition u. a. beim Ausstieg aus der Kernenergie, bei der Einführung der Ökosteuer, der Förderung regenerativer Energien, der Reform des Staatsbürgerschaftsrechts und der Einleitung einschneidender Maßnahmen zur Haushaltskonsolidierung. Das wohl bekannteste und vielleicht auch umstrittenste Projekt der SCHRÖDER-Administration war das als *Agenda 2010* bekannte „Programm zur Reform des Arbeitsmarktes, zum Umbau der Sozialsysteme und für wirtschaftliches Wachstum".[4] Auf der Grundlage dieses Programms wurden einschneidende Veränderungen in der Wirtschafts-, Arbeitsmarkt-, Gesundheits-, Renten-, Familien- und Bildungspolitik auf den Weg gebracht, die Deutschland für das neue Jahrtausend fit machen sollte. Durch den Regierungsumzug von Bonn nach Berlin wurde im Jahre 1999 aus der „Bonner Republik" die „Berliner Republik". Auch für die Deutschen westlich der Elbe wurde damit deutlich: Es hat sich etwas Grundlegendes verändert.

Ab dem 19.04.1999 tagte das Parlament wieder im Reichstag in Berlin, der auch zum Pflichtprogramm der rasant wachsenden Schar von Touristen gehört, die Berlin von Jahr zu Jahr neue Besucherrekorde beschert. Die ehemals geteilte Stadt erlebte im Zuge des Regierungsumzugs einen Bauboom. Viele neue Wohn- und Geschäftsbauten entstanden, die Verkehrsinfrastruktur wurde modernisiert. Mit dem neuen Flughafen Berlin-Schönefeld International (BBI) erhält Berlin einen der modernsten Verkehrsknotenpunkte für die Luftfahrt weltweit und untermauert damit seinen Anspruch, in einem Atemzug mit den Metropolen dieser Welt genannt zu werden.

Ein innen- wie außenpolitisches Großereignis stellte die Einführung der europäischen Gemeinschaftswährung Euro am 1. Januar 2002 dar. Hierdurch wurde nicht nur die D-Mark als Zahlungsmittel abgelöst, sondern der bereits von HELMUT KOHL maßgeblich vorangetriebene Prozess der europäischen Integration konsequent umgesetzt. Die Euro-Einführung in Deutschland darf durchaus als logistische Meisterleistung bezeichnet werden, die insbesondere das deutsche Bankensystem vor enorme Herausforderungen stellte. Die anfängliche Skepsis gegenüber der neuen Gemeinschaftswährung ist einem hohen Maß an Respekt vor der europäischen Geld- und Zinspolitik – maßgeblich verkörpert durch die *EZB* – im In- und Ausland gewichen.

Mit dem klaren Nein von SCHRÖDER zum Irak-Krieg setzte Deutschland außenpolitisch ein deutliches Zeichen für friedliche Völkerverständigung und gegen den Einsatz militärischer Mittel zur Lösung von Konflikten. Gleichwohl hat die Schröder-Regierung mit der Entsendung deutscher Truppen in den Kosovo und nach Afghanistan gezeigt, dass Deutschland bereit ist, sich seiner internationalen Verantwortung zu stellen.

Die von GERHARD SCHRÖDER forcierten Reformen stießen auf zunehmenden Widerstand. In der Konsequenz kam es am 18. September 2005 zu vorgezogenen Bundestagswahlen, und am 22. November 2005 wurde ANGELA MERKEL zur Bundeskanzlerin der zweiten Großen Koalition in der deutschen Geschichte gewählt. Dies war in zweierlei Hinsicht bemerkenswert:

---

4   Vgl. BUNDESREGIERUNG (2003).

Zum einen, dass erstmals eine Frau das Amt der deutschen Regierungschefin bekleidete und zum anderen, dass ANGELA MERKEL aus dem Osten Deutschlands stammt und in der DDR aufwuchs. Die begonnene Haushaltskonsolidierung fand auch unter der Großen Koalition ihre Fortsetzung. Zudem verstärkte die Regierung u. a. ihr Engagement im Bereich Bildung und Forschung sowie in der Familienpolitik (z. B. durch die Einführung des Elterngelds). Die anfänglichen Sanierungserfolge in Bezug auf den Staatshaushalt wurden durch das Ausbrechen der Finanzkrise Ende des letzten Jahres gestoppt. Zur Begrenzung der Auswirkungen auf die Realwirtschaft hat die Große Koalition zwei Konjunkturpakete auf den Weg gebracht. Darüber hinaus mussten milliardenschwere Stützungsmaßnahmen für den deutschen Bankensektor umgesetzt werden, die den Staatshaushalt um deutlich größere Summen belasten, als in den Konsolidierungsprogrammen der Vorjahre eingespart wurde.

Die Verbesserung der Lebensbedingungen in Deutschland insgesamt und die Angleichung des Ost- an das Westniveau war das Anliegen aller Kanzler seit dem Mauerfall.[5] Die Wissenschaftler vom DIW bescheinigen der ostdeutschen Wirtschaft: „Von einer so großen Transferabhängigkeit wie zu Beginn der 1990er Jahre kann heute keine Rede mehr sein."[6] Trotzdem ist der Leistungsunterschied auch nach zwei Jahrzehnten noch beträchtlich. So erwirtschaften die Erwerbstätigen in Ostdeutschland weniger als 80 % des westdeutschen Vergleichswerts.[7] Auch die Bundesregierung stellt in ihrem Jahresbericht zum Stand der deutschen Einheit 2008 fest, dass „die Wirtschaftskraft in den neuen Ländern noch sichtbar hinter der in den alten Ländern zurückliegt."[8] Gleichwohl attestieren die DIW-Forscher der ostdeutschen Wirtschaft einen schwierigen Start nach dem Mauerfall. Die ostdeutschen Betriebe produzierten im Jahr 1992 – nicht zuletzt wegen des Wegbrechens der Ostmärkte – gerade einmal 3,4 % der gesamtdeutschen Industrieproduktion. Der Wert liegt jetzt bei nahezu 10 %. In der Zeit ab 1991 wuchs die Bruttowertschöpfung pro Erwerbstätigem von unter 25 % auf 78,3 % des Westniveaus in 2008. Darüber hinaus stieg die Exportquote nach den Analysen des DIW von 12 % Mitte der 1990er Jahre auf 33 % im Jahr 2008.[9]

Diese vielversprechenden Entwicklungen sind u. a. das Ergebnis einer veränderten Wirtschaftsförderpolitik weg von der Gießkanne hin zur gezielten Förderung von Innovationen und wirtschaftlichen Wachstumsfeldern.[10] So haben sich in Ostdeutschland „regionale Wachstumskerne" herausgebildet.[11] In der Mikroelektronik und in der Datenverarbeitung wuchs die Produktion bis 2007 gegenüber dem Vergleichsjahr 2000 um 134 %, während im gleichen Zeitraum ein klassischer Zweig wie die chemische Industrie nur um 48,4 % zulegen konnte. Ostdeutschland kann überdies große Erfolge in der Optotronik, der Luft- und Raumfahrtindustrie oder der Medizin- und Biotechnologie aufweisen.[12] Auch die von der aktuellen Finanz- und Wirtschaftskrise stark betroffene Automobilindustrie hat eine Schlüsselrolle in der ostdeutschen Wirtschaft inne; die Produktion wuchs zwischen 2000 und 2007 um 81 %.

---

[5]   Vgl. bspw. BUNDESMINISTERIUM FÜR VERKEHR, BAU UND STADTENTWICKLUNG (2008), S. 1.

[6]   DIW (2009).

[7]   Vgl. DIW (2009).

[8]   BUNDESMINISTERIUM FÜR VERKEHR, BAU UND STADTENTWICKLUNG (2008), S. 1.

[9]   Vgl. DIW (2009).

[10] Vgl. PUCHTA (2008), S. 38 ff.

[11] BUNDESMINISTERIUM FÜR VERKEHR, BAU UND STADTENTWICKLUNG (2008), S. 4.

[12] Vgl. BUNDESMINISTERIUM FÜR VERKEHR, BAU UND STADTENTWICKLUNG (2008), S. 5.

Der Strategieschwenk in den Neuen Bundesländern – hier explizit am Beispiel Berlins – hing eng mit der Umstellung von verlorenen Zuschüssen auf revolvierende Produkte zusammen, durch die die Förderung auf eine nachhaltigere Basis umgestellt werden konnte.[13] So bereinigte bspw. die *Investitionsbank Berlin* (IBB) zwischen 2004 und 2009 konsequent ihr Produktportfolio. Betrug der Anteil der Darlehen und Beteiligungen an der Gesamtsumme der von der *IBB* für die Wirtschaftsförderung ausgereichten Fördermittel im Jahr 2003 nur 12 %, so waren es Ende 2007 bereits 69 %.[14] Dass diese Entwicklung auch wirtschaftlich Früchte trägt, zeigt die Entwicklung des Zinsüberschusses, der im ersten Halbjahr 2009 um 18,7 Mio. EUR oder 32 % über dem Vergleichswert des Vorjahres lag – und das in den Zeiten der weltweiten Finanz- und Wirtschaftskrise.[15] Sofern das Land Berlin die *IBB* die erzielten Überschüsse thesaurieren lässt, kann in Zukunft unabhängig von der angespannten Haushaltslage des Landes die praktizierte Wirtschaftsförderung erhalten und weiter ausgebaut werden. Zu Bedauern ist allerdings, dass im Gegensatz zum Einsatz der vormaligen Gelder des MAR-SHALLplans die Milliardenhilfen der EU-Strukturfonds in den Neuen Bundesländern – einschließlich Berlin – überwiegend nicht revolvierend, sondern in Form von einmaligen Subventionen vergeben wurden.

Eine der Hauptaufgaben muss es zukünftig sein, kapitalstarke Unternehmen in Ostdeutschland zu etablieren, um die Angleichung der wirtschaftlichen Leistungskraft zwischen Ost und West weiter voranzutreiben. Die vornehmlich mittelständisch geprägte, eher kapitalschwache Wirtschaft Ostdeutschlands kann die erforderlichen Investitionen in Forschung und Entwicklung kaum aufbringen, die zur dauerhaften Erhaltung bzw. zum Ausbau der Wettbewerbsfähigkeit notwendig sind. Umso wichtiger wäre es z. B. für Berlin gewesen, die Strukturfondsmittel durch kluge Konstruktionen dauerhaft verfügbar zu machen. Doch leider setzte sich das kurzfristige, an der Haushaltskonsolidierung orientierte Denken des Finanzsenators durch und eine Jahrhundertchance wurde engstirnig vergeben. Im Gegensatz hierzu sind die von der Bundesregierung beabsichtigte Fortsetzung der Exzellenzinitiative, die weitere Förderung der Spitzenforschung und der forcierte Ausbau außeruniversitärer Forschung richtige und weitsichtige Maßnahmen. Dauerhaft müssen sich aber tragfähige Forschungskooperationen zwischen Forschungseinrichtungen und Unternehmen entwickeln, die Arbeitsplätze schaffen und sichern helfen. Die Anfänge hierfür sind gemacht, wie bspw. das Cluster „Solarvalley Mitteldeutschland" zeigt.

Die kurzen Ausführungen zum politischen und ökonomischen Zusammenwachsen seit dem Mauerfall sollen um einige wenige Vorbemerkungen zur gesellschaftlichen Situation in Ost und West ergänzt werden. Viel wird in diesen Tagen, Wochen und Monaten anlässlich des Jubiläums zum 20. Jahrestag des Mauerfalls geschrieben und diskutiert. Immer wieder wird aufgezeigt, dass der Mauerfall für viele Menschen in Deutschland eine Zäsur in ihrem Leben bedeutete. Jeder hat diese Zäsur unterschiedlich erlebt, seine Schlussfolgerungen gezogen und gehandelt. Immer wieder ist die Rede vom Auseinanderdriften zwischen Ost und West. Gleichzeitig wird betont, wie wichtig der innere Zusammenhalt für eine Nation ist.

---

[13] Vgl. *PUCHTA/RÖDER* (2009), S. 21 f.

[14] Vgl. *PUCHTA* (2008), S. 42.

[15] Vgl. *INVESTITIONSBANK BERLIN* (2009).

Nach einer Umfrage von *Mindline Media* ist der Mauerfall und die Öffnung der deutsch-deutschen Grenze 1989 das zweitwichtigste Ereignis der letzten 100 Jahre mit Auswirkungen auf das heutige Leben.[16] Jedoch sind die Einschätzungen in Ost und West zur deutschen Wiedervereinigung sehr unterschiedlich. Laut GMF-Survey 2008 halten 91 % der Ostdeutschen und 89 % der Westdeutschen es für gut, dass es zur Wiedervereinigung gekommen ist – also besteht hierin Einigkeit. Aber nur 41,3 % der Befragten im Osten glauben, dass Ost- und Westdeutschland zusammengewachsen sind, während es im Westen 59,8 % sind. Mehr als zwei Drittel der Ostdeutschen (67,4%) sehen nach wie vor grundlegende Unterschiede zwischen Ost- und Westdeutschen; im Westen sind es nur 55,3 %. Besonders interessant ist jedoch folgender Aspekt: Auf die Frage nach der rückblickenden Einschätzung des politischen, ökonomischen und sozialen Zustands Deutschlands vor der Wende, antworteten 84,6 % der Westdeutschen, dass dieser sehr gut oder eher gut war, und im Osten sind es 41,8 %. Bezogen auf die Situation im Jahr 2008 hat sich die Einschätzung bei den Ostdeutschen verbessert (56 %), aber die Westdeutschen haben ihre Meinung drastisch korrigiert (54,7 %).

Zu konstatieren ist also, dass im Gegensatz zu vielen „Stammtischparolen" die Ostdeutschen die Wiedervereinigung positiver einschätzen als die Westdeutschen.[17] Für diese Entwicklung mag es vielerlei Gründe geben, die an dieser Stelle nicht erschöpfend dargestellt und diskutiert werden können. Eines zeigen die Ergebnisse aber auf jeden Fall: Die innere Einheit Deutschlands ist bei Weitem noch nicht hergestellt und bedarf weiterhin intensiver Bemühungen.

Ein erstes, für ein gemeinsames Deutschland identitätsstiftendes Ereignis war sicherlich der Erfolg der deutschen Fußballnationalmannschaft bei der Weltmeisterschaft in Italien bereits ein Jahr nach dem Fall der Mauer. *ANDREAS BREHME* schoss im Finale das entscheidende Siegtor und versetzte damit eine ganze Nation in einen Freudentaumel. Manche mögen überrascht sein, dass wir ausgerechnet die Fußball-Weltmeisterschaft 1990 als wichtiges gemeinschaftsbildendes Event herausgreifen. Aber zu häufig wird die Identifizierungsmacht des Sports unterschätzt.

Bei genauerer Betrachtung war es insbesondere der Sport, der es vermochte, in den schwierigen Anfangsjahren deutsch-deutscher Annäherung Brücken zu bauen. So vermochte die erst 15-jährige *FRANZISKA VAN ALMSICK* mit ihren sechs Goldmedaillen bei der Europameisterschaft in Sheffield die Zuschauer an den Fernsehgeräten beiderseits der Elbe in ihren Bann zu ziehen. 1992 siegten *HEIKE HENKEL* im Hochsprung, *HEIKE DRECHSLER* im Weitsprung und *SILKE RENK* im Speerwurf bei den Olympischen Spielen in Barcelona. Unvergessen sind auch die Kanu-Wettbewerbe, bei denen die deutsche Mannschaft in zwölf Wettkämpfen sechsmal als Sieger aus dem Wasser stieg. Insgesamt kam Deutschland mit 33 Gold-, 21 Silber- und 28 Bronzemedaillen in der Ländergesamtwertung auf einen eindrucksvollen dritten Platz. *HENRY MASKE* wurde 1993 Weltmeister im Halbschwergewicht und sorgte dafür, dass der Profi-Boxsport in Deutschland wieder salonfähig wird. Erinnerungen an die ruhmreiche Zeit von *MAX SCHMELING* wurden wach. Ein Jahr später machte *MICHAEL SCHUMACHER* als Formel-1-Weltmeister Furore und liefert sich in den folgenden Jahren immer wieder spannende Rennen auf den Circuits dieser Welt.

---

[16] Vgl. *STATISTA* (2009).

[17] Zu den im gesamten Absatz erwähnten Ergebnissen der GMF-Survey 2008 vgl. ausführlich *HEITMEYER* (2009).

Sechs Jahre nach dem Sieg bei der Weltmeisterschaft in Italien gewann die deutsche Fußballnationalmannschaft durch das erste Golden Goal von OLIVER BIERHOFF den Europameisterti-
tel gegen Tschechien. Bei der Fußball-Weltmeisterschaft 2002 in Südkorea/Japan musste sich
Deutschland nur den Brasilianern geschlagen geben, und bei der Weltmeisterschaft im eigenen Land 2006 – dem „deutschen Sommermärchen" – errang die Mannschaft um JÜRGEN
KLINSMANN zwar „nur" Platz 3, aber Deutschland als fairer und freundlicher Gastgeber Sympathien in der ganzen Welt. Genau dies verstärkte auch die gegenseitige positive Wahrnehmung zwischen den Deutschen. Wir stellten erstaunt fest, dass wir miteinander lachen und als
Nation fröhlich und gelassen sein können. Zudem haben die Bemühungen im Vorfeld der
Fußball-Weltmeisterschaft 2006 gezeigt, was möglich ist, wenn alle Kräfte miteinander auf
ein gemeinsames Ziel hinwirken: zum Austragungsort des größten Sportereignisses neben
den Olympischen Spielen zu werden. Mit dieser Erfahrung im Rücken war es fast schon
selbstverständlich, dass auch die Leitathletik-Weltmeisterschaft in Berlin organisatorisch,
stimmungsmäßig und finanziell erfolgreich waren.

Aber es ist glücklicherweise nicht nur der Sport, der Hoffnung gibt. Deutschland präsentiert
sich international als erfolgreiche Wirtschaftsnation und ist Exportweltmeister – „Made in
Germany" ist nach wie vor in aller Welt hoch angesehen. Dabei sind nicht nur deutsche Au-
tomobile im Ausland begehrt. Auch in der Umwelttechnik und bei erneuerbaren Energien
sind deutsche Technologien führend. Das Ausland beneidet Deutschland um seine Verkehrs-
und Telekommunikationsinfrastruktur. Auch als Land der Dichter und Denker macht Deutschland international weiterhin von sich reden. So wurde nach THOMAS MANN (1929) und
HEINRICH BÖLL (1972) im Jahr 1999 mit GÜNTHER GRASS wieder einem deutschen Literaten
der begehrte Nobelpreis für Literatur verliehen.

Der zwischenzeitlich kaum beachtete Filmstandort Deutschland gelangt durch die Filmfest-
spiele in Berlin, die Berlinale, ins Rampenlicht. Der Film „Das Leben der Anderen" gewinnt
2006 den Oscar als bester fremdsprachiger Film. Es ist zwar für viele Deutsche unbegreiflich,
aber die deutsche Musikgruppe „Tokio Hotel" feiert im In- und Ausland furiose Erfolge.
Deutschsprachige Texte sind wieder en vogue und begeistern nicht nur das deutsche Publikum. Es soll auch nicht unerwähnt bleiben, dass mit BENEDIKT XVI. ein Deutscher zum höchsten Würdenträger der römisch-katholischen Kirche wurde. Diese natürlich nicht erschöpfende
Aufzählung von Erfolgen soll keinesfalls die Herausforderungen, vor denen Deutschland
steht in den Schatten treten lassen. Hierzu gehört u. a. die Bewältigung der Folgen des demografischen Wandels, der Klimaschutz oder die aktuelle Finanz- und Wirtschaftskrise. Aber
um die innere Einheit zu befördern, muss man neben den Problemen auch immer wieder die
gemeinsamen Erfolge ins Gedächtnis rufen.

Die Autoren dieses Sammelbands blicken aus unterschiedlichen Perspektiven zurück auf die
Zeit des Mauerfalls. Das Buch ist keine Chronologie der Ereignisse. Es ist auch kein Lehr-
buch im klassischen Sinne – wohl aber ist es sehr lehrreich, denn die Autoren geben zum Teil
ganz persönliche Einblicke in ihre Gedanken und Empfindungen in die für viele so verwir-
renden Zeiten des historisch einmaligen politischen, ökonomischen und gesellschaftlichen
Wandels in Deutschland. Sie zeigen auf, was sich seit 1989 in Deutschland getan hat, welche
Schlussfolgerungen aus den Entwicklungen seitdem zu ziehen und in welchen Bereichen die
Anstrengungen für den dauerhaften Erfolg noch zu intensivieren sind. Dieses Buch hat damit
ganz bewusst einen breiten Blickwinkel auf das Geschehene, weil Geschichte aus dem
Blickwinkel von Zeitzeugen mit unterschiedlichen Perspektiven lebendiger und damit auch
handlungsleitender für die Zukunft wird. Genau hier liegt auch der Anspruch dieses Buches.
Es soll Ihnen als Leser Anregungen dafür bieten, über die Vergangenheit und die Zukunft

nachzudenken, Gründe liefern, auf das Erreichte stolz zu sein, Verständnis für die Notwendigkeit zukünftiger Veränderungen schaffen und gleichzeitig Mut machen, dass diese Veränderungen realisierbar sind und jeder Wandel Chancen bietet.

KLAUS WOWEREIT leitet den ersten Teil des Sammelbands in zutreffender Weise mit den Worten ein: „Der 9. November 1989 gehört zu den glücklichsten Tagen". In seinem Artikel blickt *KLAUS WOWEREIT* auf Berlin, die Stadt, in der mit dem Fall der Mauer die politische, ökonomische und gesellschaftliche Zeitenwende ihren Anfang nahm. Er beschreibt Berlin als eine „kreative und spannende Metropole", die nach der Wiedervereinigung einen grundlegenden Strukturwandel durchlebt hat und in der Folge zu einem Schmelztiegel der Kulturen, einer weltweit anerkannten Begegnungsstätte des Sports, einer Metropole der Wissensgesellschaft, einem Zentrum der Künste, einem politisch für Europa und die Welt sehr bedeutsamen Ort – eben einem „place to be" entwickelt hat. *KLAUS WOWEREIT* zeigt aber auch, welche Herausforderungen es für Berlin noch zu meistern gilt, um das Geschaffene zu erhalten und auch in der Zukunft für Menschen aus aller Welt zum Leben, Wohnen und Arbeiten attraktiv zu sein.

EBERHARD DIEPGEN würdigt in seinem Beitrag die Zeit seit dem Mauerfall grundsätzlich als eine Erfolgsgeschichte. Gleichwohl besteht aus seiner Sicht nicht nur Nachholbedarf im ökonomischen Bereich, sondern insbesondere im Hinblick auf die Schaffung eines Gemeinschaftsgefühls. Deshalb arbeitet *EBERHARD DIEPGEN* Ansatzpunkte heraus, wie ein solches Gemeinschaftsgefühl geschaffen und erhalten werden kann.

NORBERT WALTER sieht in der Schnelligkeit der Umsetzung der deutschen Wiedervereinigung gar „ein politisches Meisterwerk". In Bezug auf die Wirtschaftspolitik tragen die erheblichen Investitionen in die Infrastruktur und die gewerbliche Wirtschaft in den letzten Jahren zunehmend Früchte. Die Wirtschaftsstruktur in Ostdeutschland hat sich positiv verändert und zeichnet sich durch eine differenzierte Branchenstruktur aus. Kleine und mittlere Unternehmen werden mehr und mehr zum Rückgrat der Wirtschaft in Ostdeutschland. Finanzpolitisch zahlt sich der Konsolidierungskurs – zumindest bis zur aktuellen Rezession – aus. *NORBERT WALTER* geht auf diese ermutigenden Entwicklungen ein, zeigt aber gleichzeitig, dass noch eine Reihe von Herausforderungen, z. B. in Bezug auf die demografische Entwicklung, die Neustrukturierung der Wirtschaftsförderung oder die Föderalismusreform II, zu bewältigen sind.

Wenn über den Zustand Deutschlands seit dem Mauerfall debattiert und geschrieben wird, geht es oftmals ausschließlich um ökonomische Aspekte, z. B. die Angleichung der Löhne in Ostdeutschland an das Westniveau, die Produktivität oder die Wirtschaftlichkeit der ostdeutschen Unternehmen. Andere wichtige Themen treten in den Hintergrund. Haben der Mauerfall und die spätere Wiedervereinigung den Rechtsstaat nach Ostdeutschland gebracht? Gibt es seither gar ein Mehr an Gerechtigkeit? Der Klärung dieser unzweifelhaft sehr bedeutsamen Fragen nähert sich *LOTHAR MÜLLER-GÜLDEMEISTER* an und rundet damit den ersten Teil des Sammelbands ab.

ROLAND BERGER leitet mit seinem Beitrag den *zweiten Teil des Sammelbands* ein – die ökonomische Perspektive. Er knüpft dabei an die Beiträge von *NORBERT WALTER* und *LOTHAR MÜLLER-GÜLDEMEISTER* an, indem er ebenfalls die Bedeutung der Erlangung von politischen und wirtschaftlichen Freiheitsrechten für die Ostdeutschen betont und den neuen Bundesländern trotz der schlechten Ausgangslage bescheinigt, seit der Wiedervereinigung beachtliche Fortschritte gemacht zu haben. Ähnlich wie *NORBERT WALTER* arbeitet auch *ROLAND BERGER* die zentralen Herausforderungen für die Zukunft heraus. Er zählt hierzu die Bewältigung der

Schuldenlast, den Aufbau eines wettbewerbsfähigen Steuersystems, die Bereitstellung von dringend notwendigen Ressourcen für die Modernisierung des Bildungssystems und den weiteren Ausbau Deutschlands als High-Tech-Standort sowie eine grundlegende Reform der sozialen Sicherungssysteme, gepaart mit einer nachhaltigen Familienpolitik. Zur Lösung formuliert *ROLAND BERGER* klare Empfehlungen für Politik, Wirtschaft und Gesellschaft.

Wie bereits ausgeführt, war die Wirtschafts- und Währungsunion ein sehr wichtiger Schritt im Zuge der deutschen Wiedervereinigung. Eine Blaupause für das konkrete Vorgehen gab es jedoch nicht. *HANS WAGENER* berichtet auf der Grundlage persönlicher Erfahrungen und Erlebnisse über die komplexen Probleme in dieser Zeit, z. B. die Versorgung der Wirtschaft und der Bevölkerung mit Liquidität, und zeigt anhand von Fallbeispielen auf, wie diese gelöst wurden. Besonderes Augenmerk verdienen die Ausführungen von *HANS WAGENER* zur Bargeldumstellung, weil sich hier die täglichen operativen Herausforderungen für das damalige Bankensystem offenbaren.

Diesen Aspekt beleuchtet auch *EDGAR MOST*, der im ersten Kapitel seines Beitrags illustriert, wie nur durch die Hilfe der westdeutschen Kollegen aus den Sparkassen Philippsthal und Bad Hersfeld der Ansturm von DDR-Bürgern auf die Filiale der *DDR-Staatsbank* in Bad Salzungen bewältigt werden konnte, als die damalige DDR-Regierung entschied, dass jeder DDR-Bürger zunächst bis zu 15 D-Mark zum Kurs von 1 : 1 umtauschen durfte. Neben den operativen Problemen der Liquiditätsversorgung mussten v. a. strategische Fragen geklärt werden, wie z. B. die Umstellung des Bankensystems in Ostdeutschland auf die Marktwirtschaft. Hierzu gehörte u. a. die Gründung der ersten ostdeutschen Privatbank, die spätere *Deutsche Kreditbank*, ein Schritt, der maßgeblich von *EDGAR MOST* vorangetrieben wurde und folglich Gegenstand seines Rückblicks ist. Darüber hinaus skizziert *EDGAR MOST* in seinem Beitrag, wie es ihm gelang, mit der Kommunalfinanzierung und der Innovationsfinanzierung in Ostdeutschland zwei Geschäftsfelder für die *Deutsche Bank* mit Vorbildcharakter für den Westen erfolgreich zu etablieren.

GÜNTHER TROPPMANN widmet sich in seinem Artikel ebenfalls der *Deutschen Kreditbank* und betrachtet schwerpunktmäßig den äußerst erfolgreichen Prozess der strategischen Neuausrichtung als selbstständige, innovative, markt- und kundenorientierte Universalbank innerhalb des Konzerns der *Bayerischen Landesbank*. Durch die Unterlegung mit ganz konkreten Beispielen gibt *GÜNTHER TROPPMANN* dem Leser vielfältige Anregungen für das eigene Handeln.

Im darauffolgenden Beitrag schildert *HEINRICH HAASIS* einerseits die Unterschiede zwischen dem damaligen Sparkassenwesen in der DDR und der BRD in Hinblick auf die Aufgaben sowie die materielle und personelle Ausstattung, stellt aber andererseits auch große Gemeinsamkeiten zwischen den Sparkassen dies- und jenseits der Grenze, angefangen vom gesetz- oder satzungsmäßig festgelegten öffentlichen Auftrag über die Gültigkeit des Regionalprinzips bis hin zum Namen „Sparkasse" fest, auf den sich bei der Integration der ostdeutschen Sparkassen in die *Sparkassen-Finanzgruppe* aufbauen ließ. *HEINRICH HAASIS* beschreibt die wesentlichen Maßnahmen und ihre erfolgreiche Umsetzung im Zuge dieses Integrationsprozesses. Darüber hinaus diskutiert *HEINRICH HAASIS,* wie es gelingen kann, auch strukturschwachen Regionen in Deutschland zu Wachstum und Wohlstand zu verhelfen. Ein wesentlicher Erfolgsfaktor hierfür liegt in der engen Kooperation zwischen den Kommunen und den regional engagierten Sparkassen. *HEINRICH HAASIS* sieht deshalb – ähnlich wie *EDGAR MOST* damals für die *Deutsche Bank* – in der Kommunalfinanzierung ein wesentliches Betätigungsfeld für die Sparkassen und macht die Potenziale einer fruchtbaren Kooperation am Beispiel der Bewältigung der Folgen des demografischen Wandels deutlich. Schlussendlich formuliert

HEINRICH HAASIS klare Anforderungen an die Unternehmen der *Sparkassen-Finanzgruppe*, um die Sparkassen auch weiterhin in die Lage zu versetzen, ihren Nutzen für die jeweilige Region maximieren zu können.

Der Beitrag von *CLAUS FRIEDRICH HOLTMANN* und *WOLFRAM MORALES* steht in engem Zusammenhang mit dem Beitrag von *HEINRICH HAASIS*. Die Autoren behandeln die wechselvolle Historie des ost- und westdeutschen Sparkassenwesens und betrachten aus ihrem Blickwinkel – eine Gemeinsamkeit mit den Beiträgen von *HANS WAGENER*, *EDGAR MOST*, *GÜNTHER TROPPMANN* und *HEINRICH HAASIS* – den operativ schwierigen Prozess der Wirtschafts- und Währungsunion für das (ostdeutsche) Bankensystem. Die Schilderungen zur Integration der ostdeutschen Sparkassen in die *Sparkassen-Finanzgruppe* sind kein Gegenpol zu den diesbezüglichen Ausführungen von *HEINRICH HAASIS*, sondern vielmehr eine ganz bewusste Ergänzung um die ostdeutsche Perspektive. Ergänzend hierzu reflektieren sie die Entwicklung der ostdeutschen Sparkassen vor dem Hintergrund der aktuellen Finanz- und Wirtschaftskrise. Hieraus ziehen die Autoren Konsequenzen, die sie zum Gegenstand ihres Ausblicks auf die strategische Ausrichtung der ostdeutschen Sparkassen für die kommenden Jahre machen.

Die aktuelle Finanzkrise ist auch das beherrschende Thema des Beitrags von *MAX OTTE*. Er spannt einen historischen Bogen von den Anfängen des deutschen Banken- und Finanzsystems bis heute. Dabei benennt *MAX OTTE* die Gründe dafür, warum es bereits in der Vergangenheit immer wieder zu Fehlentwicklungen auf den Finanzmärkten kam – mit schwerwiegenden Folgen für Deutschland. Positiv hebt er die Rolle der Sparkassen, der Raiffeisen- und Genossenschaftsbanken hervor, die sich auch in der aktuellen Krise ihrer Verantwortung stellen, und macht deutlich, warum seiner Meinung nach das deutsche Bankensystem allen Unkenrufen zum Trotz seine Aufgaben „noch recht gut erfüllt". Wir als Herausgeber möchten das Interesse des Lesers insbesondere auf das letzte Kapitel lenken, in dem *MAX OTTE* Vorschläge unterbreitet, wie die Regulierung der Finanzmärkte reformiert und ausgestaltet werden sollte, um zukünftige Krisen weitestgehend zu vermeiden.

Von der Finanzwirtschaft nun in die Realwirtschaft: *WERNER GEGENBAUER* widmet sich in seinem Beitrag der Branche der Gebäudereiniger und weist gleich zu Beginn nach, dass Schmutz keine Klassenfrage ist. Die technische, personelle und kulturelle Ausgangssituation auch für die Gebäudereinigungswirtschaft in Ost und Westdeutschland war zum Zeitpunkt des Mauerfalls – ähnlich wie in der Finanzwirtschaft – gänzlich verschieden. Wie es *WERNER GEGENBAUER* gelang, die *Unternehmensgruppe Gegenbauer* – nicht zuletzt durch die erfolgreiche Integration ehemals ostdeutscher Gebäudereinigungsbetriebe – trotz einer Reihe von Problemen und Widerständen zu einem gesamtdeutschen Dienstleistungsunternehmen zu formen, ist der zentrale Gegenstand seiner Ausführungen.

Die ehemaligen DDR-Unternehmen wurden nach dem Fall der Mauer quasi über Nacht mit der marktwirtschaftlichen Realität konfrontiert. Durch den Einsatz westdeutscher Manager sollte der notwendige Wissenstransfer gelingen. *GÜNTER FIETZ* ist ein solcher Manager. Er ging zur *EKO-Stahl AG* nach Eisenhüttenstadt und wirkte dort in den Jahren 1991–1993 bei der Sanierung des maroden Stahlkonzerns an vorderster Front mit. Am konkreten Beispiel einer Ausgliederungsentscheidung für eine Luftzerlegungsanlage legt *GÜNTER FIETZ* dar, wie nötig der angesprochene Wissenstransfer vor allem in Bezug auf betriebswirtschaftliche Sachverhalte wirklich war.

Die Beiträge von WERNER GEGENBAUER und GÜNTER FIETZ machen darüber hinaus die Wichtigkeit des Change Managements in Veränderungssituationen deutlich. Die Zusammenführung von Unternehmen mit unterschiedlichen kulturellen Wurzeln oder der Transfer neuen betriebswirtschaftlichen Denkens kann nur gelingen, wenn die hiervon betroffenen Menschen auf diesem Weg auch mitgenommen werden. Auf diese Thematik gehen BERNHARD HOGENSCHURZ und GITTA HANNIG in ihren Ausführungen ein, indem sie die Ziele und das Vorgehen, die Instrumente und Methoden sowie die Erfolgsfaktoren des Change Managements darstellen.

Nach dem Mauerfall begehrten die DDR-Bürger in erster Linie westdeutsche Produkte. Doch gerade in den letzten Jahren sind wieder vermehrt Ost-Produkte gefragt. Diese Nachfrage beschränkt sich nicht nur, wie zu vermuten wäre, auf das Gebiet der neuen Bundesländer, sondern „Rotkäppchen-Sekt" wird auch in den alten Bundesländern gerne getrunken. FRANZ-RUDOLF ESCH, NIELS NEUDECKER und OLGA SPOMER beschäftigen sich in ihrem Beitrag deshalb mit der interessanten Frage, ob die Renaissance der Ostmarken nur auf den Trend der Regionalität zurückzuführen oder das Ergebnis einer erfolgreichen strategischen Markenführung ist.

Die Entwicklung von Innovationen und ihre Umsetzung in marktfähige Produkte ist für jede Volkswirtschaft im 21. Jahrhundert von existentieller Relevanz. Dies gilt insbesondere für Deutschland, wo die *Fraunhofer-Gesellschaft* als Inbegriff für Forschung und Technologie auf internationalem Spitzenniveau gilt. HANS-JÖRG BULLINGER vollzieht in seinem Beitrag den Prozess des Auf- und Ausbaus der *Fraunhofer-Gesellschaft* in Ostdeutschland nach, zeigt die Potenziale von Innovationsclustern in den östlichen Bundesländern auf und beschreibt am Beispiel der intensiven Kooperation mit den MAX-PLANCK-Instituten, wie sich Grundlagenforschung und Angewandte Forschung zum Wohle des High-Tech-Standorts Deutschland sinnvoll ergänzen können.

Die Bedeutung von Innovationen für eine Gesellschaft, hat sich auch in den letzten 20 Jahren gezeigt. MARIANNE JANIK und RIMON WASSEF thematisieren die atemberaubend schnelle Entwicklung der Informations- und Telekommunikationstechnologien (ITK) nach dem Mauerfall. Deutschland ist „Teil der vernetzten Gesellschaft" geworden. Modernste ITK-Infrastrukturen haben dazu geführt, dass völlig neue Wertschöpfungsmodelle in den Unternehmen umgesetzt werden konnten. Die öffentliche Verwaltung hat ihre Prozesse durch die Nutzung von ITK ebenfalls erheblich verbessert und ist damit bei der Erreichung des Ziels von mehr Bürgernähe ein gutes Stück vorangekommen. Gleichzeitig unterstreichen MARIANNE JANIK und RIMON WASSEF wie wichtig es ist, den Abbau nicht-technischer Barrieren im Auge zu behalten, um die Potenziale der ITK noch besser ausschöpfen zu können. Hierfür unterbreiten die Autoren konkrete Vorschläge und fordern die enge Abstimmung zwischen den verantwortlichen Akteuren in Politik, Verwaltung, Wissenschaft und Wirtschaft.

Ausgehend von einer kritischen Bestandsaufnahme in Bezug auf die in den letzten zwei Jahrzehnten erreichten Wohlstandszuwächse entwickelt FRANK BAUMGÄRTNER in seinem Beitrag einen Business-Development-Plan für Deutschland und schließt damit den zweiten Teil des Sammelbands ab. Kern des Beitrags ist eine Liste mit Business-Development-Aufgaben für die Politik, die FRANK BAUMGÄRTNER mit möglichen Maßnahmen unterlegt, z. B. der Ausbau von Public-Private-Partnership-Modellen oder die Senkung der Bürokratiekosten. FRANK BAUM-GÄRTNER unternimmt darüber hinaus den Versuch, die Aufgabenfelder und die Maßnahmen zeitlich und hinsichtlich der möglichen Effekte auf das Bruttoinlandsprodukt zu operationalisieren. Damit werden auch eine Reihe der in den anderen Beiträgen dieses Buches immer wieder formulierten Forderungen aufgegriffen und durch ihre Quantifizierung für den Leser noch verständlicher.

Der erste Beitrag im *dritten Teil dieses Sammelbands* stammt von MICHAEL CZUPALLA und FRANK HANNIG. Er erzählt von der Freundschaft zweier sehr unterschiedlicher Männer: auf der einen Seite der langjährig erfolgreiche Kommunalpolitiker und Landrat, auf der anderen Seite der ehemalige *FDJ*-Funktionär, umtriebige Rechtsanwalt und Politikneuling. Beide Männer erzählen von ihren Erlebnissen rund um den Fall der Mauer, was sie geprägt hat und was sie trotz aller Unterschiede bis heute freundschaftlich verbindet.

Im nächsten Beitrag vollzieht sich etwas Wundersames: Ein süddeutscher Föderalist wird zu einem überzeugten Berliner. DIETER PUCHTA nimmt sich in seinem Beitrag dem Thema „Mentalitätswechsel" aus unterschiedlichen Blickwinkeln an. In einem sehr persönlichen Rückblick auf die letzten zwei Jahrzehnte beschreibt DIETER PUCHTA zunächst, wie er den 9. November 1989 selbst erlebte, welche Gefühle und Gedanken ihn auf seiner ersten Reise in die DDR unmittelbar nach dem Mauerfall bewegten und was ihn im Innersten dazu bewog, sein geliebtes „Ländle" – und damit eine glänzende Karriere als Politiker, Wissenschaftler und Manager –, gegen einen Vorstandsposten in der *Berliner Landesbank* einzutauschen, die zum damaligen Zeitpunkt in einen Skandal verstrickt war, der als Vorbote der aktuellen Finanzkrise angesehen werden kann. DIETER PUCHTA macht deutlich, wie es ihm gelungen ist, die *Investitionsbank Berlin* aus dem Konzern der *Bankgesellschaft Berlin* herauszulösen, strategisch neu auszurichten und sie zu einer Bank zu formen, die trotz Finanzkrise Rekordergebnisse vorweist. Hierzu gehörte vor allem, dem Land Berlin als Eigentümer, den Kunden und den Mitarbeitern immer wieder vor Augen zu führen, dass mit der bisherigen Subventionsmentalität ein „Weiter so" einfach nicht mehr möglich war. DIETER PUCHTA schildert das von ihm entwickelte Managementkonzept zur systematischen Herbeiführung des notwendigen Mentalitätswechsels. Schlussendlich legt DIETER PUCHTA dar, was getan werden muss bzw. worauf zu achten ist, wenn es darum geht, den von ihm initiierten erfolgreichen Mentalitätswechsel weiter zu verstärken und dauerhaft zu verankern.

Ähnlich wie DIETER PUCHTA wagte auch DANIELA SAUTER von München aus den Schritt in die Metropole an der Spree. Anfangs noch von den bereits ortsansässigen Hoteliers in Berlin belächelt, schaffte sie es, am 1. Oktober 1991 mit dem „Brandenburger Hof" das erste anspruchsvolle Hotel in Berlin nach dem Mauerfall zu eröffnen. Seither hat DANIELA SAUTER das damalige 4-Sterne-Hotel trotz vielerlei Widerstände zu einem Small-Luxury-5-Sterne-Hotel der Spitzenklasse geformt. Sie gibt interessante Einblicke in ihr Erfolgsrezept und plädiert dafür, dass sich Berlin als erfolgreicher Tourismusstandort neu erfindet. DANIELA SAUTER fordert zudem mehr Nachhaltigkeit im Tourismus und intensivere Bemühungen, Berlin auch als Wirtschaftsstandort attraktiver zu machen.

DANIELA SAUTER betont in ihren Ausführungen, dass die Tourismuswirtschaft in Berlin insbesondere von der vielfältigen Kulturlandschaft profitiert. Das Konzerthaus am Gendarmenmarkt ist ein integraler Bestandteil der Kulturszene Berlins. FRANK SCHNEIDER blickt in seinem Beitrag einleitend auf die wechselvolle Geschichte des Hauses zurück und legt sein Hauptaugenmerk auf die Zeit der Wende. Das Konzerthaus sollte „klassische Musik auf höchstem Niveau in Berlins klassischer Mitte auf historischem Boden" bieten. Ebenso wie DANIELA SAUTER und DIETER PUCHTA verschrieb sich auch FRANK SCHNEIDER der Erfüllung dieser Aufgabe mit Leib und Seele. Dass die kulturelle und wirtschaftliche Restrukturierung trotz der chronischen Finanzmittelknappheit in der Hauptstadt glückte, lag nicht zuletzt an einem tragfähigen Fundraising-Konzept. FRANK SCHNEIDER stellt unter Beweis, dass bürgerschaftliches Engagement für Kunst und Kultur lohnenswert ist, aber auch viel Leidenschaft, Kreativität und einen „langen Atem" erfordert.

Neben der Kunst und der Kultur sind es auch die architektonischen und städtebaulichen Veränderungen seit dem Mauerfall, die Touristen in Scharen nach Berlin ziehen. Grund genug also für KLAUS GROTH, diese spannende Zeit des Auf- und Umbaus aus der Perspektive der maßgeblich an diesem Prozess beteiligten Groth Gruppe Revue passieren zu lassen. Er beschreibt, wie nach der politischen Zeitenwende neue Vorstädte entstanden, widmet sich der Debatte um ein Leitbild für die Berliner Architektur im Vorfeld des Regierungsumzugs von Bonn nach Berlin, diskutiert die Gründe und Folgen der Reurbanisierung und wagt abschließend einen Ausblick darauf, was in den nächsten Jahren auf architektonischem und städtebaulichem Gebiet in Berlin zu erwarten sein wird. Im Verlauf des Artikels zeigt KLAUS GROTH auf der Grundlage von Projekten der Groth Gruppe, wie sich der Wandel im äußeren Erscheinungsbild Berlins manifestiert, so z. B. am Tiergartenviertel, dem Bindeglied zwischen der City-Ost und der City-West.

Der Mauerfall symbolisiert auch eine Zäsur in der ostdeutschen Hochschullandschaft. OLIVER GÜNTHER und SIBYLLE SCHMERBACH stellen am Beispiel des Fachbereichs Wirtschaftswissenschaften an der Humboldt-Universität zu Berlin die Herausforderungen und das Vorgehen bei der Zusammenführung und Restrukturierung zweier gänzlich verschiedener Hochschulsysteme dar. Aufbauend auf einer kritischen Würdigung der Ergebnisse dieses Prozesses diskutieren OLIVER GÜNTHER und SIBYLLE SCHMERBACH die interessante Frage: „Wie ist es alten und neuen Bundesländern in den vergangenen Jahren auf ihrem nunmehr gemeinsamen Weg gelungen, bestehende und übertragene Strukturmängel und Reformdefizite zu erkennen und zu beseitigen?" Hierbei steht die Umsetzung der Bologna-Reform ebenso im Fokus der Betrachtung wie die Exzellenzinitiative. Trotz der erreichten Fortschritte im Hinblick auf die Modernisierung von Forschung und Lehre adressieren OLIVER GÜNTHER und SIBYLLE SCHMERBACH noch eine Vielzahl drängender Aufgaben für die deutschen Universitäten auf dem Weg ins 21. Jahrhundert.

Ähnlich wie im Bildungsbereich war für die Gesundheitswirtschaft die Zeit nach der Wende zunächst einmal dadurch gekennzeichnet, dass die westdeutschen Strukturen mit ihren Vor- und Nachteilen nach Ostdeutschland exportiert wurden, ohne dabei zu untersuchen, welche sinnvollen Elemente des ehemaligen DDR-Systems zur Vervollkommnung des neuen gesamtdeutschen Systems ggf. hätten integriert werden sollen. HEIKO BURCHERT und FRANK KEUPER attestieren dem gesamtdeutschen Gesundheitssystem, krank zu sein, benennen die Gründe hierfür und suchen nach möglichen Therapieansätzen, indem sie aus dem DDR-Gesundheitssystem adaptierte Behandlungskonzepte auf ihre Eignung hin prüfen, den Patient zu heilen. Darüber hinaus legen HEIKO BURCHERT und FRANK KEUPER den Mangel an angemessen ausgebildeten Lehrkräften für die Berufsausbildung im Gesundheitswesen schonungslos offen. Abgerundet wird der Beitrag durch einen „Arztbrief", der weitergehende Maßnahmen benennt, um den Patienten für die Zukunft fit zu machen.

ROLF KREIBICH sucht in seinem Beitrag Antworten auf zwei Fragestellungen. Einerseits will er klären, wie die Zukunftsfähigkeit der Menschheit im 21. Jahrhundert gesichert werden und was das wiedervereinte Deutschland hierzu beitragen kann resp. soll. Es schließt sich die Frage an, ob Deutschland aus der Wiedervereinigung und der neu gewonnenen Offenheit Kräfte schöpfen kann, die in besonderem Maße die Zukunftsfähigkeit der Völkergemeinschaft zu erhalten und auszubauen vermögen. Hierfür liefert ROLF KREIBICH eine dreiteilige Skizze. Im ersten Teil der Skizze thematisiert er auf der Grundlage von Erkenntnissen der modernen Zukunftswissenschaft die prägenden Herausforderungen und Megatrends für das 21. Jahrhundert. Daraufhin setzt er sich mit den bisherigen Antworten von Politik und Wirtschaft auf die explizierten Herausforderungen und Megatrends kritisch auseinander und entwickelt im dritten Teil seiner Skizze alternative Denk- und Handlungsansätze zur Erreichung erstrebenswerter Zukunftsperspektiven. Der Blick des Lesers möge insbesondere auf die Empfehlungen von ROLF KREIBICH gelenkt werden, was in Deutschland getan werden müsste, um „das beste bekannte Zukunftsmodell, die Nachhaltige Entwicklung, schrittweise" zu realisieren.

Der *dritte Teil des Sammelbands* wird durch FREDMUND MALIK abgeschlossen, der im Fall der Mauer nicht nur ein Symbol für das Scheitern des Kommunismus, sondern rückblickend auch einen Vorboten für den Niedergang des Kapitalismus erkennt. Das Scheitern von Kommunismus und Kapitalismus führt zu einem gewaltigen Umwandlungsprozess, der in letzter Konsequenz zu einem neuen Weltbild führt, das eine neue Welt entstehen lässt, deren Ordnung folglich ebenfalls neu ist. Diese „Ordnung der Neuen Welt" bezeichnet FREDMUND MALIK als „Humanen Funktionismus". Eine Welt des humanen Funktionierens macht ein komplexitätsadäquates und systemisches Management erforderlich. Für die Ausgestaltung eines solchen Managementansatzes vor dem Hintergrund der Herausforderungen und Entwicklungen im 21. Jahrhundert formuliert FREDMUND MALIK 14 Thesen im Sinne von Orientierung gebenden Eckpfeilern, die überdies die mediale Berichterstattung und das menschliche Verhalten verständlicher machen.

Dank gebührt in erster Linie den Autorinnen und Autoren, die trotz des engen Zeitplans und des äußerst komplexen Themas qualitativ äußerst hochwertige Beiträge für diesen Sammelband verfasst haben. Dennoch wäre dieses Werk ohne die koordinierende und strategische Arbeit von STEFAN RÖDER, Wissenschaftlicher Mitarbeiter am Lehrstuhl für Betriebswirtschaftslehre, insbesondere Konvergenz- und Medienmanagement an der *School of Management and Innovation* der *Steinbeis-Hochschule Berlin*, nicht erschienen. Wir sind ihm deshalb zu außerordentlichem Dank verpflichtet.

Die Projektdurchlaufzeit vom Projektstart im Januar 2009 bis zur Abgabe des druckfähigen Skripts an den *Gabler-Verlag* im September 2009 konnte nur durch eine Vielzahl engagierter Helfer eingehalten werden. Auch diesen sei an dieser Stelle gedankt.

Besonderen Dank schulden die Herausgeber darüber hinaus auch Frau BARBARA ROSCHER und Frau JUTTA HINRICHSEN vom *Gabler-Verlag* für die hervorragende Zusammenarbeit bei der Publikation dieses Sammelbands.

Hamburg/Berlin, im August 2009

PROF. DR. FRANK KEUPER und PROF. DR. DIETER PUCHTA

Quellenverzeichnis

BUNDESMINISTERIUM FÜR VERKEHR, BAU UND STADTENTWICKLUNG (2008): Jahresbericht der Bundesregierung zum Stand der deutschen Einheit 2008. Die neuen Länder – für ein modernes und soziales Deutschland, Stand: 24.09.2008, Berlin 2008.

BUNDESREGIERUNG (2003): Regierungserklärung von Bundeskanzler Schröder am 14. März 2003 vor dem Deutschen Bundestag, online: http://archiv.bundesregierung.de/bpa-export/regierungserklaerung/79/472179/multi.htm, Stand: 14.03.2003, Abruf: 03.08. 2009.

DIW (2009): Hintergrundinformationen „20 Jahre Mauerfall": Eine ökonomische Bilanz, online: http://www.diw.de/sixcms/detail.php/333867, Stand: Februar 2009, Abruf: 03.08.2009.

HEITMEYER, W. (2009): Leben wir immer noch in zwei Gesellschaften? 20 Jahre Vereinigungsprozess und die Situation Gruppenbezogener Menschenfeindlichkeit, in: HEITMEYER, W. (Hrsg.), Deutsch-deutsche Zustände – 20 Jahre nach dem Mauerfall, Frankfurt am Main 2009, S. 13–49.

INVESTITIONSBANK BERLIN (Hrsg.) (2009): IBB mit dem besten Halbjahres-Ergebnis seit der Selbstständigkeit, Pressemitteilung vom 16.07.2009, Berlin 2009.

KEUPER, F./SCHAEFER, CHR. (Hrsg.): Führung und Steuerung öffentlicher Unternehmen – Probleme, Politiken und Perspektiven entlang des Privatisierungsprozesses, Berlin 2005.

KOHL, H. (1989): Von konföderativen Strukturen zu einer Föderation – Zehn-Punkte-Programm, online: http://www.glasnost.de/hist/verein/89zehnp.html, Stand: 28.11. 1989, Abruf: 28.08.2009.

PUCHTA, D. (2008): Von einem Unternehmensmodell zu einem Modellunternehmen – Verselbstständigung und strategische Neuausrichtung der Investitionsbank Berlin, in: KEUPER, F./PUCHTA, D. (Hrsg.), Strategisches Management in Förderbanken – Geschäftsmodelle, Konzepte, Instrumente, Wiesbaden 2008, S. 3–60.

PUCHTA, D./RÖDER, S. (2009): Die Funktion von Förderbanken für die Internationalisierung kleiner und mittlerer Unternehmen (KMU) in Deutschland, in: KEUPER, F./SCHUNK, H. (Hrsg.), Internationalisierung deutscher Unternehmen – Strategien, Instrumente und Konzepte für den Mittelstand, Wiesbaden 2009, S. 3–27.

STATISTA (2009): Ereignisse mit großen Auswirkungen auf die Gegenwart, online: http://de.statista.com/statistik/daten/studie/4725/umfrage/ereignisse-mit-grossen-auswirkungen-auf-gegenwart/, Stand: 2009, Abruf: 02.09.2009.

ZENTRUM FÜR ZEITHISTORISCHE FORSCHUNG E. V./BUNDESZENTRALE FÜR POLITISCHE BILDUNG/DEUTSCHLANDRADIO (2009): Statistiken, online: http://www.chronik-der-mauer.de/index.php/de/Start/Detail/id/593791/page/0, Stand: 31.07.1989, Abruf: 27.08.2009.

Inhaltsverzeichnis

Danksagung   1

Erster Teil

Politische Perspektive   3

Hauptstadt Berlin: Von der geteilten Stadt
zum „place to be" für Kreative und Talente   5
KLAUS WOWEREIT
(Regierender Bürgermeister von Berlin)

Respekt Mangelware? –
Anmerkungen zur Psychologie auf dem Weg zur deutschen Einheit   13
EBERHARD DIEPGEN
(Kanzlei Thümmel, Schütze und Partner)

20 Jahre Aufbau Ost – föderale Ordnung auf dem Prüfstand?   33
NORBERT WALTER
(Deutsche Bank Research)

Rechtsstaatlich, gerecht oder beides nicht?
Wie der Rechtsstaat im Osten ankam.   55
LOTHAR MÜLLER-GÜLDEMEISTER
(Knauthe Rechtsanwälte Notare Steuerberater, Berlin)

Zweiter Teil

Ökonomische Perspektive   79

Zusammenwächst, was zusammengehört:
Wirtschaftliche Herausforderungen eines
vereinten Deutschlands – gestern, heute und morgen   81
ROLAND BERGER
(Roland Berger Strategy Consultants)

Wirtschafts- und Währungsunion –
Praxisbeispiele aus der Anfangszeit   105
HANS WAGENER
(PricewaterhouseCoopers)

Der Mauerfall und die Entwicklung des Bankensystems
in Ostdeutschland   115
EDGAR MOST
(Deutsche Bank AG)

Die Deutsche Kreditbank –
Die Entwicklung einer Bank, die aus dem Osten kommt   133
GÜNTHER TROPPMANN
(Deutsche Kreditbank AG)

Sparkassen als Motor der inneren Einheit Deutschlands   141
HEINRICH HAASIS
(Deutscher Sparkassen- und Giroverband)

Ostdeutsche Sparkassen im Wandel der Zeit   161
CLAUS FRIEDRICH HOLTMANN und WOLFRAM MORALES
(Ostdeutscher Sparkassenverband)

„Finanzplatz Deutschland" versus deutsches Bankensystem –
Zwei politökonomische Perspektiven für die Zukunft   179
MAX OTTE
(Fachhochschule Worms)

Die Wiedervereinigung der Saubermänner – Schmutz gibt es überall   205
WERNER GEGENBAUER
(Unternehmensgruppe Gegenbauer)

Sanierungserfolg bei der *EKO-Stahl AG/Eisenhüttenstadt*   217
GÜNTER FIETZ
(Hochschule Harz)

Die Bedeutung von Change Management bei der Bewältigung
von tiefgreifenden Veränderungen in Unternehmen   225
BERNHARD HOGENSCHURZ und GITTA HANNIG
(Deutsche Telekom AG)

Mauern fallen – Marken bleiben!   243
FRANZ-RUDOLF ESCH, NIELS NEUDECKER und OLGA SPOMER
(Institut für Marken- und Kommunikationsforschung an der
Justus-Liebig-Universität Gießen)

Vertrauen und Engagement – Grundlagen für den Erfolg
der *Fraunhofer-Institute* in den neuen Bundesländern   267
HANS-JÖRG BULLINGER
(Fraunhofer-Gesellschaft)

Innovationen der letzten 20 Jahre –
Fortschritt durch Überwindung von Barrieren   279
MARIANNE JANIK und RIMON WASSEF
(ESG Consulting GmbH)

Der Business-Development-Plan für Deutschland –
Wachstumssprünge für die nächsten 20 Jahre   297
FRANK BAUMGÄRTNER
(TellSell Consulting GmbH)

Dritter Teil

Gesellschaftliche Perspektive   **319**

Zwei Wege. Eine Ankunft.   321
MICHAEL CZUPALLA und FRANK HANNIG
(Landkreis Nordsachsen (Landrat) und
Hannig & Partner, Rechtsanwälte)

Vom süddeutschen Föderalisten zum überzeugten Berliner   335
DIETER PUCHTA
(Investitionsbank Berlin)

Zu Gast in Preußen –
Auch nach 20 Jahren ist Berlin eine echte Herausforderung.   353
DANIELA SAUTER
(Hotel Brandenburger Hof)

Das *Konzerthaus* am Gendarmenmarkt im neuen Berlin   365
FRANK SCHNEIDER
(Konzerthaus Berlin)

Vom sozialen Wohnungsbau zur neuen Urbanität Berlins –
Städtebauliche Trends und Herausforderungen nach der Wende   375
KLAUS GROTH
(Groth Gruppe)

Deutsche Universitäten im Umbruch – 20 Jahre nach der Wende   399
OLIVER GÜNTHER und SIBYLLE SCHMERBACH
(Humboldt-Universität zu Berlin)

Die Gesundheitsversorgung Deutschlands
auf dem adaptiven Weg der Besserung?   419
HEIKO BURCHERT und FRANK KEUPER
(Fachhochschule Bielefeld und Steinbeis-Hochschule Berlin)

Die großen Herausforderungen –
Deutschlands Beitrag zur Zukunftsfähigkeit im 21. Jahrhundert   435
ROLF KREIBICH
(IZT – Institut für Zukunftsstudien und Technologiebewertung gGmbH)

Der humane Funktionismus –
Fall der Berliner Mauer als Vorbote einer neuen Welt   461
FREDMUND MALIK
(Malik Management Zentrum St. Gallen)

Autorenverzeichnis   **473**

Danksagung

Es ist immer wieder ein ganz besonderes Gefühl, ein neues Buch in Händen halten zu können, darin zu lesen und den eigenen Horizont zu erweitern. Ein noch schöneres Gefühl ist es, wenn dieses Buch Ergebnis der eigenen Arbeit von Monaten oder gar Jahren ist. Vergessen sind dann die unzähligen Stunden im „stillen Kämmerlein", in denen das Manuskript erstellt und geprüft werden musste. Ins Bewusstsein rückt vielmehr die Freude darüber, etwas geschaffen zu haben, was Menschen Spaß bereitet, ihnen neue Eindrücke verschafft, sie zum kritischen Nachdenken anregt und vielleicht sogar in der Zukunft ganz neue Perspektiven eröffnet.

Die große Herausforderung bei der Publikation eines Sammelwerks besteht darin, das übergeordnete Thema durch interessante Einzelbeiträge von namhaften Autoren für die Leserschaft spannend und anspruchsvoll aufzubereiten.

Dass wir als Herausgeber diese Herausforderung bewältigen konnten, verdanken wir insbesondere dem Verein *Pro Europa e. V.* und Frau *JENNY GSELL*, die als Vorstand von *Pro Europa e. V.* seit Jahren in Berlin, Deutschland, Europa und der Welt wichtige Akzente für bürgerschaftliches Engagement, Frieden und Freiheit setzt.

Frau *JENNY GSELL* hat dieses Werk mit ihrem Verein von Anfang an tatkräftig unterstützt, indem Sie in vielen intensiven Gesprächen fruchtbare inhaltliche und strukturelle Anregungen gegeben und sich unermüdlich für die Gewinnung herausragender Autoren engagiert hat. Deshalb sei ihr und dem Verein *Pro Europa e. V.* an dieser Stelle nochmals in besonderem Maße gedankt.

Hamburg/Berlin, im August 2009

PROF. DR. FRANK KEUPER und *PROF. DR. DIETER PUCHTA*

Erster Teil:

Politische Perspektive

Hauptstadt Berlin: Von der geteilten Stadt zum „place to be" für Kreative und Talente

Klaus Wowereit

Regierender Bürgermeister von Berlin

1 Wendepunkt 9. November 1989 7
2 Strukturwandel und neue Stärken 7
3 Berlins Zukunft: Dynamische und lebenswerte Metropole................................ 9

1   Wendepunkt 9. November 1989

Der 9. November 1989 gehört zu den glücklichsten Tagen und er ist zugleich ein Wendepunkt in der Geschichte Berlins. Die Friedliche Revolution brachte die Mauer zu Fall, die zuvor 28 Jahre lang die Stadt geteilt hatte. Damit fand die Blockkonfrontation ein Ende und Berlin wurde zum Symbol dieser Veränderung.

Wie in keiner anderen Stadt hat dieses Ereignis in Berlin Energien freigesetzt und Fantasien beflügelt. Nach einem tiefgreifenden Strukturwandel in den 1990er Jahren ist Berlin zum Inbegriff einer kreativen und spannenden Metropole in der Mitte Europas geworden, zum „place to be" für Kreative und Talente aus aller Welt. Als Hauptstadt wurde Berlin zum Zentrum der politischen Entscheidungen und der Medien, aber auch des internationalen Austauschs und der Begegnung. Mit ihrer einzigartigen Dichte an exzellenten Hochschulen und Forschungseinrichtungen gehört die Stadt zu den innovativsten Regionen Europas und zunehmend schlägt sich dies auch in Wertschöpfung nieder. Aus Wissen entsteht Arbeit. Berlin ist zurück auf der Landkarte der modernen Industrie.

Heute, 20 Jahre nach der Friedlichen Revolution und dem Fall der Mauer ist Zeit für Bestandsaufnahme und Ausblick. Und was ist zu tun, um die Zukunft Berlins als dynamische und lebenswerte Metropole des 21. Jahrhunderts zu sichern?

2   Strukturwandel und neue Stärken

Der Weg seit der Wiedervereinigung verlief keineswegs geradlinig. So musste die Stadt nach der Euphorie und manchen Illusionen der Nachwendezeit einen harten Aufprall in der Realität hinnehmen. Hunderttausende Industriearbeitsplätze gingen verloren, die Berlin-Förderung wurde in hohem Tempo abgebaut, die Arbeitslosigkeit stieg dramatisch an, gleichzeitig hielten die Steuereinnahmen mit den wachsenden Ausgaben nicht Schritt. Die Folge war, dass der Schuldenberg dramatisch anwuchs und die Spielräume für politische Initiativen immer mehr schwanden.

Gleichzeitig wurden aber Weichen für die Zukunft der Stadt gestellt. Berlin setzte auf die Ausstrahlung seiner renommierten Opern und Theater. Die drei Berliner Universitäten erhielten über mehrjährige Hochschulverträge Planungssicherheit. Und bereits 1991 wurde beschlossen, in Adlershof eine „Integrierte Landschaft aus Wirtschaft und Wissenschaft" zu entwickeln. Wenig später folgte die Entscheidung, die sechs naturwissenschaftlichen Institute der *Humboldt-Universität* dort anzusiedeln, um in dichter Nachbarschaft universitäre und außeruniversitäre Forschung mit innovativen Unternehmen zu vernetzen. Politik, Wirtschaft und Wissenschaft in der Region einigten sich im Rahmen einer Wachstumsinitiative auf Leitlinien für die wirtschaftliche Entwicklung und auf die Bündelung der Wirtschaftsförderung. Und immer mehr Berlinerinnen und Berliner entwickelten Eigeninitiative und hatten den Mut zur Umsetzung ihrer Ideen in Unternehmensgründungen.

Heute gehört Berlin mit seiner einzigartigen Dichte an exzellenten Hochschulen und Forschungseinrichtungen zu den innovativsten Regionen Europas. An vier Universitäten, der *Charité* – Universitätsmedizin Berlin und zahlreichen weiteren privaten und öffentlichen Hochschulen sowie über 60 Forschungsstätten lehren, forschen, arbeiten und studieren rund 200.000 Menschen aus aller Welt. Die Berliner Hochschulen waren erfolgreich im Exzellenzwettbewerb, sie ziehen immer mehr Talente aus aller Welt an. Mit der neuen *„Einstein-Stiftung"* wird Berliner Spitzenforschung gezielt gefördert. Die Stadt setzt mit Erfolg auf die enge Verknüpfung von Wirtschaft und Wissenschaft sowie auf den Ausbau als innovativer Hightech-Standort.

Seit der Wiedervereinigung hat Berlin seine Infrastruktur umfassend modernisiert. Dazu zählt der neue Hauptbahnhof im Zentrum der Stadt. Und gegenwärtig wird am Südrand Berlins unter Hochdruck der neue Hauptstadtflughafen Berlin Brandenburg International gebaut. Ab 2011 wird dort der gesamte Berliner Flugverkehr gebündelt, um die Voraussetzungen für eine Drehkreuzfunktion Berlins zu schaffen. Der neue Flughafen wird Berlins neues Tor zur Welt sein.

In den vergangenen Jahren hat die Berliner Wirtschaft auf zahlreichen Feldern zu neuer Stärke gefunden. Internationalität und Weltoffenheit sind zu Markenzeichen Berlins geworden. Jahr für Jahr steigt die Zahl der Touristen, die nach Berlin kommen. Die deutsche Hauptstadt gehört zu den drei beliebtesten Städten in Europa und sie ist eine der begehrtesten Messe- und Kongressmetropolen der Welt. Auch zu internationalen Top-Sportereignissen zieht Berlin regelmäßig Gäste aus dem ganzen Land und aus aller Welt an. Mit dem Olympiastadion und der neuen Großarena am Ostbahnhof bietet Berlin beste Bedingungen für Events wie die Leichtathletik-Weltmeisterschaft – sicher der Höhepunkt des Sportjahres 2009.

Die Medien- und Kulturbranche ist zu einem wichtigen Wirtschaftsfaktor geworden, die mehr als 20 % des Bruttoinlandprodukts erwirtschaftet. Mehr als 160.000 Beschäftigte arbeiten in den kreativen Branchen von den Medien und dem Film über Musik, Games und Internet bis hin zu Kunst, Mode, Literatur, Werbung und Architektur.

Herausgebildet hat sich auch eine hoch innovative, wissensbasierte Industrie. Beispiele sind die Gasturbinenproduktion von *Siemens*, die Stellung von *Bayer Schering Pharma* im Gesundheitssektor, das Motorradwerk von *BMW*, das *Daimler*werk in Marienfelde, die Rasierklingenherstellung von *Gillette*, das Straßenbahnwerk von *Stadler* oder die Produktion bei *Berlin-Chemie*. Nicht minder bedeutsam ist eine Vielzahl von jungen kleinen und mittleren Unternehmen, die sich schnell und erfolgreich auf den Märkten positionieren konnten. Viele darf man als „hidden champions" bezeichnen: Weltmarktführer ohne „große Namen".

Die Stärken der Berliner Wirtschaft liegen auf Kompetenzfeldern wie den Optischen Technologien, der Biotechnologie, der Medizintechnik, dem Bereich Informations- und Kommunikationstechnologie/Medien und auf dem Feld der Verkehrssystemtechnik. Hinzu kommt die Herausbildung eines weiteren dynamischen Kompetenzfeldes im Bereich der erneuerbaren Energien, insbesondere auf dem Feld der Solarenergie. Bereits heute wird ein Drittel aller in ganz Europa produzierten Photovoltaik-Module in der deutschen Hauptstadtregion produziert.

Beispielgebend für die Wirtschaft der Zukunft ist der Wissenschafts- und Technologiepark Adlershof, wo in einem innovativen Umfeld durch Wissen Arbeit entsteht. Zugleich entwickeln sich auch an anderen Orten Profilzentren mit einem ähnlichen Ansatz: zum Beispiel auf dem Campus Buch, rund um die *Freie Universität* und die *Bundesanstalt für Materialfor-*

schung (BAM) sowie in den Gründerzentren und Technologieparks. Auch die Region rund um die *Technische Universität* und die *Universität der Künste* verdichtet sich gerade zu einem Hochtechnologie-Cluster.

3 Berlins Zukunft: Dynamische und lebenswerte Metropole

Der Schlüssel für Berlins Zukunft liegt darin, Berlins Attraktivität für Kreative und Talente aus aller Welt auch in Zukunft zu bewahren und den solidarischen Zusammenhalt der Stadtgesellschaft in lebendiger Vielfalt zu sichern. So kann Berlin zum Modell einer dynamischen und zugleich menschlichen Metropole werden – als Kraftzentrum einer neuen, wissensbasierten Wirtschaft, als Zentrum politischer Verantwortung in der Mitte Europas und als Vorbild für eine Stadtentwicklung, die niemanden zurücklässt, sondern Chancen für alle schafft und hilft, die Herausforderungen des 21. Jahrhunderts zu bewältigen.

Wie kaum eine andere Stadt verfügt Berlin über riesige freie Flächenpotenziale. Vom neuen Flughafen BBI im Südosten der Stadt über den Wissenschafts- und Technologiepark Adlershof, den Spreeraum und das Areal des bisherigen Tempelhofer Flughafens bis in die Innenstadt zu den Flächen rund um den neuen Hauptbahnhof zieht sich der künftige „Flughafenkorridor" – ein Chancenraum, der zum Investieren einlädt und bereits zahlreiche Projekte angezogen hat.

Die wieder gewonnene wirtschaftliche Stärke auszubauen und Berlin dauerhaft als eine der innovativsten Metropolen Europas zu positionieren – dafür gilt es, weiter die Exzellenz in den Berliner Hochschulen zu fördern, die Magnetwirkung Berlins als „Capital of Talent" zu stärken und die Bedingungen für erfolgreiche Wissenschaft zu optimieren. Wichtig ist auch, wie in Adlershof den Weg einer engen Kooperation zwischen Unternehmen und Wissenschaft weiterzugehen. Berlin wird nicht mit geringen Lohnstückkosten Erfolg haben können, sondern mit neuen Ideen, mit Kreativität und Innovationen. Und Berlin wird dann erfolgreich sein, wenn es die Trends der Zukunft erkennt und daraus einen ökonomischen Vorsprung entwickelt. Das heißt, die vorhandenen Kompetenzfelder auszubauen. In Zeiten, in denen weltweit das Bewusstsein für die Notwendigkeit eines verschärften Klimaschutzes erkannt wird, bedeutet dies aber zum Beispiel auch, Umwelt und Energie als Kompetenzfeld zu profilieren und Berlin als Stadt der erneuerbaren Energien und als Referenzstadt für einen entschlossenen Klimaschutz zu profilieren. Berlin setzt sich auf internationaler Ebene dafür ein, dass nicht nur Staaten Vereinbarungen zum Klimaschutz treffen, sondern ein starkes Bündnis großer Städte sein Know-how einbringt und Verantwortung für eine nachhaltige Verringerung des weltweiten CO_2-Ausstoßes übernimmt. Eine große Chance, Berlins Stärken international zu präsentieren, bietet das Wissenschaftsjahr 2010, in dem Berlin das 300-jährige Jubiläum der *Charité* – des renommierten und größten Universitätsklinikums Europas – feiert.

Berlin erfindet sich ständig neu. Dieser Wandel macht die Stadt spannend und eröffnet immer wieder neue Gelegenheiten zur Gestaltung. Für die Zukunft kommt es darauf an, die Ausstrahlung und Innovationskraft der Berliner Kultur – der Opern, Theater, Orchester und Museen, aber auch der kreativen Szene insgesamt immer wieder neu zu entfalten. Zentrale Projekte der nächsten Jahre sind die Errichtung des *Humboldt-Forums*, das in den nächsten Jahren auf dem Schlossplatz entstehen und mitten in Berlin zur Auseinandersetzung mit den außereuropäischen Kulturen einladen wird, und die Errichtung einer Berliner Kunsthalle, um zeitgenössische Kunst an prominenter Stelle zu präsentieren.

Der Erfolg Berlins wird in Zukunft auch davon abhängen, dass Berlin seinen Weg als weltoffene, tolerante und von lebendiger Vielfalt geprägte Metropole weitergeht. Dabei kommt es auf die Stärkung des inneren Zusammenhalts und auf Chancen für alle an. Eine Stärke Berlins ist schon heute, dass die Stadt Menschen unterschiedlichster Herkunft, Kultur und Lebensweise Heimat und Freiheit bietet. Das ist eine gute Voraussetzung für eine Willkommenskultur gegenüber jenen, die auch in Zukunft nach Berlin kommen.

Berlin ist ein Seismograf für die gesellschaftliche Entwicklung. Hier vollziehen sich viele Prozesse früher als anderswo. Ein Beispiel ist der Demographische Wandel. Berlin ist eine junge Stadt, zugleich nimmt der Anteil älterer Menschen zu. Immer mehr Berlinerinnen und Berliner engagieren sich für neue Modelle des generationenübergreifenden Wohnens und Zusammenlebens. Berlin kann zu einer Modellstadt für den Umgang mit dem Demographischen Wandel werden.

Ein anderes Feld, auf dem in einer Metropole wie Berlin Veränderungen frühzeitig sichtbar werden, ist der gesellschaftliche Wandel durch Einwanderung. Rund die Hälfte der Berlinerinnen und Berliner ist seit der Wiedervereinigung neu zugezogen. Menschen aus über 180 Nationen leben in der Einwanderungsstadt Berlin. Die Stadt wird bunter und schon 40 % der Kinder und Jugendlichen unter 18 Jahren haben einen Migrationshintergrund.

Vielfalt ist eine große Chance für Berlin als weltoffene Metropole, denn im 21. Jahrhundert kommt es entscheidend auf interkulturelle Kompetenz und Mehrsprachigkeit an. Es gibt – gerade auch in Berlin – eine große Zahl an Beispielen gelungener Integration. Gleichzeitig bedeutet der hohe Bedarf an Sprachförderung und frühkindlicher Bildung aber auch eine große Herausforderung auf dem Gebiet der Integration und der Bildung.

Das wichtigste ist, allen Kindern zu Beginn der Schulpflicht annähernd gleiche Startchancen zu bieten. Das ist die Basis dafür, dass mittelfristig kein Kind mehr ohne Abschluss die Schule verlässt. In Berlin wurden in den letzten Jahren viele Modelle für eine noch bessere Förderung entwickelt. Die frühkindliche Bildung und die Sprachförderung in den Kitas als Bildungseinrichtungen wurden ausgebaut. Die Eltern werden schrittweise von den Kitagebühren befreit. Immer mehr wird an einer Verzahnung der frühkindlichen Bildung in den Kitas und des anschließenden schulischen Angebots gearbeitet. Berlin hat sein Angebot an Ganztagsschulen erheblich ausgeweitet. Die neue Sekundarschule, in der Haupt-, Real- und Gesamtschulen aufgehen, verlängert das gemeinsame Lernen und gibt vielen Jugendlichen eine neue Perspektive für den Übergang zu einer Ausbildung. Berlin muss diesen Weg weitergehen, um die Potenziale der Internationalität noch mehr als bisher auszuschöpfen und allen Kindern und Jugendlichen Bildungschancen zu eröffnen. Das ist nicht nur der Schlüssel für ihre persönliche Zukunft, sondern auch für den inneren Zusammenhalt in der Stadt.

Berlin ist eine urbane und lebenswerte Metropole und kann zu einem Vorbild für Städte werden, die in der Tradition der „Europäischen Stadt" Menschen aller Schichten und Altersklassen Platz bieten – nicht nur an der Peripherie, sondern auch in der Innenstadt.

Die Stadt ist aufregend und spannend – vor kurzem sagte jemand, der viel in der Welt unterwegs ist: „Das Herz schlägt in Berlin doppelt so schnell wie anderswo."

Die Chancen der Stadt entschlossen zu nutzen, ist eine ambitionierte Aufgabe, für die es auch weiterhin einer großen gemeinsamen Anstrengung der Politik, der Wirtschaft, der Wissenschaft und des bürgerschaftlichen Engagements der Berlinerinnen und Berliner bedarf. Berlin steckt voller Energie. Und die Erfolge der letzten Jahre ermutigen zu einem optimistischen Blick in die Zukunft.

Respekt Mangelware? – Anmerkungen zur Psychologie auf dem Weg zur deutschen Einheit

EBERHARD DIEPGEN

Kanzlei Thümmel, Schütze und Partner

1	Vorbemerkungen	15
2	Die Wende – Ein falscher Begriff	16
3	Die Revolution der Ostdeutschen	18
4	Gegen Widerstände und Vorbehalte	19
5	Gemeinsamkeiten in traditioneller Vielfalt	21
6	Erfahrungen lassen sich nicht einfach ablegen	22
7	Westdeutscher Kolonialismus?	24
8	Wirtschaftslage und Zweifel an der Demokratie	26
9	Berliner Erfahrungen sind nicht gefragt	27
10	Korrekturbedarf	29
11	Neue Verfassung als Bindeglied?	30
12	Die Blickrichtung ist entscheidend	31
	Quellenverzeichnis	31

1   Vorbemerkungen

Die Diskussion um Fortschritte und Mängel der deutschen Einheit ist auch 20 Jahre nach dem Fall der Mauer nicht verebbt. Gefühlte und tatsächliche Unterschiede in der Entwicklung, die ökonomischen und gesellschaftspolitischen Fragestellungen zeigen ein vielschichtiges Bild. Bei aller Kritik in vielen Einzelfragen waren die letzten Jahre aber eine bemerkenswerte Erfolgsgeschichte. Spätere Generationen werden die Sorgen von heute kaum verstehen.

Wir wissen von der sehr simplen Tatsache, dass alles, was selbstverständlich in Anspruch genommen werden kann nicht mehr richtig gewürdigt wird. Und heute muss nicht mehr um Reisefreiheit gekämpft werden, gegen die Willkür des Staats- und Parteiapparates oder den Ausschluss vom Hochschulstudium aus politischen Gründen. Heute ist nicht alles vorherbestimmt, heute gibt es die Sorge um den Arbeitsplatz. Da kann sich der Blick auf die DDR verklären. Es war ja auch nicht alles schlecht. Das Phänomen kennen wir aus der Auseinandersetzung mit dem Nationalsozialismus. An die Stelle von HITLERS Autobahnen treten die Kinderbetreuung und die Vollbeschäftigung, selbst wenn es keine sinnvolle Arbeit gab. Aber so schlimm, wie es in der öffentlichen Diskussion erscheint, ist das mit der *Ostalgie* auch nicht. Bei dem Thema lohnt der Blick in den Westen. „Wann im 20.Jahrhundert ist es nach ihrem Gefühl Deutschland am besten gegangen?", fragte das *Institut für Demoskopie Allensbach* Anfang 2009. Nur 28 % nannten in Ostdeutschland die DDR Jahre zwischen 1949 und 1989. Von der oft beschworenen Ostalgie lässt sich da nichts wirklich Besorgniserregendes erkennen. In der alten Bundesrepublik entschieden sich dagegen zwei Drittel für die Zeit zwischen 1945 und 1989. Das *Institut für Demoskopie* kommentiert das mit dem Hinweis, dass viele in dieser Phase vor allem eine Zeit des stetigen Aufbaus und der Stabilität sehen. Die gesellschaftspolitischen Auseinandersetzungen der alten Bundesrepublik und die Probleme im geteilten Deutschland – die Frage bezog sich auf Deutschland als Ganzes – erscheinen weniger wichtig.[1]

Hier deutet sich ein Kernproblem der inneren Einheit an.

Die Deutschen tun sich schwer mit ihrer Geschichte. Auch nach dem Sommermärchen der Fußballweltmeisterschaft, einem Fest in schwarz-rot-gold, fällt es immer noch vielen Bürgerinnen und Bürgern schwer, sich mit ihrem Land zu identifizieren. In der Zustandsbeschreibung des wiedervereinigten Deutschland stehen Daten der wirtschaftlichen Entwicklung immer wieder im Vordergrund. Notwendig aber ist ein aufgeklärter Patriotismus, der dem Einzelnen einen unmittelbaren, empathischen Zugang zu seinem Land ermöglicht. Identität und Zugehörigkeit hängt mit Gefühlen zusammen und mit der Möglichkeit, die eigene Geschichte auch als eine Grundlage dieser Identität zu begreifen. Die Erinnerung an den Holocaust kann dabei nicht allein stehen bleiben. Was kennzeichnet das kollektive Gedächtnis der Deutschen, das für die Identität der Deutschen als politischer Gemeinschaft von zentraler Bedeutung ist?

---

[1]   Die in diesem Beitrag verwendeten demoskopischen Daten entstammen alle dem Datenmaterial des *INSTITUTS FÜR DEMOSKOPIE ALLENSBACH*.

2   Die Wende – Ein falscher Begriff

RICHARD SCHRÖDER, der Berliner Theologe und 1990 Fraktionsvorsitzender in der freigewähl-ten Volkskammer der DDR, beklagt zu Recht, dass angesichts der Verbrechen des National-sozialismus sich das Jahr 1933 wie eine Sichtblende vor die Betrachtung der ganzen deut-schen Geschichte schiebt, vor die Freiheitsbewegungen des 19. Jahrhunderts, die Märzrevolu-tion, den Verfassungsentwurf der Paulskirche, die Gründung der Weimarer Republik, die kulturellen und rechtsstaatlichen Traditionen.

Nach 1945 hat es sich als schwer herausgestellt, die Phase der deutschen Teilung als gemein-same deutsche Geschichte zu begreifen. West- und Ostbindung standen sich gegenüber. Jeder Teil Deutschlands entwickelte seine Mythen. Im Westen waren es das Wirtschaftswunder und die Deutsche Mark (D-Mark), im Osten war es der antifaschistische Gründungsmythos, der gleichzeitig die Bürger der DDR von jeder Mitverantwortung an den nationalsozialistischen Verbrechen freisprechen sollte und zugleich suggerieren sollte, bei dem neuen Staat handele es sich um mehr als um ein Gebilde von Moskaus Gnaden. HERFRIED MÜNKLER hat in seinem Buch „Die Deutschen und ihre Mythen" treffend herausgearbeitet, dass die Gründungsmythen der beiden Staaten im Nachkriegsdeutschland auch immer der gegenseitigen Abgrenzung dienten. Gemeinsam in den Erzählungen über die Zeit nach 1945 war nur die Leistung der Trümmerfrauen. Die Geschichte des Wirtschaftswunders und der Mythos D-Mark auf der einen und der Antifaschismus als Staatsdoktrin der DDR auf der anderen dienten der Abgren-zung. Auch der Umgang mit der jüngsten und erfolgreichen Revolution der Jahre 1989 und 1990 trägt oft bedenkliche Züge. Bisher konnte mit der Geschichte der Wiedervereinigung noch kein wirkungsmächtiger gesamt-deutscher Mythos aufgebaut werden. Selbst 20 Jahre nach dem Fall der Mauer klingt noch die Trauer an, mit einem wiedervereinigten Deutschland habe man die Chance zum Aufbau des wahren Sozialismus in einem deutschen Teilstaat ver-passt. Mit dem allzu oft verwendeten Begriff der Wende werden die Leistung der Bürgerbe-wegung und der Erfolg der Massendemonstrationen in Leipzig und Berlin klein geredet.

EGON KRENZ, Nachfolger von ERICH HONECKER als Generalsekretär des SED und Vorsitzen-der der Staatsrates der DDR, hat seinen Amtsantritt und die Ablösung der alt gewordenen Mitglieder des Zentralkomitees (ZK) als Wende bezeichnet. Mit der Ablösung HONECKERs und einer Öffnung der SED zu Glasnost und Perestroika der sowjetischen Führung unter MICHAEL GORBATSCHOW wollte er zwar bemerkenswerte Veränderungen im real existierenden Sozialismus, es ging aber um die Sicherung der Herrschaft der Arbeiterklasse. In Telefonaten mit HELMUT KOHL hat KRENZ denn auch immer betont, er rede von Wende, nicht von Um-bruch und er warb für eine sozialistische DDR, die auch im Interesse der europäischen Stabi-lität läge.[2]

Nein, es war eine Revolution. Es war ein Umsturz mit gravierenden Rückwirkungen auf die politische Landkarte Europas. Es war eine Bürgerrechts- und Freiheitsbewegung, die mit der Forderung nach einer systemkonformen neuen Ausrichtung des Sozialismus begann und ganz im Gegensatz zu den Wendeapologeten in eine freiheitliche und parlamentarische Demokratie einmündete. „Wir sind das Volk!" Besser kann doch die Forderung nach Freiheit und Selbst-bestimmung der Menschen in der Diktatur eines Zentralkomitees nicht ausgedrückt werden! Es war die Forderung an die Herrschenden, die Rechte des Volkes und seine Mündigkeit zu respektieren.

---

[2]   Vgl. KRENZ (1998).

Es gab einen revolutionären Prozess, eingebettet in Veränderungen im kommunistischen Machtbereich. Nachdem die sowjetische Armee sich aus Afghanistan zurückziehen musste, wurde die BRESCHNEW-Doktrin aufgegeben und damit von der Sowjetunion und den anderen Staaten des sozialistischen Lagers auf eine Einmischung in innere Angelegenheit der Ostblockstaaten verzichtet. In Polen gab es einen „Runden Tisch" und bei Wahlen den Sieg der zuvor bekämpften *Solidarnosc*. In Ungarn wurde der „Eiserne Vorhang" geöffnet. Und es gab, wie in allen Revolutionen der europäischen Geschichte, auch unterschiedliche Zielrichtungen. Manche wollten nur begrenzte Ziele durchsetzen, andere wagten nicht, allzu weit zu denken. Das System selbst hatte mit dem Betrug bei den Wahlen die DDR-Bürger zu der Alternative gedrängt: entweder Ausreise oder eine Veränderung des Systems erzwingen. Es gab doch schon nur eine Einheitsliste. Aber die SED wollte sich nicht „nur" mit 70 bis 80 % Zustimmung zur *Nationalen Einheitsfront* begnügen – dieses Ergebnis hatte die Wahlbeobachtung der Bürgerrechtsgruppen ergeben. Schon bevor die Auszählung abgeschlossen, zum Teil noch nicht einmal begonnen wurde, stellte die Wahlleitung eine Zustimmung von fast 100 % fest.

Der Fall der Mauer wurde von den Menschen erzwungen. So wurde der 9. November sichtbares Zeichen für die Durchsetzungskraft der oppositionellen Massen. Fortgesetzt wurde die Revolution mit den Rufen „Wir sind ein Volk" und „Deutschland einig Vaterland". Sie sprengte damit auch die nach dem zweiten Weltkrieg entstandenen Blockgrenzen. Und vollendet wurde die Revolution mit der Wiedervereinigung. Der Schlusspunkt des revolutionären Aufbruchs war fünf Jahre später. 1994 verließen die letzten nicht mehr sowjetischen, sondern russischen Truppen in der Folge des Mauerfalls Deutschland. „Deutschland, wir reichen dir die Hand und kehren zurück ins Vaterland". Das war ihr Abschiedslied. Damit verbunden war das Ende auch der letzten Reste des Besatzungsregimes in ganz Deutschland.

1989 war also nicht nur eine Wende in der Politik der DDR. Es war eine ostdeutsche Revolution; es war aber keine gesamtdeutsche Revolution. Der Westen Deutschlands beobachtete das Aufbegehren in den ostdeutschen Städten zwar mit neugierigem Interesse und Sympathie, es war aber vielfach nicht mehr als die Unterstützung für Befreiungsbewegungen in der Dritten Welt. An Großdemonstrationen zugunsten der Bürgerrechtsbewegung in Städten der „alten" Bundesrepublik hat es jedenfalls gefehlt. Und allzu starke Kritik am real existierenden Sozialismus oder gar die Forderung nach Wiedervereinigung galt bis weit in das Jahr 1989 hinein als Unterstützung des Kalten Krieges. Breite Unterstützung hatte nicht ein Kampf um eine freiheitliche Demokratie im sozialistischen Lager – etwas anderes galt für die Entwicklung in Polen und vielleicht auch in Ungarn – oder für den Abriss der Mauer, sondern eine Modernisierung des Kommunismus im Sinne der etwas diffusen Begriffe von Glasnost und Perestroika. Als der amerikanische Präsident RONALD REAGAN 1987 am Brandenburger Tor von der Sowjetunion die Öffnung der Mauer verlangte wurde er beinahe unisono in den Kommentaren der westdeutschen Zeitungen als unverbesserlicher kalter Krieger beschimpft. Vom Ziel der Wiedervereinigung hatte sich die Gesellschaft der Bundesrepublik in ihrer Mehrheit weit entfernt.

3   Die Revolution der Ostdeutschen

Der Ruf „Wir sind ein Volk" erscholl am kräftigsten in den Städten Sachsens. Im Westen gab es viel – zu viel – Zurückhaltung. Ich kritisiere mit diesem Hinweis nicht die Sorge um die Stabilität des europäischen Sicherheitssystems, die anfänglich zu großer Vorsicht bei allen politischen Zielvorgaben für die deutsche Politik führte. Nach dem auch vom ZK der SED so nicht geplanten Fall der Mauer – *GÜNTER SCHABOWSKI* hat mir den Katzenjammer oft beschrieben[3], der am Tag nach der Maueröffnung im ZK der SED herrschte – war nicht klar, wie die Moskauer Führung und auch die westlichen Verbündeten der Bundesrepublik reagieren würden. Es gab Ablehnung, Skepsis und Verzögerungsstrategie gegenüber dem in der Präambel des Grundgesetzes formulierten Wiedervereinigungsauftrag. So wie mit dem Begriff der Wende die historische Einordnung der friedlichen Revolution marginalisiert wird, so wurde der Ruf „Wir sind ein Volk" mit dem Hinweis, die wollen ja nur Bananen diskreditiert. Der Versuch misslang, blieb aber im Gedächtnis als Ausdruck geringer Wertschätzung. *JÜRGEN HABERMAS*, Ikone der gesellschaftskritischen Wissenschaft in der Bundesrepublik, sprach wenige Jahre nach der deutschen Einheit abwertend vom DM-Patriotismus und diskreditierte damit absichtsvoll den revolutionären Ruf der Leipziger „Deutschland einig Vaterland". Bemerkenswert sind dabei Parallelen zum Umgang mit dem Volksaufstand vom 17. Juni 1953. Der Nationalfeiertag wurde zum nationalen Badetag. Der Aufstand in allen Regionen der damaligen DDR immer mehr klein geredet und in seinen Motiven und Zielen auf Kritik an Normen und Tarifen reduziert. Ich empfand es als eine persönliche Zumutung als nach dem Umzug nach Berlin das Protokoll der Bundesregierung die zentrale Gedenkveranstaltung auf dem Friedhof an der Berliner Seestraße nur noch als ein stilles Gedenken (Kranzniederlegung durch einen Protokollbeamten) begehen wollte. Das konnte ich verhindern.

Auch der 17. Juni war ein wichtiger Tag für freiheitliche Traditionen in Deutschland. Und zu leicht macht man es sich auch, wenn einfach nur die Niederschlagung des Aufstands in Erinnerung bleibt. Wir wissen heute, dass der Schock über diesen Aufstand in der SED-Führung bis in das Jahr 1989 fortbestand. Die SED-Führung hatte wegen ihrer Erfahrungen aus dem Jahr 1953 nie den Mut zu den notwendigen tief greifenden Reformen auf dem Arbeitsmarkt. Und Stasi-Chef *MIELKE* fragte anlässlich der großen Demonstrationen vom Oktober 1989, ob es einen neuen 17. Juni gäbe.

Der 17. Juni 1953 und die Revolution von 1989 müssen als Ereignisse der gemeinsamen deutschen Geschichte erinnert und begriffen werden. Daran muss gearbeitet werden. Ihre Geschichten müssen überall in Deutschland erzählt werden und auch Geschichten von der „anderen Seite" sein. Sie müssen unbestrittener Teil des kollektiven Gedächtnisses vom Saarland bis nach Frankfurt an der Oder werden.

Der 3. Oktober wurde zum Tag der deutschen Einheit – offensichtlich ohne historischen Bezug und ausschließlich wegen sonstiger Terminengpässe der Verantwortlichen. Daran lässt sich nichts mehr ändern. Der 9. November ist in Deutschland historisch vielfach belastet und die in einer Erinnerungskultur angemessene Entscheidung für einen Tag der großen Demonstrationen in Leipzig – dort war die demokratische Bewegung stärker als in Berlin – ist versäumt worden. Aber mit einem Unsinn sollte in Zukunft doch Schluss gemacht werden: Mit dem Wanderzirkus, der am Tag der deutschen Einheit durch die Hauptstädte der Bundesländer führt. Eine Länderschau „Wir in Mecklenburg-Vorpommern" als zentrales Ereignis am

---

[3]   Vgl. *SCHABOWSKI* (1994).

Nationalfeiertag. Die Franzosen schütteln nur den Kopf. Gerade in einem starken Föderalismus brauchen wir starke gesamtstaatliche Klammern. Die zentralen Veranstaltungen gehören in die deutsche Hauptstadt. Nur dann können sich angemessene Traditionen für das kollektive Gedächtnis am Tag der Deutschen Einheit entwickeln.

4   Gegen Widerstände und Vorbehalte

Leistung und Erfolg der friedlichen Revolution kann richtig einordnen, wer die Ausgangsposition beschreibt und auch seinen Blick über die nationalen Grenzen richtet. Um es vorweg festzuhalten: Um die innere Einheit eines Landes muss immer neu gerungen werden. Das ist nicht anders als beim Zusammenhalt einer Familie. Und es geht nicht nur um den Vergleich blühender Landschaften sondern um gesellschaftspolitische Ziele und Wertvorstellungen, um Theorie und Wirklichkeit von Solidarität. Auch wenn wir inzwischen schon länger im wiedervereinigten Deutschland leben, als das so genannte Tausendjährige Reich existierte oder auch NAPOLEON regierte, sollten wir uns nicht überfordern. Ich empfehle einen Blick nach Italien, Belgien oder auch Spanien. Die Gemeinsamkeiten von Mecklenburg-Vorpommern und Bayern sind sicher stärker als die von Mailand und Sizilien oder Flamen und Wallonen.

Die deutsche Wiedervereinigung wurde gegen Widerstände und Vorbehalte von innen und außen durchgesetzt. Gerade deshalb haben wir Anlass zu besonderem Stolz. Auf Gegnerschaft und Vorbehalte gegen die Wiedervereinigung im Frühjahr 1989 in der westlichen Bundesrepublik wurde schon hingewiesen. Die Zurückhaltung hatte seinen Hintergrund im veränderten Selbstverständnis der Republik. Am 30. Geburtstag des Grundgesetzes – die Wertschätzung der „provisorischen" Verfassung für einen Teil Deutschlands war nach anfänglichem Unbehagen von Jahrzehnt zu Jahrzehnt gestiegen – empfahl DOLF STERNBERGER den „Verfassungspatriotismus" als Ersatz für das unter der Teilung verschüttete Nationalbewusstsein.

Die Kehrseite des wachsenden Stolzes und des Vertrauens in das Grundgesetz war der Rückzug auf die Bundesrepublik und ein wachsendes „BRD-Bewusstsein". Weder das Grundgesetz noch die Bundeshauptstadt Bonn wurden seit dem 1970er Jahren jenseits feierlicher Deklamationen als Provisorien begriffen. Man fand sich ab. Die Bundesrepublik Deutschland definierte sich im Gegensatz zum heutigen Europa der Nationen als postnationaler Staat. Westintegration war Staatsräson. Da störte der Gedanke an Verpflichtungen gegenüber Landsleuten auf der anderen Seite der Elbe. Und das passte auch zu den historischen Vorbehalten der Rheinbundstaaten gegen Preußen und seine Kernlande im Osten Deutschlands. In der Zeit dachte man im Bundesfinanzministerium darüber nach, Berlin (West) in die Lüneburger Heide zu verlagern. Das sei billiger. Eine der Ironien der Berliner Geschichte ist die Tatsache, dass ein Vertreter dieser sparsamen Zunft später Berliner Finanzsenator wurde und sich beim Ausscheiden aus diesem Amt auch noch mit diesen Überlegungen rühmte.[4]

---

[4] *THILO SARRAZIN*, Berliner Finanzsenator von 2001–2009, anlässlich seiner Abschiedspressekonferenz im April 2009.

Zwanzig Jahre nach dem Mauerfall soll ich immer wieder die Frage beantworten, ob ich denn wirklich eine Wiedervereinigung zu meinen Lebzeiten für möglich gehalten oder doch nur eine unrealistische Hoffnung vor mir hergetragen habe. Nein, bei mir war es nicht nur eine Hoffnung. Erstens wollte ich noch ein paar Jahrzehnte leben und zweitens würde allein die Existenz von Berlin (West) inmitten der sozialistischen DDR die deutsche Frage immer wieder auf die internationale Tagesordnung setzen. Es war gut, dass Ideen, wie die Verlagerung der Teilstadt in eine westdeutsche Heidelandschaft, auch die Einflusssphäre der Westmächte tangierten. In den Tagen des Mauerfalls wurde bei einem Seminar des innerdeutschen Museums vom Hauptreferenten *MICHAEL STÜRMER* die Forderung aufgestellt, die Bundesrepublik müsse im vierten Jahrzehnt ihrer Geschichte „von der Idee des Provisoriums Abschied nehmen".[5] Das war nichts anderes als die Forderung nach einer Änderung der Präambel des Grundgesetzes.

Bedenken gegen eine deutsche Wiedervereinigung wurden aus der europäischen Geschichte abgeleitet, aus dem Souveränitätsstreben der deutschen Territorialfürsten, das sich heute in einem stark ausgeprägten Föderalismus widerspiegelt, und der Erkenntnis, dass die europäischen Mächte immer ein starkes und vereintes Deutschland in der Mitte Europas verhindern wollten. Im neuzeitlichen europäischen Staatensystem wurde 1871 unter der Führung Preußens mit der Reichsgründung erstmals ein Interventions-verbot fremder Mächte in Deutschland verbunden. *MICHAEL STÜRMER* hat in dem oben genannten Referat daraus sogar die erstaunliche Schlussfolgerung gezogen: „Die deutsche Teilung nach 1945 ist durch *HITLER* nicht verursacht, sondern nur ermöglicht worden".

Die Nachbarn Deutschlands waren auch am Ende des 20. Jahrhunderts nicht an einem Deutschland interessiert. So musste die deutsche Vereinigung nicht nur der Sowjetunion abgerungen werden. Ein wiedervereinigtes Deutschland, voll integriert in das westlich-demokratische Bündnissystem erschien beinahe undenkbar. Und auch NATO-Verbündete der Bundesrepublik – sie waren als Bündnispartner vertraglich zur Unterstützung einer Politik der Wiedervereinigung verpflichtet – meldeten mit immer neuen Bedingungen Bedenken gegen nur einen deutschen Staat in der Mitte Europas an. Ein vereintes Deutschland wurde wegen seiner Bevölkerungszahl und seiner Wirtschaftskraft als Bedrohung angesehen. Ich habe die Deutschen so lieb, dass ich am liebsten zwei deutsche Staaten habe. Dieser Satz der britischen Premierministerin wird immer wieder kolportiert. Bis in die Schlussphase der Zwei-plus-Vier-Verhandlungen hat sie mit sicherheitspolitischen Forderungen die Entwicklung bremsen wollen. In den Verhandlungen mit den verbündeten Regierungen konnte jetzt aber immer wieder darauf verwiesen werden, dass die deutsche Politik gegen alle Kritik und trotz mancher Widersprüchlichkeiten den Anspruch auf Wiedervereinigung aufrechterhalten hatte – selbst bei dem Besuch *HONECKERS* in Bonn. Militärische Ehren für den Staatsratsvorsitzenden der DDR konnten schnell als endgültige Anerkennung der Zweistaatlichkeit verstanden werden.

---

[5] Vgl. *MICHAEL STÜRMER* in seinem Vortrag „Die deutsche Frage in der europäischen Geschichte: „ In den letzten hundert Jahren hat der Nationalstaat für Europa mehr Sprengkraft als Bindungskraft entwickelt. Die Bundesrepublik Deutschland im vierten Jahrzehnt ihrer Geschichte – bald solange wie das *BISMARCK*-Reich überhaupt existierte – muss von der Idee des Provisoriums Abschied nehmen, welche die Väter des Grundgesetzes bestimmte und bestimmen musste. Wie immer die Hoffnung von damals Gestalt gewinnen mag, die deutsche Einheit in Frieden und Freiheit zu vollenden, sie wird historische Zeiträume brauchen und setzt eine weitgespannte europäische Friedensordnung voraus […] Und ob sie nur als staatliche Einheit denkbar ist, bleibt zu prüfen und kritisch zu durchdenken, gerade im Licht der westeuropäischen Integration."

HELMUT KOHL konnte die Wiedervereinigung gegenüber *GORBATSCHOW* und der sowjetischen Führung durchsetzen, weil diese Forderung in einem demokratischen und revolutionären Prozess von der Bevölkerung der DDR ausging. Die Menschen in der DDR mussten die Drängenden sein, die Bundesregierung dürfe die Entwicklung zunächst nur flankieren. Als ich im Dezember 1989 öffentlich von gesamtdeutschen Wahlen an Stelle der 1990 fälligen Bundestagswahlen sprach, hat der Bundeskanzler sehr besorgt und emotional die politischen Zwänge betont. Sie passten schon kurz nach dem Freudentaumel vom 9. November zur Stimmung in Westdeutschland, wo nicht nur *OSKAR LAFONTAINE* Stimmung gegen die vielen Besucher aus dem Osten und die Übersiedler machte. Die Sorge wuchs, die nationale Frage könne zu einer sozialen Frage werden. Deswegen musste, wer die Wiedervereinigung wollte, aus Gründen der internationalen aber auch der nationalen Politik schnell handeln.

5   Gemeinsamkeiten in traditioneller Vielfalt

In Deutschland fehlte die gemeinsame Erfahrung von Aufbaujahren. Nach dem Krieg, durch die Teilung des Landes und nach der Wiedervereinigung dadurch, dass (bei Sonderproblemen im Zonenrandbereich und Berlin) sich der wirtschaftliche und gesellschaftliche Umbruch auf die Regionen des Osten konzentrierte. Ein gegenseitiges Fremdeln konnte da nicht ausbleiben. Noch immer empfinden sich viele Ostdeutsche und Westdeutsche gegenseitig als fremd. So steht es im Jahresbericht der Bundesregierung zum Stand der deutschen Einheit 2009. Es lohnt sich, die Feststellung zu hinterfragen – auch mit der Überlegung, welche Unterschiede der deutschen Geschichte vor 1945 und insbesondere dem Föderalismus zu verdanken sind. Nicht alle Unterschiede in Deutschland sind Folgen der Nachkriegsentwicklung. Die Streusandbüchse des Heiligen Römischen Reiches deutscher Nation, das heutige Land Brandenburg, hat seine Strukturprobleme außerhalb des Berliner Ballungsgebiets nicht nur als Folge der sozialistischen Fehlwirtschaft. Das landschaftlich so schöne Mecklenburg-Vorpommern muss sich – vergleichbar mit den Friesenwitzen – Spott auf sprichwörtliche Rückschrittlichkeit gefallen lassen: Beim Weltuntergang solle man nach Mecklenburg umziehen, da passiert alles etwas später. Auch in den heutigen „neuen" Bundesländern gab es das für die westliche Bundesrepublik so ausgeprägte Nord-Süd-Gefälle. Daher kann es auch nicht überraschen, dass man in Thüringen und Sachsen deutlich stolzer auf das ist, was man in der Zeit nach dem Ende der DDR erreicht hat, als in Mecklenburg-Vorpommern, Brandenburg und Sachsen-Anhalt.

Etwas verkrampft erscheinen mir Untersuchungen zur inneren Einheit, die Unterschiede in Traditionen und Bräuchen, in der Sprache und dabei insbesondere bei der Verwendung einzelner Begriffe oder im Verhältnis zu Religionsgemeinschaften in den Vordergrund stellen. Das kann spannend sein. Es entscheidet auch, wo ich mich wohl fühle und wo ich möglicherweise hin ziehe. Aber mit dem früheren Eisernen Vorhang muss es nicht zusammenhängen. Die Menschen in Bayern, Sachsen und an der Waterkant haben ihren spezifischen Charme und in vielen Dingen des täglichen Miteinanders auch unterschiedliche Umgangsformen. Die Vielfalt des deutschen Föderalismus und damit der deutschen Stämme und der vielen Einwanderer verbietet innere Einheit mit Einheitsbrei zu verwechseln. Und es kann nicht ohne Auswirkungen bleiben, wenn von den 4,3 Millionen Muslimen nur etwa 2 % in Ostdeutschland (ohne Berlin) leben.

Es gibt Klischees, die gegeneinander aufbringen, die verletzen.

Weit verbreitet ist das Klischee vom „*Besser Wessi*" und „*Jammer-Ossi*"? *Allensbach* hat die Frage in der Entwicklung von 10 Jahren untersucht. Bei den unmittelbaren persönlichen Kontakten bleibt von „*Jammer-Ossi*" bei Westdeutschen nur wenig übrig. Nur 16 % hatten 2004 diesen Eindruck, in der Entwicklung war er im Vergleich zu 1995 weiter zurückgegangen. Demgegenüber haben 27 % der Ostdeutschen „*Besser-Wessi*" Erfahrungen. Die Zahl ist im Vergleichszeitraum auch hier zurückgegangen, das negative Votum ist aber eindeutig höher. Es korrespondiert mit einer anderen Empfindung: 32 % der befragten Ostdeutschen empfanden den Beitritt der DDR zur Bundesrepublik als eine „*Art Kolonialisierung*" und 39 % hätten noch im Jahre 2007 (1997 waren es 55 %) lieber einen neuen Staat gehabt.

Die Zahlen überraschen nicht. Mein Vertrauen in die Demoskopie ist nicht grenzenlos. Aber sie decken sich mit persönlichen Erfahrungen und sind für den Zustand der deutschen Einheit nicht wirklich besorgniserregend. Der Ruf „Wir sind ein Volk" auf den Straßen von Leipzig war mächtig und gab nach allen Erkenntnissen auch die Meinung der Mehrheit der Ostdeutschen wieder. Aber es gab auch eine andere Meinung und es gab diese Sehnsucht nach dem „richtigen" Sozialismus in einem anderen Staat. Diese Positionen können nicht von heute auf morgen verschwunden sein. Auch im Saarland löste sich nach dem Beitritt zur Bundesrepublik die Saarländische Volkspartei der Befürworter des Saarstatuts erst nach 15 Jahren auf. Für die innere Einheit, das Gefühl der Zusammengehörigkeit, die Übereinstimmungen in gesellschaftspolitischen und moralischen Werten, eine gegenseitige Solidarität sind die Veränderungen in den letzten 20 Jahren wichtig. Die Sehnsucht nach einem neuen Staat hat abgenommen. Mit großen Schritten sind die Ostdeutschen im gemeinsamen Deutschland angekommen. 1992 fühlten sich von ihnen noch 63 % eher als Ostdeutsche denn als Deutsche. 2006 waren es nur noch 35 % und mehr als die Hälfte fühlten sich mehr als Deutsche. Ein neues Grundgesetz wollen 2009 zwar stolze 41 % der befragten Ostdeutschen, im Westen sind es 22 %, es war im Jahre 1991 aber mit 58 % eine deutliche Mehrheit. Interessant ist eine Parallelität zur Entwicklung in der Bundesrepublik. Nach 20 Jahren leben „unter" dem Grundgesetz wollten nur 43 % der Befragten kein neues. In den Gebieten der ehemaligen DDR wollten nach einem gleichen Erfahrungszeitraum 38 % keine neue Verfassung.

6   Erfahrungen lassen sich nicht einfach ablegen

Die Schwierigkeiten des Einigungsprozesses wurden 1990 unterschätzt. Nicht so sehr in den wirtschaftlichen Fragen. Die Mär von der wirtschaftlichen Stärke der DDR – auch in westdeutschen Medien über viele Jahre eifrig verbreitet – war längst geplatzt und der Terminplan der deutschen Einigung von der Zahlungsfähigkeit der ostdeutschen Teilstaates wesentlich mitbestimmt. Der Umtauschkurs der Ostmark war nicht ökonomisch unterlegt, er war mit Überlegungen der politischen und damit emotionalen Akzeptanz bei den Bürgern der DDR begründet. Ganz nach dem Motto, kann es oder muss es einen Schlag mehr geben. Der deutsche Einigungsprozess stand bei dieser Entscheidung zu Recht im Vordergrund.

Ich habe im Vorfeld der Vereinigung Berlins die emotionalen und politischen Spannungen innerhalb der Stadt unterschätzt. Das lag vielleicht an meinem Verständnis von der Einheit der Nation. Außerhalb der Kontakte mit der SED und Wirtschaftsfunktionären kam ich auch mehr mit systemkritischen Menschen in Ostberlin und anderen Orten der DDR zusammen. In Berlin zeigten sich die Spannungen noch deutlicher als in anderen Teilen des Landes. Die beiden Stadthälften waren über vierzig Jahre Antipoden, Hochburg eines zentral regierten kommunistischen Staates auf der einen Seite, Symbol des Antikommunismus und der westlichen Demokratie auf der anderen Seite. Wer glaubte, die Menschen könnten diese Geschichte selbst bei neuen Erkenntnissen und veränderter politischer Überzeugung von einem Tag zum anderen wie einen alten Regenmantel ablegen, der irrte.

Diese Erkenntnis gilt für die gesamte ehemalige DDR, für die Hauptstadt und Verwaltungszentren der DDR-Bezirke etwas mehr als für andere Regionen. Die SED hatte im Osten Deutschlands prozentual mehr Mitglieder als die NSDAP für sich in Anspruch genommen hat. Auch darüber hinaus war der Glaube an den Sozialismus weit verbreitet. Andere hatten ja auch das Weite gesucht – solange und soweit es ging. „Gab es in Ihrem Leben eine Zeit, wo Sie an den sozialistischen Staat geglaubt haben?" Diese Frage beantworteten 69 % mit einem klaren Ja. Auf eine kürzere Zeit beschränkte sich dieser Glaube nur bei 37 %. Das war eine Untersuchung aus dem Jahre 2004. Die Ergebnisse unterscheiden sich nur marginal von Aussagen aus dem Jahr 1992. Da bleibt immer – menschlich verständlich – die vermeintliche Gewissheit, es war doch nicht alles falsch.

Und es war auch nicht alles falsch. Die simple Tatsache darf nur nicht gleich zu einer Verklärung des Systems der DDR führen und die notwendige wissenschaftliche Aufarbeitung verdrängen. Der Zeitgeist hat in den Jahren nach 1990 leider eine vernünftige Abwägung der Erfahrungen zu einzelnen Politikbereichen in Ost und West unmöglich gemacht. Das lag nicht nur am vermeintlichen „Kolonialismus" des Westens. Wer kaufte damals Ostprodukte? Die Neugier auf das Neue, im Werbefernsehen oft bestaunt aber doch unerreichbar, bestimmte die Gemüter. Rotkäppchen-Sekt war erst später wieder in. Der Film „Goodbye Lenin" schildert den befreienden aber auch schwer zu verkraftenden Einschnitt dieser Zeit. Und alles, was nicht dem westlichen „Vorbild" entsprach wurde schnell und ohne große Prüfung abgewickelt.

Erst abgewickelt, dann in etwas veränderter Form wieder in Mode. Das galt für die Kinder- und Jugendsportschulen – als Sportgymnasien findet man sie jetzt wieder im Bildungsangebot, genauso wie für Gesundheitlich-Soziale-Zentren, die den Gedanken der Polikliniken aufgenommen haben. Heute gilt das Angebot an Kindergärten in den neuen Ländern als Beispiel für den Westen Deutschlands. Auch aktuelle schulpolitische Diskussionen erinnern an das Schulwesen der DDR. Inhaltlich halte ich das für bedenklich. Bildungsideologen aus West und Ost haben sich gefunden. Es hat aber auch positive Seiten, wenn allein der Hinweis auf die sozialistische Einheitsschule nicht gleich zum Abbruch aller Diskussionen führt. Was die Schule in der DDR den Kindern von den so genannten Sekundärtugenden abverlangte, wäre in Zeiten der antiautoritären Erziehungsversuche auch Schülern im Westen Deutschlands gut bekommen. Es war schon eine Crux: Im Westen verweigerte eine Lehrer- und Elterngeneration ihren Kindern das Recht auf Erziehung und im Osten führte die Pflicht zur sozialistischen Erziehung zur Indoktrination. In Berlin hätte ich nach der Vereinigung der Stadt gerne Schulkollegien aus Lehrern aus Ost und West gebildet. Im Ostteil der Stadt die Lehrer aus dem Westen als Schutz gegen die Verherrlichung der DDR und für das Bildungsziel eines mündigen Bürgers, für Kreativität und die Bereitschaft zu selbstständigem Handeln und im Westteil Lehrer aus dem Osten, die ihren Kollegen eine Diskussion über Erziehungsmethoden aufzwingen und die Bedeutung der Naturwissenschaften betonen. Auch weil Naturwissenschaften sich weniger zur Indoktrination eignen war in der DDR das Interesse daran größer.

Damals wehrten sich die Lehrer in Ost und West gegen eine Versetzung in den jeweils anderen Stadtteil. Nur etwa 100 Lehrer sind dem Aufruf gefolgt; damit war der Erfolg gegenseitiger pädagogischer Anregungen aber nicht gesichert. Von den Lehrern in der DDR konnte man getrost die Mehrheit zu den Stützen des Systems rechnen. In den Schulen besteht deswegen noch heute die Gefahr, dass den Schülern mehr gute als schlechte Seiten aus der Zeit der Herrschaft der Arbeiterklasse vermittelt werden. Der Hang zur DDR-Nostalgie ist in der Berufsgruppe besonders weit verbreitet. 20 Jahre nach dem Mauerfall kann man aber immer mehr auf eine nachwachsende Lehrerschaft und auch den Oppositionsgeist der jungen Generation vertrauen.

7   Westdeutscher Kolonialismus?

In den Kollegien Ostberliner Schulen wurde zu Beginn der 1990er Jahre ein Brief von *THEODOR STORM* verbreitet. Der Brief, geschrieben 1867 nach der Besetzung Schleswig-Holsteins durch Preußen, las sich wie eine aktuelle Zustandsbeschreibung:

„Wir können nicht verkennen, dass wir lediglich unter der Gewalt leben. Das ist desto einschneidender, da es von denen kommt, die wir gegen die dänische Gewalt zu Hülfe riefen und die uns jetzt, nachdem sie jene bewältigen geholfen, wie einen besiegten Stamm behandeln, indem sie die wichtigsten Einrichtungen, ohne uns zu fragen, hier über den Haufen werfen und andere dafür nach Gutdünken oktroyieren." In dem Brief heißt es weiter: „obenan ihr schlechtes Strafgesetzbuch, worin eine Reihe von Paragraphen – längst der juristischen wie der Moralkritik verfallen – ehrlichen Leuten gefährlicher sind als den Spitzbuben, die sie angeblich treffen sollen [...] und beschreibt das Auftreten der hilfreichen Geister, die ins Land kamen. [...] Und obwohl Preußen – sowohl wegen der Art, wie sie das Land gewonnen, als auch, weil wir zum geistigen Leben der Nation ein so großes Kontingent gestellt wie nur irgendein Teil von Preußen – alle Ursachen zum bescheidenen Auftreten bei uns hat, so kommt doch jeder Kerl von dort mit der Miene eines kleinen persönlichen Eroberers und als müsse er uns erst die höhere Weisheit bringen [...] Auf diese Weise einigt man Deutschland nicht."

Die Bürgerbewegung hatte – so drückte es *BÄRBEL BOHLEY* aus – Gerechtigkeit gesucht, aber einen Rechtsstaat gefunden. Für eine befriedigende Aufarbeitung staatlichen Unrechts erwiesen sich die Gerichte nur als sehr begrenzt geeignet. Das Verständnis von Eigentum und Besitz hatte sich auseinander entwickelt. Mit der Forderung nach Rückübereignung von Grundstücken an frühere Eigentümer oder deren Rechtsnachfolger gab es viel Verwirrung und Unverständnis bei denen, die zum Teil seit vielen Jahren Häuser und Grundstücke als ihren Besitz ansahen. Entschädigung vor Rückübereignung. Als ich diese Forderung aufstellte musste ich mir den Vorwurf eines mangelhaften Verständnisses von Eigentum gefallen lassen. Der FDP-Politiker *OTTO GRAF LAMBSDORFF* forderte in diesem Zusammenhang den Ministerpräsidenten der DDR, den Juristen *LOTHAR DE MAIZIÈRE*, auf, er solle sich endlich einen abstrakten Eigentumsbegriff (nach bundesdeutschem Recht) aneignen. Und es gehört auch zur gesamtdeutschen Wirklichkeit, dass schon ein arroganter und dann im Regelfall auch noch nur durchschnittlich intelligenter Wessi allen Idealisten das Leben schwer machte, die mit großem persönlichem Engagement in die Regionen Ostdeutschlands gezogen sind.

Mindestens im Rückblick darf es nicht verwundern, dass es bei „gelernten DDR-Bürgern" den Vorwurf einer Art von Kolonialisierung gab. Die Privatisierung der staatseigenen DDR-Industrie durch die Treuhandanstalt und der damit verbundene Verlust von Produktionskapazitäten und Arbeitsplätzen waren dafür entscheidend. Dagegen half auch nicht der Hinweis auf mangelnde Produktivität und Konkurrenzfähigkeit. Gab es im wiedervereinigten Deutschland Überkapazitäten wurde im Regelfall in Ostdeutschland abgebaut und versucht, den Markt der ostdeutschen Unternehmen vom Westen her zu bedienen.

Im Jahre 2006 sprachen 32 % der Bevölkerung Ostdeutschlands (ohne Berlin) von einer Kolonialisierung. Ähnlich große Prozentsätze von befragten Bürgern in der ehemaligen DDR wollen eine neue Verfassung, hätten lieber einen neuen Staat gehabt oder glauben daran, dass Ost und West immer wie zwei getrennte Staaten bleiben werden. Mit dem Hinweis auf einen festen Stamm von DDR-Bürgern, die vom Sozialismus der DDR profitiert haben, würde es sich die Politik aus meiner Sicht zu leicht machen. Es sind alles Fragen, bei denen es um verletztes Selbstbewusstsein, gegenseitigen Respekt und die Anerkennung von Lebensleistungen geht. Durch praktische Politik können die dahinter stehenden Defizite im Sinne eines gesamtdeutschen Selbstbewusstseins aufgearbeitet werden. Und damit wäre nicht nur die kritische Minderheit angesprochen, die sich in diesen Umfragen artikuliert hat.

Der Gesellschaft im Ostdeutschland werden in der Öffentlichkeit immer wieder Defizite in demokratischen Verhaltensformen attestiert. Im Jahresbericht der Bundesregierung wird das als „überzeichnet und übertreiben" kritisiert.[6] Weg diskutieren lässt sich nicht, dass gerade die bürgerlichen Eliten aus der DDR geflüchtet und damit eine schwache bürgerliche Mitte hinterlassen haben. Das konnte nicht ohne Auswirkungen bleiben. Demokratische Spielregeln und zivilgesellschaftliches Engagement müssen auch eingeübt werden. Durch eine demokratische Praxis entwickeln sie sich zu einer allgemein anerkannten und genutzten Selbstverständlichkeit. In Ostdeutschland fehlte diese Chance seit 1933. Die Westdeutschen haben da einen Vorsprung. Nicht von ungefähr haben Vertreter der Evangelischen Kirchen vor dem Hintergrund ihrer Erfahrungen in der Arbeit mit selbstbewussten Gemeindemitgliedern die Runden Tische der friedlichen Revolution moderiert. Aber richtig ist auch, dass Akteure der Bürgerrechtsbewegung trotz der jahrzehntelangen Propagierung einer „sozialistischen Demokratie" an bürgerlichen Freiheitsrechten festgehalten haben.

Durch die unterschiedlichen Entwicklungen in beiden deutschen Teilstaaten sind die Erwartungen an die Demokratie (noch) unterschiedlich ausgeprägt. Bei genauer Betrachtung gibt es aber auch hier Parallelen. Das Vertrauen in die Demokratie entwickelte sich nach ersten euphorischen Anfängen in der breiten Bevölkerung immer auch in Zusammenhang mit der konkreten sozialen Lage. Das Wirtschaftswunder hat nach dem Zweiten Weltkrieg die neue Demokratie gefestigt. Warum sollte diese Erfahrung nicht auch für die letzten 20 Jahre gelten? Die subjektive Lebenszufriedenheit geht auch im Osten Deutschlands klar mit Demokratiezufriedenheit einher. 1990 gab es einen Wunderglauben an schnelle wirtschaftliche Erfolge. Er reduzierte sich mit den vielen Abwicklungen und wachsender Arbeitslosigkeit. Die Einbrüche waren mit den wirtschaftlichen Krisen der 1990er Jahre verbunden. Die Kurven, die die Meinungsforscher zur Wertschätzung des Wirtschaftssystems ermittelten, liefen in Ost

---

[6]   Vgl. *BUNDESMINISTERIUM FÜR VERKEHR, BAU UND STADTENTWICKLUNG* (2009).

und West im Großen und Ganzen recht parallel, im Westen auf einem höheren Niveau. In das Auf und Ab der Wirtschaftskurve passt sich die Kurve des Demokratievertrauens der Ostdeutschen ein.

8   Wirtschaftslage und Zweifel an der Demokratie

Mit Blick auf die Entwicklungstendenzen erscheinen die Unterschiede im demokratischen Engagement zwischen Ost und West nicht als Anlass zur Sorge bei den Bemühungen zur Stärkung der deutschen Einheit. Die Formen und das Ausmaß zivilgesellschaftlichen Engagements sind ohnehin in ganz Deutschland regional sehr unterschiedlich ausgeprägt. Die Zufriedenheit mit dem Funktionieren der Demokratie hat allgemein in Deutschland abgenommen. Die konkreten Auswirkungen der weltweiten Finanzkrise auf die Gesellschaftspolitik sind noch nicht absehbar. Aber sicher kann man feststellen, dass die Idee von einem vor- und nachsorgenden Sozialstaat und vom „wahren Sozialismus" zu gesamtdeutschen politischen Kontroversen führt. Freiheit oder Gleichheit. In Ostdeutschland siegte die Forderung nach mehr Freiheit. Dennoch zählt nach dem Leben im Sozialismus für die Mehrzahl der Ostdeutschen Gleichheit oder sozialen Sicherheit mehr als Freiheit. Diese Position kann man aber nicht als typisch ostdeutsch charakterisieren. Zwanzig Jahre nach der Wiedervereinigung finden sich die lautstärksten Protagonisten für eine grundlegende sozialistische Veränderung der Gesellschaft in politischen Zirkeln Westdeutschlands. Um Politik- und Regierungsfähigkeit muss die LINKE auf dem Weg zu einer gesamtdeutschen Partei mit den ehemals versprengten westdeutschen Kommunisten und sonstigen linken Splittergruppen ringen.

Ich will hier keine Leistungsbilanz des deutschen Einigungsprozesses aufmachen. In ihrem Jahresbericht 2009 betont die Bundesregierung die Leistung der Menschen in Ost und West. Die verheerende Umweltverschmutzung wurde gestoppt, Altlasten beseitigt, das Verkehrsnetz saniert und ausgebaut und viele historische Innenstädte instand gesetzt. Manch Kommunalpolitiker auf westlichen Bundesländern blickt schon voll Neid auf diese Bilanz im Osten Deutschlands. Aber hinter renovierten Fassaden wohnen vielerorts arbeitslose Menschen. Der Abstand in der Wirtschaftsleistung ist auch heute noch immer beträchtlich. Das Bruttoinlandsprodukt (BIP) pro Einwohner ist bis 2008 auf 71 % des westdeutschen Durchschnittsniveaus gestiegen, die Produktivität auf 79%.[7]

Die Zahlen zeigen trotz des Abstands eine deutliche wirtschaftliche Aufwärtsentwicklung im Gesamtgebiet der ehemaligen DDR. Gemessen am realen BIP erreichte diese 1989 nur etwa ein Drittel des Niveaus der alten Bundesrepublik. Die Produktivität lag nur bei etwa 25 % des westdeutschen Vergleichswertes. Das war die Analyse der Plankommission, die im Auftrage der SED Führung erstellt worden war. Diese durchaus bekannten Tatsachen hatten die Experten der DDR in vorbeugendem Gehorsam dem ZK bis dahin vorenthalten. Es gab also eine bemerkenswerte Aufholjagd. Aber mit dem politischen Wechsel war auch ein anderer Wechsel verbunden: Die Menschen maßen ihr Wohlbefinden nicht an der Bevölkerung anderer früherer sozialistischer Staaten, sondern an den Bürgern Westdeutschlands. Realistischer Weise konnten die damit entstandenen Erwartungen nicht erfüllt werden. Und es ging ja nicht um eine gegenseitige Angleichung der wirtschaftlichen Lebensverhältnisse sondern um An-

---

[7]   Vgl. *BUNDESMINISTERIUM FÜR VERKEHR, BAU UND STADTENTWICKLUNG* (2009).

passung Ost an West. Nur in Berlin (West) gab es bei der Bevölkerung nach der Wiedervereinigung Einkommensverzichte – unfreiwillig und nur mit zurückhaltendem Murren durch
einen sehr schnellen Abbau der so genannten Berlin-Zulage.

Der begehrliche Blick nach Westen und die Suche nach einem attraktiven Arbeitsplatz führten nach der Fluchtbewegung aus sozialistischen Zeiten nochmals zu einer Abwanderung von
Fachkräften und einem erheblichen Rückgang der Bevölkerung. Der Süden und Westen der
Republik profitierte davon. Über eine Million Menschen sind abgewandert. Hinzu kam ein besonders einschneidender Rückgang der Geburtenraten. Die ostdeutschen Länder verloren über
8 % ihrer Wohnbevölkerung. Der Rückgang ist regional unterschiedlich und insbesondere im
ländlichen Raum dramatisch.

Die Bundesregierung weist in ihrem jüngsten Bericht zur Deutschen Einheit zusätzlich auf
die Folgen des demographischen Wandels hin. Durch die Abwanderung junger Leute wird er
den Osten Deutschlands stärker treffen als andere Regionen. Sie fordert „gegensteuernde"
und „bewahrende" Strategien. Ihr geht es um die Daseinsvorsorge in Gebieten mit starkem
Bevölkerungsrückgang und um die Migration als Chance. Als problematisch wird weniger
die Abwanderung als vielmehr die fehlende Rück- und Zuwanderung aus anderen Regionen
Deutschlands angesehen. Es kann nicht überraschen, wenn dann von Image-Kampagnen und
Wettbewerben die Rede ist, vom notwendigen Aufbau erfolgreicher Wirtschaftsregionen mit
guten Ausbildungs- und Arbeitsbedingungen und selbstverständlich auch vom ansprechenden
Lebensumfeld.

9   Berliner Erfahrungen sind nicht gefragt

Bei den Themen von Ab- und Zuwanderung habe ich immer Berliner Erfahrungen vor Augen. In Berlin (West) hatte die politische Unsicherheit durch die deutsche Teilung zum Verlust von Industrie- und großen Dienst-leistungsunternehmen geführt. Das Lohn- und Gehalts-
gefüge der verbliebenen Arbeitsplätze war niedrig. Fachkräfte wanderten ab. Mit der Berlin-
Zulage, das waren 8 % des Lohns, wurden die Menschen an die Stadt gebunden und Arbeitskräfte wieder erfolgreich angeworben. Die Konkurrenzfähigkeit von Teilen der Industrie
wurde durch eine Mehrwertsteuerpräferenz hergestellt. Im Osten Deutschlands geschah auf
dem Arbeitsmarkt genau das Gegenteil. Mit niedrigen Löhnen sollte die ostdeutsche Wirtschaft auch für neue Investitionen attraktiv sein. Vernachlässigt wurde dabei, dass damit auch
Fachkräfte auf Dauer abwanderten, die trotz hoher Arbeitslosigkeit dringend gebraucht wurden. Vernachlässigt wurden auch die Rückwirkungen auf die künftigen Renten. Die Angst
vor der Altersarmut schafft neue Gegensätze.

Lehren aus den Westberliner Erfahrungen waren in Deutschland nach 1990 aber nicht gefragt.
Dabei hätte es sich gelohnt. Die industrielle Forschung und Entwicklung sollte mit gerade
beschlossenen neuen Schwerpunkten der Investitionsförderung in der Stadt angesiedelt werden. Berlin-Beauftragte der großen Unternehmen sollten dafür sorgen, dass Einkaufs- und
Investitionsmöglichkeiten in der Stadt wenigstens geprüft werden. Das waren auch Probleme
der ostdeutschen Wirtschaft.

Ich hatte den damaligen Bundeswirtschaftsminister GÜNTER REXROTH auf die möglichen Vorbilder für wirtschaftspolitische Initiativen angesprochen. Er stimmte mir aus seinen Erfahrungen als Mitglied des Berliner Senats zwar zu, auf den Wandelgängen des Bonner Bundestags würde er damit aber nur auf kalte Ablehnung stoßen, unabhängig davon, ob solche Überlegungen im Ergebnis erfolgreicher und auch noch kostengünstiger als andere Maßnahmen des „Aufbau Ost" wären. Die Berlinförderung war zwar gerade entschlackt worden, die Erinnerung an Missbrauch aber noch sehr groß. Vor allem aber wollte man von den finanziellen Lasten der eingemauerten Viermächtestadt nichts mehr wissen. Mit dem schnellen Abbau der Berlinförderung und der Berlinhilfe wurde Berlin mit bedingtem Vorsatz und der Behauptung eines schnellen unaufhaltsamen Wirtschaftswachstums in eine noch heute andauernde wirtschaftliche und finanzielle Krise geschickt. Der Deutsche Bundestag hatte sich zwar knapp aber gegen die Mehrheiten in allen großen Parteien für Berlin als Hauptstadt ausgesprochen, der Beschluss wurde aber nicht akzeptiert und in einem zähen Ringen wurde aus dem Regierungssitz Berlin eine Doppelhauptstadt Berlin-Bonn; und selbst das nur aufgrund des bravourösen Einsatzes von WOLFGANG SCHÄUBLE und der Hilfe durch eine Naturkatastrophe. Der Rhein war über die Ufer getreten und hatte einen immer noch geplanten Neubau des Bundestags überschwemmt. In Bonn arbeiten mehr Regierungsbeamte als an der Spree. Pendelverkehr und Videokonferenzen gehören zum Alltag der Regierungsmitarbeiter. Bisher hat die deutsche Politik nicht die Kraft zu einer Korrektur gefunden

Auch 20 Jahre nach dem Fall der Mauer belasten Lohn- und Gehaltsgrenzen, die sich noch immer allein an den in Jalta und Potsdam von den Siegermächten des zweiten Weltkrieges vorgegebenen Demarkationslinien orientieren, das gesellschaftliche Klima. Bei aller Komplexität fehlt die notwendige regionale Differenzierung. In Berlin belastete das Thema in besonderem Maße den sozialen Frieden. Die Mitarbeiter der öffentlichen Verkehrsbetriebe, der Feuerwehr oder der Polizei mussten mit Kolleginnen und Kollegen aus Ost und West in allen Teilen der Stadt arbeiten. Ein unterschiedlicher Lohn nur weil man an der anderen Ecke der einst von der Mauer durchschnittenen Straße wohnte? Das konnte nicht lange gut gehen. Es ging nicht nur um die Differenz in der Geldbörse. Es ging um Gerechtigkeit, um das Gefühl von Missachtung der eigenen Leistung, die ja nicht schlechter sondern möglicherweise sogar besser war als die des besser bezahlten Kollegen. Der Berliner Senat beschloss daher in einem Stufenplan über drei Jahre die Anpassung der Löhne und Gehälter überall dort, wo er dies als Arbeitgeber in eigener Verantwortung entscheiden konnte – für die Landesbeamtenbesoldung war damals noch der Bund zuständig. Bund und Länder wollten das Thema aber nicht auf der Tagesordnung. Berlin blieb ohne ein sichtbares Licht am Ende des Tunnels nur der Alleingang und wurde aus der Tarifgemeinschaft des Bundes und der Länder ausgeschlossen. Die Tarifgemeinschaft sah nur die finanziellen Auswirkungen, selbst über einen anderen, verbindlichen Stufenplan wurde nicht ernsthaft verhandelt. Die psychologischen Auswirkungen wurden beiseitegeschoben. Dabei wusste man; im jeweils eigenen Verantwortungsbereich; –ob das der Ehrenrettung dient; ist fraglich – wurde getrickst. Die Bundeswehr stellte über einen längeren Zeitraum ihre Berufssoldaten zunächst an einem westdeutschen Standort an und versetzte ihn dann mit der westlichen Besoldung nach Mecklenburg oder Sachsen. Beim Deutschen Bundestag läuft die Tarifgrenze an der Berliner Mauer quer zwischen den verschiedenen Gebäuden. Sicher durch puren Zufall arbeiteten neu eingestellte Mitarbeiter immer im alten Westen. Dem kundigen *Thebaner* musste allerdings auffallen, dass es im Reichstag, dem lange Zeit einzigen Gebäude des Bundestags im Westteil Berlins gar nicht so viele Büroflächen gab.

10   Korrekturbedarf

Tricksen hilft nicht immer und auch nicht auf Dauer. Die materielle Lebenssituation und auch die besondere Lebensqualität werden sich in den Ländern und Regionen Deutschlands immer unterscheiden. Das macht die Vielfalt und den Charme des Landes aus. Dabei kann sich auch das Lohn- und Tarifgefüge unterscheiden. Das Tarifrecht kennt Instrumente, mit denen die konkrete Lebenssituation besser berücksichtigt werden kann. In München gab es früher wegen der im Vergleich zum Umland hohen Lebenshaltungskosten eine Ballungsgebietszulage. Die Zusammengehörigkeit in Deutschland aber nimmt Schaden, wenn Trennungslinien an einer festen historischen Grenze verlaufen und zu lange aufrechterhalten werden. Diesen Grundgedanken formuliert auch der schon mehrfach genannte Bericht der Bundesregierung. Schlussfolgerungen im Besoldungs- und Tarifrecht oder bei den unterschiedlichen Berechnungsmethoden der Renten aber fehlen.

Die noch offenen Fragen der deutschen Einheit sind kompliziert. Berufstätigkeit der Frauen gehörte anders als im Westen Deutschlands zur Regel. Die Renten eines Ehepaars in Ostberlin sind daher meist höher als die ihrer Bekannten aus dem Westteil der Stadt. Dennoch werden ihre Berufsjahre geringer bewertet. Wieder ist die Rede von Missachtung der Lebensleistung. Jeder fühlt sich benachteiligt. Und das DDR-Rentenrecht ist mit vielen Sonderregelungen für einzelne Berufsgruppen auch noch besonders kompliziert. Man darf nicht warten, bis sich das Thema biologisch erledigt. Eine menschlich, bürokratisch und finanziell befriedigende Lösung wird schwerlich möglich sein. Bei der Währungsunion hatte man noch den Elan zu einer ausschließlich politischen Entscheidung.

Der Jahresbericht zur deutschen Einheit konzentriert sich auf die Entwicklung in Ostdeutschland. Das war in den Jahren nach 1990 auch notwendig. Nach zwanzig Jahren gibt es jedoch quer durch ganz Deutschland Regionen mit vergleichbaren Schwierigkeiten. Selbst bei dem immer noch sehr pauschalen Vergleich der Wirtschaftkraft zwischen Bundesländern gibt es Annäherungen über die alte Demarkationslinie hinweg. Die Folgen der Weltwirtschaftskrise werden diese Entwicklung noch weiter verstärken. Wo weniger Wirtschaftskraft war, kann auch weniger wegbrechen. Der Westen wird einen Teil seines Vorsprunges verlieren – so mutmaßen die Konjunkturforscher. Die Gegenüberstellung der Situation in der „alten" Bundesrepublik und den „neuen" Ländern vermittelt immer mehr ein falsches Bild von der Entwicklung der deutschen Einheit und vermittelt dem Beobachter Gegensätze, die so gar nicht mehr vorhanden sind. Der Bericht zum Stand der deutschen Einheit muss in einem Bericht über die Lage der Nation aufgehen. Damit würden die regionalen Unterschiede dargestellt, die innere deutsche Einheit aber nicht durch einen vermeintlich ausschließlichen Gegensatz zwischen früher Ost und früher West zusätzlich problematisiert.

„Stimmt es denn, dass der Solidarbeitrag auch im Osten gezahlt werden muss?" Ich werde das immer wieder in Baden-Württemberg oder Bayern gefragt. Natürlich wird der Solidarbeitrag in ganz Deutschland von den Menschen aufgebracht. Das hört sich nach nationalem Aufbruch an und war leichter durchsetzbar als eine Steuererhöhung. Im Ergebnis ist er eine zweckgebundene Steuer. Angesichts der maroden Schulen und Straßen vor der eigenen Haustür wird die Solidarleistung für den Aufbau Ost aber immer mehr infrage gestellt. Sie reizt zum Stimmenfang, denn Neid ist eine nicht unbedeutende Triebfeder der Menschen. Der Solidarpakt soll bis 2018 schrittweise auslaufen. Die ostdeutschen Länder werden aber auch am Ende des nächsten Jahrzehnts noch auf zusätzliche Mittel angewiesen sein. Rechtzeitig muss über Begriff und Inhalt des Solidarpakts und des -beitrags nachgedacht werden. Der deutschen Einheit dient so viel „Normalität" wie möglich. Das wäre die Einbindung der Leistungen aus diesem Pakt in das System des föderalen Finanzausgleichs. Dann stünden das Saarland und Bremen in einer Front mit Mecklenburg-Vorpommern und Sachsen Anhalt.

11   Neue Verfassung als Bindeglied?

Bei den Fragen der inneren Einheit geht es auch um Arbeitsplätze und Investitionen, mehr aber um gemeinsame Grundpositionen, gegenseitige Anerkennung und Respekt, Kenntnis und Verständnis für die Lebenssituation in unterschiedlichen Gesellschaftssystemen. Auf gleicher Augenhöhe wollte die letzte und erstmalig demokratische gewählte Regierung der DDR über die Wege zur Wiedervereinigung verhandeln. Der Beitritt war unter diesem Aspekt nur die zweitbeste Lösung. Nach seinem Art. 146 verliert das Grundgesetz seine Gültigkeit „an dem Tage, an dem eine Verfassung in Kraft tritt, die von dem deutschen Volke in freier Entscheidung beschlossen worden ist." Würde die Diskussion um eine neue Verfassung die innere deutsche Einheit stärken. Meine Antwort ist Nein. Das Grundgesetz hat sich bewährt, es hat die Bundesrepublik auf den Weg einer freiheitlichen, parlamentarisch-repräsentativen Demokratie festgelegt und wirtschaftspolitisch nicht einbetoniert. Freiheit und Verantwortung sind die gesellschaftspolitischen Eckpfeiler. Eine Verfassung muss lesbar sein. Befürworter der neuen Diskussion wollen politische Zielvorgaben in der Verfassung verankern. Damit entsteht die Gefahr, dass immer mehr aktuelle Gestaltungsaufgaben dem demokratischen Gesetzgeber entzogen werden. Unabhängig von dieser rechtstheoretischen Begründung kann ich auch auf eine Erfahrung aus der Vereinigung der Stadt Berlin verweisen.

In Berlin gab es für die beiden Stadtteile einen ähnlichen Einigungsprozess wie für ganz Deutschland. Landesrecht musste übernommen, angeglichen oder neu formuliert werden. Ein so genannter Magi-Senat entstand mit dem 3. Oktober aus dem Senat von Berlin (West) und dem Magistrat von Berlin(Ost). Mit dem Zusammentritt des ersten gesamtberliner Abgeordnetenhaus wurde eine zwischen den beiden Parlamenten in Ost- und West-Berlin abgestimmte Landesverfassung mit der Maßgabe beschlossen, mit den nächsten Berliner Wahlen der Bevölkerung einer neue Verfassung zur Beschlussfassung vorzulegen. Das war eine praktische Anwendung des Art.146 GG. Eine neue Verfassung wurde mit einer Volksabstimmung beschlossen. Viele Kompromisse bei immer wieder angestrebten Staatszielbestimmungen waren für die vorher im Abgeordnetenhaus erforderliche Zweidrittelmehrheit notwendig. Aber es war doch nur die Diskussion der interessierten Experten. Für das Selbstverständnis der Stadt zwischen DDR-Vergangenheit und vermeintlicher Frontstadtmentalität hatte es keine Auswirkung. Für das Zusammenwachsen der Stadthälften galt Aufbau Ost vor Ausbau West; war eine Politik der Angleichung der Lebensverhältnisse und große Sensibilität beim Umgang mit den in der geteilten Stadt gewachsenen Institutionen wichtig. Eifersüchteleien, die es überall zwischen verschiedenen Stadtteilen gibt, hatten hier Ost- und Westbiographien. Nur betriebswirtschaftlich oder wissenschaftspolitisch darf auch heute noch nicht über Standorte der Universitätsmedizin entschieden werden. Und bei den letzten Volksabstimmungen gab es nicht selten das Motiv, haust Du meinen Palast der Republik, hau ich Dir Deinen Flughafen Tempelhof.

12   Die Blickrichtung ist entscheidend

Ich könnte von Berlin als von einer auch heute noch gespaltenen Stadt berichten. Von der politischen Spaltung bei der Abstimmung über den Religionsunterricht, über Milieus, die vergangenen Zeiten nachtrauern, über Zeitungen, die ihre Leser mit Sprache und Klischees aus dem Kalten Krieg bedienen und damit um ihre Auflage kämpfen. Ich könnte auch dem gängigen Vorwurf von Neuberlinern nacheifern, der typische Westberliner würde nicht in den Osten der Stadt gehen. Aber der Charlottenburger ging auch in der Weimarer Republik nur bis zum Alexanderplatz und warum sollte der Spandauer außerhalb einer touristischen Expedition die 30 Kilometer nach Köpenick fahren. Der Fußballfan wird es vielleicht demnächst tun, wenn Union Berlin in der Zweiten Bundesliga Triumphe feiert. Richtig ist aber auch, dass der Berlinbesucher das alles kaum noch wahrnimmt. Er erlebt eine Stadt. Der Neuberliner versteht die frühere Teilung nicht und die alten Berliner haben den Mantel mit den alten Erinnerungen Stück für Stück zum Altwarenhändler getragen. Nur von ein paar Stofffetzen konnten sie sich noch nicht trennen. Auch jüngere Leute haben einige dieser Stofffetzen geerbt. Aber es werden immer weniger. Wenn sie zwischen Ku-Damm und Prenzlauer Berg unterscheiden, dann hat das keine andere Ursache als die unterschiedliche Ausstrahlung von Stadtteilen in München.

Deutschland einig Vaterland. Das stand 1989 auf den Plakaten der Demonstranten in Leipzig. Die 20 Jahre nach der Wiedervereinigung sind eine Erfolgsgeschichte. Nur mit dem Respekt vor einer Lebensleistung in einem anderen Gesellschaftssystem, mit der gemeinsamen Geschichte und den gemeinsamen Identität stiftenden Erzählungen tun wir uns schwer. Da kann aber vieles nachgeholt werden.

Quellenverzeichnis

BUNDESMINISTERIUM FÜR VERKEHR, BAU UND STADTENTWICKLUNG (2009) (Hrsg.): Jahresbericht der Bundesregierung zum Stand der Deutschen Einheit 2009, Berlin 2009.

KRENZ, E. (1999): Herbst '89, Berlin 1999.

SCHABOWSKI, G. (1994): Der Absturz, Berlin 1994.

20 Jahre Aufbau Ost – föderale Ordnung auf dem Prüfstand?

Norbert Walter

Deutsche Bank Research

1	Vorbemerkung	35
2	Die wirtschaftliche Entwicklung der letzten Jahre	35
3	Förderprogramme sorgen für Planungssicherheit	37
4	Öffentliche Finanzen: strukturelle Konsolidierungspläne konjunkturell konterkariert	38
5	Fiskalische Gleichwertigkeit der Lebensverhältnisse als Auftrag	39
6	Finanzkraft der neuen Länder: nachhaltige Stabilisierung möglich?	40
7	Auslaufen der Solidarpaktmittel: Abhilfe nur über die Ausgabenseite möglich	42
8	Sondervermögen „Investitions- und Tilgungsfonds": Politik der Goldenen Zügel	43
9	Öffentliche Investitionen: oftmals lediglich Residualposten im Haushalt	44
10	Neustrukturierung der Wirtschaftsförderung	46
11	Kommunalfinanzen: Rettungsanker für die Landeshaushalte?	47
12	Föderalismusreform II: die Neuen Länder und die Schuldenfrage	49
13	Demographie: physische und soziale Infrastruktur anpassen	49
14	Fazit und Ausblick	51
	Quellenverzeichnis	52

1 Vorbemerkung

Die deutsche Wiedervereinigung darf in Bezug auf ihre schnelle Durchführung im Nachgang als politisches Meisterwerk gelten: Schon die Montagsdemonstrationen 1989 in Leipzig und Dresden zeigten eine zerrüttete und führungslose Deutsche Demokratische Republik (DDR) im Auflösungsstadium. Die ersten freien Wahlen zur Volkskammer folgten bereits im März 1990. Der Staatsvertrag über die Wirtschafts-, Währungs- und Sozialunion und der anschließende Beitritt zur Bundesrepublik Deutschland (BRD) am 3. Oktober desselben Jahres beschlossen den Prozess der Wiedervereinigung im Schnelldurchlauf. Fünf neue Bundesländer wurden geschaffen – jedes mit eigenständiger Verwaltungsstruktur. Hohe Aufwendungen der *Treuhandanstalt* und Infrastruktur- und Städteaufbau durch Milliardentransfers aus dem Westen bestimmten das Bild der ersten Jahre. Politische Konsumversprechen von „Blühenden Landschaften" wurden durch die Aufnahme der Ostdeutschen in das Sozialsystem der Bundesrepublik erfolgreich suggeriert.

Im Lichte dieser geschichtlichen Dramatik ist es erstaunlich ruhig geworden um den „Aufbau Ost": Die neuen Bundesländer verwalten sich in kundigen Landes- und Kommunalregierungen erfolgreich und innovativ. Auch die Grenzen staatlicher Aktivität in strukturschwachen Regionen werden langsam akzeptiert. Dennoch bleiben große Herausforderungen mit Blick auf Demographie, Strukturwandel und regionale Disparitäten zu bewältigen.

2 Die wirtschaftliche Entwicklung der letzten Jahre

Trotz zahlreicher ungelöster Probleme hat sich der Lebensstandard in Ostdeutschland seit 1989 dramatisch erhöht. Das *Pro-Kopf-Einkommen* der DDR lag 1989 noch bei einem Drittel des Westdeutschen, der Produktivitätsrückstand war mit zeitweise 80 % gegenüber dem Westen noch gewaltiger. Der durchschnittliche Haushalt lebte von einem um die Hälfte niedrigeren Nettoeinkommen. Heute liegt das Pro-Kopf-Einkommen bei knapp 68 % und das Konsumniveau erreicht fast 80 % des westdeutschen Vergleichswerts.[1] Dennoch nimmt die Lebenszufriedenheit der Bürger in den ostdeutschen Ländern offensichtlich ab: Anhaltend hohe Arbeitslosigkeit und der stockende Angleichungsprozess haben die Erwartung blühender Landschaften enttäuscht.

Der fortschreitende Strukturwandel ist Ergebnis einer umfangreichen Privatisierungspolitik und Investitionsförderung, sowie einer Industriepolitik mit dem Ziel, alte und neue Standorte im Osten zu fördern. Neben den wenigen großindustriellen Inseln schaffen überwiegend Unternehmen der mittelständischen Industrie und wirtschaftsnahe Dienstleistungssektoren neue Arbeitsplätze.

---

[1] Das Pro-Kopf-Einkommen als einfachstes Maß des Lebensstandards hat sich in allen fünf Ländern über die gesamten 20 Jahre deutlich erhöht und schwankt heute zwischen 21.700 EUR in Mecklenburg-Vorpommern und 22.620 EUR in Sachsen. Das entspricht einer Spanne von 66 % bis 68 % des Durchschnitts der alten Bundesländer im Jahr 2008. Die letzten Jahre waren durch eine sehr langsame Konvergenz zu den westlichen Ländern geprägt. Vgl. auch *SCHRÖDER* (2006),S. 118 f., *ARBEITSKREIS KONJUNKTUR OST* (2008) und *IFO DRESDEN* (2009).

Die neuen Bundesländer verfügen heute über eine leistungsfähige Infrastruktur. Wesentliche Hemmnisse sind beseitigt – die eine oder andere Autobahnanbindung wird noch fertiggestellt. Für den Personen- und Güterverkehr sind die wichtigen Verkehrsachsen bereits vorhanden oder im Bau: Der Ausbau der Bahnstrecke Berlin-Erfurt-München erfolgt wohl bis 2015, der Ausbau des Flughafens Berlin-Schönefeld bis 2011. Die Telekommunikation ist bereits seit vielen Jahren auf dem neuestem Stand.

In den neuen Bundesländern leben rund 16 % der deutschen Bevölkerung (13,1 Mio.). Etwa 5,7 Mio. sind erwerbstätig und erwirtschaften ca. 12 % des deutschen Sozialprodukts. Offensichtlich gibt es für die Wertschöpfung im Osten Deutschlands noch Spielraum nach oben. Die Bruttolöhne und Gehälter liegen ebenso noch immer deutlich unter dem westdeutschen Niveau (20 % niedriger). Mit nur mäßigem Lohnwachstum in den vergangenen beiden Jahren erhöhten sich die Masseneinkommen wenig – deutlicher ist dagegen schon der Anstieg der Selbständigen- und Vermögenseinkommen.

Die *Beschäftigungsbilanz* Ostdeutschlands ist nach wie vor unbefriedigend. Rechnerisch fehlten 2007 1,8 Mio. Arbeitsplätze für ein Erwerbspersonenpotenzial von rd. 7,4 Mio. Menschen. Die Zahl der *Arbeitslosen* sank zwar von über 1,3 Mio. in 2004 auf rd. 900 Tsd. im Sommer 2008, gleichwohl liegt die Arbeitslosenquote im zweiten Quartal des Abschwungs in 2009 mit Werten zwischen 13,7 % (Brandenburg) und 15,4 % (Mecklenburg-Vorpommern) der Erwerbspersonen noch immer weit über dem westdeutschen Schnitt von 8,6 %.

Der *Kapitalstock je Erwerbstätigen* lag 2005 in Ostdeutschland bei 84 % des Westniveaus. Die Produktivität in der Gesamtwirtschaft, gemessen an der Bruttowertschöpfung je Erwerbstätigen, hat sich in den östlichen Ländern seit 2000 um 13 % erhöht – in den westdeutschen Ländern lediglich um 9 %. Insbesondere in den letzten fünf Jahren kamen die fünf östlichen Länder schneller voran als die westlichen Nachbarn. Die *Industrieproduktion* entsprach in etwa diesem Muster: Im Osten ist ein Anstieg der *Exportquoten* erkennbar, wobei die Produkte hauptsächlich in die Europäische Union (EU) und die Golfregion geliefert werden. Eine Annäherung der Exportstruktur an die des Westens ist klar erkennbar. Generell profitieren Branchen wie die Elektrotechnik, die Metallindustrie, der Maschinen- und Fahrzeugbau, sowie die chemische Industrie von der *Exportboomwelle* der vergangenen Jahre. Zudem führten geringere *Lohnstückkosten* (2007: 13 Prozentpunkte) zu einer höheren Wettbewerbsfähigkeit gegenüber westdeutschen Standorten.

Mit der Krise seit Sommer 2008 zeichnete sich jedoch eine Eintrübung des Klimas ab.[2] Rückgänge bei den Auftragseingängen folgten bald. Während die Umsätze im Jahr 2008 für drei Viertel, und die Gewinne für zwei Drittel der Firmen zufriedenstellend verliefen, wurden die Geschäftsaussichten der Vorleistungsproduzenten – gefolgt von den Investitionsgüterherstellern – hart getroffen. Die am Inlandsgeschäft orientierten Branchen liefen dagegen weiterhin geradeaus.

Der Jahresbericht der Bundesregierung zum Stand der Deutschen Einheit würdigt insbesondere die mittelständische Industrie der neuen Länder: Neben der Automobilindustrie, der Mikroelektronik und Chemie zeigen sich die Optik, die Luft- und Raumfahrt, die Photovoltaik und die Gesundheitswirtschaft als innovative Wachstumsmotoren.

---

[2] Das Verarbeitende Gewerbe trägt mittlerweile zu einem Fünftel der Wertschöpfung bei und erwirtschaftet rd. 50 Mrd. EUR. Die durchschnittliche Betriebsgröße ist auf 164 Mitarbeiter angewachsen. Rd. 16 % der Beschäftigten sind in der Industrie tätig. Vgl. LANG (2009).

Um die Entwicklung der Branchen voranzutreiben, ist eine zukunftsorientierte Wirtschaftspolitik unerlässlich. Neben klassischer Ansiedlungspolitik gilt es, mithilfe komplementärer Bildungs- und Forschungseinrichtungen die nachhaltige Verfügbarkeit qualifizierter Fachkräfte zu sichern. Nach dem Brandenburger Leitsatz – „Stärken stärken" – bleibt die Fokussierung der Landespolitik auf gute Rahmenbedingungen für die Unternehmen oberstes Ziel ostdeutscher *Standortpolitik*.

Strukturelle Schwächen zeigen sich hingegen nach wie vor in wichtigen Bereichen der *Dienstleistungen*[3]: Die Produktivität liegt rund 20 % unter Westniveau. Dies liegt zum einen an den *öffentlichen Verwaltungen*, die durchschnittlich immer noch deutlich mehr Arbeitskräfte als westdeutsche Länder binden. Der systematische Abbau von Überkapazitäten sollte in diesem Bereich weitergeführt werden. Die privaten Konsumdienste und einfache Unternehmensdienste haben sich zwar weitgehend an westdeutsche Muster angenähert, die großen Lücken bestehen aber bei *anspruchsvollen unternehmensbezogenen Dienstleistungen* weiterhin.

3   Förderprogramme sorgen für Planungssicherheit

Der „Aufbau Ost" wurde von Beginn an durch die Mittel des Bundes, der EU und des Länderfinanzausgleichs getragen. Hinzu kommen die Leistungsversprechen der Sozialversicherungsträger. Bis 2004 wurden mehr als 300 Mrd. EUR an Investitionen staatlich gefördert. Dennoch ist bis heute keine selbsttragende gesamtwirtschaftliche Investitionsdynamik erkennbar – Höchststände wie zu Beginn des Jahrtausends sind in weite Ferne gerückt.

Für die kommenden Jahre wurden daher weitere Programme aufgelegt, die für steigende Investitionsbereitschaft sorgen sollen. Neben den Bundesmitteln aus dem Solidarpakt II und dem Konjunkturpaket I unterstützen Strukturfonds der EU die neuen Länder bis 2013 jährlich mit durchschnittlich 3,2 Mrd. EUR.[4]

Die *Investitionsförderung* hat bereits in den vergangenen Jahren einen wesentlichen Beitrag zur Investitionstätigkeit geleistet. Eine großzügige Förderkulisse war offensichtlich relevant für die Ansiedlung *kapitalintensiver junger Industrien* in den östlichen Ländern, z. B. der Photovoltaik. Auch nach 2013 werden wohl die meisten Regionen Ostdeutschlands noch hohe Fördersätze zahlen können. Allerdings sind die Dotierungen im Rahmen des Solidarpakts II rückläufig. Diese Perspektive hat zuletzt bereits zu einer vorausschauenden Anpassung des Fördergeschehens auf Landesebene geführt: Von reinen Zuschüssen hat man auf *Darlehen* umgeschwenkt. Neben den eingeübten Programmen zur Wirtschaftsförderung in Bund und Ländern sollen 2010 weitere Maßnahmen aus dem Konjunkturpaket II (Kredit- und Bürgschaftsprogramm für KMUs, Mittelstands- und Hochtechnologieförderung) ihre expansive Wirkung entfalten.

---

[3]   *DIW* (2007).

[4]   Vgl. *BUNDESMINISTERIUMS FÜR VERKEHR, BAU UND STADTENTWICKLUNG* (2009a).

Es ist zu erwarten, dass sich die Politik zukünftig auf Maßnahmen beschränkt, die auf die langfristige Attraktivität des Standorts ausgerichtet sind: Dazu gehört die Fokussierung auf die *Qualifikation* von Erwerbsfähigen und die Förderung wirtschaftsnaher Forschung und Entwicklung. Die Bedeutung einseitiger Subventionierung des Faktors Kapital wird hingegen zurückgehen.

4   Öffentliche Finanzen: strukturelle Konsolidierungspläne konjunkturell konterkariert

Die Haushalte der neuen Länder sind gut aufgestellt. Strukturelle Probleme wurden erkannt und den fiskalischen Anpassungserfordernissen damit Rechnung getragen. Langfristige Projektionen ergänzen die mittelfristige Finanzplanung der Finanzministerien. Das Auslaufen der Mittel aus dem Solidarpakt wurde rechtzeitig in die mittelfristige Haushaltsplanung bezogen. Zukünftige Zahlungsverpflichtungen wie Pensionslasten werden schrittweise in die „Gegenwart gebucht" und dienen – auch für die Haushalte der alten Länder – als gute Orientierungspunkte für eine transparente und generationengerechte Finanzpolitik.

Die stabile Situation der Landeshaushalte lässt sich auch an der Erholung der absoluten Finanzkraft bemessen. Diese liegt zwar relativ zu den West-Ländern mit gut 16 % noch unter den Werten der 1990er Jahre (um die 17 %), hat sich seit 2003/04 aber kontinuierlich verbessert. Zurückzuführen ist dies auf den – wenn auch durch die Finanztransfers etwas gebremsten – wirtschaftlichen Strukturwandel in den neuen Ländern. Ein Blick auf das Steueraufkommen pro Einwohner in Relation Ost zu West zeigt aber auch: Im Jahr 2008 ist mit 44 % der Wert von 1995 (43 %) erstmals wieder leicht übertroffen.[5] Neben konjunkturellen Gründen spricht dies für eine zunehmende Qualität und Nachhaltigkeit von Wirtschaftsstrukturen und Steuerbasis in den neuen Bundesländern. Die fiskalischen Verwerfungen der derzeitigen Wirtschaftskrise werden daher wohl auch an den Bilanzen der neuen Länder nicht spurlos vorübergehen.

---

[5]   Berechnungen von *DB RESEARCH* auf der Basis von: *BUNDESMINISTERIUM DER FINANZEN* (2009a).

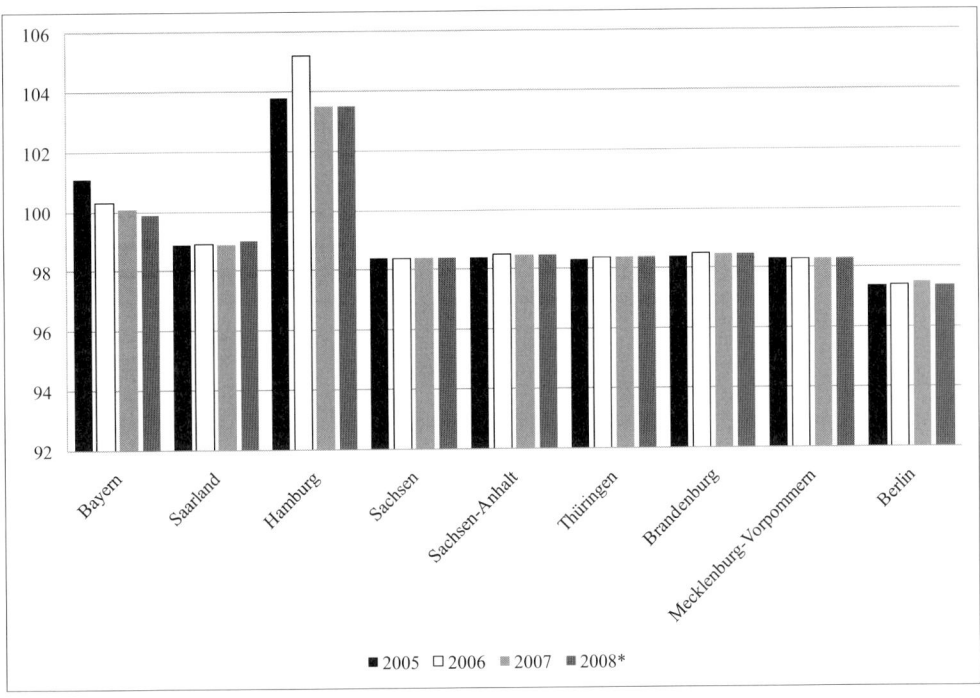

Abbildung 1:   Finanzkraftmesszahl nach allgemeinen Bundesergänzungszuweisungen[6]

5   Fiskalische Gleichwertigkeit der Lebensverhältnisse als Auftrag

Die Bundesrepublik Deutschland ist ein föderal organisierter Staat, in dem sich die Gebietskörperschaften unterschiedliche Aufgaben teilen. Zur Erfüllung ihrer Aufgaben müssen die Länder über unabhängige und ausreichende Finanzmittel verfügen. Diesen Notwendigkeiten dient der bundesstaatliche Finanzausgleich. Das mehrstufige Verfahren des Ausgleichs der Finanzkraft hat jedoch als elementare (Neben-)Wirkung eine fast vollständige Nivellierung der fiskalischen Leistungskraft zur Folge. Dieser Ausgleich steht Anreizen zur Haushaltskonsolidierung fundamental entgegen.[7]

Die Neuen Bundesländer sind seit 1995 in den Finanzausgleich integriert. Hinzu kommen Sonderbedarfs-Bundesergänzungszuweisungen (SoBEZ), die den teilungsbedingten Sonderlasten Rechnung tragen sollen. Die Solidarpaktmittel sind damit ein existenzieller Bestandteil der Haushalte in Ostdeutschland.[8] Die Vorteile dieses Instruments liegen vor allem in der freien Verwendbarkeit der Mittel und ihrer Unabhängigkeit vom Länderfinanzausgleich.

---

[6]   *DB Research* und *Bundesministerium der Finanzen* (2009a).

[7]   Vgl. *DB Research* (2004) und *DB Research* (2006).

[8]   Vgl. *Seitz* (2008).

Die Degression der Zahlungen aus dem Solidarpakt II bis zum Jahr 2020 ist nicht an zunehmende fiskalische Eigenständigkeit der Neuen Länder gebunden. Stattdessen hat man sich vorgenommen, bis dahin alle nachzuholenden Infrastrukturmaßnahmen umgesetzt zu haben.[9] Der Weg zur Eigenständigkeit strukturschwacher Regionen mit teilweise stark unterdurchschnittlicher Finanzkraft ist nach wie vor holprig und wird für Gesamtdeutschland auch zukünftig die große Herausforderung bleiben.

6   Finanzkraft der neuen Länder: nachhaltige Stabilisierung möglich?

Das Steueraufkommen je Einwohner in den Neuen Bundesländern ist im Beobachtungszeitraum sowohl absolut als auch relativ zu den Werten in westlichen Bundesländern gestiegen. Die positiven Werte suggerieren eine gestiegene Qualität der Arbeitsplätze und stabilere Unternehmensstrukturen in den östlichen Flächenländern.

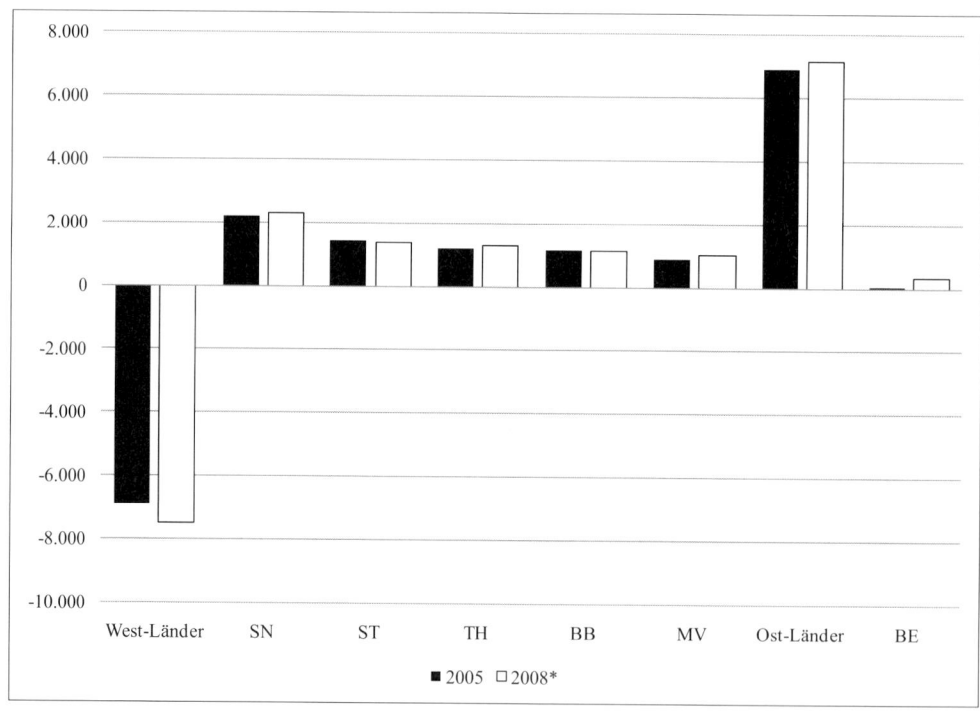

Abbildung 2:   Umsatzsteuerausgleich (in Mio. EUR)[10]

---

9   Vgl. § 11 Abs. 3 des Gesetzes über den Finanzausgleich zwischen Bund und Ländern, wonach die Neuen Länder in den Fortschrittsberichten „Aufbau Ost" darüber Dokumentation leisten.

10   *DB RESEARCH* und *BUNDESMINISTERIUM DER FINANZEN* (2009a).

Dennoch ist der Trend auch Ergebnis der günstigen Konjunkturentwicklung in den vergangenen Jahren. Zudem wirkt die Abwanderung von (qualifizierten) Arbeitskräften damit in zwei Richtungen: Einerseits steigt aufgrund des Basiseffekts bei Abwanderung (potenziell) Arbeitssuchender automatisch das Steueraufkommen je Einwohner; zum anderen begrenzt eben dieser brain drain die Entstehung zusätzlicher Qualitätsarbeitsplätze. Die Netto-Effekte sind jedoch nur schwer quantifizierbar, wie auch die Entwicklung Berlins zeigt: ein großer Bevölkerungsaustausch bei geringen Steueraufkommenszuwächsen je Einwohner. In den Zahlen spiegelt sich noch ein grundsätzlicher Nachteil strukturschwacher Regionen wider: Wegen der geringen Anzahl an Unternehmenszentralen entstehen Hocheinkommens-Jobs in Freien Berufen wie dem Anwalts- oder Notarwesen nur vereinzelt. Unter dieser Entwicklung haben ländliche und strukturschwache Regionen generell zu leiden. So sind die Werte für Bundesländer wie Schleswig-Holstein oder das Saarland zwar in absoluten Zahlen besser; die Tendenz ist jedoch eine ähnliche.[11]

Vordergründig scheinen die West-Länder die Ost-Länder beim Umsatzsteuervorausgleich zu alimentieren. Das gestiegene Volumen der Transferzahlungen lässt sich aber im Wesentlichen auf die absolute Steigerung des Umsatzsteueraufkommens nach 2003 zurückführen. Erkennbar sind auch in diesem Fall die demographischen Verwerfungen, unter denen die ostdeutschen Flächenländer zunehmend leiden.[12] Berlin hingegen profitiert dank stabiler Bevölkerungszahl vom Finanzausgleich. Die Fehlallokation des Ausgleichs macht hier erneut deutlich, dass eine grundlegende Neuordnung der Finanzbeziehungen zwischen Bund und Ländern unabdingbar ist.

Die „neue Kraft" der östlichen Flächenländer wird durch die Zahlen des *horizontalen Länderfinanzausgleichs* belegt. Dieser wird immer stärker von Berlin „dominiert". Auch die Sonderbedarfs- und Allgemeinen Bundesergänzungszuweisungen tauchen meist in den Haushalten der ostdeutschen Länder auf und prägen deren Ausgabenstruktur erheblich.

Trotz erfolgreicher Konsolidierungsbemühungen einiger Bundesländer ist es für die Neuen Länder noch ein langer Weg bis zur eigenständigen Finanzierung ihrer staatlichen Aufgaben. Die Umschichtungen über den Länderfinanzausgleich und die Ergänzungszuweisungen des Bundes sind derzeit unverzichtbar. Dennoch zeigen die Mechanismen des bundesstaatlichen Finanzausgleichssystems auch, dass sich zunehmend nicht mehr nur mit einem Ost-West-Unterschied argumentieren lässt, sondern dass sich innerhalb Deutschlands Bundesländer mit unterschiedlichem Anteil strukturschwacher Gebiete identifizieren lassen. Diese strukturschwachen Regionen leiden oftmals unter abwanderungsbedingten Lasten, die sowohl die eigene Steuerbasis sowie die Umverteilungswirkung der Umsatzsteuer betreffen. Möglicherweise sind die entsprechenden Landeshaushalte daher dauerhaft strukturell benachteiligt.[13]

---

[11] Vgl. BUNDESMINISTERIUMS FÜR VERKEHR, BAU UND STADTENTWICKLUNG (2009b).

[12] So wird etwa der Länderanteil der Umsatzsteuer zu mindestens 75 % nach der Einwohnerzahl verteilt, vgl. BUNDESMINISTERIUM FÜR FINANZEN (2008a).

[13] Strukturschwache Regionen sind die Medaillenrückseite der Clusterpolitik. Die politische Diskussion darüber wird zunehmen; vgl. HEEG/GEINITZ (2009), S. 11.

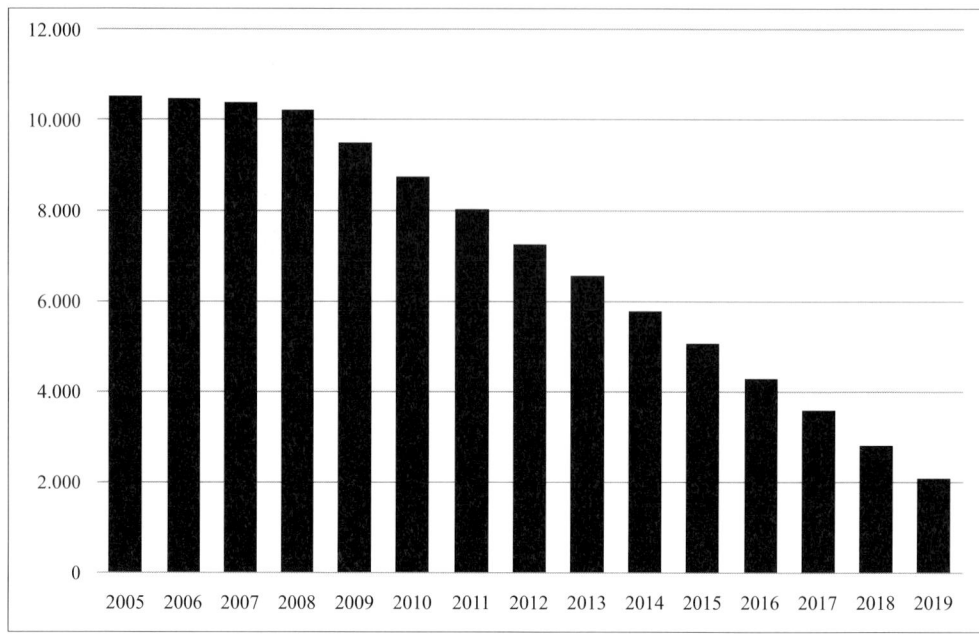

Abbildung 3:   Sonderbedarfs-Ergänzungszuweisung - Auslaufen bis 2019 (in Mio. EUR)[14]

7   Auslaufen der Solidarpaktmittel:
    Abhilfe nur über die Ausgabenseite möglich

Bis 2019/20 laufen die Finanzmittel aus dem Solidarpakt II und den Sonderbedarfs-Ergän-
zungszuweisungen aus. Idealtypisch verringern sich die Solidarpaktmittel gegenläufig zu steigenden Nachweisquoten der Mittelverwendung. Die neuen Länder haben heute schon fast die
einhundertprozentige Nachweisequote erreicht – die zweckgerichtete Verwendung hat sich
also offensichtlich erhöht.[15] Der alleinige Blick auf die Nachweisquoten in Verbindung mit
auslaufenden SoBEZ greift jedoch zu kurz. Stattdessen müssen auch „neutralere" Kennzif-
fern, wie Steuerquote, Investitionsquote und Personalausgaben je Einwohner, einbezogen
werden.

Demnach gingen die steigenden Nachweisquoten zuletzt mit einer raschen Konsolidierung
der Landeshaushalte einher. So haben die fünf Neuen Länder in den Haushaltsjahren 2007
und 2008 sogar einen Überschuss erzielt.[16]

---

[14]   Vgl. hierzu das Gesetz über den Finanzausgleich zwischen Bund und Ländern (Stand: 29.12.2008).

[15]   Zur Legitimität der Nachweisquoten als Indiz für die investive Verwendung. Vgl. *RAGNITZ* (2007) und
        WILDE/FREYE (2009).

[16]   Vgl. *BUNDESMINISTERIUM FÜR FINANZEN* (2009b).

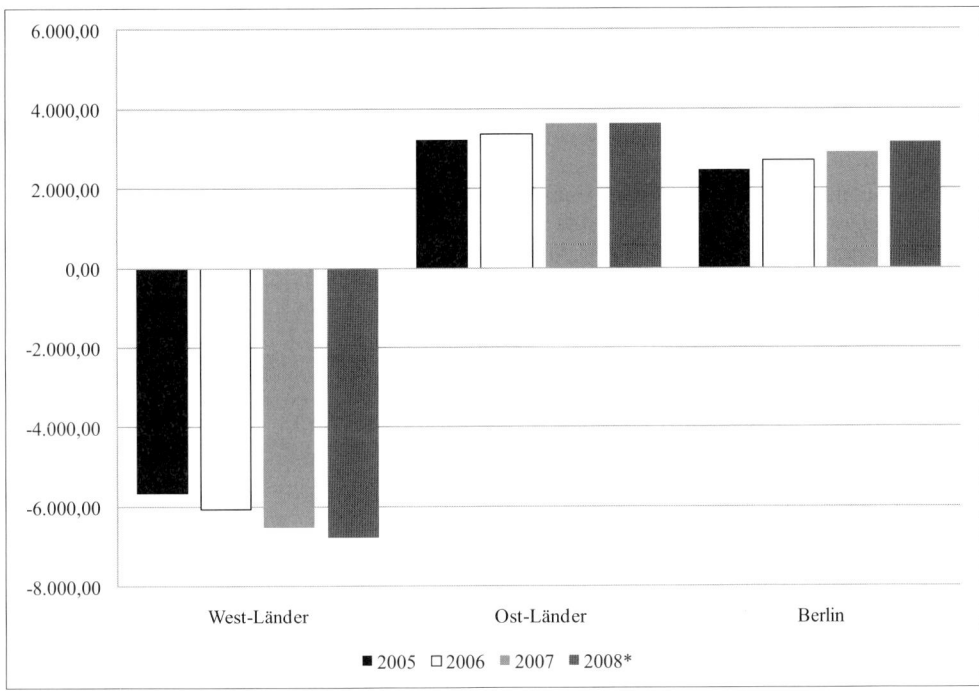

Abbildung 4:   Länderfinanzausgleich (in Mio. EUR)[17]

8   Sondervermögen „Investitions- und Tilgungsfonds": Politik der Goldenen Zügel

Die Verwendung der Mittel aus dem *Investitions- und Tilgungsfonds*[18] des Konjunkturpakets steht unter der Prämisse der „Zusätzlichkeit": Die mit dem Fonds geförderten Investitionen dürfen ohnehin geplante Vorhaben nicht ersetzen. Setzt man die Förderbeträge der Länder in Relation zu deren Finanzkraft, so schneiden die Stadtstaaten gegenüber den Flächenländern tendenziell ungünstiger ab. Überdurchschnittlich profitieren die ostdeutschen Länder von den Mitteln. Lediglich das Saarland als einziges westdeutsches Bundesland erhält Zuweisungen signifikant über dem Durchschnitt von 4 %. Das Gesamtvolumen von rund 10 Mrd. EUR soll zu 30 % durch Kommunen kofinanziert werden. Finanzschwache Gebietskörperschaften sind von den jeweiligen Ländern zu unterstützen. Da in den neuen Ländern der Anteil finanz-schwacher Kommunen höher als im Westen ist, tendieren die Landesfinanzminister zu einer großzügigen Unterstützung der Städte und Gemeinden durch Landesmittel.

---

[17]   *DB RESEARCH* und *BUNDESMINISTERIUM FÜR FINANZEN* (2009).
[18]   Vgl. Verwaltungsvereinbarung zur Durchführung des Gesetzes zur Umsetzung von Zukunftsinvestitionen der Kommunen und Länder, 2009.

Unbestritten ist es sinnvoll, die Programme an die kommunale Investitionstätigkeit zu koppeln. Es erinnert jedoch stark an die *Politik der Goldenen Zügel* Ende der 1960er und 1970er Jahre, als sprichwörtlich jede Kommune ihr Hallenbad erhielt. Es bleibt abzuwarten, welche fiskalischen Wirkungen aus den Investitionen für die Länder, Städte und Gemeinden zukünftig erwachsen. Wahrscheinlich ist jedoch, dass der Charakter der *Zusätzlichkeit der Investition* nicht konsequent durchgehalten werden kann. Folglich kann angenommen werden, dass mittelfristig wieder fallende Nachweisquoten in den Neuen Ländern bilanziert werden müssen. Die derzeitige Entwicklung der Länderhaushalte lässt wenig Gutes erahnen: Im konsolidierten Vergleich der Flächenländer bis April 2009 sind gegenüber dem Vorjahr die Löcher in den ostdeutschen Haushalten wieder größer geworden. Die Erhöhung des Defizits wird zwar durch sinkende Bauausgaben gebremst. Gerade dieser Posten sollte jedoch eigentlich durch die Maßnahmen im Konjunkturpaket der Bundesregierung stärker wachsen.[19] Offensichtlich nimmt die Umsetzung des Konjunkturprogramms mehr Zeit in Anspruch als von den Regierenden erwartet wurde.

9   Öffentliche Investitionen: oftmals lediglich Residualposten im Haushalt

Die öffentlichen Haushalte der neuen Länder sind im Schnitt nur zu 50 % durch das Steueraufkommen gedeckt: Gegenüber den alten Ländern (rund 80 %) ergibt sich somit eine unübersehbare Finanzierungslücke. Dabei muss man dem ostdeutschen Verwaltungswesen mit Blick auf den Anteil der Personalkosten ein Lob aussprechen (relativer Anteil an den Gesamtausgaben leicht über 20 %). Unstrittig sind die enormen Anstrengungen aller Landesregierungen. Dennoch bleiben die öffentlichen Personalausgaben je Einwohner hoch. Sie werden auch in den kommenden Jahren mit der Angleichung von Gehältern an Westniveaus und den Lasten aus dem demographischen Wandel wohl bestenfalls stabil bleiben. Mit Anpassungen nach oben muss man rechnen – Westniveaus sind auf mittelfristige Sicht noch nicht erreichbar. Weitere Anpassungen in den Verwaltungsstrukturen sind daher unabdingbar.[20]

Traditionell sind die Investitionsausgaben je Einwohner in den neuen Ländern deutlich höher als in den alten Bundesländern. Diese Zahlen bedeuten jedoch nicht zwangsläufig, dass der Osten eine immer noch größere Infrastrukturlücke zu füllen hat. So stellt sich bei dieser Kennzahl etwa die Frage nach der Höhe der Bestandsinvestitionen und deren Ersatz oder Erweiterung.[21] Außerdem ergeben sich wie bei der Beurteilung der Personalausgaben je Einwohner wegen der ungünstigen demographischen Effekte ceteris paribus automatisch steigende *Investitionsausgaben je Einwohner.*

---

[19]   Vgl. BUNDESMINISTERIUMS FÜR FINANZEN (2009c).

[20]   Vgl. BUNDESREGIERUNG (2008) und FREISTAAT SACHSEN (2008).

[21]   Vgl. LAND BERLIN (2008).

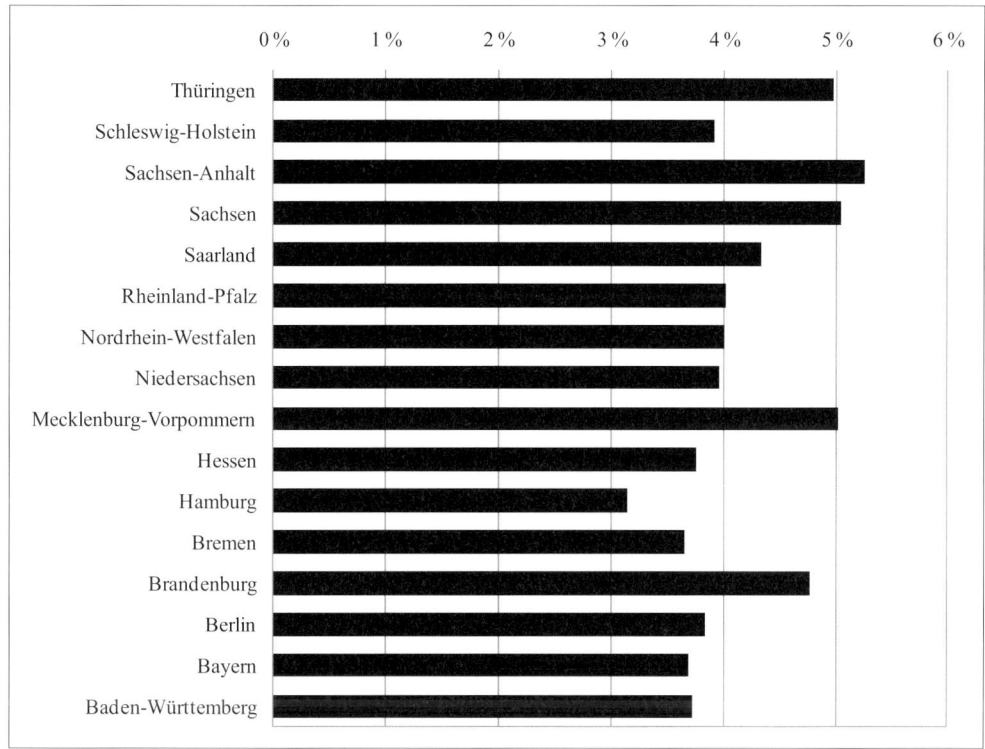

Abbildung 5:   *Förderbeiträge des Bundes für Länder und Gemeinden (in Relation zur Finanzkraft nach LFA)[22]*

Landeshaushalte sind aufgrund der Gesetzeslage kaum fähig, flexibel auf konjunkturelle oder strukturelle Veränderungen auf der Einnahmeseite zu reagieren, da es ihnen weitestgehend an Steuererhebungskompetenz fehlt. So ist es nicht verwunderlich, dass die Infrastrukturausgaben starken politischen Anpassungen unterworfen sind. Selbst das Finanzministerium des Freistaates Sachsen geht in seiner mittelfristigen Finanzplanung von fallenden Investitionsquoten für den Finanzplanungszeitraum 2008–2012 aus (von 23,5 % auf 17,6 %).

Die politische Strukturfrage, der sich die neuen Länder – und mit einigem Nachlauf auch zahlreiche Regionen in den westlichen Flächenländern – stellen müssen, ist daher weniger die nach der Höhe der Ausgaben, sondern nach deren Struktur. So lassen sich bspw. durch den Rückbau von Infrastruktur in ländlichen Räumen die Erhaltungsinvestitionen begrenzen. Hier sind die Regierungen in den Ländern östlich der Elbe dem Westen offensichtlich gedanklich und politisch schon ein Stück weit voraus.

---

[22]   *DB RESEARCH* auf der Grundlage der Verwaltungsvereinbarung zur Durchführung des Gesetzes von Zukunftsinvestitionen der Kommunen und Länder 2009.

10   Neustrukturierung der Wirtschaftsförderung

Seit einigen Jahren hört man vermehrt die Klagerufe westdeutscher Politiker, dass ihre Regionen in der Infrastrukturpolitik sträflich vernachlässigt werden. Dahinter steht letztlich die Frage, ob es noch eine Infrastrukturlücke der Neuen Länder im Vergleich zum Bundesdurchschnitt gibt. Die neuen Länder[23] haben sich – gerade weil sie mit einem Auslaufen der Solidarpaktmittel rechnen müssen – der Neustrukturierung der Wirtschaftsförderung angenommen: Clusterpolitik und Programme wie „Stärken stärken"[24] sind längst kein Einzelfall mehr und haben eine Förderpolitik nach der Gießkanne abgelöst. In den Grundsatzabteilungen der ostdeutschen Finanzministerien ist es vor allem die Neustrukturierung der Verwaltungen, die zu Einsparungen führen soll. Die Modernisierung und Verschlankung der Personalstrukturen oder die Einführung von E-Government sind neben der Kommunalisierung von Landesaufgaben Eckpfeiler der Konsolidierungsbemühungen. Jedoch bleiben Ausgaben für die Verkehrsinfrastruktur, die Städtebauförderung und die Bildungs- und Technologieförderung ganz oben auf der Prioritätenliste der Neuen Länder.[25] Gerade in Flächenländern und in Ländern mit einem großen industriellen Sektor bleiben Verkehr, Industrie- und Gewerbegebiete wichtige Schwerpunkte der Öffentlichen Hand.

Derzeit beschäftigen sich alle ostdeutschen Länder mit der Identifizierung zukünftiger Ausgaben und der Glättung ihrer Einnahmestruktur. So richteten etwa die Bundesländer Mecklenburg-Vorpommern und Sachsen-Anhalt einen Zukunftsfonds ein, in den die Erlöse aus der Veräußerung von Landeseigentum fließen. Die Stadt Dresden hat sich durch die Veräußerung der kommunalen Wohnungsunternehmen schuldenfrei gestellt. Über eine Steuerschwankungsreserve planen diese Länder zudem die Steuereinnahmen über den Konjunkturzyklus zu glätten und damit die Prognosesicherheit der Haushalte zu erhöhen. Allen Ländern gemein ist die Implementierung eines Pensionsfonds für Beamte.

Revolvierende Fonds[26] sind eine Antwort der Landesregierungen auf die rückläufigen Solidarpaktmittel und die voraussichtlich geringeren Mittelzuflüsse aus den EU-Strukturfonds nach der Förderperiode 2007–2013. Der Aufbau eines Kapitalstocks geschieht fließend in der Übergangsperiode bis 2013. Die Fonds sollen sich anschließend durch den Rückfluss aus den Zielprojekten selbst erhalten.

Der auf den Länderhaushalten lastende Konsolidierungsdruck wird sich in den nächsten Jahren weiter erhöhen: Länder, die zeitnah Ihre Einnahmen- und Ausgabenstrukturen auf den Prüfstand stellen, werden mit einer Konsolidierungsdividende belohnt. Die Bereitschaft, auch schwierige Wege bei nutzungsabhängigen öffentlichen Gütern zu verfolgen, wird erfreulicherweise größer. Je länger Strukturreformen aber hinausgezögert werden, desto schwerer fällt später die Anpassung mit wachsenden Zins- und Tilgungslasten.

---

[23]   Vgl. hier z. B. den theoretischen Ansatz von *RAGNITZ/SEITZ* (2007).

[24]   Vgl. *LAND BRANDENBURG* (2005).

[25]   Vgl. *LANG* (2009).

[26]   Vgl. *LESSMANN/SCHIRWITZ* (2008).

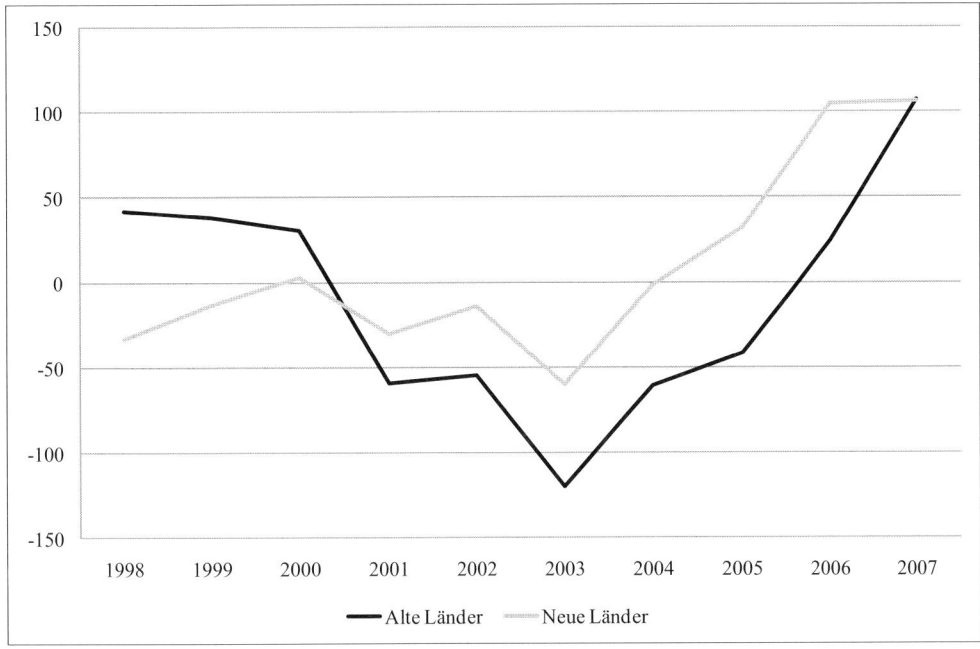

Abbildung 6:   Finanzierungssalden (Gemeinden und Gemeindeverbände ohne Stadtstaaten [in EUR je Einwohner])[27]

11   Kommunalfinanzen:
Rettungsanker für die Landeshaushalte?

Seit 2003 haben sich die Kommunalfinanzen im Zuge der guten konjunkturellen Entwicklung
erholt. Dabei konnten sich die Finanzierungssalden in den Neuen Ländern denen der Alten
Bundesländer nähern. Dennoch unterschritten die Pro-Kopf-Steuereinnahmen der Städte und
Ost-Gemeinden 2007 die Einnahmen im Westen um fast 50 %.[28]

---

[27] BUNDESMINISTERIUM FÜR FINANZEN (2009b).

[28] Vgl. BUNDESMINISTERIUM FÜR FINANZEN (2008b). HAUG (2009) kommt in seiner Studie zu dem Schluss, dass die
kommunalen Haushalte im Osten Deutschland stärker Aufgaben in kommunale Unternehmen auslagern und dadurch in der Gesamtkonsolidierung zusätzliche Erträge, Investitionen und Schulden aufweisen; vgl. HAUG
(2009).

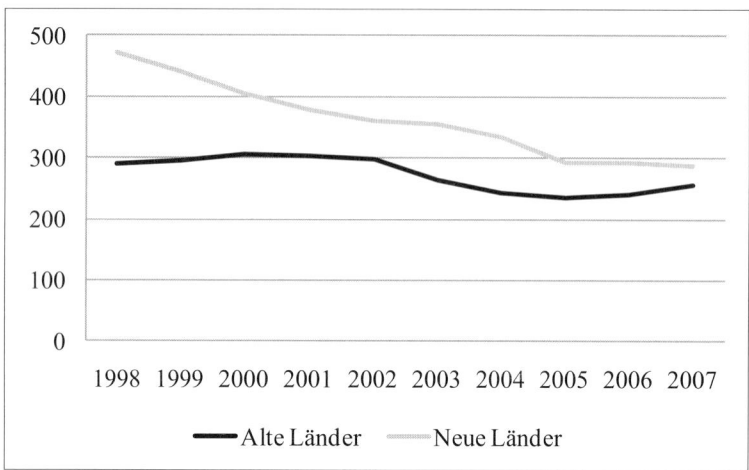

Abbildung 7:   *Sachinvestitionsausgaben (Gemeinden und Gemeindeverbände ohne Stadt-*
                   staaten [in EUR je Einwohner])[29]

Auf beiden Seiten der Elbe sind die Ausgaben für Sozialleistungen pro Kopf in den letzten
Jahren stark gestiegen und bewegen sich in etwa auf dem gleichen Niveau. Bund, Länder und
Kommunen haben sich für einen Ausbau der *Betreuungsinfrastruktur für Kinder* unter drei
Jahren entschlossen. Ab 2014 sollen dafür 750.000 Plätze zur Verfügung stehen. Der Bund
unterstützt dabei sowohl die anfänglichen Investitionskosten als auch die anfallenden Be-
triebskosten. Über die Änderung des Umsatzsteuerschlüssels zugunsten der Länder fließen
rund 770 Mio. EUR p.a. in diesen Topf. Die Ost-Länder hatten bereits eine höhere Versor-
gungsquote als die West-Länder, sodass deren Haushalte wohl keinen größeren zusätzlichen
Belastungen ausgesetzt werden.

Konträr dazu verhalten sich die *Sachinvestitionsausgaben*, die sich auf historischen Tiefs
bewegen. Insbesondere die Kommunen in den neuen Ländern haben ihre Investitionen deutlich gekürzt. Ein Grund hierfür sind wohl die geringeren Erlöse aus Verkäufen von Anlage-
vermögen (z. B. Grundstücke): Die Umstrukturierungen der 1990er Jahre sind abgeschlossen.
Hinzu kommt, dass gerade in der derzeitigen Finanzmarktkrise erfolgreiche Veräußerungen
von Wohnungsgenossenschaften wie vor einigen Jahren im Fall Dresden nicht darstellbar
sind.

Der Anteil der *Investitionszuweisungen* aus den Bundesländern für die Kommunen lag 2007
bei den neuen Ländern mit 73,4 % fast doppelt so hoch wie im Westen (38,9 %). Auch der
generelle Trend zu zunehmender Haushaltsfinanzierung über Kassenkredite ist in den neuen
Ländern stärker ausgeprägt (seit 1998 eine Verachtfachung der Kassenkredite auf 189 EUR
pro Kopf).

Das Konjunkturpaket II soll neben der Überbrückung der gesamtwirtschaftlichen Nachfrage-
lücke auch den Investitionsstau der Kommunen auflösen (Kriterium der Zusätzlichkeit). Positiv zu bewerten sind dabei die Investitionen in Umwelt und Energie. Dennoch besteht die
Gefahr, dass neben den quasi erzwungenen Ko-Finanzierungskosten aus den Investitionen

---

[29]   *BUNDESMINISTERIUM FÜR FINANZEN* (2009b).

langfristige Unterhaltungskosten entstehen. Derartige Fehlentwicklungen gab es bereits in der Vergangenheit – der Politik der Goldenen Zügel aus den 1960/70er Jahren war bekanntermaßen kein großer Erfolg beschieden.

12 Föderalismusreform II: die Neuen Länder und die Schuldenfrage

Die Einführung der Schuldenbremse ist das zentrale Projekt der Föderalismusreform II. Für den Bund ist eine strukturelle Neuverschuldung in Höhe von maximal 0,35 % des BIP möglich, für die Länder gilt gar ein Neuverschuldungsverbot. Für wirtschaftliche Schwächephasen ermöglicht die Konjunkturkomponente antizyklische Kreditaufnahmen bzw. -tilgungen (konjunkturelles Ausgleichskonto). Ein Stabilitätsrat soll über ein Frühwarnsystem entsprechende Handlungsempfehlungen für die Politik liefern. Ab 2016 werden diese Regelungen für den Bund und ab 2020 für die Länder gelten. Stark verschuldeten Ländern werden bis 2019 Konsolidierungshilfen von 800 Mio. EUR[30] jährlich eingeräumt.

Über den gesamten Zeitraum ergibt sich somit ein – auch von den „starken" neuen Bundesländern zu tragender – Finanzierungsbedarf von rund 7,2 Mrd. EUR. Die Schuldenbremse wird neben den rückläufigen Mitteln aus dem Solidarpakt die Ausgabenspielräume der Neuen Bundesländer weiter erheblich einschränken. Es ist wohl damit zu rechnen, dass es noch zu erheblichem Widerstand in der Öffentlichkeit kommt, sobald die Konsequenzen dieser Ausgabenbeschränkung spürbar werden. Allerdings ermöglicht das Reformpaket der Föderalismuskommission II auch eine Öffnung der Finanzhilfen des Bundes (Artikel 104b Grundgesetz). Diese sollen nicht mehr nur auf Bereiche beschränkt bleiben, in denen dem Bund die Gesetzgebungsbefugnis zusteht, sondern auch bei Notwendigkeiten zur Abwehr einer „außergewöhnlichen Notsituation" anwendbar sein. Diese Regelung verleiht den Länderhaushalten wieder eine gewisse Sicherheit, andererseits sind sie damit vollständig der Willkür des Bundes ausgeliefert.

13 Demographie: physische und soziale Infrastruktur anpassen

Unverändert leiden die neuen Bundesländer am stärksten unter dem demographischen Wandel. Neben der zeitweise sehr niedrigen Geburtenrate beschleunigt vor allem die wachsende Abwanderung junger Menschen die Vergreisung in Ostdeutschland. Das dahinter stehende Muster ist jedoch zunehmend weniger die Abwanderung in den Westen, sondern ein bundesweit zu beobachtender Drang in die Ballungsräume. So profitieren Hamburg und Berlin besonders, aber auch Regionen mit gut funktionierenden Branchen-Clustern (etwa Baden-Würt-

---

[30] Jeweils jährlich: Bremen (300 Mio. EUR), Saarland (260 Mio. EUR), Berlin, Sachsen-Anhalt und Schleswig-Holstein (jeweils 80 Mio. EUR).

temberg) zählen zu den Gewinnern. In allen Bundesländern gibt es also erhebliche regionale Disparitäten.[31]

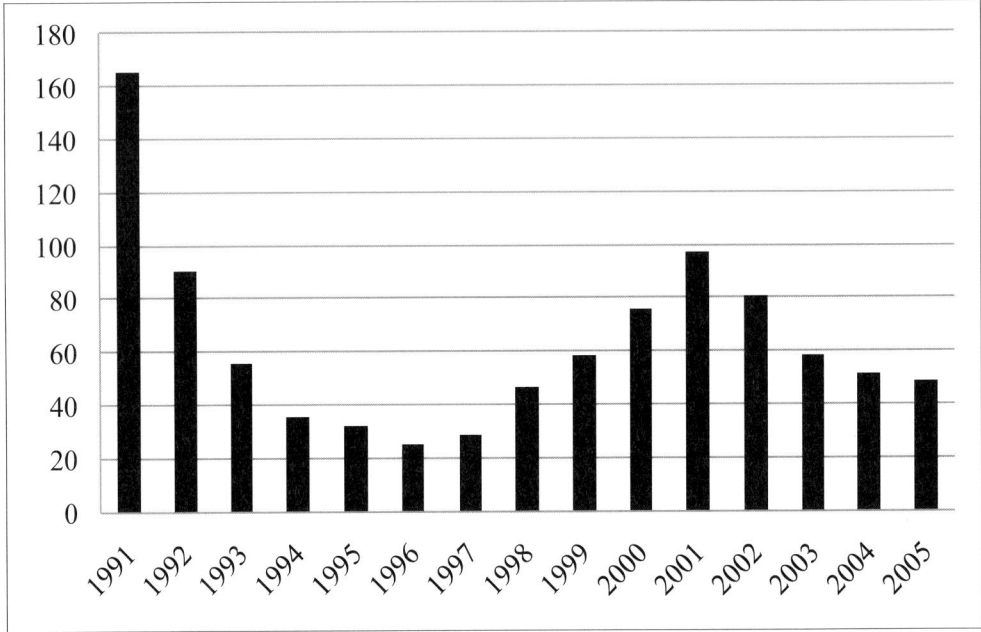

Abbildung 8:   *Abwanderung aus den Neuen in die Alten Bundesländer (Wanderungssaldo [in %])[32]*

Die Wanderungsverluste laufen seit 1991 in Wellenbewegungen ab und sie werden langsam, aber kontinuierlich kleiner: Die demographische Gefahr wird daher heute weniger von den Wanderungen ausgelöst, sondern durch die Alterung des Bevölkerungsbestands.[33] Arbeitskräftepotenzial und Steuerkraft nehmen in ländlichen Regionen weiter ab. Bis zu einem gewissen Grad kann dies wohl durch den *Rückbau der Infrastruktur* ausgeglichen werden. Aufgrund der Unteilbarkeit von öffentlichen Gütern ergeben sich hieraus jedoch mittel- bis langfristig neue Anforderungen an den bundesstaatlichen Finanzausgleich. Denn auch beim Rückbau von Infrastruktur entstehen Kosten. Dies zeigt sich heute schon beim Städteumbau in Berlin (Ost) oder in zahlreichen ländlichen Kleinstädten. Vielfach entstehen jedoch nach erfolgreichem Rückbau attraktive Wohn- und Investitionsstandorte. Die Finanzhilfen des Bundes, die derartige Gesundschrumpfungsprozesse ermöglichen, sind sinnvoll: Sie entlasten nachhaltig die Länderhaushalte und die kommunalen Finanzen.[34]

---

[31]   Vgl. STATISTISCHES BUNDESAMT (2006a), STATISTISCHES BUNDESAMT (2006b) und KUBIS/SCHNEIDER (2009).

[32]   Vgl. STATISTISCHES BUNDESAMT (2007).

[33]   Vgl. FREISTAAT SACHSEN (2008).

[34]   Vgl. BUNDESMINISTERIUMS FÜR VERKEHR, BAU UND STADTENTWICKLUNG (2006a).

Eines darf trotz negativer Auswirkungen der Migrationsbewegungen nicht vergessen werden: Die in der ehemaligen DDR künstliche Fokussierung auf Berlin (Ost) wird zunehmend überwunden. Im westlichen Mecklenburg-Vorpommern und nördlichen Sachsen-Anhalt orientiert man sich verstärkt an Hamburg; im Großraum Dresden entstehen starke Verflechtungen nach Prag oder Posen. Erfurt und Leipzig bilden zusammen mit Halle (Saale) ein stabiles Cluster über drei Landesgrenzen hinweg.

14   Fazit und Ausblick

Die fünf Jahre wirtschaftlicher Entwicklung vor der derzeitigen Rezession waren im Rückblick *gute Jahre für den Aufbau Ost*. Die Investitionen in Infrastruktur und gewerbliche Wirtschaft schlugen sich in steigender Wertschöpfung und Beschäftigung nieder. Die Konsolidierung der Landeshaushalte kam ebenfalls weit voran. Die ostdeutsche Wirtschaftsentwicklung ist nicht mehr vorrangig von der Wirtschaftsförderung, sondern von einer zunehmend eigenständigen mittelständischen Unternehmensentwicklung geprägt. Positiv ist die differenzierte Branchenstruktur, das Heranwachsen kleinerer und mittlerer Unternehmen mit stärkerer Kapitaldecke, größerer Mitarbeiterschaft, Expertise in Absatz und Einkauf und das deutlich bessere Umfeld von staatlichen Einrichtungen, Netzwerken und Kammern.

Die Engpässe der Wirtschaftsentwicklung liegen in den östlichen Ländern weniger in der Investitionsfinanzierung als auf dem Arbeitsmarkt. Die Investitionsförderung wird über die Zeit abnehmen, da die Finanzausstattung der Ost-Länder über die Degression im *Solidarpakt II* sowie den Austritt aus der ersten Förderstufe der *EU-Regionalpolitik* sinken wird. Zugleich wird sich jedoch der Fokus ohnehin weg von Neuansiedlungen auf Erweiterungsinvestitionen richten.

Die Knappheit an Arbeitskräften – insbesondere der mittleren Qualifikationen in jungen Jahrgängen – sowie von Universitätsabsolventen außerhalb der attraktiven Städte wird mittelfristig das beherrschende Thema sein. Anders als noch vor fünf Jahren sind nun die Unternehmen, Kammern, Stadt- und Landesverwaltungen aber bereits damit befasst, sich um die bestmögliche Qualifikation der Schulabgänger intensiv zu kümmern. Revisionen der Tarifpolitik, gezielte Rückkehranreize, eine Stadt- und Landesplanung, die auch weiche Standortfaktoren berücksichtigt, sowie viele andere Elemente werden benötigt, um die positive Entwicklung in vielen Branchen der gewerblichen Wirtschaft aufrechtzuerhalten. Hierzu zählen auch Imagefaktoren, die sich nur schwer und über lange Zeiträume beeinflussen lassen.

Die größten Gefahren werden wohl mittelfristig von einem beständig hohen Niveau der Unzufriedenheit in vielen Regionen Ostdeutschlands ausgehen, die zur Abwanderung Anlass geben. Die Armut von Teilen der Bevölkerung bereitet noch immer Sorgen. Es gilt Perspektiven für mehr Beschäftigung in Ostdeutschland zu schaffen. Die *Demographie* bietet zudem Chancen für soziale Neuerungen, die im Bereich der Telemedizin, der Gesundheitswirtschaft, der Kultur und des Tourismus bereits allmählich umgesetzt werden.

Trotz enormer Transferleistungen über viele Kanäle ist 20 Jahre nach der deutschen Einheit das Klagen im Westen über die Leistungen für den Aufbau Ost leiser geworden. Es ist an der Zeit, zwischen Ost und West nun insbesondere die Meisterung der deutschen Alterung einzuüben. Es darf nicht verwundern, wenn das ein oder andere westliche Bundesland dabei in Zukunft von ostdeutschen Vorbildern lernt. Darüber hinaus wird bei nüchterner Betrachtung klar, dass selbst nach Auslaufen des Solidarpakts II zum Abbau der teilungsbedingten Sonderlasten ein ökonomisch und politisch vernünftiges Maß an *Solidarität* erforderlich bleibt. Die Neuen Bundesländer insgesamt haben in den letzten fünf Jahren beachtliche Fortschritte in ihrer Wirtschaftsentwicklung gemacht. Aber für Quantensprünge und komplette Angleichung der Lebensverhältnisse gab es weder 1989/90 noch heute eine ökonomisch plausible Perspektive: Diese Erwartung ist weder für das Emsland, noch die Ruhr, noch den Neiße-Raum realistisch. Aber nicht nur Deutschland, auch andere Länder wie etwa die USA können mit solchen Unterschieden dauerhaft leben.

Quellenverzeichnis

ARBEITSKREIS KONJUNKTUR OST (2008): Ostdeutsche Wirtschaft: Kein aufholendes Produktionswachstum 2008 und 2009, in: Wirtschaft im Wandel, Nr. 6, Halle 2008, S. 205–225.

MINISTERIUM FÜR WIRTSCHAFT DES LANDES BRANDENBURG (2005). Stärken stärken – für Wachstum und mehr Beschäftigung, Pressemitteilung vom 09.06.2005, online: http://www.wirtschaft.brandenburg.de/cms/detail.php?id=214939&_siteid=20, Stand: 09.06.2005, Abruf: 02.09.2009.

BUNDESMINISTERIUM FÜR FINANZEN (2008a). Der bundesstaatliche Finanzausgleich, Berlin 2008.

BUNDESMINISTERIUM FÜR FINANZEN (2008b). Eckdaten zur Entwicklung und Struktur der Kommunalfinanzen 1998 bis 2007, Berlin 2008.

BUNDESMINISTERIUM FÜR FINANZEN (2009a): Steuerstatistik, Berlin 2009.

BUNDESMINISTERIUM FÜR FINANZEN (2009b). Entwicklung der Länderhaushalte, online: http://www.bundesfinanzministerium.de, Stand: 16.04.2009, Abruf: 16.04.2009.

BUNDESMINISTERIUM FÜR FINANZEN (2009c). Entwicklung der Länderhaushalte, online: http://www.bundesfinanzministerium.de, Stand: 22.06.2009, Abruf: 22.06.2009.

BUNDESMINISTERIUM FÜR FINANZEN (2009c). Bundespolitik und Kommunalfinanzen, online: http://www.bundesfinanzministerium.de/nn_3378/DE/Wirtschaft__und__Verwaltung/Finanz__und__Wirtschaftspolitik/Foederale__Finanzbeziehungen/Kommunalfinanzen/Kurzfassung_20Bundespolitik_20und_20Kommunalfinanzen,templateId=raw,property=publicationFile.pdf , Stand: 22.06.2009, Abruf: 31.08.2009.

BUNDESMINISTERIUM FÜR VERKEHR, BAU UND STADTENTWICKLUNG (2006a). Statusbericht für den Stadtumbau Ost. Berlin 2006.

BUNDESMINISTERIUM FÜR VERKEHR, BAU UND STADTENTWICKLUNG (2006b). Planungssicherheit für Neue Länder, Pressemitteilung von Bundesminister Tiefensee vom 13.12.2006, Nr. 426/2006, online: http://www.bmvbs.de/txt/-,1663.982137/Tiefensee-Planungssicherheit-f.htm, Stand: 13.12.2006, Abruf: 31.08.2009.

BUNDESMINISTERIUM FÜR VERKEHR, BAU UND STADTENTWICKLUNG (2008): Jahresbericht der Bundesregierung zum Stand der deutschen Einheit 2008, Berlin 2008.

BUNDESMINISTERIUM FÜR VERKEHR, BAU UND STADTENTWICKLUNG (2009a). Jahresbericht zum Stand der deutschen Einheit. Berlin 2009.

BUNDESMINISTERIUM FÜR VERKEHR, BAU UND STADTENTWICKLUNG (2009b). Modellvorhaben „Demographischer Wandel – Zukunftsgestaltung der Daseinsvorsorge in ländlichen Regionen", online: http://www.bmvbs.de/beauftragter/Chancen-der-Regionen-nutzen-,1651. 10 10265/Modellvorhaben-Demografischer-htm, Stand: 15.04.2009, Abruf: 31.08.2009.

BUNDESREGIERUNG (2008): Fortschrittsbericht „Aufbau Ost" der Neuen Länder, Berlin 2008.

DB RESEARCH (2004). Perspektiven Ostdeutschlands – 15 Jahre danach, Aktuelles Thema Nr. 306, Frankfurt am Main 2004.

DB RESEARCH (2006). Föderale finanzielle Solidarität ist neu zu definieren - und das ist gut so! Aktueller Kommentar, Frankfurt am Main 2006.

DIW (2007). Beschäftigungspotenziale in ostdeutschen Dienstleistungsmärkten. Politikberatung kompakt, Nr. 30, Berlin 2007.

FREISTAAT SACHSEN (2008): Mittelfristige Finanzplanung 2008–2012, Dresden 2008.

HAUG, P. (2009). Kommunale Unternehmen als Schattenhaushalte – Wie sieht die tatsächliche Haushaltssituation der deutschen Kommunen aus?, in: Wirtschaft im Wandel, 2009, Nr. 5, S. 220–228.

HEEG, T./GEINITZ, C. (2009): Da war die Studie plötzlich weg, in: Frankfurter Allgemeine Zeitung (2009) vom 24.06.2009, S. 11.

IFO-DRESDEN (2009). Konjunkturprognose Ostdeutschland und Sachsen 2008/2009: Abschwung und Rezession, in: Ifo Dresden berichtet, 2009, Nr. 1, S. 3–11.

KUBIS, A./SCHNEIDER, L. (2009): Ist Abwanderung typisch ostdeutsch? Regionale Mobilität im West-Ost-Vergleich, in: IWH (Hrsg.), Wirtschaft im Wandel, Nr. 4, Halle 2009, S. 152–157.

LAND BERLIN (2008). Fortschrittsbericht „Aufbau Ost" des Landes Berlin, Berlin 2008.

LANG, C. (2009): IWH Industrieumfrage in Ostdeutschland zum Jahresauftakt 2009: Im Abwärtssog, in: IWH (Hrsg.), Wirtschaft im Wandel, Nr. 3, Halle 2009, S. 140–144.

LESSMANN, C./SCHIRWITZ, B. (2008): Revolvierende Fonds als Instrument zur Neuausrichtung der Föderpolitik, in: ifo Dresden Bericht, Nr. 2, Dresden 2008..

PARTITÄTISCHER GESAMTVERBAND (2009): Armutsatlas 2009, online: http://www.armutsat-las.de/fileamin/SUBDOMAINS/forschung/armutsatlas/download/Armutsatlas_inhalt_web .pdf, Stand: 1.05.2009, Abruf: 31.08.2009.

RAGNITZ, J. (2007): Verwendung der Solidarpakt-Mittel 2006, in: IWH-Pressemitteilungen, Nr. 18, Halle 2007.

RAGNITZ, J./SEITZ, H. (2007): Benchmark-Ansatz zur Analyse der öffentlichen Finanzen in Sachsen-Anhalt, in: *IWH* (Hrsg.*),* Wirtschaft im Wandel, Nr. 1, Halle 2007, S. 33–36.

ROSENFELD, M. (2009): Die Kommunen in der Finanzkrise: kurzfristig Gewinner, langfristig Verlierer, in: *IWH* (Hrsg.), Wirtschaft im Wandel, Themenheft Weltfinanzkrise, Halle 2009, S. 43–47.

SCHRÖDER, K. (2006): Die veränderte Republik. Deutschland nach der Wiedervereinigung. Berlin/München 2006.

SEITZ, H. (2008): Die Demografieabhängigkeit der Ausgaben und Einnahmen der öffentlichen Haushalte – eine empirische Analyse unter Berücksichtigung der föderalen Verflechtungen, Bertelsmann-Stiftung, Gütersloh 2008.

STATISTISCHES BUNDESAMT (2006a): 11. Koordinierte Bevölkerunsgvorausberechnung, Berlin 2006.

STATISTISCHES BUNDESAMT (2006b): Bevölkerung Deutschlands bis 2050, Berlin 2006.

STATISTISCHES BUNDESAMT (2007): Demografischer Wandel in Deutschland, Berlin 2007.

WILDE, K./FREYE, S. (2009): Auslaufen der Solidarpaktmittel: Sind die Neuen Länder ausreichend vorbereitet?, in: *IWH* (Hrsg.), Wirtschaft im Wandel, Nr. 3, Halle 2009, S. 132–140.

Rechtsstaatlich, gerecht oder beides nicht?
Wie der Rechtsstaat im Osten ankam.

LOTHAR MÜLLER-GÜLDEMEISTER

Knauthe Rechtsanwälte Notare Steuerberater, Berlin

1	Einigkeit und Recht und Freiheit	57
2	Der Unrechtsstaat	60
3	Der Weg in den Rechtsstaat	62
4	Schuld und Sühne	67
5	Rechtsstaat und Gerechtigkeit	73
	Quellenverzeichnis	75

1 Einigkeit und Recht und Freiheit

Am 3. Oktober 1990 schossen in deutschen Städten friedliche Raketen in den Himmel: der Glanz des Glücks, in dem nach der dritten Strophe von *HOFFMANN*s „Lied der Deutschen" Einigkeit und Recht und Freiheit das Land erblühen lassen sollten, wurde von einem gesamtdeutschen Feuerwerk illuminiert.

Die Bilder der Ereignisse, die zu diesem Tag hingeführt hatten, haften bis heute in unser aller Gedächtnis. DDR-Flüchtlinge in den westdeutschen Botschaften in Prag und Budapest. Die greise DDR-Elite, wie zum letzten Mal die bestellten Jubilanten zum 40. Jahrestag des „ersten deutschen Arbeiter- und Bauernstaates" an ihnen vorbeidefilieren. Neblige Straßen in Leipzig und Berlin voller Demonstranten[1], die „Wir sind das Volk" skandieren. Die entsetzten Gesichter im Zentralkomitee (ZK) der Sozialistischen Einheitspartei Deutschlands (SED), nachdem auf *ERICH HONECKER*s Sturz der Kassensturz gefolgt war. Der Strom euphorischer Menschen durch die geöffnete Berliner Mauer am Abend des 9. November 1989. Das ehemalige Herz der Finsternis, das Ministerium für Staatssicherheit (MfS) in Berlin-Lichtenberg, in der Hand von Demonstranten. *LOTHAR DE MAIZIÈRE* und seine Ministerriege auf den Wimmelbildern der ersten und letzten demokratisch gewählten Regierung der DDR, gebeugt unter der Bürde des undankbaren Amts, ihren Staat abzuwickeln. Die gepanzerten Lastzüge, die die D-Mark über die Grenze bringen und die in Bergwerkstollen eingemotteten Geldscheine mit dem Abbild von Hammer und Sichel. Die nächtlichen Unterschriften übermüdeter Verhandlungsführer unter das adipöse Konvolut des Einigungsvertrags. In diesen Monaten waren die Deutschen „das glücklichste Volk der Welt", wie der Berliner Regierende Bürgermeister *WALTER MOMPER* in der Nacht des 9. November 1989 sagte.[2]

Am 3. Oktober wurde der Einigungsvertrag zwischen den beiden deutschen Staaten wirksam. Mit ihm hatten die Ministerialbeamten, die ihn ausgearbeitet hatten, bereits vor Wochen ein spektakuläres juristisches Feuerwerk entzündet. In einem Kraftakt ohnegleichen hatten die Delegationen der alten Bundesrepublik und der DDR diesen „Vertrag der Superlative"[3] erarbeitet. Tausende Gesetze der Bundesrepublik waren daraufhin überprüft worden, ob und wie weit sie sofort oder erst nach kurzen oder längeren Übergangsfristen auf dem Gebiet der ehemaligen DDR gelten sollten, tausende Gesetze der DDR daraufhin, wie und wie lange sie über den juristischen Untergang der DDR hinaus Geltung haben konnten. Die Juristen hatten Verträge entworfen, Gesetze abgeglichen, Änderungen formuliert, Recht gesetzt.

Hatten sie auch Gerechtigkeit geschaffen?

Wenn sich in diesem Jahr die Ereignisse zum 20. Mal jähren, die sich damals überschlugen, fällt das Gedenken an sie in einen deutschen Alltag, der bald nach dem 3. Oktober 1990 eingekehrt war. Ein Alltag, in dem Enttäuschungen nicht ausbleiben konnten. Denn in die berechtigte Euphorie über Einigkeit und Recht und Freiheit hatten sich auch Erwartungen gemischt, die auf leichtfertigen Prognosen beruhten, auf Wunschdenken oder schlichter Verkennung der Realitäten – wirtschaftlich, kulturell, politisch und rechtlich.

---

[1] Soweit im Folgenden von Demonstranten, Bürgern, Wählern usw. die Rede ist, meine ich damit stets sowohl weibliche wie auch männliche Angehörige der jeweiligen Gruppe. Zur Diskussion um das „generische Maskulinum" vgl. *LORENZ* (1991) und *BRÜHLMEIER* (2009)

[2] Vgl. *MOMPER* (1989).

[3] *VIEMANN* (1990), S. 2.

Tatsächlich stand die Einigung vor einer Reihe unauflöslicher Dilemmata.

Wirtschaftlich bestand das Dilemma der deutschen Einigung darin, dass eine Währungsumstellung von Mark der DDR auf die Deutsche Mark (DM) zu einem unrealistischen Wechselkurs politisch und gesellschaftlich unumgänglich war.[4] Und das, obwohl diese Umstellung die ohnehin marode Wirtschaft der beigetretenen Länder noch tiefer in das Tal stoßen musste, das bis heute nicht durchschritten ist.[5]

Es gab juristische Dilemmata. Der Zerfall der staatlichen Strukturen, die geringe Autorität auch der frei gewählten Regierung der DDR, die Zeitnot, die finanzielle und administrative Übermacht der alten Bundesrepublik prägten den Einigungsprozess. Die zukünftigen Mitbewohner des gemeinsamen Hauses Deutschland konnten nur wenig Einfluss auf dessen Gestaltung nehmen. In diesem fanden sie sich dann in einer Minderheit, abhängig von finanzieller, fachlicher und personeller Unterstützung und genötigt, sich mühsam seine Politik und Kultur, seine Sprache, seine Strukturen und Mechanismen anzueignen oder fremd in ihm zu bleiben.

Im Bereich des Rechts war eines der ersten Anliegen der friedlichen Revolution, das Unrecht der totalitären DDR-Diktatur aufzuarbeiten, die Täter zu bestrafen und ihre Opfer zu rehabilitieren. Doch der Umgang mit staatlicher Kriminalität der DDR warf schwierigste Rechtsfragen auf. Das Grundgesetz errichtet viele Hürden vor einem Strafausspruch, um zu verhindern, dass Unschuldige bestraft werden: die Grundsätze „Im Zweifel für den Angeklagten", „Die Strafe darf das Maß der Schuld nicht überschreiten" oder das Verbot, eine Tat nach Vorschriften zu bestrafen, die am Tatort oder zur Tatzeit nicht galten. Nur: durfte dieses Rückwirkungsverbot, beispielsweise, auch für das feige Erschießen eines wehrlosen Flüchtlings gelten, das nach der Staatspraxis der DDR nicht bestraft, sondern belobigt wurde?

Bei der Bundesregierung und der westdeutschen Öffentlichkeit stand die strafrechtliche Aufarbeitung der DDR-Vergangenheit außerdem weit hinten auf der Prioritätenliste. Sicher, sie wollte sich nicht als „Sieger" über die DDR aufspielen, sie wollte einen Schlussstrich unter die Vergangenheit ziehen und den Eindruck einer „Siegerjustiz" vermeiden. Aber das war nicht das einzige Motiv. Andere Gründe waren schlichtes Desinteresse, der Wunsch der Politiker, nicht als Leute dazustehen, die Kriminellen noch vor kurzem rote Teppiche ausgelegt hatten; oder auch Furcht vor Enthüllungen aus Akten, die das MfS über ihr Privatleben angelegt haben mochte.

Schon während des Einigungsprozesses brachte die bundesdeutsche Seite eine Amnestie der Täter von Regierungsunrecht ins Gespräch. Das stieß auf unerwarteten Widerstand der letzten DDR-Regierung. Sie setzte eine Regelung im Einigungsvertrag durch, die verhinderte, dass solche Straftaten verjährten.[6] Dann waren es aber doch Staatsanwälte und Richter aus dem Westen, die die vormalige Regierungskriminalität in der DDR zu verfolgen und zu bestrafen hatten. Denn beim Neuaufbau ihrer Justiz waren die neuen Bundesländer auf Juristen aus dem Westen angewiesen. Die aber kannten die DDR nicht aus eigener Erfahrung und standen „im Spannungsfeld zwischen der übergroßen und mit rechtsstaatlichen Mitteln überhaupt nicht zu

---

[4] Vgl. *RÖDDER* (2009), S. 300.

[5] Vgl. hierzu den Beitrag von *BERGER* (2009) in diesem Herausgeberwerk, S. 81 ff.

[6] Vgl. Art 315 EGStGB.

erfüllenden Hoffnung auf Gerechtigkeit einerseits und dem mangelnden Kenntnishintergrund"[7] andererseits.

Die Schwierigkeiten der Justiz, dem Unrecht, das sich als Recht verkleidet hatte, mit den Mitteln des Rechtsstaats beizukommen, veranlassten *BÄRBEL BOHLEY* zu dem vielzitierten Ausspruch „Wir wollten Gerechtigkeit und bekamen den Rechtsstaat."[8]

Frau *BOHLEY*s Aussage zielte auf „die Enttäuschung vieler Bürgerbewegter über die unzureichende juristische Aufarbeitung des DDR-Unrechts in der Bundesrepublik"[9]. Aber die Unzufriedenheit mit dem Rechtsstaat bezog sich nicht nur hierauf. Die oft scheinbar formale, kühle und unpersönliche Erörterung rechtlicher Fragen im Gerichtssaal oder in langatmigen Urteilsbegründungen konnte bei vielen Neubürgern den Eindruck erwecken, der Rechtsstaat sei in Formalismus befangen, moralisch indifferent und dem Richter sei das Schicksal der Betroffenen gleichgültig.[10]

Allgemein anerkannte Prinzipien des Rechtsstaats sind die Achtung grundlegender Menschenrechte, die Bindung auch der Staatsgewalt an das Gesetz und eine von Weisungen unabhängige Justiz, die in einem fairen Verfahren entscheidet, was im Einzelfall Recht und was Unrecht ist. Diese Prinzipien haben sich historisch entwickelt als Abwehrrechte des Bürgers gegen den Staat. Der Geist der Aufklärung hat sie den Fürsten und Machthabern in zwei Jahrhunderten abgetrotzt und wir finden sie in den Verfassungen der westlichen Staaten und in internationalen Konventionen über Menschen- und Bürgerrechte.

Es lässt sich nicht leugnen, dass sich der Rechtsstaat auch zu einem Rechtsmittel- und Rechtswegestaat entwickeln kann, in dessen Paragrafendschungel der Bürger sich kaum mehr zurechtfindet. Im Westen war in vierzig Jahren ein dichtes Netz rechtlicher Regelungen gewachsen. Mit dem Einigungsvertrag waren weitere komplizierte Gesetze hinzugekommen. Es erschwerte die Akzeptanz der neuen Rechtsordnung, gab vielen Neubürgern ein Gefühl der Hilflosigkeit und sollte sich überdies in der Aufbausituation des Ostens als ein „System handlungshindernder Fallstricke" erweisen.[11]

Was ein Rechtsstaat ist, wissen wir. Aber was ist Gerechtigkeit? Für sie gibt es keine annähernd allgemein akzeptierte Definition.[12] Hinter dem Ruf nach Gerechtigkeit verbergen sich heute meist Forderungen an den Staat: er solle dem Bürger Schutz und Fürsorge bieten, für Krippen- oder Arbeitsplätze sorgen, Chancengleichheit herstellen, Einkommen und Vermögen umverteilen. Ministerpräsident *LOTHAR DE MAIZIÈRE* hob in seiner ersten Regierungserklärung am 19. April 1990 hervor, die Bürger der DDR hätten eine besonders hohe „Sensibilität für soziale Gerechtigkeit, für Solidarität und Toleranz". Er forderte einen Staat, der „sich zum Anwalt der Schwächeren macht" und „nicht Almosen verteilt, sondern einklagbare Rechtsansprüche schafft"[13].

---

[7]   *MEYER* (1999), S. 129 ff.

[8]   Zitiert nach der Internetpräsenz von *BÄRBEL BOHLEY*, online: http://www.baerbelbohley.de/zitate.htm.

[9]   Zitiert nach der Internetpräsenz von *BÄRBEL BOHLEY*, online: http://www.baerbelbohley.de/zitate.htm.

[10]   Vgl. *HIEN* (2008), S. 459.

[11]   Vgl. *MEYER* (1999), S. 134.

[12]   Vgl. *KELSEN* (1975), passim; *TOPITSCH* (1960), S. 256.

[13]   Zitiert nach *RÖDDER* (2009), S. 285 f.

Was kam mit der deutschen Wiedervereinigung? Rechtsstaat? Gerechtigkeit? Oder beides nicht?

2 Der Unrechtsstaat

Am Anfang der DDR stand der Terror. Schon in ihrer Vorläuferin, der Sowjetischen Besatzungszone, hatte die die angebliche „Säuberung" der Gesellschaft von „feindlichen Elementen" begonnen. Feindliches Element zu sein bedurfte es wenig: als ehemaliger Mitläufer der Nazis konnte man es ebenso werden wie als Sozialdemokrat, Kommunist, Konservativer oder Liberaler; als Adliger, Großgrundbesitzer und Unternehmer; oder schlicht als Objekt von Neid, Missgunst, persönlichem Hass und falscher Anschuldigung. Über 120.000 Menschen wurden Opfer von Verschleppungen, Deportationen, willkürlichen Verhaftungen, litten in den Folterkellern und Verhörzellen in Berlin-Hohenschönhausen und anderswo, wurden in den geheimen Waldheim- oder in stalinistischen Schauprozessen verurteilt, erschossen, ins Zuchthaus oder in die Straflager geschickt.[14]

Selbst *MARKUS WOLF*, im stalinistischen Russland groß geworden, bis kurz vor dem Ende der DDR einer ihrer Exponenten und Führungsfiguren und noch an seinem Lebensende erklärter Kommunist, räumt 2006, kurz vor seinem Tod den verbrecherischen Charakter dieser Geschehnisse ein, aber nicht ohne hinzuzufügen: „Man muss auch in Zukunft nichts verzeihen, aber man wird irgendwann besser verstehen, warum Menschen, die das Beste wollten, so ins Furchtbare abrutschten. Und warum es dieses Beste trotzdem gab, warum der Kampf trotzdem Sinn hatte"[15].

Das Beste zu wollen oder gewollt zu haben, im Kampf gegen „die Faschisten" und für die hehren Ziele des Sozialismus, ja sogar für Gerechtigkeit: daraus schöpften die Gründer, Exponenten und Befürworter der DDR ihre vermeintliche Legitimation für alle Scheußlichkeiten, die sie sodann im Namen dieses Besten verübten.

Die Nazis hatten ihr Herrenmenschentum, die Unterdrückung, Versklavung und Vernichtung angeblich Minderwertiger, ihre Verachtung von Demokratie und Menschenrechten ganz schamlos auf ihre Fahnen geschrieben. Ihnen fühlten sich die Kommunisten moralisch haushoch überlegen. Denn anders als jene nahmen sie für sich in Anspruch, für das Recht zu kämpfen: „Denn wer kämpft für das Recht, der hat immer Recht"[16]. Aber dieser Satz spiegelt die fundamentale Lüge und Selbstlüge aller Fundamentalisten wider. Die Selbstlüge nämlich, im Besitz einer Wahrheit über „das Beste" oder „das Recht" zu sein, die keiner Überprüfung mehr bedarf und ein faires, ein rechtsstaatliches Verfahren zur Ermittlung dessen überflüssig macht, was im Einzelfall rechtmäßig und gerecht ist - die Vorstellung, dass um eines legitimen Ziels Willen jedes Mittel recht sei.

---

[14] Vgl. *MÜLLER/HARTMANN* (2009), S. 23 f.

[15] Vgl. *WOLF/SCHÜTT* (2007), S. 214.

[16] Vgl. *FÜRNBERG* (1952), S. 134 ff.

Man braucht nicht im Einzelnen auf das allgegenwärtige Unrecht der fehlenden Meinungs-, Rede- und Vereinigungsfreiheit in der DDR einzugehen, auf Bespitzelung, Missachtung der Privatsphäre, auf die Vernichtung von Lebensläufen auf der Basis von Gummiparagraphen wie dem über die „staatsfeindliche Hetze", auf unverhältnismäßige Strafen, auf schamlosen Diebstahl an Privateigentum durch staatliche Stellen: den schlagendsten Beweis, das Symbol und Schandmal ihres Unterdrückungs- und Unrechtsregimes hat die DDR mit Mauer und Stacheldraht selbst errichtet und es mit dem Blut von hunderten von Menschen getränkt[17].

„Die Gewissheit, im Besitz der alleinigen Wahrheit zu sein, war die ideologische Lebensgrundlage des gesamten SED-Staates"[18]. Bei welchen ihrer Exponenten die Bezeichnung der Mauer als „antifaschistischer Schutzwall" Wahn, bei welchen sie Selbstlüge, Notlüge oder reiner Zynismus war, wissen wir nicht. Es tut auch nichts dazu. Denn Rechtsblindheit entschuldigt oder rechtfertigt Menschenschinderei und Mord ebenso wenig wie Hass oder herzloses Kalkül dies tun. Der wahnhafte Irrtum, „das Beste" zu kennen und für es zu kämpfen, ermöglichte es den Machthabern, jeden Selbstzweifel auszublenden. Ihr Wahn rechtfertigte in ihren Augen, uneingeschränkt Herrschaft- und Kontrolle zu üben, da sie in ihrer ebenso wahnhaften Paranoia überall Spionage, Sabotage und Zersetzung witterten. Und er gab ihnen das vermeintliche Recht, mit brutaler Verachtung des Einzelnen und unmenschlicher Härte gegen Menschen vorzugehen, die ihren Wahn nicht teilten.

All dies kennzeichnete die DDR auch nach Ende ihrer terroristischen Phase, als ihre Unterdrückungsmechanismen feiner wurden, sie nur noch ungern ihr brutales Gesicht zeigte und es ihr sogar gelang, den Augen westdeutscher Journalisten das potemkinsche Dorf eines altväterlich-autoritären, zum Teil belächelns-, aber im Großen und Ganzen doch lebens- und liebenswerten Staates zu präsentieren.[19]

1983 begann die DDR, ihre Todesautomaten an der Grenze abzubauen und ließ sich das als „humanitäre Geste" mit einem Milliardenkredit der Bundesrepublik versüßen; doch zuvor hatte sie ihr fein gestaffeltes Grenzsystem so perfektioniert, dass es ohnehin kaum einem Fluchtwilligen mehr gelang, bis an den Stacheldraht vorzudringen.[20] Lediglich in Berlin ließ die enge Bebauung eine solche Sperrzone nicht zu. Dort zeigte das alte Regime bis zum Schluss seine hässliche Fratze. Im Februar 1989 erschoss ein Grenzsoldat den 20jährigen CHRIS GUEFFROY, als er schon schwer verletzt und seine Flucht schon erkennbar gescheitert war.[21]

Macht ging vor Recht. Das MfS war die letzte Instanz, nicht die Justiz. Als Bürgerrechtler begannen, die Ergebnisse der Kommunalwahlen 1989 in Frage zu stellen und Anzeigen wegen Wahlfälschung zu machen, dekretierte Erich Mielke, diese unbearbeitet abschlägig zu bescheiden und stattdessen die Anzeigeerstatter verschärft zu beobachten.[22] Die DDR war eine „Diktatur, die eine sein wollte"[23]. Sie war ein Staat, der von Staats wegen Unrecht tat. Sie war ein Unrechtsstaat.

---

[17] Vgl. *HERTLE/NOOKE* (2009).

[18] Vgl. *RÖDDER* (2009), S. 94.

[19] Vgl. *SOMMER* (1986).

[20] Vgl. *MÜLLER/HARTMANN* (2009), S. 29.

[21] Vgl. *HERTLE/NOOKE* (2009), S. 429 ff., und *MÜLLER/HARTMANN* (2009), S. 75.

[22] Vgl. Befehl des MfS 38/89 vom 19.05.1989, zitiert nach *MITTER/WOLLE* (1990), S. 43.

[23] Vgl. *BISKY* (2009).

Bald nach den ersten Enttäuschungen über die Wende meldeten sich Stimmen zu Wort, die meinten, der Begriff des Unrechtsstaates würde die Menschen beleidigen, die gezwungenermaßen in der Diktatur lebten: die, die sich in ihr einrichteten und mit ihr arrangierten, ohne jedoch selbst Unrecht zu tun oder ein Teil des Unrechts zu sein. Im Übrigen habe es auch Rechtsbereiche gegeben, die politisch neutral waren, wie z.B. das Familienrecht. Und es habe Chancengleichheit gegeben, Verteilungsgerechtigkeit, Arbeits- und Ausbildungsplätze. Man könne die DDR nicht als „den totalen Unrechtsstaat verdammen, in dem es nicht das kleinste bisschen Gute gab"[24].

Selbstverständlich konnte man auch in dem Unrechtsstaat DDR leben, ohne Unrecht zu tun, und auch ohne dass einem mehr Unrecht getan wurde als die Versagung von Demokratie, Meinungs- und Reisefreiheit. Ein „totaler Unrechtsstaat", was sollte das sein? Einer, in dem ständig, umfassend und ohne Ausnahme nicht Recht, sondern Unrecht geschieht? – eine ebenso nichtssagende Vorstellung wie die eines „totalen Rechtsstaates". Solche Abstraktionen sind wohlfeil, aber ohne Erkenntniswert.

Weder die Menschen, die unter dem DDR-Regime leben mussten, noch ihre Biographien werden dadurch beleidigt, beschädigt oder beschuldigt, dass man die DDR als das bezeichnet, was sie war: als einen Staat, der Unrecht tat; einen Unrechtsstaat. Im Gegenteil. Hätten die Menschen das Unrechtsregime der DDR mehrheitlich angenommen oder unterstützt, dann hätte es keines MfS bedurft, keiner Bespitzelung, keiner Verurteilung abweichender Meinungen als „staatsfeindliche Hetze", keiner Mauer und keines Schießbefehls.[25] Beleidigend ist es vielmehr zu behaupten, die Menschen in der DDR hätten mit ihren mutigen, friedlichen Demonstrationen 1989 ein eigentlich ganz menschenfreundliches System mit kleinen Schwächen davongejagt und nicht ein Misswirtschafts- und Unrechtsregime mit Blut an den Händen, das noch im Juni desselben Jahres der chinesischen Regierung zum Niederschießen von zweitausend Demonstranten auf dem Platz des Himmlischen Friedens gratuliert hatte.

3   Der Weg in den Rechtsstaat

Weil die Sowjetunion wankte und unwillig war, militärische Gewalt zum Schutz des DDR-Regimes einzusetzen, wurde die friedliche Revolution in der DDR möglich. Das schmälert die Verdienste der Menschen nicht, die sie herbeigeführt haben. Revolutionen finden nicht in einem luftleeren Raum statt, sondern in historischen Situationen, die sie begünstigen. Aber auch dann nur, wenn die Menschen beherzt genug sind, den Mantel der Geschichte zu ergreifen, der an ihnen vorüberweht.

Wie weit das Zeitfenster offen stand, innerhalb dessen die Revolution gelingen konnte, und ob nicht ein Windstoß genügte, es wieder zuzuschlagen, wusste niemand. Gorbatschows Position war auch nach fünf Jahren als Generalsekretär der KPdSU nicht gefestigt. Nicht einmal ein Jahr nach der deutschen Wiedervereinigung war vergangen, und er war nicht mehr

---

[24]   Vgl. SELLERING (2009).

[25]   So schon der amerikanische Hauptankläger in den Nürnberger Prozessen: „Wir möchten klarstellen, dass wir nicht beabsichtigen, das deutsche Volk zu beschuldigen. Wenn die breite Masse des deutschen Volkes das nationalsozialistische Parteiprogramm willig angenommen hätte, wäre die SA nicht nötig gewesen und hätte es keine Konzentrationslager und keine Gestapo gebraucht.", zitiert nach HEYDECKER/LEEB (1998), S. 13.

im Amt. Wenige Jahre später waren Russland und sein Selbstbewusstsein wieder erstarkt, der Wille zu einer demokratischen Umgestaltung des Landes erschöpft, die Bereitschaft gar, ihren Anrainerländern die Mitgliedschaft in der NATO zu gönnen, verschwunden. Dass auch eine reform- oder postkommunistische Diktatur sich noch lange im Amt halten kann, zeigt das Beispiel Chinas. China hält noch heute jede Autonomiebestrebung an den Rändern seines Imperiums mit eiserner Hand nieder. Ebenso hätte eine unnachgiebige Sowjetunion immer noch genug Möglichkeiten gehabt zu verhindern, dass in der DDR Rechtsstaat und Demokratie einzogen und ganz und gar, dass sie sich mit der Bundesrepublik vereinigte.

Das Zeitfenster wurde genutzt. Am 1.12.1989 hatte die Volkskammer die führende Rolle der Partei aus der Verfassung der DDR gestrichen.[26] Nun gab es mehrere Wege, wie es hätte weitergehen können.

Den einen Weg wollten die Protagonisten der Bürgerbewegung beschreiten. Sie waren es, die den Prozess der Wende angestoßen hatten, bevor er zum Massenprotest geworden war. Sie wollten keine Wiedervereinigung – zumindest nicht jetzt. Sie strebten stattdessen danach, in einer eigenstaatlichen DDR ihre Ideen von einer solidarischen, bescheidenen und gerechten Gesellschaft umsetzen.[27] Doch sie mussten zusehen, wie ihnen die Meinungsführerschaft entglitt, die sie während der Zeit der Proteste und Demonstrationen innegehabt hatten. Die Mehrheit der DDR-Bürger wollte, wie es ein Redner im Dezember 1989 ausdrückte, nicht Versuchskaninchen für neue staats- und gesellschaftspolitische Experimente sein.[28]

Am 18. März 1990, dem 142. Jahrestag der Märzrevolution, fanden die ersten demokratischen Volkskammerwahlen in der DDR statt. Es sollten auch die letzten bleiben. Überraschend und deutlich siegte die CDU-geführte „Allianz für Deutschland" mit dem klaren Auftrag, die DDR abzuwickeln und mit der Bundesrepublik zu vereinigen.[29] Die Leute, die die siegreiche Revolution angestoßen und die runden Tische dominiert hatten, hatten sich im „Bündnis 90" zur Wahl gestellt. Für ihre Ideen eines „dritten Weges" in einer eigenstaatlichen DDR konnten sie nur noch 2,9 % der Wähler gewinnen. Damit war – wenn auch noch außenpolitische Hürden beiseite zu räumen waren – der zweite Weg vorgezeichnet: der in ein vereinigtes Deutschland. Es ging nur noch um die Frage des Wie.

Die Väter des Grundgesetzes hatten 1949 auf eine zeitnahe Wiedervereinigung gehofft und Vorkehrungen für sie getroffen. Dass die beiden Bestimmungen, die sie dafür ins Grundgesetz geschrieben hatten, erst nach vierzig Jahren aus ihrem Dornröschenschlaf geweckt werden würden, ahnten sie nicht.[30]

---

[26] Vgl. *GESETZBLATT DER DDR* (1990), Teil I, S. 265.

[27] Vgl. den Aufruf des *Neuen Forums* vom 4.11.1989: „Wir werden für längere Zeit arm bleiben, aber wir wollen keine Gesellschaft haben, in der Schieber und Ellenbogentypen den Rahm abschöpfen", zitiert nach *RÖDDER* (2009), S. 119, sowie die Erklärung „Für unser Land" vom 26.11.1989, in dem *FRIEDRICH SCHORLEMMER ET AL.* aufriefen „in unserem Land eine solidarische Gesellschaft zu entwickeln, in der Frieden und soziale Gerechtigkeit […] gewährleistet sind", um zu vermeiden, dass „ein Ausverkauf unserer materiellen und moralischen Werte beginnt und über kurz oder lang die Deutsche Demokratische Republik durch die Bundesrepublik vereinnahmt wird.", *SCHORLEMMER ET AL.* (1989).

[28] Vgl. *RÖDDER* (2009), S. 121.

[29] Vgl. *RÖDDER* (2009), S. 224.

[30] Vgl. *DREIER* (2009), S. 1.

Eine davon stand in Artikel 146 des Grundgesetzes. Sie lautete in der bis 1990 geltenden Fassung: „Dieses Grundgesetz verliert seine Gültigkeit an dem Tage, an dem eine Verfassung in Kraft tritt, die von dem deutschen Volke in freier Entscheidung beschlossen worden ist"[31]. Dies hätte vorausgesetzt, eine neue Verfassung für ganz Deutschland zu erarbeiten und die Bürger der DDR und der alten Bundesrepublik darüber abstimmen zu lassen.

Die andere vom Grundgesetz vorgezeichnete Möglichkeit bot die Bestimmung in Artikel 23 des Grundgesetzes.[32] Sie ermöglichte es der DDR oder ihren neu gebildeten Ländern, durch einseitige Erklärung der Bundesrepublik „beizutreten"; diese war von Verfassungs wegen verpflichtet, den Beitritt anzunehmen.

Bald stellte sich heraus, dass der Weg über Artikel 146 des Grundgesetzes weder gangbar noch politisch durchzusetzen war. Die DDR und ihre Regierung lavierten am Rande der Handlungsunfähigkeit. Zeit, eine völlig neue Verfassung auszuarbeiten, war nicht da. Eine Verfassungsdiskussion versprach auch kaum Erfolg – dazu gingen die Vorstellungen in Ost und West, und auch innerhalb beider Teile Deutschlands zu weit auseinander. In seiner „Sozialcharta" vom 5. März 1990 hatte der „Runde Tisch" Verfassungsgarantien eines Rechts auf Arbeit, auf Gemeinschaftsverpflegung und Mietpreisbindung[33] gefordert und dies auch in einen späteren Verfassungsentwurf vom 4.4.1990 einfließen lassen.[34] Solche Wünsche setzten einen paternalistischen Staat voraus, wie er soeben gescheitert war.[35] Außerdem: Sollte man das bewährte Instrument des Grundgesetzes gerade in einer Umbruchsituation aufgeben und durch etwas Neues, Unerprobtes ersetzen? Vor allem in der alten Bundesrepublik war außerhalb linker Gruppierungen und der Grünen dazu keiner bereit.[36] Als Überbleibsel dieser Ideen findet sich ein unverbindlicher, heute verhallter Appell im Einigungsvertrag, gerichtet an zukünftige Parlamente, Überlegungen für eine Verfassungsreform einschließlich der Aufnahme von „Staatszielen" anzustellen.[37]

Der „Beitritt" nach Art. 23 des Grundgesetzes schien vorgezeichnet.

Der erste, und radikale Schritt dorthin war der „Vertrag über die Wirtschafts-, Währungs- und Sozialunion".[38]

Am 17. Juni, dem Jahrestag des Aufstands von 1953, hatte die Volkskammer das „Verfassungsgrundsätzegesetz"[39] verabschiedet. Damit war die Verfassung der DDR von 1968 faktisch außer Kraft gesetzt.

---

[31] Ein Abdruck der Ursprungsfassung findet sich u. a. in *DREIER/WITTRECK* (2008), S. 10.

[32] „Dieses Grundgesetz gilt zunächst im Gebiete der Länder Baden, Bayern, Bremen, Groß-Berlin, Hamburg, Hessen, Niedersachsen, Nordrhein-Westfalen, Rheinland-Pfalz, Schleswig-Holstein, Württemberg-Baden und Württemberg-Hohenzollern. In anderen Teilen Deutschlands ist es nach deren Beitritt in Kraft zu setzen.", zitiert nach *DREIER/WITTRECK* (2008), S. 10.

[33] Vgl. *RÖDDER* (2009), S. 186, m. w. N.

[34] Vgl. *VERFASSUNGEN.DE* (2002).

[35] Vgl. *MEYER* (1999), S. 132.

[36] Vgl. *RÖDDER* (2009), S. 284.

[37] Vgl. Art. 5 des Einigungsvertrags.

[38] Vgl. *BUNDESGESETZBLATT* (1990), Teil II, S. 518.

[39] Vgl. *GESETZBLATT DER DDR* (1990), Teil I, S. 299.

Die alte Verfassung hatte der DDR eine sozialistische Staats- und Gesellschaftsordnung vorgeschrieben. Jetzt, im Artikel 2 des Vertrages über die Wirtschafts-, Währungs- und Sozialunion bekannte sich die DDR zur freiheitlichen, demokratischen, föderativen, rechtsstaatlichen und sozialen Grundordnung. Sie garantierte Vertrags-, Berufs- und Vereinigungsfreiheit, Freizügigkeit und das Eigentum auch privater Investoren an Grund und Boden und Produktionsmitteln. Entgegenstehende Vorschriften im bisherigen DDR-Recht durften nicht mehr angewendet werden. Artikel 6 gewährleistete gerichtlichen Rechtsschutz für jeden, der sich durch staatliches Handeln in seinen Rechten verletzt glaubte.

Am 1. Juli wurde der Vertrag wirksam. Er brachte nicht nur die ersehnte D-Mark. Auch Menschenrechte, Gesetzmäßigkeit der Verwaltung und Kontrolle durch unabhängige Gerichte, wie sie in der alten Bundesrepublik bereits galten, waren in der DDR festgeschrieben. Auch der Rechtsstaat war in der DDR angekommen.

Mitten in die Verhandlungsrunden über einen zweiten Vertrag, den „Einigungsvertrag", hinein platzte am 15. August der Beschluss der Volkskammer, den Beitritt der DDR zur Bundesrepublik mit Wirkung zum 3. Oktober 1990 zu erklären.[40]

Mit Wirksamwerden eines solchen Beitritts hätte mit einem Schlag das gesamte Recht der alten Bundesländer auch auf dem Gebiet der bisherigen DDR gegolten. Die Fachleute der Verhandlungsrunden hatten nur noch nach Wochen bemessene Zeit, den mit einem solchen übergangslosen Eingriff verbundenen Schock zu verhindern und für einen gleitenden Übergang zu sorgen. Wie hätte zum Beispiel Recht angewandt werden sollen, solange es die in der Gerichtsverfassung der Bundesrepublik vorgesehenen Amts-, Land- und Oberlandesgerichte, eine Arbeits-, Verwaltungs- und Sozialgerichtsbarkeit noch gar nicht gab? Wie hätten die bereits in der Nachwende-DDR erlassenen Bestimmungen den Umgang mit der MfS-Vergangenheit, über die Rückgabe enteigneten Vermögens und die dazu eingeleiteten Verfahren fortgesetzt werden sollen?

Im Sprachgebrauch hat sich der Begriff des „Beitritts" durchgesetzt; auch der Einigungsvertrag selbst benutzt dieses Wort. Tatsächlich vereinigten sich die beiden deutschen Staaten staats- und völkerrechtlich dann aber doch nicht über einen einseitigen „Beitritt", sondern durch einen beidseitigen völkerrechtlichen Vertrag.[41] Auf Wunsch von LOTHAR DE MAIZIÈRE[42] wurde er als „Einigungsvertrag" bezeichnet. Als solcher wird er in die Geschichte eingehen.

Dabei war es eher ein abstraktes und für die meisten Bürger das am wenigsten aufregende Problem, in welcher staats- und verfassungsrechtlichen Gestalt Deutschland vereinigt wurde. Wen interessierte es wirklich, außer Ministerialbeamte und Professoren, die kluge Aufsätze darüber schrieben? Bürger und Verfassungsorgane der DDR hatten sich entschlossen, die staatliche Ordnung der alten Bundesrepublik weitgehend zu übernehmen – die verfassungsrechtliche Umsetzung war Sache der Juristen. Sie kostete kein Geld, verbitterte kaum einen und riss keine Wunden auf. Sie nahm auch nur ein Zwanzigstel des gesamten Textes des Einigungsvertrags ein.

---

[40] Vgl. VOLKSKAMMER DER DEUTSCHEN DEMOKRATISCHEN REPUBLIK, 10. WAHLPERIODE (2000), S. 1371 ff.
[41] Zur verfassungsrechtlichen Frage vgl. DREIER (2009), m. w. N.
[42] Vgl. RÖDDER (2009), S. 292.

Anders war es mit dem, was sich im Kleingedruckten des Einigungsvertrags versteckte. Dort wurde der Wandel sichtbar, fühlbar, greifbar. Dort wurde konkret, wie an die Stelle eines paternalistischen Staates eine Wirtschaftsordnung trat, in der jeder zunächst einmal für sich selbst zu sorgen hatte – und das wiederum in einem engmaschigen Netz rechtlicher Bestimmungen, mit denen Gesetzgeber, Ministerien und Richter in Jahrzehnten alle Lebensbereiche der alten Bundesrepublik überzogen hatten. Im Kleingedruckten stand, mit welchen Gesetzen 40 Jahre Unrechtsstaat bewältigt werden sollten – oder dass sie nicht zu bewältigen waren, ohne neues Unrecht zu schaffen.[43] Dort stand, wie Recht, Wirtschaft und Gesellschaft, die vier Jahrzehnte auseinandergedriftet waren, wieder zusammenfinden sollten; dort stand, welches Recht der DDR noch für eine Weile weiter galt, und welches Recht der Bundesrepublik in welchem Umfang nun im „Beitrittsgebiet" herrschen sollte. Regelungen über das Schicksal von Angel- und Jagdscheinen fanden sich dort ebenso wie solche über Datschen-Pacht-verträge, über Anwaltszulassungen, die Rückgabe enteigneten Eigentums, die Zulässigkeit von Abtreibungen, den Fortgang anhängiger Scheidungsverfahren oder die Verjährung von in der DDR begangenen Straftaten.

Das Kleingedruckte, genau genommen die Anlagen I (für das im „Beitrittsgebiet" in Kraft tretende Recht der Bundesrepublik mit rund 250 Druckseiten) und II (für – zeitweilig – fort-geltendes Recht der DDR mit rund 90 Druckseiten) spiegelt die gesetzgeberische Mammut-aufgabe wider, vor der die federführenden Ministerien und deren Fachleute standen. Neben Überleitungsbestimmungen für altes und neues Recht, die den Prozess und die Schmerzen des Zusammenwachsens kanalisieren sollten, bedurfte es eines gesetzlichen Rahmens, um

> ➢ die Wirtschaft zu privatisieren, zu entflechten und zu dezentralisieren;

> ➢ Gemeinden und Kreise, Behörden und Gerichte zu etablieren;

> ➢ willkürliche Enteignungen durch staatssozialistische Eingriffe rückgängig zu machen oder zu kompensieren;

> ➢ Handlungen, die während der Zeit der sowjetischen Besatzung und der DDR-Herrschaft politisch gewollt und mit dem Mantel des Rechtmäßigen versehen, aber nach menschen- oder naturrechtlichen Vorstellungen verbrecherisch waren, zu sühnen;

> ➢ Menschen, die unter solchen Handlungen gelitten hatten, nach rechtsstaatlichen Vorstel-lungen zu entschädigen;

> ➢ Rechtliche Rahmenbedingungen dafür zu schaffen, dass die Vergangenheit nicht dem Vergessen anheim fiel;

> ➢ die unumgänglichen wirtschaftlichen Folgen der Einigung sozial abzufedern und dafür einen rechtlichen Rahmen zu schaffen.

Es konnte nicht ausbleiben, dass ein unter solchem Zeitdruck entstandenes Werk nicht die Schlüssigkeit von langjährig vorbereiteten Gesetzesvorhaben erreichte. Viele Nachbesserun-gen wurden nötig.

---

[43] Vgl. *KÜSTERS/HOFFMANN* (1998).

Schon gar nicht konnte das Gesetzeswerk alle Vorstellungen befriedigen, die in den Köpfen und Herzen der Menschen mit der Wiedervereinigung verbunden waren: der Vorstellung von „blühenden Landschaften", ohne dass es jemandem schlechter gehen würde, dem Wunsch gleichzeitig nach Freiheit und Sicherheit, nach Prosperität und Egalität, nach innerem Frieden und zugleich Sühne und Genugtuung für erlittenes Unrecht, nach Rechtsstaat und Gerechtigkeit.

4 Schuld und Sühne

Der Schusswaffengebrauch an den DDR-Grenzen wird von früheren Amtsinhabern der DDR noch heute gern als eine Normalität dargestellt, wie es sie in praktisch jedem Staat der Welt gegeben habe und gebe: „Die Anwendung von Schusswaffen war wie überall in der Welt auch in der DDR durch Befehle geregelt"[44]. Verräterischerweise hatten sich die Machthaber zugleich alle erdenkliche Mühe gegeben, tödliche Schüsse an Mauer und Stacheldraht und ihre Umstände zu verschleiern. Angeschossene Flüchtlinge starben, weil sie nicht in normalen Krankenwagen in normale Kliniken gebracht wurden – man transportierte sie ohne ärztliche Versorgung auf der Ladefläche von Armeelastwagen in oft weit entfernte Krankenhäuser der Volkspolizei.[45] Berichte über die Todesfälle wurden gefälscht, Beweise manipuliert, Angehörige über die Todesumstände belogen, Leichen eingeäschert: „Die politische Sensibilität der Staatsgrenze zu Berlin (West) machte die Verschleierung des Vorkommnisses notwendig. Es musste verhindert werden, dass Gerüchte über das Vorkommnis in Umlauf geraten bzw. dass Informationen dazu nach Westberlin oder BRD abfließen", so ein Stasi-Bericht zum gewaltsamen Tod bei einem Fluchtversuch 1986.[46]

1961, wenige Wochen nach dem Mauerbau, hatten auf Betreiben von *WILLY BRANDT* die Landesjustizminister die Zentrale Erfassungsstelle Salzgitter gegründet.[47] Nach dem Willen *BRANDT*s sollte sie „allen Anhängern und Dienern des Pankower Regimes eindeutig vor Augen führen, dass ihre Taten registriert und sie einer gerechten Strafe zugeführt werden"[48]. Die Stelle sollte Beweise für eine eventuelle spätere Strafverfolgung von Schüssen an der Grenze, Misshandlungen im DDR-Strafvollzug und politischen Urteilen in der DDR sichern. In den Jahren bis zu ihrer Auflösung 1992 hat sie über 42.000 Akten über solche Vorkommnisse angelegt[49] und tausende Zeugen, insbesondere Flüchtlinge und freigekaufte Häftlinge befragt.

---

[44] Vgl. z. B. *KRENZ* (2007). Für weitere Meinungsäußerungen auf der Seite der *Gesellschaft zur rechtlichen und humanitären Unterstützung GRG e. V.* (einer Vereinigung, die von ehemaligen Mitarbeitern des MfS gegründet wurde) vgl. online: http://www.grh-ev.org/html/body_information_6_07.HTM.

[45] Vgl. *HERTLE/NOOKE* (2009), S. 21, und *BUNDESGERICHTSHOF* (1992).

[46] Zitiert nach *HERTLE/NOOKE* (2009), S. 21.

[47] Vgl. *SAUER/PLUMEYER* (1991).

[48] Vgl. *KERN* (2008), S.56.

[49] Vgl. *GRASEMANN* (1996).

Ebenso wie vor dem „Abfließen von Informationen" über Mauertote in den Westen hatten die DDR-Oberen offensichtlich eine panische Furcht vor dem, was in den Akten der Zentralstelle über sie dokumentiert war. Sie war ihnen ein ständiger Dorn im Auge. Sie abzuschaffen blieb ein zentrales Anliegen ihrer Deutschlandpolitik. Sie war eine der „vier Forderungen"[50], die ERICH HONECKER in seiner Geraer Rede vom 13.10.1980 als Voraussetzung für eine Verbesserung der Beziehungen zwischen den deutschen Staaten formulierte.[51] Zwar war die westdeutsche Politik und Publizistik im Zusammenhang mit der Entspannungspolitik und einem sich ändernden Bild von der DDR[52] zunehmend bereit, solchen Forderungen nachzugeben. Die SPD-geführten Länder begannen, der Zentralstelle ihre Berechtigung abzusprechen und ihr die finanzielle Unterstützung zu verweigern.[53] Die Zentralstelle blieb und in der Wende drehte sich die Stimmung. In der DDR waren die Menschen plötzlich froh, dass es eine solche Institution gab: „Nicht die Erfassungsstelle war unser Problem, sondern unsere eigenen politischen Zustände"[54], schrieb im Januar 1990 der Kommentator der damals noch SED-eigenen Magdeburger „Volksstimme". Zusammen mit den Unterlagen, die sich aus der Öffnung der Archive der DDR nach der Wende ergaben, bot sich ein umfassendes gerichtsverwertbares Material, das eine rechtliche Aufarbeitung der zweiten untergegangenen Diktatur auf deutschem Boden ermöglichte.

1991 richteten, trotz eines eklatanten Mangels an juristischem Personal, die neuen fünf Länder Schwerpunktstaatsanwaltschaften ein, das Land Berlin die „Zentrale Ermittlungsgruppe für Regierungs- und Vereinigungskriminalität". Ihre Aufgabe war es, wegen DDR-Unrechts zu ermitteln und gegebenenfalls Anklage zu erheben.

Dass die ehemaligen Machthaber, die HONECKER, MIELKE, KRENZ, KESSLER, BAUMGARTEN, LORENZ von einer solchen Vergangenheitsbewältigung nichts wissen wollten und sie als „Siegerjustiz" zu diffamieren suchten, war kaum überraschend; ebenso bei denjenigen, die dem Regime als willige Vollstrecker gedient hatten.

Den Gegenpol bildeten die Opfer von DDR-Unrecht wie auch die einstige Vorhut der friedlichen Revolution, die Bürgerbewegung mit ihrer Forderung nach umfassender Bestrafung. Es musste sie erbosen, dass die ehemaligen Machthaber in den eingeleiteten Strafverfahren alle Mittel eines Rechtsstaates, die sie ihren Bürgern zuvor verweigert hatten, ausschöpften und dennoch ohne jeden Skrupel über die „Siegerjustiz" schimpften. Die Enttäuschung der Opfer machte sich in dem schon zitierten Wort BÄRBEL BOHLEYs Luft: Kennzeichen des Rechtsstaats schien nicht Gerechtigkeit zu sein, Mitgefühl mit den Leidtragenden. Sondern Instanzenzüge, strafprozessuale Nebenkriegsschauplätze, Befangenheitsanträge, Diskussionen nicht über den Zustand der Opfer, sondern über die Verhandlungsfähigkeit der Angeklagten; am Ende milde Urteile, Bewährungsaussetzungen und Begnadigungen.

---

[50] Neben der Anerkennung der DDR-Staatsbürgerschaft durch die Bundesrepublik, der Umwandlung der ständigen Vertretungen in Botschaften und der Anerkennung der Elbmittellinie als Staatsgrenze.

[51] Vgl. HONECKER (1980).

[52] Vgl. SOMMER (1986).

[53] Vgl. MÜLLER/HARTMANN (2009), S. 14 f.

[54] Entnommen aus MAGDEBURGER VOLKSSTIMME vom 15.01.1990, zitiert nach: MÜLLER/HARTMANN (2009), S. 17.

Dazwischen gab es ein breites Spektrum von Meinungen darüber, wie mit Tätern und Opfern der Diktatur umzugehen war.

Eine der theoretischen Möglichkeit war die, nichts zu tun, wie es in den meisten anderen Ländern des Ostblocks geschah. Dort fand eine strafrechtliche Auseinandersetzung mit der kommunistischen Vergangenheit so gut wie nicht statt.[55] Gesetze wie in Deutschland, die die Verjährung der Strafbarkeit von Systemstraftaten aussetze, gab es nicht oder sie wurden für verfassungswidrig erklärt.[56]

Eine andere Möglichkeit wurde in einem Land genutzt, in dem ebenso wie in der DDR die weltpolitische Entspannung den Hardlinern ihre politischen Rückhalt entzogen hatte; in dem ebenso die Kosten der politischen Repression die Wirtschaftskraft des Landes überfordert hatten und in dem es ebenso – und grausamer – Opfer staatlichen Terrors und der Urteile regierungsfrommer Richter gegeben hatte, die dem Menschenrecht Hohn sprachen.

Am 9. Februar 1990, drei Monate nach dem Mauerfall in Berlin, ließ in Kapstadt Präsident FREDERIK WILLEM DE KLERK den berühmtesten Gefangenen der Welt, NELSON MANDELA, zu sich kommen. Er eröffnete ihm, dass er am folgenden Tag aus einer Gefangenschaft entlassen würde, die fast die gleiche Zeit wie die Berliner Mauer bestanden hatte.[57] Eine Woche zuvor hatte DE KLERK vor dem Parlament angekündigt, das System der Apartheid zu beenden, das Verbot des *African National Congress* (ANC) aufzuheben, die Todesstrafe abzuschaffen und das Ausnahmerecht zu lockern. 1994 gab es die ersten freien und gleichen Wahlen. Südafrika wählte den Weg der „truth and reconciliation commission", der Wahrheits- und Versöhnungskommission: Opfer und Täter des Terrors sollten vor diesem Komitee die Menschenrechtsverletzungen zwischen 1960 und 1993 durch ihre Aussagen aufklären. Den Tätern, die aus politischer Überzeugung gehandelt hatten und volle Geständnisse ablegten, wurde Straffreiheit zugesagt.

Wäre dies auch ein Weg für Deutschland gewesen? Auch in Deutschland ging es um Versöhnung. Die Antworten fielen unterschiedlich aus. Die einen fanden, nur wenn die Täter bestraft würden, geschähe die Gerechtigkeit, die Versöhnung erst ermöglichte; die anderen sahen gerade in den Gerichtsverfahren ein Hindernis für Versöhnung und innere Einheit[58] und forderten eine Amnestie[59] oder einen Schlussstrich in Form eines „DDR-Schlussgesetzes", das die juristische Auseinandersetzung mit der kommunistischen Vergangenheit beenden solle.[60]

Dabei waren die Befürworter oder Gegner einer Amnestie oder einer Straflosigkeit nicht einfach links oder rechts zu verorten; die Meinungen gingen quer durch das politische Spektrum[61] und bemühten politische, moralische und auch juristische Argumente. Es gebe „im geeinten Deutschland Wichtigeres und Drängenderes als Strafprozesse"[62]. Eine Wiederho-

---

[55] Vgl. SCHLINK (1994), S. 433, und RÖDDER (2009), S. 355.

[56] Vgl. BRUNNER/SÓLYOM (1995), S. 333.

[57] Vgl. MANDELA (1994), S. 666.

[58] Vgl. WINGENFELD (2006), S. 115.

[59] Vgl. SCHÄUBLE (1991), S. 268 ff., FISCHER (1995), DÖNHOFF (1995), SCHRÖDER (1995), VON WEIZSÄCKER (1995), S. 22 ff., und WINGENFELD (2006), S. 71, und S. 75.

[60] Vgl. OHLIGSCHLÄGER/WENDT (1995), und SCHLINK (1995), S. 356.

[61] Vgl. HILLENKAMP (1997), S. 1.

[62] Vgl. SCHLINK (1994), S. 437.

lungsgefahr ginge von den Tätern nach dem Ende der DDR nicht mehr aus, und eine Abschreckung sei aus dem gleichen Grund nicht geboten.[63]

Als gewichtigstes juristisches Argument gegen die Strafbarkeit wurde immer wieder, in erster Linie natürlich von den Verteidigern in den Strafprozessen, das rechtsstaatliche Verbot angeführt, Tatbestände rückwirkend für strafbar zu erklären.[64] Ein anderes Argument lautete, die Praxis der Gerichte komme einer verdeckten und daher ungerechten Teilamnestie gleich. So würde die Spionagetätigkeit für das MfS unterschiedlich behandelt, je nachdem, ob die Täter vom Boden der DDR oder der Bundesrepublik aus operiert hatten: während jene straffrei blieben, wurden gegen diese langjährige Haftstrafen verhängt.[65] Oder die Strafverfolgung von Systemtätern durch die Gerichte sei von den Zufälligkeiten der personellen Ausstattung örtlicher Staatsanwaltschaften geprägt und grenze daher an Willkür.[66]

Rein quantitativ fiel die strafrechtliche Aufarbeitung der DDR-Vergangenheit in der Tat mager aus, wie diese Zahlen zeigen:[67]

eingeleitete Ermittlungsverfahren	75.000
tatsächlich Angeklagte	1.426
davon rechtskräftig verurteilt	753
davon zu Freiheitsstrafen	580
davon Freiheitsstrafen ohne Bewährung	46

Dies lieferte sowohl denen Argumente, die meinten, es wäre eben nicht viel dran gewesen an den Vorwürfen, denen, die eine Amnestie befürwortet hatten, wie auch denen, die sagten, der Rechtsstaat sei an seiner Aufgabe, das Unrecht angemessen zu sühnen, kläglich gescheitert.[68] Die Verbrechen aus vierzig Jahren DDR-Diktatur seien in ihrer Summe nicht einmal annähernd so hart bestraft worden wie allein das Delikt der Sachbeschädigung in einem einzigen Jahr: 2006 seien knapp 9.000 Delinquenten rechtskräftig verurteilt wurden, davon 158 zu Freiheitsstrafen ohne Bewährung.[69]

Zwanzig Jahre nach dem Mauerfall sind die Strafverfahren abgeschlossen, nicht abgeurteilte Straftaten zum größten Teil verjährt und neue Verfahren kaum zu erwarten. Wurde die Gerechtigkeit auf dem Altar des Rechtsstaates geopfert? Oder umgekehrt? Ich finde, dass sich der Rechtsstaat bewährt hat, und zwar aus folgenden Gründen:

Erstens: Liest man die Urteile, die in den Mauerschützenprozessen ergangen sind, so sieht man, dass sich die Gerichte gewissenhaft und in jedem Einzelfall mit den drei Elementen der Strafbarkeit: Tatbestandsmäßigkeit, Rechtmäßigkeit und Schuld beschäftigt haben.

---

[63] Vgl. HILLENKAMP (1997), S. 7, Rn. 12.

[64] Vgl. SCHLINK (1994), S. 435; zum Meinungsstand vgl. SCHÖNKE-SCHRÖDER (2006), Rdn. 100 vor §§ 3–7.

[65] Vgl. HILLENKAMP (1997), S. 3 ff.

[66] Vgl. SCHLINK (1994), S. 435 f.

[67] Vgl. MÜLLER-HARTMANN (2009), S. 60.

[68] Vgl. WASSERMANN (1999), S. 101, und MÜLLER/HARTMANN (2009), S. 18 ff.

[69] Vgl. MÜLLER-HARTMANN (2009), S. 62.

Straftatbestände: Es wurden nur Handlungen verurteilt, die auch nach DDR-Gesetzen zur Tatzeit strafbar gewesen wären: Mord, Totschlag, Körperverletzung, Freiheitsberaubung, Rechtsbeugung und Unterschlagung.

Rechtfertigungsgründe: Die Verteidiger der Mauerschützen haben stets angeführt, der § 27 des DDR-Grenzgesetzes habe den Schusswaffengebrauch auch gegen Unbewaffnete gestattet – was damals Recht war und sogar zu Belobigung und Beförderung führte, könne heute nicht Unrecht sein. Diesen Rechtfertigungsgrund haben die Richter nur dort nicht mehr akzeptiert, wo der Grenzsoldat bewusst den Tod des Opfers in Kauf genommen hat.

Entschuldigungsgründe: Selbst dort, wo Grenzsoldaten bewusst getötet haben, haben die Gerichte in jedem Einzelfall geprüft, ob sie fähig waren, ihr Unrecht einzusehen. Etlichen von ihnen wurde bei der Bemessung der Strafe zu Gute gehalten, selbst „auch Opfer der mit dieser Grenze verbundenen Verhältnisse" gewesen zu sein.[70]

Zweitens: Das Argument, es sei seinerseits menschenrechtswidrig gewesen, menschenrechtswidriges DDR-Systemunrecht zu bestrafen, ist falsch. Zwar findet sich das Verbot, zu bestrafen, was zur Tatzeit nicht strafbar war, im Artikel 103 des Grundgesetzes, in allen rechtsstaatlichen Verfassungen und Konventionen über Menschen- und Bürgerrechte. Aber dieses Rückwirkungsverbot gilt nicht absolut. Es hat sich seit der Zeit der Aufklärung durchgesetzt, um staatliche Willkür zu beschränken.[71] Der Sinn des Verbotes wäre in sein Gegenteil verkehrt, wenn es Verbrechen schützen würde, die im Namen des Staates gegen seine Bürger ausgeübt werden.[72] Spätestens seit den Nürnberger Prozessen besteht in der Völkergemeinschaft Einigkeit darüber, dass das Rückwirkungsverbot es nicht ausschließt, schwere Menschenrechtsverletzungen zu verfolgen; dies hat sich in den fast gleichlautenden Formulierungen der Europäischen Menschenrechtskonvention und dem Internationalen Pakt über bürgerliche und politische Rechte[73], dem auch die DDR beigetreten war[74], niedergeschlagen. Das Verbot rückwirkender Bestrafung schützt nicht das Vertrauen darauf, dass eine für menschenrechtswidrige Taten verantwortliche Staatsmacht fortbesteht und die Täter deckt.[75]

Drittens: Die Verbrechen, für die Freiheitsstrafen ohne Bewährung verhängt wurden, waren so schwer, dass es unerträglich gewesen wäre, sie ungesühnt zu lassen: den Mord an Walter Kittel 1965 beispielsweise, der von einem Grenzsoldaten kaltblütig erschossen wird, obwohl er bereits gestellt war und seinen Fluchtversuch aufgegeben hatte[76]; die Erschießung des Berliner Kaufmanns Hermann Döbler im gleichen Jahr, der sich bei einem Bootsausflug auf der Havel in Grenznähe angeblich „provokatorisch in Richtung Postenturm umgeblickt" hatte[77]; der tödliche Schuss in den Rücken eines Kameraden aus fünf Zentimeter Abstand durch einen Stasi-Spitzel, der zum Schein auf den Vorschlag eines gemeinsamen Fluchtversuches

---

[70] Vgl. *Bundesgerichtshof* (1992)

[71] Vgl. *Dannecker* (1992), S. 99, und *Wassermann* (1999), S. 103.

[72] Vgl. *Kisselbach* (1947), S. 2 ff., und *Wimmer* (1947), S. 123 f., zitiert nach *Jung* (1992), S. 158.

[73] Vgl. EMRK Art. 7 Abs. 2; IPbpR Art. 15 Abs. 2: „Nothing in this article shall prejudice the trial and punishment of any person for any act or omission which, at the time when it was committed, was criminal according to the general principles of law recognized by the community of nations."

[74] Vgl. *Gesetzblatt der DDR* (1974), Teil II, S. 57.

[75] Vgl. *BVerfG* (1998).

[76] Vgl. *Hertle/Nooke* (2009), S. 201.

[77] Vgl. *Hertle/Nooke* (2009), S. 192.

eingegangen war.[78] Dazu Gefangenenmisshandlungen, Rechtsbeugungen, die zu Todesurteilen in politisch motivierten Prozessen führten, Giftmord- und Sprengstoffanschläge gegen Regimegegner und eine militärisch-politische Führung, die die Struktur für diese Verbrechen schuf, sie deckte und die Täter belobigte.[79] Zu behaupten, die Verfolgung solcher Straftaten sei weder aus general- noch aus spezialpräventiven Gründen geboten gewesen oder in Deutschland hätte es Wichtigeres gegeben als Strafprozesse, erscheint nicht nur zynisch, sondern auch provinziell. Wenn ein Rechtsstaat wie Deutschland Willkür nicht bestrafte, musste das wie eine Aufforderung an uniformierte Menschenschinder in Diktaturen aller Länder klingen, risikolos ihr Mord- und Folterwerk fortzusetzen in der berechtigten Hoffnung auf eine aus Formalismus, Bequemlichkeit und Opportunismus untätig bleibende Justiz. Mit welchem Recht könnten die Deutschen als Vertragsstaat des Rom-Statuts Straftäter vor die Schranken des Internationalen Strafgerichtshofes fordern, wenn sie die eigenen Verbrecher laufen lassen?[80]

Viertens: Eine Amnestie für DDR-Systemstraftaten hätte falsche Signale gesetzt. Es mag Situationen geben, wo eine Amnestie unumgänglich ist. Im Südafrika der 1990er Jahre wurde „die Gerechtigkeit auf dem Altar der Wahrheit" geopfert.[81] Es war der Preis für den inneren Frieden, ohne den „dieses Land in Flammen aufgegangen wäre"[82]. In Deutschland lag eine solche Situation nicht vor. Ein rechtsstaatliches Strafverfahren bietet die umfassendste Gewähr dafür, sich der Wahrheit dessen anzunähern, was geschehen ist, Schuld und Verantwortung zu klären, Märtyrer- und Mythenbildung vorzubeugen.[83] Das ist, bei aller berechtigten Kritik im Einzelnen, in Deutschland gelungen.

Fünftens: Der Vorwurf, nur ein Prozent rechtskräftiger Verurteilungen, bezogen auf 75.000 Ermittlungsverfahren, sei das Ergebnis einer nicht ausreichenden Ausstattung der Staatsanwaltschaften, und diese sei politisch gewollt gewesen, lässt sich nicht von der Hand weisen. Das Verdikt einer „Strafrechtspflege unter der Maxime des Zufalls"[84] ist trotzdem unangebracht. Es gibt es keine Gleichheit im Unrecht.[85] Kein Verbrecher kann mit dem Argument Straffreiheit verlangen, andere Missetäter wären nicht bestraft worden. In den Fällen, in denen die Beweislage ausreichte, ist Anklage erhoben worden. Damit ist das Gebot der Rechtsstaatlichkeit gewahrt. Vielleicht hätten intensivere Ermittlungen zu mehr Anklagen und Verurteilungen geführt. Aber das gilt für alle Bereiche der Justiz und jede Allokation staatlicher Ressourcen überhaupt. Vollständigkeit lässt sich nicht erreichen. Selbst sich ihr anzunähern wäre mit logarithmisch progredierenden Grenzkosten verbunden. Es wären Kosten nicht nur finanzieller Art. Ein Staat, der Vollkommenheit in der Strafrechtsverfolgung anstreben würde, müsste wohl ein solches Regime führen, wie die Bürger der DDR es vor zwanzig Jahren davongejagt haben.

---

[78] Vgl. *MÜLLER/HARTMANN* (2009), S. 79.

[79] Vgl. Dokumentation bei *MÜLLER/HARTMANN*, S. 65 ff.

[80] Vgl. IGStH-Statutgesetz vom 11.12.2000 in *BUNDESGESETZBLATT* (2000), Teil II, S. 1393.

[81] Vgl. *GRILL* (2005), S. 356.

[82] Vgl. *TUTU* (1999).

[83] Vgl. *MARXEN/WERLE/BÖHM* (1999), S. 260, und *PESCHEL-GUTZEIT* (1999), S. 109.

[84] Vgl. *SCHLINK* (1994), S. 436.

[85] Vgl. *BVERFG* (1979).

Um ein Fazit zu ziehen: Die ergangenen Urteile erstaunen durch ihr durchgängig mildes Strafmaß. Die Regelstrafe für Mord lautet „lebenslänglich". In keinem Fall wurde diese Strafe verhängt. Die höchsten ausgesprochenen Strafen waren zehn Jahre Haft, in einem Fall wurde ein Mord sogar mit nur vier Jahren Freiheitsstrafe gesühnt. Für Totschlag, zum Beispiel in dem Fall des letzten Mauertoten CHRIS GUEFFROY, gab es nach Aufhebung und Zurückverweisung eines ersten, härteren Urteils durch den Bundesgerichtshof nur noch zwei Jahre, selbst diese wurden zur Bewährung ausgesetzt.[86] Angetretene Freiheitsstrafen wurden bald im offenen Vollzug verbüßt oder durch Gnadenakte verkürzt.[87] Dies mag man bedauern. Urteile über Menschenrechtsverletzungen sollten auch durch das Gewicht der verhängten Strafen als Signale über die nationalen Grenzen hinaus wirken. Aber milde Strafen liegen nicht nur im langjährigen Trend von Gesetzgebung und Rechtsprechung. Vor allem waren es unabhängige Gerichte, die sie ausgesprochen haben. Gerichte, die jeden Einzelfall sorgfältig geprüft und nur dort verurteilt haben, wo sie von der Schuld des Angeklagten „beyond a reasonable doubt" überzeugt waren, und die Strafe nach dem Maß der Schuld festgesetzt haben. Zu vielen Dingen kann man mit guten Gründen unterschiedlicher Meinung sein; und auch Richter können irren. Und so geht vielleicht selbst von der Milde der Urteile, in denen manche eine Ungerechtigkeit oder ein „klägliches Scheitern" der Justiz sehen, ein positives Signal aus: sie widerlegen jede Legende über angebliche „Siegerjustiz". Sie sind in rechtsstaatlichen Verfahren ergangen, von denen die Opfer der DDR-Herrschaft nur träumen konnten. Gerechtigkeit ist, im Gegensatz zum Rechtsstaat, ein heroischer, aber auch unscharfer Begriff, auf den jeder seine Wünsche und Ängste projizieren kann. Ein Verfahren im Rechtsstaat dagegen ist klar definiert: unabhängige Richter, Recht auf ein faires Verfahren, Verteidigung und rechtliches Gehör, die Möglichkeit von Berufung oder Revision. Der nüchterne Rechtsstaat mag nicht die Gerechtigkeit herstellen, die alle zufriedenstellt; aber ohne ihn gibt es gar keine Gerechtigkeit, sondern nur Willkür.

5 Rechtsstaat und Gerechtigkeit

Die Strafverfahren gegen Mauerschützen, gegen die Verantwortlichen für das menschenverachtende Grenzregime, gegen brutale Gefängnisaufseher oder willfährige Blutrichter sind Geschichte. Ich habe diese Darstellung auf den strafrechtlichen Aspekt fokussiert, denn darin, wie ein Staat mit Straftätern umgeht, zeigt er am deutlichsten sein wahres Gesicht. Doch so sehr die Frage gerechter Bestrafung deren Opfer und Leidtragende beschäftigte, so sehr Enthüllungen aus MfS-Akten für Empörung bei den Bespitzelten sorgten: die Frage nach Gerechtigkeit beschäftigte die meisten Bürger in den neuen Bundesländern anhand anderer Sorgen.

Es waren die Sorgen der Nutzer von Datschengrundstücken, von günstigen Mietwohnungen, von denjenigen, die Häuser ehemaliger „Republikflüchtlinge" gekauft hatten und darin wohnten, ob jetzt die früheren Eigentümer kommen und sie vertreiben würden.

---

[86] Vgl. BUNDESGERICHTSHOF (1992).

[87] Vgl. GRAFE (2000).

Es waren die Sorgen der Arbeiter in den maroden Fabriken um ihre Arbeitsplätze, der Inhaber und Angestellten von neugegründeten Betrieben um deren Bestand. Es sind bis heute die Sorgen derer, die auf den Fluren der Jobcenter warten. Die Sorgen derer, denen LOTHAR DE MAIZIÈREs Mahnung vom 19. April 1990[88] zu sozialer Gerechtigkeit und Solidarität gegolten hatte.

Neue Herausforderungen sind hinzugekommen: Globale Märkte, globale Krisen, grenzüberschreitender Terror, Überbevölkerung dort, Geburtenrückgang hier. Auch sie stellen drängende Fragen zu Sicherheit und Gerechtigkeit.

Doch anders als in den gefestigten Begriff des Rechtsstaats kann in die Begriffe der Gerechtigkeit und der Sicherheit jeder hineinlegen, was er will. Diese Begriffe bedienen Hoffnungen und Ängste, die sich aus vielen Bildern speisen: dem Bild von Menschen, die vorm Arbeitsamt Schlange stehen ebenso wie dem der zusammenbrechenden Zwillingstürme oder zerfetzter U-Bahn-Waggons.

Das Wort „Gerechtigkeit" hat einen ebenso süßen und verführerischen Klang bei vielen empathischen Menschen, wie es das Wort „Sicherheit" bei verängstigten Bürgern hat. Es ist leider genauso wie dieses geeignet, irrationale Ängste und Hoffnungen zu wecken. Ist es gerecht, dass der Erfolgreiche dem Erfolglosen die Hälfte seines Erarbeiteten abgeben muss, oder ist gerade das ungerecht? Ist eine Gesellschaft gerecht, in der alle arm, aber gleich arm sind oder eine, in der alle reich sind, aber unterschiedlich reich? Ist es gerecht, den Angehörigen einer benachteiligten Gruppe im Weg der „affirmative action" einem besser qualifizierten Bewerber aus einer nicht benachteiligten Gruppe vorzuziehen? Ist es gerecht, einem gut gestellten älteren Arbeitslosen länger Arbeitslosengeld zu gewähren als einem jungen, der deutlich bedürftiger ist?

Die Fragen sollen gestellt werden. Jede Zeit, jede Gesellschaft, jede Mehrheit, Partei oder Regierungskoalition hat auf sie eine andere Antwort. Man kann sich ihrer Beantwortung in ausgewogenen Kompromissen nähern. Objektiv beantwortet werden können sie nicht.[89] Dennoch gibt es immer wieder Menschen, die für sich in Anspruch nehmen, sie hätten eine solche objektive Antwort: selbsternannte Schriftgelehrte oder Eliten, die aus den Worten von Moses, Mohammed oder Marx, aus dem Glauben an ihre überlegene Moral oder ihr überlegenes Wissen für alle Menschen verbindliche Gebote glauben ableiten zu können. Doch wer von sich behauptet, seine Auffassung von Gerechtigkeit sei über Irrtum erhaben, der hat schon den ersten Schritt dahin getan, im Namen der angeblich erkannten Wahrheit Andersdenkende zu entrechten und ihnen ihre Freiheit und Würde zu nehmen. Nur der Rechtsstaat ist der Rahmen, in dem immer wieder neu definiert und umgesetzt werden darf und muss, was die Menschen für gerecht halten.

Und hier schließt sich der Kreis. Die Bürger der DDR haben es verstanden, ihre Entrechtung abzuschütteln; sie haben sich ihren Rechtsstaat erkämpft. Doch, wie Nelson Mandela, der Mann, der während der gleichen Zeitspanne wie die Bürger der DDR hinter Mauern gelebt hat, zu seiner Befreiung aus diesen Mauern schreibt: „Das Geheimnis des Hügels, den man

---

[88] Zitiert nach RÖDDER (2009), S. 285 f.
[89] Vgl. KELSEN (1975), S. 40.

erklimmt, ist, dass hinter diesem noch viele weitere Hügel liegen, die zu erklimmen sind"[90]. Gerechtigkeit zu schaffen ist die Aufgabe, die bleibt.

Quellenverzeichnis

BERGER, R. (2009): Zusammenwächst, was zusammengehört, in: KEUPER, F./PUCHTA, D. (Hrsg.), Deutschland 20 Jahre nach dem Mauerfall – Rückblick und Ausblick, Wiesbaden 2009, S. 81–103.

BISKY, J. (2009): Die Diktatur, die eine sein wollte, in: Süddeutsche Zeitung, Nr. 52 vom 04.03.2009, S. 11.

BOHLEY, B. (2008): Zitate, online: http://www.baerbelbohley.de/zitate.htm, Stand: unbekannt, Abruf: 27.08.2009.

BRÜHLMEIER, A. (2009): Sprachfeminismus in der Sackgasse. Die fortwährende Betonung des biologischen Geschlechts ist lästig und entbehrlich, in: Deutsche Sprachwelt, Jg. 2009, Nr. 36, S. 3–4, online: http://www.bruehlmeier.info, Stand: unbekannt, Abruf: 06.09.2009

BRUNNER, G./SÓLYOM, L. (1995): Verfassungsgerichtsbarkeit in Ungarn, Baden-Baden 1995.

BUNDESGERICHTSHOF (1992): Urteil vom 03.11.1992 – 5 StR 370/92, BGHSt 39, 1, online: http://www.hrr-strafrecht.de/hrr/5/92/5-370-92.php?referer=db, Stand: unbekannt, Abruf: 02.09.2009

BUNDESVERFASSUNGSGERICHT (1998):Urteil vom 07.04.1998 – 2 BvR 2560/95, online: http://www.bverfg.de/entscheidungen/rk19980407_2bvr256095.html, Stand: o. A., Abruf: 27.08.2009.

BUNDESVERFASSUNGSGERICHT (1979): Urteil vom 17.01.1979 – 1 BvL 25/77, BVerfGE 50, 142, 166, online: http://www.servat.unibe.ch/law/dfr/bv050142.html, Stand: o. A., Abruf: 27.08.2009.

DANNECKER, G. (1992): Das intertemporale Strafrecht, Tübingen 1992.

DÖNHOFF, M. GRÄFIN (1995): Gerechtigkeit ist nicht Vergeltung, in: Die Zeit; Nr. 3, vom 13.01.1995, S. 1., online: http://www.zeit.de/1995/03/gerechtigkeit_ist_nicht_vergeltung, Stand: 13.01.1995, Abruf: 02.09.2009

DREIER, H./WITTRECK, F. (2008) (Hrsg.): Grundgesetz. Textausgabe mit sämtlichen Änderungen und andere Texte zum deutschen und Europäischen Verfassungsrecht, Tübingen 2008.

DREIER, H. (2009): Das Grundgesetz – eine Verfassung auf Abruf, in: Das Parlament, Beilage zur Ausgabe Nr. 18, 2009, vom 27.04.2009, S. 1–7.

FISCHER, J. (1995): „Wir brauchen eine neue ökologische Gründerzeit", Interview, in: Süddeutsche Zeitung, Nr. 3, vom 03.01.1995, S. 7.

---

[90] Vgl. MANDELA (1994), S. 751.

FÜRNBERG, L. (1952): Lied von der Partei, in: *BUSCH, E.* (Hrsg.), Internationale Arbeiterlieder, Berlin 1952, S. 134.

GESELLSCHAFT ZUR RECHTLICHEN UND HUMANITÄREN UNTERSTÜTZUNG E. V. (2007): Information 6/07, online: http://www.grh-ev.org/html/body_information_6_07.HTM, Stand: unbekannt, Abruf: 27.08.2009.

GRAFE, R. (2000): „Gnade für einen Überzeugungstäter". Der frühere Grenztruppenchef Klaus-Dieter Baumgarten wird trotz Protesten nach Verbüßung der halben Haftstrafe heute entlassen, in: Süddeutsche Zeitung, Nr. 64, vom 15.03.2000, S. 13.

GRASEMANN H.-J. (1996): Interview, in: Focus, 1996, Nr. 41, online: http://www.focus.de/politik/deutschland/deutschland-die-maer-von-der-siegerjustiz_aid_160082.html, Stand: unbekannt, Abruf: 02.09.2009.

GRILL, B. (2005): Ach, Afrika. Berichte aus dem Inneren eines Kontinents, München 2005.

HERTLE, H.-H./NOOKE, M. (2009) (Hrsg.): Die Todesopfer an der Berliner Mauer 1969–1989, Berlin 2009.

HEYDECKER, J. J./LEEB, J. (1998): Der Nürnberger Prozess, 2. Auflage, Köln 1998.

HIEN, E. (2008): Deutscher Rechtsstaat – Innensicht, Außensicht, in: Berliner Anwaltsblatt, Jg. 2008, S. 455–461.

HILLENKAMP, T. (1997): Offene oder verdeckte Amnestie – über Wege strafrechtlicher Vergangenheitsbewältigung, in: HFR – Humboldt Forum Recht – juristische Internetzeitschrift, o. Jg. (1997), Beitrag 6, S. 54–65, online: http://www.humboldt-forum-recht.de/deutsch/6-1997/, Stand: 1997, Abruf: 27.08.2009.

HONECKER, E. (1980): „Unsere Politik zum Wohle des Volkes wird mit dem ganzen Volk konsequent verwirklicht", in: Neues Deutschland, Nr. 242, vom 14.10.1980, S. 1.

JUNG, S. (1992): Die Rechtsprobleme der Nürnberger Prozesse, Tübingen 1992.

KELSEN, H. (1975): Was ist Gerechtigkeit? 2. Auflage, Wien 1975

KERN, I. (2008): Archiv des Unrechts, in: Cicero, Magazin für politische Kultur, Ausgabe August 2008, S. 56–59.

KISSELBACH, W. (1947): Zwei Probleme aus dem Gesetz Nr. 10 des Kontrollrats, Monatsschrift für Deutsches Recht (MDR) Jg. 1947, S. 1–6.

KRENZ, E. (2007): „Gab's ihn oder gab's ihn nicht", in: Leipzigs Neue, 2007, Nr. 19, vom 21.09.2007, online: http://www.grh-ev.org/html/body_information_6_07.HTM, Stand: unbekannt, Abruf: 02.09.2009

KÜSTERS, H. J./HOFMANN, D. (1998): Dokumente zur Deutschlandpolitik. Deutsche Einheit. Sonderedition aus den Akten des Bundeskanzleramtes 1989/90, München 1998.

LORENZ, D. (1991): Die neue Frauensprache. Über die sprachliche Apartheid der Geschlechter, in: Muttersprache – Zeitschrift zur Pflege und Erforschung der deutschen Sprache, Jg. 1991, Nr. 3, S. 272–277.

MANDELA, N. (1994): Long Walk to Freedom, London 1994.

MARXEN, K. /WERLE, G./BÖHM, F. (1999): Die strafrechtliche Aufarbeitung von DDR-Unrecht: eine Bilanz, Berlin 1999.

MEYER, H.-J. (1999): Vom rechten Maß der Einheit, in: Recht und Politik, Jg. 1999, S. 129–140.

MITTER, A./WOLLE, S. (1990) (Hrsg.): Ich liebe euch doch alle! Befehle und Lageberichte des MfS Januar – September 1989, 2. Auflage, Berlin 1990.

MOMPER, W. (1989): in AP-/dpa-Nachricht vom 10.11.1989.

MÜLLER, U./HARTMANN, G. (2009): Vorwärts und Vergessen, Reinbek 2009.

OHLIGSCHLÄGER, H./WENDT, A. (1995): „Am Ende Bleibt Nichts", in: Focus-Magazin Nr. 14/1995 v. 03.04.1995, http://www.focus.de/politik/deutschland/ddr-verbrechen-am-ende-bleibt-nichts_aid_152360.html, Stand: 03.04.1995, Abruf: 02.09.2009

PESCHEL-GUTZEIT, L. M. (1999): Der Umgang mit Unrechtssystemen – Konsequenzen für die nationale und internationale Rechtsordnung, in: Recht und Politik, Jg. 1999, S. 109–114.

RÖDDER, A. (2009): Deutschland einig Vaterland. Die Geschichte der Wiedervereinigung, München 2009.

*SAUER, H. /PLUMEYER, H. (*1991): Der Salzgitter-Report. Die zentrale Erfassungsstelle berichtet über Verbrechen im SED-Staat, Stuttgart 1991.

SCHÄUBLE, W. (1991): Der Vertrag. Wie ich über die deutsche Einheit verhandelte. München 1991

SCHLINK, B. (1994): Rechtsstaat und revolutionäre Gerechtigkeit, in: Neue Justiz, Jg. 1994, S. 433–437

SCHLINK, B. (1995): Vergangenheit als Zumutung?, in: *GRAWERT, R. ET AL.* (Hrsg.), Offene Staatlichkeit. Festschrift für *ERNST-WOLFGANG BÖCKENFÖRDE*, Berlin 1995, S. 341–358.

SCHORLEMMER, FRIEDRICH ET AL. (1989): Für unser Land. Aufruf des Neuen Forum vom 26.11.1989, online: http://www.ddr89.de/ddr89/texte/land.html, Stand: 26.11.1989, Abruf: 27.08.2009.

SCHÖNKE-SCHRÖDER, A. (2006): StGB-Kommentar, 27. Auflage, München 2006.

SCHRÖDER, R.(1995): Lasst sie auf ihren Ladenhütern sitzen, in: Frankfurter Allgemeine Zeitung, Nr. 68, vom 21.3.1995, S. 38.

SELLERING, E. (2009)*:* „Zur DDR gehörte immer auch ein Schuss Willkür", Interview mit der Frankfurter Allgemeinen Sonntagszeitung, Nr. 12, vom 23.03.2009, S. 6.

SOMMER, T. (1986): Reise ins andere Deutschland, Reinbek 1986.

TOPITSCH, E. (1960): Über Leerformeln – Zur Pragmatik des Sprachgebrauchs in der Philosophie und politischen Theorie; in: *TOPITSCH, E.* (Hrsg.), Probleme der Wissenschaftstheorie, Wien 1960, S. 233–264.

TUTU, D. (1999): Agenturmeldung South African Press Association, 11.12.1999.

VIEMANN, H. (1990): Einigungsvertrag Justiz und Rechtspflege, Text mit einführender Erläuterung, Heidelberg 1990.

VERFASSUNGEN.DE (2002): Verfassungen der Deutschen Demokratischen Republik (1949–1990), online: http://www.verfassungen.de/de/ddr/, Stand: 03.11.2002, Abruf: 27.08.2009.

VOLKSKAMMER DER DEUTSCHEN DEMOKRATISCHEN REPUBLIK, 10. WAHLPERIODE (2000): 3 Bände, in: *DEUTSCHER BUNDESTAG* (Hrsg.), Berlin 2000.

VON WEIZSÄCKER, R. (1995): „Das Strafen muss ein Ende haben", Interview, in: Der Spiegel; 1995, Nr. 4, S. 22–25.

WASSERMANN, R. (1999): SED-Verbrechen ohne angemessene Ahndung? Zur Schlussbilanz der strafrechtlichen Aufarbeitung des SED-Unrechts, in: Recht und Politik, Jg. 1999, S. 101–108.

WINGENFELD, H. (2006): Die öffentliche Debatte über die Strafverfahren wegen DDR-Unrechts, Berlin 2006.

WOLF, M./SCHÜTT, H. D. (2007): Letzte Gespräche, Berlin 2007.

Zweiter Teil:

Ökonomische Perspektive

Zusammenwächst, was zusammengehört: Wirtschaftliche Herausforderungen eines vereinten Deutschlands – gestern, heute und morgen

ROLAND BERGER

Roland Berger Strategy Consultants

1 Vorbemerkungen 83
2 Nach dem Mauerfall: Das zusammenwachsende Deutschland
  mit schlechten Startbedingungen 83
  2.1 Wegbrechen der Absatzmärkte im ehemaligen Ostblock 84
  2.2 Fehlende unternehmerische Wettbewerbsfähigkeit
      in den neuen Bundesländern 85
  2.3 Unsicherheiten bei der Systemtransformation 86
  2.4 Nach vierzig Jahren Planwirtschaft:
      Kaum Erfahrung mit dem freien Markt................................. 86
3 Herausforderungen nach der Wiedervereinigung 87
  3.1 Fehlen von Wirtschaftsstrukturen 88
  3.2 Immenser Finanztransfer von West nach Ost 90
  3.3 Demographie und Wanderungsbewegungen................................ 92
  3.4 „Einheit in den Köpfen" 94
4 Die Zukunft: Deutschland vor unlösbaren Aufgaben?................... 95
  4.1 Schluss mit der steigenden Schuldenlast? 96
  4.2 Aufbau eines wettbewerbsfähigen Steuersystems? 96
  4.3 Bildungsrepublik Deutschland? 97
  4.4 Ein führender Hightech-Standort? 98
  4.5 Kein Kollaps der Sozialsysteme?..................................... 99
5 Zum gegenwärtigen Stand der Einheit................................ 100
Quellenverzeichnis.. 102

1 Vorbemerkungen

Seit mittlerweile 20 Jahren ist Deutschland wieder vereint. Dabei wurde mit dem Fall der Mauer damals eine neue Zeitrechnung angestoßen: Die Menschen im ehemaligen Gebiet der DDR erlangten so nicht nur Reisefreiheit sondern – viel wichtiger – sie erhielten umfangreiche politische und wirtschaftliche Freiheitsrechte. Neben der Bewältigung der Herausforderungen der Wiedervereinigung hat Deutschland in den vergangenen zwei Jahrzehnten aber auch einen wesentlichen Beitrag zum europäischen Integrationsprozess geleistet. Heute ist es somit – auch aufgrund seiner Wirtschaftskraft und Bevölkerungszahl – das politische und wirtschaftliche Schwergewicht in einem weiter zusammenwachsenden Europa.

Zwanzig Jahre nach der Wiedervereinigung, können wir Deutsche mit Stolz auf das Geleistete der vergangenen Jahre zurückblicken. Dabei hat der Vereinigungsprozess auf beiden Seiten großes finanzielles und persönliches Engagement erfordert und wird es auch in Zukunft noch tun. Wir müssen auch zugeben, dass die große Erwartungshaltung an die wirtschaftliche Anpassung beider Wirtschaftssysteme in den vergangenen Jahren nicht erfüllt wurde – aber auch nicht erfüllt werden konnte. Und das, obwohl seit dem Mauerfall mehr als 1,6 Bill. EUR an Transferzahlungen von den alten in die neuen Bundesländer geflossen sind.[1] Teilweise verfügen die neuen Bundesländer damit heute über eine modernere Infrastruktur als der Norden, Westen oder Süden Deutschlands. Dabei darf in dieser Diskussion nie an den Rand gestellt werden, dass Westdeutschland durch überaus glückliche Umstände über 50 Jahre Frieden, Rechtsstaatlichkeit und Wohlstand erfahren konnte. Der Beitrag an unsere Landsleute in den noch „jungen" Bundesländern ist damit mehr als eine rein finanzielle Hilfestellung – es ist auch Ausdruck der Solidarität mit ihren individuellen, oft auch bedrückenden Lebensgeschichten.

Nicht nur in der Vergangenheit, auch und erst recht in den kommenden Jahren wird Deutschland vor großen Herausforderungen stehen. Es sind Herausforderungen, die teilweise aus der Wiedervereinigung entstanden sind, aber auch solche, die Deutschland im Angesicht zusammenwachsender Märkte aus zunehmend globalen Entwicklungen erwachsen. Vor diesem Hintergrund soll dieser Beitrag die wichtigsten Herausforderungen der Bundesrepublik in den vergangenen zwanzig Jahren und der Gegenwart aufgreifen, vorstellen und deren Auswirkungen auf Deutschland, seine Gesellschaft und Wirtschaft aufzeigen.

2 Nach dem Mauerfall: Das zusammenwachsende Deutschland mit schlechten Startbedingungen

Mit dem Fall der Mauer erhielten die Bürger und Unternehmen in den neuen Bundesländern umfangreiche persönliche und wirtschaftliche Freiheitsrechte, über Nacht hielt das Wirtschaftssystem der freien Marktwirtschaft im ehemaligen Gebiet der DDR Einzug. Dabei waren nur die wenigsten Bürger aus den neuen Bundesländern auf das Ende der Verwaltungswirtschaft vorbereitet. Die über Jahrzehnte abgeschottete Volkswirtschaft der DDR wurde so mit der deutsch-deutschen Wirtschafts- und Währungsunion am 1. Juli 1990 abrupt und ohne

---

[1] *DIE WELT* (2009).

Anpassungschance den Bedingungen des internationalen Wettbewerbs ausgesetzt. Der ehemalige Heimatmarkt der DDR war damit unbeschränkt offen für die deutlich wettbewerbsfähigere und stärkere Konkurrenz aus den etablierten Wirtschaftsnationen, insbesondere aus dem ehemaligen Gebiet der Bundesrepublik.

Bereits vor dem Fall der innerdeutschen Mauer gab es Versuche von Wirtschaftsexperten der Bundesrepublik, das wirtschaftliche Leistungsvermögen der DDR-Wirtschaft zu analysieren – jedoch mit vergleichsweise geringem Erfolg. Denn viele Statistiken und Verlautbarungen von Funktionsträgern der DDR entsprachen bei weitem nicht der realen Situation. Der ehemalige Bundesbank-Präsident *KARL-OTTO PÖHL* musste daher fünf Jahre nach der Wiedervereinigung einräumen, dass die Wirtschaftskraft der neuen deutschen Bundesländer durch die Bundesregierung und die von ihr beauftragten Institutionen eindeutig überschätzt worden war.

Tatsächlich waren die Herausforderungen, vor die die Bürger unseres Landes mit dem Fall der Mauer gestellt wurden, immens und sind bis heute in der Geschichte einmalig. Vier der größten Probleme für Wirtschaft und Gesellschaft des wiedervereinten Deutschlands sollen im Folgenden vorgestellt werden.

2.1 Wegbrechen der Absatzmärkte im ehemaligen Ostblock

Im Jahr 1949 fand der Zusammenschluss des COMECON[2], eines wirtschaftlichen Bündnisses unter den Staaten des Ostblocks, statt, der praktisch eine politisch verordnete Arbeitsteilung unter den Volkswirtschaften darstellte. Auch für die Wirtschaft der DDR hatte der COMECON immense Bedeutung: So tätigte die DDR im Jahr 1989 rund 70 % aller Exporte und 66 % aller Einfuhren mit den damaligen COMECON-Staaten.[3] Hierbei zeichneten sich klare Handelsströme ab: Während die Unternehmen der DDR und der anderen mitteleuropäischen Länder primär hochwertige (im Vergleich zu den anderen Staaten des so genannten Ostblocks) Konsum- und Investitionsgüter lieferten, erhielten sie im Gegenzug meist Öl und andere Rohstoffe aus der Sowjetunion. Es handelte sich damit faktisch um eine Tauschwirtschaft, in der keine Notwendigkeit bestand, mit (nicht ausreichend vorhandenen) Devisen zu bezahlen.

Mit dem Ende des Kalten Krieges brachen für die Unternehmen der ehemaligen DDR über Nacht die Absatzmärkte zusammen. Denn im Jahr 1990 liberalisierten die ehemaligen Mitgliedsländer mit dem Zusammenbruch des Ostblocks ihre Außenwirtschaftsbeziehungen durch den Austritt aus dem COMECON. Dies hatte neben dem Ende des Staatsmonopols im Außenhandel weitere klare Konsequenzen: Es folgten eine Umstellung auf die Verrechnung der Handelsgüter zu Weltmarktpreisen und der umfassende Abbau von Handelshemmnissen. In der Folge brach der Handel der ehemaligen DDR-VEBs mit den anderen Ostblockstaaten nahezu komplett zusammen, was wesentlich zur Transformationsrezession der frühen Vereinigungsjahre beitrug. Unternehmen aus den neuen Bundesländern mussten damit kurzfristig neue Exportmärkte erschließen. Dies versuchten sie zunächst primär in den westlichen Industriestaaten und besonders in der früheren Bundesrepublik. Erschwert wurde dies jedoch durch fehlende Betriebsgrößenstrukturen und kaum wettbewerbsfähige Produktionsprozesse (siehe hierzu auch Abschnitt 3.1). Hinzu kamen eine wenig umfangreiche und international

---

[2]   COMECON = Council for Mutual Economic Assistance (bzw. Rat für gegenseitige Wirtschaftshilfe).

[3]   Vgl. *STATISTISCHES AMT DER DDR* (1989).

kaum konkurrenzfähige Produktpalette sowie die mangelnde Erfahrung mit den marktwirtschaftlichen Koordinationsmechanismen des Westens.

2.2 Fehlende unternehmerische Wettbewerbsfähigkeit in den neuen Bundesländern

Neben dem Einbruch der Absatzmärkte bereitete der DDR-Wirtschaft die mangelhafte Konkurrenzfähigkeit ihrer Industrien große Probleme. Insbesondere die Währungsunion mit der Bundesrepublik verteuerte über Nacht sämtliche Produkte der ehemaligen DDR-Betriebe und entzog ihnen damit die Konkurrenzfähigkeit. Mit der Einführung der Deutschen Mark auf dem Gebiet der ehemaligen DDR wurden sämtliche Märkte des ehemaligen COMECON zu Devisenmärkten. Dabei bedeutete die Währungsunion für die Unternehmen der neuen Bundesländer praktisch eine Aufwertung ihrer Währung um 300 %.[4] Und damit waren nun die COMECON-Staaten aufgrund ihres Devisenmangels nicht mehr in der Lage, die vormaligen DDR-Produkte zu kaufen. Als negativer Faktor kam hinzu, dass auch die anderen COMECON-Staaten ihre Märkte für Produkte aus dem Ausland geöffnet hatten und so nun vermehrt Produkte aus westlichen Staaten importierten. Und damit waren selbst in ihren angestammten Absatzmärkten die technologisch veralteten Produkte der ehemaligen DDR-Kombinate nicht mehr konkurrenzfähig.

Hinzu kam eine nicht allein währungsbedingte, immense Produktivitätslücke der DDR-Wirtschaft gegenüber Unternehmen der BRD, die bereits in den 1980er Jahren bestanden hatte: Das Produktionsniveau der Wirtschaft wurde damals auf 30 % bis 60 % desjenigen der BRD geschätzt. Im Jahr 1991 lag die Produktivität der ostdeutschen Industrie durchgehend 70 % unter derjenigen der BRD – und das selbst bei sektoraler Betrachtung.[5] Zusätzlich war der Maschinenpark der ostdeutschen Industrie völlig veraltet und wurde in den letzten Jahren der DDR nur noch „auf Verschleiß gefahren". Ersatz- oder gar Neuinvestitionen gab es praktisch nicht. Damit waren im Jahr 1989 etwa 29 % der Industrieausrüstung der DDR zwischen zehn und zwanzig Jahre alt, 21 % sogar älter als zwanzig Jahre.[6]

Doch nicht nur die veralteten Produktionsmittel hatten einen immensen negativen Einfluss auf die Wettbewerbsfähigkeit der DDR-Industrie. Zusätzlich waren die Produktportfolios vieler Betriebe so schlecht aufgestellt, dass sie kaum betriebsinternen Wissenstransfer, eine schnellere Realisierung von Lerneffekten oder Verbundvorteile ermöglichten. Der Grund lag darin, dass die DDR-Industrie bei der Zusammenstellung ihrer Produktportfolios von „Weisungen von oben" abhängig war. So erhielten Kombinate beispielsweise den Auftrag, einen bestimmten Anteil ihrer Produktion auf Konsumgüter umzustellen, die in keinerlei Zusammenhang zu ihren bereits existierenden Produktpaletten standen. Dies führte zu den kuriosesten Produktionslinien, wie beispielsweise Hollywood-Schaukeln aus dem *Finower Walzwerk* oder Fliegenklatschen aus dem *VEB Sprengstoffwerk*. Bei der Rostocker *Neptunwerft* gehörten Frühstücksbrettchen ebenso wie Rasenmäher oder Gartenbänke zum Produktportfolio.[7] Dass Güter so kaum wettbewerbsfähig produziert werden konnten, liegt auf der Hand.

---

[4] Vgl. *BUSCH* (2005), S. 89.

[5] Vgl. *PFISTER* (2008), S. 7.

[6] Vgl. *MITTELDEUTSCHER RUNDFUNK* (2009).

[7] Dieses Produktportfolio kann im Schifffahrtsmuseum Rostock besichtigt werden.

2.3   Unsicherheiten bei der Systemtransformation

Die Transformation der Wirtschaft der DDR von einer Planwirtschaft zu einer (sozialen) Marktwirtschaft konnte aus ökonomischer Sicht nur durch die Reorganisation der sozialistischen Eigentumsstrukturen gelingen. Denn vor dem Mauerfall lag der Staatsanteil an Produktionsmitteln, mit denen Produkte hergestellt und Dienstleistungen erbracht wurden, bei über 95 %. Diese mussten mit der Wende privatisiert werden. Die neugegründete TREUHANDANSTALT hatte damit die Mammutaufgabe vor sich, aus den rund 8.000 Volkseigenen Betrieben (VEBs) marktfähige Unternehmen zu bilden, sie zu privatisieren oder notfalls stillzulegen. Darüber hinaus hatte die TREUHANDANSTALT unzählige Einzelhandelsgeschäfte, Hotels und Gaststätten, landwirtschaftliche Nutzflächen und Liegenschaften zu verwalten, und zeichnete so für rund vier Millionen Beschäftigte verantwortlich.[8]

Dabei bremste die Unsicherheit in der Eigentumsfrage insbesondere Investoren, die an einer Beteiligung oder Übernahme eines Unternehmens aus den neuen Ländern interessiert waren. Denn Enteignungen der DDR-Regierung, insbesondere in den Gründungsjahren, hatten dazu geführt, dass Tausende von Deutschen, die nach dem Zweiten Weltkrieg auf dem Gebiet der sowjetischen Besatzungszone Eigentum besaßen, dieses verloren hatten. Allein aus rechtsstaatlichen Grundsätzen galt es, diese Fehlentwicklungen nach dem Fall der Mauer zu korrigieren, schließlich waren sie mit der Rechtsordnung der Bundesrepublik keineswegs vereinbar. Investoren verlangten verständlicherweise Klarheit über die Sicherheit ihres Investments und damit auch über die Zukunftsfähigkeit ihrer Geschäftsmodelle. Trotz aller Unkenrufe muss festgehalten werden, dass die TREUHANDANSTALT ihre Aufgabe innerhalb kurzer Zeit abarbeitete: Bis zu ihrer Auflösung Ende 1994 hatte sie als vorübergehend größte Holding der Welt rund 6.000 Unternehmen verkauft, etwa 2.000 an deren früheren Eigentümer zurückgegeben und knapp 4.000 aufgrund mangelnder Wirtschaftlichkeit liquidiert. Die rund 153 Mrd. EUR Schulden und Defizite dieser weltweit größten Privatisierungsaktion hatte der Bund zu schultern.[9]

2.4   Nach vierzig Jahren Planwirtschaft: Kaum Erfahrung mit dem freien Markt

Zwischen dem Fall der Berliner Mauer am 9. November 1989 und der deutschen Einheit am 3. Oktober 1990 lagen nicht einmal zwölf Monate. Die formale staatliche Vereinigung beider deutscher Staaten wurde mit einem hohen Tempo vollzogen, um nicht zuletzt die anhaltende Unterstützung und Zustimmung zur Wiedervereinigung im In- und Ausland zu nutzen. Hierbei erfolgte die deutsche Wiedervereinigung praktisch vollständig nach den Vorgaben des Gesellschafts- und Staatssystems der Bundesrepublik, d. h. basierend auf der parlamentarischen Demokratie und geprägt von der sozialen Marktwirtschaft. Bürgerinnen und Bürger der ehemaligen DDR erlebten einen regelrechten Umbruch, wesentlich beeinflusst durch das Inkrafttreten der Wirtschafts-, Währungs- und Sozialunion und den Einigungsvertrag. Dies ging bei vielen einher mit großer Unsicherheit über das künftige persönliche Schicksal oder den weiteren Bestand der in der DDR erworbenen Ansprüche.

---

[8]   Vgl. STIFTUNG HAUS DER GESCHICHTE DER BUNDESREPUBLIK DEUTSCHLAND (2009).

[9]   Vgl. BUNDESZENTRALE FÜR POLITISCHE BILDUNG (2006).

Beispielhaft sei hier auch die Währungsunion erwähnt, im Zuge derer DDR-Bürger mit großen Ersparnissen spürbare Einbußen erlitten. Ihre Guthaben wurden bis auf einen Pauschalbe-
trag nicht eins zu eins in die westdeutsche Mark umgewandelt, sondern nur mit einem Um-
rechnungskurs von 1:2. Dies war notwendig, weil es in der DDR über Jahre einen massiven
Nachfrageüberhang gab: Angestellte erhielten zwar Geld, konnten es aber nicht zur Gänze
ausgeben. Die Folge waren steigende Bargeldbestände. Bei einer Preisfreigabe im Übergang
zur Marktwirtschaft hätte dies ein riesiges Inflationspotenzial geborgen.

Letztlich bildeten materielle Sorgen jedoch nur einen Teil der Probleme. Über Nacht mussten
sich die DDR-Bürger neben den Gesetzen der für sie fremden freien Marktwirtschaft mit
vielen weiteren neuen Regelungen zurechtfinden. Alte Erfahrungen galten nicht mehr. Und
mancher Westdeutsche machte sich die Unerfahrenheit der Bürger in den neuen Bundesländern zunutze. Und nachdem sich das erhebliche Strukturgefälle zwischen West- und Ostdeutschland mit der Zeit klarer darstellte, kamen bei vielen Menschen die Ängste hinzu, ihren
Arbeitsplatz und die soziale Sicherung zu verlieren. Manche hatten die Befürchtung, damit im
vereinten Deutschland nur noch als „Bürger zweiter Klasse" wahrgenommen zu werden.

3   Herausforderungen nach der Wiedervereinigung

Neben dem Eintritt in die freie Marktwirtschaft bedeutete die Transformation der DDR im
Gegensatz zu den anderen mittel- und osteuropäischen Staaten auch einen vollständigen Insti-
tutionentransfer. Im Einzelnen bedeutete dies die Übernahme der westdeutschen Verfassung,
der Rechtsordnung und Institutionen, der öffentlichen Verwaltung und Gerichte, der wichtigsten Parteien und Verbände sowie die Ausdehnung des kompletten Sozialversicherungssystems auf die neuen Bundesländer.

Der einigungsbedingte Anpassungsdruck für die Bürger der ehemaligen DDR war damit immens – gerade aber auch ostdeutsche Industriebetriebe musste sich in einem komplett neuen
wettbewerblichen Umfeld zurechtfinden und bewähren! Doch viele Unternehmen konnten
diesen – in der bisherigen Geschichte einmaligen – Transformationsprozess nicht verkraften.
Und so begann nach dem „Vereinigungsschock" in den neuen Bundesländern eine Phase der
Deindustrialisierung und der Massenarbeitslosigkeit in einer bis dato unerwarteten Größenordnung. Die zum Fall der Mauer weit verbreitete Erwartung eines schnellen „Aufbau Ost"
sollte sich so schon bald als völlig überzogen erweisen. Stellvertretend für eine Mehrheit
belegt der Begriff der „blühenden Landschaften" des damaligen Bundeskanzlers HELMUT KOHL
diese in der Bevölkerung weit verbreitete Fehleinschätzung.

Dennoch konnte mit der einsetzenden Wirtschafts- und Investitionsförderung sowie im Rahmen der Privatisierung und Reorganisation der Unternehmen ein – wenn nur zögerlicher, so
doch auch ein kontinuierlicher – Aufholprozess in Gang gesetzt werden. Nicht zuletzt trug
hierzu auch das Programm zur Modernisierung und zum Aufbau der ostdeutschen Infrastruktur bei.

In den folgenden Jahren sollte sich herausstellen, dass für einen erfolgreichen Umgang mit den Herausforderungen der neuen Bundesländer eine Fülle von Einzelmaßnahmen und unterschiedlicher Ansätze unerlässlich sein würde. *Darüber hinaus* waren die permanente Beobachtung und Anpassung der Maßnahmen an den wirtschaftlichen und gesellschaftlichen Wandel essentielle Erfolgsvoraussetzungen. Schließlich sollte der Aufbau Ost deutlich mehr sein als ein schlichter „Nachbau West"!

3.1   Fehlen von Wirtschaftsstrukturen

Unter wirtschaftlichen Gesichtspunkten stellt die Wiedervereinigung Deutschlands die Integration zweier Volkswirtschaften mit höchst unterschiedlicher Wirtschaftskraft dar. So betrug das Pro-Kopf-Bruttoinlandsprodukt Ostdeutschlands im Jahr 1989 gerade einmal 47 % des westdeutschen Niveaus von knapp 38.000 DM.[10] Zur Angleichung der wirtschaftlichen Verhältnisse zwischen Ost und West sollten deshalb neben der Öffnung der Grenzen primär Sozialtransfers und Investitionshilfen für die ostdeutsche Wirtschaft beitragen. Der wirtschaftliche Aufbau sollte primär durch die Mobilität des (Produktions-)Faktors Kapital erreicht werden.

Jedoch folgte dem Mauerfall bald ein „ökonomischer Erdrutsch" in den neuen Bundesländern: Schon im zweiten Halbjahr 1990 sank die Industrieproduktion der ehemaligen DDR auf die Hälfte des Vorjahresstands. Durch den Zusammenbruch der alten und den schwierigen Aufbau neuer Wirtschaftsstrukturen wurde Mitte der 1990er Jahre nur etwas mehr als die Hälfte (57 %) dessen, was in Ostdeutschland konsumiert wurde, auch dort produziert.[11] Nach sechs Jahren war die Beschäftigtenzahl im industriellen Bereich Ostdeutschlands um rund zwei Drittel gesunken und die Zahl der Arbeitsplätze im produzierenden Gewerbe von 4,3 Millionen auf 1,9 Millionen geschrumpft. Vormalige industrielle Kerne und das damit verbundene Know-how waren verloren gegangen. Und damit war vielerorts statt einer „Anpassung" ein kompletter Neuaufbau der Wirtschaftsstrukturen notwendig.

Tatsächlich war in den neuen Bundesländern die Zahl der Industriebetriebe zur Zeit des Mauerfalls vergleichsweise gering. Auf mehr als 46.000 Betriebe in den alten Bundesländern kamen gerade einmal knapp 3.400 im Gebiet der ehemaligen DDR.[12] Auch fehlten in den neuen Bundesländern größere Wirtschaftszentren mit wettbewerbsfähigen Industriekernen oder auch Unternehmenszentralen größerer Konzerne, die für einen Beschäftigungserhalt oder -aufbau hätten sorgen können. Dies zeigt sich auch an den Betriebsgrößenstrukturen der ehemaligen DDR.

Zusätzlich wurde die Wettbewerbsfähigkeit der DDR-Wirtschaft durch die zu schnellen Lohnsteigerungen, die über den Produktivitätszuwächsen lagen, zunehmend beeinträchtigt. So betrug das Bruttoinlandsprodukt je Erwerbstätigen in den neuen Bundesländern (einschließlich Berlin) mit 20.150 EUR im Jahr 1991 nur rund 44,5 % des westdeutschen Niveaus. Bruttolöhne und -gehälter je Arbeitnehmer beliefen sich jedoch auf 58,2 % des Westniveaus. Auch in den Folgejahren wurde mit der Entwicklung der Löhne und Gehälter kaum zu einer Erhö-

---

[10] Vgl. *The Conference Board and Groningen Growth and Development Centre* und Volkswirtschaftliche Gesamtrechnungen der Länder.

[11] Vgl. *Bosch* (1994), S. 12.

[12] Vgl. *Konrad Adenauer Stiftung* (2008).

hung der Wettbewerbsfähigkeit beigetragen: 1995 beliefen sich angesichts eine Pro-Kopf-BIPs von 72,2 % des Westniveaus Bruttolöhne und Gehälter in den neuen Bundesländern auf 79,3 % der alten Bundesländer.[13] Dies hatte klare Konsequenzen für die Beschäftigung in den neuen Bundesländern. So erhöhte sich die Zahl der Arbeitslosen von rund 850.000 im Januar 1991 innerhalb von fünf Jahren auf 1,4 Millionen – was 16,5 % der Erwerbspersonen Ostdeutschlands entsprach. Mit knapp 1,8 Millionen Arbeitslosen (einer Arbeitslosenquote von 20,8 %) war die Arbeitslosigkeit in den neuen Bundesländern im Februar 2005 auf ihrem Höchststand angekommen.[14]

Nebeneffekt des Niedergangs der ostdeutschen Wirtschaft war damit auch eine starke Abwanderung qualifizierter Arbeitskräfte. Wobei hier tendenziell die Binnenwanderung innerhalb Deutschlands im Vordergrund stand, die die Wirtschafts- und Sozialstrukturen in den ostdeutschen Bundesländern noch immer vor große Herausforderungen stellt. Dabei konzentriert sich die Abwanderung der Bevölkerung auf jüngere Altersgruppen. In diesen wiederum wandern deutlich mehr Frauen als Männer in die westlichen Bundesländer aus. Dabei sind vor allem die schlechten Aussichten auf einen Arbeitsplatz der Grund für den Umzug. Betrachtet man die Wanderungsbewegung aus einer regionalen Perspektive, so wird vor allem den ländlichen und strukturschwachen Regionen der Rücken gekehrt.

Dem Abwanderungstrend entgegengesetzt wurden die Bedingungen für die Ansiedlung moderner Industrien in Ostdeutschland über die Jahre permanent verbessert. Insbesondere konnte der Finanztransfer aus den alten in die neuen Bundesländer (der im nächsten Abschnitt näher betrachtet werden soll) seit dem Mauerfall die Infrastruktur Ostdeutschlands erheblich voranbringen. Beispielsweise hat der Bund von 1991 bis 2005 über 64 Mrd. EUR in die Verkehrsinfrastruktur der neuen Bundesänder investiert. Das sind circa 39 % der Verkehrsinvestitionen in Deutschland insgesamt. Und auch in Zukunft wird der Aufholprozess der neuen Bundesländer weiter intensiv gefördert werden: Zur Unterstützung der Investitionsaktivitäten in den neuen Bundesländern sollen im Zeitraum 2005 bis 2019 insgesamt 156,5 Mrd. EUR aufgewendet werden. Ein Betrag, der natürlich primär der ostdeutschen Wirtschaft und Infrastruktur zugutekommt, von dem aber auch die westdeutsche Wirtschaft nicht unerheblich profitiert.[15]

Trotz des umfangreichen Ausbaus der Infrastruktur besteht ein Problem noch immer in der mangelhaften Ausbildung wirtschaftlicher Kernregionen und Clusterstrukturen in Ostdeutschland. Dabei könnte der Nachteil der in den neuen Bundesländern kaum ansässigen Großunternehmen durch eine stärkere Vernetzung kleinerer und mittelständischer Unternehmen kompensiert werden. Zum einen durch eine engere Vernetzung der Unternehmen untereinander, zum anderen durch eine engere Kooperation von Wirtschaft, Wissenschaft und Politik. Denn wer sich kennt, kann sich gegenseitig inspirieren und Ideen liefern, von den Stärken anderer leichter profitieren. Darüber hinaus können gemeinsame Projekte leichter durchgeführt und in der engen Zusammenarbeit von Wirtschaft und Politik Probleme vergleichsweise unbürokratisch gelöst werden. Den Mehrwert funktionierender Cluster hat auch die Politik

---

[13] Vgl. *VOLKSWIRTSCHAFTLICHE GESAMTRECHNUNGEN DER LÄNDER* (2009).

[14] Vgl. *BUNDESAGENTUR FÜR ARBEIT* (2009).

[15] Vgl. *BUNDESREGIERUNG* (2009).

längst erkannt. So werden heute zwei Drittel der Netzwerke und gemeinsamen Initiativen in den neuen Bundesländern durch öffentliche Förderung unterstützt.[16]

Als Erfolgsbeispiel für gelungene Clusterpolitik kann hier die Region Dresden angeführt werden: Nachdem schon zu Zeiten der DDR umfangreiches Know-how im Bereich der Mikroelektronik vorhanden war, konnten in den Jahren nach der Wende einige größere Investoren für die Region gewonnen werden. Diese wiederum betätigten sich hauptsächlich in mittelständischen Unternehmen. Dort stieg die Zahl der Betriebe im Bereich der Mikroelektronik zwischen 2002 und 2007 von 760 auf 1.200. Und damit wurden rund 24.000 neue Arbeitsplätze geschaffen.[17]

Mittlerweile haben sich in vielen Regionen Ostdeutschlands vielseitige und vielversprechende Cluster- und industrielle Schwerpunktregionen herausgebildet, die nachhaltiges Wachstum versprechen. Von dieser Entwicklung können alle fünf neuen Bundesländer und auch der Stadtstaat Berlin in Zukunft stark profitieren.

Die wichtigsten Cluster-Strukturen in den fünf neuen Bundesländern und in Berlin sind:[18]

➢ *Berlin*: Verkehrssystemtechnik, Medizintechnik, Biotechnologie, Medien, Informations- und Kommunikationstechnologien

➢ *Brandenburg*: Fahrzeugbau, Chemie, Filmwirtschaft, Software, Recycling, Holz, Medizintechnik

➢ *Mecklenburg-Vorpommern*: Ernährungsindustrie, Schiffbau, Tourismus, Gesundheit, Call- und Service-Center, Informations- und Kommunikationstechnologien, Windenergie

➢ *Sachsen*: Mikroelektronik, Fahrzeugbau, Maschinenbau, Logistik

➢ *Sachsen-Anhalt*: Öl, Chemie, Gummi- und Kunststoffe, „rote" Biotechnologie, Medizintechnik, Automobilzulieferer

➢ *Thüringen*: Automobilindustrie, Mess-, Steuer- und Regelungstechnik, Metallerzeugung, E-Geräte, Optik, Computer, Maschinen und Kunststoffe

3.2   Immenser Finanztransfer von West nach Ost

Spätestens mit dem Fall der Mauer wurde offensichtlich, welche Konsequenzen die Misswirtschaft der ehemaligen DDR für die dortige Infrastruktur mit sich gebracht hatte: Große Teile der Industrie und Produktionsmittel, aber auch der Verkehrsinfrastruktur, Häuser und Wohnungen befanden sich in einem miserablen Zustand. Es war offensichtlich, dass enorme Investitionen notwendig sein würden, wollte man den neuen Ländern einen wirtschaftlichen Aufschwung ermöglichen. Mit dem Gebot der „Gleichwertigkeit der Lebensverhältnisse" wurde denn auch die Grundlage dafür geschaffen, in den neuen Ländern ein auch mit Westdeutschland kompatibles Niveau öffentlicher Leistungen anzubieten. Zusätzlich mussten seitdem Bund und Länder so genannte „teilungsbedingte Sonderlasten" schultern, zu denen ne-

---

[16]   Vgl. FRIEDRICH EBERT STIFTUNG (2008), S. 11.

[17]   Vgl. FRIEDRICH EBERT STIFTUNG (2008), S. 12.

[18]   Vgl. DEUTSCH (2004).

ben den notwendigen Maßnahmen im ostdeutschen Infrastrukturausbau auch unterschiedliche Maßnahmen der Wirtschafts- und Investitionsförderung gehören.

Dem Auftrag des Grundgesetzes, die Lebensverhältnisse im Bundesgebiet anzugleichen, wird auch in Zukunft große Beachtung zukommen – nicht nur in den neuen Bundesländern. So lag im Jahr 2008, neunzehn Jahre nach der deutschen Vereinigung, die Wirtschaftskraft der neuen Länder noch immer deutlich unter dem westdeutschen Niveau. Das Bruttoinlandsprodukt pro Kopf belief sich auf gerade einmal 70,9 % des Westniveaus. Betrachtet man als Indikator für die Produktivität das Bruttoinlandsprodukt je Arbeitsstunde der Erwerbstätigen, so erreichen die neuen Bundesländer immerhin 75,6 % des Niveaus in den Ländern der alten Bundesrepublik. Dabei liegt das Arbeitnehmerentgelt, das sich zumindest langfristig eng an der erreichten Produktivität orientieren muss, bei 81,4 % des Westniveaus.[19] Konsequenterweise liegt in den neuen Bundesländern auch die Arbeitslosenrate seit jeher über dem Niveau der alten Bundesländer. Zwar erreichte die Arbeitslosigkeit der neuen Bundesländer im Sommer 2008 den niedrigsten Stand seit 1991, war im Gesamtjahr aber mit 13,1 % noch immer mehr als doppelt so hoch wie in den westdeutschen Bundesländern (6,4 %, Gesamtdeutschland: 7,8 %).[20]

Und damit sind auch heute noch die Folgen der vergleichsweise niedrigen Wirtschaftskraft und der höheren Arbeitslosenquote in den neuen Bundesländern, nämlich geringere Steuer- und Beitragseinnahmen, zu beobachten. Zusätzlich sind auch die zu finanzierenden Ausgaben Ostdeutschlands höher als die in Westdeutschland; beispielsweise fallen aufgrund der hohen Arbeitslosigkeit entsprechend hohe Lohnersatzleistungen in der Arbeitslosenversicherung an, und auch die Rentenversicherung hat größere Ausgaben durch Rentenansprüche zu leisten – nicht zuletzt aufgrund der höheren Erwerbsbeteiligung von Frauen in der DDR.

Aufgrund der niedrigen Einnahmen und gleichzeitig hohen Ausgaben der ostdeutschen Länder und auch aufgrund des großen Investitionsbedarfs in der Infrastruktur ergibt sich somit ein erheblicher Finanzierungsbedarf in den neuen Bundesländern, der durch immensen Transfer von West- nach Ostdeutschland gedeckt werden soll.

Dabei werden primär drei Instrumente eingesetzt, über die der Finanztransfer erfolgt:

➢ *Erstens, die Solidarpakte I und II*: Sie dienen als Instrument für spezielle Fördermittel zum Aufbau der neuen Bundesländer, die den wirtschaftlichen West-Ost-Ausgleich durch direkte Wirtschaftsförderung unterstützen. So haben die ostdeutschen Bundesländer durch den Solidarpakt I von 1993 bis 2004 insgesamt 94,5 Mrd. EUR erhalten. Von 2005 bis 2019 sollen im Solidarpakt II insgesamt 156,5 Mrd. EUR fließen. Dabei werden die jährlichen Beiträge an die neuen Bundesländer bis zum Jahr 2019 permanent abnehmen.[21]

---

[19] Vgl. *VOLKSWIRTSCHAFTLICHE GESAMTRECHNUNGEN DER LÄNDER* (2009).

[20] Vgl. *BUNDESAGENTUR FÜR ARBEIT* (2009).

[21] Vgl. *BUNDESMINISTERIUM FÜR VERKEHR, BAU UND STADTENTWICKLUNG* (2009a).

> *Zweitens, den föderalen Länderfinanzausgleich (LFA)*: Er ermöglicht die innerstaatliche Umverteilung zwischen allen Bundesländern, ist also nicht speziell auf die Integration der neuen Bundesländer ausgelegt. Doch auch durch den LFA erhalten die neuen Länder umfangreiche Unterstützung: Insgesamt haben sie so von der Wiedervereinigung bis ins vergangene Jahr 50,2 Mrd. EUR erhalten (inflationsbereinigt).[22]

> *Drittens mithilfe der Ausgleichszahlungen über die Sozialversicherungen wie auch den Risikostrukturausgleich*: Sie ermöglichen den Ausgleich der staatlichen Sozialversicherungen untereinander und die Zahlungen der Arbeitsmarktverwaltung.

In Summe sind im Rahmen der Finanztransfers mittlerweile rund 1,6 Bill. EUR von West- nach Ostdeutschland geflossen. Der jährliche Transfer beläuft sich derzeit auf rund 90 Mrd. EUR.[23] Tatsächlich soll der wirtschaftliche Angleichungsprozess zwischen alten und neuen Bundesländern, der „Aufschwung Ost", durch den Finanztransfer angestoßen (!) und auch fiskalisch gefördert werden. Es geht dabei zum einen um das Implementieren wachstumsförderlicher Rahmenbedingungen. Zusätzlich soll über das Setzen von Anreizen für Unternehmen eine verstärkte private (!) Investitionstätigkeit in den neuen Bundesländern erreicht werden.

Letztendlich ist wohl ein Umdenken in den Köpfen in Ost- und Westdeutschland notwendig. Denn jedem muss klar sein, dass staatliche Transfers allein den wirtschaftlichen Aufholprozess nicht bewältigen können – und auch gar nicht sollen. Vielmehr sind hierfür umfangreiche und nachhaltige private Investitionen in unternehmerische Wertschöpfungsprozesse in Ostdeutschland notwendig. Klare Aufgabe der Politik ist damit eine initiierende Anschubfinanzierung und – was wesentlich wichtiger ist – das Implementieren einer wachstumsfördernden, wettbewerblich orientierten Wirtschaftspolitik.

3.3   Demographie und Wanderungsbewegungen

Der demographische Wandel, der längst weltweit von sich reden macht, hat gerade auch für Deutschland drastische Konsequenzen: Eine steigende Lebenserwartung, niedrige Geburtenzahlen, aber auch die zunehmende Wanderung der Einwohner haben großen Einfluss auf die Bevölkerungsgröße und Altersstruktur der Gesellschaft. Für die neuen Bundesländer hat insbesondere die Abwanderung der jüngeren Generation – vornehmlich in die alten Bundesländer – dramatische Folgen: Zum einen gehen wertvolle, gut ausgebildete Arbeitskräfte verloren, die so der Wirtschaft von vornherein nicht zur Verfügung stehen. Zum anderen schrumpft so auch die künftige Elterngeneration, und damit ist auf eine Besserung der demographischen Entwicklung in der Zukunft noch weniger zu hoffen.

Betrachtet man die Entwicklung der Binnenwanderung von Ost- nach Westdeutschland seit dem Mauerfall, so fällt auf, dass diese in Wellenform verlief: Erst stieg sie sprunghaft an, um danach bis Mitte der neunziger Jahre wieder abzuflachen. Und nach 1997 nahm die Abwanderung von Ostdeutschen wieder zu, um ab 2001 erneut zu sinken. In Summe wanderten so seit dem Fall der Mauer knapp drei Millionen Menschen in den Westen der Bundesrepublik ab, während entgegengesetzt rund 1,5 Millionen Menschen den Umzug in die neuen Bundesländer wagten. Insgesamt verlor der Osten Deutschlands so per Saldo rund 1,3 Millionen

---

[22]   Vgl. *BUNDESMINISTERIUM DER FINANZEN* (2009a).
[23]   *DIE WELT* (2009).

Einwohner.[24] Profitieren konnte von der Binnenwanderung primär der wirtschaftsstarke Süden Deutschlands.

Wirft man einen Blick auf die Zukunft der Bevölkerungsentwicklung Deutschlands, so zeigt sich, dass der aufgezeigte bisherige Trend sich in Zukunft weiter fortsetzen wird:

➢ So wird die Bevölkerung in Ostdeutschland bis zum Jahr 2050 weiter auf dann 9,1 Millionen Bürger abnehmen, was einem Schrumpfen von rund 30 % entspricht. In der ehemaligen BRD wird im selben Zeitraum mit einem Rückgang der Bevölkerung von „nur" 14 % auf 54,4 Millionen Menschen gerechnet. Die demographische Lücke zwischen Ost- und Westdeutschland wird also weiter anwachsen.

➢ Und damit werden die neuen Bundesländer künftig auch von der fortschreitenden Alterung stärker betroffen sein als der Westen. Die Zahl der Menschen im Erwerbsalter wird in Ostdeutschland besonders stark sinken, von 8,0 Millionen im Jahr 2010 auf 4,3 Millionen im Jahr 2050. Der so genannte „Altenquotient", der belegt, wie viele Senioren (65 Jahre und mehr) auf 100 Personen im erwerbsfähigen Alter (20 bis unter 65 Jahre) entfallen, wird im Osten von heute etwa 35 bis zum Jahr 2050 auf 80 anwachsen. Die alten Bundesländer, die derzeit einen Altenquotienten von etwa 32 je 100 Bürger aufweisen, stehen auch hier besser da: Der Quotient wird bis 2050 – weniger stark als in den neuen Bundesländern – auf 62 ansteigen.[25] Der Trend für Gesamtdeutschland ist damit klar: Es kommt zu einer zunehmenden Knappheit an qualifizierten Fachkräften. Entsprechende Auswirkungen zeigen sich schon heute. So kostet der Fachkräftemangel die deutsche Wirtschaft jährlich knapp 20 Mrd. EUR (~ 1 % des BIPs) – in Krisenzeiten wie diesen vielleicht etwas weniger.

Insgesamt wird die demographische Entwicklung unsere Gesellschaft auf der Kommunal-, Landes- oder Bundesebene spürbar verändern. Für die Sozialsysteme bedeutet dies, dass es immer weniger zu verteilen geben, und damit der Druck auf die gewachsenen politischen und sozialen Strukturen weiter zunehmen wird. Doch was muss getan werden, um Deutschland endlich „demographisch fit" für die Zukunft zu machen?

➢ Zum einen müssen die sozialen Sicherungssysteme Deutschlands aufgrund der demographischen Entwicklung weiter reformiert und das zugrundliegende Finanzierungssystem in den kommenden Jahren schrittweise durch den Ausbau des Kapitalstocks ergänzt werden. Und damit muss auch eine höhere Eigenvorsorge der Menschen einhergehen, eben durch einen steigenden Anteil kapitalgedeckter Elemente und auch durch mehr Steuerfinanzierung.

➢ Darüber hinaus müssen die Wachstumspotenziale der deutschen Wirtschaft erweitert werden. Zum einen durch stärkere Innovationsanstrengungen sowie eine gesteigerte Produktivität und Kapitalintensität, zum anderen aber auch durch eine höhere Beschäftigungsquote – vor allem bei Frauen, Menschen mit Migrationshintergrund, Jugendlichen und Älteren.

---

[24] Vgl. *BUNDESINSTITUT FÜR BEVÖLKERUNGSFORSCHUNG* (2009).

[25] Vgl. *DESTATIS* (2006), S. 3.

> Und um auch in Zukunft überdurchschnittlich von wachsenden Märkten zu profitieren, müssen die deutschen Unternehmen nicht nur neue Märkte erschließen, sondern auch Teile ihrer Wertschöpfung und ihres Marketings in Regionen mit wachsender Bevölkerung verlagern. So sind sie deutlich näher an den Wünschen und Bedürfnissen ihrer (neuen) Kunden. Darüber hinaus leisten sie damit vor Ort gleichzeitig den nachhaltigsten Beitrag zur Entwicklung von Beschäftigung, Produktivität und Wohlstand.

3.4 „Einheit in den Köpfen"

Der ehemalige Bundesaußenminister *JOSCHKA FISCHER* stellte einst fest: „Im Jahr 1990 haben wir gedacht, die Einheit bedeutet, dass die DDR beitritt und in der Bundesrepublik alles so bleibt wie es war. Das war ein großer Irrtum. Wir hätten begreifen müssen, dass etwas Neues entsteht."[26] Tatsächlich entsprach es der Wahrnehmung vieler, dass mit der Wiedervereinigung nicht ein neuer Staat entstand, sondern dass vielmehr die „alte Bundesrepublik" um die DDR flächenmäßig anwachsen und rund 16,4 Millionen neuer Bürger hinzugewinnen würde.

Viele Westdeutsche waren der Auffassung, dass die „neue alte BRD" keine ihrer Charakteristika – die liebgewonnenen Eigenschaften der Republik – verlieren dürfte. Das Entstehen eines neuen Staates ist damit bis heute nicht im Bewusstsein aller Deutschen angekommen. War doch der Niedergang der DDR, gesellschaftlich, wirtschaftlich und finanziell, in der Wahrnehmung der Mehrheit dafür zu deutlich. Schließlich war auch das politische und ökonomische System des zugrundegegangenen Staates zu marode, als dass man wesentliche Bestandteile davon wirklich hätte in einen neuen Staat überführen können.

Und damit können auch heute an einigen Stellen – jenseits landsmannschaftlicher Unterschiede – nach wie vor zwei Gesellschaften in Deutschland wahrgenommen werden; und dies belegen nicht nur das unterschiedliche Wahlverhalten und Parteiensystem. Gerade in Umfragen zeigt sich immer wieder, wie groß die Vorbehalte zwischen den Menschen in Ost und West noch immer sind, und wie wenig eine Integration in den gemeinsamen Staat teilweise vorangekommen ist. Selbst im vergangenen Jahr, neunzehn Jahre nach der deutschen Wiedervereinigung, gaben in einer Umfrage unter Bürgern aus den neuen Bundesländern nur 22 % an, sich als „richtige Bundesbürger" zu fühlen. Und auch unter privilegierten Bevölkerungsgruppen ist die Integration kaum weiter vorangeschritten. Denn höhere Einkommensgruppen von über 2.000 Euro (41 %), unter 25-Jährige (40 %), Beamte (37 %) oder Hochschulabsolventen (32 %) stimmten kaum stärker zu. Und während sich 70 % der Bürger der neuen Bundesländer stark mit Ostdeutschland verbunden fühlen, gaben nur 42 % dies auch für die Bundesrepublik an.[27]

Dieser in der Wahrnehmung vieler gescheiterte Vereinigungsprozess Deutschlands hängt teilweise auch vom Vergleichsmaßstab ab, den diese sich mit der Wende zu Eigen machten. So waren in der Wahrnehmung der Bevölkerung in Ost und West die beiden Staaten angesichts des Kalten Krieges in einen Wettbewerb der Gesellschaftsordnungen verwickelt. Demnach bestimmte in diesem „Wettbewerb" vor allem das Abschneiden von DDR und BRD in sozialen und wirtschaftlichen Belangen über Sieg oder Niederlage. Betrachtet man nun genau diese beiden Dimensionen, wiesen die beiden deutschen Teilgesellschaften nach einer Tren-

---

[26] Bundesaußenminister *JOSCHKA FISCHER* (Interview in der Berliner Zeitung vom 28./29.2.2004).

[27] Vgl. *SOZIALWISSENSCHAFTLICHES FORSCHUNGSZENTRUM BERLIN-BRANDENBURG* (2008), S. 41 f.

nungsphase von 45 Jahren natürlich fundamentale Unterschiede auf. Doch nicht nur die Lebensbedingungen für DDR- und BRD-Bürger waren kaum vergleichbar, auch gesellschaftliche Strukturen und gelebte Werte unterschieden sich spürbar:

➤ So war die Sozialstruktur in der DDR in den Jahren vor der Wende praktisch erstarrt. Jedweder Unterschied (zumindest außerhalb der SED-Kader) wurde so gut wie möglich nivelliert. Im Gegensatz dazu war die Struktur der bundesrepublikanischen Gesellschaft ungleich dynamischer. Der soziale Auf- und Abstieg war – soweit dies die sozialen Sicherungssysteme zuließen – vergleichsweise offen (insbesondere für die gesellschaftliche Mittelschicht).

➤ Auch der Wertewandel, der in der BRD und ganz Westeuropa sowie in den USA seit 1969 stattgefunden hatte, erreichte die Bürger der DDR praktisch erst mit dem Mauerfall – und auch dann nur in einer abgeschwächten Form. Werte wie Selbstverwirklichung, politische Partizipation oder auch eine stärkere Freizeitorientierung verbreiteten sich in den neuen Bundesländern so erst mit deutlichem zeitlichen Verzug. Hier hatte die Orientierung an traditionellen Werten wie Ordnung oder Sparsamkeit eine wesentlich größere Bedeutung als in der klar westlich orientierten Bundesrepublik.

Zusammenfassend befanden sich gegen Ende der DDR große Teile ihrer Wirtschaft und Gesellschaft in einem Zustand, der in der Bundesrepublik seit einem Vierteljahrhundert Vergangenheit war. Der Unterschied zwischen neuen und alten Bundesländern war demnach zu Beginn des vereinten Deutschlands so groß, dass eine „Einheit in den Köpfen" kaum innerhalb weniger als einer Generation hergestellt werden konnte.

4   Die Zukunft: Deutschland vor unlösbaren Aufgaben?

Heute, 20 Jahre nach dem Mauerfall, ist der Prozess des Zusammenwachsens zwischen alten und neuen Bundesländern sicher noch nicht vollständig abgeschlossen. Dennoch rücken zunehmend andere Themenkomplexe in den Vordergrund der (wirtschafts-)politischen Debatte, die derzeit von den Auswirkungen der aktuellen Weltwirtschaftskrise dominiert wird. Dennoch, spätestens mit dem Abklingen der Krise ist damit zu rechnen, dass die langfristigen strukturellen Probleme Deutschlands wieder in den Vordergrund des wirtschaftspolitischen Diskurses rücken werden.

Dabei geht es oftmals im Kern um die Wettbewerbsfähigkeit Deutschlands in einem immer intensiveren und zunehmend globalisierten Standortwettbewerb. Gerade in Hinblick auf die extreme Exportorientierung der deutschen Wirtschaft muss hier auf attraktive Standortbedingungen, effiziente Produktionsprozesse und auch dementsprechend ausgebildete Fachkräfte großer Wert gelegt werden. Aber auch die Finanzierungs- und damit Zukunftsfähigkeit unseres Sozialsystems steht zunehmend auf dem Prüfstand – gerade vor dem Hintergrund des bereits erwähnten demographischen Wandels und der damit zunehmend schwierigen Finanzierbarkeit.

Im Folgenden sollen die fünf dringlichsten Probleme und Herausforderungen des Standorts Deutschland in aller Kürze aufgezeigt und künftige Gestaltungsmöglichkeiten dargestellt werden.

4.1   Schluss mit der steigenden Schuldenlast?

Seit Jahren wächst die Verschuldung Deutschlands, die mittlerweile bei stolzen 1,6 Bill. EUR angelangt ist.[28] Und nicht zuletzt aufgrund der derzeitigen Finanz- und Wirtschaftskrise wird die Bundesregierung ihr Ziel eines ausgeglichenen Haushalts bis 2011, welches sie sich zu Beginn ihrer Amtszeit gesetzt hatte, deutlich verfehlen. Die Neuverschuldung wird in diesem Jahr voraussichtlich auf ein neues Rekordniveau von 89 Mrd. EUR (3,7 % des BIP) anschwellen, so viel wie noch nie zuvor in der Geschichte der Bundesrepublik. Im kommenden Jahr wird sogar mit einem Defizit von 132 Mrd. EUR (5,5 % des BIP) gerechnet![29]

Die Politik hat versäumt, den Aufschwung der vergangenen Jahre und die damit verbundenen Steuermehreinnahmen zum konsequenten Abbau bestehender Schulden zu verwenden. Als Folge wird sich der Handlungsspielraum des Staates künftig noch weiter einengen. Bereits heute werden 43,9 Mrd. EUR im Bundeshaushalt für die Zahlung der Bundesschulden bereitgestellt, die zweitgrößte Position im Bundeshaushalt, weit vor den Ausgaben für Bildung, Infrastruktur und Wirtschaftsförderung.[30]

Vor diesem Hintergrund ist es sinnvoll, eine gesetzliche Regelung zur Deckelung der Neuverschuldung zu entwickeln, um den permanenten Ausgabensteigerungen der öffentlichen Hand einen Riegel vorzuschieben. Schließlich haben die bisherigen Regelungen im Grundgesetz in den vergangenen 40 Jahren den immensen Anstieg der Staatsverschuldung nicht verhindern können. Die im Mai 2009 vom Bundestag verabschiedete „Schuldenbremse" soll so den Bundesländern ab 2020 neue Schulden verbieten. Dem Bund soll jedoch noch ein Spielraum von 0,35 % des Bruttoinlandsprodukts gestattet sein (rund 9 Mrd. EUR).

Neue Gesetze zur Reduzierung der Neuverschuldung sind ein Weg, um der Verschuldung Herr zu werden. Es bedarf aber auch der gesellschaftlichen und politischen Einsicht, dass nach einem erneuten Anspringen der Konjunktur eine rasche Haushaltskonsolidierung verbunden mit der Kürzung von Ausgaben und Senkung von Steuern dringend notwendig ist.

4.2   Aufbau eines wettbewerbsfähigen Steuersystems?

In Deutschland wird noch immer der Faktor Arbeit deutlich höher belastet als in den meisten europäischen Nachbarländern und Industriestaaten. Während in Deutschland der Anteil der Steuer- und Sozialabgaben an den Lohnkosten im Jahr 2009 bei 52,0 % liegt, war er in Italien nur bei 46,5 %, Polen 39,7 % und in Japan bei gar nur 29,5 % angesiedelt.[31]

Die hohe Steuer- und Abgabenlast gefährdet die Wettbewerbsfähigkeit Deutschlands und trägt zusätzlich auch dazu bei, dass sich immer mehr Menschen dem Zugriff des Steuersystems durch Schwarzarbeit entziehen.

---

[28]   Vgl. *BUND DER STEUERZAHLER DEUTSCHLAND E.V.* (2009).

[29]   Vgl. *PROJEKTGRUPPE GEMEINSCHAFTSDIAGNOSE* (2009), S. 8.

[30]   Vgl. *BUNDESMINISTERIUM DER FINANZEN* (2009b), S. 8.

[31]   Vgl. *OECD* (2009), S. 13.

Aber auch innerhalb Deutschlands sorgt das bestehende Steuersystem für seltsame Verzerrungen. So zum Beispiel die so genannte kalte Progression, die dazu führt, dass Lohnsteigerungen wegen des Verlaufs des Steuertarifs überproportional von der Steuer reduziert werden. Dass in Deutschland nicht nur die Steuerbelastung so hoch wie in kaum einem anderen Industrieland ist, sondern auch die Steuern und Abgaben noch besonders ungerecht verteilt sind, belegt eine Studie der *Organisation für wirtschaftliche Entwicklung und Zusammenarbeit* (OECD).[32] So müssten Geringverdiener in Deutschland mehr Steuern und Abgaben schultern als in vielen anderen Industrieländern. Auch Singles und Doppelverdienerhaushalte würden hierzulande stärker zur Kasse gebeten. Dabei würde sich auch bei Paaren und Familien die Verteilung der Abgabenlast in Deutschland von anderen OECD-Ländern unterscheiden: Wenn beide Partner arbeiteten, liege Deutschland bei der Abgabenlast an der Spitze.

Jüngste Pläne, diejenigen mit einer Prämie von 300 EUR zu belohnen, die keine Steuererklärung anfertigen, zeigen wie unser Steuersystem pervertiert ist.[33] Der Staat schafft zuerst ein kompliziertes System von Ausnahmen und Vergünstigungen, welches nicht einmal mehr von Steuerberatern vollkommen durchschaut wird, und belohnt dann anschließend diejenigen, die vor seinem Umfang resignieren!

Insgesamt braucht Deutschland daher dringend eine Vereinfachung seines Steuersystems, die dazu führt, dass ein neues Steuerrecht Kriterien wie Einfachheit, Effizienz und Transparenz auch wieder gerecht wird. Denn komplexe Regulierungen, permanente Neuregelungen und bisweilen stark auslegungsbedürftige Gesetzestexte führen zu Intransparenz und Rechtsunsicherheit.

4.3 Bildungsrepublik Deutschland?

Erst im vergangenen Jahr stellte Bundeskanzlerin ANGELA MERKEL auf dem Bildungsgipfel fest: „Wir müssen zur Bildungsrepublik Deutschland werden." Tatsächlich hat die Politik mittlerweile die Notwendigkeit größerer Anstrengungen im Bildungsbereich erkannt. Dennoch müssen deutlich mehr Gelder in den Bildungsbereich gelenkt werden. Die Ausgaben von derzeit 5,1 % des Bruttosozialprodukts müssen deutlich steigen – mindestens auf das Niveau der 27 EU-Länder von derzeit 5,4 %, besser aber auf das Niveau von Großbritannien mit 6,2 % oder das der USA mit 7,1 %.[34] Denn nur so kann Deutschland langfristig seine Wettbewerbsfähigkeit gegenüber den Schwellen- und Industrieländern verteidigen. Schließlich sind „intelligente Köpfe" die tragende Ressource, auf der Deutschlands Wirtschaftskraft beruht.

Dennoch – trotz der Bildungsreformen der vergangenen Jahre bleibt von vielen Ankündigungen nur wenig übrig. Vielen Studien zufolge macht Deutschland hier zwar Fortschritte, dennoch benötigen diese viel zu viel Zeit, bis sie zum Tragen kommen. Dabei erlangen weltweit immer mehr junge Menschen einen höheren Bildungsabschluss – nur nicht in Deutschland (bzw. sind nur marginale Steigerungen sichtbar). Damit liegt der deutsche Bildungsnachwuchs – beispielsweise bezogen auf die Anzahl der Hochschulabschlüsse – im Länderver-

---

[32] Vgl. *OECD* (2009).

[33] Vorschlag der *SPD* aus dem April 2009: All jenen Steuerzahlern soll ein Lohnsteuerbonus von 300 EUR gewährt werden, die neben ihrem Lohn keine weiteren Einkünfte haben und auf eine Steuererklärung verzichten.

[34] Vgl. *OECD* (2008), S. 237.

gleich allenfalls im Mittelfeld der Industriestaaten. Positiv macht sich in der Regel nur das gut funktionierende duale Ausbildungssystem in Deutschland bemerkbar.

Um mehr Ressourcen für Investitionen in Bildung bereitzustellen – auch im frühkindlichen Alter –, sind neben dem Bund vor allem auch die Länder gefragt. Zusätzlich ist auch ein Mehr an Kooperation zwischen öffentlichen und privaten Akteuren unabdingbar. Letztlich kann aber auch eine gerechtere Beteiligung der Nutznießer von Lernen an den Kosten der Bildung zu zusätzlichem privaten finanziellen Engagement für Bildung führen.

Es gilt neben erhöhten Ressourcen für Bildung aber auch, der Beteiligung aller Gesellschafts-schichten an Bildung deutlich mehr Aufmerksamkeit zu widmen. Nur so kann der sozialen Schieflage in unserer Gesellschaft entgegengewirkt werden. Schließlich kann es sich unsere Wissensgesellschaft nicht leisten, dass nur 23 % der Kinder von Eltern ohne akademischen Hintergrund studieren gegenüber 83 % in Familien mit einer akademischen Ausbildung.[35] Unsere Gesellschaft – nicht nur die Wirtschaft – braucht jedes Talent!

4.4   Ein führender Hightech-Standort?

Deutschland steht den anderen wichtigen Industrienationen auch in seinen Ausgaben für For-schung und Entwicklung (FuE) nach. Während der Etat für FuE in Deutschland nur um knapp 4,6 % in den vergangenen 20 Jahren anstieg, legten die Etats der Länder wie China um 20 % und der USA um 5,3 % jährlich zu.[36] Und auch, wenn man die geringen Steigerungen der FuE-Ausgaben der Wirtschaft, die sich überwiegend an den kurzfristigen Expansionsmög-lichkeiten ausgerichtet hat, für die Zukunft fortschreibt, muss in der nächsten Zeit – vor dem rezessiven makroökonomischen Hintergrund – bei den FuE-Ausgaben mit größeren Einbrü-chen gerechnet werden. Vor allem dürften die bisher zahlreichen Innovationsimpulse aus den stark kriselnden Bereichen Export und Automobilbau in der näheren Zukunft spürbar zurück-gehen.

Neben den Ausgaben für FuE macht auch ein Blick auf die Zusammensetzung der Exportgü-ter deutlich, dass Deutschland zu wenig in Hightech investiert. Deutschland führt mit knapp 17 % einen vergleichsweise geringen Anteil an Hightech-Produkten aus, im Vergleich zu den USA, Großbritannien oder China, deren Anteile über 30 % liegen.[37]

Tatsächlich kann Deutschland als Hochlohnland im immer intensiveren „High tech/high serve-Wettbewerb" mit den rapide aufstrebenden Schwellenländern, die zu deutlich geringe-ren Kosten produzieren können, nur durch wesentliche Innovationserfolge („quantum leaps") bestehen und so seinen bisher erworbenen Wohlstand erhalten!

Deshalb sollt sich der Staat – trotz der gewaltigen Belastungen durch die derzeitige wirt-schaftliche Lage – nicht vor höheren Ausgaben für FuE scheuen. Denn die Steigerung der Ausgaben für FuE ist bei Weitem kein Selbstzweck. Nationen, die in der Vergangenheit am intensivsten FuE betrieben, oder ihre Aktivitäten stark erhöht haben, hatten bisher die größten

---

[35]   Vgl. BUNDESMINISTERIUM FÜR BILDUNG UND FORSCHUNG (2007), S. 111.

[36]   Kalkulation auf Basis der Daten aus den OECD „Main Science and Technology Indicators" und der „Economist Intelligence Unit".

[37]   Vgl. IMD (2008), S. 438.

Wachstumserfolge. In der Vergangenheit hat Deutschland zu diesem Kreis dazugehört – und auch für die Zukunft ist dies eine unbedingte Notwendigkeit.

4.5 Kein Kollaps der Sozialsysteme?

Soziale Sicherheit, sozialer Frieden und eine gut ausgebaute Infrastruktur und öffentliche Dienste prägen bisher die hohe Lebensqualität in Deutschland. Ökonomische, soziale, demographische und politische Entwicklungen, darunter vor allem die gestiegene Arbeitslosigkeit, führen jedoch in eine Situation, in der künftig der Sozialstaat im heutigen Umfang kaum noch finanziert werden kann.

Dabei hat der deutsche Sozialstaat durch die sozialpolitischen Reformen der vergangenen Jahre eine Reform erfahren, die spürbar über vorhergehende partielle Systemkorrekturen hinausgegangen ist. Reformen der sozialen Sicherungssysteme und der Arbeitsmarktpolitik haben Schwerpunkte im Rahmen der Daseinsvorsorge und sozialstaatsbedingten Solidarität neu gesetzt. Von einem Paradigmenwechsel in der staatlichen Sozialpolitik kann jedoch nicht wirklich gesprochen werden. Auch wenn es – zumindest gegen Ende der Ära SCHRÖDER – so aussah, als würde der vielfach geforderte Umbau des Sozialstaats die politische Rhetorik verlassen und den Weg in die praktische Politik finden.

Gerade jedoch in der jüngeren Vergangenheit hat sich dieser Trend wieder in die Gegenrichtung gedreht: Aufgrund der dynamischen wirtschaftlichen Entwicklung, wachsender Steuer- und Beitragseinnahmen und steigender Beschäftigung wurde zunehmend eine sozialpolitische Ausgestaltung des Reformprozesses gefordert. Allenthalben wurden „wieder mehr soziale Gerechtigkeit" und ein „Ende der Zumutungen" gefordert. Eine ohnehin haltlose Argumentation. Doch gerade auch die Tatsache, dass erst die Sozialreformen der letzten Jahre die positive Entwicklung am Arbeitsmarkt ermöglichten, wurde damit komplett übersehen.

Tatsächlich muss Deutschland den Weg zu einer höheren Nachhaltigkeit seiner sozialen Sicherungssysteme unbedingt weitergehen. Hierzu gehören eine höhere Eigenverantwortung der Bürger und mehr kapitalgedeckte Elemente in den Sozialversicherungen. Ganz zentral ist dabei auch eine Grundsicherung, deren Bestand und Verlässlichkeit auch über die demographische Entwicklung der Zukunft hinweg verlässlich erwirtschaftet werden kann. Darüber hinaus wird zwangsweise für die Bürger ein höherer Eigenanteil zur Schließung der Versorgungslücke erforderlich sein.

Neben dringenden Reformen der sozialen Sicherungssysteme benötigt Deutschland des Weiteren unbedingt eine nachhaltige Familienpolitik. So wurden allein im vergangenen Jahr in Deutschland 168.000 Kinder weniger geboren, als Menschen starben.[38] Elterngeld und der flächendeckende Aufbau von Kindertagesstätten sind von daher richtige und wichtige Schritte einer zukunftsgerichteten Politik. Aber auch die Gesellschaft muss umdenken und ihre Rolle, Eigenleistung und Prioritäten überdenken. Denn Politik allein kommt hier nicht zum Ziel!

---

[38] Vgl. DESTATIS (2009).

5   Zum gegenwärtigen Stand der Einheit

Seit zwanzig Jahren ist Deutschland wieder ein Land. Seine Bürger leben in Freiheit, Rechtsstaatlichkeit und Demokratie. Wirtschaftlich waren diese zwanzig Jahre keine leichte und
dennoch eine alles in allem erfolgreiche Zeit. Dabei hat die soziale Marktwirtschaft dafür den
Rahmen gesetzt, dass alle Bürger ihre eigenen Fähigkeiten und Möglichkeiten bestmöglich zu
ihrem Nutzen und dem der Allgemeinheit einbringen konnten. Deutschland hat es so verstanden, persönliche Freiheit und Wettbewerb mit Verantwortung und Solidarität erfolgreich zu
verbinden. Und dies belegt auch der Blick auf die wichtigsten volkswirtschaftlichen Kennzahlen:[39]

➢   So erhöhte sich in den neuen Ländern (inklusive Berlin) das Bruttoinlandsprodukt pro
    Kopf seit 1991, dem ersten Jahr nach der Wiedervereinigung, von 43 % des Westniveaus
    auf heute 71 %.

➢   Im gleichen Zeitraum stieg das Bruttoinlandsprodukt je Erwerbstätigen von 45 auf 79 %
    des Wertes in den alten Bundesländern.

➢   Der Kapitalstock je Erwerbstätigen konnte von 46 auf 85[40] % des Westniveaus gesteigert
    werden, was bedeutet, dass der Einsatz des Produktionsfaktors Kapital in ostdeutschen
    Produktionsprozessen drastisch zugenommen hat.

➢   Und während die Lohnstückkosten 1991 noch 27 % über denen der alten Bundesländer
    lagen, sind es heute nicht einmal mehr 3 %.

Nimmt man als Vergleichsmaßstab für die gesamtwirtschaftliche Entwicklung der ostdeutschen Bundesländer nun einmal nicht einen bundesdeutschen Durchschnitt, der auch innerhalb Westdeutschland oft stark schwankt, so ergibt sich ein interessantes Resultat:[41] So ist –
bezogen auf das Bruttoinlandsprodukt pro Kopf – ein wirtschaftliches Aufschließen der neuen
Bundesländer zu den strukturschwächeren westdeutschen Ländern bis 2019 durchaus möglich. Voraussetzung ist allerdings, dass das stärkere Wachstum des Bruttoinlandsprodukts pro
Kopf in Ostdeutschland weiter fortbesteht. Dort erhöhte sich die Wirtschaftsleistung je Einwohner zwischen 2000 und 2008 um 19,1 % (ohne Berlin – mit Berlin um 14,1 %), während
sie in Westdeutschland um 9,1 % zulegte.

Dennoch, seit der Wiedervereinigung gab es vor dem Hintergrund überzogener Erwartungen,
einiger Enttäuschungen und auch angesichts der nach wie vor bestehenden Unterschiede in
der wirtschaftlichen Leistungskraft zwischen alten und neuen Bundesländern oftmals Kritik
an den Maßnahmen zum Aufbau Ostdeutschlands. Diese sind zu einem Teil sicherlich verständlich. Doch darf auch die Dimension des zu bewerkstelligenden Wiederaufbaus nach dem
Zusammenbruch der DDR-Wirtschaft nicht übersehen werden. Für den erheblichen Moderni-
sierungsbedarf fast der gesamten Infrastruktur Ostdeutschlands mussten und müssen auch in
Zukunft erhebliche Anstrengungen unternommen, Opfer in Kauf genommen und umfangreiche finanzielle Ressourcen aufgebracht werden.

---

[39]   Vgl. BUNDESMINISTERIUM FÜR VERKEHR, BAU UND STADTENTWICKLUNG (2009b), Tabellenteil D, S. 3 und S. 8.

[40]   Letzte verfügbare Zahlen für 2006.

[41]   So variiert das BIP je Einwohner – bezogen auf den bundesdeutschen Durchschnitt – in den westdeutschen
       Flächenländern im Jahr 2008 von 85,5 % in Schleswig-Holstein bis 117,1 % in Bayern.

Und dies gilt gerade auch vor dem Hintergrund der derzeitigen Wirtschaftskrise. So rechnen die führenden Wirtschaftsinstitute derzeit mit einem Schrumpfen der ostdeutschen Wirtschaft um 5 % im Jahr 2009.[42] Immerhin ist dies um ein Prozent geringer als im Westen der Republik. Der geringere Einbruch ist dabei hauptsächlich mit den eigentlichen Schwächen Ostdeutschlands zu begründen; nämlich einem größeren Anteil kleiner und mittlerer Unternehmen und einer (auch mit der Dominanz dieser Unternehmen zu begründenden) niedrigeren Exportquote. Denn der weltweite Nachfrageeinbruch kommt so weniger stark zum Tragen. Zusätzlich profitiert Ostdeutschland auch von der positiven Wirkung der vielen Förderprogramme und dem höheren Anteil von Transferleistungen an der Gesamtnachfrage.[43] Und auch die Konjunkturprogramme der Bundesregierung tragen dazu bei, die schlimmsten Auswirkungen der Wirtschaftskrise in den neuen Bundesländern etwas abzumildern.

Dabei darf trotz aller wirtschaftspolitischen Konzepte und Programme der Blick auf die wichtigste Triebkraft der Menschen keinesfalls verloren gehen: Nämlich die Perspektive auf einen materiellen und gesellschaftlichen Aufstieg aus eigener Kraft. Zu diesem Zweck müssen die soziale Durchlässigkeit des Systems und die gesellschaftliche Teilhabemöglichkeit eines jeden Bürgers wieder in den Mittelpunkt der bundesdeutschen Politik treten. Denn nur so kann sich jeder Bürger aktiv in die Gesellschaft einbringen und seine Fähigkeiten bestmöglich und zum Wohle der Allgemeinheit einsetzen. Und nur so kann das Vertrauen in Deutschlands Zukunft und in die innere Einheit des Landes weiter wachsen.

Betrachtet man das über die vergangenen zwanzig Jahre Erreichte rückblickend, so kann Deutschland durchaus zufrieden sein: Das Land ist stärker zusammengewachsen und die neuen Länder verfügen über eine wettbewerbsfähige Infrastruktur – nachdem diese nach dem Fall der Mauer marode und keineswegs wettbewerbsfähig war. Und auch die Bundesbürger haben ein noch nie gekanntes Maß an materiellem Wohlstand erreicht. Dabei darf die Zufriedenheit mit dem Erreichten keinesfalls ein Grund dafür sein, sich nun auszuruhen. Vielmehr muss sie Ansporn sein für weitere Anstrengungen, um Gutes weiter zu verbessern und Deutschland weiter zusammenwachsen zu lassen.

Zufriedenheit mit dem Erreichten und ein gewisser Stolz auf das bisher Geleistete können aber auch Grund sein für ein Mehr an Zuversicht und Optimismus. Beides wird durchaus gebraucht, schließlich muss Deutschland auch in Zukunft weiterhin große Herausforderungen meistern. Zuvorderst die aktuelle Wirtschaftskrise, die – wie es LOTHAR DE MAIZIÈRE formuliert hat – vielleicht „die erste wirklich gemeinsame, als gesamtdeutsch empfundene gemeinsame Herausforderung" ist. Und damit zeigt sich auch in der Krise: Zusammenwächst, was zusammengehört.

---

[42] PROJEKTGRUPPE GEMEINSCHAFTSDIAGNOSE (2009), S. 39.

[43] Vgl. BUNDESMINISTERIUM FÜR VERKEHR, BAU UND STADTENTWICKLUNG (2009b), S. 13.

Quellenverzeichnis

BOSCH, G. (1994): Wirtschaft und Arbeitsmarkt in Ostdeutschland 1990–1993 – Eine Zwischenbilanz, Duisburg 1994.

BUND DER STEUERZAHLER DEUTSCHLAND E. V. (2009): Staatsverschuldung in Deutschland, online: http://www.steuerzahler.de/webcom/show_softlink.php/_c-33/i.html, Stand: 21.07.2009, Abruf: 21.07.2009.

BUNDESAGENTUR FÜR ARBEIT (2009): Datenbankabfrage zu Arbeitslosigkeit im Zeitverlauf, online: http://www.pub.arbeitsagentur.de/hst/services/statistik/detail/z.html?call=l, Stand: 2009, Abruf: 20.07.2009.

BUNDESINSTITUT FÜR BEVÖLKERUNGSFORSCHUNG (2009): Binnenwanderung in Deutschland, online: http://www.bib-demographie.de/cln_090/nn_750732/DE/DatenundBefunde/ Wanderungen/binnenwanderung.html, Stand: 2009, Abruf: 20.07.2009.

BUNDESMINISTERIUM DER FINANZEN (2009a): Daten zur horizontalen Umsatzsteuerverteilung, zum Länderfinanzausgleich und zu den Bundesergänzungszuweisungen, online: http://www.bundesfinanzministerium.de/nn_4480/DE/Wirtschaft__und__Verwaltung/Finanz__ und__Wirtschaftspolitik/Foederale__Finanzbeziehungen/Laenderfinanzausgleich/Zusammenfassung_20der_20Abrechnungsergebnisse_20f_C3_BCr_20die_20Jahre_20ab_201995, templateId=raw,property=publicationFile.pdf, Stand: 2009, Abruf: 20.07.2009.

BUNDESMINISTERIUM DER FINANZEN (2009b): Nachtrag Bundeshaushaltsplan 2009, Berlin 2009.

BUNDESMINISTERIUM FÜR BILDUNG UND FORSCHUNG (2007) (Hrsg.): Die wirtschaftliche und soziale Lage der Studierenden in der Bundesrepublik Deutschland 2006 – 18. Sozialerhebung des Deutschen Studentenwerks, Berlin 2007.

BUNDESMINISTERIUM FÜR VERKEHR, BAU UND STADTENTWICKLUNG (2009a): Solidarpakt – Einigung über Korb II, online: http://www.bmvbs.de/dokumente/-,302.981501/Artikel/ dokument.htm, Stand: 2009, Abruf: 20.07.2009.

BUNDESMINISTERIUM FÜR VERKEHR, BAU UND STADTENTWICKLUNG (2009b) (Hrsg.): Jahresbericht der Bundesregierung zum Stand der Deutschen Einheit 2009, Berlin 2009.

BUNDESREGIERUNG (2009): Im Fokus: Die Deutsche Einheit und die Entwicklung der neuen Bundesländer, online: http://www.bundesregierung.de/Content/DE/Magazine/emags/ estructure/007/s-a-im-fokus-deutsche-einheit-entwicklung-neue-laender.html, Stand: 2009, Abruf: 20.07.2009.

BUNDESZENTRALE FÜR POLITISCHE BILDUNG (2006): Online-Lexikon, online: http://www.bpb.de/ popup/popup_lemmata.html?guid=X27VWK, Stand: 2006, Abruf: 20.07.2009.

BUSCH, U. (2005): Die Währungsunion – politische Weichenstellung für einen ökonomischen Fehlstart, in BAHRMANN, H./LINKS, C. (Hrsg.), Am Ziel vorbei: Die Deutsche Einheit – Eine Zwischenbilanz, Berlin 2005.

DESTATIS (2006) (Hrsg.): Bevölkerung Deutschlands bis 2050 – 11. koordinierte Bevölkerungsvorausberechnung, Wiesbaden 2006.

DESTATIS (2009): 2008: Mehr Sterbefälle und Eheschließungen, etwas weniger Geburten, Wiesbaden 2009, Pressemitteilung Nr. 137 vom 07.04.2009.

Deutsch, K. G. (2004): Wirtschaftliche Perspektiven der östlichen Bundesländer, online: http://www.dbresearch.de/PROD/DBR_INTERNET_DE-PROD/PROD0000000000181388.pdf #/pdf, Stand: 2004, Abruf: 20.07.2009.

Die Welt (2009): „Wachsende Kluft zwischen Ost und West", online: http://www.welt.de/welt_print/article3782534/ Wachsende-Kluft-zwischen-Ost-und-West.html, Stand: 22. Mai 2009, Abruf: 10.07.2009.

Friedrich Ebert Stiftung (2008): Industriepolitik in den neuen Bundesländern – Lehren der Vergangenheit, Herausforderungen für die Zukunft, Berlin 2008.

IMD (2008): World Competitiveness Yearbook 2008, Lausanne 2008.

Konrad Adenauer Stiftung (2008): DDR – Mythos und Wirklichkeit, online: http://www.kas.de/wf/de/71.6631/, Stand: 03.12.2008, Abruf: 20.07.2009.

Mitteldeutscher Rundfunk (2009): Damals im Osten – Mitteldeutschland 1945 bis heute, online: http://www.mdr.de/damals/6315890.html, Stand: 05.05.2009, Abruf: 20.07.2009.

OECD (2008): Education at a Glance 2008, Paris 2008.

OECD (2009): Taxing wages 2007–2008, Berlin 2009.

Pfister, U. (2008): Wirtschaftsgeschichte der DDR und Wiedervereinigung, online: http://www.wiwi.uni-muenster.de/wisoge/md/studium/ws0809/s07ddrfolien.pdf, Stand: 02.12.2008, Abruf: 10.07.2009.

Projektgruppe Gemeinschaftsdiagnose (2009) (Hrsg.): Im Sog der Weltrezession – Gemeinschaftsdiagnose Frühjahr 2009, München 2009.

Sozialwissenschaftliches Forschungszentrum Berlin-Brandenburg (2008): Sozialreport 2008 – Daten und Fakten zur sozialen Lage in den neuen Bundesländern, Berlin 2008.

Statistisches Amt der DDR (1989): Statistisches Jahrbuch der DDR 1989, Berlin 1989.

Stiftung Haus der Geschichte der Bundesrepublik Deutschland (2009): 1990/91-heute – Folgen der deutschen Einheit, online: http://hdg.de/lemo/html/WegeInDieGegenwart/FolgenDerDeutschenEinheit/treuhandanstalt.html, Stand: 2009, Abruf: 11.07.2009.

Volkswirtschaftliche Gesamtrechnungen der Länder (2009): Datenbankabfrage, online: http://www.vgrdl.de/Arbeitskreis_VGR/, Stand: 2009, Abruf: 20.07.2009.

Wirtschafts- und Währungsunion – Praxisbeispiele aus der Anfangszeit

HANS WAGENER

PricewaterhouseCoopers

1   Einleitung... 107
2   Allgemeines zur Wirtschafts- und Währungsunion 107
    2.1   Die Bedeutung der *Treuhandanstalt* 109
    2.2   Die Bargeldversorgung der Bevölkerung.. 109
    2.3   Die Liquiditätsversorgung der Betriebe 110
3   Einzelheiten zur Liquiditätsversorgung 111
    3.1   Die Bargeldumstellung 112
    3.2   Die Liquiditätsversorgung der Betriebe 113
4   Zusammenfassung 114

1 Einleitung

Die Wirtschaftskrise, die im Sommer letzten Jahres begann, zeigt uns heute, wie wichtig die Liquidität für die Volkswirtschaft und die Unternehmen ist.

Der Fall der Mauer oder genauer der Zusammenbruch der DDR war zumindest im Osten Deutschlands ein der Wirtschaftskrise vergleichbares Ereignis. Als *HELMUT KOHL* am 6. Februar 1990 der Regierung der DDR überraschend das Angebot einer Währungs- und Wirtschaftsunion unterbreitete, befand sich die DDR politisch und ökonomisch in einer tiefen Krise. Die Wirtschaft verlor dramatisch an Dynamik und zehrte in vielen Bereichen von der Substanz. Hinzu kam der Exodus Hunderttausender, die ihrer Heimat nach dem Fall der Mauer den Rücken kehrten. Mit der Eskalation der wirtschaftlichen Probleme wuchs die Gefahr der Zahlungsunfähigkeit. Die Exporterlöse ließen sich kaum mehr steigern, ohne Importe aber war das Land nicht lebensfähig und neue Kredite waren nur noch schwer zu bekommen.

Bei der Wiedervereinigung und dem Wiederaufbau der neuen Bundesländer war bei der Wirtschafts- und Währungsunion die Liquidität der Wirtschaft und der Bevölkerung eine der ersten Herausforderungen, die pragmatisch gelöst werden mussten.

Der Verfasser hat die beiden Prozesse, den der Wirtschaftsunion und den der Währungsunion, vor Ort begleitet und will anhand von Praxisbeispielen die besonderen Probleme illustrieren.

2 Allgemeines zur Wirtschafts- und Währungsunion

Nach der Öffnung der innerdeutschen Grenze durch den Fall der Mauer am 9. November 1989 setzte sich in der damaligen Führung der DDR die Überzeugung durch, dass bloße Veränderungen des sozialistischen Wirtschaftssystems nicht ausreichen würden. Noch vor den Volkskammerwahlen im März 1990 wurde die Einführung der vollen Gewerbefreiheit angekündigt und das Gesetz zur Neuordnung der *Staatsbank* verabschiedet, welches mit Wirkung vom 1. April 1990 ein zweistufiges Bankensystem nach westlichem Vorbild einführte. Dadurch wurde jedoch weder die wirtschaftliche Lage in der DDR verbessert noch der Strom der Ost-West-Übersiedler eingedämmt.

Mit den Volkskammerwahlen stand fest, dass die DDR eine schnelle Vereinigung mit der Bundesrepublik und grundlegende wirtschaftliche Reformen mit dem Ziel einer marktwirtschaftlichen Ordnung anstrebte. Die Bundesregierung war sich mit der neu gewählten Regierung in Berlin (Ost) einig, dass die Währungsunion schnellstmöglich realisiert werden musste. Die ökonomischen Vorteile einer raschen Einführung der D-Mark in der DDR waren offensichtlich: Neben dem damit gewonnenen Vertrauen bei den Bürgern der DDR und der Verfügbarkeit einer voll konvertiblen Währung bei den DDR-Unternehmen konnte insbesondere der Zufluss bundesdeutschen Kapitals in die DDR beschleunigt werden.

Vor allem ging die Währungsunion mit der unverzüglichen Realisierung marktwirtschaftlicher Reformen in der DDR einher. Die alleinige Einführung der D-Mark unter Beibehaltung der planwirtschaftlichen Wirtschaftsordnung hätte unberechenbare Konsequenzen zur Folge gehabt. Eine sofortige Umstellung der Wirtschaftsordnung und die damit einhergehende Integration der Wirtschaft der DDR in die Weltwirtschaft waren ebenfalls mit erheblichen Risiken verbunden, wurden jedoch aus damaliger Sicht einer zeitlichen Streckung der Herstellung der Wirtschaftsunion vorgezogen.

Die Wirtschaftsreform umfasste

➢ die Gewerbefreiheit,

➢ die Eigentumsordnung,

➢ das Preis und Lohnsystem,

➢ Subventionen und Wettbewerb sowie

➢ das Außenwirtschaftsrecht.

Zielsetzung des Staatsvertrags war insbesondere die Gewährleistung eines sicheren Rechtsfundaments für die soziale Marktwirtschaft in der DDR, basierend auf den Prinzipien

➢ Privateigentum,

➢ Leistungswettbewerb,

➢ freie Preisbildung,

➢ unabhängige Tarifvertragsparteien sowie

➢ Freizügigkeit von Arbeit, Kapital und Dienstleistungen,

und damit die Gewährleistung einer einheitlichen Wirtschaftordnung in beiden deutschen Staaten.

Festzuhalten bleibt zunächst, dass aus damaliger Sicht in kurzer Zeit Lösungen gefunden werden mussten, ohne dass hinreichend verlässliche Informationen zur Ausgangslage vorlagen, ohne dass zukünftige wirtschaftliche Umfeld auch nur annähernd überschauen zu können und ohne dass Lehrbuchwissen für eine Fusion solch unterschiedlicher Volkswirtschaften zur Verfügung stand. Mit der Wirtschafts- und Währungsunion hatte sich die DDR letztendlich zu einer „Schocktherapie" entschlossen.

2.1 Die Bedeutung der *Treuhandanstalt*

Durch die Gründung der *Treuhandanstalt* am 17. Juni 1990 sollte die Privatisierung und Reorganisation des Volkseigentums durchgeführt werden. Getragen von der Absicht,

> die unternehmerische Tätigkeit des Staates durch Privatisierung so rasch und so weit wie möglich zurückzuführen,

> die Wettbewerbsfähigkeit möglichst vieler Unternehmen herzustellen und somit Arbeitsplätze zu sichern und neue zu schaffen,

> Grund und Boden für wirtschaftliche Zwecke bereitzustellen,

> dass nach einer Bestandsaufnahme des volkseigenen Vermögens und seiner Ertragsfähigkeit sowie nach seiner vorrangigen Nutzung für Strukturanpassung der Wirtschaft und die Sanierung des Staatshaushalts den Sparern zu einem späteren Zeitpunkt für den bei der Währungsumstellung am 2. Juli 1990 reduzierten Betrag ein verbrieftes Anteilsrecht an volkseigenem Vermögen eingeräumt werden kann,

wurde ein Gesetz zur Vermögensübertragung erlassen, welches das volkseigene Vermögen privatisierte.

Der Ministerrat trug demnach für die Privatisierung und Reorganisation des volkseigenen Vermögens die Verantwortung und war der Volkskammer rechenschaftspflichtig. Mit der Durchführung der entsprechenden Maßnahmen wurde die *Treuhandanstalt* beauftragt.

Die *Treuhandanstalt* wurde Inhaber der Anteile der Kapitalgesellschaften, die durch Umwandlung der im Register der volkseigenen Wirtschaft eingetragenen volkseigenen Kombinate, Betriebe, Einrichtungen und sonstigen juristisch selbstständigen Wirtschaftseinheiten entstanden.

2.2 Die Bargeldversorgung der Bevölkerung

Der Staatsvertrag über die Schaffung einer Währungs-, Wirtschafts- und Sozialunion zwischen der Bundesrepublik Deutschland und der Deutschen Demokratischen Republik[1] war die Grundlage für die Einführung der D-Mark und der Marktwirtschaft in der DDR zum 1. Juli 1990. Ziel war es, die Versorgungsmängel in der DDR rasch zu überwinden, den Zustrom privaten Kapitals zu ermöglichen und Arbeitsplätze zu schaffen.

Die wichtigste Frage, die es im Vorfeld der Währungsunion zu klären galt, war die nach dem „Wert" der Mark der DDR, also nach dem Kurs zwischen DDR-Mark und D-Mark. Diese Frage war völlig offen, da es zwischen den beiden deutschen Währungen keinen offiziellen Wechselkurs gab, sondern lediglich ein in bilateralen Abkommen – Frankfurter Abkommen vom 8. Oktober 1949 und Berliner Abkommen vom 20. September 1951 – vereinbartes Verrechnungsverhältnis von 1:1, das dem innerdeutschen Handel und Zahlungsverkehr von 1948 bis 1990 zugrunde lag.

---

[1] Vgl. *BGB* (1990).

Dieses Verrechnungsverhältnis sagte über den „Wert" der DDR-Mark aber genauso wenig aus wie die illegalen Sortenkurse, die in privaten Westberliner Wechselstuben notiert wurden und die zwischen Oktober 1989 und Juni 1990 im Mittel zwischen 10,9 und 35,0 (DM je 100 DDR-Mark) schwankten.

Einen funktionierenden Devisenmarkt mit aussagefähigen Wechselkursen hat es für die DDR-Mark aber nie gegeben. Der Außenhandel vollzog sich überwiegend im Rahmen bilateraler Vereinbarungen auf der Basis von Verrechnungseinheiten bzw. spezieller Verrechnungswährungen, wie dem so genannten Transfer-Rubel.

Zum Zweck der Begründung eines „nutzenadäquaten Umtauschverhältnisses" ermittelte das *Statistische Bundesamt* im Vorfeld der Währungsunion auf der Grundlage eines gekreuzten Warenkorbs für die DDR-Mark einen Wert von 1,08 DM.

Die Währungsunion wurde zum 1. Juli 1990 „mit einem einheitlichen Währungsgebiet und der Deutschen Mark als gemeinsamer Währung" errichtet, wobei die *Deutsche Bundesbank* als Währungs- und Notenbank dieses erweiterten Währungsgebiets bestimmt wurde. Die auf Mark der DDR lautenden Forderungen und Verbindlichkeiten wurden auf DM umgestellt. Für natürliche Personen galt grundsätzlich ein Umtauschkurs von 1:1 mit einem vom Lebensalter abhängigen Höchstbetrag von bis zu 6.000 Mark. Hinsichtlich größerer Beträge galt der Umtauschkurs 2:1. Die Umstellung im Kurs 1:1 galt grundsätzlich auch für Löhne und Gehälter, Renten, Mieten und Pachten sowie für regelmäßig wiederkehrende Zahlungen.[2]

2.3   Die Liquiditätsversorgung der Betriebe

Neben den Geldbeständen waren auch die Kredite umzustellen, und hier war durchaus eine Abwertung wünschenswert, eine Reduktion der Verbindlichkeiten, um den ohnehin kaum wettbewerbsfähigen Unternehmen den Start in die Marktwirtschaft zu erleichtern. Diskutiert wurde daher eine asymmetrische Umstellung von Forderungen (1:1) und Verbindlichkeiten (2:1 bzw. 4:1), bei der der Staat den Ausgleich zu finanzieren gehabt hätte.

Nach dem Staatsvertrag wurde zum 1. Juli 1990 die soziale Marktwirtschaft als gemeinsame Wirtschaftsordnung beider Vertragsstaaten Grundlage der Wirtschaftsunion. Konkretisierend wurde die „Unternehmensverfassung" so gestaltet, dass sie den Anforderungen der „sozialen Marktwirtschaft mit der freien Entscheidung der Unternehmen über Produkte, Mengen, Produktionsverfahren, Investitionen, Arbeitsverhältnisse, Preise und Gewinnverwendung"[3] Rechnung trug.

Von besonderer Bedeutung für die Überführung der Wirtschaft der DDR in die neue Wirtschaftsordnung waren die Abkehr vom Staatseigentum und die Einführung des Privateigentums. Dazu wurde insbesondere im Zuge der Umwandlung von volkseigenen Unternehmen in Kapitalgesellschaften der volkseigene Grund und Boden jenen Kapitalgesellschaften als Eigentum überlassen, die ihn nutzten. Die Grundgebühren waren seit dem Krieg kaum aktualisiert worden.

---

[2]   Vgl. für den gesamten Absatz *BGB* (1990).

[3]   Vgl. *BGB* (1990), Art. 11.

Nach Inkrafttreten des Staatsvertrags wurde ein Gesetz über die Eröffnungsbilanz in DM und die Kapitalneufestsetzung erlassen, das für alle Kaufleute und juristischen Personen einschließlich der Kombinate und Volkseigenen Betriebe (VEB) in der DDR galt. Vorgeschrieben war, dass in den Eröffnungsbilanzen die Vermögensgegenstände und Schulden neu bewertet wurden. Insbesondere waren Grund und Boden „zum aktuellen Verkehrswert zu bewerten".

Auf dem Gebiet der Wirtschaftsunion stellten sich in Fragen der Rechtsangleichung für die Bundesrepublik kaum Regelungserfordernisse. Für die DDR hingegen wurden in großem Umfang Rechtsänderungen erforderlich. So waren gemäß dem Staatsvertrag u. a.

➢ das Gesetz gegen Wettbewerbsbeschränkungen,

➢ Teile des Handelsgesetzbuchs,

➢ das Gesetz betreffend die Gesellschaften mit beschränkter Haftung,

➢ das Aktiengesetz sowie

➢ das Umwandlungsgesetz

kurzfristig in Kraft zu setzen.

Ein besonderes Problem stellte die Buchführung dar. Es gab in der DDR die doppelte Buchführung nicht. Stattdessen wurde alles mit Fonds (wie in der Kameralistik) bearbeitet. Bei den Fonds wurde das Geld jährlich zugeteilt und musste bis Jahresende ausgegeben werden.

Die Buchführung in der DDR hatte nicht den Zweck, den Stand des Betriebsvermögens und den Gewinn oder Verlust wirklich zu ermitteln. Sie diente vielmehr nur der Abrechnung mit den Behörden, also der Ermittlung von Subventionsansprüchen oder von Ablieferungspflichten.

3 Einzelheiten zur Liquiditätsversorgung

Als Notenbank für den gesamten Währungsraum fungierte nunmehr die *Deutsche Bundesbank*. Dieser oblag es auch, die organisatorischen und technischen Aufgaben der Währungsumstellung vorzunehmen. Da die Einführung der D-Mark in der DDR ausschließlich über Konten abgewickelt wurde, mussten innerhalb kürzester Zeit 24,7 Millionen Konten umgestellt und den Inhabern entsprechende Verfügungsmöglichkeiten über Bargeld eingeräumt werden. Dazu war es erforderlich, mehrere Tonnen Banknoten und Münzen im Gesamtwert von 28 Mrd. DM in die neuen Bundesländer zu transportieren und in den Geldinstituten bereitzustellen. Für die Durchführung des unbaren Zahlungs- und Verrechnungsverkehrs waren aufwendige technische Veränderungen im Bankensystem notwendig. Diese konnten im Wesentlichen bis Ende 1990 abgeschlossen werden.[4]

---

[4] Zur Währungsunion und insbesondere ihren technisch-organisatorischen Aspekten vgl. ausführlich DEUTSCHE BUNDESBANK (1990a), DEUTSCHE BUNDESBANK (1990b) und DEUTSCHE BUNDESBANK (1990c).

Die Währungsumstellung erfolgte differenziert nach Strom- und Bestandsgrößen. Während alle laufenden Transaktionen, also Löhne, Gehälter, Stipendien, Renten, Mieten und Pachten sowie weitere wiederkehrende Zahlungen im Verhältnis 1:1 umgestellt wurden, erfolgte die Umstellung der Vermögens- und Schuldverhältnisse grundsätzlich im Verhältnis 2:1. Davon ausgenommen waren lediglich Bankeinlagen natürlicher Personen von bis zu 2.000, 4.000 bzw. 6.000 Mark, welche, altersmäßig gestaffelt, 1:1 umgestellt wurden, sowie Guthaben von Ausländern, für die ein Umstellungssatz von 3:1 galt.

Dies bedeutete, dass die Verbindlichkeiten des Staates, der Betriebe, der Wohnungsbaugesellschaften, usw., aber auch private Kredite durch die Währungsumstellung nominell halbiert wurden. Gleiches galt für Forderungen von Unternehmen und öffentlichen Einrichtungen. Die Guthaben der Bevölkerung dagegen wurden im Durchschnitt zu einem Satz von 1,5:1 umgestellt.

Die sich durch die asymmetrische Bilanzumstellung ergebende Lücke auf der Aktivseite wurde mittels eines bilanziellen Ausgleichspostens geschlossen.

3.1   Die Bargeldumstellung

In der relativ kurzen Zeitspanne vom 1. Juli bis 6. Juli 1990 konnten DDR-Bürger ihre Bargeldbestände auf ihre Konten einzahlen, die anschließend auf DM umgestellt wurden. Dies bedeutete einen enormen logistischen Aufwand für die kontoführenden Kreditinstitute (meist Sparkassen und Genossenschaftsbanken), die den Bargeldumlauf von rund 28 Mrd. Ostmark an die *Staatsbank* weiterleiteten. Aufgrund der Menge wurden die Münzbestände in „militärisch gesicherte Objekten" d. h. Kasernen zwischengelagert, während die Geldscheine an die Zentrale der *Staatsbank* in Berlin weitergeleitet wurden. Die *Staatsbank* lagerte die Gelscheine in den Tresorkellern des Staatsratsgebäudes, schließlich diente dieses bis 1945 als Gebäude der *Reichsbank* des Dritten Reiches.

Für die Prüfung der DM-Eröffnungsbilanz der *Staatsbank* war eine körperliche Aufnahme (d. h. Zählen) der eingelieferten Banknoten unumgänglich. Als man uns seitens der *Staatsbank* eröffnete, das Zählen werde – „mit modernster Technik" – 18 Monate dauern, haben wir uns den Vorgang genauer angesehen. Mit modernster Technik bedeutete, dass zwei Personen per Hand die Noten zählten und das Ergebnis von einer weiteren Person in eine mechanische Additionsmaschine eingegeben wurde.

Auch die Inaugenscheinnahme des Tresors barg eine Überraschung. Zunächst fiel auf, dass die Tresortür (rund zwei Meter im Durchmesser und mit diversen Zahlenschlössern gesichert) zusätzlich durch ein massives Vorhängeschloss abgesperrt war. Offenbar war man sich nicht sicher, dass die Zahlenkombination nicht weiteren Personen bekannt war.

Der Tresor selbst war eine Ansammlung von einigen Dutzend Abteilen, mit einer jeweiligen Grundfläche zwischen 16–20 m². In diesen waren die Geldsäcke bis an die Decke gestapelt, sortiert nach Geldscheinen. Das überraschende war die Farbenvielfalt der Säcke. Dies erklärte sich mit dem plötzlichen Bedarf. So wurde in Aushängen der *Staatsbank* gefordert, Geldsäcke herzustellen. Aus dem privaten Fundus entstanden so Geldsäcke aus Bettwäsche, Übergardinen, Anzugstoffen, usw., also ein farbenprächtiges Abbild von vielen Jahren DDR-Textilproduktion.

In einem nächsten Schritt der Währungsumstellung wurde beschlossen, das Zählen und Vernichten der Ost-Mark-Noten in einem vorzunehmen. Die Vernichtung stellte ein Problem dar. Aufgrund der Schadstoffbelastung war Schreddern und Deponieren ausgeschlossen. Die Verbrennungsöfen der *Bundesbank* hatten eine zu geringe Kapazität. Schließlich bot die *Treuhandanstalt* ein stillgelegtes Bergwerk in Halberstadt (Sachsen-Anhalt) als Endlager an. Dann ging alles ganz schnell. Mit Hilfe der *Bundesbank* und der *Bundeswehr* wurden mit einem statistischen Stichprobenverfahren die Bestände gezählt, in den Bergwerkstollen verfrachtet und dieser mit einer Betonbombe versiegelt.

Erstaunlicherweise ergab die Berechnung, dass die Differenz zum offiziellen Bargeldumlauf relativ gering war. Ein Missbrauch bei der Einlieferung war trotz lückenhafter Sicherungsmaßnahmen bei den Banken nämlich dadurch schwierig, dass die Eröffnung eines Kontos, auf das man das Geld hätte einzahlen können, zwischen zwei und drei Wochen dauerte.

Die Banknoten wurden inzwischen aus den Stollen entfernt und durch Verbrennen vernichtet, weil junge Leute durch ein Loch in einen Seitenstollen eingestiegen waren und begonnen hatten, die Geldscheine an Sammler zu verkaufen.

3.2   Die Liquiditätsversorgung der Betriebe

Die Betriebe stellte die Wirtschafts- und Währungsunion vor zwei gravierende Probleme. Die Aufstellung der DM-Eröffnungsbilanz und die Aufrechterhaltung der Liquidität. Das drängende Liquiditätsproblem wollte und musste die *Treuhandanstalt* durch Zurverfügungstellung von Betriebsmitteln lösen, da das Bankensystem hierzu noch nicht in der Lage war. Also forderte die *Treuhandanstalt* im Juni 1990 die Betriebe auf, einen Liquiditätsplan für den Monat Juli 1990 einzureichen.

Die von den 7.500 (von 8.000) *Treuhand*-Betrieben eingereichten Liquiditätsbedarfe betrugen rund 23 Mrd. DM. Erste Plausibilisierungsprüfungen ließen erstaunliche Zweifel an der Zuverlässigkeit der Planung aufkommen.

Die *Treuhandanstalt* wollte vermeiden, dass zu viel Liquidität zur Verfügung gestellt wurde. Also wurde ein Projekt aufgesetzt das die *Treuhandanstalt* mit einem Pool von Beratern durchgeführte, die so genannte „Liqui I Aktion".

Mehrere hundert Mitarbeiter schwärmten in die Betriebe aus, um die eingereichten Zahlen zu plausibilisieren. Die Rückmeldungen waren ernüchternd:

➢   Unkenntnis einer Liquiditätsplanung nach marktwirtschaftlichen Gesätzen,

➢   Unsicherheit bezüglich der Absatzerwartungen wegen wegbrechender Ostmärkte,

➢   Personelle Überkapazitäten erforderten 40 % bis 50 % des Liquiditätsbedarfs,

➢   Die Produktionspalette nach planwirtschaftlichen Vorgaben ware nicht marktgerecht.

Als frappierendes Beispiel für die so genannte „konsumnahe Zusatzproduktion" ist mir ein Zementwerk in Erinnerung, bei dem die Zementarbeiter nebenbei die Herstellung von Spielzeug und Autoradioantennen als feinmotorische Herausforderung zu bewältigen hatten.

Im Ergebnis hat die *Treuhandanstalt* im Juni 1990 in einem pauschalen Verfahren rund 10 Mrd. DM an Kreditmitteln bereitgestellt, also rund 40 % der beantragten Summe.

Man kann sich vorstellen, dass in der „Liqui II Aktion" für August die Lernkurve der Antragsteller diese 40 %-Quote bereits antizipierte, so dass wiederum erhebliche Korrekturen vor Ort vorgenommen werden mussten. Im September 1990 wurden dann die Betriebe im Rahmen der so genannten „San I –Aktion" je nach ihrer Überlebensfähigkeit in die Klassen 1 (mit Sicherheit überlebensfähig) bis Klasse 6 (nicht überlebensfähig) eingestuft.

Hierdurch wurde die Liquiditätsversorgung durch die *Treuhandanstalt* gezielter gesteuert, zumal diese dann bei den Betrieben der Klassen 1 bis 3 auch zunehmend von Investoren bzw. Banken übernommen wurde. Mit der Aufstellung der DM-Eröffnungsbilanzen in den Monaten Oktober bis Dezember 1990 standen dann verlässliche Zahlenwerte als Kreditgrundlage zur Verfügung.

4   Zusammenfassung

Die historisch wohl einzigartige Situation der Währungs- und Wirtschaftsreform hat mir deutlich vor Augen geführt, welche Herausforderungen eine Volkswirtschaft trotz vieler Unzulänglichkeiten bewältigen kann. Gerade die Liquiditätsversorgung wäre ohne das pragmatische und schnelle Handeln aller Beteiligten kaum realisierbar gewesen.

Hier hat sich insbesondere die häufig zu Unrecht gescholtene Ministerialbürokratie große Verdienste erworben.

Quellenverzeichnis

BGB (1990): Vertrag über die Schaffung einer Währungs-, Wirtschafts- und Sozialunion zwischen der Bundesrepublik Deutschland und der Deutschen Demokratischen Republik vom Mai 1990.

DEUTSCHE BUNDESBANK (1990a): Modalitäten der Währungsumstellung in der DDR zum 1. Juli 1990, in: Monatsberichte Juni, Frankfurt am Main 1990.

DEUTSCHE BUNDESBANK (1990b) (Hrsg.): Die Währungsunion mit der DDR, in: Monatsbericht Juli, Frankfurt am Main 1990.

DEUTSCHE BUNDESBANK (1990c) (Hrsg.): Technische und organisatorische Aspekte der Währungsunion mit der Deutschen Demokratischen Republik, in: Monatsbericht Oktober, Frankfurt am Main 1990.

Der Mauerfall und die Entwicklung des Bankensystems in Ostdeutschland[1]

Edgar Most

Deutsche Bank AG

1	Das Ende der DDR	117
2	Vom gesellschaftlichen zum privaten Kapital	120
3	Verhandlungen mit dem Klassenfeind	122
4	Deutsche Einheit in der Bank	126
5	Der Osten als Vorreiter für den Westen	128
6	Wir brauchen Ingenieure und Naturwissenschaftler	131

---

[1] Es handelt sich um Auszüge aus dem Buch von *Edgar Most* (2009): Edgar Most – Fünfzig Jahre im Auftrag des Kapitals. Gibt es einen dritten Weg?, Berlin 2009.

1   Das Ende der DDR

Anfang Oktober 1989 bestellten mich GÜNTER EHRENSBERGER, Mittags Stellvertreter, und sein Sektorenleiter, ROBERT LERCH, ins Zentralkomitee: „Genosse Most die Partei hat beschlossen, du wirst oberster Finanzchef der Deutschen Demokratischen Republik – noch über dem Finanzminister und dem Präsidenten der *Staatsbank*." „Eine solche Funktion gibt es doch nicht", wandte ich ein. „Doch. Es ist keine staatliche, sondern eine hauptamtliche Parteifunktion." Ich sollte den verlängerten Arm von GÜNTER MITTAG spielen. Mir lief es eiskalt den Rücken runter. „Ich vertrete die Partei in meinem Beruf.", entgegnete ich, „eine solche Funktion zu bekleiden, kann ich mir, ganz ehrlich, nicht vorstellen." „Du weißt Bescheid: Bei uns hat ein Genosse zwei Minuten Zeit, sich zu entscheiden. Dir geben wir zwei Tage." Mit diesen Worten entließ mich EHRENSBERGER.

Daheim heulte ich Rotz und Wasser. Dann rief ich meinen Kumpel Kutte an. Er kam wie ich aus Tiefenort und war nicht in der Partei. „Wenn Du nicht davon überzeugt bist, mach es nicht.", riet er mir. „Es herrscht so eine Unruhe im Land – das geht sowieso nicht mehr lange gut." Ich sprach mit WALTER HALBRITTER, dem Leiter des Amtes für Preise. Er sagte: „Wenn Du Bedenken hast, lass es!" Vorsichtshalber rief ich WERNER FROHN an, den Generaldirektor des PCK in Schwedt: „Gesetzt den Fall, die schmeißen mich raus aus der Staatsbank, vielleicht sogar aus der Partei – fängst Du mich auf?" „Na klar. Ich verstecke dich hier, und nach einem Jahr bist du mein Stellvertreter." Auch andere Freunde aus der Wirtschaft versicherten mir: „Mach dir keine Sorgen, wenn sie mit dir Schlitten fahren, kommst du zu uns."

Diese Unterstützung im Rücken ging ich nach zwei Tagen ins Zentralkomitee und sagte: „Es bleibt bei meiner Entscheidung, ich mache das nicht." Ich höre sie noch heute sagen: „Bei dir stimmen Wort und Tat nicht überein. Wir haben Genossen KAMINSKY bereits beauftragt, dich aus der Staatsbank zu entfernen."

Obwohl ich mit dieser Reaktion gerechnet hatte, war ich geschockt. Völlig am Ende mit meinen Kräften, ging ich zum Arzt, der einen Blutdruckwert von 240 maß. Kopfschüttelnd befand er: „Sie müssen auf der Stelle zur Kur!" Ich folgte seinem Rat, zumal das sowieso geplant war.

Während meines Kuraufenthalts im Regierungskrankenhaus Bad Liebenstein trat HONECKER zurück und wurde die Staatsgrenze durch einen Versprecher SCHABOWSKIs geöffnet. In dieser Zeit trafen sich viele Führungsleute im Sanatorium und stimmten sich über ihr weiteres Verhalten ab. In der Sauna wurden Reden vorbereitet.

Nach der Maueröffnung entschied die Regierung der DDR: Jeder Bürger darf in beschränktem Umfang D-Mark erwerben. Zunächst gab es für jeden maximal 15 Deutsche Mark zum Kurs 1 : 1. Daraufhin hatten die grenznah gelegenen Filialen allesamt das gleiche Problem: „Woher kriegen wir genügend Westgeld?" Ich fuhr zu meiner Heimatfiliale nach Bad Salzungen. Auf dem Marktplatz hatten sich über tausend Menschen versammelt, die ihre 15 D-Mark einforderten. Dieser aufgebrachten Menge zu erklären: „Wir haben kein Geld", wäre der blanke Wahnsinn gewesen – die hätten die Bank gestürmt. Gemeinsam mit Filialleiter DIETER DÖLL trat ich vor die Menge und bemühte mich, die Leute zu beruhigen: „Wir haben nicht genügend D-Mark vorrätig, aber wir werden Geld beschaffen. Seid vernünftig und wartet solange!" So konnten wir fürs Erste etwas Ruhe stiften. Dennoch die Zeit drängte.

Das Nächstliegende erschien mir, bei der Sparkasse in Philippsthal anzurufen. Dort, knapp zwanzig Kilometer von Bad Salzungen entfernt, befand sich der nächste Grenzübergang. „Hören Sie zu, wir haben hier den Marktplatz voller Leute. Die treten uns die Tür ein, wenn wir ihnen nicht schnellstens D-Mark herausgeben." Wieviel brauchen Sie?", fragten die Philippsthaler. „Keine Ahnung, vielleicht drei Geldsäcke voll, klein gestückelt – das Ganze auf Schuldschein der *Staatsbank der DDR*. Sobald ich in Berlin bin, werde ich die Rückzahlung veranlassen. Wie überrascht war ich, als sie mir daraufhin erwiderten: „Wir sind bereit, Ihnen zu helfen, aber so viel Bargeld haben wir nicht. Sie müssen zur Kreisfiliale nach Bad Hersfeld. Wir lassen alles vorbereiten. Dann kommen sie mal rüber." Das nenne ich gelebte deutsche Einheit.

Doch wie schafften wir das Geld hierher? Ich konnte schließlich keinen Geldtransport mit Eskorte der Volkspolizei in den Westen schicken. Um sicherzugehen, dass das Geld wirklich in Bad Salzungen ankam, setzte ich zwei junge Frauen mit ins Auto. Ich ging davon aus: Die lassen ihre Kinder nicht sitzen, die kommen wieder. Und schon sauste der Moskwitsch Richtung Bad Hersfeld. Spätabends brachten sie die Säcke voller Geld. Nun konnten wir den auf dem Marktplatz Ausharrenden ihre D-Mark auszahlen. Mit den Geldsäcken leerte sich der Platz. Fürs Erste kehrte Ruhe ein. Die Verrechnung klärten wir mit der Zentrale in Berlin. Dort waren sie froh, dass wir uns selbst geholfen hatten, und beglichen die Schulden bei der Sparkasse in Bad Hersfeld. Dass sie so reibungslos lief, erscheint mir als Wunder.

Für die Wochenende 8./9. und 16./17. Dezember 1989 wurde ein Sonderparteitag der SED einberufen. Hauptinitiator war mein alter Mitstreiter HERBERT KROKER. Die zentralen Finanz- und Bankorgane, zu denen das Finanzministerium, die *Außenhandelsbank*, die *Handelsbank* und das DDR-Versicherungswesen – also alles, was mit Geld zu tun hatte – gehörten, durften drei Delegierte zum Sonderparteitag schicken. Auf der Liste standen achtzehn Kandidaten. Ich war der Einzige, der im ersten geheimen Wahlgang von 80 % der Stimmberechtigten nominiert wurde. Statt mich aus der Staatsbank zu entfernen, hatten mich meine Kollegen zum Stellvertreter der zentralen Finanz- und Bankorgane für den Sonderparteitag der SED auserkoren. Staatsbank-Präsident KAMINSKY sagte darauf zu mir: „Jetzt bist du endlich, wo du immer sein solltest."

In Vorbereitung des Parteitags redete ich im Kabelwerk Oberspree und bei Elektrokohle Lichtenberg mit Arbeitern der Nachtschicht. Ich wollte die Stimmung an der Basis sondieren, herausfinden, was die Leute bewegte. Doch die Arbeiter sahen mich krumm an. Wie sollte ich ihre Fragen beantworten? Wusste ich doch selbst nicht, was auf uns zukam. Ich war froh, dass ich keinen Knüppel ins Kreuz kriegte.

Auch was die Zukunft der Partei betraf, wusste keiner, wohin es ging. Seit Öffnung der Mauer herrschte das absolute Chaos. Keiner wusste so recht: Wer hat eigentlich noch etwas zu sagen? Wir konnten froh sein, dass zumindest in der Bankenwelt, die die täglichen Finanzgeschäfte abwickelte, Ordnung herrschte.

In der *Akademie für Gesellschaftwissenschaften* in Berlin-Mitte fanden regelmäßig Vorbereitungssitzungen der Delegierten des Sonderparteitags statt. Ich hatte in meiner Schulzeit so manches über revolutionäre Situationen gehört. In diesen nächtlichen Diskussionsrunden steckte ich mittendrin. Ich erfuhr am eigenen Leibe: In einer solchen Phase ticken die Uhren anders. In jenen Tagen und Nächten bekam ich ein deutliches Gespür dafür: Auf welche Menschen in meinem Umfeld darf ich blind vertrauen – und wen kann ich, kommt es hart auf hart, schlichtweg vergessen?

Einige Hardliner verfielen auf die Idee: „Auf unsere Soldaten können wir uns nicht mehr verlassen. Wir müssen dafür sorgen, dass die Kampfgruppen bewaffnet werden." Mir sträubten sich die Nachkenhaare. Sofort fiel mir nämlich ein, dass wir in der Staatsbank über hundert MPi Kalaschnikow und einige leichte Maschinengewehre (lMG) liegen hatten. Dort wurden nicht nur unser Geld und die Devisen, sondern auch die Waffen der 23. Kampfgruppen-Hundertschaft verwahrt. „Wer hat die Schlüssel für die Waffenkammer?", hieß es in der nächtlichen Runde. Ich bekam eine Heidenangst. Daraufhin erhob sich MISCHA WOLF. Der ehemalige Leiter der Hauptverwaltung Aufklärung war bereits drei Jahre zuvor von seinem Amt zurückgetreten. Er war Delegierter wie ich. Ich bewunderte seinen Mut, am 4. November 1989 auf der großen Demonstration vor Tausenden von Menschen ans Rednerpult zu treten. Er war verhasst bis zum Letzten, obwohl die meisten Versammelten nie etwas mit dem ehemaligen Auslands-Spionagechef zu tun gehabt hatten. Nun forderte er mit seiner markigen Kommandostimme: „Genossen! Ich rate euch, setzt eure besten Männer vor die Waffenkammer. Wer auch nur eine Waffe rausgibt, muss standrechtlich erschossen werden." Das meinte er nicht wörtlich, aber er wollte damit klarmachen, wie wir mit diesem Thema umzugehen hatten. Nach seinem Auftritt herrschte Ruhe im Saal. Mir war klar: Gelangten die Gewehre aus den Waffenkammern, auch jene aus der Staatsbank, in die falschen Hände, hätten wir morgen Weltkrieg. Allein die Vorstellung, jemand könnte sich eine Waffe besorgen und damit zum wenige hundert Meter entfernten Checkpoint Charlie marschieren, trieb mir in jenen Tagen den Angstschweiß auf die Stirn. Wenig später nahm sich die Volkspolizei jener Kampfgruppenwaffen an.

Ich wollte auf dem Parteitag zu Geld- und Wertfragen sprechen, doch sie gestanden mir meine Redezeit erst weit nach Mitternacht zu. Da sagte ich: „Da hört keiner mehr hin, dass nützt nichts."

Einige Leute aus der Wirtschaft, allen voran einige Generaldirektoren, stellten den Antrag, die gesamte SED aufzulösen und eine neue Linke zu gründen. Daraufhin hielt HANS MODROW eine Brandrede hinter verschlossenen Türen. Die Auflösung der Partei, so MODROW, zöge die Entlassung von Volkskammer und Regierung nach sich. Offen war zudem die Frage nach dem Umgang mit dem Parteivermögen. Das waren sachliche Argumente. So schlug MODROW die Neuwahl des Parteivorstands vor. Seiner Rede folgte eine öffentliche Kampfabstimmung. Etwa 60 % stimmten für den Erhalt der SED, 40 % dagegen. Diejenigen Delegierten, die wie ich aus der Wirtschaft kamen, votierten für die Auflösung. Wir wollten noch am selben tag eine neue Partei gründen. Doch die Apparatschiks setzten sich durch. Statt die Partei aufzulösen, gab sie sich auf der zweiten Tagung am Wochenende vor dem Weihnachtsfest 1989 einen neuen Namen: Partei des Demokratischen Sozialismus, PDS. Und um die Wurzeln nicht zu kappen, setzte man das Kürzel SED davor. Also SED-PDS. Das „SED" verschwand per Beschluss des Parteivorstands am 5. Februar 1990 ganz aus dem Namen. Nur GREGOR GYSI kokettierte damit später, er sei Chef dreier Parteien gewesen: Erst Vorsitzender der SED, dann Vorsitzender der SED-PDS und schließlich der der PDS. Zur vierten langte es dann nicht mehr, da stahl ihm OSKAR LAFONTAINE die Pointe.

Von Parteiarbeit und Parteidisziplin hatte ich genug. Im Februar 1990 trat ich aus der SED-PDS aus. Außerdem musste ich mich um meine Arbeit kümmern – denn auch im Bankwesen ging es heiß her. Im Januar 1990 folgte der nächste „Run" auf die Banken. Nun durfte jeder DDR-Bürger einhundert Mark zu einem Kurs von 1:1 und weitere sechshundert Mark zum Kurs von 1:3 erwerben. Damit sie dem Ansturm der Bürger gewachsen waren, arbeiteten sämtliche Wechselstellen dreischichtig.

2   Vom gesellschaftlichen zum privaten Kapital

Nicht nur auf der Straße – auch in der Bank herrschte eine revolutionäre Situation. Im Dezember 1989 berief *Staatsbank*-Präsident HORST KAMINSKY seine Stellvertreter zu einer Son-
derleitungssitzung ein, auf der er verkündete: „EDGAR wird mein erster und WOLFRIED STOLL
mein zweiter Stellvertreter." Nach einer heftigen Diskussion votierten alle Kollegiums-
mitglieder für den Vorschlag des Bankpräsidenten. Damit war ich ab Dezember KAMINSKYS
erster Stellvertreter. Meine offizielle Berufung Anfang Februar durch Ministerpräsident HANS
MODROW war nur noch Formsache. „Jetzt bist du endlich in der Funktion, die ich – hätte sich
die Parteiführung damals nicht quergestellt – schon vor Jahren für dich vorgesehen hatte."
Womöglich war es sogar besser, dass ich erst jetzt zu diesem Amt kam. Andernfalls hätte ich
nicht über genügend Kraft verfügt, meinen neuen Aufgaben gerecht zu werden.

Zunächst beantragten wir beim Ministerrat die Wiederherstellung des 1974 auf Druck der
Parteiführung abgeschafften zweistufigen Banksystems. Kurz zuvor hatte ich gemeinsam mit
HANS TAUT und WOLFRIED STOLL einen Artikel zu diesem Thema im Neuen Deutschland
verfasst. Eine zentrale Staatsbank organisiert Geld und Abrechnungen – also die Geldpolitik
des Staates. Die Geschäftsbanken widmen sich der Geldpolitik der Wirtschaft sowie der Bevölkerung. Nicht nur in der Bundesrepublik, in der ganzen nichtsozialistischen Welt war das
Bankwesen seit jeher so organisiert.

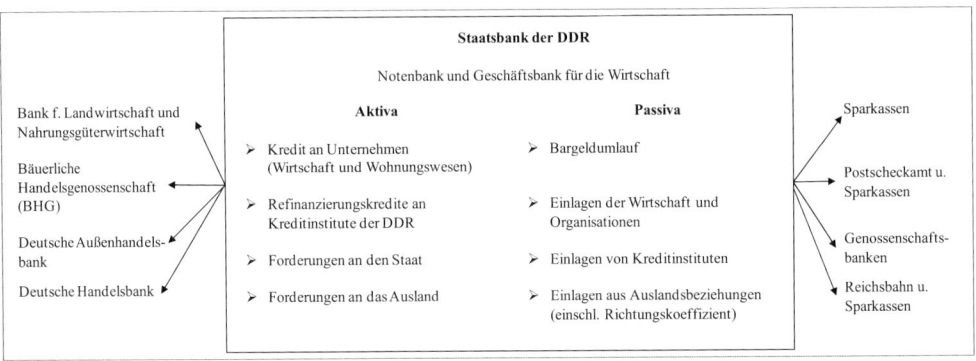

Abbildung 1:   *Das Bankensystem der DDR am 1. Januar 1990*

Als wir diesen Artikel schrieben, ahnten wir nicht, dass in absehbarer Zeit die Mauer fallen
würde. Die Genehmigung des Ministerrats in der Tasche, trieben wir unser Vorhaben mit
allem Nachdruck voran. In meiner neuen Doppelfunktion als Vizepräsident der *Staatsbank*
und Gründer der ersten privaten Geschäftsbank auf ostdeutschem Boden – der späteren *Kreditbank* – verbrachte ich fast Tag und Nacht in der Bank. Um mich hatte ich eine kleine engagierte Truppe versammelt: die Sektorenleiter KONRAD SEELING und DIETER HANNEWAHR, die
Abteilungsleiter FRIEDHELM TUTTLIES und LOTHAR HÖPFNER sowie die Leiterin der Rechtsabteilung, BARBARA WILLMA. Die Koordination übernahm meine Sekretärin BARBARA („BABSI")
WALTHER und meine persönliche Mitarbeiterin SYLVIA DIEDERICH. Herausragende Dienste
leistete auch ULLI KRAUSE, stellvertretender Präsident für Bau, Verkehr und Handel. „Wir
gründen unsere eigene Bank, klar.", lautete sein Standpunkt. Ich sollte Sprecher werden, er
mein Stellvertreter oder zumindest einer von mehreren. ULLI war ein richtiger Haudegen. Jene

Kollegen, denen unser Vorstoß ein Dorn im Auge war, verwies er schonungslos in die Schranken. Diesen Mut brachte ich nicht auf. Auch HORST KAMINSKY gegenüber nahm er kein Blatt vor den Mund, was mir nie eingefallen wäre. KAMINSKY war für mich einen unangreifbare Respektsperson. Gemeinsam erarbeiteten wir alle zu unserer Neugründung erforderlichen Unterlagen und bereiteten den Absprung vor. Das war eine Heidenarbeit. Schließlich hatten wir innerhalb weniger Monate das gesamte Bankensystem der DDR auf die Marktwirtschaft umzustellen.

Wie sollten wir diese neue Bank aus der *Staatsbank* herauskaufen – und welche Rechtsform sollte sie haben? Vor der gleichen Frage standen die *Landwirtschaftsbank* und die *Außenhandelsbank*. Der *Ostdeutsche Sparkassenverband* musste gebildet werden. Unsere Entscheidung lautet: Wir gründen eine Aktiengesellschaft. So können wir später als selbstständige Banken agieren. Dazu brauchten wir nach geltendem Aktienrecht fünf Aktionäre. Die zu finden war nicht schwierig, allerdings war zu bedenken: Wer wird überleben? Schließlich entschieden wir uns für:

> die Interhotels,

> die Centrum-Warenhäuser,

> die Handelsorganisation,

> den Konsum-Verband sowie das

> Chemiekombinat Schwarzheide.

Hauptaktionär wurde die *Treuhandanstalt*.

Um die von uns vorangetriebene Herauslösung aus der *Staatsbank* umzusetzen, musste nach geltendem DDR-Recht die gesamt Belegschaft zustimmen. Die große Frage hieß: Wer bleibt in der *Staatsbank* und wer geht in die Privatbank? Viele sagten: „Es ist jetzt alles so unsicher, da halte ich mich lieber an die *Staatsbank*. Staat bleibt Staat, und für dessen Mitarbeiter müssen sie was tun. Gehen wir dagegen als Privatbank pleite, habe ich alles verloren." Deshalb war große Überzeugungsarbeit nötig. Für mich stand fest: Ich gehe in die Privatwirtschaft! Wer aber ging mit mir? Alle, die im operativen Bereich tätig waren, also Industrie, Bau, Handel und Verkehr, wollten mit in die neue Bank. Besonders in den nichtoperativen Bereichen war es jedoch ungleich schwieriger, die Leute zu überzeugen. Und zwar nicht nur in der Berliner Zentrale, sondern in der gesamten Republik. Voraussetzung war, dass sich Leiter und Belegschaft für uns entschieden. Vor allem die jungen Bezirksdirektoren, die noch nicht so lange in ihren Chefsesseln saßen, unterstützten mich: HARTMUT KLATT in Neubrandenburg, UWE SENF in Magdeburg, MARTIN UNGER in Cottbus sowie KURT FELSCH in Halle. Ich wollte möglichst viele Filialen mitnehmen – in ihnen fand schließlich das tatsächliche Geschäft statt.

Um die Menschen für uns zu gewinnen, mussten wir an die Basis gehen. Das lag mir durchaus im Blut: *Staatsbank*-Chef KAMINSKY hatte mich deshalb halb anerkennend, halb scherzhaft Volkstribun getauft – und auch nach der Wiedervereinigung blieben mir Ruf und Titel erhalten. Ich besuchte unzählige Filialen. Am Ende überzeugten wir tatsächlich die erforderliche Mehrheit der *Staatsbank*-Mitglieder von unserer Idee. Über 90 % stimmten für uns! So kam es, dass wir 13.000 von über 14.000 Mitarbeitern der *Staatsbank* in die *Kreditbank* übernahmen.

Als besonders schwierig erwies sich die Neugestaltung unseres Filialnetzes. Was bleibt *Staatsbank*, was wird *Kreditbank*? Bisher war ja alles unter einem Dach untergebracht gewesen. Hauptsächlich in den Bezirksstädten mussten wir die Direktionen auseinandernehmen und die Aufteilung in *Kredit-* und *Staatsbank* festlegen. Ein Streit entbrannte – um Gebäude, Geschäftsräume, Büros. Wir sahen zu, dass loyale Mitarbeiter vor Ort unsere Interessen durchsetzten. Schließlich konnten wir das nicht vom fernen Berlin aus steuern.

Im Namen der neuen Bank unterschrieb ich schließlich einen Wechsel zur Sicherung der Liquidität, mit welchem wir uns per Ministerratsbeschluss für 280 Mrd. DDR-Mark aus der *Staatsbank* herauskauften. Wir benötigten 8 % Eigenkapital für alle Kredite. Über diese verfügten weder wir noch die Staatsbank. Deshalb entschieden wir in Abstimmung mit dem Finanzminister, die zur Unterstützung unserer Bilanzsumme nötigen Eigenmittel aus dem Sonderkonto des Richtungskoeffizienten zur Verfügung zu stellen.

Der Rest der *Staatsbank* wurde später von der *Kreditanstalt für Wiederaufbau* (KfW) übernommen, einer staatlichen Förderbank der Bundesrepublik.

3   Verhandlungen mit dem Klassenfeind

Im Westen vermittelte ich stets und überall den Eindruck: Wir sind die größte Geschäftsbank der DDR und kommen als Einzige für eine Partnerschaft mit einem großen, westlichen Finanzhaus infrage. Ohne diese anmaßende Haltung wären wir gnadenlos untergegangen.

In der Gründungsphase gaben sich bei mir, vom Weltbankpräsidenten angefangen, alle europäischen Bankchefs die Klinke in die Hand. Ich galt in der westlichen Welt als unbeschriebenes Blatt. Jeder wollte diesen Neuen kennenlernen, der die Finanzwelt des Ostens beherrschte. Ständig kamen neue Gäste, manchmal drei am Tag. Ich kam gar nicht hinterher, Aktenvermerke bezüglich all meiner Gespräche anzufertigen. Viele Besucher sprachen kein Deutsch – und ich kein Englisch. Ich stellte jedoch fest, je ehrlicher ich mit diesem Problem umging, desto mehr Verständnis fand ich auf der Seite meiner Verhandlungspartner.

Am 31. Januar lerne ich in Berlin AXEL OSENBERG, den Generalbevollmächtigten der *Deutschen Bank* für Personalfragen, kennen. Wir kamen miteinander ins Gespräch. OSENBERG stammte aus Kleinmachnow. Zur Grundsteinlegung für das Hüttenwerk in Eisenhüttenstadt 1951 hatte er noch im FDJ-Chor mitgesungen. Nach dem Abitur war er in den Westen gegangen. Wir sprachen über die Möglichkeit, aus unseren beiden Häusern heraus eine Joint-Venture-Bank zu gründen. Angesichts des Tempos der politischen Entwicklung war uns klar, dass es bis zur Wiedervereinigung nicht mehr lange dauern würde – und dann brauchte die von uns zu gründende Privatbank einen starken Partner. Wir verabredeten ein Treffen mit Vorstandssprecher HILMAR KOPPER und seinem Vorstandskollegen GEORG KRUPP.

Im Präsent-20-Anzug machte ich mich am 11. Februar auf den Weg ins Steigenberger in Westberlin. „Weißt du, wie mir die Beine schlackern?", verabschiedete ich mich von meiner Frau. „Heute verhandle ich mit dem Klassenfeind!"

„Was ist Kapitalismus?", hieß es einst im Parteilehrjahr. Die Antwort lautete: „Die Deutsche Bank und *HERRMANN ABS*." Plötzlich sollte ich mit westdeutschen Bankern über eine Zusammenarbeit reden?! Eines war mir indes klar: Wollte ich mit meiner Bank erfolgreich sein, kam ich an diesen Leuten nicht vorbei.

Das Gespräch mit *KOPPER* und *KRUPP* dauerte mehrere Stunden. Meine Ängste und Vorbehalte verflogen. *KOPPER* und ich hatten vieles gemeinsam. Wie ich hatte er keine Stufe in seiner Banker-Laufbahn ausgelassen. Obendrein stammte auch er von einem Bauernhof. Wir redeten nicht nur über Wirtschaft, Geld und Banksysteme, sondern über Gott und die Welt. Wie nebenbei ebneten wir per Handschlag den Weg für eine marktwirtschaftlich orientierte Bank in der DDR. Denn nach unserem Treffen stand fest: Wenn die *Deutsche Bank* in die Deutsche Demokratische Republik geht, dann nur zusammen mit uns.

Von nun an flog ich des Öfteren nach Frankfurt am Main, meistens am Wochenende. Die Gespräche mit *KOPPER* und anderen Leuten aus der Führungsetage der *Deutschen Bank* gaben mir das Rüstzeug für die Gründung unserer eigenen Bank in die Hand. Diese Gespräche liefen streng geheim. Von Berlin aus standen wir mit Hilfe eines Feldfernsprechers, den mir die Deutsche Bank zu diesem Zweck überlassen hatte, telefonisch in Kontakt. So konnte ich von meinem Schrebergarten oder aus dem Kornfeld – abhörsicher – mit der Zentrale am Main telefonieren.

Bis zu meinen ersten Gesprächen mit *KOPPER* hatte die Deutsche Bank darüber nachgedacht, mit der *Deutschen Außenhandelsbank* zu kooperieren. Sie war die einzige über die Grenzen der DDR hinaus bekannte Bank. Die *Staatsbank* selbst konnten sie ja nicht kaufen. Auf der nächsten Vorstandssitzung schwor *KOPPER* seine Leute auf den neuen Kurs ein. Fortan stand mir der gesamte Apparat der Deutschen Bank einschließlich Rechtsabteilung zur Verfügung.

Im Frühjahr traf ich mich mit *JÜRGEN BIELSTEIN*, einem der Generalstrategen der *Deutschen Bank* am Müggelsee. Ich zeigte ihm sämtliche Unterlagen der Staatsbank und skizzierte, wie unsere neue Bank in etwa aussehen würde. Er gab mir viele Ratschläge hinsichtlich meiner Bilanzen.

Um meine Verhandlungen mit Frankfurt auf sichere Füße zu stellen, mussten wir die Gründung unserer Bank so schnell wie möglich zu Ende bringen. Ja, wie sollte unsere neue Bank überhaupt heißen? „Du brauchst dringend einen Namen", durchfuhr es mich. Wieder einmal im Flugzeug zwischen Berlin und Frankfurt kam mir die Erleuchtung: *Deutsche Bank* nennen die sich – dann nennen wir uns *Deutsche Kreditbank*. Ab sofort richteten wir alle weiteren Unterlagen auf den neuen Namen ein. So wurde in meinen Gesprächen mit dem ehemaligen „Klassenfeind" der Name unseres Geldinstituts geboren.

Am 19. März 1990 – einen Tag nach den ersten und zugleich letzten freien Wahlen in der DDR – unterschrieb ich die Gründungsurkunde der *Deutschen Kreditbank AG*. Damit konnten wir die erste Privatbank auf ostdeutschem Boden ins Handelsregister eintragen lassen. Am 27. März bekundete der Vorstand der *Deutschen Bank* gegenüber dem Präsidenten der *Staatsbank* offiziell sein Interesse, zusammen mit der *Deutschen Kreditbank* eine Universal-Geschäftsbank mit Sitz in Berlin Ost zu gründen. Wie bei anderen Betrieben musste der

DDR-Anteil bei einem Joint Venture der *Kreditbank* mit der *Deutschen Bank* 51 % betragen. Das hieß, es war nicht möglich, die Mehrheit der *Deutschen Bank* zu überlassen.

Zuvor hatte die *Staatsbank* der *Deutschen Bank* genehmigt, in fast allen Bezirksstädten Ostdeutschlands Repräsentanzen zu eröffnen. Diese tätigten noch keine Geschäfte, sondern sondierten erst den Markt. Für einige Unruhe unserer Belegschaft sorgte indes, dass die Deutsche Bank mehrmals in Fachblättern der Finanzwelt verlauten ließ, sie beabsichtige nicht, mit einer DDR-Bank zusammenzugehen. Noch immer durfte ich mich nirgends mit KOPPER, KRUPP, OSENBERG und anderen Vorständlern zeigen. Zwar flogen wir gemeinsam zur Frühjahrsmesse nach Leipzig. Doch vom Flugplatz fuhren wir getrennt zur Veranstaltung.

Anfang April gingen KOPPER und ich mit einer gemeinsamen Presseerklärung an die Öffentlichkeit. Ich erklärte in Berlin, KOPPER in Frankfurt: „Die *Deutsche Bank AG* und die *Deutsche Kreditbank AG* haben eine Absichtserklärung über die Gründung eines gemeinsamen Kreditinstituts unterzeichnet. Dessen Gründung soll gemäß den in der Deutschen Demokratischen Republik geltenden gesetzlichen Voraussetzungen erfolgen. Beide Beteiligten gehen davon aus, dass das gemeinsame Institut keine marktbeherrschende Stellung innehaben wird. Die *Deutsche Bank AG* und die *Deutsche Kreditbank AG* wollen mit dieser Gemeinschaftsgründung einen Beitrag zum Aufbau eines leistungsfähigen Bankensystems in der DDR leisten." Es folgte ein Aufschrei. Der Aktienkurs der Deutschen Bank stieg binnen kürzester Zeit.

Noch heute behaupten einige Leute, ich hätte dank meiner Stellung in der *Staatsbank* einen Batzen Geld auf die Seite gebracht und anschließend von der *Deutschen Bank* eine bombastische Prämie kassiert. Was ich tatsächlich bekam, war eine Perspektive für die *Kreditbank*. Somit konnte ich meinen 13.000 Mitarbeitern weiterhin in die Augen schauen … Von ihnen hatte ich im Vorfeld unserer Absichtserklärung zur Gründung eines Joint Venture mit der *Deutschen Bank* die Zustimmung einholen müssen. Dazu war ich nach DDR-Recht verpflichtet. In sämtlichen Filialen hatten geheime Urabstimmungen stattgefunden. Das war eine pikante Angelegenheit. Meine Bankdirektoren waren allesamt Mitglieder der SED gewesen. Ob gewollt oder ungewollt, sei dahingestellt. Die meisten waren hervorragende Fachleute, da war die Parteifrage nicht entscheidend. Doch wusste ich, wie stark das Bild vom „Klassenfeind" in ihren Köpfen umherspukt? „Jetzt kommt der große Kapitalist und frisst dich auf", mochten sie denken. Ich selbst hatte die *Deutsche Bank* inzwischen in allen Facetten kennengelernt und mein einstiges Bild vom „Flaggschiff des Kapitalismus" korrigiert. Ich war erstaunt, wie fair und konstruktiv sie mir entgegengetreten waren. Diese Erfahrung stand in krassem Widerspruch zu meinen Erwartungen. Allerdings hatte ich der *Deutschen Bank* mit unserem Filialnetz und den qualifizierten Mitarbeitern etwas zu bieten, was sie gut gebrauchen konnten. Man kann ein solches Geschäft auf formeller oder emotionaler Ebene abwickeln. In unserem Falle war Letzteres geschehen. Ich war von allen zwölf Vorstandsmitgliedern und Generalbevollmächtigten der *Deutschen Bank* positiv aufgenommen worden. Sie hatten sich meine Sorgen, Warnungen und Nöte angehört und versucht, darauf zu reagieren.

Manchmal frage ich mich: Wäre dasselbe unter heutigen Bedingungen denkbar? Als am Ende des Kalten Krieges die Fronten aufbrachen, waren auch große westliche Kapitalgesellschaften wie die *Deutsche Bank* bereit umzudenken. Ich erlebte dasselbe wenig später bei *Siemens*, die 13 Betriebe in Ostdeutschland übernahmen – auch wenn es einige von ihnen heute nicht mehr gibt. Ich erlebte es bei *Alcatel*. Deren Vorstand, ein ehemaliger Ossi, war nach seinem Abitur abgehauen und drüben ein großer Mann geworden. Ich lernte jeden Tag dazu und wurde stets aufs Neue mit Dingen konfrontiert, die ich höchstens aus der Theorie – und dort oftmals unter vollkommen anderen Vorzeichen – kannte.

Für uns in der *Kreditbank* stand nun die Frage: Wie schaffen wir es, die Mehrheit unserer Belegschaft zu überzeugen, mit der *Deutschen Bank* zusammenzugehen? Gerade hatten sie mit mir die *Staatsbank* verlassen – jetzt kam ich schon wieder und sagte: „Lasst uns mit der *Deutschen Bank* kooperieren." Und das in einer derart turbulenten Zeit. Dabei kam mir einmal mehr zugute, dass ich weit über das Kollegium der Staatsbank hinaus einen hohen Bekanntheitsgrad in den Bezirks-, Kreis- und Industriebankfilialen genoss. Ich kam ja von unten und war all die „Treppenstufen" selbst gestiegen. Viele im Westen denken, die Führungskräfte Ost wären allesamt Parteifunktionäre gewesen. Natürlich war die SED interessiert, dass Führungskräfte der Wirtschaft auch Mitglieder der Partei waren, aber sie besaßen in der Regel die fachliche Qualifikation. Ich redete vor Ort mit den Leuten, hörte mir ihre Sorgen und Nöte an – und bekam als Antwort: „Edgar, wir gehen mit dir, aber denk später auch an uns!" Das war eine enorme Gewissensbelastung. Ich war mir im Klaren darüber, dass wir diesen Schritt – wollten wir nicht untergehen – tun mussten. Zugleich war mir bewusst: Hinter mir stehen 13.000 Menschen, für die ich verantwortlich bin. In der ostdeutschen Bankenwelt, vor allem beim Rest der Staatsbank, wurde direkt oder indirekt die Meinung verbreitet: „Der Most mit seiner Bank überlebt die Veränderungen sowieso nicht." Das hat unsere Überzeugungsarbeit bei vielen Menschen nicht einfacher gemacht. Glücklicherweise konnte ich die überwiegende Mehrheit unserer Belegschaft auf unseren Kurs bringen. Mehr als 80 % signalisierten für die Verhandlungen mit den Finanzherren im Westen grünes Licht.

Im Februar 1990 hatte sich *RUDI PUCHTA*, der Westberliner Chef der *Dresdner Bank* bei mir gemeldet. Wie *HILMAR KOPPER* hatte er sein Handwerk von der Pike auf gelernt. Als ich *PUCHTA* im Sitz der Staatsbank empfing, musste man am Einlass noch den Ausweis des Ministerrates vorzeigen, mit dessen Hilfe ich bereits in Schwedter Zeiten zu Generalstaatsanwalt *JOSEF STREIT* hatte vordringen können. Nun kam ich mit meinem roten Ausweis herunter, um *PUCHTA* ins Haus zu holen. Kurz darauf saßen wir in meinem Zimmer und guckten auf den Bebelplatz, auf dem die Nazis ihre Bücherverbrennung zelebriert hatten. Mein Gegenüber war sichtlich gerührt. „Was ist denn?", fragte ich besorgt. „Wissen Sie überhaupt, dass wir in dem Gebäude sitzen, von dem jeder Mitarbeiter unserer Bank, wenn er fünfzig wird, ein Bild geschenkt bekommt?" Das Gebäude der *Staatsbank* hatte bis 1945 der *Dresdner Bank* gehört. *PUCHTA* lud mich in die Uhlandstraße ein, den Hauptsitz der *Dresdner Bank* in Westberlin. Wir machten einen Kasten fränkischen Sekt nieder und tranken Brüderschaft. „Was können wir dafür, was die großen Mächte dieser Welt fabriziert haben?", sagte *RUDI*. „Ich bin Franke, du bist Thüringer. Nun haben wir uns wiedergefunden." Tatsächlich hatten wir unsere Kindheit und Jugend nur ein paar Kilometer voneinander entfernt verlebt. Der Chef der Dresdner Bank in Westberlin war der erste Westdeutsche, mit dem ich per Du war. Bis heute sind wir Freunde.

Nachdem *KOPPER* und ich im April unser Zusammengehen erklärt hatten, ließ mich *PUCHTA* wissen: „Du kannst nicht mit der *Deutschen Bank* allein zusammengehen, die *Dresdner* will auch was von der *Staatsbank* haben. Außerdem: Ruf mal beim Kartellamt an!" Das tat ich und vernahm: „Sie als führenden Finanzunternehmen der DDR wollen sich mit der *Deutschen Bank* zusammenschließen, dem marktbeherrschenden Finanzunternehmend er Bundesrepublik? Das ist mehr als bedenklich! Herr *MOST*, ganz ehrlich: Haben wir erst mal die deutsche Einheit, machen wir das rückgängig." Ich rief *KOPPER* an: „Das Kartellamt prophezeit, sie revidieren unseren Zusammenschluss, wenn die Einheit vollzogen ist … Übrigens hat die *Dresdner Bank* ebenfalls Interesse an Filialen der *Staatsbank* angemeldet." Gemeinsam mit *KOPPER* beschloss ich, die *Dresdner Bank* mit ins Boot zu holen. Schließlich hatten wir in fast allen großen Städten zwei Banken.

Damit begann das große Schachern um die Ost-Banken, das mir aus tiefstem Herzen missfiel. Für die Aufteilung unserer Filialen an die beiden westdeutschen Finanzhäuser fehlte mir eine ausreichend große Landkarte der DDR. Da fiel mir die Karte des Präsidenten der *Staatsbank* für den B-Dienst ein. Ich holte sie in mein Zimmer. Mit grünen und blauen Fähnchen markierte ich gemeinsam mit LOTHAR HÖPFNER, welche unserer Filialen an die Deutsche und welche an die Dresdner gingen. Die Karte hängt heute in meinem Keller. „Ihr kriegt ein Drittel meiner Filialen", meldete ich den Leuten von der *Dresdner*, „und die Hauptfiliale wird in Dresden eröffnet. Schließlich wurde euer Haus dort gegründet. Ich habe drei Gebäude, ihr kriegt das beste!". Eine Bedingung hatte die *Dresdner Bank* allerdings: „Wenn wir kooperieren, brauchen wir für die Leitung der Joint-Venture-Bank Ossis – also Leute, die sich dort auskennen." Ich redete mit JÜRGEN SIMON und KLAUS BUTT aus unserer Zentrale und einigen anderen Leuten, die aus Sachsen stammen.

Nachdem ich genügend Mitarbeiter zusammen hatte, die bereit waren, nach Dresden zu gehen, rief ich WOLFGANG RÖLLER an, den Vorstandschef der *Dresdner Bank*. Er war der Nachfolger des ermordeten JÜRGEN PONTO, genau wie HILMAR KOPPER jener von ALFRED HERRHAUSEN. „Wir haben soweit alles vorbereitet. Unterschreiben Sie bitte die Absichtserklärung zur Gründung einer Joint-Venture-Bank zwischen Ihrem und unserem Haus." RÖLLER weigerte sich. Er wollte die Hälfte unserer Filialen. „Ich bin nicht auf die *Dresdner Bank* angewiesen", beendete ich das Gespräch. In der Tat gab es mehrere Interessenten für unsere Filialen. Die *Hypo-Vereinsbank* in München hatte bereits Unterlagen für einen Teil unseres Filialnetzes erhalten. Die *Commerzbank* hatte sich erst spät gemeldet. Sie wollten eigenständig mit Filialen in Containerwagen anfangen.

Der *Dresdner Bank* teilte ich nun per Telegramm mit: „Liegt mir nicht bis morgen Mittag Ihre Absichtserklärung vor, versehen mit den Unterschriften des gesamten Vorstands, betrachte ich unsere Gespräche als beendet." Von dort hieß es nun, dass einer der Vorstände sich in Japan befinde, einer in Amerika. Bis morgen Mittag – das gehe überhaupt nicht. „Was denken Sie, was alles geht, wenn es sein muss", erwiderte ich. Anderntags, punkt 12 Uhr fuhr auf dem Berliner Bebelplatz ein Auto vor. Ein Kurier brachte das von sämtlichen Vorständen der *Dresdner Bank* unterschriebene Papier. Seine Leute hatten begriffen, dass ich die Zentrale auch unterbringen musste. Das ging nur, wenn man mit einem Partner – in diesem Falle der *Deutschen Bank* – ein größeres Marktfeld vereinbarte. Damit stand der Gründung von Joint Ventures mit der *Deutschen Bank* und der *Dresdner Bank* nichts mehr im Wege.

4   Deutsche Einheit in der Bank

Im ersten Vierteljahr nach der Währungsunion verbuchte die *Kreditbank* hohe Gewinne. Diese verdankten wir nicht zuletzt der *Kreditanstalt für Wiederaufbau*. Die hatte ausüberschüssigen Geldern des MARSHALLplans das ERP-Sondervermögen gegründet, das bis heute die Grundlage der von ihr betriebenen Förderpolitik bildet. Somit also kam der MARSHALLplan, wenngleich rudimentär, nun auch der DDR zugute. Einen Teil der Gewinne zahlte ich rückwirkend in die Beamtenkasse ein. Ich tat es vor allem für diejenigen meiner Mitarbeiter, von denen ich wusste, sie verlieren in absehbarer Zeit ihren Job, weil sie zu alt waren oder in Bereichen der *Staatsbank* gearbeitet hatten, die in privaten Geldinstituten wie der *Deutschen* oder *Dresdner Bank* kein Äquivalent besaßen. Gingen diese Kollegen früher in den Ruhestand, bekamen sie eine geringe Zusatzrente. Alle unseren westlichen Kollegen waren Mitglieder des Beamtenversicherungsvereins und hatten somit Anspruch auf eine zusätzliche Altersversorgung. Wir dagegen kamen neu dazu, hatten alle bereits ein bestimmtes Alter erreicht und obendrein längst nicht so einen hohen Verdienst vorzuweisen wie unsere westdeutschen Kollegen. „Das gibt irgendwann Knatsch.", dachte ich und: „Ob wir jetzt drei, zehn oder sonst wie viele Millionen Gewinn einfahren – lieber benutze ich einen Teil dieses Geldes für die soziale Absicherung meiner Leute." Aus dem gleichen Grund wollte ich später für alle unsere Mitarbeiter einen weiteren großen Betrag in besagte Kasse einzahlen. Diesmal machte mir das Finanzministerium einen Strich durch die Rechnung. Den zweiten Antrag hatte ich nach der Währungsunion gestellt und nicht wie den ersten davor, lautete die Begründung. An solchen Formalien scheiterten soziale Bemühungen.

Mit der Belegschaft der *Kreditbank* hatten wir zwischen 70 % und 80 % Frauen in unsere Joint-Venture-Unternehmen eingebracht. darunter etliche Filialdirektorinnen. Für die Wessis war das ein absolutes Novum. Doch auch für uns war nun vieles neu. So kannten wir Ossis viele Finanzprodukte unserer westlichen Partner nicht. Um uns in die westliche Finanzwelt hineinzudenken, mussten wir den Austausch forcieren. Also lautete die Order: „Ab in den Westen!" Die einen kamen nach Wuppertal, andere nach Bielefeld, wieder andere nach Essen, Köln oder München. Jeder Hauptfiliale aus dem Westen hatten wir einen ehemaligen DDR-Bezirk zugeordnet. Die Frauen ließen sich das nicht zweimal sagen. Die meisten waren verheiratet, hatten Kinder, dennoch hörte ich von ihnen weder Weh noch Ach. Sie marschierten los, wollten es wissen, ihre Chance nutzen. In vielen Ostfamilien saßen die Männer nach der Privatisierung oder Abwicklung ihrer Betriebe auf der Straße. Viele Frauen stellten als Alleinverdiener inzwischen das Rückgrat ihrer Familie dar. Ich war begeistert von ihrem Einsatzwillen. Vor der Wende wäre es schwieriger gewesen, Mitarbeiter dazu zu bewegen, von Karl-Marx-Stadt nach Rostock zu wechseln.

Die meisten blieben einen Monat im Westen, andere drei, einige gar ein halbes oder ganzes Jahr. Ihre Qualifizierung im Gepäck, kehrten sie zurück. Oft hörte ich von ihnen: „Die kochen da drüben auch nur mit Wasser." Im Gegenzug arbeiteten viele West-Männer im Osten. Häufig kamen Frauen nicht schnell genug nach – und wenn, hatten ihre Gatten nicht selten bereits eine andere Frau an ihrer Seite. Die Arbeit durfte nicht darunter leiden. Oft hieß es: „Zwischen dem Filialleiter Soundso und dem Trainee – einem hübschen Mädchen – läuft etwas …". In jedem Bundesland gab es etlicher solcher Fälle. Denn Sittenrichter zu spielen, lag mir ganz und gar nicht. Dennoch konnte ich die beiden nicht in derselben Filiale belassen. Nach einem klärenden Gespräch versetzte ich ihn oder sie in eine andere Stadt. Ob sie weiter miteinander turtelten, war ihr Problem – aber nicht in der gleichen Filiale. Das bringt das Betriebsklima durcheinander. Wiederholt meldeten sich Frauen bei mir: „Schicken Sie mir meinen Mann zurück!" Auf der anderen Seite erlebten viele unserer Frauen Stänkereien, wenn sie aus dem Westen zurückkamen. Etliche Ehen gingen zu Bruch. Im Westen war es undenkbar, dass sich der Chef um die privaten Belange seiner Mitarbeiter kümmerte. Aber im Osten – das wussten mittlerweile viele Wessis – gehörte sich das so. Manche Ehen konnten wir flicken, einige Beziehungen entstanden neu, wieder andere blieben von alledem unberührt und bestehen bis heute. In vielen Familien, ob Ost oder West, brachte dieser Umbauprozess eine Menge durcheinander.

Am 29. Dezember 1990 wurde die *Deutsche Bank Kreditbank AG* mit der *Deutschen Bank* verschmolzen. Ich schied am 30. Juni 1991 aus dem Vorstand der *Kreditbank* aus und stand ihr nur noch beratend zur Seite. Nachdem die Joint-Venture-Anteile der *Kreditbank* durch ihren Hauptaktionär, die *Treuhandanstalt*, an die *Deutsche Bank* verkauft worden waren, fusionierte die *Deutsche Bank AG Berlin West* mit dem Ostteil der *Deutschen Bank*.

Dass ich mich nun ausschließlich meiner Arbeit im Vorstand der *Deutschen Bank* in Berlin widmete, hatte zwei Gründe. Zunächst nahm der Druck anderer Banken auf die *Deutsche Bank* zu: Durch meine Person bestand nach Ansicht anderer Banken ein Wettbewerbsvorteil, da ich sowohl das Alt- als auch das Neugeschäft verantwortete. Anderseits hatten die vergangenen Monate derart an meinen Kräften gezehrt, dass ich mir sagte: „Die Doppelbelastung kannst du auf Dauer nicht tragen." Ich entscheid mich für die *Deutsche Bank*.

Die neue Geschäftsleitung zog im Juni 1991 in die Zentrale am Ernst-Reuter-Platz. Hier kamen gänzlich neue Anforderungen auf mich zu. 1992 wurde Rechtsanwalt WOLFGANG VOGEL, der im Auftrag der DDR die Verhandlungen mit der Bundesrepublik für ausreisewillige DDR-Bürger geführt hatte, verhaftet. Ihm wurde Steuerhinterziehung vorgeworfen. Seine Rechtsanwältin wandte sich nun mit der Bitte an meinen Kollegen MICHAEL FERNHOLZ, eine Kaution für VOGEL zu stellen, damit er nicht bis zur Gerichtsverhandlung in Untersuchungshaft zu sitzen brauchte. FERNHOLZ, der für das gehobene Privatkundengeschäft zuständig war, brachte dieses Anliegen in die Geschäftsleitung. Der Ost-West-Konflikt in Steuersachen führte zu längeren Diskussionen. Ich fand erstaunlich, dass der ostdeutsche Rechtsanwalt Privatkunde einer Westberliner Bank war. Schließlich wurde die Kaution durch die *Deutsche Bank* Berlin gestellt – unterschrieben von FERNHOLZ als Wessi und mir als Ossi. Persönlich traf ich VOGEL 1996 in der *Deutschen Bank Luxemburg*. Er konnte sich noch gut an die Kautionsgeber erinnern und dankte mir überschwänglich.

Ein andermal informierte mich die Filialleiterin der *Deutschen Bank* am Berliner Spittelmarkt darüber, dass unser Kunde MARKUS WOLF, bis 1986 stellvertretender Minister für Staatssicherheit und Chef der Auslandsaufklärung, ebenfalls eine Kaution beantragt hatte. Wieder führten wir prinzipielle Diskussionen in der Geschäftsleitung. Am Ende setzte ich durch, dass die Kaution bei Verpfändung seines Buches „Die Troika" gestellt wurde. Da das Thema Staatssicherheit politisch äußerst brisant war, durfte die Öffentlichkeit nichts von dieser Entscheidung erfahren. Es lief alles über Rechtsanwälte.

5   Der Osten als Vorreiter für den Westen

Nach der Wende stand fest: Wir brauchen im Osten mindestens 600 Mrd. D-Mark, um den Rückstand unserer Kommunen aufzuholen. Dieser betraf die gesamte Infrastruktur – Nahverkehr, Wasserbetrieb und Stadtwerke, Krankenhäuser oder Wohnungswirtschaft, um nur einiges zu nennen. Zudem musste innerhalb des Kommunalvermögens eine Umstrukturierung stattfinden.

Unsere Kommunen hatten jedoch weder Geld noch die notwendigen Kontakte für alternative Finanzprodukte. Also kamen wir zu dem Schluss: Wir eröffnen in der Bank einen eigenen Bereich für die Kommunalfinanzierung. Dabei kam uns zugute, dass es in Ostdeutschland keine Landesbank gab und die Sparkassen noch keine Kapazitäten für diesen Geschäftszeig entwickelt hatten. Wir hingegen waren in jeder ehemaligen Kreis- und Bezirksstadt mit mindestens einer Filiale vertreten. Das nicht unser einziger Trumpf. Bei Gesprächen mit ostdeutschen Bürgermeistern half mir, dass ich – wie die meisten von ihnen – ein einheimischer war, kein Spezialist aus dem Westen, der alles besser wusste. Die Parteizugehörigkeit spielte bei unseren Gesprächen keine Rolle. Es ging schließlich nicht um Ideologie, sondern um Inhalte. Und beiden Seiten war bewusst: Im Zuge der Marktwirtschaft müssen wir in die Kommunen investieren.

Die Kommunalfinanzierung bietet den Vorteil, dass eine Kommune praktisch nie pleitegehen kann – es sei denn, der Staat geht den Bach runter. Ist eine Kommune zahlungsunfähig, haftet zunächst das Land. Ist dieses pleite, tritt der Bund in die Pflicht. So ist die Gesetzeslage. Unser Grundgedanke lautete: Wenn wir die Kommune richtig beraten und darauf achten, dass sie ihre Haushaltspläne einhält, ohne sich zu verschulden – so dass ihnen der Haushalt nicht gesperrt wird –, können wir Geld verdienen. Es gibt kein ökonomisches Gesetz, das besagt, kommunale Unternehmen arbeiten weniger effizient als die Privatwirtschaft. Diese Betriebe waren dann, nach dem Zusammenbruch der Industrie beziehungsweise der Umwandlung ehemaliger Spitzenbetriebe in verlängerte Werkbänke der westlichen Mutterkonzerne, die Großbetriebe des Ostens. Dadurch nahmen sie für den Arbeitsmarkt ebenso wie für die Wirtschaftspolitik (nicht nur als Infrastruktur-Dienstleister) eine außerordentliche Schlüsselposition ein. Ich würde sogar soweit gehen zu behaupten: Die Stadtwerke bildeten den Kern für die Entwicklung einer eigenständigen Wirtschaft. Wer sagt denn, dass kommunale Unternehmen ihre Standortfunktion nicht auch nach privatwirtschaftlichen Maßstäben gestalten können?

Hier sah ich ein breites Betätigungsfeld für unser Kreditinstitut. Insgesamt finanzierten wir 156 Stadtwerke in Ostdeutschland. Alle großen Städte waren unsere Kunden. Öffentlicher Nahverkehr, Abwasserzweckverbände, Krankenhäuser, der kommunale und genossenschaftliche Wohnungsbau – es gab kaum einen Bereich, in dem wir uns nicht engagierten. Zur Unterstützung unseres Vorhabens gründeten wir in jedem neuen Bundesland einen kommunalen Gesprächskreis. Für diese Runden warben wir jeweils einen Bürgermeister, einen Krankenhaus-Chef, einen Stadtwerkdirektor, einen Wasserwirtschaftler, einen Experten des öffentlichen Nahverkehrs – in der Regel 20 bis 25 Fachleute. Aus ihrer Mitte wählten sie den Vorsitzenden des Gesprächskreises. Dieses Amt bekleidete meist der Bürgermeister einer größeren Stadt wie etwa *Harald Lastowka* in Stralsund. Die Bank saß als Partner in jedem Gesprächskreis, der etwa vierteljährlich tagte.

Zu diesem Zweck scharte ich eine eigene Truppe von Bank- und Volkswirten um mich, die sich ausschließlich mit Kommunalfinanzierung beschäftigte. Wasser, Stadtwerke, Wohnungsbau – für alle Kommunalgeschäfte gab es Spezialisten. Allein hätte ich die Vielfalt der anstehenden Themen und Probleme niemals überblickt. Unter der Leitung von *Wolfgang von Eckartsberg* und *Jörg Schiffmann* entstanden viele gute Geschäfte. In der ersten Phase ging es der Bank gar nicht darum, Geld zu verdienen. Vielmehr war es unser Ansinnen, Beratermandate zu bekommen und vor allem: Vertrauen aufzubauen. Trat ein Bürgermeister an uns heran und sagte: „Ich komme auf diesem Gebiet nicht weiter", oder: „Auf jenem Gebiet müsste ich eigentlich umstrukturieren, wie mache ich das?", schickten wir ihm einen Berater. Auf diese Weise brachten wir uns in die Kommunalwirtschaft und ihre Umgestaltung ein. Somit entwickelten wir für die *Deutsche Bank* ein weiteres Geschäftsfeld, welches sie in den alten Bundesländern nicht kannten. Die Kollegen in der Zentrale der Bank zogen daraus den Schluss, ähnliche Geschäftsmodelle in anderen Marktgebieten zu entwickeln. Auch in den alten Bundesländern mussten Wassersysteme, Straßen Einrichtungen, Autobahnen etc. saniert oder neu angelegt und damit finanziert werden.

Andererseits besteht im Osten ein riesiges Strukturproblem. In den neuen Bundesländern hätte nach der Wende eine grundlegende Gebietsreform durchgeführt werden müssen. Viele Städte und Gemeinden waren alleine nicht mehr lebensfähig. Im Osten sind 40 % der Verwaltungen abzubauen. Wir können uns auf Dauer nur noch zwei ostdeutsche Länder leisten und nur so viele Kreise, wie die DDR Bezirke hatte. Außerdem dürfte eine Kommune – auch im Westen – erst ab 20.000 Einwohner als solche zählen. Wie viele Gemeinden liegen weit darunter und könnten alleine nie leben. In der Regel ist das Steueraufkommen zu gering für den Unterhalt der bestehenden Verwaltungen. Mit einem kommunalen Fernsehen könnte man mehr Bürgernähe demonstrieren als mit aufgeblähten Verwaltungen. Doch das erfordert ein grundsätzliches Umdenken: Wer ist schon bereit, seinen Stuhl aufzugeben?

Ein anderes Problem war die Parteidisziplin. Ich hätte es nicht für möglich gehalten, dass diesem im Osten leichter überwindbar war als im Westen. Sicher lag es daran, dass bei uns die meisten Funktionäre noch nicht so fest in ihren Sätteln saßen. Wenn ich Abstimmungen im Bundestag oder in den Landtagen verfolge, denke ich oft: „Hier wird nur noch Parteidisziplin praktiziert." Meines Erachtens ein Grund dafür, dass viele Menschen nicht mehr wählen gehen und das Vertrauen in die Parteien schwindet. Nicht von ungefähr gewinnen die Freien Wählergemeinschaften auf kommunaler und regionaler Ebene immer mehr Stimmen. Die Rolle der Parteien in der Demokratie muss überdacht werden.

Auch aus diesem Grund dränge ich auf eine Gebietsreform. Anfang der 1990er Jahre hielt ich in Ostdeutschland Vorträge vor Landesparlamenten und Regierungen, in denen ich mahnte: „Denkt daran, in einigen Jahren können wir euch nicht mehr bezahlen. Ihr müsst euch neu strukturieren." Mitte der 90er hielt ich einen Vortrag auf der Insel Rügen. „Eigentlich kann Mecklenburg-Vorpommern nur aus den beiden Regierungsbezirken Mecklenburg und Vorpommern bestehen – alles andere rechnet sich nicht.", erklärte ich der Landesregierung. HELMUT HOLTER, Vorsitzender der PDS in Mecklenburg-Vorpommern zog daraus seine Schlussfolgerungen: Er gründete eine Denkwerkstatt, in der ich mitarbeitete. Dort wurden viele zukunftsweisende Ideen geboren und von der Regierung umgesetzt. In Thüringen sagte ich in Bezug auf Eisenach, eine an sich gut funktionierende Stadt: „Eine kreisfreie Stadt Eisenach darf es nicht geben. Dafür seid ihr zu klein, ihr müsst euch neu strukturieren und andere Gemeinden aufnehmen. Es geht um Aufwand und Nutzen und darum, dass der Bürger mitgenommen wird. Letzteres bedeutet jedoch nicht, dass in jedem Ort eine große Verwaltung eingerichtet wird." Inzwischen ist die Lage noch prekärer, weil so viele Menschen abwandern. Es gibt im Osten ganze Landstriche, in denen kaum noch Wertschöpfung erfolgt – sie werden nur noch verwaltet.

6 Wir brauchen Ingenieure und Naturwissenschaftler

Das dritte Steckenpferd, welches ich in das Portfolio der *Deutschen Bank* einbrachte, war die Innovationsfinanzierung. Als in Ostdeutschland das verarbeitende Gewerbe wegbrach und wir kurz darauf nur noch 20 % der Industrieproduktion der ehemaligen DDR erreichten, war mir klar: Wir müssen neue Betriebe gründen. Das Potenzial für Innovationen war da. Es fehlte weder an erstklassigen Wissenschaftlern noch an guten Ideen – wer aber nahm sie an die Hand und unterstützte sie? Die Bank als letztes. Wollte ein Existenzgründer mit uns reden, bekam er Muffensausen, bevor er überhaupt die Eingangstür öffnete. Im technischen und erst recht im ideellen Bereich ist es unheimlich schwer, einem Uneingeweihten die Tragfähigkeit einer Geschäftsidee zu erläutern. Hatte der motivierte Existenzgründer diese Klippe umschifft, erschlug ihn spätestens eine der Fragen: „Kann man damit Geld verdienen? Wie sieht der Markt aus? Welche Sicherheiten bieten Sie?" Auf gut Deutsch: Jetzt lassen Sie mal die Hosen runter! Kaum ein Ossi war so erzogen, dass er sich mit derlei Fragen hinlänglich zu beschäftigen vermochte. Dazu kam die Angst, sich in der Bank einem Gegenüber erklären zu müssen, der außerstande war, die Geschäftsidee zu begreifen – oder im Gespräch aus der Idee ein Geschäft zu entwickeln. Um das zu ändern organisierten wir 1997 zusammen mit der Unternehmensberatung *McKinsey* einen Businessplan-Wettbewerb für Berlin-Brandenburg, an dem sich Menschen mit innovativen Ideen beteiligen sollten. Die Überzeugendsten versammelten wir im Berliner Sitz der *Deutschen Bank* Unter den Linden. An jedem Tisch saßen ein Banker, ein junger Unternehmen und einer, der es schon geschafft hatte. Für viele Intellektuelle war es schwierig genug, ein Bankkonto zu eröffnen.

Fortan war ich in Sachen Innovationsförderung unterwegs. Auf dem Jahreskongress des Verbandes Innovativer Unternehmen kritisierte ich nicht nur die Politik, sondern auch die Bankenwelt: „Warum werden Innovationen so wenig gefördert? Alle reden darüber – und keiner tut etwas." Was die Bank betraf, entschied ich: „Ich brauche keine weiteren Wirtschaftsleute und Juristen, da sind wir gut ausgestattet. Wir brauchen Ingenieure und Naturwissenschaftler!" Auch mit dieser Maßnahme waren wir in der Bank Außenseiter. Wir warben Leute bei den Technischen Universitäten an und gründeten eine eigene Innovationsabteilung. Deren Ingenieure durchliefen eine Bankqualifizierung, damit sie neben ihrem Spezialgebiet auch etwas vom Geschäft verstanden. Fortan saßen den Leuten, die mit ihren Ideen zu uns kamen, fachlich kompetente Mitarbeiter gegenüber. Das war auch bitter nötig. Erzählte uns einer etwas von Software, Nanotechnologie oder ähnlichen Dingen, verstanden wir Bankleute im Grunde nur Bahnhof. Gerade in der Forschung begegnen einem mitunter Leute, bei denen man sich fragt: Ist das ein potenzieller Nobelpreisträger oder ein Idiot, ein Spinner – oder alles auf einmal? Wen sollten wir mit Krediten unterstützen – und wen nicht? Auch deshalb lautete mein Grundsatz: „Auf jedem Geschäftsfeld brauche ich Leute, die etwas von der Materie verstehen." Merkte derjenige, der zu uns kam: Da sitzt mir jemand gegenüber, der versteht mich und weiß, wo ich hin will, schwanden auch bei ihm Angst und Misstrauen. Und Vertrauen ist das Fundament eines jeden Geschäfts. Damit war weder die Marktlage geklärt, noch die Frage, ob er Geld von uns bekommt. In vielen Fällen lohnte es sich jedoch, gemeinsam darüber nachzudenken, wie wir das für die jeweilige Innovation nötige Kapital beschaffen konnten. Denn Kapital ist bei Innovationen besser als Kreditfinanzierung.

Um vielversprechende Leute und deren Ideen zu unterstützen, gründeten wir Anfang der 90er Jahre einen Innovationsfonds für den Osten. Dazu nahmen wir Dritte mit ins Boot und entwickelten ein dichtes Beziehungsgeflecht zu anderen Fonds. In meiner jahrelangen Tätigkeit als Vorsitzender des *Ostdeutschen Bankenverbandes* versuchte ich, auch andere Banken wie

Commerzbank oder *Dresdner Bank* in die Innovationsförderung einzubinden. Ein Teil folgte mir, allerdings nicht konsequent genug. Wohl auch deshalb haben die Banken bei Existenzgründern vielerorts nach wie vor einen schlechten Ruf: weil sie nicht mitdenken, sondern nur nach zu erwartender Rendite entscheiden. Das mag kreditpolitisch richtig sein, doch geht diese Politik sowohl an den Menschen wie an den konkreten wirtschaftlichen Bedingungen vorbei. Der Shareholder-Value-Gedanke ist hier fehl am Platze. Es geht um langfristige Lösungen.

Gemeinsam mit unserer Sonderabteilung und den Beteiligungsgesellschaften unterstützten wir die Neugründung von rund 650 Betrieben im Osten Deutschlands. Von diesen leben heute knapp 500. Viele haben sich zusammengeschlossen. Manche gingen pleite, andere entwickelten sich prächtig. Eins steht fest: Ich kann heute vom Erzgebirge über den Thüringer Wald bis zur Ostseeküste fahren – überall gibt es Leute, die sagen: „Ihre Bank hat uns geholfen, unsere Firma aufzubauen." Dafür hat sich die Arbeit gelohnt.

Die Deutsche Kreditbank – Die Entwicklung einer Bank, die aus dem Osten kommt

GÜNTHER TROPPMANN

Deutsche Kreditbank AG

1	Vorbemerkung	135
2	Die ersten Jahre der *Deutschen Kreditbank AG*	135
3	Privatisierung: Die *Treuhandanstalt* verkauft die *DKB* an die *BayernLB*	136
4	Fest verwurzelt und innovativ	137
5	Die Direktbank *DKB*	138
6	Die *Deutsche Kreditbank AG* heute	139

1 Vorbemerkung

Nur wenige Monate nach dem Fall der Mauer nahm die *Deutsche Kreditbank AG* (DKB) ihre Tätigkeit auf. Am 1. April 1990 war es soweit, und die Bank mit einer Eröffnungsbilanzsumme von 286,5 Mrd. Mark der DDR begann, ihren Teil an der Geschichte der Wende zu schreiben. Die *Deutsche Kreditbank* deckte gleich das breite Spektrum von Geschäfts- bis Privatkunden ab. An ihrer Spitze stand EDGAR MOST. Sicherlich ungewöhnlich liest sich aus heutiger Sicht die Reihenfolge der Gründer der *Deutschen Kreditbank*: Das Grundkapital wurde von der *Staatsbank der DDR*, dem *Verband der Konsumgenossenschaften*, den *Interhotels*, den *Volkseigenen Warenhäusern Centrum* und dem *VEB Synthesewerk Schwarzheide* gehalten. Nur was war in den bewegten Tagen des Frühjahrs 1990 schon ungewöhnlich?

2 Die ersten Jahre der *Deutschen Kreditbank AG*

Faktisch führte die *DKB* zunächst die Geschäfte der *Staatsbank der DDR* weiter, von der ca. 60.000 Kreditverträge und rund 800.000 Kontoverbindungen auf sie übergegangen waren. Hauptgegenstand der Geschäftätigkeit waren nach wie vor die Kreditgewährung an Unternehmen der volkseigenen Wirtschaft sowie die Finanzierung des Wohnungsbaus und des Baus gesellschaftlicher Einrichtungen.

Nach kurzer Zeit zeigte sich bereits die erste große Herausforderung für die *DKB* bei den ausgereichten Krediten, den so genannten Altkrediten: Mit den strukturellen Veränderungen z. B. in einem volkseigenen Betrieb konnten über Nacht aus einem Kreditnehmer viele Schuldner werden – ohne dass jedoch diese Altkredite geregelt waren. Oft fehlten aussagekräftige Dokumente, und die Besicherung der Kredite war zum Teil ungenügend. Dies führte dazu, dass sich der Vorstand der *DKB* zu einer unpopulären Maßnahme veranlasst sah. Am 5. Juli wurden alle Altkredite eingefroren und keine Neuausreichungen mehr zugelassen.

Mit dem 3. Oktober 1990 begann eine neue Zeitrechnung. Die Altkredite der Unternehmen der *Treuhandanstalt* (THA) und der Wohnungswirtschaft waren völlig neu zu bewerten. Dabei ging es nicht nur darum, Kredite eindeutig den Schuldnern zuzuordnen.

Auf den Wohnungs- und Gesellschaftsbau entfiel am 1. Juli 1990 ein Kreditvolumen von rund 35 Mrd. DM. Jedoch gab es über die Behandlung dieser Altkredite weder eine politische noch wirtschaftliche Entscheidung. Artikel 21 und 22 des Einigungsvertrags legten lediglich fest, dass Kreditobjekte und -schulden auf die Kommunen übergehen sollten. Der Wohnungswirtschaft sollte im weiteren Verlauf ein Moratorium helfen, das Zins- und Tilgungszahlungen bis Ende 1993 stundete.

Trotzdem blieb der Kontakt mit den Kreditnehmern aus der Wohnungswirtschaft für die *DKB* schwierig, da die kommunalen Spitzenverbände und der *Gesamtverband der Wohnungswirtschaft* im Juli 1991 ihren Mitgliedsunternehmen die Empfehlung gab, das Moratorium vom 22. März 1991 ohne Anerkennung der vorhandenen Rechtspositionen (!) in Anspruch zu nehmen. Die Altkredite wurden nicht als Kredite im Sinne bundesdeutschen Rechts angesehen. Das führte u. a. dazu, dass bei durchgeführten Verkäufen von Wohnimmobilien mehrheitlich keine Ablösung der Altkredite erfolgte.

Erst mit dem Altschuldenhilfegesetz (AHG) aus dem Juni 1993 herrschte endliche Klarheit für die *DKB* mit ihren 21,8 Mrd. DM Altkrediten bei kommunalen und 16,1 Mrd. DM Altkrediten bei genossenschaftlichen Wohnungsunternehmen.

Eine erste Zuordnung der Kredite für die neuen Schuldner nach Artikel 21 und 22 des Einigungsvertrags erfolgte nach Territorien (Belegenheitsgemeinden). Daraus folgte, dass sich die Anzahl der Kreditnehmer von ehemals circa 1000 Wohnungsunternehmen kraft Gesetzes auf rund 4500 neue Schuldner, vorwiegend Gemeinden und Städte, erhöht hatte.

Die Umsetzung des AHG forderte ein vernünftiges Miteinander zwischen den wohnwirtschaftlichen Landesverbänden, den Vertretern der jeweiligen Landesministerien im Lenkungsausschuss der *Kreditanstalt für Wiederaufbau* (KfW) und der *KfW* als Mandatar des Bundes. Erst nach und nach wurde die *DKB* nicht mehr als Gegner, sondern als Partner und Unterstützer der ostdeutschen Wohnungsunternehmen wahrgenommen. Großen Anteil daran hatten das Fachwissen und die anpackende Art unserer Mitarbeiter. Die technische Ausstattung oder vielmehr die nicht vorhandene technische Ausstattung verlangte den Mitarbeitern allerdings viel ab. Einige *DKB*-Niederlassungen verfügten 1993 nur über einen PC für die gesamte Belegschaft. Also wurden Bücher geführt, in denen eingetragen wurde, wer, wann und für wie lange den Rechner in der Zeit von 7.00 bis 22.00 Uhr für die Formulareingabe der Altkredite nutzen durfte. Gott sei Dank sind diese Rechner nie ausgefallen.

Auch war die *DKB* immer für ungewöhnliche und innovative Lösungen gut. So erhielt bspw. die *Verwaltungsgemeinschaft Roßla* leihweise für ein halbes Jahr einen PC, damit sie am Electronic-Banking der Bank teilnehmen konnte, weil ihre technische Ausstattung dies damals nicht zuließ.

3   Privatisierung: Die *Treuhandanstalt* verkauft die *DKB* an die *BayernLB*

Immer klarer wurde das Profil, und langfristige Perspektiven ließen sich für die Bank erkennen. Die *DKB* hatte ein Kreditportfolio mit hoher Bonität, und im Januar 1994 erklärte die *Treuhandanstalt* als Eigentümerin der *DKB*, die Bank privatisieren zu wollen. Anfang Juli 1994 präsentierten die Investmentbanken *Goldman, Sachs & Co.*, *Salomon Brothers* und *Lehman Brothers* ihre Konzepte zur Privatisierung der Bank.

Salomon Brothers wurde schließlich mit der Vorbereitung und Begleitung der Privatisierung der *DKB* beauftragt. Gleich mehrere Institute bekundeten ernsthafte Kaufabsichten, darunter auch die *Bayerische Landesbank* (BayernLB), mit der die *Treuhandanstalt* dann am 30. Dezember 1994 den Kaufvertrag aufsetze. Die Verhandlungen fanden übrigens am damaligen Standort der *DKB* in Berlin-Marzahn statt. Der relativ junge Stadtteil ganz im Osten Berlins ist vor allem für seine Plattenbauten bekannt – das komplette Gegenteil zur architektonischen schönen Münchner Innenstadt mit ihren alten und herrschaftlichen Gebäuden. Die Verhandlungsführer der *BayernLB* konnten jedoch gut mit dem „Kulturschock" umgehen.

Für die *Bayerische Landesbank* war der Kauf der *DKB* mit vielen Fragen verbunden: Wie gut waren die Geschäftsbeziehungen der *DKB* zu ihren Kunden? Wie groß ihr Potenzial am Markt? Wie gut waren die Mitarbeiter für die Veränderungen geeignet?

Die *DKB* betrieb damals kein Neugeschäft und keine laufende Kontoführung. Auch wurde die *DKB* von zahlungsunwilligen Kunden mit einer wahren Flut von Prozessen überzogen, in denen nicht nur Einzelfälle zu entscheiden waren. Auch die grundsätzliche Existenz von DDR-Altverbindlichkeiten und die Forderungs-Inhaberschaft der *DKB* wurden in Frage gestellt.

Viele der 420 Mitarbeiter, die die *DKB* 1995 hatte, verfolgten die Privatisierung mit Hoffen und Bangen, zumal jeder sich darüber im Klaren war, dass die Entwicklung vollkommen offen war. Auch lag die Vermutung nahe, dass nun Heerscharen von Münchnern in die *DKB* einfallen würden, um alles auf den Kurs der *BayernLB* zu „trimmen". Die Überraschung war daher groß, als neben zwei neuen Vorstandsmitgliedern lediglich ein dreiköpfiges „*DKB-BLB*-Team" von München nach Berlin kam, um die Integration der *DKB* in den Konzern zu begleiten.

Das damit verbundene Aufgabenspektrum war unglaublich vielfältig und forderte von allem Mitarbeiten unheimlich viel Einsatz und Energie. Zwei Gründe waren jedoch entscheidend, dass die Integration zu 100 % erfolgreich gelang: Alle Aktivitäten folgten dem Motto „Aufbau und Ausbau" und nicht „Abriss und Stilllegung", und die *BayernLB* zeigte viel Fingerspitzengefühl. So wurden die Niederlassungen der *Bayerischen Landesbank* in Dresden, Leipzig, Chemnitz und Erfurt in die *Deutsche Kreditbank* integriert und trugen fortan auch den Namen *DKB* – und nicht umgekehrt.

Innerhalb des Konzerns der *Bayerischen Landesbank* bestand von Anfang an das Ziel, die *DKB* als eigenständige, marktorientierte Universalbank auszubauen. Die große Aufgabe bestand darin, den Übergang von der früheren Abwicklungsbank zu einer „normalen" Geschäftsbank zu vollziehen, die mit klarer Kundenorientierung im Wettbewerb bestehen konnte. Vor dieser Entscheidung mussten einige Bedenken ausgeräumt werden: Können die Beziehungen zu Firmenkunden und Bauträgern ertragreich ausgebaut werden? Soll in den Aufbau eines Privatkundengeschäfts, das bei anderen Instituten als defizitär gilt, investiert werden?

Schnell konzentrierte sich die *DKB* neben Privatkunden auf Kunden aus den Bereichen Wohnungswirtschaft, mittelständische Unternehmen und Kommunen und fand so ihren Platz in der Bankenlandschaft.

4 Fest verwurzelt und innovativ

Bei der Betreuung der Kunden setzte die Bank klar auf Dezentralisierung und behielt damit die starke Verwurzelung in den Regionen bei. In jeder Niederlassung wurden für die entsprechende Kundengruppe Spezialteams gebildet, um individuell auf die Bedürfnisse der Kunden aus Bereichen wie „Wohnungswirtschaft", „Gesundheit" oder „Landwirtschaft" eingehen zu können. Damit korrespondierend gab es in der Zentrale einen Bereich für jede Kundengruppe zur Strategie- und Produktentwicklung. Diese Struktur erwies sich als weitblickend und hat bis heute in der *Deutschen Kreditbank* bestand.

Das Aufstellen von Spezialteams erforderte auch bei der Rekrutierung von Mitarbeitern neue Wege, denn mit branchenkundigen Mitarbeitern wollte das Unternehmen das Geschäft erfolgreich weiterentwickeln. Nicht nur Bankkaufleute und Ökonomen kamen zur *DKB*, sondern Fachleute aus den Branchen wie Verfahrenstechniker und Landwirte. „Die Bank, die Ihre Sprache spricht" war Motto und Claim zugleich, der übrigens auch noch heute genutzt wird.

Für die *DKB* zahlte sich dieser ungewöhnliche Weg aus, da sie sich mit den Insidern nicht nur Fachkenntnisse, sondern auch die dringend für den Ausbau des Geschäfts benötigten Kontakte in die entsprechenden Branchen erschloss.

Dadurch entstanden innovative, nah am Kunden entwickelte Lösungen wie zum Beispiel das „Geraer Modell", das die Finanzierungsprobleme von Kommunen aufgriff und später auch in vielen anderen Städten angewandt wurde. In Gera hatte die angespannte Haushaltslage der Stadt dazu geführt, dass viele notwendige Investitionen aufgeschoben wurden. Davon betroffen war auch die Grund- und Realschule OTTO DIX. Mit einem Mietkaufmodell, das auch Mittel aus dem *KfW*-Infrastrukturprogramm in Anspruch nahm, konnte die Schule saniert und der Stadt Gera geholfen werden.

Neben der Entwicklung des Bankgeschäfts bekleidete die *DKB* nun auch die Rolle als Sponsor. Kunst und Kultur sowie später auch der Sport waren die Felder, in denen sich die Bank engagierte. Anfangs war es vor allem intern schwierig, diesen Ansatz zu vermitteln. Gerade die Niederlassungen hätten anfangs unsere Sponsoring-Aktivitäten lieber stärker vor Ort gesehen. Wer verneint schon gern die Bitte eines Kindergartens nach einer neuen Schaukel, wenn die Einrichtung zudem Kunde der Bank ist? Doch nach und nach freundeten sich viele mit dieser Strategie an als sie merkten, dass die *DKB* durch die Sponsorings und die Darstellung in den Medien in das öffentliche Bewusstsein gerückt wurde.

Lernen und Weiterbildung dufte bei einem schnell wachsenden Unternehmen ebenso nicht zu kurz kommen. Anfangs in einzelnen Seminaren und ab dem Jahr 2000 in der *DKB* Management School lernten Mitarbeiter und Kunden der Bank gemeinsam und eigneten sich Fach- und Management-Kenntnisse an.

5   Die Direktbank *DKB*

Neben Kernbereichen wie dem Geschäft mit der Wohnungswirtschaft spielte das Privatkundengeschäft lange Zeit in der *DKB* eine untergeordnete Rolle. Anfangs war es eher ein Instrument der Kundenzufriedenheit. Schließlich wollte man einem Firmenkunden, der die Konten seines Unternehmens bei der *DKB* hatte, auch ein privates Konto anbieten können, wenn er danach fragte.

Es war eine sehr gute Entscheidung, dieses Geschäftsfeld nie zu verlassen. Bereits ab 1997 bot die *DKB* Privatkunden ihre Bankdienstleistungen online an. Dienstleistungen wie Überweisungen waren bewusst übersichtlich und unkompliziert strukturiert, und die Kunden nahmen die „Bank im Internet" gut an. Der Vorteil für die Bank lag darin, dadurch das Privatkundengeschäft schon früh mit relativ geringem Aufwand betreiben zu können und mit den Abläufen des Directbankings immer vertraut zu sein.

Anfangs wurden die Privatkunden noch dezentral über die Niederlassungen betreut. Nach und nach ging die Betreuung auf einen Zentralbereich über. Dieser Prozess wurde im Jahr 2007 endgültig abgeschlossen und trug zu einer weiteren Optimierung bei. Das rasante Wachstum der Kundenzahlen ließ uns keine andere Wahl. Heute hat die *DKB* über 1,6 Millionen Privatkunden. Damit hat sich die Privatkundenanzahl seit 2002 mehr als verzehnfacht und dieser Geschäftsbereich maßgeblichen Anteil am Wachstum und an der Entwicklung der Bank.

6   Die *Deutsche Kreditbank AG* heute

Die *DKB* hat heute wie zu ihrer Geburtsstunde am 1. April 1990 ihren Firmensitz in Berlin. An unserer tiefen Verwurzelung in Berlin und den neuen Bundesländern hat sich nichts geändert. Auch die Zahlen sind ansprechend: Allein die *Deutsche Kreditbank AG* kam in 2008 auf eine Bilanzsumme von 48,1 Mrd. EUR (IFRS). Über die Jahre sind viele Beteiligungen dazu gekommen und die Bank entwickelte sich zum *DKB*-Konzern mit zehn direkten Beteiligungen, darunter an der *DKB Immobilien AG* und der *SKG Bank AG*. 3.300 Menschen arbeiten in dieser Gruppe, fast alle Arbeitsplätze befinden sich in Berlin und den neuen Bundesländern. Ihr gesellschaftliches Engagement bündelt die *Deutsche Kreditbank* mittlerweile in der „*DKB Stiftung*" und ist unter anderem Gastgeber des *Sporthilfe Eliteforums* auf Schloss & Gut Liebenberg.

Die *DKB* fokussiert heute ihre Tätigkeit auf Privatkunden sowie bei Firmen- und Öffentlichen Kunden auf ausgewählte Branchen. Darunter finden sich Kernbereiche wie Wohnungswirtschaft und Landwirtschaft, aber auch Zukunftsbranchen wie Erneuerbare Energien, Bildung und Forschung und vor allem die Gesundheitswirtschaft.

Seit 2002 hat sich die Zahl der *DKB*-Privatkunden mehr als verzehnfacht. Über 1,6 Millionen Menschen – Tendenz steigend – nutzen heute Konten und Finanzierungsangebote der *DKB* über den Internet-Auftritt der Bank. Für ihre Angebote und als Unternehmen wurde die *DKB* in den letzten Jahren mehrfach ausgezeichnet (u. a. „Beste Direktbank" bei *n-tv*).

In Zukunft werden wir uns neben den bestehenden Kundengruppen auch verstärkt den Deutschen im Ausland widmen. Generell werden ökonomische Zielsetzungen künftig auch stärker mit ökologischen Interessen verknüpft sein. Nachhaltigkeit sowie Umweltschutz am Arbeitsplatz und im Unternehmen sind für den *DKB*-Konzern dabei wichtige Themen.

Sparkassen als Motor der inneren Einheit Deutschlands

Heinrich Haasis

Deutscher Sparkassen- und Giroverband

1	Vorbemerkung	143
2	Schwierige Lage der Sparkassen in der DDR	143
3	Gemeinsamkeiten zwischen Ost und West	144
4	Soforthilfe in den Tagen der Wende	145
5	Personalaustausch ist Basis des Erfolgs	149
6	Marketing als Mittel zur Wettbewerbsfähigkeit	151
7	Aufbau des Verbundsystems	151
8	Erfolgreiche ostdeutsche Sparkassen gestalten die Zukunft	152
9	Globalisierung und die Renaissance des Sparkassengedankens	153
10	Sparkassen maximieren ihren Nutzen für die Region	155
11	Umbau der *Sparkassen-Finanzgruppe*	157
12	Zusammenfassung	158
	Quellenverzeichnis	159

1 Vorbemerkung

Die Entwicklung der Sparkassen in Ost und West verlief in den vier Jahrzehnten der deutschen Teilung analog zur gesamten wirtschaftlichen Entwicklung in beiden Teilen Deutschlands. In der Bundesrepublik Deutschland setzten sie den schon lange vor dem II. Weltkrieg eingeschlagenen Weg fort und wandelten sich zu Universalkreditinstituten. Die Liberalisierung des Bankenmarkts, die seit den 1950er Jahren in mehreren Schritten erfolgte, wirkte sich dank der Innovationsfähigkeit und ausgeprägten Marktorientierung der Sparkassen sehr positiv für sie aus. Zum Zeitpunkt der „Wende" war die westdeutsche *Sparkassen-Finanzgruppe* unangefochtener Marktführer im Geschäft mit Privatkunden und mit kleinen und mittleren Unternehmen.[1]

2 Schwierige Lage der Sparkassen in der DDR

In der DDR hingegen war durch das politische System den Sparkassen jede Möglichkeit der Weiterentwicklung zu Universalbanken verwehrt gewesen. Obwohl sie formal Einrichtungen der kommunalen Räte der Städte und Kreise waren, wurden die Sparkassen faktisch wie Filialen der *Staatsbank der DDR* geführt. Seit 1972 nahm die *Staatsbank*-Abteilung „Sparkassen" mit ihren Außenstellen in den 15 Bezirksdirektionen die zentrale Steuerung der Sparkassen wahr.

Im sozialistischen, staatlich gelenkten Wirtschaftssystem der DDR dienten die Sparkassen als Instrumente der Planerfüllung. Sie waren zuständig für die kreditwirtschaftliche Betreuung der privaten Haushalte und kleinen Unternehmen. Ihre Funktion beschränkte sich im Wesentlichen auf die Annahme von Spareinlagen und die Durchführung des Zahlungsverkehrs. Die Möglichkeiten der Sparkassen, Kredite an Privathaushalte und Unternehmen zu vergeben, waren sehr eingeschränkt.

Die materielle und personelle Ausstattung der DDR-Sparkassen konnte keinem Vergleich mit den Instituten im Westen standhalten. Hauptstellen und Zweigstellen befanden sich nicht selten in einem schlechten baulichen Zustand. Die Inneneinrichtung und das gesamte Erscheinungsbild waren wenig ansprechend, die technische Ausstattung mangelhaft und oft veraltet. Selbst bei der Versorgung mit Vordrucken kam es häufig zu Engpässen.

Das Personal der Sparkassen besaß zwar in der Regel eine bankspezifische Ausbildung, doch war der Anteil der Berufsfremden sehr hoch. Schlechte Arbeitsbedingungen, eine hohe Arbeitsbelastung und ein Gehaltsniveau, das 20 % bis 30 % unter dem durchschnittlichen Lohn- und Gehaltsniveau in der DDR lag, machten die Tätigkeit in den Sparkassen wenig attraktiv und führten zu einer hohen Fluktuation unter den Mitarbeitern.

---

[1] Die Darstellung stützt sich wesentlich auf *GEIGER/GÜNTHER* (1998).

3   Gemeinsamkeiten zwischen Ost und West

Bei allen Unterschieden zwischen den Sparkassen in Ost und West gab es aber auch eine Reihe von Gemeinsamkeiten, auf denen sich 1989/90 aufbauen ließ[2]:

> ➢ In beiden Teile Deutschlands waren die Sparkassen öffentlich-rechtliche Institute[3] mit einem in Gesetzen oder Satzungen formulierten öffentlichem Auftrag und öffentlichen Gewährträgern.

> ➢ Eine weitere Gemeinsamkeit stellte das Regionalprinzip dar. Ebenso wie sich in der Bundesrepublik das Geschäftsgebiet einer Sparkasse räumlich auf das Gebiet ihres Gewährträgers beschränkte, erstreckte sich auch das Geschäftsgebiet der DDR-Sparkassen nur auf den Stadt- oder Landkreis, dem sie zugeordnet waren.

> ➢ Sowohl im Westen als auch im Osten Deutschlands waren die Sparkassen Marktführer im Privatkundengeschäft, wobei die DDR-Sparkassen dank der staatlichen Aufgabenabgrenzung teilweise Marktanteile von über 80 % bei den Spareinlagen oder sogar 97 % bei den Konsumentenkrediten erzielten.

> ➢ Nicht zuletzt bildete der Name „Sparkasse" eine Verbindung zwischen den ost- und den westdeutschen Instituten. Obwohl der Name jeweils Unterschiedliches bezeichnete, trug er wesentlich dazu bei, dass im Zuge der „Wiedervereinigung" eine gemeinsame Identität der gesamtdeutschen Sparkassenorganisation entstehen konnte.

Bis zum „Mauerfall" war die gegenseitige Kenntnis voneinander sehr gering. Insbesondere die DDR-Sparkassen wurden bewusst von jeder sachlichen Information über die westdeutsche Sparkassenorganisation ferngehalten.

Erst 1986 kam es zu einer ersten Begegnung zwischen den Sparkassen der Bundesrepublik und denen der DDR. Die Initiative dazu ging von *PROF. DR. GÜNTER ASHAUER* aus, dem Leiter der *Deutschen Sparkassenakademie des Deutschen Sparkassen- und Giroverbandes* (DSGV). Ihm gelang es, einen mehrtätigen Informationsbesuch des Lehrinstituts[4] bei der *Staatsbank der DDR* in Berlin (Ost) zu organisieren. Im Rahmen dieser Exkursion stellte die damalige Leiterin der Abteilung „Sparkassen" das Sparkassenwesen in der DDR vor[5], die Gäste aus Westdeutschland besuchten u. a. die Hauptstelle und eine Zweigstelle der Sparkasse der Stadt Berlin (Ost) und konnten mit – sorgfältig ausgesuchten, politisch zuverlässigen – Mitarbeitern der *Staatsbank* und verschiedener Sparkassen aus dem Bezirk Potsdam diskutieren. Obwohl dieser Besuch keine dauerhaften Kontakte nach sich zog, hatte er für die westdeutsche Seite den Vorteil, dass dort zumindest ein rudimentäres Wissen über das Sparkassenwesen der DDR vorhanden war.

---

[2]   Vgl. dazu auch *WYSOCKI/GÜNTHER* (1996), S. 147 ff.

[3]   Dies galt für die Bundesrepublik *cum grano salis*, weil es dort auch private, so genannte „freie" Sparkassen gab und gibt.

[4]   Das „Lehrinstitut für das kommunale Spar- und Girowesen" ist eine Weiterbildungseinrichtung der *Sparkassen-Finanzgruppe*. Es bereitet leistungsfähige Mitarbeiter, die sich in der Berufspraxis bewährt haben, auf Führungsaufgaben vor.

[5]   Auszüge aus diesem Referat wurden in der Zeitschrift „Sparkasse", Nr. 8, 1986, S. 347 ff, abgedruckt. Dort findet sich auch ein Bericht von *PROF. DR. ASHAUER* über die Exkursion; vgl. S. 344 ff.

4 Soforthilfe in den Tagen der Wende

Als die Freiheitsbewegungen überall in Mittel- und Osteuropa im Herbst 1989 große politische Veränderungen durchsetzten, befand sich die Sparkassenorganisation der Bundesrepublik gerade in einer wichtigen Strukturdebatte. Es ging darum, die Landesbanken/Girozentralen zu einem zentralen Institut zusammenzuführen. Sparkassen und Kommunen hatten sich auf ein Konzept geeinigt, das nur noch eine einzige, allerdings auf stabile Geschäftsfelder ausgerichtete deutsche Landesbank vorsah. Alle erforderlichen Beschlüsse lagen vor, sie wurden aber wegen einer anderen Haltung der Länder als Mitträger nie umgesetzt – mit folgenschweren Wirkungen, wie sich heute zeigt.

Wenn auch die interne Strukturdiskussion viel Kraft und Aufmerksamkeit beanspruchte, so spürten die westdeutschen Sparkassen den Fall der „Mauer" am 9. November 1989 unmittelbar. Das galt insbesondere für die Institute in Grenznähe, die in den folgenden Tagen und Wochen an Millionen DDR-Bürger das „Begrüßungsgeld" in Höhe von 100 Deutsche Mark (DM) auszahlten. Zwischen den Sparkassen beiderseits der Grenze sowie zwischen Sparkassen aus Orten mit deutsch-deutschen Städtepartnerschaften gab es auch zuerst direkte Kontakte. Sie reichten aber in der Regel nicht über erste Informationen und gegenseitige Einladungen hinaus.

Auch der *DSGV* unter seinem Präsidenten *DR. H. C. HELMUT GEIGER* richtete seine Aufmerksamkeit sofort auf die Vorgänge in der DDR. Sehr rasch ging er daran, sich einen Überblick über die Kontakte mit ostdeutschen Sparkassen zu verschaffen und eine Evidenzzentrale einzurichten.

Der *DSGV* wurde von der Überzeugung angetrieben, dass die Sparkassenidee besonders geeignet ist, Umbrüche und gesellschaftlichen Wandel zu gestalten. Denn die Sparkassen sind Ort und Instrument sozialer Integration, sie versetzen die Menschen auch in Umbruchzeiten in die Lage, für ihre Lebensrisiken selbst vorzusorgen.

Während viele in diesen Tagen dem Leitbild der freien Marktwirtschaft folgten, ist es der immer aktuelle Sparkassengedanke gewesen, der dazu aufforderte, in allen Regionen der DDR Institute zu etablieren, die nicht der alleinigen Gewinnmaximierung verpflichtet waren, sondern der Erfüllung der Aufgaben für ihre Kunden – privaten wie gewerblichen.

Und nicht nur das: Die Sparkassen sollten auch im Gebiet der damaligen DDR das so eingesammelte Kapital in nutzbare Investitionsmittel verwandeln. Aus kleinem Geld Großes machen – das ist eine der Gründungsideen der Sparkassen, die galt es auch auf dem Gebiet der DDR zu neuem Leben zu erwecken – durch den Aufbau eines dezentralen kommunalen Sparkassenwesens. Es ging dabei nicht weniger als um die Umgestaltung der DDR-Ökonomie zu einer sozialen Marktwirtschaft, das war ein zentrales Motiv der westdeutschen Sparkassen für die Bereitschaft, den ostdeutschen Instituten rasch mit massiver Hilfe beizustehen.

Je deutlicher wurde, dass es in der DDR zu einem tiefgreifenden politischen Umbruch kommen und sich auch das Wirtschaftssystem grundlegend wandeln würde, desto mehr bemühte sich der *DSGV* deshalb um eine Zusammenarbeit mit den DDR-Sparkassen.

Anfang Dezember 1989 erging ein erstes Kooperationsangebot an die Sparkassenabteilung der *Staatsbank*. Diese reagierte aber zunächst zurückhaltend und erklärte, dass konkrete Verhandlungen noch nicht möglich seien.

Ebenfalls in den ersten Dezembertagen bot der *DSGV*-Präsident DR. H. C. HELMUT GEIGER Bundeskanzler DR. HELMUT KOHL (CDU) und Bundeswirtschaftsminister DR. HELMUT HAUSSMANN (FDP) an, den Aufbau eines von der zentralen Staatsregie befreiten kommunalen Sparkassenwesens in der DDR zu unterstützen. Ein leistungsfähiges, örtlich verankertes Kreditwesen betrachtete der Präsident als notwendige Voraussetzung für die Schaffung neuer mittelständischer Strukturen in der ostdeutschen Volkswirtschaft. Dasselbe Angebot unterbreitete GEIGER wenig später auch der Regierung der DDR.

Denn, es war zu erwarten, dass auch mittelständische Kunden der westdeutschen Sparkassen in Ostdeutschland investieren würden. Sollten diese dort aber keine wettbewerbsfähigen Sparkassen vorfinden, würden sie möglicherweise Geschäftsbeziehungen zu dann dort etablierten Töchtern oder Filialen privater Banken knüpfen. Mittelfristig konnte dies dazu führen, dass sich auch die Geschäftsverbindungen dieser Unternehmen zu den Sparkassen in der Bundesrepublik lockerten.

Solche marktstrategischen Überlegungen, die sich zunächst nur auf Firmenkunden bezogen, dehnten sich auf den Bereich der Privatkunden aus – vor allem als das politische und ökonomische Zusammenwachsen beider Teile Deutschlands immer wahrscheinlicher wurde. Im Fall, das sich die Sparkassen in der DDR nicht weiterentwickelten, drohte die Gefahr, dass die westdeutschen Großbanken dort die Marktführerschaft auch im Privatkundengeschäft erringen würden. Diese hätte aber auf lange Sicht auch negative Rückwirkungen auf die Marktstellung der Sparkassenorganisation in einem vereinigten Deutschland gehabt.

Es lag also im wohl verstandenen Eigeninteresse aller Mitglieder der westdeutschen *Sparkassen-Finanzgruppe*, dass den ostdeutschen Sparkassen so schnell und so umfassend wie möglich geholfen wurde.

Die geschilderten übergeordneten gesamtwirtschaftlichen und die geschäftsstrategischen Motive erklären, warum alle Entscheidungen über Unterstützungsmaßnahmen für die ostdeutschen Sparkassen einmütig fielen und warum alle westdeutschen Institute die Lasten solidarisch auf sich nahmen, die mit dieser Unterstützung zwangsläufig verbunden waren.

Konkrete Schritte zur Zusammenarbeit zwischen West- und Ostsparkassen konnten aber erst unternommen werden, nachdem sich im Laufe des Dezembers 1989 innerhalb der *Staatsbank* die Überlegungen zur Neustrukturierung des Bankwesens in der DDR konkretisiert hatten. Demnach sollten die Sparkassen im Rahmen eines zweistufigen Bankensystems zu universell tätigen Geschäftsbanken umgewandelt werden und einen eigenen Verband erhalten. Auch an eine grundlegende Änderung des Sparkassenrechts war gedacht.

Diese Überlegungen wurden *DSGV*-Vertretern zuerst in einem Gespräch am 2. Januar 1990 erläutert, zu dem der Leiter der Abteilung „Sparkassen" der *Staatsbank* und sein Stellvertreter auf eigene Verantwortung nach Berlin (West) gereist waren. Am 26. Januar 1990 fand dann auf Einladung des Präsidenten der *Staatsbank* in Berlin (Ost) ein „Spitzengespräch" mit *DSGV*-Präsident *GEIGER* statt. Darin wurde die Grundlage für eine offizielle Kooperation mit der Abteilung „Sparkassen" geschaffen.

Schon in der Verbandsvorsteherkonferenz des *DSGV* am 12./13. Februar 1990 konnte *HELMUT GEIGER* detaillierte Planungen für eine groß angelegte Unterstützungsaktion zugunsten der DDR-Sparkassen präsentieren. Entsprechend den Organisationsprinzipien der Sparkassenorganisation, die auf den Pfeilern Subsidiarität und Dezentralität ruhen, sollte dabei die „Hilfe zur Selbsthilfe" im Vordergrund stehen.

Wegen der großen Dringlichkeit, rasch wettbewerbsfähige Sparkassen in Ostdeutschland am Markt zu haben, wurde zwar gelegentlich erörtert, ob nicht westdeutsche Sparkassen dort zumindest für eine Übergangszeit eigene Zweigstellen eröffnen sollten.[6] Es bestand aber Konsens darüber, dass dies nur schwer mit den bewährten Organisationsprinzipien der Sparkassenorganisation in Einklang zu bringen war und deshalb als Alternative ausschied.

Kern der Hilfsmaßnahmen, die am 12./13 Februar verabschiedet wurden, war ein regionales Betreuungskonzept. Den regionalen Sparkassen- und Giroverbänden in der Bundesrepublik wurden einzelne DDR-Bezirke mit deren Sparkassen zugeordnet. Jede Ostparkasse erhielt eine oder mehrere Sparkassen aus dem jeweils zuständigen westdeutschen Regionalverband als „Paten" an die Seite gestellt. Diese sollten ihr technisch-organisatorische Hilfe und Unterstützung im personellen Bereich leisten. Auf diese Weise war gewährleistet, dass die westdeutsche Unterstützung von Anfang an und flächendeckend allen 196 DDR-Sparkassen zu Gute kam.

Die Umsetzung gelang auch deshalb schnell und gut, weil parallel Landkreise, Städte und Gemeinden mit ähnlichen Patenschaften die kommunale Selbstverwaltung in der DDR wieder aufbauen halfen. Oft betreute dabei eine Kommune die selbe Region wie ihre heimische Sparkasse.

Sehr wichtig war auch die Hilfe beim Aufbau von Verbandsstrukturen sowie bei der Formulierung eines neuen rechtlichen Rahmens für das Sparkassenwesen in Ostdeutschland. Die Gründung eines Sparkassenverbandes der DDR, die am 20. März 1990 erfolgte, betrachtete mancher in der westdeutschen Sparkassenorganisation zwar mit einer gewissen Skepsis, erinnerte dies doch an den alten Zentralismus der DDR. Zum einen waren zu diesem Zeitpunkt aber die ostdeutschen Ländern noch nicht wieder ins Leben gerufen. Zum anderen war es in der turbulenten Umbruchzeit, in der oft schnelles Handeln gefragt war, zweifellos ein großer Vorteil, dass es eine zentrale Interessenvertretung der ostdeutschen Sparkassen gab. Dies galt nicht zuletzt bei der koordinierten Umsetzung der westdeutschen Unterstützungsleistungen.

Der *DSGV* stand dem *Sparkassenverband der DDR* in vielerlei Weise zur Seite.[7] Schon im Vorfeld der Verbandsgründung war er beratend an der Erarbeitung einer Satzung tätig. Danach half er dem Verband sowohl mit Sachleistungen, etwa in Form von Mobiltelefonen und eines neuen „Golf"-PKW, als auch mit auch mit Rat und Tat bei der Lösung von Fachfragen.

---

[6] Vgl. *DEUTSCHER SPARKASSEN- UND GIROVERBAND* (1990a), o. S.

[7] Vgl. dazu *GEIGER/GÜNTHER*, (1998), S. 60 ff. und S. 86 ff.

Vor allem grundsätzliche, konzeptionelle Aufgaben, die der Sparkassenverband der DDR mit seinem Personalbestand nicht bewältigen konnte, wurden in enger Kooperation mit dem *DSGV* angegangen. Dazu gehörten etwa die Arbeit an dem neuen Sparkassengesetz für die DDR, das am 29. Juni 1990 von der Volkskammer verabschiedet wurde oder die Konzipierung neuer Produkte. Die Fachabteilungen des *DSGV* standen ihren neuen Kollegen in allen diesen Fragen zur Verfügung und unterstützten sie im Rahmen von gemischten Arbeitsgruppen.

Frühzeitig entsandte der *DSGV* auch einen ständigen Vertreter nach Berlin (Ost), der den *Sparkassenverband der DDR* beraten sollte. Damit die Zusammenarbeit noch effizienter gestaltet werden konnte, fanden zudem vom Juni 1990 bis ins Frühjahr 1991 regelmäßige gemeinsame Besprechungen zwischen den Verbandsleitungen des *DSGV* und des *DDR-Sparkassenverbandes* bzw. des *Ostdeutschen Sparkassen- und Giroverbandes* (OSGV)[8] statt.

Je deutlicher sich die Wiedervereinigung und damit auch die Übertragung der bundesrepublikanischen Gesetzgebung auf Ostdeutschland abzeichnete, desto wichtiger wurde es aber auch, dass der *DSGV* seinen Einfluss geltend machte, um eventuelle Nachteile für die ostdeutschen Sparkassen zu verhindern. So trug er mit dazu bei, dass die DDR-Sparkassen wie alle anderen ostdeutschen Kreditinstitute bei der Währungsumstellung am 1. Juli 1990 zum Ausgleich ihrer Bilanzen verzinste Ausgleichsforderungen zugewiesen bekamen. Dadurch wurde sichergestellt, dass die Sparkassen den gesetzlichen Eigenkapitalanforderungen genügten und ihre Rentabilitätssituation wesentlich verbessert wurde.[9]

Der Schwerpunkt der westdeutschen Unterstützung fand aber selbstverständlich bei den Sparkassen vor Ort statt. Auch hier stand die technische Hilfe am Anfang, weil sie sich am schnellsten realisieren ließ. Auf der Grundlage einer noch von der Sparkassenabteilung der *Staatsbank* zusammengestellten Liste versorgten die Betreuungssparkassen ihre Partnersparkassen in der DDR mit Büromaterial und kurzfristig benötigten Ausrüstungsgegenständen wie Geldzähl- und Sortiergeräten, Fotokopierern, Schreibmaschinen oder Tisch- und Taschenrechnern. Selbst ganze Telefonanlagen sowie PKWs wurden zur Verfügung gestellt. Im Frühsommer 1990 erhielten die DDR-Sparkassen darüber hinaus im Rahmen einer Solidaraktion der westdeutschen Sparkassenorganisation 1.000 Personalcomputer. Diese wurden gebraucht, um die Währungsumstellung und die Einführung eines einheitlichen EDV-Systems der ostdeutschen Sparkassen vorzubereiten.[10]

Auch die personelle Unterstützung durch Sparkassenmitarbeiter aus der Bundesrepublik setzte schon früh ein. Der Anlass hierfür war die Öffnung des European Recovery Program (ERP) für mittelständische Unternehmen und Existenzgründer in der DDR. Die Ostsparkassen rechneten mit einer großen Nachfrage für solche Kredite, ihre Mitarbeiter hatten aber keinerlei Erfahrung beim Ausfüllen und Bearbeiten der ERP-Kreditanträge. Die vom *DSGV* und den beiden Hauptleihinstituten des Programms – der *Kreditanstalt für Wiederaufbau* und der *Deutschen Ausgleichsbank* – gemeinsam organisierten Schulungsmaßnahmen konnten dieses Defizit allein nicht ausgleichen. Deshalb wurden ab März 1990 westdeutsche Kreditfachleute sowohl bei den 15 Sparkassen-Bezirksstellen als auch bei größeren Sparkassen eingesetzt, um

---

[8] Der *Sparkassenverband der DDR* beschloss auf einem außerordentlichen Verbandstag am 20. September 1990 seine Umbenennung in „Sparkassen- und Giroverband für die Sparkassen der Länder Brandenburg, Mecklenburg-Vorpommern, Sachsen, Sachsen-Anhalt und Thüringen (Ostdeutscher Sparkassen- und Giroverband)."

[9] Vgl. GEIGER/GÜNTHER (1998), S. 139.

[10] Vgl. GEIGER/GÜNTHER (1998), S. 162 ff.

ihre Kollegen zu unterstützen. Dies trug wesentlich dazu bei, dass die ostdeutschen Sparkassen auf Anhieb denselben Marktanteil bei den ERP-Krediten erreichten wie ihre Schwesterinstitute in Westdeutschland.[11]

Die praktische Durchführung der deutsch-deutschen Währungsunion zum 1. Juli 1990 war eine weitere Schwerpunktaufgabe, bei der die westdeutschen Sparkassen mit eigenem Personal aushalfen. Die DDR-Sparkassen hatten die Hauptlast bei der Währungsumstellung zu tragen. Fast 90 % der entsprechenden Anträge liefen über sie, Millionen neuer Konten wurden bei ihnen eingerichtet und Millionen DM-Wertschecks zunächst bei ihnen beantragt und dann im Juli von ihnen ausgezahlt. Für die Mitarbeiter der ostdeutschen Sparkassen, die durch alle diese Tätigkeiten stark beansprucht wurden, bedeutete die zusätzliche personelle Unterstützung, welche die westdeutschen Betreuungssparkassen im Juni und Juli 1990 leisteten, eine spürbare Entlastung.[12]

5   Personalaustausch ist Basis des Erfolgs

Den Verantwortlichen in West und Ost war bewusst, dass der Einsatz westdeutscher Sparkassenmitarbeiter in der DDR für viele mit völlig neuen Erfahrungen verbunden war. In den „Informationen für die Sparkassenarbeit in der DDR", die jeder nach Ostdeutschland entsandte Mitarbeiter ausgehändigt bekam, wurde deshalb um Verständnis für die Situation der dortigen Sparkassen und ihres Personals geworben: *„Sie werden in der DDR in vieler Beziehung völlig andersartige Verhältnisse vorfinden als Sie dies in der Bundesrepublik gewöhnt sind. Sie werden in Ausstattung, technischer Unterstützung und Art der Geschäftätigkeit der Sparkassen große Unterschiede erleben. Der wesentlich geringere Entwicklungsstand der DDR-Sparkassen ist Ergebnis des bisherigen planwirtschaftlichen Systems, das den DDR-Sparkassen kaum Raum für eigene Entscheidungen beließ. Die Investitionsmöglichkeiten waren so gering, daß von der Substanz gelebt werden mußte. Dies hat natürlich, was die räumliche Ausstattung und auch die maschinelle Unterstützung, angeht, Spuren hinterlassen. Bitte versuchen Sie deshalb nicht, von den westdeutschen Verhältnissen als Maßstab auszugehen. Es ist aller Achtung wert, wie sich die Mitarbeiter in der DDR in der Vergangenheit bemüht haben, mit geringen Hilfsmitteln und einer unzureichenden Personalausstattung bei oft geringem Gehalt dennoch das Sparkassenwesen funktionsfähig zu halten. [...] Wir danken Ihnen, daß Sie bereit sind, ihr Wissen und Ihr Engagement in den Dienst der DDR-Sparkassen zu stellen. Wir bitten Sie, an diese neue Aufgabe mit Einfühlungsvermögen und Verständnis für die andersartigen Bedingungen in der DDR heranzugehen"*[13]

Angesichts der schwierigen Bedingungen, unter denen die Mitarbeiter in den DDR-Sparkassen arbeiteten, waren Besucher aus dem Westen immer wieder erstaunt über deren hohe Einsatzbereitschaft und Eigeninitiative und über den großen Optimismus, mit dem die meisten von ihnen der Zukunft entgegensahen.

---

[11] Vgl. *GEIGER/GÜNTHER* (1998), S. 166.

[12] Vgl. *GEIGER/GÜNTHER* (1998), S. 166 ff.

[13] *DEUTSCHER SPARKASSEN- UND GIROVERBAND* (1990b), o. S.

Die Bankenreform, die in der DDR zum 1. April 1990 in Kraft trat, schuf die Grundlage für ein zweistufiges, in Zentralbank und Geschäftsbanken gegliedertes Bankenwesen. [14] Die bisherigen Geschäftsbankenfunktionen der *Staatsbank* wurden auf die *Deutsche Kreditbank AG* übertragen. Diese gründete im Juni 1990 zwei Joint-Ventures mit der Deutschen Bank und der *Dresdner Bank*, auf die ein Großteil der Filialen und des Personals übertragen wurde. Beide Joint-Ventures waren ab dem 1. Juli 1990 zum Bankgeschäft zugelassen.

Damit war das Szenario, das die westdeutsche Sparkassenorganisation schon seit Monaten vor Augen hatte, Realität geworden. Um in punkto Kompetenz, Fachwissen und kundenorientiertem Verhalten im Wettbewerb mit den Großbanken zu bestehen, die vermutlich im großem Umfang eigene Mitarbeiter aus der Bundesrepublik einsetzen würden, mussten die Sparkassen ihre Anstrengungen noch verstärken.

Zusätzlich zum temporären Einsatz westdeutscher Mitarbeiter und zu den vielfältigen Aus- und Weiterbildungsmaßnahmen, in denen das DDR-Sparkassenpersonal für ihre neuen Aufgaben geschult wurden, beschloss die westdeutsche Sparkassenorganisation daher ein mittelfristiges Personalentsendungsprogramm. Ab September sollten die westdeutschen Betreuungssparkassen ihren Partnersparkassen in Ostdeutschland insgesamt etwa 650 eigene Mitarbeiter zur Verfügung stellen, und zwar für einen längeren, unter Umständen sogar mehrjährigen Zeitraum. Wie viele Mitarbeiter jeweils in eine Ostsparkasse entsandt wurden, sollte von deren Größe und den zu leistenden Unterstützungsaufgaben abhängen.

Dieses ehrgeizige und aufwändige Programm verlangte von den westdeutschen Patensparkassen nicht nur eine große Bereitschaft zur Hilfe, es war auch mit erheblichen Kosten verbunden. Damit diese Kosten gleichmäßig auf die gesamte Sparkassenorganisation verteilt wurden, richtete der *DSGV* einen Personalentsendungsfonds ein, dessen Mittel durch eine Sonderumlage aufgebracht werden. Aus diesem Fonds konnten die entsendenden Betreuungssparkassen einen Teil der ihnen entstehenden Kosten erstattet bekommen.

Der Personalentsendungsfonds war auch ein wichtiges Instrument, um frei werdende oder neu geschaffene Vorstandspositionen in ostdeutschen Sparkassen für westdeutsche Bewerber attraktiv zu machen. Viele Sparkassen strebten nach der Einführung des neuen Sparkassengesetzes der DDR an, je ein Vorstandsmitglied aus dem Osten und eines aus dem Westen an ihrer Spitze zu haben. Solche „gemischten Doppel" sollten gewährleisten, dass im Vorstand sowohl örtliche Marktkenntnisse und Kontakte vor Ort als auch Fachkompetenz und Knowhow im modernen Bankgeschäft vorhanden waren. Da das Gehaltsniveau der ostdeutschen Sparkassen weit unter dem in Westdeutschland lag, konnte Bewerbern aus den „alten" Bundesländern Zuschüsse aus dem Personalentsendungsfonds gewährt werden. Diese Maßnahme erwies sich als sehr erfolgreich.[15]

---

[14]   Vgl. *GEIGER/GÜNTHER* (1998), S. 50 ff.

[15]   Vgl. *GEIGER/GÜNTHER* (1998), S. 186 ff.

6 Marketing als Mittel zur Wettbewerbsfähigkeit

Ein weiteres Feld, das für die Wettbewerbsfähigkeit der ostdeutschen Sparkassen von zentraler Bedeutung war, bildete der gesamte Bereich des Marketings und der Werbung. Hierbei ging es nicht nur darum, die neuen Produkte und Dienstleistungen bekannt zu machen, welche die Sparkassen nach und nach in ihr Sortiment aufnahmen. Eine große Herausforderung bestand darin, das überaus positive Image, das die Sparkassen in der Bundesrepublik besaßen, auch auf die Institute in Ostdeutschland zu übertragen. Die DDR-Bürger hatten die Sparkassen eher als Ämter, als Teil der öffentlichen Verwaltung, denn als kundenorientierte Einrichtungen wahrgenommen. Sie galten vielen als staatsnah und bürokratisch. Auch die schlechte räumliche, technische und personelle Ausstattung der Sparkassen oder die Erfahrung des Schlangestehens und langer Wartezeiten vor den Schaltern trugen nicht dazu bei, dass die Kunden ein rundum positives Bild von den Sparkassen hatten.

Schon lange vor der Wirtschafts- und Währungsunion gingen DDR-Sparkassen daran, aus eigener Initiative Elemente des äußeren Erscheinungsbildes der westdeutschen Sparkassen (z. B. das rote Sparkassen-S) einzusetzen. Später wurde sie dabei auch zielgerichtet vom *DSGV* und dem Deutschen Sparkassenverlag unterstützt. Über das neue Erscheinungsbild wollten die Sparkassen ihren Kunden ein starkes Signal geben, dass sie an einem Neubeginn standen und eine neue Qualität im Leistungsangebot und im Service versprachen. Unterstützt wurde dies durch eine Imagekampagne mit dem Slogan „Sparkasse – gemeinsam in Ost und West".[16]

Diese Initiativen hatten zweifellos einen wesentlichen Anteil daran, dass die Bürger in den ostdeutschen Bundesländern den Sparkassen in hohem Maße die Treue hielten. Die Sparkassen profitierten aber auch von einem besonderen Umstand: Als Institute ‚von hier' genossen sie einen Vertrauensvorschuss, den die aus der „alten" Bundesrepublik stammenden Groß- und Regionalbanken nicht hatten.

7 Aufbau des Verbundsystems

Um die breite Produkt- und Dienstleistungspalette darstellen zu können, welche die Sparkassen in der Bundesrepublik ihren Kunden bereits seit langer Zeit boten, war für die ostdeutsche Sparkassenorganisation der Aufbau eines leistungsfähigen Verbundsystems erforderlich. Hierbei stand zur Auswahl, entweder auf im Westen schon bestehende Verbundunternehmen zurückzugreifen oder eigene ostdeutsche Unternehmen zu gründen.

---

[16] Vgl. *GEIGER/GÜNTHER* (1998), S. 201 f.

Jeweils ein zentraler Anbieter aus Westdeutschland wurde gewählt:

> im Bereich der Aktien-, Renten-, und Immobilienfonds mit der *Deka Deutsche Kapital-anlagegesellschaft mbH* (heute *DekaBank Deutsche Girozentrale*) bzw. der zu ihrer Gruppe gehörenden *Despa Deutsche Sparkassen-Immobilienanlage Gesellschaft mbH*

> im Bereich der Leasingaktivitäten mit der *LGS Leasinggesellschaft der Sparkassen GmbH* (heute *Deutsche Leasing AG*)

> im Bereich des Vordruckwesens, der Werbe- und Informationsmedien, der Kartensysteme und Datendienste mit dem *Deutschen Sparkassenverlag GmbH*.

Für den Bereich der Datenverarbeitung schloss der DDR-Sparkassenverband schon im März 1990 ein Kooperationsabkommen mit der *dvg-Hannover*, dem Rechenzentrum der Sparkassen in Niedersachsen und West-Berlin. Unter deren Beteiligung gründeten die ostdeutschen Sparkassen dann im August des Jahres die *dvs Datenverarbeitungsgesellschaft der Sparkassenorganisation mbH*.

Beim Bausparen bestand die Notwendigkeit, sehr schnell ein Unternehmen ins Leben zu rufen, das den in der DDR schon frühzeitig aktiven privaten westdeutschen Bausparkassen Paroli bieten konnte.[17] Die Landesbausparkassen der Bundesrepublik gründeten daher gemeinsam mit dem DDR-Sparkassenverband die *LBS Ostdeutsche Landesbausparkasse AG*, die pünktlich zur Währungsumstellung am 1. Juli 1990 ihre Geschäfte aufnahm . Das Aktienkapital, das zunächst mehrheitlich bei einer Beteiligungsgesellschaft der westdeutschen Landesbausparkassen lag, ging 1993 vollständig auf den *Ostdeutschen Sparkassen- und Giroverband* über.

Ähnliche einheitliche Lösungen für ganz Ostdeutschland wurden lange Zeit auch in den Bereichen des Versicherungswesens und eines Zentralinstituts (Landesbank/Girozentrale) angestrebt. Doch wurden letztlich regionale Lösungen realisiert, d. h. in den verschiedenen ostdeutschen Bundesländern kam es zur Gründung von regional tätigen Verbundunternehmen oder in Westdeutschland beheimatete Unternehmen der *Sparkassen-Finanzgruppe* übernahmen dort die entsprechenden Funktionen.[18]

8   Erfolgreiche ostdeutsche Sparkassen gestalten die Zukunft

Die solidarische Hilfe der westdeutschen Sparkassen, ihrer Verbundunternehmen und Verbände, aber insbesondere auch der oft selbstlose Einsatz vieler Tausender Mitarbeiterinnen und Mitarbeiter in Ost und West trugen dazu bei, dass die Sparkassen in Ostdeutschland innerhalb kürzester Zeit eine Entwicklung nachholen konnten, die ihre westlichen Schwesterninstitute in mehreren Jahrzehnten vollzogen hatten.

---

[17]   Vgl. GEIGER/GÜNTHER (1998), S. 186 ff.

[18]   Vgl. GEIGER/GÜNTHER (1998), S. 251 ff., und S. 282 ff.

Wollte man aus den vielen Beteiligten eine einzelne Person herausgreifen, der dabei besondere Verdienste zukamen, so wäre dies zweifellos *DR. H. C. HELMUT GEIGER*. Der damalige *DSGV*-Präsident erkannte im Herbst 1989 nicht nur sofort, welche Chance sich für den Aufbau eines dezentralen kommunalen Sparkassenwesens in Ostdeutschland bot. Er setzte seine ganze Kraft und sein Können dafür ein, dass diese Chance ergriffen und realisiert wurde und dass auch die Integration der ostdeutschen Sparkassen in die gesamtdeutsche *Sparkassen-Finanzgruppe* reibungslos gelang.

Heute können die Sparkassen in Ost und West nun bereits auf 20 Jahre Zusammenarbeit zurückblicken. Was als Wissenstransfer von West nach Ost in den Aufbaujahren begann, ist bereits seit vielen Jahren eine Beziehung auf Augenhöhe: Die ostdeutschen Sparkassen sind ebenso im Markt erfolgreich wie die westdeutschen Institute. Innerhalb weniger Jahre sind diese Sparkassen zu stabilen Säulen der Sparkassenfamilie herangewachsen. Sie betreiben dabei ein Geschäftsmodell mit dem sie in der Finanzmarktkrise bewiesen haben, dass sie ihre Risiken im Griff haben. Längst sind sie in vielen Bereichen sogar regelrechte Innovatoren für die ganze Gruppe.

Dank der gelungenen Integration der ostdeutschen Sparkassen in die *Sparkassen-Finanzgruppe* gibt es in Deutschland keine weißen Flecken, die Sparkassen sind in allen Regionen präsent, auch dort, wo der wirtschaftliche Aufschwung noch auf sich warten lässt. Die Investoren der Zukunft werden dadurch jederzeit und überall in Deutschland kompetente Finanzinvestoren für ihre Projekte vorfinden. Denn eines hat dieser Blick in die letzten 20 Jahre Geschichte der Sparkassen und der Bundesrepublik gezeigt: Es gibt niemals Stillstand, niemals einen *status quo* der unveränderbar ist. Vielmehr bietet der beständige wirtschaftliche, technologische und gesellschaftliche Wandel auch Chancen für die wirtschaftlich schwächeren Regionen in den neuen wie in den alten Bundesländern. Um diese Chancen zu erkennen und nutzen zu können ist es notwendig, dass die Handlungsfähigkeit vor Ort in den Kommunen erhalten bleibt. Und die regionalgebundenen Sparkassen in Ost und West sind hierfür gleichermaßen von zentraler Bedeutung. Die Aussichten dafür stehen gut.

9 Globalisierung und die Renaissance des Sparkassengedankens

Seit einigen Jahren schon wird in den Debatten dem Begriff „Globalisierung" eine „Renaissance des Regionalen" gegenüber gestellt, denn Globalisierung und Regionalisierung sind nur scheinbar Antipoden.

Auf den ersten Blick bezeichnet Globalisierung aufgrund neuer Technologien, etwa Breitbandverbindungen, den Trend, dass die Welt immer stärker vernetzt wird, diese Entwicklung wird häufig als „Ende der Geographie" bezeichnet. [19] Es wäre aber verkürzt, daraus zu schlussfolgern, dass alle Wirtschaftsfaktoren genau so flexibel sind wie die Informationen in den Datenleitungen und stets den billigsten Standorten zustreben. Der wirtschaftliche Erfolg Deutschlands als Exportweltmeister der letzten Jahren beweist gerade das Gegenteil: Talente, Fähigkeiten und Infrastruktur sind eben nicht losgelöst von einem geographischen Ort, son-

---

[19] Vgl. *O'BRIEN* (1992).

dern sehr wohl fest verwurzelt. Diese Fülle an Standortfaktoren sind damit nicht so ohne Weiteres austauschbar.

Tatsächlich wird deshalb das globale Netz – mit seinen technischen und logistischen Möglichkeiten – durch ein viel engmaschigeres und vielfältigeres lokales Netz ergänzt. Zu diesem Netz gehören wirtschaftliche Infrastruktur, Bildung, Arbeit und Wohnen, Lebensqualität, Natur und Kultur. „Renaissance des Regionalen" heißt deshalb, dass diese lokalen Netzwerke auch vor Ort gewoben werden können und müssen. Immer mehr Kommunen besinnen sich deshalb auf ihre ganz spezifischen Stärken. Dies gelingt ihnen dann besonders gut, wenn sie dabei nicht kurzfristig auf einzelne Trends reagieren, sondern Leitlinien vorgeben und Entscheidungen fällen, die allesamt auf einer nachhaltigen Strategie beruhen. Denn die Stärken und Chancen sind regional unterschiedlich ausgeprägt, was für eine Region die beste Strategie ist, muss für die andere noch lange nicht zielführend sein.

Das zeigt aber auch, dass „Regionalität" per se noch kein Erfolgsfaktor ist. Es geht vielmehr darum, das vor Ort vorhandene Wissen, dass die verschiedenen Akteure in den Region besitzen, zu sammeln und Schlussfolgerungen umzusetzen. So haben auch vermeintlich strukturschwache Gebiete, wie es sie in den neuen Bundesländern ebenso wie in den alten gibt, eine Chance, sich als Standort mit einem einzigartigen Profil zu präsentieren.

Dafür, dass dies überall in Deutschland gelingen kann, sehe ich drei Voraussetzungen, die zwar mehr oder weniger stark ausgeprägt sind, aber doch in allen Regionen Deutschlands gegeben sind:

1. Die Kommunale Selbstverwaltung. In Deutschland sind die Kommunen – im Gegensatz zur Situation in vielen europäischen Ländern – starke, verfasste Bürgerschaften. Sie haben sich eine vergleichsweise große Problemlösungskompetenz bewahren können, was ihnen durch den auf Subsidiarität bedachten Staatsaufbau in Deutschlands erleichtert wurde. Aufgrund ihrer Gestaltungskraft besitzen die Kommunen nicht nur die Fähigkeiten zu handeln, sondern auch über wichtiges Wissen über die Strukturen vor Ort. Zudem profitieren die Kommunen direkt vom gesellschaftlichen Engagement ihrer Bürger - in ihren Gremien oder aber auch in Vereinen und Initiativen. Handlungsfähige Kommunen und eine engagierte Bürgerschaft sind wesentliche Elemente zu einer globalisierungsfesten Standortgestaltung.

2. Die starke mittelständisch geprägte Wirtschaft. Manche in Deutschland mögen es bedauern, dass auf Listen der größten Unternehmen der Welt deutsche Konzerne meist weniger stark vertreten sind als etwa Unternehmen aus Frankreich oder Großbritannien. Die Finanz- und Wirtschaftskrise hat bei vielen aber das Interesse am vergleichsweise krisenfesten deutschen Mittelstand wieder steigen lassen. Diese Unternehmen sind häufig noch inhabergeführt, weil sie sich durch Fremdkapital ihrer Hausbanken und nicht am Kapitalmarkt finanzieren. Deshalb sind sie in Deutschland auch besonders stark in den Regionen verwurzelt und bieten abseits der Metropolen Arbeitsplätze und damit Zukunft. Dabei ist der deutsche Mittelstand im Weltvergleich hoch innovativ, mit dem Begriff „Hidden Champions" werden Weltmarktführer aus der deutschen Provinz bezeichnet, sie sind Gewinner der Globalisierung.

3. Die Sparkassen in Deutschland. Sie sind ebenso dezentral aufgestellt wie mittelständische Unternehmen und sind aufgrund des Regionalprinzips fest im Gebiet ihres kommunalen Trägers verankert. Aufgrund ihrer starken Marktstellung, sie zählen 4 von 5 Unternehmen zu ihren Kunden, treiben sie mit ihren Finanzdienstleistungen die regionalen Wirtschaftskreisläufe an. Durch ihre Mitgliedschaft im Verbund der *Sparkassen-Finanzgruppe* können sie darüber hinaus auch die lokalen Unternehmen auf die Weltmärkte als Finanzpartner begleiten. Den gestaltungswilligen Kommunen bieten sie darüber hinaus einen umfassenden Fundus an Wissen über die Region und die dortige Wirtschaft.

Damit diese drei Kräfte ihre Regionen gemeinsam gestalten können, ist zum einen eine enge Kooperation und Abstimmung notwendig. Zum anderen müssen sich die Partner aus allen drei Bereichen aber auch anstrengen, möglichst stark und handlungsfähig zu sein.

10   Sparkassen maximieren ihren Nutzen für die Region

Die Sparkassen nehmen diese Herausforderungen an und arbeiten daran, ihr Leistungsangebot noch stärker auf die regionalen Bedürfnisse ausrichten. So sind etwa auch die Kommunen von der derzeitigen Krise tangiert, Einnahmeausfälle machen es ihnen immer schwerer, Handlungsspielräume zu bewahren. In Zeiten der Krise gewinnt somit auch das Verhältnis von Sparkassen und Kommunen noch stärker an Bedeutung.

Deshalb haben die Sparkassen den Finanz-Check für Kommunen entwickelt, der ebenso spezialisiert und gleichzeitig umfassend ist wie die vorher entwickelten Versionen für Privatkunden und Unternehmen. Das Spektrum dieser ganzheitlichen Beratung reicht vom Zahlungsverkehr der Kommunen, die Absicherung von Risiken bis hin zur optimalen Anlage und dem richtigen Umgang mit Immobilien und Liegenschaften.

Die klassischen Finanzbeziehungen – vom Kommunalkredit bis hin zu Öffentlich-Privaten-Partnerschaften – werden auch künftig die Geschäftsbeziehungen zwischen Sparkassen und Kommunen dominieren. Große Umwälzungen bedingen – wie oben ausgeführt – aber auch eine Stärkung der lokalen Zusammenhänge und eine Kräftebündelung vor Ort.

Ein Beispiel ist etwa der demographische Wandel, den die Kommunen bisher nur eher punktuell angehen. Gründe hierfür sind fehlende Personalkapazitäten und Fachlichkeiten, darüber hinaus fehlendes Know-how für die Planung, Strukturierung und das Projektmanagement derart umfassender Aufgabenstellungen.

Dabei ist etwa die Hälfte der mehr als 400 deutschen Landkreise heute schon von einem Rückgang der Einwohnerzahlen betroffen. Und weil Sparkassen fest im Gebiet ihres Trägers verankert sind, „ticken" sie nicht nur ähnlich, sie stehen auch vor ähnlichen Herausforderungen, deshalb sind gemeinsame Antworten möglich.

Etwa beim Bau von altersgerechten Wohnungen: Die Sparkassen können die Kommunen umfassend als professioneller Finanzierungspartner unterstützen. Nach einer Schätzung der *LBS* wird die Zahl der Haushalte mit über 50jährigen im Bundesgebiet bis 2020 um knapp fünf Millionen wachsen. Es werden entsprechende Wohnungen, öffentliche Verkehrsnetze und Service- und Unterstützungseinrichtungen benötigt

Die *Sparkassen-Finanzgruppe* verfügt zudem über Spezialunternehmen, auf die Sparkassen und Kommunen im Bedarfsfall zurückgreifen können. Etwa die *DKC Deka Kommunal Consult GmbH*, das Kommunalberatungsunternehmen der *DekaBank*. Von den Konjunktur-paketen der Bundesregierung bis zu ganzheitlichen Maßnahmen zur Bewältigung des demo-graphischen Wandels in Kommunen reicht das Beratungsangebot.

Es gibt also Handlungsfelder, auf denen Sparkassen und Kommunen ihre langjährige Zu-sammenarbeit sogar noch intensivieren können, wenn sie vor Ort ihre Kräfte und ihr Wissen von der Region bündeln.

Darüber hinaus müssen sich die Sparkassen insgesamt fortentwickeln, um ihre führende Marktstellung zu erhalten und auszubauen. Deshalb haben sich die Sparkassen eine noch stär-kere Orientierung „pro Kunde" und „pro Qualität" in ihre neue Geschäftsstrategie geschrieben.

Da die Eigenvorsorge für die Menschen immer komplexer geworden ist, erwarten sie heute von ihrer Sparkasse, dass deren Berater mit den eigenen Angeboten noch aktiver auf die Kunden zugehen – sei es durch Beratungen beim Kunden zu Hause oder durch eine direktere Ansprache in der Geschäftsstelle. Das erfordert von den Mitarbeitern auch, selbst ein aktiver Teil der örtlichen Gemeinschaft zu sein und viele persönliche Kontakte zu knüpfen, die eine Grundlage für Vertrauen und Wissen um den Kunden und seine individuellen Bedürfnisse darstellen.

Eine Sparkasse, die sich so versteht, kann nicht allein über die Höhe der Eigenkapitalrendite gesteuert werden. Natürlich muss auf das eingesetzte Kapital eine angemessene Rendite er-wirtschaftet werden, weil sie kein externes Kapital erhält, sondern Eigenkapital für weiteres Wachstum selbst bilden muss. Noch wichtiger ist es aber, zufriedene Kunden zu haben und den Markt auszuschöpfen. Wo beides kurzfristig miteinander in Konflikt gerät, muss auch einmal zum Nutzen der Kunden in den Markt investiert werden.

Nur so lässt sich das betriebswirtschaftliche Fundament der Sparkasse auf Dauer erhalten. Hinzu kommen müssen klare Zielwerte für die Sicherung der Liquidität und die Sicherung der Risikotragfähigkeit. Die Sparkassen bringen diese verschiedenen Ziele in eine ausgewo-gene Balance. Deshalb vermitteln sie ihren Mitarbeitern, dass es wirtschaftlichen Erfolg nur auf der Basis einer hohen Kundenzufriedenheit geben kann. Und ihnen ist bewusst, dass der wirtschaftliche Erfolg die Basis für eine Wahrnehmung des öffentlichen Auftrags in der Re-gion ist.

11 Umbau der *Sparkassen-Finanzgruppe*

Damit die Sparkassen ihren Nutzen für die Regionen maximieren können, sollen auch die Unternehmen der *Sparkassen-Finanzgruppe* so aufgestellt werden, dass sie die Sparkassen dabei bestmöglich unterstützen. Das heißt konkret:

1. Alle Institute der *Sparkassen-Finanzgruppe* orientieren sich bei ihrem Geschäftsgebaren stets an den Sparkassen, d. h. sie agieren kundenfreundlich, nachhaltig und gehen keine übermäßigen Risiken ein.

2. Die Institute der *Sparkassen-Finanzgruppe* erzeugen Kostenvorteile, die das dezentrale Geschäftsmodell der Sparkassen mit vielen Geschäftsstellen und persönlicher Beratung erst möglich machen.

3. Die Institute der *Sparkassen-Finanzgruppe* machen die Sparkassen zu einem für ihre Kunden hochattraktiven Allfinanzanbieter.

Die erste Forderung ergibt sich konkret daraus, dass einige Landesbanken in erheblichem Maße von der Finanzmarktkrise betroffen sind.

Während die dezentral aufgestellten Sparkassen, mit ihrem dezentralen Treasury und ihrem dezentralen Geschäft nicht in der Gefahr stehen, Klumpenrisiken zu bilden, gehören zu den besonders in Mitleidenschaft gezogenen Banken gerade die größten börsennotierten Institute der Welt – etwa die *CitiGroup* oder die *UBS*. Die Betroffenheit bemisst sich danach, inwieweit Institute an internationalen Finanzmärkten engagiert und in so genannten Kreditersatzgeschäften investiert waren. Und es hat auch etwas damit zu tun, ob die Struktur des Instituts zentral oder dezentral angelegt war.

Zu den Ursachen der Probleme bei einigen Landesbanken gehört sicherlich auch, dass die Übergangszeit bis zum endgültigen Wegfall von Anstaltslast und Gewährträgerhaftung zur Aufnahme immenser Kapitalvolumina genutzt worden ist.

Dieses Kapital konnte in diesem Umfang gar nicht in realwirtschaftlichen Geschäften investiert werden, sondern suchte seinen Weg in das so genannte Kreditersatzgeschäft. Mit der Krise wurden aber auch Wertpapiere und Engagements nicht mehr handelbar, die bisher von den Marteilnehmern als besonders sicher eingeschätzt wurden.

Sparkassen bekennen sich zu den Landesbanken und haben dies in der Vergangenheit immer wieder mit Milliardenengagements unter Beweis gestellt. Wie bereits erwähnt, drängen sie seit Jahren auf eine andere, eine stabilere Landesbankenstruktur.

Sparkassen sind die stabilen Säulen in der Finanzmarktkrise. Sie können sich aber nicht dazu zwingen lassen, immer neues Kapital zur Verfügung zu stellen und damit ihre eigene Stabilität und Geschäftstätigkeit in Frage zu stellen. Dazu sind sie ihren eigenen Kunden und ihren kommunalen Trägern zu sehr verpflichtet.

Die Sparkassen in Deutschland bestehen daher auf eine drastische Veränderung des Landesbankensektors, die auch den Abbau der von den Sparkassen und ihrer Kunden aus der Realwirtschaft nicht benötigten Kapazitäten vorsieht. Die Ordnung des Sektors stellt die wichtigste Aufgabe der nächsten Jahre dar.

Zum zweiten Punkt ist festzustellen: Mit der Fusion der verbliebenen letzten beiden IT-Einheiten im Jahr 2008 konnte beispielhaft gezeigt werden, wie im Verbund beachtliche Synergieeffekte erzeugt werden. Die Entwicklung eines einzigen Kernbanksystems wird die Wettbewerbsfähigkeit der Sparkassen deutlich verbessern, weil gerade auch für Kunden Leistungsverbesserungen spürbar werden. So können jetzt bereits an allen 25.000 Geldautomaten die Kontostände der Kunden angezeigt werden. Künftig können allen Sparkassenkunden überall in der Republik alle Leistungen der Sparkassen zugänglich gemacht werden, wenn die Gruppe ihre Stellung als Marktführer behalten will.

Diese Entwicklung ist ein Vorbild für andere Bereiche der *Sparkassen-Finanzgruppe*, seien es Landesbanken, Öffentliche Versicherungen oder Landesbausparkassen. Hier gibt es noch zu viele Redundanzen und Doppelarbeiten, die Struktur ist zu fragmentiert. Dadurch können nicht die Kostenvorteile gehoben werden, die möglich sind und künftig auch gebraucht werden.

Zum dritten Punkt ist zu nennen, dass die Sparkassen durch die Zusammenarbeit der Verbundunternehmen für sich nicht nur Kostenvorteile erwirtschaften, sondern aufgrund der Margen für ihre Kunden auch einzigartige Produkte mit guten Konditionen ermöglichen. Aber auch hier gibt es noch Handlungsbedarf. So ist die *Sparkassen-Finanzgruppe* in allen Bereichen Marktführer ist, nicht aber bei den Versicherungen. Seit Jahren gibt es einen Trend in Deutschland zur Konsolidierung des Versicherungsmarktes, immer größere Einheiten entstehen, große ausländische Anbieter drängen in den Markt. Damit die öffentlichen Versicherer auch künftig attraktive und marktfähige Produkte ihren Kunden anbieten können, ist eine Veränderung unter Beachtung der Belange der Sparkassen unumgänglich. Aber auch andere Unternehmen in der Gruppe sind gefordert. Die Wahrnehmung der Eigentümerrolle für die Sparkassen ist die zentrale Herausforderung.

12   Zusammenfassung

Der Aufbau von wettbewerbsfähigen Sparkassenstrukturen in Ostdeutschland war ein Projekt, dass von vielen mit großem Einsatz und großer Überzeugung vorangetrieben wurde. Denn in funktionierenden Sparkassen sahen sie einen der ganz zentralen Standortfaktoren für die Zukunft. Dieser Aufbau ist gelungen und die in die ostdeutschen Sparkassen gesetzten Hoffnungen haben sich erfüllt.

Die Sparkassen in Ost- und West sind heute zu einer schlagkräftigen Finanzgruppe zusammengewachsen, die in allen Regionen Deutschlands die Marktführerschaft für sich beansprucht. Dementsprechend stehen alle Sparkassen in Deutschland vor ähnlichen Aufgaben, wenn es darum geht, unter den Rahmenbedingungen der Globalisierung ihre Marktführerschaft zu sichern, in dem sie ihren Nutzen für die Region steigern und als zentrales Steuerungsinstrument die Belange des Kunden in den Mittelpunkt stellen.

Motor muss die Erkenntnis sein, welche große Leistungen die Sparkassen in Ostdeutschland in den letzten 20 Jahren erbracht haben und wie stabil die Sparkassen als dezentrale Institute die Finanzmarktkrise überstanden haben.

Gleichzeitig geht es in den kommenden Jahren auch darum, den Verbund der *Sparkassen-Finanzgruppe* noch stärker an die Belange der Sparkassen und ihrer Kunden anzupassen, wie oben beschrieben. Darüber hinaus bietet der Verbund der *Sparkassen-Finanzgruppe* – als einer der größten der Welt – Chancen, die im eben beginnenden 21. Jahrhundert von immer größerer Bedeutung werden.

Quellenverzeichnis

DEUTSCHER SPARKASSEN- UND GIROVERBAND (1990a): Niederschrift der Sitzung des erweiterten Vorstandes des Deutschen Sparkassen- und Giroverbandes am 12. März 1990, Sparkassenhistorisches Dokumentationszentrum des DSGV, Sign. I. B/8/76.

DEUTSCHER SPARKASSEN- UND GIROVERBAND (1990b) (Hrsg.): Informationen für die Sparkassenarbeit in der DDR, o. O. April 1990.

GEIGER, W./GÜNTHER, H.-G. (1998): Neugestaltung des ostdeutschen Sparkassenwesens 1990 bis 1995, Stuttgart 1998.

O'BRIEN, R. (1992): Global Financial Integration: The End of Geography, London 1992.

WYSOCKI, J./GÜNTHER, H.-G. (1996): Geschichte der Sparkassen in der DDR 1945 bis 1990, Stuttgart 1996.

Ostdeutsche Sparkassen im Wandel der Zeit

CLAUS FRIEDRICH HOLTMANN und WOLFRAM MORALES

Ostdeutscher Sparkassenverband

1   Ostdeutsche Sparkassen: Tradition und Wandel im Wechsel der Geschichte 163
2   Die Wendezeit von 1989 bis zur Gegenwart 164
    2.1   Die Sparkassen zum Zeitpunkt der Wende 1989 165
    2.2   Von der Wirtschafts- und Währungsunion zum gleichberechtigten
          Partner in der deutschen Sparkassenorganisation 168
3   Ostdeutsche Sparkassen als Teil der deutschen *Sparkassen-Finanzgruppe*................. 171
4   Ostdeutsche Sparkassen in der weltweiten Finanz- und Wirtschaftskrise 174
5   Ostdeutsche Sparkassen: Strategische Ausrichtung auf die nächsten Jahre.................. 175
Quellenverzeichnis... 178

1 Ostdeutsche Sparkassen: Tradition und Wandel im Wechsel der Geschichte

Das Ende der DDR und die Wende im Herbst des Jahres 1989 bedeutete für die ostdeutschen Sparkassen – so wie für jedes andere Unternehmen der ehemaligen DDR – einen gewaltigen Umbruch. Von der zentralistisch organisierten Planwirtschaft sozialistischer Prägung in die marktwirtschaftliche Ordnung der Bundesrepublik – dieser Sprung allein war schon eine außerordentliche Herausforderung. Doch nicht nur die Umstellung der kompletten Sparkassenorganisation in der ehemaligen DDR stellte höchste Anforderungen an alle Beteiligten, sie musste darüber hinaus in einer extrem kurzen Zeitspanne erfolgen.

Heute, zwanzig Jahre nach der Wende, zeigt sich, dass die Umstellung nicht nur gelungen, sondern sogar hervorragend gemeistert wurde. Dies ist neben zahlreichen Rahmenbedingungen nicht zuletzt dem Engagement und der Bereitschaft vieler Mitarbeiter in der Sparkassenorganisation zu verdanken.

Diese Entwicklung, die die ostdeutschen Sparkassen in den vergangenen zwanzig Jahren hinter sich gebracht haben, lässt sich nur vor dem Hintergrund ihrer Ausgangssituation und wechselhaften Geschichte im zwanzigsten Jahrhundert erklären.

Bis 1945 waren ost- und westdeutsche Sparkassen unter einem Dach in der deutschen Sparkassenorganisation vereint. Aufbauend auf einer gemeinsamen Geschichte verlief ihre Entwicklung bis dahin weitgehend übereinstimmend.

Im Sommer 1945 wurden alle Sparkassen in der damaligen sowjetischen Besatzungszone geschlossen.[1] Aufgrund des Befehls Nr. 01/45 der sowjetischen Militär-Administration (SMAD) vom 23. Juli 1945 und der nachfolgenden Rechtsvorschriften der Länder bzw. der Provinzverwaltungen[2] erging die Vorschrift an Städte und Kreise, neue Sparkassen zu errichten.

Diese galten jedoch nicht als Rechtsnachfolger der geschlossenen Sparkassen. Auch wenn die Sparkassen der Zeit vor 1945 de jure aufhörten zu existieren, führten die „neuen" Sparkassen ihre Geschäftstätigkeit weiter und zwar ohne große Änderungen. Das Personal wurde beibehalten, die Kunden ebenfalls und auch die früheren Unterlagen weiter genutzt. Damit hatte sich in der Realität nicht viel verändert. Man arbeitete auf der Basis einer Tradition, die aus der Gründung als Sparkasse bereits seit dem 19. oder auch seit dem Beginn des 20. Jahrhunderts resultierte.

Noch im Juni 1945 erließen die Länder einheitliche Sparkassen-Mustersatzungen, die elementare Prinzipien der Sparkassenorganisation beinhalteten. Die kommunale Gewährträgerschaft sowie die Einrichtung von Verwaltungsräten und Kreditausschüssen zählten zu den zentralen Elementen dieser Satzung.

---

[1] Vgl. *GEIGER/GÜNTHER* (1998), S. 31.

[2] Vgl. *WYSOCKI/GÜNTHER* (1996), S. 500 ff.

Mit der Teilung des Landes änderte sich dies gravierend. Im Laufe der Jahre wurden die Sparkassen in der DDR zunehmend in die staatliche Planwirtschaft integriert.

1951 wurden die Sparkassen in das Volkseigentum der DDR überführt. Faktisch bedeutete dies, dass die Sparkassen nach 1945 ein zweites Mal enteignet wurden. Gleichzeitig mit einer Verwaltungsreform wurden 1952 die Sparkassenverbände aufgelöst. 1956 verordnete der Ministerrat der DDR das „Statut der volkseigenen Sparkassen der DDR". Darin enthalten waren die Anpassung der Sparkassen an Verwaltungs- und Planwirtschaftsrealitäten. Der Staat übernahm die Gewährträgerhaftung, Verwaltungsräte und Kreditausschüsse wurden gestrichen. Erhalten blieben lediglich die juristische Selbstständigkeit sowie die örtliche Struktur.

Rund zwanzig Jahre (1952–1972) war eine Abteilung im Finanzministerium der DDR für die Betreuung der Sparkassen zuständig. 1972 wurde diese in die Abteilung „Sparkasse" in die *Staatsbank der DDR* überführt.

Der folgende Beitrag wirft zunächst einen Blick zurück auf die Ausgangssituation für die ostdeutschen Sparkassen im Jahre 1989, erläutert die Meilensteine auf dem Weg bis zum Ende des ersten Jahrzehnts im neuen Jahrtausend und gibt schließlich einen Ausblick auf die Zukunft der ostdeutschen Sparkassen.

2 Die Wendezeit von 1989 bis zur Gegenwart

Ostdeutsche Sparkassen waren ein fester Bestandteil der sozialistischen Planwirtschaft, auch wenn ihre Aufgaben streng reglementiert waren. Nach dem Sparkassenstatut von 1975 in der Fassung von 1983 hatten ostdeutsche Sparkassen

> ➤ die Spartätigkeit der Bürger zu fördern,

> ➤ den Zahlungsverkehr schnell, sicher und rationell durchzuführen,

> ➤ den Bürgern Kredite zur Befriedigung ihrer persönlichen Bedürfnisse zu gewähren,

> ➤ den Bau von Eigenheimen sowie Maßnahmen zur Erhaltung und Modernisierung zu finanzieren sowie

> ➤ die kommunale Wohnungsverwaltung, die Wohnungsbaugenossenschaften und Dienstleistungsbetriebe der örtlichen Versorgungswirtschaft zu finanzieren.

Auf den ersten Blick entsprachen diese Aufgaben der DDR-Sparkassen denen ihrer westdeutschen Pendants. Inhaltlich jedoch waren sie nicht vergleichbar.

Weder die Unterstützung der regionalen Wirtschaft noch das breite Kreditgeschäft waren Bestandteil der Aufgaben von Sparkassen. Gegen Ende der DDR lag das Volumen der Wirtschaftskredite der Sparkassen daher auch nur bei 600 Mio. Mark der DDR.

Das Fehlen wesentlicher Bestandteile des Leistungsspektrums westdeutscher Sparkassen lässt sich leicht vor dem Hintergrund des sozialistischen und zentralistischen Systems in der DDR erklären. Wirtschaftliche Tätigkeit war nur im Rahmen der Planwirtschaft möglich, der Großteil der Wirtschaft wurde von der *Staatsbank* finanziert und nicht von Sparkassen. Handwerk, Handel und Gewerbe in privater Hand war nur sehr begrenzt vorhanden. Von 100.000 solcher Unternehmen hatten rund 30.000 Geschäftsbeziehungen zu Sparkassen.

Kredite wurden generell nur für Waren ausgereicht, die in einem vom Ministerium für Handel und Versorgung herausgegebenen Warenverzeichnis aufgeführt waren. Ein Kreditrisiko existierte kaum und die Förderung des Sparens beschränkte sich seit 1971 auf ein sehr reduziertes Angebot von Spareinlagen in Form von Buchsparkonten und Spargirokonten mit einheitlich festgelegter Verzinsung in Höhe von 3,25 % im Jahr. Über letztere konnte der Zahlungsverkehr abgewickelt werden. Auch war der Gestaltungsspielraum der Sparkassen stark eingegrenzt: Die Geschäfte waren normiert und die Rentabilität nicht zu beeinflussen, da jede Sparkasse den Zinsfestsetzungen unterlag.

Damit waren die DDR-Sparkassen überwiegend reine Kapitalsammelstellen für die Spareinlagen der Bevölkerung. Die Aufgabenabgrenzung zwischen den einzelnen Kreditinstituten war konsequent durchgesetzt.

2.1   Die Sparkassen zum Zeitpunkt der Wende 1989

Ende 1989 gab es in der DDR insgesamt 196 Sparkassen, darunter 169 Kreissparkassen, sechs Stadtsparkassen und eine Sparkasse der Stadt Berlin. Die hohe Anzahl von Kreissparkassen mit einem kleinen Geschäftsgebiet resultierte aus der Verwaltungsreform von 1952, die neben der Abschaffung der Länder und die Einführung der Bezirke nach sowjetischem Vorbild viele kleine Kreise hervorbrachte.

Diese 196 Sparkassen verfügten insgesamt über 2.349 Zweigstellen und 676 so genannten Agenturen. Von den letztgenannten Agenturen befanden sich 333 in Industriebetrieben und 120 in Handelsbetrieben. Die Bilanzsumme aller Sparkassen zusammen belief sich zum 31. Dezember 1989 auf 149,7 Mrd. Mark der DDR. Dies entspricht einer durchschnittlichen Bilanzsumme (DBS) von rund 760 Mio. Mark der DDR je Sparkasse. Beschäftigt waren zum Zeitpunkt der Wende 1989 über 20.000 Mitarbeiter, davon mit 93 % Frauen ein im Vergleich zu Westdeutschland ungewöhnlich hoher Anteil.

Rund 85 % der Sparkassenkredite wurden für den privaten Wohnungsbau ausgereicht.

Zur Zeit der Wende stellte sich für eine Reihe von westdeutschen Beobachtern die Frage, ob es sich bei den Sparkassen der DDR um tatsächliche Sparkassen handelte. Diese Frage wurde aber der Situation der Sparkassen in der DDR nur unzureichend gerecht. Auf der einen Seite unterlagen die Sparkassen in ihrer Geschäftstätigkeit einer äußerst starken Einschränkung, die keine Vergleichbarkeit zum westdeutschen Sparkassenbegriff zulässt. Auf der anderen Seite galt diese Einschränkung systembedingt für alle Kreditinstitute der DDR. Doch auch vor diesem Hintergrund konnten die Sparkassen in der DDR im Rahmen der von staatlicher Seite vorgegebenen Aufgaben Kundenbedürfnisse befriedigen[3]. Daraus erklärt sich der hohe Marktanteil der Sparkassen unter anderem im Spar- und im privaten Wohnungsbaukreditgeschäft.

Kontakte zwischen Sparkassen der Bundesrepublik und ihren Schwesterinstituten in der DDR gab es erwartungsgemäß bis 1989 kaum. Dies änderte sich schlagartig nach der Öffnung der Grenze im November 1989. Bereits nach wenigen Wochen kam es in den grenznahen Gebieten zu ersten Gesprächen zwischen Ost- und Westsparkassen. Ziel war zunächst das Kennenlernen der anderen Seite, später folgten konkrete Hilfsangebote und -anfragen.

In den kommenden Wochen und Monaten ging es Schlag auf Schlag. Ersten vorsichtigen Gedanken und Plänen über eine Zusammenarbeit folgten zunehmend konkrete Ansätze zur Realisierung. Auf Verbandsebene wurde schnell gehandelt. Ende Dezember 1989 erfolgte der erste inoffizielle Kontakt und bereits am 2. Januar 1990 fand ein erstes Gespräch zwischen der Abteilung „Sparkasse" der *Staatsbank* und dem *Deutschen Sparkassen- und Giroverband* (DSGV) statt. Zur Überraschung der westdeutschen Teilnehmer waren die Überlegungen in der Abteilung „Sparkasse" bereits relativ ausgereift und umfassten erste Ansätze für die Neugestaltung des Sparkassenwesens in der DDR. Dazu zählte sowohl ein neues Sparkassenrecht als auch die Schaffung eines eigenen selbstständigen Sparkassenverbands.

Schon im März 1990 wurde daraufhin in Strausberg bei Berlin in Anwesenheit der Sparkassenleiter der DDR-Sparkassen der Sparkassenverband der DDR gegründet. Es galt nun, möglichst schnell die basisdemokratisch geschaffene Satzung umzusetzen und mit Leben zu füllen.

Einvernehmen bestand darin, dass die Sparkassen – nach der notwendigen Wirtschaftsreform – ihre Aufgabe nur als öffentlich-rechtliche Institute mit kommunaler Gewährträgerhaftung erfüllen könnten. Das hieß, dass nach knapp vierzig Jahren als „Volkseigentum" Sparkassen wieder als „echte", d. h. kommunal gebundene, regional ausgerichtete und demokratisch kontrollierte Kreditinstitute tätig sein wollten und würden.

Die Wende hatte die ostdeutschen Sparkassen vor eine völlig neue Situation gestellt. Sie erkannten, dass sie nun die Chance hatten, sich von den einengenden planwirtschaftlichen Rahmenbedingungen und der Bevormundung durch die *Staatsbank* zu trennen. Gleichzeitig war ihnen bewusst, dass sie sich in kürzester Zeit von dem bisherigen Wirtschaftssystem verabschieden und auf ein komplett neues System mit neuen Anforderungen und Rahmenbedingungen einstellen mussten. Es galt, möglichst rasch passfähige unternehmerische Strukturen und ein westdeutschen Sparkassen vergleichbares Dienstleistungsangebot für Privat-, Geschäfts- und öffentliche Kunden herzustellen.

All dies ging nicht ohne Hilfestellung, die breit von den westdeutschen Sparkassen kam.

Vorteilhaft und wirtschaftsgeschichtlich wohl nur selten so wiederzufinden war die zu dieser Zeit unter Leitung des *Deutschen Sparkassen- und Giroverbandes* (DSGV) und seines Präsidenten DR. HELMUT GEIGER ins Leben gerufene Solidaraktion für die rasche Eingliederung der DDR-Sparkassen in das gewachsene bundesdeutsche Wirtschafts- und Sparkassensystem.

---

[3]   Vgl. *GEIGER/GÜNTHER* (1998), S. 17.

Regionale Sparkassen- und Giroverbände der Bundesrepublik übernahmen bereits ab 1990, abgestimmt mit dem neu gegründeten *Sparkassenverband der DDR*, Partnerschaften für die Sparkassen in den fünfzehn Bezirken der DDR. Innerhalb kürzester Zeit waren jeder der damals 196 Sparkassen eine oder mehrere westdeutsche Partnersparkassen zugeordnet. Diese hatten zum Ziel, die Organisation und Durchführung von Schulungsmaßnahmen zu unterstützen sowie materielle Hilfe zu gewähren.[4] Letztere orientierte sich am kurzfristigen Bedarf der ostdeutschen Sparkassen und reichte von Büromaterial über Geldzähl- und Sortiergeräte, Fotokopierer, Schreibmaschinen, Taschenrechner, Telefonanlagen und Frankiermaschinen bis hin zu Fahrzeugen.

Die ersten Schulungen fanden noch vor der Wirtschafts- und Währungsunion statt. Darüber hinaus unterstützten die westdeutschen Sparkassen ihre ostdeutschen Kollegen bei der Bearbeitung und Überprüfung von ERP-Anträgen an Existenzgründer und mittelständische Betriebe. Zusätzlich wurden bis zum 1. Juli 1990 Verbundunternehmen, beispielsweise eine Bausparkasse, in Grundzügen aufgebaut, um die notwendigsten Funktionen erfüllen zu können.

Die tatsächlich geleistete Hilfestellung der westdeutschen Sparkassen ging weit über Schulungen und materielle Hilfe hinaus. Der schon vor der Währungsunion begonnene Austausch zwischen west- und ostdeutschen Mitarbeitern aus den Partner-Sparkassen wurde intensiviert.

Westdeutsche Mitarbeiter kamen für kurze oder auch längere Zeit, um vor Ort zu schulen und zu unterstützen, während ostdeutsche Mitarbeiter die Chance erhielten, ihren Kollegen in Westdeutschland über die Schulter zu schauen und damit in lang bestehenden Strukturen zu lernen. Im Durchschnitt wurden jeder Ost-Sparkasse drei Mitarbeiter aus dem Westen zur Seite gestellt.

Über die Motive dieser „Hilfe zur Selbsthilfe" wurde viel spekuliert. Die Antwort darauf ist jedoch relativ einfach: Für die Unterstützung der ostdeutschen Sparkassen sprachen sowohl gesamtwirtschaftliche und bankpolitische als auch grundsätzliche geschäftspolitische Überlegungen.

Die Überführung eines politischen und wirtschaftlichen Systems nach vierzig Jahren sozialistischer Planwirtschaft in eine Marktwirtschaft war nur mit einem leistungsfähigen, dezentral organisierten Banksystem zu bewältigen. Wesentlicher Bestandteil eines dezentralen Bankensystems sind die kommunal und regional gebundenen Sparkassen.

Zudem war den westdeutschen Sparkassen bewusst, dass ihre ostdeutschen Schwesterinstitute in kurzer Zeit leistungsfähige Strukturen entwickeln mussten, um sich im Wettbewerb zu behaupten. Eine negative Entwicklung hätte sich mittelfristig auch auf die Marktstellung der westdeutschen Sparkassen ausgewirkt. Westdeutsche Sparkassen gingen davon aus, dass westdeutsche mittelständische Unternehmen in Ostdeutschland investieren und dann einen starken Partner vor Ort benötigen würden. Ziel der Hilfestellung war somit auch, die Sparkassen schnell in handlungs- und leistungsfähige Institute zu verwandeln, um diese Investoren in Ostdeutschland entsprechend bedienen zu können.

---

[4] Vgl. *GEIGER/GÜNTHER* (1998), S. 160.

Hervorzuheben ist, dass es nicht direkte eigene finanzielle Vorteile, sondern die Vermeidung möglicher negativer Auswirkungen auf die gesamte Sparkassenorganisation waren, die die westdeutschen Sparkassen zu diesem solidarischen Schritt bewogen.

2.2 Von der Wirtschafts- und Währungsunion zum gleichberechtigten Partner in der deutschen Sparkassenorganisation

Die Fülle der Aufgaben, die die Wirtschafts- und Währungsunion sowie kurz darauf die Einheit für die ostdeutschen Sparkassen und ihre Mitarbeiter mit sich brachte, war enorm.

Die Schaffung neuer, dezentraler, mittelständischer Wirtschaftsstrukturen in Ostdeutschland sowie die Lösung der Probleme des privaten Wohnungsbaus und des Ausbaus der Infrastruktur mit höchster Priorität benötigten ein entsprechend ausgestattetes, geeignetes dezentrales Bankwesen. Sparkassen sahen hier eine ihrer wesentlichen Aufgaben. Um diese jedoch erfüllen zu können, war betriebswirtschaftliche Stärke eine Grundvoraussetzung.

Darüber hinaus galt es, sich in kürzester Zeit in einem marktorientierten Wettbewerbsumfeld aufzustellen und zu positionieren. Die westdeutschen Geschäftsbanken standen schließlich bereit, um den Markt mit einem funktionierenden System und gut ausgebildeten Mitarbeitern zu erobern. Sie boten alle Kräfte auf, um einen raschen Eintritt in den Markt zu erhalten. Gerade die deutschen privaten Großbanken versuchten zu Anfang mit Nachdruck, im Osten Fuß zu fassen. Gegenüber den alten DDR-Sparkassen sahen sie sich klar im Vorteil. Ohne spürbare Veränderungen innerhalb der Sparkassen wären sie es mit Sicherheit auch lange geblieben.

Dies führte zu der besonderen Dringlichkeit bei der Lösungen aller anstehenden Aufgaben. So verfügten Ostsparkassen nicht über gewachsene Geschäftsverbindungen zu Unternehmen und Gebietskörperschaften. Nach der Privatisierung der für diese Gruppe zuständigen *Staatsbank* fanden sie und ihre Nachfolgeunternehmen sich häufig in den Kreditabteilungen privater Großbanken wieder. Eine Situation, die den Sparkassen den Zugang zur Wirtschaft nicht eben erleichterte.

Im Mittelpunkt der vordringlichsten Aufgaben standen zeitgleich

➢ die Bewältigung der Wirtschafts- und Währungsunion am 1. Juli 1990,

➢ der Auf- und Ausbau der erforderlichen Technik,

➢ die personelle Besetzung sowie

➢ die Integration in die Sparkassenorganisation der Bundesrepublik.

Bei der Bewältigung der Wirtschafts- und Währungsunion kam den Sparkassen eine herausragende Rolle zu: Als Hauptbankverbindung für die Spargirokonten trugen sie nahezu allein die gesamte Last der Währungsumstellung, da 14,3 Mio. der insgesamt 16 Mio. Anträge von ihnen bearbeitet werden mussten. Das waren fast 90 %. Bereits im Vorfeld hatten die Sparkassen Millionen von Konten neu zu eröffnen, da der Geldumtausch vor allem bargeldlos erfolgen sollte. Ab Mitte Juni wurden Umstellungsanträge und Anträge zur Ausstellung von DM-Wertschecks entgegengenommen und bearbeitet.

Inhaltlich mussten sich die Sparkassen auf ein komplett neues Leistungsangebot einstellen. Um möglichst schnell die gleichen Produkte wie die westdeutschen Banken anzubieten, arbeiteten sich die Mitarbeiter in bisher unbekannte Finanzdienstleistungen wie Aktien, Wertpapiere, umfangreiche Kredite und gleichzeitig neue rechtliche Rahmenbedingungen, wie z. B. das Kreditwesengesetz ein.

Technisch mussten neue Datenverarbeitungs- und Telekommunikationsstrukturen aufgebaut werden. Gleichzeitig wurde ein modernes leistungsfähiges Zahlungsverkehrssystem eingeführt. Allein für die Umstellung des Datenverarbeitungssystems war innerhalb von achtzehn Monaten ein Investitionsaufwand in Höhe von rund 500 Mio. DM erforderlich. Daneben galt es, die Kontoführung mit den alten DDR-Programmen so lange sicherzustellen, bis die Überleitung in die Datenverarbeitung westdeutscher Sparkassensoftware gewährleistet war. Im Zusammenhang mit der Automatisierung des Zahlungsverkehrs begann sukzessive die Einführung automationsfähiger Zahlungsmedien wie der ec-Karte und der s-CARD.

Parallel zur technischen Ausstattung mussten ab Mitte 1990 sämtliche Abläufe der Geschäftstätigkeit an neue Standards angepasst werden. Sie hatten den Regelungen der Aufsicht, den rechtlichen, betriebswirtschaftlichen und nicht zuletzt den personellen Erfordernissen der neuen Zeit zu entsprechen.

Der *DDR-Sparkassenverband* hatte für die Bewältigung der Währungsumstellung einen zusätzlichen Personalbedarf von 11.000 Mitarbeitern ermittelt, der nur durch Aushilfskräfte der öffentlichen Verwaltung gedeckt werden konnte. Aber auch danach wurde dringend Personal benötigt. Banking ist ein vergleichsweise personalintensives Geschäft, vor allem für Sparkassen, die auf Qualität und Beratung setzen. Somit bestand eine zentrale Herausforderung darin, möglichst schnell das vorhandene Personal zu qualifizieren und gleichzeitig neue Mitarbeiter einzustellen. In einer Situation, in der nach der Wende zunehmend Arbeitsplätze wegfielen, war die Einstellung von rund 20.000 neuen Mitarbeitern bei den ostdeutschen Sparkassen ein positiver Effekt.

Um möglichst schnell handlungsfähig zu sein, galt es, zügig eine Regelung für die Vorstandsebene der ostdeutschen Sparkassen zu finden. Im Gegensatz zu früher war nun die Einhaltung des Vier-Augen-Prinzips oberstes Gebot.

Bewährt hat sich die Entscheidung, in möglichst vielen Sparkassen auf ein „gemischtes Doppel" zu setzen: Danach bildeten jeweils ein ostdeutscher und ein westdeutscher Kollege ein Vorstandsgespann. So konnten sowohl die regionale Markt- und Menschenkenntnis als auch das marktwirtschaftliche westdeutsche Know-how für den Aufbau der Sparkassen nach westlichen Strukturen genutzt werden. Beides war für den Erfolg im Wettbewerb unverzichtbar. Viele der westdeutschen Kollegen lebten sich so gut ein, dass sie dauerhaft in Ostdeutschland blieben.

Mit dem am 1. Juli 1990 in Kraft getretenen Sparkassengesetz der DDR verfügten die ostdeutschen Sparkassen schließlich über eine wichtige Rechtsgrundlage, um unter den veränderten politischen und wirtschaftlichen Rahmenbedingungen agieren zu können. Das Gesetz bildete die Grundlage für die Gewährträgerschaft.

Auch auf Verbandsebene gelang die Erneuerung. Im Vorfeld der Wiedervereinigung am 3. Oktober 1990 und der sich abzeichnenden politischen Entwicklungen beschloss der außerordentliche Verbandstag des *Sparkassenverbands der DDR* im September 1990, sich in Sparkassen- und Giroverband für die Sparkassen in den Ländern Brandenburg, Mecklenburg-Vorpommern, Freistaat Sachsen, im Land Sachsen-Anhalt und Thüringen (Ostdeutscher Sparkassen- und Giroverband) umzubenennen.

Der Name änderte sich im Jahr 2005 in *Sparkassenverband für die Sparkassen in den Ländern Brandenburg, Mecklenburg-Vorpommern, im Freistaat Sachsen und im Land Sachsen-Anhalt* (Ostdeutscher Sparkassenverband, OSV). Heute ist der OSV Dienstleister, Ideenschmiede und Diskussionsplattform der Sparkassen und Kommunen in den genannten vier Bundesländern.

Als Körperschaft öffentlichen Rechts verfolgt er unter anderem die Aufgaben,

➢ das Sparkassenwesen zu fördern und die Interessen der Sparer zu schützen,

➢ die Sparkassen und die Aufsichtsbehörden zu beraten,

➢ die Träger in Fragen des Sparkassenwesens zu unterstützen,

➢ Prüfungen bei Mitgliedssparkassen durchzuführen,

➢ den Sparkassenstützungsfonds zu unterhalten sowie

➢ die Aus- und Weiterbildung zu fördern.

Sparkassen schöpfen einen Teil ihrer Stärke aus dem Verbund, der ihren Kunden eine breite Angebotspalette zu marktfähigen Preisen ermöglicht. Daher wurden direkt nach der Wirtschafts- und Währungsunion Schritte unternommen, funktionsfähige Verbundstrukturen auch in Ostdeutschland aufzubauen. Neben der Errichtung der ostdeutschen Sparkassenakademie zur Qualifizierung des Personals standen die Gründung der Landesbausparkasse Ost und die Entscheidung für Versicherungs-Partner ganz oben auf der Liste.

Mit dieser im Jahre 1990 begonnenen Strategie und ihrer Umsetzung konnten sich alle ostdeutschen Sparkassen bis etwa Mitte der 1990er Jahre im Markt sehr gut etablieren. Trotz ihrer schwierigen Ausgangssituation und allen Belastungen der Wendejahre hatten sie sich bereits nach einigen Jahren als Marktführer bei Girokonten, Einlagen und Krediten an Selbstständige im Wettbewerb durchgesetzt. Zudem eroberten die ostdeutschen Sparkassen schnell ein für sie völlig neues Geschäftsfeld, die Finanzierung des Mittelstands. Hier stellen sie heute den Marktführer dar.

In der Zusammenarbeit zwischen Verband und Sparkassen setzte sich Mitte der 1990er Jahre eine neue Qualität durch. Waren die ostdeutschen Sparkassen in den ersten Jahren noch zahlreich auf direkte Hilfestellungen, Anregungen und die Wegbereitung durch den *Ostdeutschen Sparkassenverband* angewiesen, entwickelte sich rasch eine Selbstverantwortung, Eigenständigkeit und die Fähigkeit, selbst Richtlinien und Strategien zu entwickeln. Ergebnis ist eine gegenseitig befruchtende Arbeit bis heute, die Ergebnisse aufzuweisen hat, die deutschlandweit in der *Sparkassen-Finanzgruppe* Beachtung finden.

3 Ostdeutsche Sparkassen als Teil der deutschen *Sparkassen-Finanzgruppe*

Die Einheit zwischen ost- und westdeutschen Sparkassen ist inzwischen komplett vollzogen. Zwanzig Jahre nach dem Mauerfall sind die ostdeutschen Sparkassen seit langem ein vollkommen selbstverständlicher Verbundbestandteil, der sich aktiv in die laufenden Arbeiten der Gruppe mit Engagement einbringt.

Ein Beispiel für gelebte Einheit und ein selbstverständliches Miteinander ist die Besetzung von Führungspositionen in der Sparkassenorganisation: Seit einigen Jahren gilt es als vollkommen selbstverständlich und normal, wenn ostdeutsche Sparkassenmitarbeiter Führungsaufgaben in westdeutschen Sparkassen übernehmen. Entscheidend ist ihre Kompetenz und Erfahrung in der Sparkassenorganisation, nicht die Frage, ob die Mitarbeiter aus Ost oder West kommen. Der Weg von West nach Ost ist keine Einbahnstraße mehr, sondern ein lebendiger Austausch in und aus beiden Richtungen. Viele der ehemals westdeutschen Vorstände der „ersten Stunde" gelangen allmählich in das Pensionsalter und führende Positionen werden neu besetzt, selbstredend unabhängig von der regionalen Herkunft der Führungskraft.

Wohl wissend, dass es viele Hürden und Schwierigkeiten gab, ebenso wie Situationen, in denen gerade zu Beginn der 1990er Jahre auch immer wieder Rückschläge hingenommen werden mussten, gleicht die Geschichte ostdeutscher Sparkassen in vielen Zügen einer Bilderbuchgeschichte. Verglichen mit der Geschichte manch anderer Unternehmen der DDR fällt dies besonders ins Auge.

Viele andere Betriebe standen 1990 vor der gleichen Herausforderung wie die ostdeutschen Sparkassen. Was sie jedoch unterschied, war die Art und Weise, wie die Zusammenarbeit mit westdeutschen Unternehmen erfolgte. Es ist kein Geheimnis, dass zahlreiche westdeutsche Unternehmen nach Ostdeutschland kamen – nicht immer mit einem sensiblen Gespür für den ostdeutschen Markt und die Menschen in den dann neuen Bundesländern. Bekannt sind die Klagen von *Treuhand*-Unternehmen, die aufgekauft wurden, um danach liquidiert zu werden.

Auf der Basis der bis Mitte der 90er Jahre erreichten Stärke formulierten die ostdeutschen Sparkassen bereits 1999 in ihren Rostocker Leitsätzen wesentliche strategische Kernaussagen zur Entwicklung im 21. Jahrhundert. Zentrale Punkte waren dabei die Optimierung von betrieblichen Prozessen, der Wandel zur Vertriebssparkasse und die Nutzenstiftung für die Trägerregion. Klar wurde herausgearbeitet, dass nur wirtschaftlich starke Sparkassen als flächendeckende Finanzdienstleister Nutzen für ihre Träger und die Region, in der sie tätig sind, stiften. Explizit wurde zudem die erforderliche enge Zusammenarbeit und Abstimmung mit den Trägern der Sparkassen bekräftigt.

Die ostdeutschen Sparkassen haben sich nicht zuletzt aus diesem Grund auch sehr erfolgreich an der Umsetzung der 2002 beschlossenen Strategieziele der *Sparkassen-Finanzgruppe* beteiligt sowie die im Rahmen der weiteren internen Optimierung nötige Bündelung von Bankaufgaben, beraten durch ihren Verband, zügig selbst in die Hand genommen. Als strategische Handlungsfelder wurden die Ausschöpfung des Ertragspotenzials, die Senkung von Kosten und die Stärkung des Verbunds festgesetzt. Dort, wo Kostensenkungen die Reduzierung des Personals erforderte, wurde dies sozialverträglich, sprich mitarbeiterfreundlich umgesetzt.

Dieser Optimierungsprozess war rasch mit spürbaren Erfolgen verbunden. Erfolge, die sich in Kennzahlen wie dem Betriebsergebnis vor Bewertung, Cost-Income-Ratio und Eigenkapital-rentabilität ablesen lassen. Seit Mitte des laufenden Jahrzehnts entwickelten sich diese so gut, dass die Gruppe der *OSV*-Sparkassen innerhalb der Sparkassenfamilie – verglichen mit dem Durchschnitt der deutschen Sparkassenverbände – zur bundesweiten Spitzengruppe zählt.

Von Erfolg zeugen auch zahlreiche Projekte, die ostdeutschen Sparkassen in den vergangenen Jahren entwickelt und durchgeführt haben. Viele Themen zur Kostenoptimierung sowie zur Steigerung des Vertriebs, die der *OSV* mit seinen Sparkassen als Modellprojekt erarbeitet hat, werden heute als Produkte in der Sparkassengruppe bundesweit umgesetzt. Dazu zählt zum Beispiel der Finanz-Check, den ostdeutsche Sparkassen Mitte des laufenden Jahrzehnts ein-gesetzt haben. Heute ist er in allen deutschen Sparkassen ein wichtiger Baustein für eine kun-den- und bedarfsorientierte Beratung von Privat- und Firmenkunden.

Die professionelle Arbeit, die seit vielen Jahren klar definierte und konsequent verfolgte Ver-änderung interner Strukturen hin zur Vertriebssparkasse und die vorausschauende Orientie-rung am Markt haben sich ausgezahlt. Jetzt ernten die Sparkassen in Ostdeutschland die Früchte ihrer frühen Anstrengungen.

Sparkassen und Verband sind sich dessen bewusst, dass ein gutes Durchschnittsergebnis immer auch bedeutet, neben hervorragenden Ergebnissen Mitglieder in der Sparkassenfamilie zu haben, die noch zulegen können. Darum arbeiten die ostdeutschen Sparkassen heute ge-meinsam mit dem Verband an der Verstetigung und Verbreiterung der erreichten Erfolge.

Die Zahl der Sparkassen in Ostdeutschland hat sich von 196 Sparkassen zum Zeitpunkt der Wende auf 49 zur Jahresmitte 2009 reduziert. Diese Reduktion erfolgte aufgrund von Fusio-nen, die zum Teil aus Kreisgebietsreformen, zum Teil aber auch geschäftspolitischen Erwä-gungen heraus entstanden sind. Entscheidend für alle Zusammenschlüsse waren die Fusions-grundsätze des *Ostdeutschen Sparkassenverbandes*:

> ➢ Der Erhalt beziehungsweise die Schaffung leistungsfähiger Sparkassen.

> ➢ Das Handeln erfolgt nur in Übereinstimmung mit der politischen Willensbildung der kommunalen Träger.

> ➢ Eine mehrmalige Übertragung von Sparkassen-Geschäftsstellen soll vermieden werden.

> ➢ Das Grundprinzip „Ein Träger betreibt eine Sparkasse" muss erhalten bleiben.

> ➢ Die Geschäftätigkeit bleibt auf das Gebiet des Trägers beschränkt und

> ➢ die Sparkasse befindet sich im regionalen Wirtschaftsraum.

Im Ergebnis sind ostdeutsche Sparkassen in ihrer Region weiterhin stark und fest verwurzelt. Die Nähe zu ihren Kunden und ihre flächendeckende Präsenz haben sich bewahrt. In den vier Bundesländern Brandenburg, Mecklenburg-Vorpommern, Sachsen und Sachsen-Anhalt ver-sorgen sie mit 1.647 Geschäftsstellen, etwa 24.000 Beschäftigten und 2.957 Geldautomaten fast 11 Millionen Einwohner. Umgerechnet ergibt dies eine Sparkassen-Geschäftsstelle für rund 6.600 Einwohner, im Vergleich zu rund 10.800 Einwohnern je Genossenschaftsbankstel-le und einer Kreditbankstelle für 23.000 Einwohner. Ihre Position als Marktführer behaupten die ostdeutschen Sparkassen mit sechs Millionen Girokonten.

Über 50 % aller Finanzierungen von Handwerkern, Freiberuflern und kleinen Mittelstand werden von den Sparkassen getragen. Der Mittelstand, häufig auch als „Rückgrat" der Wirtschaft bezeichnet, entwickelte sich nicht zuletzt dank dieser fruchtbaren Kooperation auch in Ostdeutschland. Im Unterschied zu Westdeutschland ist der Mittelstand hier jedoch wesentlich kleingliedriger strukturiert. Industrielle Kerne gibt es nur sehr wenige.

Für den Neueintritt von Unternehmen in den Markt sind die Sparkassen in West wie Ost wichtige Partner. In Ostdeutschland geht jede zweite Existenzgründung auf die Finanzierung durch eine Sparkasse zurück. Dies erfolgte und erfolgt in engem Schulterschluss mit den Förderbanken, deren bedeutendster Vertriebspartner die Sparkassen sind. Gemeinsam verfolgen sie das Ziel, den regionalen sowie sozialen Zusammenhalt vor Ort zu stärken. Dabei stellen die Nähe der Sparkassen zu ihren Kunden und die differenzierte Kenntnis des regionalen Marktes sowie der Nachfrage und des Bedarfs vor Ort eine wesentliche Voraussetzung für eine erfolgreiche und zielgerichtete Förderung dar. Als Hausbank übernehmen Sparkassen eine wichtige Funktion nicht nur für die Weiterleitung von Fördermitteln, sondern stehen den Förderbanken darüber hinaus bei der Entwicklung neuer Produkte und Förderprogramme beratend zur Seite.

Nicht zuletzt sind die ostdeutschen Sparkassen, aus ihrer Tradition heraus dem Gemeinwohl verpflichtet und deshalb auch der größte nichtstaatliche Sport- und Kulturförderer. Auch hier ist die Integration in die Sparkassenfamilie vollständig gelungen und rundet das Bild der ostdeutschen Sparkassen zwanzig Jahre nach dem Mauerfall ab.

Die Existenznotwendigkeit von Sparkassen leitet sich nicht nur aus der Erfüllung ihres Auftrages, ein flächendeckendes Angebot von Finanzdienstleistungen und die Unterstützung des Mittelstands sicherzustellen, ab. Ebenso von Bedeutung ist für ostdeutsche Sparkassen, einen selbstständigen Beitrag zur Entwicklung des gesellschaftlichen und kulturellen Lebens zu leisten. Die monetäre Unterstützung regionaler und überregionaler Aktivitäten in den Bereichen Kultur, Sport, Soziales und Jugend beträgt rund 56 Mio. EUR jährlich. Dieser Betrag entspricht rund 42 % des kumulierten Jahresergebnisses der *OSV*-Mitgliedssparkassen.

Gerade im Bereich der Kulturförderung kommt der *Ostdeutschen Sparkassenstiftung* als gemeinsame, von allen vier Ländern getragene Stiftung, eine besondere Rolle zu. Unter ihrer Beteiligung werden regionale Projekte mit überregionaler, teilweise bis zu europaweiter Ausstrahlung ermöglicht.

Gemessen am Anteil der ostdeutschen Sparkassen an der Bilanzsumme aller deutschen Sparkassen (rund 9 %) sind die *OSV*-Mitgliedssparkassen auf den Feldern Spenden, Sponsoring und Förderungen mit einem Anteil von fast 13 % an der Gesamtheit der deutschlandweiten Aufwendungen für die oben genannten Felder sehr gut positioniert.

Ein starker Verbund, bestehend aus Partnern wie

➢ der *LBS Ostdeutsche Landesbausparkasse AG*,

➢ der *LBS Immobilien GmbH*,

➢ den Öffentlich-Rechtlichen Versicherungen,

➢ der *Deka Bank* bis hin

➢ zur *S Direkt Marketing GmbH & Co. KG* und

➢   der *Lotteriegesellschaft der ostdeutschen Sparkassen mbH*

sichert ein umfassendes Leistungsangebot. Darüber hinaus ermöglicht der Verbund, Aufgaben dort zu bündeln, wo es wirtschaftlich sinnvoll ist.

Rückblickend kann festgestellt werden, dass die Integration der DDR-Sparkassen in die große deutsche Sparkassenfamilie ein Erfolgsprojekt war. Kommunale Träger und Sparkassenvorstände können darauf zu Recht mit Stolz zurückblicken.

4   Ostdeutsche Sparkassen in der weltweiten Finanz- und Wirtschaftskrise

Die gelungene Integration bildete einen guten Ausgangspunkt, auch vor der 2007 begonnenen Finanz- sowie der darauf folgenden Wirtschaftskrise zu bestehen.

Ihr Selbstverständnis und ihre Werte, wie die Verbundenheit zur Region, die enge Abstimmung mit ihren Trägern, die Nutzenstiftung für das Gemeinwohl und nicht zuletzt ihre eher konservativ ausgerichtete Geschäftspolitik, haben die ostdeutschen Sparkassen davor bewahrt, Geschäfte zu tätigen, die sie tief in die Krise gezogen hätten.

So haben sie ihre Risiken bewusst kontrolliert und eine konservative, auf Sicherheit ausgerichtete Anlagepolitik verfolgt. Die Entscheidung, im Eigengeschäft hauptsächlich auf sichere Wertpapiere wie Staatsanleihen zu setzen, zahlte sich aus.

Als Teil des globalen Finanzsystems können sich selbstverständlich auch die ostdeutschen Sparkassen nicht den Entwicklungen der weltweiten Finanz- und Wirtschaftskrise völlig entziehen. So sind sie wie alle anderen Banken auch von der Zinsentwicklung betroffen. Zins und Kursentwicklungen beeinflussen die Geschäftsergebnisse von Sparkassen beachtlich. Auch die ostdeutschen Sparkassen mussten daher im Jahr 2008 Wertberichtungen im Wertpapierbereich vornehmen. Eine auf Sicherheit bedachte Risikovorsorge und sehr vorsichtige Bewertungen minderten diese Wertberichtigungen jedoch ab.

Im Kreditgeschäft stehen die Sparkassen auch in Zeiten der Krise zu ihren Kunden. Zweistellige Wachstumsraten der Kreditzusagen in 2008 und trotz deutlich geringerer Kreditnachfrage einstellige Wachstumsraten in den bisher überschaubaren Monaten von 2009 bezeugen dies.

Die eher auf Sicherheit orientierte Kreditpolitik der vergangenen Jahre führte dazu, dass die Firmenkunden der ostdeutschen Sparkassen in der Regel recht gut aufgestellt sind und damit auch gestärkt in die Krise gehen. Dennoch rechnen die Sparkassen für 2009 mit höheren Ausfällen im Kreditgeschäft als in krisenfreien Jahren.

Die Größenordnung der Wertberichtigungen, die für 2009 prognostizierbar sind lassen die ostdeutschen Sparkassen aber zuversichtlich in die Zukunft schauen. Erwartet wird für das laufende Jahr mit einem Betriebsergebnis vor Bewertung in Höhe von rund einer Milliarde Euro ein ähnlich gutes Ergebnis der Mitgliedssparkassen im *OSV* wie 2008.

In einer Zeit, in der Banken weltweit Milliarden von Verlusten hinnehmen müssen und nicht selten um ihre Existenz bangen, kann dies als Beweis dafür gewertet werden, dass sich das Sparkassenmodell am Markt mehr als bewährt hat.

Ein Aspekt, der sich gerade in schwierigen Zeiten bewährt, ist die Flexibilität der ostdeutschen Sparkassen. Sie haben in den 1990er Jahren einen radikalen Wechsel in ein komplett unterschiedliches politisches und wirtschaftliches Systemen bewältigen müssen, sie haben eine große Anzahl von Fusionen bewältigt und sie haben auch bei der Euro-Einführung die Hauptlast getragen. Das alles hat sie gestärkt, hat sie trainiert sich schnell auf neue Situationen einzustellen.

Die Zeit der Finanz- und Wirtschaftskrise ist geprägt von einem intensiven Wettbewerb. Wettbewerb ist ein wesentlicher Motor der Marktwirtschaft und bringt gute Produkte für die Kunden hervor. Wettbewerb, da sind sich alle ostdeutschen Sparkassen zwanzig Jahre nach dem Mauerfall einig, macht stärker. Vor diesem Hintergrund schätzen die Mitgliedssparkassen des *OSV* das Handeln der Bundesregierung, die deutschen Geschäftsbanken zu stützen, um der deutschen Industrie dringend benötigte, leistungsfähige Kreditinstitute, die sie im Weltmaßstab finanzieren zu erhalten. Erfolgreicher Wettbewerb ist aber immer auch ein fairer Wettbewerb und vom respektvollen Handeln der Mitbewerber geprägt. Wenn die Sparkassen ganz klar den Einsatz staatlicher Hilfen unterstützen, fordern sie jedoch gleichzeitig, diese Hilfeleistung nicht für die Einführung am Markt nicht langfristig durchsetzbarer Konditionen einzusetzen.

5 Ostdeutsche Sparkassen: Strategische Ausrichtung auf die nächsten Jahre

Der deutsche Bankenmarkt erlebt bereits seit Jahren einen starken Strukturwandel, der durch einen verschärften Wettbewerb, den Markteintritt von Non-, Near- und New-Banks, die Entwicklung vom Verkäufer- zum Käufermarkt, aufgeklärte und preisbewusste Kunden, einen zunehmenden Margenverfall, die voranschreitende Globalisierung mit den daraus folgenden Chancen und Risiken, ein starkes Wachstum kapitalmarktgetriebener Geschäftsfelder und nicht zuletzt durch eine fortschreitende Industrialisierung gekennzeichnet ist. Die Zahl der Banken hat in den vergangenen zwanzig Jahren erheblich abgenommen, auch die Anzahl der Sparkassen reduzierte sich durch Fusionen von 769 im Jahr 1990 auf 446 im Jahr 2007.

Nach einer Periode verstärkter Synergiehebungen sind die ostdeutschen Sparkassen nunmehr in eine Phase eingetreten, in der weitere Geschäftserfolge immer weniger durch Kostensenkungen, dafür jedoch zunehmend durch Vertriebssteigerungen, d. h. mehr Geschäft, erzielt werden müssen. Angesichts eines Umfelds in Ostdeutschland, das trotz der vielfachen und unumstrittenen wirtschaftlichen Erfolge der vergangenen rund zwanzig Jahre noch immer deutlich schwächer ist als der Bundesdurchschnitt, ist dies eine enorme selbstgestellte Herausforderung.

Dennoch steht für die ostdeutschen Sparkassen fest, dass es für die Ziele wie Kostenoptimierung, Steigerung des Vertriebs sowie Stärkung des Verbunds keine akzeptablen Alternativen gibt. Alternativen zum Erfolg wären Geschäftseinschränkungen, Rückzug aus der Fläche und nachlassende Nutzenstiftung. Andererseits sehen die Sparkassen in Ostdeutschland ausreichend Potenzial, um den eingeschlagenen Erfolgskurs über die Steigerung der Vertriebserträge halten und ausbauen zu können.

Die Aufmerksamkeit von Sparkassen und Verband liegt folgerichtig vorwiegend in der Weiterentwicklung der verkäuferischen Talente und Fähigkeiten ihrer Mitarbeiter sowie der den Verkauf unterstützenden organisatorischen Strukturen und Hilfen. Im Mittelpunkt aller dieser Maßnahmen und zentraler Punkt der Koordinaten sind und bleiben die Bedürfnisse der Kunden. Einem Vertriebserfolg um jeden Preis erteilen ostdeutsche Sparkassen eine klare Absage, ihr Ziel ist die langfristige und von gegenseitigem Vertrauen sowie Respekt getragene Kundenbeziehung.

Die Sparkassen stehen vor der Herausforderung, ihren Platz als Marktführer im Privatkundensektor und bei den Handwerkern, Freiberuflern sowie kleinen Mittelständlern zu behaupten. In einer Situation stagnierender Kaufkraft bei ihren Kunden, wachsenden Problemen ihrer Firmenkunden und einer zunehmend komplexeren Banksteuerung gilt es, die eigene Position zu halten und in der Zukunft noch auszubauen. Gerade die Regelungen des Marktes durch Basel II und anderen staatlich gesetzten Vorgaben bedeuten eine Zunahme an Administration, die neben dem eigentlichen Sparkassengeschäft bewältigt werden muss. Hinzu kommen am Markt ein permanent steigender Ertrags- und Kostendruck sowie eine wachsende Volatilität an den Wertpapiermärkten.

Zudem müssen sich auch ostdeutsche Sparkassen wie alle anderen Wirtschaftstreibenden auf die Situation einer länger andauernden weltweiten Wirtschaftskrise einstellen.

Entwicklungen wie der demographische Wandel kommen zusätzlich auf die Agenda. Sie zeichnen sich hier wesentlich früher ab. Allein im Einzugsgebiet des *OSV* hat die Zahl der Einwohner in den vergangenen 10 Jahren von 11,6 Mio. auf 10,9 Mio. Menschen abgenommen. Bis 2020 wird ein Bevölkerungsrückgang von weiteren rund 10 % prognostiziert. Daneben stehen Flächenländer wie Mecklenburg-Vorpommern und Brandenburg bereits heute vor einem Fachkräftemangel, der in den kommenden Jahren noch zunehmen wird. Jüngere Menschen ziehen aus ihrer Heimat fort und viele Regionen auf dem Land kennzeichnet bereits eine Überalterung. Die Folgen, nicht nur für die Sparkassen, sondern auch für die gesamte Versorgung der Menschen in den Flächengebieten, ist eine der Herausforderungen für die ostdeutsche Wirtschaft insgesamt in den kommenden Jahren.

Der Bevölkerungsrückgang in der Fläche zwingt die ostdeutschen Sparkassen bereits sehr frühzeitig, Lösungsansätze zu finden, um ihrem Auftrag der Nähe gerecht zu werden und dennoch betriebswirtschaftlich zu handeln. Dabei werden bestehende Strukturen wie fahrbare Geschäftsstellen überdacht oder es entstehen komplett neue Formen der Kundenbetreuung.

Auch die hierfür zu findenden Lösungsansätze können nur von betriebswirtschaftlich starken Sparkassen in enger Abstimmung mit ihren Trägern und in einem starken und leistungsfähigen Verbund realisiert werden. Dazu zählen für die ostdeutschen Sparkassen auch die Landesbanken. Sie sind als Partner im Verbund unverzichtbar.

Für eine erfolgreiche gemeinsame Zukunft im Verbund sehen die ostdeutschen Sparkassen auch hier Veränderungs- und Anpassungsbedarf an veränderte Strukturen in der Bankenlandschaft. Bisherige Geschäftsmodelle müssen auf den Prüfstand. Die von einigen Landesbanken verfolgte Strategie, nach Abschaffung von Anstaltslast und Gewährträgerhaftung größere Beträge am Kapitalmarkt aufzunehmen und in strukturierte Produkte anzulegen, war rückblickend nicht erfolgreich und löste sich zunehmend von den eigentlichen Aufgaben einer Sparkassenzentralbank.

Eine starke, leistungsfähige Sparkassenzentralbankstruktur ist jedoch mit Voraussetzung dafür, dauerhaft gemeinsam als Sparkassengruppe im Wettbewerb besser zu bestehen. Aus diesem Grund sprechen sich die ostdeutschen Sparkassen dafür aus, die Anzahl der Landesbanken wesentlich zu verringern. Am Ende eines Prozesses können sie sich zwei Banken vorstellen: eine Länderbank sowie eine Sparkassenzentralbank, die den originären Aufgaben einer Landesbank nachkommt. Das intensive Wettbewerbsumfeld, in dem sich die ostdeutschen Sparkassen und alle Mitglieder der *Sparkassen-Finanzgruppe* jedoch bewegen, erfordert jedoch ein zügiges Handeln in dieser Frage.

Aus Sicht der ostdeutschen Sparkassen hat erfolgreiches Bankgeschäft in den nächsten Jahren fünf Voraussetzungen:

➢ ein zur Wirtschaftsstruktur passendes Geschäftsmodell,

➢ den Willen und die Fähigkeit zur Marktausschöpfung, d. h. Präsenz vor Ort in der Region,

➢ eine langfristig angelegte Geschäftsstrategie,

➢ das Vertrauen und die Kundenakzeptanz sowie

➢ eine leistungsfähige Corporate Governance.

Die Finanzkrise verdeutlicht zudem, dass Nachhaltigkeit, Stabilität und Substanz wieder Werte sind, die Banken in den Mittelpunkt ihrer Geschäftstätigkeit stellen. Die Zeit des unkritischen Glaubens in die reine Betriebs- oder Abwicklungsgröße ist beendet. Die Zukunft gehört den Geschäftsmodellen, die sich durch Originalität und Unterschiedlichkeit auszeichnen. Weg vom teilweise unkritischen Glauben an die überlegene Effizienz des Kapitalmarkts hin zu der Erkenntnis, dass der Markt nicht besser sein kann als seine Teilnehmer – das ist die Lehre.

Auch perspektivisch gesehen werden sich die ostdeutschen Sparkassen und ihr Regionalverband weiterhin aktiv in die Lösung von Aufgaben einbringen, die deutschlandweit von den Sparkassen zu bewältigen sind. Dabei stehen strategische Antworten im Fokus, die sich für alle Sparkassenbereiche aus dem weiter zunehmenden Wettbewerb und der demografischen Herausforderung ableiten.

Für die ostdeutschen Sparkassen hat sich gezeigt, dass es ihr Vorteil war und ist, ihre Geschäftsausrichtung gezielt zu verfolgen und ihre Struktur wo erforderlich frühzeitig anzupassen. Auf diesem Fundament stehend, sehen sie sich auch für die Zukunft gut gerüstet. Dabei setzen sie auf die Grundelemente, die dazu führten, dass Sparkassen bereits über 200 Jahre erfolgreich arbeiten können: die Nähe zu den kommunalen Trägern, eine enge Kundenbindung, das Vertrauen der Bevölkerung und Flexibilität angesichts sich ändernder Rahmenbedingungen. Zusammenfassend kann festgestellt werden, dass Sie für die Zukunft mehr als nur gut gerüstet sind.

Quellenverzeichnis

GEIGER, W./GÜNTHER, H.-G. (1998): Neugestaltung des ostdeutschen Sparkassenwesens 1990 bis 1995, Stuttgart 1998.

WYSOCKI, J./GÜNTHER, H.-G. (1996): Geschichte der Sparkassen in der DDR 1945 bis 1990, Stuttgart 1996.

„Finanzplatz Deutschland" versus deutsches Bankensystem – Zwei politökonomische Perspektiven für die Zukunft[1]

Max Otte

Fachhochschule Worms

1	Einleitung	181
2	Das dreigliedrige deutsche Banken- und Finanzsystem: Eine kurze Geschichte	182
3	Die Große Depression und ihre Folgen: Die Finanzmärkte kommen an die Kette	186
4	Neuere Entwicklungen: Vom Siegeszug des Neoliberalismus und entfesselte Finanzmärkte über die deutsche Wiedervereinigung bis zur Finanzkrise	187
5	Bewertung des deutschen Bankensystems: Ist die Kapitalmarktorientierung der Weisheit letzter Schluss?	193
6	Leitplanken, Brandschutzmauern und Entschleuniger: Ansätze zur Reform	196
	Quellenverzeichnis	202

---

[1] Gewidmet *Hannes Rehm*, der dem Ruf der Pflicht folgte und sich mit der Leitung des *Soffin* einer Aufgabe gestellt hat, für die wenig Dank zu erwarten und die fast unmöglich zu erfüllen ist sowie den Führungskräften, Mitarbeiterinnen und Mitarbeitern der Sparkassen, Genossenschafts-, Raiffeisen- und *Sparda*-Banken, wo überwiegend noch die Auffassung vertreten wird, dass die „volkswirtschaftliche Funktion eines Bankenapparates im Kern eine dienende für die Realwirtschaft", *Rehm* (2008), S. 321, sein sollte.

1 Einleitung

Seit gut einem Jahrzehnt ist es in Mode, vom „Finanzplatz Deutschland" zu sprechen, sowie über einen „Finanzplatz London" oder einen „Finanzplatz New York" gesprochen wird. Benutzer dieses Begriffs wollen damit meistens den Aspekt der Wettbewerbsfähigkeit des deutschen Finanzwesens auf den internationalen Kapitalmärkten hervorheben, bzw. betonen, dass diese gestärkt werden müsse. Allerdings impliziert der Begriff „Finanzplatz" einen gedachten Marktplatz, der dem vielgliedrigen und komplexen deutschen Banksystem sowie den Anforderungen der industriellen und postindustriellen Gesellschaft nur unzureichend gerecht wird. Während man das englische Bankwesen schon 1900 weitgehend mit dem „Finanzplatz" London gleichsetzen konnte, war das deutsche Finanzsystem bei einer von Anfang an führenden Rolle Frankfurts immer auf mehrere Finanzplätze verteilt und zudem institutionell wesentlich stärker differenziert. Außerdem vernachlässigt der Begriff „Finanzplatz" die wichtigste Aufgabe des Finanzsystems: Die Versorgung der heimischen Wirtschaft mit Kapital in Form von Eigenkapital und Krediten. Ich nutze daher weiter den Begriff „deutsches Bankensystem".

Den größten Teil des 19. und 20. Jahrhunderts funktionierte das deutsche Bank- und Finanzsystem fundamental unterschiedlich vom denjenigen „älterer" Industrie- und Handelsnationen, wie zum Beispiel Englands, Hollands oder Frankreichs. Hier gab es die Universalbanken mit großer Wertschöpfungstiefe und -breite, eine starke Konzentration im Bankwesen, und die Finanzierung von Industrie und Handel durch langfristige Kredite oder sogar Beteiligungen der Banken an Unternehmen, dort ein kapitalmarktbasiertes System mit kleineren Spezialbanken, kurzfristigen Spezialkrediten und die Finanzierung von Industrie und Handel durch Aktienemissionen und Anleihen.

Der Wirtschaftshistoriker *ALEXANDER GERSCHENKRON* entwickelte in den sechziger Jahren des vorigen Jahrhunderts die These, dass Länder, in denen die industrielle Revolution später stattfand, die Formation von Kapital nicht so sehr über die Kapitalmärkte, als vielmehr über ein korporatistisches System von Finanzinstitutionen bewerkstelligten, die dafür sorgten, dass ausreichend Kapital für einen „Industrialisierungsspurt" gesammelt wurde.[2] Insofern würden große Banken einen weitreichenden Einfluss auf die Wirtschaft erhalten.

Im Jahr 1918 urteilte der französische Ökonom *HENRI HAUSER* der *Universität Dijon* in seinem Buch „Les méthodes allemandes d'expansion économique" wie folgt: „Deutsche Banken sind zur selben Zeit Einlagenbanken, Kreditbanken und Finanzierungsunternehmen. [...] die deutschen Banken entstanden spät, nach 1848 [...] in England, in Frankreich, in den alten kapitalistischen Ländern fand die Industrie eine große Menge brach liegenden Kapitals, das nur darauf wartete, investiert zu werden. [...] Deutschlands industrielle Revolution ging schneller vonstatten als die Formation von Kapital."[3] Als Folge dieser Notwendigkeit entstanden große und mächtige Banken, die zum Teil bis heute die deutsche Bankenlandschaft prägen – allen voran die im Jahr 1870 gegründete *Deutsche Bank*.

*GERSCHENKRON*s These muss dennoch relativiert werden. Zwar findet sich auch im Japan der *MEIJI*-Zeit sich ein eng verwobenes System von Großbanken, Unternehmensgruppen („keiretsu") und Kartellen, aber die Industrialisierung in den USA – ebenfalls einer spät industrialisierten Nation – kam weitgehend ohne mächtige Banken aus. Bis heute hat sich das Trenn-

---

[2] Vgl. *GERSCHENKRON* (1964).

[3] Vgl. *HAUSER* (1918).

bankensystem und die Kapitalmarktorientierung in den angelsächsischen Ländern im Prinzip gehalten, während in Deutschland die Universalbanken bzw. die Kreditmarktorientierung in ihren Grundzügen in vielen Fällen bestehen blieben, zumindest bis Mitte der neunziger Jahre des vorigen Jahrhunderts.

Seit Beginn der neoliberalen Revolution Anfang der achtziger Jahre des letzten Jahrhunderts befinden sich das internationale und damit auch das deutsche Bankwesen im raschen Wandel. Die Kapitalmarktorientierung der Banken (und auch der Großunternehmen, die eigene Corporate-Finance-Abteilungen unterhalten) nimmt rasch zu und die Konzentration des Bankwesens setzt sich fort. Das Hausbankensystem ist auf dem Rückzug, zunächst bei den Großunternehmen, mit Basel II allerdings auch zunehmend im Mittelstand, wo die Hausbank meistens auch die Hauptfinanzierungsquelle war.

Investmentbanking-Geschäfte wurden früher oftmals in den Führungsetagen der Banken ausgehandelt und nicht über die Kapitalmärkte abgewickelt. Jetzt wurde das Investmentbanking zu einem eigenen und stilbildenden Geschäftsmodell. Seit den 1970er Jahren wird Deutschland als reife Industrienation zunehmend zum Kapitalexporteur. Durch denselben Prozess wird auch das Asset Management für deutsche private und institutionelle Investoren immer wichtiger. Deutschland ist derzeit nach Japan der zweitgrößte Kapitalexporteur der Welt. Im Jahr 2007 wurden z. B. allein 170 Mrd. EUR exportiert, das sind 6,9 % des Bruttoinlandsprodukts.[4] Deutschland befindet sich damit in der Lage Englands in der letzten Hälfte des neunzehnten Jahrhunderts, in dem London der Sammelplatz für Kapitalexporte in alle Welt war, weil die heimische Ersparnisbildung in der „reifen" englischen Wirtschaft nicht komplett reinvestiert werden konnte.

Der „Finanzplatz Deutschland" hat sich seit 1986 rasch gewandelt. Die Veränderung fand allerdings oft als bloße Anpassung an angelsächsische Strukturen statt, ohne dass auf hoher und höchster politischer Ebene über sinnvolle Finanzstrukturen für ein Kapitalexportland mit einer zudem stark alternden und schrumpfenden Bevölkerung nachgedacht wurde. Unser Bankensystem stellt sich somit als ein eklektischer Mix aus deutschen Strukturen (die oft unberechtigterweise für „unmodern" stehen) und angelsächsischen Strukturen (die oftmals genauso unreflektiert als „Lösung" gesehen werden). Dieser Aufsatz bietet einen kurzen Abriss der Entstehung und des Wandels im deutschen Bankwesen und stellt einige Reformperspektiven für das 21. Jahrhundert vor.

2   Das dreigliedrige deutsche Banken- und Finanzsystem: Eine kurze Geschichte

Die Gründzüge des deutschen Banksystems, die sich größtenteils bis in das 21. Jahrhundert gehalten haben, entstanden zum großen Teil zwischen 1850 und 1900. Während der Industrialisierungsprozess beim Vorreiter England bereits in der zweiten Hälfte des achtzehnten Jahrhunderts einsetzte, begann er im Gebiet Deutschlands so richtig erst mehr als ein halbes Jahrhundert später mit der Gründung des *Zollvereins* 1833. Die deutschen Finanzzentren Frankfurt am Main, Hamburg, Köln, München, Augsburg, Breslau, Elberfeld und Stuttgart

---

[4]   Vgl. *STATISTISCHES BUNDESAMT* (2008).

waren durch Privatbankiers geprägt, die vor allem das Wechselgeschäft, das Geschäft mit Staatsanleihen und das „Merchant Banking" (eine Bank kombiniert mit einem Warenhaus) betrieben.[5] Bis zum Jahr 1840 gab es in Deutschland nur ganz wenige Aktienbanken, die zudem von den privaten Konkurrenten und vom Staat mit Skepsis betrachtet wurden, weil man zu große Emissionsgewinne und ein Anheizen der Börsenspekulation befürchtete.[6]

Im neunzehnten Jahrhundert entwickelte sich in Deutschland das auf den drei Säulen der Genossenschaftsbanken, der Sparkassen und der Privatbanken beruhende Finanzsystem, welches bis heute Bestand hat. Ende 2007 zählte die *Deutsche Bundesbank* 2.277 Institute mit 38.840 Zweigstellen, darunter 446 Sparkassen und 12 Landesbanken, 1.234 Kreditgenossenschaften und 2 genossenschaftliche Zentralinstitute sowie 260 Privatbanken, darunter 5 Großbanken.[7]

Sparkassen: Noch im letzten Drittel des 18. Jahrhunderts, also noch vor dem Beginn der industriellen Revolution, wurden in Deutschland beginnend mit der „Ersparungskasse" 1778 in Hamburg die ersten Sparkassen gegründet. Zumeist waren private Vereine oder Stiftungen die Träger. Im Jahr 1801 wurde die erste kommunale Sparkasse in Göttingen gegründet. Nach den napoleonischen Kriegen entstanden ab 1815 über 150 Sparkassen, die vor allem Staats- und Kommunalkredite vergaben. Mit dem preußischen Sparkassenreglement von 1838 gab es zum ersten Mal feste Vorschriften zum Beispiel über Organisation, Satzung, Geschäftsbetrieb, Verwendung von Überschüssen. Ab 1840 entstanden die ersten Kreissparkassen, zwischen 1840–1860 wurden über 800 eröffnet.

Im Jahr 1884 wurde der erste Sparkassenverband gegründet. Mit dem Scheckgesetz von 1908 erhielten die Sparkassen die passive Scheckfähigkeit und wurden schrittweise zu Universalkreditinstituten. Die erste Girozentrale entstand 1908 in Sachsen, die meisten anderen bis 1914. Durch ihre hohe Filialdichte waren die Sparkassen wie keine andere Bankform dazu geeignet, die Entwicklung des bargeldlosen Zahlungsverkehrs voranzutreiben und Bankier der Wahl für Bürger, Handwerker und Mittelstand zu werden. In vielen Fällen waren die Sparkassen die Hausbanken für die Handwerksbetriebe und den Mittelstand. Durch langjährige Kundenbeziehungen konnte die Kreditvergabe oftmals schnell und flexibel erfolgen.

Der bargeldlose Zahlungsverkehr mit Lastschriften und Abbuchungen stellte im Verlauf des 20. Jahrhunderts einen großen Effizienzvorteil des deutschen Wirtschaftssystems gegenüber dem angelsächsischen System, insbesondere den USA, dar, wo zum Teil bis heute Mieten und Versorgerrechnungen mit dem Versand von Schecks bezahlt werden. Mit 446 Instituten und 19.932 Zweigstellen sind die Sparkassen auch heute noch der wichtigste Akteur im Bankwesen für die Bundesbürgerinnen und -Bürger. Im Jahr 2007 betrug die Bilanzsumme der *Sparkassen-Finanzgruppe* (ohne Landesbanken) rund eine Billion Euro.[8]

Genossenschaftsbanken: Die ersten Genossenschaften entstanden Anfang des neunzehnten Jahrhunderts aus der Idee der Selbsthilfe freier Bürger heraus. Während HERMANN SCHULZE-DELITZSCH sich dabei vor allem auf die Handwerker konzentrierte, lag der Schwerpunkt der Bemühungen von FRIEDRICH WILHELM RAIFFEISEN auf den Bauern. Der heute nicht mehr so

---

[5]   Vgl. WANDEL (1998).

[6]   Vgl. WANDEL (1998), S. 2 f.

[7]   Vgl. DEUTSCHE BUNDESBANK (2008).

[8]   Vgl. DEUTSCHER SPARKASSEN- UND GIROVERBAND (2009a).

bekannte *VIKTOR AIMÉ HUBER* wollte auch Fabrikarbeiter in die genossenschaftliche Idee einbeziehen.

1850 gründete *HERMANN SCHULZE-DELITZSCH* in Leipzig mit dem „Vorschußverein" die erste Kreditgenossenschaft. Bis zum preußischen Genossenschaftsgesetz von 1867 hafteten die Mitglieder mit ihrem gesamten Vermögen wie bei einer offenen Handelsgesellschaft, danach in Höhe der angesammelten Mitgliedsbeiträge. 1887 wurde auch ein Reichsgenossenschaftsgesetz beschlossen. Bereits 1864 wurde in Berlin die *Deutsche Genossenschaftsbank* als Zentralinstitut gegründet. Nach 1870 drifteten die Handwerksgenossenschaften und die landwirtschaftlich orientierten *RAIFFEISEN*-Genossenschaften auseinander, näherten sich jedoch ab 1890 einander wieder an. Vor dem ersten Weltkrieg gab es in Deutschland rund 17.000 Kreditgenossenschaften, fast in jedem Dorf eine.

Diese auf Solidarität und bürgerlicher Selbstorganisation beruhende Finanzierungsstruktur für das Handwerk, die Landwirtschaft und den industriellen Mittelstand durch Kreditgenossenschaften und Sparkassen war eine der großen Stärken des deutschen Finanzsystems. Demgegenüber mutet das Bankwesen der Vereinigten Staaten im 19. und teilweise auch im 20. Jahrhundert fast vorsintflutlich an: Vor Beginn der Großen Depression gab es in den USA im Jahr 1929 noch 24.633 Banken, viele davon nicht mehr als ein kleines Gebäude zur Ein- und Auszahlung von Geld.[9] Überschüssiges Kapital wurde in die so genannten Money Center gesandt, wo es für große Handels- und Investmentbankingaktivitäten verwendet wurde. Die regionale Kreditversorgung, wie sie in Deutschland gegeben war, war in den USA unterentwickelt.

Privatbanken und private Aktienbanken: Erst das preußisches Gesetz zum Bankwesen von 1843 stellte eine zuverlässige Basis zur Gründung von Aktienbanken dar, von denen es bis dahin nur ganz wenige, u. a. die *Bayerische Hypotheken- und Wechselbank AG* gegeben hatte. Bis Mitte des neunzehnten Jahrhunderts dominierten die Privatbankiers in der Hochfinanz. In vielen Fällen beteiligten sich die Privatbankiers an den Bankneugründungen. Nach der Depression von 1845–1851 erwuchs ihnen in den privaten Aktienbanken schnell eine Konkurrenz, die sie binnen weniger Jahrzehnte überflügeln sollte.

Nach 1850 wurden Bergbau, Eisenbahnen und Stahl zu den treibenden Sektoren. Der hohe Kapitalbedarf der nun entstehenden Konzerne wurde zu einem guten Teil durch langfristige Kredite der mit Kapital gut ausgestatteten Aktienbanken bereitgestellt. Die „Deutschland AG" entstand in ihren Grundzügen. Bald drehten sich auch die Verhältnisse um: Die Aktienbanken beteiligten sich nun an den Privatbanken und schossen Kapital ein, so dass die Privatbankiers zwar weiter die Geschäftsbeziehungen mit ihren Kunden pflegten, aber oftmals abhängig von den Aktienbanken wurden.

Die Gründung des im Gegensatz zu Österreich-Habsburg wirtschaftsliberalen Norddeutschen Bundes 1866, der Frankreich-Feldzug 1870/71, nach dem Frankreich 5 Milliarden in Gold als Reparationen zahlen musste, sowie die anschließende Reichsgründung setzen einen Gründungsboom in Gang. Im Gründungsboom von 1870–1873 wurden um die 100 Banken gegründet. Im Jahr 1870 entstanden die *Deutsche Bank* und die *Commerzbank*, 1872 die Vorläuferin der *Dresdner Bank* und bereits 1869 die *Bayerische Vereinsbank*. Diese Großbanken engagierten sich u. a. stark im deutschen Außenhandel und prägen zum Teil bis heute die deutsche Bankenlandschaft.

---

[9]   Vgl. *THE UNITED STATES BUREAU OF THE CENSUS* (1976), S. 912.

Bankgründungen waren aber nur ein kleiner Teil des Gründungsbooms. Unzählige Aktiengesellschaften wurden an die Börse gebracht, zum Teil mit wackeligen Geschäftsmodellen, um Emissionsgewinne abzuschöpfen und an der allgemeinen Euphorie zu partizipieren. Die Ähnlichkeit mit der „New Economy" um das Jahr 2000 ist nicht zu übersehen, wobei allerdings berücksichtigt werden muss, dass sich die deutsche Wirtschaft 1870 – anders als 2000 – im Zustand raschen tatsächlichen Wachstums befand.

Nach der Gründerkrise von 1873 setzte schnell eine Konzentration bei den Banken ein. Bereits 1876 wurde die *Deutsche Bank* zum Primus der Großbanken, eine Position, die sie bis heute halten konnte. 1874 fusionierten die *Rheinische Creditbank* und der *Pfälzer Bankverein*, 1891 die *Berliner Handelsgesellschaft* und die *Internationale Bank*. Durch Interessengemeinschaften zwischen Großbanken und Regionalbanken, wie z. B. die zwischen *Deutscher Bank*, *Schlesischem Bankverein* und *Märkischer Bank*, dehnten die Großbanken ihren regionalen Einfluss aus. Im Jahr 1914 übernahm die *Deutsche Bank* die *Bergisch-Märkische Bank*.

Andere Akteure – die Notenbank, die Hypothekenbanken und die Versicherungen: Es soll zumindest kurz erwähnt werden, dass neben dem 3-Säulen-System auch andere Gruppen von Finanzinstitutionen maßgeblich zur Entwicklung der deutschen Wirtschaft beigetragen haben. 1862 erfolgte mit der *Frankfurter Hypothekenbank* und der *Deutschen Hypothekenbank* in Meiningen die Gründung der ersten Hypothekenbanken. Erst im Jahr 1900 folgte das Hypothekenbankgesetz, das 2005 außer Kraft trat und durch das Pfandbriefgesetz abgelöst wurde. Bereits mit dem Hypothekengesetz von 1900 waren die Pfandbriefgläubiger besonders geschützt. Seit 2005 sind nun Hypothekenbanken keine eigene Rechtsform mehr, während der Pfandbrief weiter eine wichtige Rolle im Arsenal der Finanzierungsinstrumente spielt.

Im Jahr 1876 wurde die *Reichsbank* gegründet, die zunächst einmal die Aufgabe hatte, die 31 noch bestehenden Notenbanken aufzulösen und zu konsolidieren und eine einheitliche Geldversorgung für das Deutsche Reich zu schaffen, eine Aufgabe, die effizient gelöst wurde. Die umlaufenden Noten mussten zu einem Drittel durch kursfähiges deutsches Geld, Reichskassenscheine, Gold in Barren oder ausländische Münzen gedeckt sein. Bis 1922 war die *Deutsche Reichsbank* weitgehend unabhängig von der Politik. Nach dem II. Weltkrieg übernahm 1848 die *Bank Deutscher Länder*, ab 1957 die *Bundesbank*, die Aufgaben der Notenbank. Mit dem Vertrag über die Europäische Wirtschafts- und Währungsunion wurden maßgebliche Kompetenzen der *Bundesbank* auf die *Europäische Zentralbank* übertragen.

Etwas später als die Großbanken entwickelten sich die Versicherungskonzerne zu wichtigen Kapitalsammelstellen für die Wirtschaft. Später übernahmen sie auch direkte Industriebeteiligungen. Im Jahr 1890 wurde die *Allianz* gegründet die rasch zusammen mit der *Deutschen Bank* im Zentrum der „Deutschland AG" stand: Ein weitreichendes Netz von Beteiligungen und Überkreuzbeteiligungen machte die deutsche Industrie und Hochfinanz zu einem geschlossenen Club, in dem viele Fragen unter Ausschluss der Kapitalmärkte geregelt wurden. Dieser Club existierte weitgehend unverändert bis zum Ende des letzten Jahrtausends.

3   Die Große Depression und ihre Folgen:
Die Finanzmärkte kommen an die Kette

Aus dem Börsencrash von 1929 und der darauf folgenden Großen Depression zogen die Regierungen in den USA, Europa und Japan die aus Sicht des Autors richtige Schlussfolgerung: Die Finanzmärkte sind inhärent instabil und müssen massiv reguliert werden. Mit dem zweiten GLASS-STEAGALL-Act von 1933 wurden in den USA die Bankformen Commercial Banking und Investmentbanking (Kapitalmarktgeschäft) institutionell getrennt, eine Bank konnte nun nur noch in einem der beiden Bereiche tätig sein. Die Regulation Q erlaubte es der amerikanischen *Federal Reserve Bank*, Zinssätze für Spareinlagen zu regulieren und war bis 1980 in Kraft. Der Bank Holding Company Act von 1956 machte die Zustimmung des *Federal Reserve* Board für die Gründung einer Bank-Holding-Company erforderlich. Holdings (auch in einem Bundesstaat) waren zustimmungspflichtig, Geschäftsbanken, die in mehreren Bundesstaaten aktiv waren, verboten. Offenbar wollte man durch eine funktionale Ausdifferenzierung der Banktypen und eine Begrenzung der Größe von Banken das System stabiler gestalten.

In der Großen Depression war die Zahl der Banken in den USA von 24.633 im Jahre 1929 auf 15.015 im Jahr 1933 gefallen. Am 5. März 1993 rief U.S.-Präsident FRANKLIN DELANO ROOSEVELT einen Bankfeiertag aus – alle Banken mussten schließen, ihre Bücher wurden überprüft. Bereits 5 Tage später konnten die ersten solventen Banken wieder ihre Türen öffnen. Die Bankkrise war besiegt, im Jahr 1934 war die Zahl der Institute wieder auf 16.096 gestiegen.

Deutschland wurde von der Weltwirtschaftskrise besonders hart getroffen. Das durch die erdrückend hohen Reparationen aus dem Friedensvertrag von Versailles schwer belastete Land[10] war auf den massiven Zustrom von Auslandskapital angewiesen. Im Zuge der Hyperinflation von 1923 hatten die deutschen Banken im Durchschnitt zwei Drittel ihres Auslandskapitals verloren. Durch die massiven Verwerfungen im Finanzsystem versuchten Industriekonzerne und Banken, ihre Mittel so schnell wie möglich wieder in Sachwerten anzulegen. So entstanden viele unübersichtliche Mischkonzerne. Die großen Aktienbanken dehnten sich in dieser Zeit weiter aus, während die Privatbanken tendenziell an Bedeutung verloren.

Bereits im Frühjahr 1927 begannen die Aktienkurse in Deutschland zu sinken, da Kapital des Hauptgläubigerlands USA abgezogen wurde, um damit am massiven Boom der New Yorker Börse zu partizipieren.[11] Viele deutsche Banken waren erheblich im Ausland verschuldet und gerieten zunehmend in Bedrängnis.[12] In diesem Zusammenhang schränkten die Banken auch die inländische Kreditvergabe deutlich ein.[13] Mit dem Zusammenbruch der *Darmstädter Bank* und der *Nationalbank* am 13. Juli 1931 erreichte die Bankenkrise Deutschland. In der Folge kam es zu einem „Run" auf die Banken, der aber durch die Einführung eines Bankfeiertags am 14. und 15. Juli 1931 gestoppt werden konnte. Durch die Gründung der *Akzept- und Garantiebank*, eine strenge Devisenbewirtschaftung und die Einführung der in ihren Grundzügen noch heute bestehenden Bankenaufsicht im September 1931 konnte die Lage stabilisiert wer-

---

[10]   Vgl. KEYNES (1919) und KEYNES (2006).

[11]   Vgl. WHITE (1998).

[12]   Vgl. SCHACHT (1949), S. 28 ff.

[13]   Vgl. online WIKIPEDIA (2009).

den. In Deutschland enthielt das Reichsgesetz über das Kreditwesen vom 5. Dezember 1934 viele innovative Elemente zur Bankenaufsicht. „Die Grundzüge des damaligen Aufsichtsrechts haben sich so gut bewährt, dass sie 1961 im Gesetz über das Kreditwesen übernommen wurden und die Grundlage für das *Bundesaufsichtsamt für das Kreditwesen* (BAKred) bildeten."[14] Zum 1. Mai 2002 wurden das *Bundesaufsichtsamt für das Kreditwesen* (BAKred), das *Bundesaufsichtsamt für den Wertpapierhandel* (BAWe) und das *Bundesaufsichtsamt für das Versicherungswesen* (BAV) zur *Bundesanstalt für Finanzdienstleistungsaufsicht* (BaFin) verschmolzen. Im Übrigen war damit in Deutschland bereits seit 1961 die einheitliche Bankaufsicht praktiziert, die in den USA erst im Zuge der jüngsten Finanzkrise teilweise erreicht wurde. Bis 2008 wurden nämlich Investmentbanken dort nicht als Banken angesehen und unterlagen lediglich der Börsenaufsicht.[15]

In der Zeit des Nationalsozialismus änderte sich die Struktur des deutschen Bankensystems mit zwei Ausnahmen nicht nennenswert: Im Zuge der „Arisierung" wurden die jüdischen Inhaber von Bankhäusern zwangsenteignet, während die deutschen Banken von diesem Prozess profitierten.[16] Die Zahl der Privatbanken ging so von 1932–1939 von 1.350 auf 520, also um 60 %, zurück. Die andere große Änderung war die Eingliederung der Sparkassen in die NS-Wirtschaftsorganisation. Mit einer Bilanzsumme von 27,7 Mrd. Reichsmark (RM) hatte die Sparkassengruppe 1939 einen Marktanteil von 50 % der Bilanzsumme aller Bankengruppen in Deutschland erreicht.

4 Neuere Entwicklungen: Vom Siegeszug des Neoliberalismus und entfesselte Finanzmärkte über die deutsche Wiedervereinigung bis zur Finanzkrise

In den 1970er Jahren zeichneten sich ökonomische Turbulenzen ab, die auch massive Veränderungen im bis dahin bestehenden internationalen Finanzsystem mit sich bringen sollten. Am 15. August 1971 erfolgte mit dem „*NIXON*-Schock" ein wichtiger Schritt durch den der 1944 gegründete *Internationale Währungsfonds* schrittweise sein eigentliches Mandat verlor: nämlich über international stabile Wechselkurse zu wachen und Zahlungsbilanzanpassungen zu erleichtern. Mit dem *NIXON*-Schock beendete U.S.-Präsident *RICHARD NIXON* die Konvertibilität des Dollars in Gold. 1976 war die Transformation zum System flexibler Wechselkurse erreicht. Diese erste massive Entstaatlichung der internationalen Finanzbeziehungen setzte einen Trend der Deregulierung in Gang, der bis zur Finanzkrise im Jahr 2008 anhielt und vielleicht auch durch die neuerlichen Regulierungsbemühungen nach 2008 nicht wirklich gestoppt wird.

---

[14] *WANDEL* (1998), S. 29.

[15] Vgl. *BUNDESANSTALT FÜR FINANZDIENSTLEISTUNGSAUFSICHT* (2009).

[16] Vgl. bspw. *JAMES* (2001).

Die Ölkrisen von 1973 und 1979, sowie das Recycling-Problem der Petrodollars der Ölstaaten führten zu weiteren Verwerfungen wie z. B. die lateinamerikanische Schuldenkrise nach 1982. Deutschland, das als drittgrößte Wirtschaftsnation der Welt fest etabliert war, kam vergleichsweise gut durch die Turbulenzen der 1970er Jahre. 1979 wurde auf Initiative *HELMUT SCHMIDT*s und *VALÉRY GISCARD D'ESTAING*s das Europäische Währungssystem gegründet, das mit der Einführung des Euro am 1. Januar 1999 endete.

Mit dem Amtsantritt *MARGARET THATCHER*s 1979 in England und *RONALD REAGAN*s 1981 in den USA wurde die Deregulierung und Liberalisierung zur neuen internationalen Ideologie. In den USA war durch den Depository Institutions Deregulation and Monetary Control Act von 1980 bereits die Regulation Q, die es dem *Federal-Reserve*-System erlaubte, die Zinssätze für Spareinlagen zu regulieren, aufgehoben worden. Der *RIEGLE-NEAL* Interstate Banking and Branching Efficiency Act von 1994 (IBBEA) beendete das Verbot für amerikanische Banken, in mehr als einem Bundesstaat aktiv zu sein. Am 12. November 1999 wurde durch den *GRAMM-LEACH-BLILEY* Act schließlich auch das Verbot aufgehoben, in mehr als einem Geschäftsbereich tätig zu sein. Damit waren auch in den USA Allfinanzkonzerne erlaubt.

Neue Finanztechnologien, wie z. B. die so genannte „Portfolioversicherung" (die keine „Versicherung", sondern eine Hedging-Strategie war und mit zum Börsenkrach von 1987 führte), begünstigten die Entstehung „innovativer Finanzprodukte"[17] Finanzderivate hatte es schon in den zwanziger Jahren des vorigen Jahrhunderts gegeben[18], sogar schon im siebzehnten Jahrhundert.[19] Nachdem sie durch die Weltwirtschaftskrise aus der Mode gekommen waren und in den regulierten Finanzmärkte der 1950er und 1960er Jahren keine große Rolle spielten, gelang ihnen in den 1970er Jahren ein zunächst leises Comeback, als im Februar 1972 die *Chicago Mercantile Exchange* (CME) Währungsfutures einführte. Im April 1973 gründete das CBT die *Chicago Board Options Exchange* (CBOE). Nun konnten Optionen auf Aktien gehandelt werden. Im Oktober 1975 wurde in Chicago der erste Zinsfuture gehandelt.

Ein Großteil der Veränderungen im internationalen und deutschen Bankensystem war aber nicht auf Gesetzesänderungen, sondern auf eine Änderung der Geschäftskultur und den raschen Fortschritt der Informationstechnologie zurückzuführen. Durch die Inflation in den 1970er Jahren wiesen viele Unternehmen in den USA hohe stille Reserven auf, was die Entstehung der so genannten „Corporate Raider" und „feindlichen Übernahmen" in den frühen 1980er Jahren begünstigte. Bekannt wurden u. a. *CARL ICAHN*, *T. BOONE PICKENS*, *KIRK KERKORIAN*, *SIR JAMES GOLDSMITH* und *IVAN BOESKY*. Das schnelle Geld im Investmentbanking wurde zum Motto einer Zeit, die *MICHAEL DOUGLAS* als *GORDON GEKKO* im Film „Wall Street" mit seinem Ausspruch „Gier ist gut" („Greed is Good") dargestellt hat. Nach einer kurzen durch den Börsenkrach von 1987 verursachten Pause verstärkte sich die Internationalisierung und die Beschleunigung der Kapitalmärkte, die Entstehung neuer komplexer Produkte und die Jagd nach schnellen Renditen. Die *CLINTON*-Regierung, aber auch die Regierung *JOSCHKA FISCHER-GERHARD SCHRÖDER* beschleunigten diesen Trend eher noch, als dass sie sich ihm entgegenstellten. Zu Beginn der Rot-Grünen Koalition frage *JOSCHKA FISCHER OSKAR LAFONTAINE* und seinen Staatssekretär *HEINER FLASSBECK*:„Wollt Ihr Euch etwa mit den Kapitalmärkten anlegen?"[20] Damit war das Thema im Prinzip erledigt. Anders als *FRANÇOIS*

---

[17]   Vgl. *BOOKSTABER* (2007).
[18]   Vgl. *SCHWED* (2002).
[19]   Vgl. *MACKAY/DE LA VEGA* (1995).
[20]   Gespräch des Verfassers mit *HEINER FLASSBECK* am 26.02.2009.

MITTERRANDs Frankreich im Jahr 1981 hätte das wirtschaftlich starke Deutschland nach Auffassung FLASSBECKs 1998 durchaus eine Chance gehabt, die Kontrolle der Finanzmärkte voranzutreiben.

Investmentbanking war „chic" und stilbildend für eine ganze Epoche. Die großen deutschen Banken versuchten, an die internationalen Trends durch eine Verstärkung ihrer Investmentbankingaktivitäten anzuknüpfen. Hierzu kaufte die *Deutsche Bank* im Jahr 1990 die englische *Morgan, Grenfell & Co.* Das Experiment misslang. Die *Dresdner Bank* kaufte 1995 die englische Investmentbank *Kleinwort Benson* und im Jahr 2000, auf dem Höhepunkt des Börsenbooms, die New Yorker Investmentboutique *Wasserstein, Perella & Co.* Genützt haben ihr die teuren Akquisitionen wenig; es lässt sich sogar argumentieren, dass der Kauf den Niedergang der *Dresdner Bank* beschleunigt hat. Letztlich ist es unter den deutschen Großbanken nur der *Deutschen Bank* gelungen, eine international wettbewerbsfähige Investmentbank aufzubauen, und das auch erst im zweiten Anlauf durch den Kauf der New Yorker *Bankers Trust* im Jahr 1999.

Aber auch die umgekehrte Tendenz war massiv. Seit den 1980er Jahren drängten ausländische, insbesondere amerikanische, aber auch japanische und andere Banken auf den deutschen Markt. Hier konnten die amerikanischen Banken aufgrund der regulatorischen Rahmenbedingungen eine größere Vielfalt an Geschäften tätigen als auf dem Heimatmarkt. Insbesondere die amerikanischen Banken erhofften sich so von den Auflagen des GLASS-STEAGAL-Act zu befreien, was letztlich auch gelang.

In ihrem Bestreben, Investmentbanken zu werden und das Kapitalmarktgeschäft zu forcieren, behandelten die Großbanken den Privatkunden und das Kreditgeschäft eher stiefmütterlich. Im Jahr 2000 waren Pläne zur Fusion der *Deutschen Bank* und der *Dresdner Bank* sehr weit fortgeschritten. Das Privatkundengeschäft wäre in eine eigene Institution ausgegliedert worden, die damals vorbereitend schon *Deutsche Bank 24* genannt worden war. Letztlich scheiterte die Fusion – aus meiner Sicht zum Vorteil des deutschen Bankwesens – in einem sehr späten Stadium der Verhandlungen an Differenzen zwischen beiden Häusern. Wie leichtfertig damals mit Geschäftsbereichen umgegangen werden sollte, die später als Ertragsperlen erkannt wurden, zeigt sich auch aus den Plänen, die *DWS Investments* (ehemals *Deutsche Gesellschaft für das Wertpapiersparen*) sowie die Filialen der *Dresdner Bank* an die *Allianz AG* zu verkaufen.[21]

Mit der Technologieblase in der zweiten Hälfte der 1990er Jahre erreichte das Kapitalmarktfieber einen neuen Höhepunkt. Durch den teilweisen Börsengang der *Deutschen Telekom AG* im Jahr 1996 erfasste der Run auf die Renditen auch in Deutschland breite Bevölkerungsschichten. Aktien von Unternehmen, die noch wenige Jahre zuvor als nicht existenz-, geschweige denn börsenfähig, abgelehnt worden wären, wurden nun von allen Banken, die sich eine Scheibe vom Geschäft abschneiden konnten, zu Phantasiepreisen an die Börse gebracht.[22] In den letzten Jahren des alten Jahrtausends setzte dann die berühmte „Hausfrauen-Hausse" ein, bei der man sich auch mit dem Taxifahrer gut über Aktien und Kapitalanlagen unterhalten konnte. Börsenkommentatoren und Jungunternehmer wurden zu Stars. Weder von der Politik noch von der Finanzbranche selbst kamen Versuche, das Spekulationsfieber einzudämmen. Das traurige Ende der Epoche wurde durch die stillschweigende Beerdigung des NEMAX50 durch die *Deutsche Börse AG* zum 31.12.2004 markiert. So entledigte man sich

---

[21] Vgl. *O. V.* (2000).

[22] Vgl. *OGGER* (2001).

dieser Erinnerung an den einstigen Hoffnungsträger Neuer Markt und an eine unrühmliche Vergangenheit.[23] Der amerikanische Ökonom JOHN KENNETH GALBRAITH schrieb zu der Frage, warum sich in solchen Epochen des kollektiven Wahnsinns so wenig Gegenstimmen erheben bereits im Jahr 1955: „Selbst als […] der Wahnsinn grassierte, blieben viele Männer an der Wall Street ziemlich vernünftig. Sie blieben aber auch ziemlich still. […] Sich gegen den Wahnsinn auszusprechen könnte bedeuten, diejenigen zu ruinieren, die sich von ihm haben hinreißen lassen. Deswegen schweigen die weisen Männer der Wall Street lieber. Die Narren haben das Feld für sich. Niemand pfeift sie zurück."[24]

Durch das Aufkommen von Geldmarktfonds seit 1994 nahm die Wettbewerbsintensität im Einlagen- und Geldmarktgeschäft zu. Der Zinsüberschuss der großen Privatbanken lag zudem zwischen 1994 und 2003 bei nur 1,5 %, der der Genossenschaftsbanken und Sparkassen bei 2,7 %. Dieser Befund erstaunt zunächst, denn die konventionelle Auffassung wäre, dass die großen Institute durch niedrigere Kosten und interessantere Angebote höhere Überschüsse erwirtschaften können. Tatsächlich verhält es sich anders: bei den „großen" Aufträgen ist die Wettbewerbsintensität sehr hoch und die großen Banken hatten nicht die Expertise oder wollten sich nicht um die Finanzierung vieler kleiner mittelständischer Kredite kümmern. Der Mittelstand jedoch weiß eine langfristige Begleitung durch Sparkassen oder Genossenschaftsbanken zu schätzen und ist im Zweifel auch bereit, etwas höhere Zinsen zu zahlen.[25] In diesem Zusammenhang bauten die Großkonzerne seit 1990 verstärkt große eigene Corporate-Finance-Abteilungen auf, die die Leistungen der Banken oftmals zu einem guten Anteil substituierten. Damit waren sie in die Lage versetzt, kurzfristig und intensiv nach den besten Konditionen auf den internationalen Kapitalmärkten zu suchen, eine Entwicklung, die das Hausbankensystem weiter auflöste und in der Finanzkrise nach 2007 teilweise negativ auf die Großunternehmen zurückfiel. Zum Ausgang des zwanzigsten Jahrhunderts wurde auch begonnen, mit der Entflechtung der Deutschland AG ernst zu machen. Das Netz von Überkreuzbeteiligungen, in dessen Zentrum die *Deutsche Bank* und die *Allianz* sowie andere Banken und Versicherungen standen, wurde schrittweise entflochten. Auch hier wurden traditionell engere Bindungen zwischen Industrie und Großbanken weiter gelockert.

Kapitalmarktorientierung beinhaltet auch die Zuwendungen zu provisionsbasierten Geschäften. In der New Economy waren diese Fusionen und Übernahmen, Börsengänge und Wertpapieremissionen. Aber auch das Asset Management – die Verwaltung von Kundenvermögen – gehört dazu. Deutschland ist als drittgrößte Nettosparnation der Welt ein attraktiver Markt für die Vermögensverwaltung. Nachdem sich bereits in den 1990er Jahren die Anzahl der Fonds und Zertifikate explosionsartig vermehrt hatte, setzte nach dem Zusammenbruch der Technologieblase eine Zertifikate-Sonderkonjunktur ein, die es in dieser Form auf der ganzen Welt nur in Deutschland und Österreich gab. Bei den in Kapitalmarktfragen unerfahrenen deutschen Anlegern kamen die Produkte, die oftmals mit Namen wie „Garantie-", „Bonus-" oder „Discount" versehen waren, sehr gut an, wurde hier doch eine Partizipation an den Kapitalmärkten bei gleichzeitiger Begrenzung des Risikos versprochen. Dabei war vielen Privatanlegern nicht bewusst, dass sie in Produkte investierten, die völlig überteuerte Derivategeschäfte beinhalteten. Oftmals wälzten Banken ihre Risiken auch durch speziell konstruierte Indizes und Papiere auf die Kunden ab, nur um diesen die Risiken überteuert als „Chance" zu verkaufen. Ausländische Banken, wie z. B. die *Citibank*, *Lehmann Brothers*, die *SEB Bank* oder

---

[23] Vgl. *O. V.* (2004).

[24] Vgl. *GALBRAITH* (1929) bzw. *OTTE* (2008).

[25] Vgl. *REHM* (2008b), S. 143.

Privatbanken wie *Oppenheim* mischten neben den großen deutschen Privatbanken kräftig am Markt mit. Aber auch die in diesem Artikel ansonsten sehr gelobten Sparkassen, Raiffeisen- und Genossenschaftsbanken haben nicht in allen Fällen streng zum Wohle des Kunden gehandelt. Wie wenige Jahre zuvor bei Technologieaktien, entstand nun bei Zertifikaten eine massive Blase. Zum Hochpunkt des Zertifikatebooms in den Jahren 2002–2007 waren in Deutschland um die 200 Mrd. EUR in Zertifikaten angelegt.[26] In Deutschland und Österreich sind die Regeln für Derivategeschäfte von Privatanlegern wesentlich weniger restriktiv als zum Beispiel in den USA. Im Rückblick kann es nur als beschämend gewertet werden, dass die Aufsichts- und Regulierungsbehörden bei diesen Produkten, die US-Superinvestor *WARREN BUFFETT* bereits 2003 als „finanzielle Massenvernichtungswaffen" bezeichnete, nicht eingegriffen haben und auch nach der Finanzkrise keine allzu große Neigung zeigen, einzugreifen.

Deutsche Wiedervereinigung: Beim Zusammenwachsen der Bundesrepublik und der früheren DDR haben die Sparkassen, Raiffeisen- und Genossenschaftsbanken ihre Leistungsfähigkeit bewiesen. Auch in der DDR gab es Sparkassen, die aber vor allem als Einlagekassen Instrumente der Planwirtschaft mit veralteter Technik und einem sehr schmalen Angebot waren. Hier zeigte sich, dass das 150 Jahre zuvor entwickelte Solidarprinzip – das auch in der Wirtschaft Sinn machen kann – noch funktionierte. Ab 1990 standen jeder ostdeutschen Sparkasse eine Betreuungssparkasse aus dem Westen zur Seite, die diese mit Technik, Rat und Hilfe bei der Ausbildung versorgte und Mitarbeiter entsandte. Und die Angebote der Sparkassen und Genossenschaftsbanken wurden von den Menschen in den neuen Bundesländern angenommen. Heute sind die Sparkassen und Genossenschaftsbanken in den neuen Bundesländern oft die einzigen Institute vor Ort.[27]

Die Finanzkrise: Die im Juli 2007 einsetzende Finanzkrise hat das deutsche Bankensystem in seinen Grundzügen nicht verändert. Zwar sind einige Institute gescheitert, Deutschland leidet v. a. unter dem internationalen Konjunktureinbruch, der 2008–2009 die deutschen Exporte zusammenbrechen ließ. Die Versorgung mit Krediten durch die deutschen Sparkassen, Raiffeisen- und Genossenschaftsbanken war nie gefährdet. Allerdings zeigen sich hier die unheilvollen Auswirkungen der prozyklischen und damit krisenverschärfenden Konstruktion der Eigenkapitalregelungen nach dem Basel-II-Akkord, auf die ich im nächsten Abschnitt eingehen werde. In der Krise steigen die Kreditkosten allgemein und für Unternehmen mit dringendem Kapitalbedarf sind Kredite teurer als für Unternehmen mit erstklassiger Bonität. Deutschland hat sich hier internationalen Regeln unterworfen, die prozyklisch krisenverstärkend wirken und letztlich auch das gut funktionierende deutsche Finanzsystem schwächen.

Die Finanzkrise bietet die Chance, Fehlentwicklungen an den Finanzmärkten zu überdenken und Korrekturen einzuleiten. Mit der *IKB* und der *Hypo Real Estate* sowie den Landesbanken kamen Institute in Schieflagen, die sich zum Teil massiv verzockt hatten und Geschäften nachgegangen waren, deren Sinnhaftigkeit man auch schon vor der Finanzkrise hätte in Frage stellen können. Noch im Vorwort zum Geschäftsbericht 2006/2007 der *IKB* berichtete der ehemalige Vorstandsvorsitzende *STEFAN ORTSEIFEN*, dass verbriefte Produkte und Derivate die dynamischsten Geschäftsbereiche der Bank seien „und ihren Wachstumspfad beibehalten" würden.[28] Schon damals hätte man sich fragen können, was eine *IndustrieKreditBank* in die-

---

[26] Vgl. *SCHUTZGEMEINSCHAFT DER KAPITALANLEGER* (2008), *ANNE, T.* (2009) und *OTTE* (2009).

[27] Vgl. *DEUTSCHER SPARKASSEN- UND GIROVERBAND* (2009b).

[28] Vgl. *IKB DEUTSCHE INDUSTRIEBANK AG* (2007).

sen Geschäftsbereichen zu suchen hatte. Fragwürdig ist der Verkauf der mit 10,7 Mrd. EUR geretteten *IKB* für 100 Mio. EUR an den texanischen Finanzinvestor *Lone-star*. Anscheinend ist es für die Politik angenehmer, sich des Themas zu entledigen, als darauf zu achten, dass die Steuerzahler möglichst viel von ihrem Geld zurückbekommen.

Die Beinahe-Insolvenz der *Hypo Real Estate*, die die Steuerzahler mittlerweile mehr als 100 Mrd. EUR gekostet hat, war eine Folge von Selbstüberschätzung und Leichtsinn auf der einen Seite und von zynischer und riskanter Geschäftspolitik auf Seiten der übernommenen *depfa-Bank*. Ordnungspolitisch gab es bei dieser – aus meiner Sicht im Gegensatz zur *IKB* oder etlichen Landesbanken durchaus systemrelevanten Bank – kaum eine Alternative zur Rettung. Allerdings hätte die so genannte „Verstaatlichung" – die ich als einer der ersten öffentlich in der Tagesschau gefordert habe – viel früher stattfinden müssen, denn in diesem Fall wurde ja gerade „verstaatlicht", um die Prinzipien der Marktwirtschaft zu retten.[29] Wenn ein neuer Gesellschafter in ein völlig marodes, bankrottes Unternehmen eintritt, dann wird dieser Gesellschafter – der alle Risiken übernimmt – auch die möglichen Gewinne haben wollen. Es ist egal, ob der Staat oder jemand anderes hier der neue Gesellschafter ist. Die Anteile der Alteigentümer sind nichts mehr wert. Somit entledigte sich der Staat mit der „Verstaatlichung" der *Hypo Real Estate* nur des Erpressungspotenzials durch die Alteigentümer, deren Anteile nur deshalb noch etwas wert waren, weil bereits über 100 Mrd. EUR an öffentlichen Geldern in das Institut geflossen waren.

Ob die *Commerzbank* in dieser Form hätte gerettet werden müssen, sei dahin gestellt. Auch hier hat die Öffentlichkeit unverhältnismäßig wenig Kapitalanteile – nämlich 25 % plus eine Stimme – für das bereitgestellte Kapital erhalten. Gerade bei der *Commerzbank* scheint aber ein Umdenken zu erfolgen – man nimmt das Firmenkundenkreditgeschäft, das von Männern wie *GÜNTER TALLNER* in Frankfurt vorangetrieben wird – wieder sehr ernst. Heimlicher Gewinner des Prozesses ist allerdings die *Allianz*, die nun neben dem Fondsgeschäft der *Dresdner Bank* auch das Fondsgeschäft der *Commerzbank* übernommen hat und zudem Anteile an der *Commerzbank* hält.

Die Finanzkrise offenbarte auch die strukturelle Schwäche der Landesbanken, für die es seit dem Wegfall der Gewährträgerhaftung im Jahr 2005 keine rechte Existenzberechtigung mehr gibt. Die für die Sparkassen, Raiffeisen- und Genossenschaftsbanken wichtigen Aufgaben werden zumeist durch die Verbände, die Vermögensverwaltungsfirmen *deka* und *Union Invest* oder durch Spezialinstitute erledigt, so dass es höchste Zeit ist, über eine Konsolidierung der Landesbanken nachzudenken.

---

[29]   Vgl. online *TAGESSCHAU.DE* (2009).

5 Bewertung des deutschen Bankensystems: Ist die Kapitalmarktorientierung der Weisheit letzter Schluss?

In einem umfassenden zweiteiligen fünfzigseitigen Artikel hat der ehemalige Vorstandsvorsitzende der *NordLB* und jetzige Chef des *Soffin*, HANNES REHM, das deutsche Bankensystem im Frühjahr 2008, als die Kreditkrise bereits begonnen, aber noch nicht die Ausmaße des Herbstes angenommen hatte, einer gründlichen Analyse und Würdigung unterzogen. Gleich zu Beginn setzt sich *REHM* mit den international vom *Economist*, Unternehmensberatungen oder Investmentbanken aber auch in Deutschland vom *Sachverständigenrat für die Gesamtwirtschaftliche Entwicklung* oftmals geäußerten Vorwurf auseinander, das Deutschland „overbanked" und damit ineffizient sei.[30] Zwar sind die Eigenkapital- und die Gesamtkapitalrenditen tatsächlich international ganz hinten anzusiedeln, aber alle anderen Indikatoren liegen im Mittelfeld oder sind sogar gut:

➤ Deutschland hat in *Relation zur Zahl aller Angestellten weniger Beschäftigte im Bankgewerbe* als die immer als Effizienzvorbild dargestellten angelsächsischen Länder. Dies ist keinesfalls ein Indikator für „Overbanking".

➤ Im letzten Jahrzehnt ging in Deutschland die *Anzahl der Kreditinstitute* um 40 % zurück, in den übrigen EU-Ländern nur um 20 %. Vor allem die Fusionen im Sparkassensektor und im genossenschaftlichen Bereich trugen hierzu bei.

➤ Die *Anzahl der Bankstellen pro Einwohner* ist in Deutschland mittlerweile leicht unterschiedlich und deutlich geringer als z. B. in Spanien.

➤ Bei den *Bruttoerträgen je Mitarbeiter* liegen die deutschen Banken international im Mittelfeld.

➤ Bei der *Cost-Income-Ratio* (Relation von Verwaltungsaufwand zu Nettoerlösen), die die Effizienz des Geschäftsbetriebs misst, nehmen die deutschen Banken nach den französischen eine Spitzenposition ein. „Mit besonders niedriger Produktivität arbeiten die Banken in den USA."[31]

➤ Deutschland hat sein Bankensystem bereits seit den 1950er und 1960er Jahren liberalisiert und in den 1970er Jahren die Niederlassungsfreiheit für ausländische Banken eingeführt, also weitaus früher als viele andere europäische Länder. „Die Liberalisierung des Bankenmarktes in Deutschland war bereits abgeschlossen, als Frankreich, Italien und Schweden begannen, die ersten Öffnungsschritte einzuleiten."[32] In Frankreich wurde der Markt für Spareinlagen erst 2008 für ausländische Anbieter geöffnet.

Lediglich bei den Nettomargen und bei der Eigenkapitalrendite sind deutsche Banken Schlusslichter. Durch die Nettomarge wird allerdings vor allem gemessen, welche Preise ein Unternehmen am Markt durchsetzen kann. Damit sind die von der Lobby der internationalen Banken geforderten hohen Nettomargen vor allem ein Indiz für die Behinderung des Wettbewerbs, ineffiziente Strukturen und die Übervorteilung von Kunden. In Italien, dessen Banken

---

[30] Vgl. *REHM* (2008b), S. 135.

[31] *REHM* (2008b), S. 139.

[32] *REHM* (2008b), S. 141.

hohe Nettomargen aufweisen, sind die Preise für Bankdienstleistungen in den letzten Jahren massiv gestiegen, insgesamt weist das Land eine bankwirtschaftliche Unterversorgung auf. Italienische Kunden zahlen durchschnittlich das Fünffache dessen, was Deutsche für Bankdienstleistungen ausgeben. In weiten Teilen des britischen Bankenmarktes funktioniert der Wettbewerb nicht besonders.

REHM kommt zu dem Schluss, dass das deutsche Banksystem von einer hohen Wettbewerbsintensität gekennzeichnet ist, bei der Effizienz und Kostenvorteile an die Kunden weitergegeben werden. Die Genossenschafts- und Raiffeisenbanken sowie die Sparkassen realisieren im Verbund dort Kostenvorteile, wo dies notwendig ist (z. B. bei der Informationstechnologie) und sind ansonsten auf ihren Märkten dezentralisiert – eigentlich ein ideales Modell. Sicherlich ist das für die ausländischen Anbieter, die in den deutschen Markt mit seinem hohen Sparpotenzial drängen und an wenig Wettbewerb und hohe Renditen gewöhnt sind – nicht so angenehm. Es zeugt aber davon, dass die Bankordnungs- und Wettbewerbspolitik in Deutschland zugunsten der Konsumenten funktioniert!

Funktionen von Banken und Finanzintermediären: Den Banken und Finanzintermediären werden normalerweise drei Aufgaben zugeschrieben: Fristentransformation, Losgrößentransformation und Risikotransformation. Durch die Fristentransformation werden die unterschiedlichen Laufzeitinteressen der Schuldner (Privatpersonen, Unternehmen, Staat) und der Gläubiger (Sparer) in Einklang gebracht. Durch die Laufzeittransformation werden die unterschiedlichen Vorstellungen bezüglich der Laufzeiten von Gläubigern und Schuldnern abgestimmt. Bei der Risikotransformation wird die unterschiedliche Risikoneigung der Akteure in Einklang gebracht. Bislang hat das deutsche Finanzsystem diese Funktionen recht gut erfüllt.

Die zunehmende Kapitalmarktorientierung beinhaltete nun u. a. vier große Trends: erstens die Verbriefung von Aktiva (Forderungen) und ihre Platzierung bei Anlegern, zweitens das so genannte Fair Value Accounting, drittens das sich weitgehende Verlassen auf Ratingagenturen zur Risikoeinschätzung und viertens die Einführung risikokapitalgewichteter Eigenkapitalvorschriften (Basel II).

➢ *Verbriefung von Aktiva*: Das Geschäftsmodell hier heißt „originate, manage, distribute". Die Bank generiert Aktiva, managt und strukturiert diese, und platziert die Risiken dann bei institutionellen Anlegern. Damit sind die Risiken aus der Bankbilanz, die Banken entziehen sich der Aufgabe der Risikotransformation, weil sie selber keine Risiken mehr eingehen, solange die Märkte funktionieren. Alleine: die „Finanzalchemie" der Banken stellte sich im Rückblick als Illusion heraus. Es war ihnen bei Collateralized Debt Obligations (CDO) oder Asset-Backed-Securities-Strukturen (ABS-Strukturen) zumeist nicht gelungen, die Risiken besser zu managen, sondern nur, sie besser zu verstecken. Die Banken haben sich durch die Verbriefungsstrukturen teilweise ihrer volkswirtschaftlichen Aufgabe der Risikotransformation entzogen.

➢ *Fair Value Accounting*: Beim „Mark to Market"- oder „Mark to Model"-Accounting werden Bilanzpositionen mit ihrem Marktwert bilanziert, nicht wie in Deutschland nach HGB üblich, nach dem strengen Niederstwertprinzip. Damit sollte eine realistischere und zeitnähere Bewertung der Bilanzpositionen erfolgen. Allerdings können viele Produkte, für die es keine Märkte gibt, nur nach Modellen bewertet werden. Solche Modelle sind oft sehr dehnbar, je komplexer die Produkte sind. Damit sinkt der Informationsgehalt einer nach „Fair-Value"-Prinzipien erstellen Bilanz oftmals deutlich. Mein Fazit: Fair Value verringert die Transparenz und wirkt prozyklisch auf die Wirtschaft, indem Aufschwünge künstlich verstärkt und Krisen verschärft werden. Es werden deshalb etliche Stimmen laut, die einen Rückkehr vom Niederstwertprinzip fordern, so z. B. die Saarbrücker Initiative gegen Fair Value der Professoren BIEG, BOFINGER, KÜTING, KUSSMAUL, WASCHBUSCH und WEBER.[33]

> *Ratingagenturen und Ratings*: Mit dem Ratingsystem betreiben wir im Prinzip kapitalistische Planwirtschaft. Alle Akteure orientieren sich an wenigen Zahlen für entsprechende Wertpapiere oder Unternehmen und unterlassen es in der Folge, ihre eigenen Risikoeinschätzungen und Bewertungen anzustellen. Damit wird eine der wichtigsten Kernfunktionen der Banken ausgehölt: die der Risikoeinschätzung. Dennoch senkt es eindeutig die die durch die „Gleichschaltung" der Entscheidungen erreichte Transparenz,verringert die Diversität der Entscheidungen und hilft, Kapazitäten zur Risikoeinschränkung und -transformation in den einzelnen Banken abzubauen. Letztlich ist ein solches System risikoanfälliger als eines, bei dem Akteure in einzelnen Institutionen ihre Entscheidungen mit größerer Unabhängigkeit voneinander treffen. Die Risikomessung kann eben nicht durch eine von Ratingagenturen zentral bestimmte Zahl geschehen (da fehlt es schon an der Marktnähe und der genauen Kenntnis der Akteure), sondern muss eine dezentrale Kernkompetenz der Banken sein.

Nach der Finanzkrise lässt sich nur konstatieren, dass dem Rating ein völliges Systemversagen beschieden war. Zudem bestimmt hier ein kleines und intransparentes angelsächsisches Kartell die Geschicke zum Teil souveräner Schuldnernationen, ohne dass dieses Kartell hinterfragt wird.

Es stellt sich die Frage, wie es überhaupt soweit kommen konnte, dass wir das Ratingsystem in großem Umfang anwenden. Das Sich-Verlassen auf fremdgenerierte Daten ist für etliche Führungskräfte sicher einfacher, als selbst Verantwortung zu übernehmen und eigene risikobehaftete Entscheidungen zu treffen und auch „sicher", solange es alle machen.

> *Eigenkapitalvorschriften nach Basel II*: Mit Basel II wird die Gesamtheit der Eigenkapitalvorschriften, die vom *Basler Ausschuss für Bankenaufsicht* in den letzten Jahren vorgeschlagen wurde, beizeichnet. Seit dem 1. Januar 2007 werden sie in den Mitgliedsstaaten der Europäischen Union für alle Kreditinstitute und Finanzdienstleistungsinstitute (= Institute) angewendet. Hierzu müssen die Bankaktiva mit risikogewichtetem Eigenkapital hinterlegt werden. Die Idee dahinter war an sich plausibel: Wenn alle Aktiva mit denselben Eigenkapitalquoten hinterlegt werden, haben die Akteure ggf. einen Anreiz dazu, riskantere und ertragreichere Positionen in ihre Bilanzen aufzunehmen.

Letztlich hatte Basel II überwiegend nachteilige Folgen: die Kapitalhinterlegung im System konnte insgesamt reduziert werden – was im Interesse der Finanzindustrie war – und der bürokratische Aufwand hat sich massiv erhöht. Basel II wirkt prozyklisch, da die Risiken in einer Krise steigen und die Kredite damit teurer werden. Ob sich die Risikotragfähigkeit des Systems erhöht hat, bleibt abzuwarten, aber an diese Stelle sei zunächst einmal ein vorsichtiges „Nein" ausgesprochen. Durch die Erhöhung des bürokratischen Aufwands werden kleinere Privatpersonen und Handwerksbetriebe, kleinere Mittelstandsunternehmen und kleinere Banken gegenüber den größeren Einheiten systematisch benachteiligt. Basel II beschränkt auch den Wettbewerb, indem die großen Akteure geschützt und gestärkt werden.

---

[33] Vgl. FOCKENBROCK (2008).

Basel II war ursprünglich von den USA angeregt und initiiert worden.[34] Allerdings wird es dort nur sehr zögerlich und auch nur für die größten Banken umgesetzt. Damit wird ein struktureller Nachteil für die europäischen Banken und Unternehmen geschaffen. Ein von Finanzminister PEER STEINBRÜCK ins Leben gerufener Expertenbeirat des deutschen Wirtschaftsministeriums diskutiert aktuell (2009) über eine Aussetzung der Kriterien für die Bundesrepublik Deutschland.[35] Man kann nur hoffen, dass dies schnell und ohne Wenn und Aber geschieht.

Dieser Autor stellt fest, dass das deutsche (und österreichische) kreditbasierte Finanzsystem die Funktionen, die ein Banksystem liefern sollte, immer noch recht gut erfüllt. Deutschland (und Österreich) sind Nettosparnationen und verfügen über einen bedeutenden Überschuss an Sparkapital. Auf einem Finanzierungsforum in Österreich, an dem ich teilnahm, wurde einem erfolgreichen steirischen Unternehmer, der mit der Finanzierung durch seine Hausbank zufrieden war, die Frage gestellt, warum er nicht innovative Finanzierungsformen an den Kapitalmärkten nutze. An diesem Punkt musste ich als Teilnehmer der Forumsdiskussion einspringen: Warum sollte sich dieser Unternehmer in irgendeine Abhängigkeit der Kapitalmärkte begeben, wenn seine Sparkasse, mit der er schon lange vertrauensvoll zusammenarbeitet, ihm aus dem Sparvolumen der Region günstiges Fremdkapital anbieten kann und das Geld in der Region bleibt?

6 Leitplanken, Brandschutzmauern und Entschleuniger: Ansätze zur Reform

Finanzmärkte unterscheiden sich fundamental von Gütermärkten. Es sind die einzigen Märkte, in denen Akteure gleichzeitig Anbieter und Nachfrager bestimmter Leistungen sein können. (Sofern dies im Handel geschieht, ist es auch eine Finanztransaktion.) Zudem sind Bankrisiken systemischer Natur: Der Kollaps einer einzigen Bank kann unvorhersehbare Konsequenzen für das Gesamtsystem haben. Kapitalmärkte sind inhärent instabil, weil Erwartungen gehandelt werden und innerhalb kürzester Zeitspannen Transaktionen in einem systemrelevanten Umfang durchgeführt werden können. Nach 1929 bestimmte das Wissen um diese Tatsachen die Ordnungspolitik für das Finanzsystem. Mittlerweile ist zumindest das Wissen zurückgekehrt. Das wird z. B. durch den Titel des neuesten Buchs von HANS-WERNER SINN „Kasino-Kapitalismus" dokumentiert, in dem SINN – spät, aber völlig zutreffend – die Fehlentwicklungen im Bankensystem aufzeigt.[36]

So ist z. B. die von ANGELA MERKEL auf dem Londoner Gipfel im April 2009 geforderte lückenlose Regulierung aller Akteure, Regionen und Produkte sicher der richtige Ansatz.[37] In den letzten Monaten wurden hier einige Initiativen gestartet, von denen etliche durchaus zu begrüßen sind. Schon jetzt zeichnet sich allerdings ab, dass das Wirrwarr von internationalen, europäischen und nationalen Zuständigkeiten auch die Intransparenz vergrößern wird und da-

---

[34] Vgl. LANGE (2006).

[35] Vgl. GAULHOFER (2009).

[36] Vgl. SINN (2009).

[37] Vgl. online FTD.DE (2009).

mit die großen Akteure zu Lasten der kleinen stärkt, Ungleichheiten im System zementiert und keinesfalls die Risiken des Finanzsystems angemessen behandelt.

Der ehemalige Investmentbanker SONY KAPOOR entwickelt mit seinem Think Tank *Re-Define* Prinzipien und Vorschläge für eine Reform des Banksystems.[38] In der *Süddeutschen Zeitung* stellt er drei davon vor: Wettbewerb, Einfachheit und Fairness.[39] *Wettbewerb*: Wie REHM weist KAPOOR auf die einfache Tatsache hin, dass 20–25 % Eigenkapitalrendite keinesfalls ein Indiz für die Gesundheit des Finanzsektors, sondern für Ineffizienzen und eingeschränkten Wettbewerb sind. „Die hohen Belohnungen, die es (zudem, M. O.) für Angestellte und Aktionäre in einem (weitgehend, M. O.) wettbewerbsfreien System gibt, verdrehen Leistungsanreize und fördern spekulatives und destabilisierendes Verhalten."[40] *Einfachheit*: „Weil es den Regularien der Finanzwelt an Prinzipien fehlt, sind aus Regelungen zur ‚Feinabstimmung' zehntausende Seiten voll mit Gesetzen und Richtlinien geworden."[41] Komplexe Regularien machen aber eine Überwachung und Überprüfung sehr schwer und begünstigen die großen Akteure. Stattdessen müsste die Regulierung auf einfachen und klaren Prinzipien aufgebaut sein, und die Vorschriften müssten effektiv und einfach überwachbar sein, wie zum Beispiel eine einfache Mindestkapitalvorschrift anstelle der komplexen Basel-II-Prinzipien. *Fairness*: das jetzige System begünstigt die großen Akteure und belohnt zum Teil sogar Fehlverhalten: „Die Kosten für sämtliche Hilfsaktionen sollten vom Bankensektor refinanziert werden, indem man Steuern auf Finanztransaktionen erhebt."[42]

Regulierung der Akteure[43]: Das am 2. Juli 2008 vom Bundestag angenommene Gesetz zur Verstärkung der Finanzmarktaufsicht ist ein Schritt in die richtige Richtung, geht aber nicht weit genug. Basel II sollte ohne Wenn und Aber so schnell wie möglich ausgesetzt werden. Zur Unterlegung der Aktiva mit risikogewichtetem Eigenkapital muss eine einfache, starre Hinterlegung mit Eigenkapital treten. Wenn die Akteure gezwungen sind, mehr Eigenkapital zu hinterlegen, wirkt sich dies zunächst einmal natürlich wachstumsmindernd aus. Langfristig würde aber die Stabilität des Systems erhöht und damit Wohlfahrtsverluste durch Instabilität vermieden.

Die von der *LAROSIÈRE-Gruppe* am 27. Mai eingereichten Empfehlungen zur Verbesserung der Finanzmarktaufsicht und die Schaffung von EU-Aufsichtsbehörden sind wie die Beschlüsse der G-20 Gipfel von Washington vom November 2008 und von London vom April 2009 eher skeptisch zu bewerten. Durch die Delegation auf die nationale Ebene (eine Forderung Englands und der USA) wird das Aufsichtsprinzip von Anfang an unterlaufen, es beginnt sofort wieder der Wettlauf um die laxeste Umsetzung.

In Bezug auf die Rating-Agenturen sind erste Schritte zur Regulierung gemacht – es ist wirklich erstaunlich, dass die Investmentbanken bis zum Herbst 2008 nicht der Banken-, sondern nur der Wertpapieraufsicht unterstanden und die Rating-Agenturen bis heute nicht beaufsichtigt werden. Die derzeitigen Reformen gehen in die richtige Richtung. Zum Beispiel dürften

---

[38] Vgl. KAPOOR (2009).

[39] KAPOOR (2009).

[40] KAPOOR (2009).

[41] KAPOOR (2009).

[42] KAPOOR (2009)

[43] Vgl. KÖPPEN (2009).

die Rating-Agenturen in Zukunft wohl keine Beratungsleistungen mehr erbringen. Insgesamt gehen die Vorschläge aber nicht weit genug.[44]

Zur Regulierung der Akteure gehören auch an Nachhaltigkeit orientierte Regeln für die Vergütung. So kann es nur nützlich sein, wenn bei Haftpflichtversicherungen ein gewisser Selbstbehalt vorgeschrieben ist und wenn Boni erst nach einer Kulanzperiode von einigen Jahren ausgezahlt werden. Der Protest, den etliche Top-Manager gegen die geplante Gesetzesinitiative der Bundesregierung verlauten ließen, zeigt, dass die Einsicht hier noch nicht sehr weit fortgeschritten ist.[45]

Des weiteren: „Corporate Governance" (Selbstkontrolle) kann nicht „Government" – staatliche Aufsicht und Kontrolle – ersetzen.

Regulierung der Produkte und Finanzinnovation: CHARLES KINDLEBERGER erwähnt, dass die *Bank für Internationalen Zahlungsausgleich* bereits im Jahr 1986 feststellte, dass das Risiko bei Finanzinnovationen systematisch unterschätzt werde, diese daher zu billig angeboten und zu stark genutzt würden.[46] Nach der Jahrtausendwende wurden, wie wir jetzt wissen, verbriefte Produkte, Derivate, Hedgefonds und Private Equity in systemschädigendem Umfang genutzt, weil ihre wahren Kosten und Risiken sich nicht in den Zinsmargen für die Produkte widerspiegelten. Hedge Fonds und Private Equity wurden sogar noch ausdrücklich gefördert, z. B. in den USA und England, wo auf die Erträge die Kapitalertragssteuer zu zahlen ist. In England sind dies nur 15 % – eine massive Förderung der Reichen und Superreichen.

Die auf EU-Ebene derzeit diskutierten Regulierungsmaßnahmen sind nicht mehr als eine Beschwichtigungsgeste. England, dessen Wirtschaft außer dem „Finanzplatz London" nicht mehr viel zu bieten hat, konnte hier seine Interessen in Bezug auf Nichtregulierung innerhalb der EU weitestgehend durchsetzen. Reguliert werden sollen nur Alternative Investmentfonds (AIFM) mit Vermögen von mehr als 100 Mio. EUR, oder, falls keiner der verwalteten AIFM gehebelt ist, 500 Mio. EUR. Damit sind die folgenden Regulierungsbemühungen hinfällig, denn nichts ist leichter für die Anbieter, als einen Fonds auf mehrere aufzuspalten. Aber auch dann noch sind die Regulierungsbemühungen nicht mehr als ein sehr kleines Feigenblatt. AIFM müssen ein Eigenkapital von mindestens 125.000 EUR aufweisen. Damit können bestenfalls einige Risiken im Rahmen der Berufshaftpflicht abgedeckt werden, ökonomische Risiken werden durch diese Anforderung in keiner Weise gedeckt. Sie sollen „angemessene" interne Methoden zum Risiko- und Liquiditätsmanagement verwenden. Hierzu merke ich an: Ich habe selber einen Hedgefonds initiiert (der mit 100 % Eigenkapital arbeitet und ohne Derivate auskommt). Als Akteur der Branche und überzeugter Marktwirtschaftler sage ich: Diese Branche muss sehr viel stärker reguliert werden, denn sie geht mit „finanziellen Massenvernichtungswaffen" (WARREN BUFFETT) um.

Verbraucherschutz im Asset Management stärken: Zur Regulierung der Produkte gehört auch ein besserer Verbraucherschutz. Deutsche und Österreicher sind Nettosparer, aber im Gegensatz zu vielen Menschen in den angelsächsischen Ländern, haben Deutsche oder Österreicher in Finanzdingen Aufholbedarf. Bis vor wenigen Jahren war es in Deutschland üblich, vom „Bankbeamten" zu sprechen. Die Achterbahnfahrt der „New Economy" von ca. 1998–2002

---

[44]   Vgl. KÖPPEN (2009).

[45]   Vgl. NEUERER/RIEDEL (2009).

[46]   Vgl. KINDLEBERGER (2001), S. 22.

und die sich direkt daran anschließende Zertifikatekonjunktur haben bei vielen deutschen und österreichischen Anlegern das Vertrauen in die Kapitalmärkte zerstört. Das ist schade, denn Deutsche und Österreicher verfügen über massive Spareinlagen und sollten an das Thema herangeführt und gegenüber Missbrauch besser geschützt werden.

Das deutsche Verbraucherschutzministerium hat sich mittlerweile des Themas angenommen. Auch die europäische Markets-in-Financial-Instruments-Direktive (MiFiD) befasst sich mit dem Thema. Auch hier sollten die Aspekte Einfachheit und Verständlichkeit sowie die Aufklärung der Verbraucher an vorderster Stelle stehen. Leider sind die tatsächlichen Regelungen so, dass sie vor allem die bürokratische Compliance fördern. Das begünstigt die großen Akteure, die weiter ihr Spiel treiben können, während viele unabhängige kleine Vermögensverwalter, die oftmals wesentlich bessere Leistungen bieten als die Banken, aus dem Markt gedrängt werden. Stattdessen werden komplexe Produkte wie RIESTER- oder RÜRUP-Renten gefördert, die sich meist erst bei einem Lebensalter von über 90 Jahren lohnen, weil die Anbieter sich unangemessen hohe Anteile der Rendite als Vergütung genehmigen.[47]

Wie gereizt die Produkteanbieter reagierten, musste im August 2009 die *Verbraucherzentrale* erfahren, als sie durch eine durch die *Debeka* erwirkte einstweilige Verfügung daran gehindert wurde, ihren „Ampelcheck Geldanlage" zu verbreiten. Das Landgericht Berlin untersagte der *Verbraucherzentrale* u. a., Kapitallebensversicherungen oder Rentenversicherungen als weniger sicher als andere Anlageprodukte, wie z. B. Aktienfonds, darzustellen. Die Produkte dürfen auch nicht mehr mit „Achtung – Gefahr!" oder „Ein Risiko oder Nachteil ist vorhanden" bewertet werden. Betreiber des Verfahrens ist der Koblenzer Versicherungskonzern *Debeka*. Nach einem Ampelsystem hatte die Verbraucherzentrale Sicherheit, Rendite, Liquidität und Transparenz mit Grün, Gelb und Rot bewertet, an sich eine sinnvolle Sache. Der *Debeka*-Vorstandsvorsitzende kritisierte, dass komplexe Sachverhalte unzureichend vereinfacht würden. Das Gericht ist ihm zunächst gefolgt.

Aber: Die Komplexität nutzt den Konzernen, um satt abzukassieren. In meinem neuen Buch „Informationscrash", das im Oktober erscheinen wird, analysiere ich genau diese Zusammenhänge: Die Vielfalt im Finanzwesen (und in vielen anderen Wirtschaftsbereichen) lässt einen total überforderten Bürger zurück, der dann leichte Beute der Anbieter wird. Genau hier wollte die *Verbraucherzentrale* ein Gegengewicht schaffen und ist vorerst gescheitert. Im Zweifelsfalle müssten Politik und Gerichte hier gegen die Produkte und Konzerne und für den Verbraucher entscheiden. Es ist weniger schlimm, wenn bestimmte Produkte aufgrund „verkürzter" Bewertungen nicht auf den Markt kommen, als wenn der Verbraucher durch das Produktwirrwarr weiterhin nicht in der Lage ist, fundierte Entscheidungen zu treffen.

Regionen: Regulierung muss international vergleichbar oder einheitlich sein, um effektiv und fair sein zu können. Mit der weitgehenden Nichtanwendung der von ihr initiierten Standards zur Eigenkapitalhinterlegung verschaffen sich z. B. die USA einen massiven Wettbewerbsvorteil gegenüber Europa. Das Vorgehen des deutschen Finanzministers PEER STEINBRÜCK gegen Steueroasen ist im Prinzip richtig, war aber zu einem guten Teil auch von einem vereinfachenden Populismus geprägt. Man suchte Opfer, die sich öffentlich an den Pranger stellen ließen: Die Schweiz, Liechtenstein und Luxemburg bekamen Rüffel und schwenkten auf die STEINBRÜCK-Liste ein. Aber Chinas Zustimmung wurde u. a. dadurch erkauft, dass Hongkong und Macao von der schwarzen Liste ausgeschlossen sind. Und noch ein weiteres Problem besteht: Etliche Länder erkennen zwar die OECD-Kriterien an und sind damit nicht auf

---

[47] Vgl. *WIWO.DE* (2009).

der schwarzen Liste, umgehen dann aber die Regeln gegen die Steuerflucht durch Nichtanwendung effektiv bzw. wenden die Regeln nur sehr lose an. Hierzu gehören England (Kanal-
inseln, Bermudas, Bahamas, Cayman Islands), Irland und die USA (Delaware). Es steht wie
bei Basel II zu befürchten, dass Deutschland, Österreich und die Schweiz die Regeln anwenden, während Sie von anderen Ländern unterlaufen werden.[48]

TOBIN-Steuer einführen: Das Wort „Internationales Finanzkapital" weckt Assoziationen zu
RUDOLF HILFERDING, ROSA LUXEMBURG und *VLADIMIR ILLICH LENIN*. Dabei macht der Begriff
durchaus Sinn: Er drückt aus, dass es zwischen international mobilen Produktionsfaktoren
(und nichts anderes sind „Internationales Finanzkapital" oder Manager in Großkonzernen)
und den international immobilen Produktionsfaktoren – Arbeitskräfte, mittelständische Unternehmer und Unternehmen sowie Spareinlagen – Interessengegensätze geben kann, die
diskutiert und ggf. politisch ausgeglichen werden müssen. Die von *JAMES TOBIN* vorgeschla-
gene Steuer auf internationale Kapitaltransaktionen würde genau das bewirken, was sie bewirken soll: sie würde schelle Finanzgeschäfte mit hohen Kapitalumschlägen bremsen und
langfristig orientierte Kapitaltransaktionen fördern. Es geht um Verteilungs- und Machtfra-
gen. Die Realwirtschaft würde gegenüber der Finanzwirtschaft gestärkt. Genau deswegen
wehrt sich die internationale Finanzlobby mit allen ihr zur Verfügung stehenden Mitteln.

Kompetenz in den Ministerien aufbauen: Zu einer besseren Regulierung gehört zunächst einmal der (Wieder)aufbau von konzeptioneller Kompetenz in den Ministerien. Es kann nicht
sein, dass ganze Gesetze wie das Finanzmarktstabilisierungsgesetz von Rechtsanwaltskanzleien entworfen werden. Deutschland braucht dringend mehr Spitzenbeamte, die etwas bewegen. Hierzu wäre es dringend erforderlich, einen „Fast Track" für potenziellen Nachwuchs für
Spitzenbeamte zu etablieren und interessante Konditionen anzubieten. Die Besten eines Ab-
schlussjahrgangs dürfen nicht nur in Rechtsanwaltskanzleien, Unternehmensberatungen und
in die Finanzbranche wechseln. Gleichzeitig muss sichergestellt werden, dass die derartig
geförderten Kräfte nicht problemlos in die Industrie wechseln können. Das ist z. B. ein insti-
tutionalisiertes Problem der amerikanischen Börsenaufsicht SEC, deren Führungskräfte regelmäßig in den Compliance- oder Risikoabteilungen der Banken landen.[49]

Abschaffung oder starke Konsolidierung der Landesbanken: Die Landesbanken haben sich
überlebt, die meisten Zentralfunktionen werden von den Genossenschafts- oder Sparkassen-
verbänden erfüllt. Nach wie vor aber verteidigen Landespolitiker „ihre" verbliebenen Banken
in etlichen Fällen hartnäckig. Die Bundesrepublik würde mit nur zwei, vielleicht sogar mit
nur einer oder keiner Landesbank ein kleines Stück besser funktionieren. Anstelle um den
Erhalt der eigenen Spielzeuge zu kämpfen, würde die politische Energie besser verwendet,
sinnvolle Aufsichtsmechanismen zu entwickeln. Allerdings gibt es hier ein Ebenenproblem:
Landesbanken sind (noch) Landessache, die Aufsicht findet national, auf EU-Ebene oder
international statt. Man kann der Bundesregierung nur viel Erfolg bei ihrem Vorhaben würden, die Konsolidierung voranzutreiben.

---

[48] Rede des Bundesministers der Finanzen *PEER STEINBRÜCK* bei der Fachtagung des *DGB* „Umdenken – Gegen-
      lenken – Finanzmärkte zähmen" am 01.07.2009 in Berlin; vgl. *BUNDESMINISTERIUM DER FINANZEN* (2009), onli-
      ne *WELT.DE* (2009) und *FERRARI* (2009).
[49] Vgl. *KOTZ* (2009).

Konsequente Interessenpolitik im Sinne der Realwirtschaft: England verfolgt auch nach der Finanzkrise seine Interessen zur Deregulierung konsequent weiter. Es war GORDON BROWN, der das Land in einen Hedgefonds verwandelte, als er die Steuer auf Kapitalerträge auf 15 % senkte und damit die Reichen und Superreichen gegenüber der Normalverdienern massiv begünstigte. Die weitere Entwicklung in den USA bleibt abzuwarten, aber das sich abzeichnende Scheitern BARACK OBAMAs in der Gesundheitsreform lässt auch für die Regulierung der Finanzmärkte trotz einiger positiver Ansätze nichts Gutes hoffen.

Staatsfonds: Deutschland, Österreich und die Schweiz sind große Nettosparnationen. Sie haben – anders als Spanien, Irland oder England – weitgehend funktionierende Realwirtschaften. Das vielschichtige Finanzsystem insbesondere Deutschlands ist gut strukturiert, um die Realwirtschaft mit Kapital zu versorgen. Heute ist Deutschland der drittgrößte Kapitalexporteur der Welt. Nicht unser gesamtes Kapital kann zu Hause investiert werden, das ist in einem Land mit einer reifen Wirtschaft und einer schrumpfenden Bevölkerung nicht sinnvoll. Aber wir müssen aufpassen. Um 1900 war England der Finanzier der Welt. Genutzt hat es England wenig – das weltweit angelegte Kapital erodierte schnell. Derzeit befinden sich Deutschland, Österreich, Japan und auch ölexportierende Staaten wie Norwegen und die Golfstaaten in der Rolle von strukturellen Überschussländern. Diese Überschüsse müssen gut angelegt werden. In Norwegen, Deutschland und Österreich schrumpft die Bevölkerung. Derzeit ist Deutschland einer der größten Finanziers des Konsums in den USA. Die hieraus entstehenden Forderungen können sich schnell abwerten.

Norwegen hat einen Staatsfonds, in dem Teile der Exportüberschüsse und des Auslandsvermögens langfristig angelegt werden, ebenso China und etliche Ölstaaten. Auch für Deutschland wäre die Gründung einer Agentur für Auslandsvermögen zu überlegen. Es ist sicher besser, deutsches Auslandsvermögen langfristig in Unternehmensbeteiligungen anzulegen, wie es China zunehmend macht, als die Spareinlagen der deutschen Sparer (gleiches gilt für Österreich) in den Kanäle der Finanzindustrie (Hedgefonds, amerikanische Medienfonds, Zertifikate, Subprime-Produkte) versickern zu lassen. *WILHELM RÖPKE* und *ALEXANDER RÜSTOW* und wahrscheinlich sogar *LUDWIG ERHARD* und *ALFRED MÜLLER-ARMACK* hätten diese Forderung angesichts der geänderten weltwirtschaftlichen Verhältnisse unterstützt.

Wenig ist geschafft, viel bleibt zu tun, und gering sind die Aussichten auf Erfolg. „Optimismus ist Feigheit" (Flucht vor der Realität), schrieb *OSWALD SPENGLER* 1932.[50] In diesem Sinne wäre es „feige" angesichts der gewaltigen auf uns zukommenden Aufgaben im Bankwesen ein Optimist zu sein. Versuchen müssen wir uns an der Reform allemal.

---

[50] *SPENGLER* (1932), S. 135.

Quellenverzeichnis

ANNE, T. (2008): Die Gier war grenzenlos. Eine Börsenhändlerin packt aus, Berlin 2009.

BANK FÜR INTERNATIONALEN ZAHLUNGSAUSGLEICH (1986): Recent Innovations in International Banking, Base 1986, zitiert nach: *KINDLEBERGER, C.* (2001): Manien, Paniken, Crashs – die Geschichte der Finanzkrisen dieser Welt, Kulmbach 2001.

BOOKSTABER, R. (2007): A Demon of Our Own Design – Markets, Hedge Funds and the Perils of Financial Innovations, Hoboken 2007.

BUNDESMINISTERIUM DER FINANZEN (2009): Perspektiven für die Regulierung der Finanzmärkte, Rede des Bundesministers der Finanzen, Peer Steinbrück, bei der Fachtagung des DGB „Umdenken – Gegenlenken – Finanzmärkte zähmen" am 1. Juli 2009 in Berlin, online: http://www.bundesfinanzministerium.de/nn_54322/DE/Presse/Reden_20und_20Interview s/01072009__DGB-Fachkongress.html, Stand: 01.07.2009, Abruf: 24.08.2009.

BUNDESANSTALT FÜR FINANZDIENSTLEISTUNGSAUFSICHT (2009): Geschichte, online: http:// www.bafin.de/cln_115/nn_722836/DE/BaFin/Grundlagen/Geschichte/geschichte__node.h tml?__nnn=true, Stand: o. A., Abruf: 24.08.2009.

DEUTSCHE BUNDESBANK (2008): Die Banken als Geldproduzenten, online: http://www.bundesbank.de/download/bildung/geld_sec2/geld2_04.pdf, Stand: 13.10.2008, Abruf: 25.08.2009.

DEUTSCHER SPARKASSEN- UND GIROVERBAND (2009a): Finanzgruppe in Zahlen, online: http:// www.dsgv.de/de/sparkassen-finanzgruppe/daten_und_fakten/finanzgruppe_in_zahlen/, Stand: 2009, Abruf: 24.08.2009.

DEUTSCHER SPARKASSEN- UND GIROVERBAND (2009b): 60 Jahre Bundesrepublik – Beitrag der Sparkassen zu Wohlstand, Stabilität und Vertrauen, online: http://dsgv.de/de/aktionen/ 60_Jahre_Bundesrepublik.html, Stand: 2009, Abruf: 24.08.2009.

FERRARI, L. (2009): Die „Logik der schwarzen Liste": Wie die Schweiz den Steuerstreit verlor, online: http://bazonline.ch/schweiz/standard/Die-Logik-der-schwarzen-Liste-Wie-die-Schweiz-den_Steuerstreit-verlor/story/17593643, Stand: 23.06.2009, Abruf: 24.08.2009.

FTD.DE (2009): Merkel fordert Finanzmarkt-Regulierung, online: http://www.ftd.de/politik/europa/:G20-Gipfel-Merkel-fordert-Finanzmarkt-Regulierung/493484.html, Stand: 28.03.2009, Abruf: 24.08.2009.

FOCKENBROCK, D. (2008): Professoren machen Front gegen Fair Value, online: http://www.handelsblatt.com/unternehmen/nachrichten-trends/professoren-machen-front-gegen-fair-value;2092598, Stand: 19.11.2008, Abruf: 25.08.2009.

GALBRAITH, J. K. (2008): Der große Crash 1929. Ursachen – Verlauf – Folgen, neu herausgegeben von *OTTE, M.*, München 2008.

GAULHOFER, K. (2009): Finanzmarkt: Basel II sitzt in der Truthahnfalle, online: http://diepresse. com/home/wirtschaft/international/451453/index.do, Stand: 10.02.2009, Abruf: 01.09.2009.

GERSCHENKRON, A. (1964): Economic Backwardness in historical perspective, a book of essays, Cambridge (Massachusettes) 1964.

HAUSER, H. (1983): Germany´s Commercial Grip on the World. Her Business Methods Explained, New York 1983, Nachdruck von: Les méthodes allemandes d´expansion économique, New York 1918.

IKB DEUTSCHE INDUSTRIEBANK AG (2007): Geschäftsbericht 2006/2007, online: http://www2. ikb.de/content/de/ir/finanzberichte/gb_2006_2007/IKB_komplett_dt.pdf, Stand: 2007, Abruf: 24.08.2009.

THE UNITED STATES BUREAU OF THE CENSUS (1976): Historical Statistics of The United States – From Colonial Times to 1970, New York 1976.

JAMES, H. (2001): Die Deutsche Bank und die „Arisierung", München 2001.

KAPOOR, S. (2009): Neue Steuern als Strafen, online: http://www.sueddeutsche.de/finanzen/538/472066/text/, Stand: 15.06.2009, Abruf: 21.08.2009.

KÖPPEN, M. (2009): Finanzmarktregulierung: Bewertung der bisherigen Maßnahmen auf nationaler und EU-Ebene, unveröffentlichtes Manuskript, erscheint in: Wirtschaft Aktuell, September 2009.

KEYNES, J. M. (2006): Krieg und Frieden – Die wirtschaftlichen Folgen des Vertrags von Versailles, Berlin 2006; englische Fassung: The Economic Consequences of the Peace, online: http://www.gutenberg.org/files/15776/15776-h/15776-h.htm, Stand: 6.05.2005, Abruf: 24.08.2009.

KOTZ, H. D. (2009): Testimony Before the U.S. House of Representatives Committee on Financial Services, online: http://sec.gov/news/testimony/2009/ts010509hdk.htm, Stand: 05.01.2009, Abruf: 25.08.2009.

LANGE, K. (2006): Basel II – Wenn Banken Einblick wollen, online: http://www.manager-magazin.de/unternehmen/mittelstand/0,2828,438330,00.html, Stand: 21.09.2006, Abruf: 25.08.2009.

MACKAY, C./DE LA VEGA, J. (1995): Extraordinary Popular Delusions and the Madness of Crowds and Confusión de Confusiones, New York 1995.

NEUERER, D./RIEDEL, D. (2009): Kritik an „ziemlich ignoranten" Top-Managern, online: http://www.handelsblatt.com/politik/deutschland/kritik-an-ziemlich-ignoranten-top-managern;2296578, Stand: 26.05.2009, Abruf: 24.08.2009.

OGGER, G. (2001): Der Börsenschwindel, München 2001.

OTTE, M. (2009): Wahnsinn mit Methode – Wie Privatanleger systematisch verwirrt werden, in: *OTTE, M.* (Hrsg.), Der Informationscrash, Berlin 2009 (in der Redaktion, erscheint Ende Oktober 2009).

O. V. (2000): Der Tag der Fusion, online: http://www.manager-magazin.de/geld/artikel/0,2828,00.html, Stand: 07.03.2000, Abruf: 24.08.2009.

O. V. (2004): Ende des Nemax 50, online: http://www.handelsblatt.com/finanzen/fondsnachrichten/ende-des-nemax-50;839597, Stand: 27.12.2004, Abruf: 24.08.2009.

REHM, H. (2008a): Das deutsche Bankensystem – Befund – Probleme – Perspektiven (Teil II), in: Kredit und Kapital, 41. Jg. (2008), Nr. 2, S. 305–331.

REHM, H. (2008b): Das deutsche Bankensystem – Befund – Probleme – Perspektiven (Teil I), in: Kredit und Kapital, 41. Jg. (2008), Nr. 1, S. 135–159.

SCHUTZGEMEINSCHAFT DER KAPITALANLEGER (2008): Anlegerfalle Zertifikate, in: Schwarzbuch Börse 2008, München 2008.

SINN, H.-W. (2009): Kasino-Kapitalismus. Wie es zur Finanzkrise kam, was jetzt zu tun ist, Berlin 2009.

SPENGLER, O. (1932): Jahre der Entscheidung, München 1932.

TAGESSCHAU.DE (2009): Die HRE gehört verstaatlicht, online: http://www.tagesschau.de/ wirtschaft/hre144.html, Stand: 04.02.2009, Abruf: 24.08.2009.

SCHACHT, H. (1949): Abrechnung mit Hitler, Berlin 1949.

SCHWED, F. (2002): Und wo sind die Yachten der Kunden?, Neuausgabe, München 2002.

STATISTISCHES BUNDESAMT (2008): Bruttoinlandsprodukt 2007 für Deutschland, Begleitmaterial zur Pressekonferenz am 15.01.2008, Frankfurt am Main 2008.

WANDEL, E. (1998): Banken und Versicherungen im 19. und 20. Jahrhundert. Enzyklopädie deutscher Geschichte, Band 45, München 1998.

WELT.DE (2009): Bankgeheimnis – Die überraschend kurze Liste der Steueroasen, online: http://www.welt.de/wirtschaft/article3492843/Die-ueberraschend-kurze-Liste-der-Steueroasen.html, Stand: 02.04.2009, Abruf: 24.08.2009.

WHITE, E. N. (1998): When the ticker ran late: The stock market boom and crash of 1929, in *WHITE, E. N.* (Hrsg.), Crashes and Panics – the lessons from history, New York 1998, S. 143–188.

WIKIPEDIA (2009): Deutsche Bankenkrise, online: http://de.wikipedia.org/wiki/Deutsche_ Bankenkrise, Stand: 05.07.2009, Abruf: 24.08.2009.

WIWO.DE (2009): Riester-Rente lohnt sich meist erst ab 90, online: http://www.wiwo.de/finanzen/riester-rente-lohnt-sich-meist-erst-ab-90-403989/, Stand: 25.07.2009, Abruf: 25.08.2009.

Die Wiedervereinigung der Saubermänner – Schmutz gibt es überall

WERNER GEGENBAUER

Unternehmensgruppe Gegenbauer

1   Gebäudereinigung in Ost und West – Eine Klassenfrage? 207
2   Gebäudereinigung in der DDR – Das Spannungsfeld zwischen
    Anspruch und Wirklichkeit.. 207
3   Der 9. November 1989 und die Folgen am Beispiel
    des *VEB Glas- und Gebäudereinigung Berlin* 211
4   Gebäudereinigung als Gemeinschaftsaufgabe
    am Beispiel der *Gegenbauer Unternehmensgruppe* 212

1 Gebäudereinigung in Ost und West – Eine Klassenfrage?

Die Euphorie nach dem Fall der Berliner Mauer im November 1989 und der Öffnung der Grenzen war in Berlin grenzenlos. Gerade die Berliner, deren höchste Form von Anerkennung sonst nur lauten konnte: „Da kann man nicht meckern", waren ganz aus dem Häuschen und das will schon was heißen. Im *Rotary Club*, sonst ein Hort der Rationalität, wurden die abenteuerlichsten Ideen geboren, z. B. jedem, der aus dem Osten zu Besuch in den Westen käme, 10 Deutsche Mark (DM) zur Begrüßung in die Hand zu drücken. Bei *Schering* in Wedding wurden für die Besucher aus dem Osten die Kantinen zur kostenlosen Verpflegung geöffnet, und genauso kostenlos putzten danach unsere Gebäudereiniger die Lokalitäten.

Den Besuchern aus dem Osten, die zum ersten Mal in ihrem Leben im Westen waren, musste alles, was sie im Westen erlebten und bisher nur aus dem Fernsehen kannten, wie das Paradies erscheinen. „Freude schöner Götterfunken", damals, vor zwanzig Jahren, war das richtig und wichtig. Wann sollte man sich grenzenlos freuen wenn nicht im November 1989 in Berlin? Für die Schattenseiten, für die Erkenntnis, dass auch im Westen alles erarbeitet, verdient und bezahlt werden musste, war später noch Zeit. Alles hat seine Zeit!

Die offenen Grenzen führten nicht nur Verwandte und Freunde zusammen, machten nicht nur aus Unbekannten Bekannte, sondern bewegten und motivierten auch die Wirtschaft. Manchmal dauerte es eine Weile, bis sich die Wirtschaft in die richtige Richtung bewegte. Als die Mieten für die Geschäftsstelle der Gebäudereiniger-Innung von Berlin (West) am alten Standort explodierten, gab es eine lange Diskussion. Sollte die Innung ihre neuen Geschäftsräume in Spandau beziehen, also im Westen, dort, wo der Innungschef zufällig zu Hause war oder in der historischen Mitte Berlins, in dem ehemaligen sowjetischen Sektor, dort, wo in Zukunft die politische und wirtschaftliche Musik der Stadt spielte? Diese Frage mussten nicht nur die Gebäudereiniger-Innung beantworten, sondern auch viele andere Institutionen der deutschen Wirtschaft, und die Innung hat sie im Endeffekt richtig beantwortet.

Aber die Wirtschaftsleute waren auch sonst in Bewegung, man lernte sich kennen, hüben und drüben. Mauer und Stacheldraht hatten Löcher, die immer größer wurden. Als aus dem Ruf der Demonstranten „Wir sind das Volk" die Forderung „Wir sind ein Volk" wurde, zeichnete sich auch rasch eine wirtschaftliche Kooperation ab.

Gebäudereiniger gab es im Osten wie im Westen. Schmutz ist keine kapitalistische und keine sozialistische Erfindung, er musste hier wie dort beseitigt sein.

2 Gebäudereinigung in der DDR – Das Spannungsfeld zwischen Anspruch und Wirklichkeit

Aber die Betriebe der Gebäudereinigungswirtschaft waren im Osten wie im Westen völlig anders aufgestellt, mochten auch das Arbeitsfeld und das Arbeitszeug ähnlich sein. Die privatwirtschaftlich organisierten, großen und kleinen Firmen im Westen hatten in ihrer Belegschaft einen hohen Ausländeranteil und viele, häufig teilzeitbeschäftigte Frauen. In der DDR hingegen war zur Überraschung vieler im Westen die Gebäudereinigung reine Männersache, übrigens gut bezahlt und fest in deutscher Hand, ein auskömmlicher Beruf, der es übrigens den Werktätigen gestattete, in maximaler Distanz zum Regime ihr eigenes Leben zu führen.

Im Westen tat man sich mit der Berufsbezeichnung im Reinigungsdienst schwer, wollte man politisch korrekt sein. Aus der Putzfrau wurde die Zugehfrau, die Haushaltshilfe, die Reinigungskraft, um es gleich in „geänderter" Form zu formulieren, alles sprachlich ziemlich gestelzt und verquast. Der Osten tat sich damit einfacher. War „Putze" im Westen abfällig gesagt und vielleicht auch gemeint, so klang das „Putzi" im Osten fröhlich und sympathisch und wurde auch von den Werktätigen selbst zur eigenen Bezeichnung gerne genutzt.

Selbstredend gab es in Ost und West völlig unterschiedliche Unternehmenskulturen, das fing schon bei der Terminologie an: Traf sich im Osten das Kollektiv bzw. die Brigade mit dem Führungskader am überall gegenwärtigen T-förmigen Tisch mit klarer Sitzordnung entsprechend der Rangordnung zur morgendlichen Beratung, so versammelte sich im Westen das Team im lockeren egalitären Kreis unter Moderation des Leiters zur Besprechung am Vormittag. Schon rein sprachlich also machte sich der russische bzw. amerikanische Einflussbereich bemerkbar.

Der „Versorgungsgruppen Leitbetrieb" für die Sauberkeit in Berlin (Ost) war der Volkseigene Betrieb (VEB) *VEB Glas- und Gebäudereinigung*, der sich die Aufgabe mit ungefähr 15 *Produktionsgenossenschaften* (PGHs) teilte. Es konnte sich aber keine Konkurrenz zwischen den verschiedenen Anbietern entwickeln, da alle Glas- und Gebäudereinigungsanbieter zusammen – selbst in Berlin – die Nachfrage und den Bedarf nicht befriedigen konnten. Vieles blieb also ungeputzt.

Zum *VEB* gehört vor der Wende 1.650 Beschäftigte, der Umsatz lag bei rund 80 Mio. DDR-Mark. Er war ein nachgeordneter, unselbstständiger Bestandteil des monströsen Dienstleistungskombinats. Dieses wiederum unterstand dem Magistrat von Berlin und war deswegen mit seinen Einrichtungen auch in den Gebäuden des Magistrats vertreten, beispielsweise im Roten Rathaus. So kam der Friseur zum Oberbürgermeister. Eine ähnliche Struktur gab es auch in den anderen Bezirken der DDR.

Dienstleistungen waren eigentlich nicht so die Stärke der DDR, die man im heutigen Sinne des Wortes kaum als Dienstleistungsgesellschaft bezeichnen kann. In diesem Kombinat war vielmehr vieles zusammengewürfelt, was woanders nicht unterzubringen war, z. B. die Fotoabteilung, die Regenschirmwerkstatt, der Friseur, die Herrenkonfektion, der Schlüsseldienst oder als vielleicht interessanteste Besonderheit die Abteilung „Modische Erdmöbel", das waren Holzkisten, die man gemeinhin Särge nennt. Auch das war sozusagen eine finale Dienstleistung.

Die PGHs des Handwerks waren dagegen Betriebe mit bis zu 500 Mitarbeitern, die während der sozialistischen Zwangskollektivierung aus privaten Handwerksbetrieben hervorgegangen waren und die wir in unsere Terminologie klein oder mittelständisch nennen würden. Sie galten oberflächlichen Betrachtern als regimekritischer im Vergleich zum *VEB Glas- und Gebäudereinigung*. Dieser stand aber dem SED-System keineswegs näher als die PGHs. Keiner konnte sich in der DDR der Gängelung und Kontrolle von Staat, Partei und Staatssicherheit entziehen.

Aber die PGHs waren anders aufgestellt. Der Anteil des Erlöses, der über die Normerfüllung hinausging, verschwand in einem so genannten unteilbaren Fonds. Unter DDR-Bedingungen hätte kein Mitarbeiter davon jemals etwas gesehen, nach der Wiedervereinigung aber musste dieser unteilbare Fonds unter den Mitgliedern eigentlich ausgeschüttet werden. Manch eine PGH hatte 40 Mio. DDR-Mark angesammelt, und so mancher findige PGH-Direktor hat es, um die Ausschüttung an die Mitglieder zu vermeiden, verstanden, die Mitglieder noch rasch zum Kommanditisten und damit zu Miteigentümern und stillen Teilhabern zu machen, allerdings ohne Mitbestimmungsrecht. Manch einer im Wirtschaftsmanagement der DDR war fix und findig.

Generell waren die Gebäudereiniger in Berlin (Ost) gut ausgebildet, drei Jahre lang im Gebäudereiniger Handwerk, einhalb Jahre lang als Glasreiniger, d. h. als so genannte Teilfacharbeiter. Wenn es beim Personal Unterschiede gab, dann im Management. Man gab sich durchaus standesbewusst, manchmal mit ausschließender Tendenz. Man wollte lieber unter sich bleiben, was den Nachteil hatte, dass nach der Wende vielfach versäumt wurde, Sachverstand für ein marktwirtschaftliches Management einzukaufen. Aus dem Stand konnte kaum einer der alten Betriebsleiter den Übergang in die Marktwirtschaft leisten. Die Unterschiede, die Anpassungsnotwendigkeiten waren zu groß. Vielen Betrieben hat diese Abschottungstendenz im Management letztendlich im internationalen Wettbewerb aber schließlich das Genick gebrochen.

Das *Dienstleistungskombinat* und damit auch der *VEB Glas- und Gebäudereinigung* waren in einer Wirtschaft und Gesellschaft, die als Industriestaat den Westen überholen wollte, nicht besonders hoch angesehen. Sie standen am Ende der Versorgungskette, wurde also in einer Mangelwirtschaft wie in der DDR nur mit den Menschen und Materialien versorgt, die in anderen Kombinaten nicht gebraucht wurden. Das führte zu einer ständigen Unterversorgung.

Überall fehlte es in der DDR an Dienstleistungen und Konsumgütern. Industriebetriebe wurden daraufhin verpflichtet, zusätzlich zu ihrer Industrieproduktion einige Konsumgüter zu produzieren. Das traditionsreiche *Kabelwerk Oberspree* stellte, wie schon der Name sagte, traditionell eigentlich Kabel her, wurde aber per Plan und Parteitag der SED verpflichtet, zusätzlich Grillgeräte für den Hausgebrauch herzustellen. Das taten sie so lust- und erfolglos, dass diese Grillgeräte nix taugten und rasch auseinander fielen.

Viel Zeit und Kraft kostete in einer Mangelwirtschaft wie in der DDR der ständige Kampf um Personal und Arbeitsmittel, eine Aufgabe der Personalchefin und Justitiarin DORIS KUGEL. Da Kündigungen von Arbeitnehmern im Arbeiter- und Bauernstaat faktisch unmöglich waren, hatte sie arbeitsrechtlich wenig zu tun, viel aber mit Klagen vor dem Handelsgericht gegen Lieferanten und Kunden und mit der Personalbeschaffung. In der Gebäudereinigung durfte nur arbeiten, wer vom örtlichen Amt für Arbeit bestätigt war. Eine freie Arbeitsplatzwahl war nicht möglich, denn ein „Bauarbeiter musste auf den Bau" und durfte, selbst wenn er wollte, nicht putzen.

Soziale Desintegration gab es natürlich auch in der DDR, sie durfte aber nicht sein und vor allem nicht zugegeben werden. Aus einer Diplomarbeit von DORIS KUGEL ergab sich, dass es allein im Prenzlauer Berg Ende der 1980er Jahre ca. 15.000 sozial desintegrierte Menschen gab. Ein Teil dieser psychisch auffälligen, oft auch kriminellen Menschen wurde im *VEB Glas- und Gebäudereinigung* in einer dreißigköpfigen Sonderbrigade zusammengefasst, mit deren Hilfe sie ihren Weg zurück in die Gesellschaft finden sollten.

Die bestehenden Brigaden wurden so bereinigt und konnten ihren „sozialistischen Wettbewerb" führen, ohne diese so genannten „asozialen" Mitarbeiter. Solche Sozialprojekte waren jedoch erst nach *GORBATSCHOW*s Glasnost und Perestroika in der DDR möglich, nur in Einzelprojekten versteht sich, in Eigeninitiative und ohne große Öffentlichkeit.

Moderne Fußbodenpflegemaschinen bekam der *VEB Glas- und Gebäudereinigung* sowieso nicht, da er am Ende der Versorgungskette stand. Übernahm er den Putzauftrag in einem Ministerium, so musste er darum bitten, dessen dort stationierte Maschinen benutzen zu dürfen. Die Ministerien standen am Anfang der Liefer- und Versorgungskette, gleich hinter Militär, Polizei und Staatssicherheit und waren viel besser ausgerüstet. Sie hatten den begehrten LVO-Stempel nach der Lieferverordnung der *Bewaffneten Organe* und standen in der Versorgungskette vor dem *VEB Glas- und Gebäudereinigung*.

Sehr aufwendig war aber nicht nur die Materialbeschaffung, sondern auch die Auseinandersetzung mit den Auftraggebern. Das Polizei- und Militärkrankenhaus in der Scharnhorststraße beispielsweise verklagte den *VEB Glas- und Gebäudereinigung* Ende der 1980er Jahre wegen ausbleibender Reinigung auf 90.000 DDR-Mark Schadensersatz, eine für DDR Verhältnisse unglaublich hohe Summe. Wie gesagt, hatten die Betriebe mehr Reinigungsverpflichtungen als sie Menschen und Material zur Verfügung hatten. Zum Glück für den VEB musste die geforderte Vertragsstrafe für nicht vertragsgemäße Reinigung schließlich doch nicht gezahlt werden. Der *VEB Glas- und Gebäudereinigung* konnte nachweisen, dass seinen Putzkräften, obwohl sie rechtzeitig zur notwendigen Sicherheitsüberprüfung angemeldet worden waren, aus Sicherheitsgründen der Zugang in das Polizei- und Militärkrankenhaus verwehrt worden war. Da konnten sie dann auch nicht putzen.

Auf der anderen Seite prozessierte der *VEB Glas- und Gebäudereinigung* vor dem Handelsgericht auch selbst gegen säumige Lieferbetriebe. Man stritt um eine bessere Position auf den langen Lieferlisten. Schon Besen, Schrubber und Kehrschaufeln waren schwer zu bekommen. Große Freude bereiteten belastbare Waffeltücher, eine besondere Form strapazierfähiger Scheuertücher. Sonst gab es nur Bodentücher aus losem Filz, d. h. einmal wischen und wegwerfen.

Die Glas- und Gebäudereinigung war ein echtes Handwerk. Wer Westverwandtschaft hatte, besorgte sich für die Glasreinigung einen richtigen Wischer, um seine Arbeit ordentlich erfüllen zu können. Ansonsten gab es nur Putzerleinen und Lederlappen, wobei letztere schon Luxus waren.

Aber man wusste sich zu helfen. Die Besenstiele waren dünn und brüchig, neue wie gesagt schwer zu bekommen. Aber dafür gab es im *VEB Glas- und Gebäudereinigung* den Fachdirektor Wissenschaft und Technik, Herrn *KLAUS OSTERLAND*, einer von fünf Direktoren unter dem Betriebsleiter. *OSTERLAND* gelang es in mühevoller Kleinarbeit zumindest die Besenstiele so zu verstärken, dass sie etwas länger hielten.

Aber es war nicht nur schwer, geeignete Materialen für die Gebäudereinigung zu beschaffen, sondern auch zu behalten. Nicht zu Unrecht wurde die einzige gewerkschaftliche DDR-Massenorganisation, der *FDGB*, als „Für Die Guten Bekannten" buchstabiert und auf diese Weise verschwand eine Menge auf wundersamen Wegen in die private Verwertung. Die Ledertücher der Fensterputzer wurden in Serie in schmucke Lederwesten oder Hemden umgearbeitet, die Leinentücher der Gebäudereiniger zu strapazierfähigen Couchgarnituren, frei nach dem Motto: Es gibt nichts, was man nicht aus einem VEB herausholen kann. So waren zum Ende des *VEB Glas- und Gebäudereinigung* die wertvollste Ressource die verbliebenen Mitarbeiter und der Auftragsbestand.

3 Der 9. November 1989 und die Folgen am Beispiel des *VEB Glas- und Gebäudereinigung Berlin*

Die Nacht des 9. November 1989, also die Zeit nach der nunmehr historischen Fernsehansprache des SED Politbüromitgliedes *GÜNTER SCHABOWSKI* zur neuen Reisefreiheit und die Öffnung der Grenzen erlebten die meisten Mitarbeiter des *VEB Glas- und Gebäudereinigung* in großer Aufregung und Freude. Die Mehrzahl von ihnen war sofort nach Berlin (West) rüber, darunter auch die Personalchefin *DORIS KUGEL*, ihr Kleinkind zu Hause schlafend im Bettchen zurücklassend. Als die Angst vor einem vorzeitigen Schließen der Grenze ihre Begeisterung überwog, kehrte sie als gute Mutter aber vorzeitig zurück.

Der Folgetag sah den *VEB* im Ausnahmezustand. Viele Mitarbeiter und fast alle Lehrlinge nahmen die Arbeit nicht mehr auf, wollten in den Westen oder feierten einfach weiter. Aber dieser unplanmäßige freie Tag wurde am Sonnabend nachgearbeitet, Ordnung musste sein.

Nach der Öffnung der Grenzen schien sich der *VEB* aufzulösen und es verschwanden circa tausend Mitarbeiter des *VEB* innerhalb weniger Wochen mehr oder weniger spurlos aus dem Betrieb. Manche wechselten in andere Berufe, begannen Schulungen oder nahmen eine ähnliche, besser bezahlte Tätigkeit im Westen auf. Schon da zeigte es sich, dass ein von manchen linken oder bürgerbewegten Menschen gewünschtes fortdauerndes Nebeneinander der beiden Staaten in Deutschland als eine Alternative zum Beitritt der DDR zum Geltungsbereich des Grundgesetzes (GG) nach Art. 23 GG nicht möglich gewesen wäre.

Am überschaubaren *VEB* zeigten sich also die Schwierigkeiten der ganzen DDR im Kleinen: Viele Leute machten so schnell wie möglich rüber, die zurück bleibenden hatten einen erheblichen Weiterbildungsbedarf und mit Orientierungslosigkeit und Zukunftsangst zu kämpfen.

Um den Betrieb überhaupt am Leben zu erhalten, waren enorme Neueinstellungen erforderlich. Aus dem Westen kam keiner. Viele neue Bewerber kamen dagegen aus der Staatssicherheit. Die Diskussionen, ob man diesen haupt-, neben- oder inoffiziellen Stasi-Mitarbeitern Arbeitsverträge anbieten sollte, währten nur kurz. Auf den wenigen Positionen des öffentlichen Dienstes, vor allem in den Schulen und in der Polizei, hatten sie meiner Meinung nach nichts mehr zu suchen. In der Privatwirtschaft aber, vor allem dann, wenn sie keine Verantwortung für Personal hatten, sollten ihnen aber Entwicklungsmöglichkeiten offen bleiben, als Chance zur Reintegration in die Gesellschaft. Hatten nicht auch die DDR-Oppositionellen gerufen: „Stasi in die Braunkohle!" Vielen aber schien es ausreichend, die Stasi-Mitarbeiter wenigstens ein Teil des Schmutzes beseitigen zu lassen, den sie angerichtet hatten.

Schon der *MODROW*-Regierung, aber auch vielen Betriebsleitern war klar, dass angesichts der desolaten wirtschaftlichen Situation der DDR eine weitere Koexistenz nicht möglich war. Auch die meisten DDR-Firmen wussten bald, dass sie allein nicht überlebensfähig sein würden. Der *VEB* bemühte sich also bald nach dem Mauerfall um Kontakte zu geeigneten Partnerfirmen im Westen.

4   Gebäudereinigung als Gemeinschaftsaufgabe am Beispiel der *Gegenbauer Unternehmensgruppe*

In der allgemeinen Orientierungslosigkeit lief aber nicht alles koordiniert. Betriebsleiter und Belegschaft beschritten mitunter unabgestimmt eigene Wege und verhandelten mit verschiedenen Interessenten.

Die Firma *Gegenbauer &Co. KG Fenster- und Gebäudereinigung* stellte, daraufhin angesprochen, gleich in den ersten Monaten des Jahres 1990, dem *VEB* Unterstützung zur Verfügung, ohne Vorbedingungen und ohne aus dieser Zusammenarbeit sofort Nutzen zu ziehen. Die Unterstützung wurde unverzüglich personell und materiell gewährt, d. h. im Management, aber auch mit allen notwendigen Reinigungsmitteln, Arbeitsmaterialien und Ausrüstungsgegenständen. Nach der normalen Arbeit wurden in Abendkursen den verbliebenen, durchaus motivierten Mitarbeitern des *VEB* die neuen Reinigungstechniken mit den ihnen bisher unbekannten Chemikalien, Geräten und Maschinen beigebracht. Dazu kamen immer wieder geeignete Multiplikatoren der Firma *Gegenbauer* zum *VEB* zwecks Weiterbildung der Mitarbeiter in den Osten.

Natürlich geschah das langfristig nicht ganz uneigennützig. Es ging um neue Märkte und Erweiterungsmöglichkeiten. Das Kapital des *VEB* waren dabei nicht die Gebäude oder Materialien, sondern motivierte Mitarbeiter und die Kunden. Die Aufträge mussten gehalten und vermehrt werden. Vor der Währungsunion am 1. Juli 1990 war westlichen Unternehmen allerdings nur eine Minderheitsbeteiligung im Rahmen eines Joint Venture möglich, mit einem Anteil von maximal 49 %. Das war für die Investoren also ein Engagement für die Zukunft.

Bis zum 30. Juni 1990 war das Engagement in Osten also eher ein Zuschussgeschäft. Solange galt nämlich die Nettogewinn-Abführungspflicht an den Staat, d. h., es war im Grunde genommen keine Preissenkung in Konkurrenz zu anderen Betrieben möglich. Die alten Festpreise galten weiter. Die Profilierung gegenüber der Konkurrenz war nur durch allerbeste Qualität möglich und in verbindlichen Absprachen über eine neue Preisstruktur nach der Währungsunion auf Vertrauensbasis.

Neu war für den *VEB* die Auftragseinwerbung. Bisher waren die Aufträge zum *VEB* gekommen, nun musste es umgekehrt gehen. Die Akquisition neuer Aufträge führte mich immer wieder in neue Berliner Stadtteile, die mir bis dahin völlig unbekannt waren, aber vor allem in neue Gebäude, die ich, wenn überhaupt, bis dahin dann nur von außen kannte. Dort hinein zu kommen war vor der ersten und letzten freien Volkskammerwahl am 18. März 1990 gar nicht so einfach, jedenfalls mit einem Westberliner Personalausweis. Um zu einem Kundengespräch ins Militärkrankenhaus zu gelangen, befolgte ich den Rat meines DDR-Geschäftspartners: Bauch rein, Brust raus, Kinn hoch, stramm geradeaus geschaut und einfach am Pförtner vorbei laufen. Gescheitert bin ich lediglich am Pförtner beim *Rundfunk der DDR* in Adlershof, dem ich meinen Westberliner Personalausweis zeigte. Er antwortete freundlich, ja geradezu mitleidig: „Aber Herr Gegenbauer…….", also keine Chance. Meine Gesprächspartner mussten aus dem Hause kommen und wir veranstalteten das Kundengespräch auf der Straße.

Häufig aber war die Auftragsakquise richtig gesellig. Im Osten begann die Arbeit in der Regel um 7 Uhr morgens, selbst für die Führungskader. Zum Ost-West-Gespräch bestellten die Ostler die Westler gerne bereits um diese Zeit, wohl wissend oder zumindest ahnend, dass im Westen zumindest mit den Schlipsträgern vor 9 Uhr eigentlich kein Gespräch zu führen wäre. Um eben diese frühe Stunde war ich also zu einem Akquisitionsgespräch in den Palast der Republik geladen. Die ganze Brigade war angetreten. Wir kamen uns rasch näher. Mit dem Chef zum Schluss alleine führte mich dieser zu seiner gut bestückten Bürobar und bot mir seinen exzellenten Cognac an, trotz 0,0 Promille-Grenze auf den DDR-Straßen. Für unser zweites Akquisitionsgespräch haben wir uns gleich zum Bowling verabredet, zum Glück nicht um 7 Uhr, sondern erst um 11 Uhr morgens. Wir waren uns fast handelseinig, dann aber wurde der Palast zwecks Asbestbeseitigung geschlossen und aus dem Geschäft wurde nichts.

Bei guten Vertragsabschlüssen war Alkohol häufig unvermeidlich. Seit dieser Zeit rühre ich jedenfalls keinen *Underberg* mehr an. Irgendwo war mal irgendwann einmal irgendeiner irgendwie schlecht, soweit ich mich erinnern kann.

Exquisit war natürlich auch das Berliner Rathaus, genannt „das Rote". Mit der Übernahme des *VEB* war ich auch für den Friseursalon im Roten Rathaus zuständig, großzügig mit Räumlichkeiten ausgestattet, außerdem für die Regenschirmreparaturwerkstatt eben dort. Nach dem Einzug des Regierenden Bürgermeisters für das wiedervereinigte Berlin, EBERHARD DIEPGEN, war dann aber alles schon Geschichte.

An einem Wochenende sollte das CHARITÉ-Hochhaus einer Grundreinigung unterzogen werden. Um 5 Uhr morgens wollte ich dort selbst nach dem Rechten sehen und traf zu meiner Überraschung auf den Verwaltungsleiter der CHARITÉ. Ich war überrascht, dort um diese Uhrzeit überhaupt jemanden zu treffen und dann noch den Chef persönlich. Er war überrascht, dass nun anders als nach früheren Versprechungen des *VEB* pünktlich und ordentlich die Grundreinigung durchgeführt wurde. Die Mitarbeiter waren die gleichen, nur das Management arbeitete unter anderen Rahmenbedingungen.

Eine Überraschung gab es auch in einer modernen Spezialklinik in Buch, die offensichtlich für die Sicherheitskräfte reserviert war. Auf meine Frage im Kundengespräch, wer denn bisher im Krankenhaus geputzt hätte, kam die lapidare Antwort: „Unsere Jungs." Nun gemeint waren, wie sich später herausstellte, die Soldaten des Wachregiments FELIKS DZIERZYNSKI. „Selbst ist der Wachmann", dachte ich oder sollte ich lieber denken: Vertrauen ist gut, Kontrolle ist besser?

In den übrigen Bezirken der DDR war die Struktur der Gebäudereinigung ähnlich, die weitere Entwicklung aber verlief unterschiedlich. In einigen Fällen wurde die Gebäudereinigung wie in Potsdam ein kommunaler Betrieb, in anderen wie in Halle und in Erfurt von der *Treuhand* privatisiert. Ob nun im Einzelfall die Kommune oder die *Treuhand* die Verfügung und die Verwertung in die Hand bekamen, war häufig von zufälligen Gegebenheiten abhängig.

Offizielle Ausschreibungen gab es sowieso nicht. Über die unterschiedlichsten informellen Zirkel und meist persönliche Kontakte mit viel Lauferei und privaten Begegnungen – es gab nur schlechte Telefonverbindungen und keine Handys – konnte man erfahren, wann was im Angebot war.

Plötzlich und unerwartet standen einmal fünf Mitarbeiter eines Kombinats in der Tür, sie waren gerade in der Gegend, und wegen der schlechten Telekommunikation erledigte man wichtige Dinge im Osten gerne persönlich. Die Konkurrenz war durchaus hart, aber eher zufällig. Der Zeitdruck, unter dem die Privatisierung stattfand, war enorm.

Die fünf Überraschungsgäste waren, wie sich rasch herausstellte, Abgesandte aus Halle. Auch dort gab es, wie in den übrigen Bezirken, ein Dienstleistungskombinat und einen *VEB Gebäudereinigung*. In der allgemeinen Auflösung hatten sich recht rasch basisdemokratische Strukturen im untergehenden Arbeiter- und Bauernstaat entwickelt.

Die Betriebsgemeinschaft hatte also eine kleine Gesandtschaft gewählt und auf Partnersuche nach Berlin geschickt. Ich sandte zunächst im Gegenzug einen leitenden Mitarbeiter, Herrn *HANS-ULRICH SCHRÖTER*, nach Halle zur Bestandsaufnahme.

Wenig später fuhren wir beide gemeinsam in die Saalestadt. Ich wählte statt der Autobahn einen Umweg über die Landstraße, wollte mir in Jüterbog noch ein vom *Rotary Club* zur Renovierung denkmalgeschützter Bauten spendiertes Baugerüst ansehen. So kamen wir in zeitlichen Verzug. Wollte ich den mit der Belegschaft in Halle verabredeten Termin nicht verpassen, so konnte ich die Höchstgeschwindigkeit der DDR-Straßenverkehrsordnung in keiner Weise mehr einhalten. Vor der berühmten Brücke über die Elbe bei Torgau stand die Ampel auf rot. Hinter mir bremste ein Wagen der Volkspolizei scharf. Als der Volkspolizist ausstieg, meinte ich meinen Termin in Halle abschreiben zu können. Eine telefonische Benachrichtigung war bei dem damals aktuellen Telekommunikationssystem sowieso unmöglich. Aber der Polizist ging seelenruhig an meinem Auto vorbei und wechselte lediglich an der Ampel eine grüne Glühbirne aus. Die Ampel schaltete auf grün, wir passierten die Elbe und erreichten rechtzeitig im *Interhotel Halle* den vereinbarten Treffpunkt. Wenn das kein gutes Omen war!

Aber auch hier waren wir nicht ohne Konkurrenten. Die Kombinatsleitung hatte nämlich ebenfalls ihre Fühler ausgestreckt und einen anderen Interessenten gefunden und bevorzugt. Aber so hierarchisch liefen die Entscheidungswege in der untergehenden DDR nicht mehr. Im berühmten *Volkshaus zu Halle* fand eine Betriebsversammlung statt, wo nacheinander beide Konkurrenten ihr Konzept vorstellen konnten. Zu meiner großen Überraschung bekam ich viel Zustimmung und Applaus von der Belegschaft, während der Konkurrent später, wie ich hörte, ausgepfiffen wurde. Das muss nicht unbedingt an einem besseren oder schlechteren Konzept gelegen haben, viel mehr präferierte die Basis offensichtlich den Kandidaten, den sie selbst gefunden und ausgewählt hatte und lehnte den Bewerber, der ihr von der Betriebsleitung, so zu sagen von oben, oktroyiert werden sollte, ab. „Wir sind das Volk" galt damals auch in der Wirtschaft.

Allerdings war mir auch ein partnerschaftlicher, gleichberechtigter Ansatz immer wichtig. Hilfe und Unterstützung ja, Bevormundung und Gängelung nein. Meine klare Linie war von Anfang an, wir wollten die Leute so behandeln, dass wir hier auch noch in zehn Jahren über die Straße gehen konnten, ohne mit Steinen beworfen zu werden.

Dass eine Planwirtschaft anders als eine Marktwirtschaft funktioniert, braucht hier nicht weiter erläutert zu werden. Ich möchte aber an dieser Stelle nicht meine Hochachtung verhehlen für die enormen Anpassungs- und Lernleistungen, die viele DDR-Manager in kürzester Zeit an den Tag legten. Auf der andern Seite ist auch so mancher, eigentlich gut aufgestellter Betrieb mit motivierten, fähigen Mitarbeitern wegen schwerer Anfängerfehler des Managements unnötiger Weise in die Knie gegangen.

Die Gebäudereinigung hat diesen Anpassungsprozess vergleichsweise gut überstanden. Der Reinigungsbedarf stellte sich im wiedervereinigten Deutschland nicht anders dar als in der alten Bundesrepublik Deutschland und in der DDR. Schmutz kennt keine Grenzen, er schreit überall nach Beseitigung.

Außerdem profitierte das Gebäudereinigungshandwerk von einer Neuausrichtung der Wirtschaftsstruktur in Deutschland. Der Übergang von einer Industrie- zu einer Dienstleistungsgesellschaft gewann nach der Wiedervereinigung auch in den Neuen Ländern an Fahrt. Es entwickelten sich neue Erwartungen und Bedürfnisse, auf die mit adäquaten Angeboten reagiert werden musste.

Der prosperierende Dienstleistungsbereich erleichterte auch den Gebäudereinigern den Systemübergang, anders als in der Industrie, in der es erhebliche technische Rückstände und Überkapazitäten gab, die meist auf Kosten des Ostens abgebaut wurden. Dort, wo neue industrielle Kerne geschaffen wurden, beispielsweise in der chemischen Industrie, waren diese den Altanlagen im Westen häufig in ihrer Effizienz überlegen. Aber vieles wurde einfach nur abgerissen und platt gemacht, unter ökologischen Gesichtspunkten sicher sinnvoll, unter industriepolitischen eher problematisch.

Die Zusammenarbeit zwischen dem *VEB* und der Firma *Gegenbauer* verdichtete sich rasch. Am 1. April 1990, gleich nach der ersten und letzten freien Volkskammerwahlen in der DDR, war der *VEB Glas- und Gebäudereinigung* in die *Berliner Gebäudereinigung GmbH* umgewandelt worden, mit KLAUS OSTERLAND und KARL HERING als gleichberechtigte Geschäftsführer. KARL HERING war vom Kombinat zum *VEB* geschickt worden und KLAUS OSTERLAND war dort bereits Betriebsdirektor gewesen.

Gleich nach der Währungsunion, also schon am 10. Juli 1990, konnte dann ein Kaufvertrag unterzeichnet werden, der eine Minderheitsbeteiligung von 49 % für die Firma *Gegenbauer* vorsah, für 10 Mio. DM ohne Immobilien. Das *Dienstleistungskombinat* hatte sich bereits in eine BERLINER DIENSTLEISTUNGS *AG* (AG) umbenannt. Die *AG* als Verkäufer des *VEB* wurde von Herrn MANFRED HÄSSNER vertreten. Zuvor hatte der *VEB* selbst vergeblich versucht sich aus dem Kombinat heraus zu lösen.

Der Kombinatsdirektor hatte völlig überraschend einen Termin bei der *Treuhand* gemacht, nach sechs Stunden war der Vertrag unterschriftsreif. Bezahlt wurde natürlich erst nach Eigentumsumschreibung. Die musste beim zuständigen Gericht in der Littenstraße, Berlin Mitte, erfolgen. Dort befanden sich auch alle Unterlagen, unauffindbar in Umzugskisten verstaut. An eine schnelle Eigentumsumschreibung war also nicht zu denken. Der Kombinatsdirektor aber brauchte den Kaufpreis dringend. Um Bewegung in die Sache zu bringen, öffnete er das Fenster und drohte hinaus zu springen. Manchmal halfen in dieser wilden Zeit unkonventionelle Methoden. Die Eigentumsumschreibung erfolgte dann rechtzeitig.

Kurz vor der Wiedervereinigung, am 6. September 1990, sollte meine Firma dann mit Hilfe einer Kapitalerhöhung Mehrheitseigentümer werden. Natürlich musste dazu auch der Geschäftsführer des *VEB* dabei sein. KLAUS OSTERLAND war aber gerade auf der ersten Reise seines Lebens im westlichen Ausland. Um das dringende Geschäft nicht zu verzögern, berief die Gesellschafterversammlung Herrn OSTERLAND kurz entschlossen als Geschäftsführer ab und setzte ihn nach der Vertragsunterzeichnung sofort wieder in die gleiche Funktion ein. Als er aus Spanien zurückkam, hatte er gar nicht bemerkt, dass er zwischenzeitlich gar nicht mehr Geschäftsführer gewesen war.

In der Hand derselben Eigentümer wurden für fünf Jahre die Westfirma und die Ostfirma eigenständig und getrennt geführt. Für den Eigentümer war von Anfang an ein gemeinsamer Tarif, d. h. der Westtarif, für beide Firmen selbstverständlich, der Westlohn wurde also auch für Ostmitarbeiter gezahlt. Das war vernünftig. Der Öffentliche Dienst war unser größter Auftraggeber, und es war wichtig, von vornherein in den öffentlichen Haushaltsplänen mit auf lange Sicht tragfähigen Haushaltspositionen aufgenommen zu sein. Auch eine allgemeine Verbindlichkeit der Branchenlöhne wurde festgeschrieben. Die Löhne sind ohnehin, sollen sie auskömmlich sein, nicht so hoch, dass es viel Spielraum nach unten gibt. Die Ost-West-Angleichung der Löhne auf Westniveau war also von vornherein gesetzt.

Am 23. Mai 1996 wurde der Verschmelzungsvertrag zwischen den beiden Firmen des gleichen Eigentümers unterzeichnet. Die Verbindung war bewusst sechs Jahre hinausgezögert worden Das ermöglichte den Mitarbeitern aus dem Osten eine gleichberechtigte Qualifikation. Die Führungskräfte in dem später gemeinsamen Betrieb wurden auch ungefähr zu gleichen Teilen von Menschen mit westlicher und östlicher Biographie besetzt. Nun fragte man nicht mehr: „Woher kommst du?". Es zählte allein die Leistung. Maßgeblicher Gestalter des Zusammenschlusses war der Geschäftsführer *JOHANNES KUSCH* von der Stuttgarter Gesellschaft der *Unternehmensgruppe Gegenbauer*. Heute beschäftigt die Unternehmensgruppe circa 13.000 Mitarbeiter.

In den anderen Bezirken der DDR war die Situation ähnlich. In Halle, Erfurt, Magdeburg oder Potsdam konnte die *Gegenbauer & Co. KG* ebenfalls die *VEBs Glas- Gebäudereinigung* übernehmen. Es war aber auch hier keine Inbesitznahme, sondern ein Zusammenschluss auf Augenhöhe. Schon wenige Jahre nach der Wiedervereinigung konnte sich beispielsweise der ehemalige *VEB* gegenüber der alten *Co. KG* durchsetzen, nicht nur bei der personellen Besetzung des mittleren Managements, sondern auch in der Frage der Computerbeschaffung. So lern- und aufholfähig also war der Osten.

Sanierungserfolg bei der EKO-Stahl AG/Eisenhüttenstadt

Günter Fietz

Hochschule Harz

1	Einführung	219
2	Ausgliederung der Luftzerlegungsanlage	219
	2.1 Situation zur Wendezeit	219
	2.2 Kostenorientierte Basislösung	220
	2.3 *Linde*-Vertrag	220
	2.4 Ausgliederungsentscheidung bei Teilzahlung der Altanlage	221
3	Rückblick	223

1 Einführung

Mittlerweile ist der Stahlkonzern in trocknen Tüchern. Der Weg dahin war voller Hürden. Ausdauer, Mut und kluge Entscheidungen, gepaart mit der (finanziellen) Unterstützung der *Treuhandanstalt* und insbesondere dem Engagement des damaligen Aufsichtsratsvorsitzenden, PROF. DR. OTTO GELLERT, haben dem Stahlriesen aus der DDR-Zeit das Überleben ermöglicht.

Eine Vielzahl von Anpassungsentscheidungen war zu treffen, damit das Unternehmen marktwirtschaftlichen Wettbewerbsanforderungen gewachsen war:

➢ Neuausrichtung von Produktivität und Wirtschaftlichkeit

➢ Ablösung planwirtschaftlicher Elemente durch marktwirtschaftliche Kennzahlen

➢ sozialverträgliche Abfederung der resultierenden Beschäftigungseinschnitte

In den Jahren 1991–1993 hatte ich die Gelegenheit, diese Prozesse mitzugestalten. Über den Aufsichtsratsvorsitzenden war ich als Direktor für Betriebswirtschaft im Vorstandsbereich Finanzen tätig. Eine mutige Entscheidung, musste ich mich doch als „Wessi" behaupten, zumal die Metallurgie für mich Neuland war. Meine Mitarbeit wurde zögernd angenommen, und nach und nach auch mit Erfolgen gekrönt. Eine herausragende Aufgabenstellung war es, die Ausgliederungsentscheidung der Luftzerlegungsanlage (LZA) herbeizuführen. Dieser komplexe Prozess wird im Folgenden unter betriebswirtschaftlichen Aspekten vorgestellt.

2 Ausgliederung der Luftzerlegungsanlage

2.1 Situation zur Wendezeit

Die *EKO-Stahl AG* hatte den Standort Eisenhüttenstadt durch einen schlüsselfertigen Neubau modernisiert. *Voest-Alpine* aus Österreich hatte den Zuschlag erhalten. Hierzu zählte auch eine neue LZA. Die Bauteile kamen aus Frankreich (*Air Liquide*). Die Konzeption sah eine große Lösung vor, um das Unternehmen jederzeit mit technischen Gasen zu versorgen. Auch sollte für einen weiteren Ausbau des Stahlwerks und für den Fall einer Havarie eine Versorgung gewährleistet sein. Die Anlage sah zwei Produktionslinien vor. Hintergrund dieser Entscheidung war wohl der Gedanke, dass die Freigabe von weiteren Devisen für den Fall einer Havarie nicht möglich war.

Dieses Risiko war durch die zweite Linie weitestgehend ausgeschlossen. Allerdings hatte die große Lösung ihren Preis. Die zweite Linie lief unter Bereitschaft mit, kostete also viel Geld. Nunmehr sollte eine preiswertere und zugleich sichere Alternative gefunden werden. Eine einfache Lösung durch Anschluss an ein Netzwerk wie im Ruhrgebiet war nicht möglich. Es musste eine Lösung gefunden werden, die preiswerter war und zugleich weniger Arbeitskräfte erforderte. Es wurde eine Arbeitsgruppe aus Fachleuten gebildet, der Ingenieure, Verfahrenstechniker, Personalwirtschaftler und Betriebswirte angehörten. Diese Gruppe hatte einen Lösungsvorschlag zu erarbeiten. Der Auftrag fiel in eine Phase, in der die Stahlnachfrage schrumpfte und *EKO* durch die fehlende Warmbandstraße auf Umwalzgeschäfte mit der *Salzgitter AG* angewiesen war. Die Wirtschaftlichkeit des Unternehmens war nicht gegeben. Erhebliche Liquiditätshilfen seitens der *Treuhandanstalt* waren erforderlich. Dieses wirtschaftliche Tal sollte u. a. sozialverträglich durch eine bessere LZA verlassen werden. Die Ausgliederung war vorgezeichnet.

2.2   Kostenorientierte Basislösung

Ein erster Schritt war die Kontaktaufnahme mit führenden Betreibern von LZA. Die Firmen *Linde AG*, *Messergriesheim* und *Air Liquide* erwiesen sich als ernsthaft interessiert und konnten konkrete Kalkulationen unterbreiten. Dabei zeigte sich, dass die Bewertung der vorhandenen LZA sehr unterschiedlich ausfiel. Bei unentgeltlicher Übernahme fiel der Gaspreis günstig aus. Hohe Restwerte der Altanlage verteuerten den Gaspreis. Da die laufenden Kosten von den Energiekosten geprägt sind, waren die jetzt geltenden Strompreisbedingungen zu beachten. Nur *Linde* und *Air Liquide* zeigten sich auf diesem Sektor firm. Der hauseigenen Stromlieferung (Gichtgas) waren wegen fehlender Kontinuität Grenzen gesetzt. Man löste das Problem dahingehend, dass Sonderverträge mit der *E-Dis* geschlossen wurden. Danach bezog *EKO* die Energie und leitete die Strommenge an die LZA weiter. Die Energiekosten waren die Hauptkostentreiber. Löhne, Wartung, Reparaturen spielten eine nachrangige Rolle. Wichtig war nur, dass man jetzt nur noch mit einer Linie auskommen wollte. Grenzkapazitäten sollten durch Puffermengen abgefangen werden. Je differenzierter man die Positionen ausleuchtete, desto deutlicher wurde, dass *Linde* das technisch und ökonomisch bessere Konzept unterbreiten konnte. *EKO* beschloss daher, Endverhandlungen mit *Linde* zu führen.

2.3   *Linde*-Vertrag

Das Vertragskonzept ist ein Zweistufenmodell. Im ersten Schritt wird der Kauf einschließlich Grundstück der alten LZA festgeschrieben. Im zweiten Schritt wurde ein langfristiger Liefervertrag bei unterschiedlichen Mengengerüsten und zugehörigen Abgabepreisen vereinbart. *Linde* sicherte dabei zu, mit einer modernisierten Anlage ggf. durch Tankfahrzeuge die erforderlichen Mehrmengen zu garantieren. Linde bekam auch das Recht, Drittgeschäfte von Eisenhüttenstadt zu betreiben. Da die eigene Versorgung in der bisherigen Konstellation teurer war, entschied man sich für die günstigere Belieferung durch Linde. Die Möglichkeit, einer eigenen Rationalisierung war nicht gegeben, weil *EKO* die erforderlichen Mittel von der *Treuhand* nicht bekommen konnte und außerdem das technische Wissen bei *Linde* höher eingestuft wurde. Für die Fremdversorgung sprach auch der Sachverhalt, dass mit der Ausgliederung alle Mitarbeiter von *Linde* übernommen wurden. Eine Arbeitsplatzgarantie für die kommenden zwei Jahre wurde zugesichert. Die Tarifbedingungen der chemischen Industrie waren auch erheblich besser als in der Stahlindustrie im Falle einer Frühpensionierung.

Betriebswirtschaftlich war damit die Entscheidung zu Gunsten *Linde* gefallen. *EKO* stellte allerdings bezüglich des Kaufvertrags noch zusätzliche Überlegungen an. Eine rein kostenorientierte Denkweise erschien bei den doch hohen Beträgen eine etwas vordergründige Betrachtung zu sein. Ein investitionstheoretischer Ansatz sollte mit in die Entscheidung einfließen. Konkret sollten Zinseszinsen berücksichtigt werden.

2.4 Ausgliederungsentscheidung bei Teilzahlung der Altanlage

Wie so häufig, liegt die Problematik eines guten Vertrags im Detail. Der zwischen *Linde* und *EKO* ausgehandelte Vertrag war bereits in München paraphiert, als *Linde* eine neue Variante für den Kaufvertrag der Altanlage einbrachte. Keine Barzahlung des Restwerts (120 Mio. DM), sondern Teilzahlung (20 Mio. DM) und Verzinsung der Restschuld (100 Mio. DM) zu 8 % bei einer Laufzeit von 10 Jahren. Diese Situation war dadurch entstanden, dass *EKO* die Alternative eines niedrigen Restwerts und günstigerem Strompreis ausgeschlagen hatte. Stattdessen war man bereit, einen höheren Lieferpreis für die Gase zu bezahlen. Mit dieser Veränderung hatte *Linde* wohl nicht gerechnet. Das Verzinsungsangebot erschien gemessen am Kreditzins adäquat. Jährlich wären 8 Mio. DM an Zinsen angefallen. *EKO* begehrte aber mehr. Die Argumentation war wie folgt:

➢ *Linde* hat mit der Ausgliederung auch Drittgeschäfte getätigt. Volumen und Preise waren für *EKO* unbekannt. *EKO* konnte allerdings davon ausgehen, dass *Linde* hierfür Marktpreise erzielt, *unabhängig* von der Höhe der Investitionssumme für die LZA. Zusatzgewinne sind zu vermuten.

➢ Unterschiedliche Kaufpreise für die LZA werden daher ausschließlich über die Lieferpreise an EKO reguliert.

➢ Damit lässt sich ein Gleichungssystem aufbauen, wonach sich der Erfolg für zwei Investitionsalternativen wie folgt darstellt:

Gleichung (1):

$$I = EP_0 * M_1 + D * M_2 - P * (M_1 + M_2)$$

Gleichung (2):

$$I + \Delta I = EP_1 * M_1 + D * M_2 - P * (M_1 + M_2)$$

Gleichung (3):

$$\Delta I = M_1 * (EP_0 - EP_1)$$

Abkürzung	Beschreibung
$D * M_2$	Erlös aus Drittgeschäften
EP_1	Erlös von EKO
EP_2	erhöhter Erlös von EKO
I_0	Basisinvestition
I_1	Zusatzinvestition
M	Mengeneinheiten
$P * (M_1+M_2)$	Produktionskosten für Gesamtproduktion

Tabelle 1:   Legende zum Gleichungssystem

Gleichung (1) beschreibt die Investition von *Linde* in Höhe von I. Dieser Betrag ist heute fällig. Der Rückfluss ist auf der rechten Seite zu ersehen. In den Folgejahren erzielt *Linde* Einnahmen von *EKO* und aus Drittgeschäften abzüglich der Produktionskosten für die verkauften Mengen. Da diese Beträge aber erst in den Folgejahren sukzessive anfallen, sind diese Positionen auf den heutigen Tag abzuzinsen. Für *Linde* lohnt sich die Investition nur, wenn die Investitionssumme mindestens durch den Barwert gedeckt ist. Ausschlaggebend ist hierfür u. a. der Zinsfaktor. Das obige Angebot von 8 % lässt vermuten, dass *Linde* wohl einen höheren Zinssatz verwendet. Man also mehr verdient (Rationalisierungsreserven, Drittgeschäfte, Marktführer).

Durch einen kleinen Rechentrick konnte *EKO* die tatsächliche Rendite von *Linde* ableiten. Gleichung (2) beschreibt den Sachverhalt, dass man von *Linde* auch andere Investitionssummen/Preise kalkulieren ließ. Dabei kann von der Annahme ausgegangen werden, dass die Drittgeschäfte zu unveränderten Marktpreisen abgerechnet werden. Auch die Produktionskosten bleiben konstant. Allein der Preis für *EKO* ändert sich.

In einem weiteren Schritt werden die Gleichungen (1) und (2) zur Gleichung (3) zusammengefasst. Die Gleichung (3) drückt aus, dass ein anderer Investitionsbetrag für die LZA ausschließlich über den Lieferpreis an *EKO* reguliert wird.

Ein Beispiel mag das verdeutlichen. Verlangt man statt 140 nun 150, so sind 10 mehr investiert worden. Dieser Mehrbetrag müsste den Lieferpreis erhöhen. Hebt man den Lieferpreis von 0,06 auf 0,105 an, so sind Mehrerlöse zu verzeichnen. Bei einer jährlichen Liefermenge von 100 Einheiten fallen jährlich 4,5 Geldeinheiten an, also 13,5 in drei Jahren. Damit lässt sich die interne Rendite für drei Jahre berechnen. Sie liegt bei 16,65 %; anders ausgedrückt: *Linde* kalkuliert mit einem Zinssatz von 16,65 %. Eine Verzinsung zum Kreditzins von 8 % war also nicht günstig. *Linde* könnte sich mehr leisten. Man wollte sich einigen und vereinbarte eine Darlehensverzinsung von 12 %. Für *EKO* ergab sich hieraus ein jährlicher Zinsmehrerfolg von 4,0 Mio. DM über zehn Jahre bzw. 40 Mio. DM über die Gesamtlaufzeit. Aus Sicht der *Treuhandanstalt* war damit der Liquiditätsbedarf bis zur endgültigen Privatisierung entsprechend niedriger.

Fazit: Ausgliederungsentscheidungen mit Übernahme der Altanlagen sollten stets unter verschiedenen Konstellationen kalkuliert werden. Sie geben einen Einblick in die Kalkulationsgrundlage des zukünftigen Partners.

3   Rückblick

Die Tätigkeit bei *EKO-Stahl* war für mich interessant, anstrengend und sicherlich nicht immer einfach. Ich konnte in Sachen Investitionsrechnung viele Anregungen geben und habe zugleich erfahren, wie schwierig es war, die neue Welt des Kapitalismus überzeugend einzuführen. In den zurückliegenden Jahren habe ich wiederholt Eisenhüttenstadt aufgesucht. Ich erinnere mich gern an die Zeit, auch weil ich nicht als *Besserwessi* aus dem Kreis der Direktoren und des Vorstands verabschiede wurde. Auch heute pflege ich noch regelmäßigen Kontakt mit dem damaligen Finanzvorstand der *EKO Stahl AG*.

Die Bedeutung von Change Management bei der Bewältigung von tiefgreifenden Veränderungen in Unternehmen

BERNHARD HOGENSCHURZ und *GITTA HANNIG*

Deutsche Telekom AG

1 Einleitung 227
2 Change Management 228
   2.1 Definition von Veränderungen 228
   2.2 Change Management in Unternehmen 229
      2.2.1 Spannungsfeld der Unternehmensdimensionen 230
      2.2.2 Der Mensch als spezifizierender Faktor jedes Wandels 231
   2.3 Ziele und Vorgehen im Rahmen des Change Management 233
3 Instrumente und Methoden des Change Management in der Praxis 235
4 Erfolgsfaktoren 238
5 Zusammenfassung und Ausblick 240
Quellenverzeichnis 242

1 Einleitung

Veränderungen prägen unser Leben. In persönlicher Hinsicht liegt es auf der Hand: Wir werden geboren, wachsen, lernen, entwickeln uns weiter, ziehen um, gründen vielleicht eine Familie, üben verschiedene Berufe aus, schaffen Werte, bauen Beziehungen auf, verlieren – Wettkämpfe wie auch geliebte Menschen –, lernen, mit dem Verlust umzugehen, stehen wieder auf, wenn wir hinfallen, prägen unser Umfeld, geben unsere Erfahrungen weiter. Und irgendwann sterben wir. Das Ganze ist geprägt von mehr oder weniger Widerständen, Rebellion, Schmerz und Angst, aber häufig ist es auch ganz einfach, geht leicht von der Hand und fühlt sich absolut richtig an.

Auch wirtschaftliche Veränderungen finden permanent statt. Märkte verändern sich, innovative Produkte verdrängen die altbekannten, neue Wettbewerber bedrohen die Monopolisten, alteingesessene Unternehmen finden sich als kleine Bestandteile in internationalen Konzernkonglomeraten wieder, einzelne Länder verbünden sich, um ihre wirtschaftliche Schlagkraft zu erhöhen, ganze Volkswirtschaften positionieren sich im Rahmen sich verändernder Märkte und Wirtschaftsstrukturen neu.

Und auch gesellschaftlich existiert kein Stillstand. Man muss nur das Geschichtsbuch aufschlagen, um sich bewusst zu machen, dass alles im Fluss ist. Dass auch die gesellschaftliche Struktur, die man kennt und in der man lebt, in nicht allzu ferner Zeit möglicherweise nicht mehr existieren wird. Deutschland hat vor 20 Jahren ein solches geschichtliches Phänomen erlebt, sogar verursacht, indem das Volk im Osten des Landes in einer friedlichen Revolution die Teilung des Landes beinahe im Alleingang überwunden hat.

Die Ungläubigkeit, dass so etwas überhaupt möglich ist, wich vor 20 Jahren einer grenzüberschreitenden Euphorie, in deren Begeisterungstaumel alle Schwierigkeiten überwunden und durch die Wiedervereinigung nur ein knappes Jahr später Geschichte geschrieben wurde. Doch schnell stellte sich heraus, dass allein durch die Begeisterung nicht alle Probleme gelöst werden konnten, dass das neue Deutschland unter den Kosten der Einheit ächzte, dass die blühenden Landschaften nicht so schnell verwirklicht würden wie versprochen. Und auch heute, 20 Jahre später, sind einige der Schwierigkeiten weiter präsent. Die neuen Bundesländer sind infrastrukturell auf dem neuesten Stand, aber es wohnen – zumindest auf längere Sicht – nicht mehr genügend Menschen dort. Die Migrationsrichtung ist seit der Wende ungebrochen: Die jungen Menschen zieht es in die alten Bundesländer, und die wenigsten kommen nach der Ausbildung und den ersten Jahren im Job wieder zurück.

Einer der Gründe ist, dass sich keines der DAX30-Unternehmen in den neuen Bundesländern angesiedelt hat (Berlin als Standort nicht mit betrachtet). Folglich gibt es keine Konzernzentralen mit den entsprechenden Karrierepfaden in die hohen Führungsriegen, und auch die üblichen Nebeneffekte großer Wirtschaftsstandorte (Zulieferindustrie, Dienstleistungsbetriebe zur Deckung der Bedarfe der Angestellten und ihrer Familien, etc.) bleiben aus. Ein weiterer Grund aber, und das wird selten offen ausgesprochen, scheint die auch nach 20 Jahren noch bestehende „Mauer in den Köpfen" zu sein. Irgendwie scheint es schwieriger zu sein, einen neuen Job anzunehmen, wenn dieser in Schwerin oder Dresden liegt als in München oder Bremen. Und wenn man Bewerber fragt, ob sie mobil sind und sich vorstellen könnten, an einem anderen Standort zu arbeiten, erhält man im Westen oft die Antwort: „Solange es nicht im Osten ist". Andererseits bekommt man im Osten öfter die Frage gestellt, ob man als „Neu-Wessi" denn wirklich nicht unter der schlimmen Ellenbogenmentalität im Westen leide.

Da gibt es auf beiden Seiten, auch noch nach 20 Jahren, unendlich viele Vorurteile, denen man vielleicht hätte begegnen und die man vielleicht hätte auflösen können, indem man die deutsche Einheit nicht nur als politischen Prozess verstanden, sondern auch als (kulturellen) Veränderungsprozess begleitet hätte.

2   Change Management

2.1   Definition von Veränderungen

Veränderungen finden ständig statt. Sie sind in unserem Leben allgegenwärtig. *Google* findet ca. 11.200.000 Ergebnisse in 0,1 Sekunden, tippt man den Begriff „Veränderungen" ein. Kann man vor dem Hintergrund dieser großen Vielfalt den Begriff Veränderung überhaupt eingrenzen oder gar definieren?

WIKIPEDIA versucht es wie folgt: „Es gibt zwei grobe Synonymbedeutungen für Veränderung:

1. Begriffe wie Änderung, Abwandlung, Korrektur, Modulation, Überarbeitung, Umänderung, Umarbeitung, Umbildung, Umformung, Umgestaltung, Umwandlung lassen bereits eine enorme Vielfalt der Begrifflichkeit deutlich werden. Bildungssprachlich kommt noch hinzu: Modifikation, in manchen fachsprachlichen Publikationen auch als Modifizierung, Revision oder Transformation bezeichnet. In der Politik und Rechtswissenschaft findet auch der Begriff Novellierung seine Anwendungen.

2. Hinweise wie Abkehr, Abwendung, Neuerung, Neugestaltung, Neuregelung, Umbruch, Umkehr, Umschwung, Umstellung, Wechsel, Wandel, Wende, Wendung lassen weiterhin die Spannbreite der Veränderung erkennen. Biologisch-wissenschaftlich auch in Evolution, Mutation und Mimikry-Prozessen zu finden.

Damit beschreibt der Begriff „Veränderung" den Ablauf oder Verlauf einer stofflichen oder auch nichtstofflichen Umwandlung, also eines Wechselprozesses im Rahmen der benötigten Zeiteinheit."[1]

Eine klare Definition fällt folglich in Anbetracht der Vielfältigkeit der Verwendung des Begriffs schwer. In jedem Fall beinhaltet aber eine Veränderung den Wechsel von einem Zustand in einen anderen. Nach einer Veränderung ist also der Zustand nicht mehr mit dem Zustand identisch, der vor der Veränderung vorlag. Oder anders gesagt: die vertraute Situation, in der ein Mensch sich zurechtgefunden und die er sich zu eigen gemacht hat, ist einer neuen, unbekannten, und daher oftmals beängstigenden Situation gewichen.

---

[1]   Vgl. online *WIKIPEDIA* (o. A. [a]).

2.2 Change Management in Unternehmen

Auch Unternehmen verändern sich ständig. Es gibt kleine Veränderungen, wie ein Umzug in ein neues Bürogebäude oder die Einstellung einer neuen Kollegin oder der Weggang eines altgedienten Mitarbeiters, von dem alle dachten, dass es ohne ihn gar nicht weitergehen kann (– es geht!...).

Unternehmen sind aber auch großen, tiefgreifenden Veränderungen ausgesetzt, die oftmals auch Entscheidungsfaktoren für die Zukunfts- und Überlebensfähigkeit darstellen:

➤ Kann man dem Wettbewerbsdruck standhalten?

➤ Hat man rechtzeitig gute, marktfähige Innovationen parat, um den Markt selbst zu gestalten?

➤ Ist die langjährige, erfolgreiche Strategie geeignet, um unter neuen Wettbewerbsbedingungen Gewinner zu bleiben?

➤ Trifft die Produktstrategie, der Vertriebsansatz oder die Marke den Geschmack des Kunden?

➤ Wird es das Kernprodukt in Zukunft überhaupt noch geben?

➤ Braucht der Kunde überhaupt noch das, was das Unternehmen ihm anbietet?

➤ Und kann das Unternehmen im globalen Wettbewerb bestehen?

All diese Fragen analysieren die Ist-Situation – und können folglich alle dazu führen, dass das, was bisher richtig war, in Zukunft nicht mehr erfolgversprechend ist, dass es Veränderungsbedarf gibt. An diese Erkenntnis schließt sich die Frage an, was stattdessen der Erfolgsgarant für die Zukunft des Unternehmens sein wird:

➤ Was könnte in Zukunft das Alleinstellungsmerkmal gegenüber dem Kunden und im Wettbewerb sein?

➤ Welche Kundengruppen benötigen die Dienstleistungen oder Produkte, die das Unternehmen anbietet?

➤ Gibt es einen Markt hierfür, oder muss man in andere Länder ausweichen, in denen es den Markt gibt?

➤ Und hat das Unternehmen die nötige Innovationskraft, die Manpower, die Kompetenzen und Skills?

Wenn die Strategen ihre Arbeit gut machen, entsteht ein sehr klares Bild dessen, wie es sein soll, wie die Soll-Situation aussieht, die naturgemäß mehr oder weniger deutlich vom Ist-Zustand abweichen wird. Der stetige Wandel infolge sich verändernder Kundenbedürfnisse, Wettbewerbsstrukturen und technologischer Weiterentwicklung ist, wenn man es genau betrachtet, eigentlich die einzige Konstante im Wirtschaftsleben.

Wie gehen Unternehmen mit diesem Wandel, mit diesen dauernden Veränderungsprozessen, um? Die gute Nachricht ist, dass das Bewusstsein, Veränderungen gestalten und managen zu müssen, um sie zum Erfolg zu führen, in den letzten Jahrzehnten Einzug gehalten hat in der Wirtschaft. Nicht mit Pauken und Trompeten, und nicht weil man beschloss, die neuen Theorien von Wirtschaftswissenschaftlern mal proaktiv auszutesten, sondern weil sich ganz langsam die Erkenntnis breit machte, dass die notwendigen Veränderungen besser und schneller umgesetzt werden konnten, wenn man sie unternehmensseitig begleitete und nicht einfach nur ankündigte und dann sich selbst überließ. „Change Management" sollte in den 1980er und 1990er Jahren zum Zauberwort werden.

WIKIPEDIA definiert wie folgt: „Unter Veränderungsmanagement (englisch *change management*) lassen sich alle Aufgaben, Maßnahmen und Tätigkeiten zusammenfassen, die eine umfassende, bereichsübergreifende und inhaltlich weit reichende Veränderung – zur Umsetzung von neuen Strategien, Strukturen, Systemen, Prozessen oder Verhaltensweisen – in einer Organisation bewirken sollen."[2]

Das klingt logisch und relativ einfach. Damit ist Veränderungsmanagement letztlich nichts anderes als eine Abwandlung des Projektmanagements, das die spezifischen Anforderungen von Veränderungssituationen in das strukturierte Vorgehen einbezieht. Der Umfang des Veränderungsprojekts wird sich unter anderem nach der Größe und Tiefe der Veränderung selbst bemessen, und nach dem Tempo der Veränderung, das die Unternehmensleitung für sinnvoll erachtet.

Doch so einfach ist es wie immer nicht. Veränderungen sind nicht einfach normale, wenn auch vielleicht komplexe Projekte. Erstens befinden sie sich im Spannungsfeld der Kräfte, die das Unternehmen im Innersten zusammenhalten, und zweitens betreffen sie einen schwierig zu kalkulierenden und vorherzusehenden Faktor, den Faktor Mensch.

2.2.1   Spannungsfeld der Unternehmensdimensionen

Change Management in Unternehmen findet auf drei Ebenen statt: auf organisational/struktureller Ebene, auf Gruppenebene und auf individual-psychologischer Ebene. Change Management begibt sich damit auf der organisational/strukturellen Ebene mitten hinein in das Spannungsfeld der interdependenten Unternehmensdimensionen Strategie, Unternehmenskultur und Organisationsstruktur, die nur in einer gesamthaften Betrachtung nachhaltig gesteuert und verändert werden können, da Veränderungen an nur einzelnen Ansatzpunkten das Gesamtgebilde aus dem Gleichgewicht bringen können. Es berücksichtigt daneben auch Kompetenzmodelle und betriebliche Prozesse und Systeme sowie die Veränderungskompetenz jeder von der Veränderung betroffenen Person.

Es liegt auf der Hand, dass diese drei Ebenen unterschiedlich sichtbar und aus Unternehmenssicht unterschiedlich gut beeinflussbar sind. Zur grafischen Darstellung des zuvor skizzierten Ebenenmodells eignet sich das „Eisbergmodell der Veränderungen"[3] (siehe Abbildung 1):

---

[2]   Vgl. online *WIKIPEDIA* (o. J. [b]).

[3]   Vgl. in Anlehnung an *DOPPLER/LAUTERBURG* (2002), S. 202. Das Eisbergmodell geht u. a. zurück auf *SCHEIN* (1995).

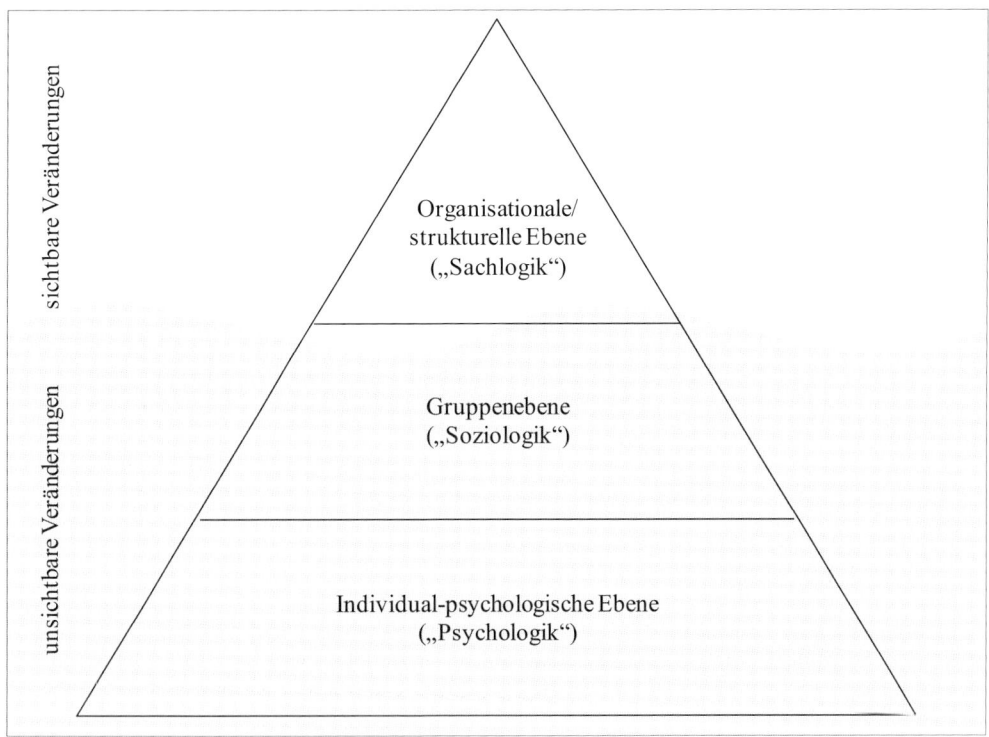

Abbildung 1:   Eisbergmodell der Veränderungen

Die Deutung dieser Illustration liegt auf der Hand: Der Großteil der Emotionen und Betrof-fen-heiten bezüglich der anstehenden Veränderung liegt auf der Gruppen- bzw. der Indivi-dualebene und ist unsichtbar. Von einem normalen Projektmanagementansatz würde man diesen Großteil der Betroffenheiten also gar nicht erfassen. Der deutlich massivere Teil des Eisbergs, der dessen Bewegung und Ausrichtung maßgeblich bestimmt, liegt unterhalb der Oberfläche. Oder anders gesagt: Nur wenn die Wellen besonders hochschlagen, erhält die Organisation bzw. die Führungsebene kurzzeitig Einblick in die tiefer liegenden Ebenen. Die Analogie zum Eisberg gibt auch noch andere Erkenntnisse. Z. B. sieht man, dass Verände-rungen an der Spitze des Eisbergs zwar sehr einfach möglich, aber letztlich nur kosmetischer Natur sind. Brechen hingegen am Fuße des Eisbergs Blöcke weg, wird der Eisberg mögli-cherweise ins Schlingern geraten oder sogar seinen Kurs, seine Bewegung und seine Ausrich-tung ungesteuert ändern.

2.2.2   Der Mensch als spezifizierender Faktor jedes Wandels

Der Mensch, jeder vom Wandel in der Organisation Betroffene, ist der spezifizierende Faktor im Veränderungsmanagement. Er definiert sowohl den Scope des Veränderungsprojekts als auch das Tempo und je nach Betroffenheit und Situation die Methodenwahl. Und er ist gleichzeitig letztlich der alleinige Erfolgsfaktor, da die Unternehmensführung den Wandel nur mit allen Mitarbeitern gemeinsam schaffen und zum Erfolg führen kann.

Der Mensch als „Gewohnheitstier" steht in der Regel Veränderungen nicht positiv gegenüber. Psychologisch ist das ganz einfach erklärbar: Veränderungen bedeuten, dass die Zukunft anders sein wird als die Gegenwart und der gewohnte Zustand; sie sind also mit Unsicherheit verbunden. Unsicherheit über die Zukunft kann schnell als Gefahr und Risiko wahrgenommen werden und Ängste provozieren. Dies führt folgerichtig dazu, dass seitens der Mitarbeiter oftmals sehr starke Beharrungskräfte wirken, die der Veränderungswilligkeit und -fähigkeit im Wege stehen. Bei besonders starken Veränderungen – wie den nachfolgend beispielhaft genannten – wird daher besonders großer Widerstand zu überwinden sein:

➢ Tiefgreifende, radikale Veränderungen,

➢ Unerwartete Veränderungen,

➢ Veränderungen, die offensichtlich negative Folgen für die Beteiligten haben werden,

➢ Initiativen, die als sehr gut und sehr vertraut wahrgenommene Ist-Zustände verändern werden,

➢ Veränderungen mit unklaren Zielen und Auswirkungen,

➢ Veränderungen, wenn die Betroffenen bereits negative Erfahrungen mit Veränderungen gemacht haben.

Erfahrungsgemäß teilen sich die Betroffenen bei jeder Veränderungsinitiative schnell in mindestens drei (Haupt-)Gruppen: die Begeisterten und Mitmacher (ca. 20 %), die Zögerlichen und Zurückhaltenden (ca. 60 %), die Beharrer und die grundsätzlichen Neinsager (ca. 20 %).

Die Neinsager lehnen die Veränderung kategorisch ab. Hier einen Stimmungsumschwung herbeizuführen, ist äußerst schwierig und ein intensiver Ressourceneinsatz nicht effizient. Im großen mittleren Block sind unterschiedliche Strömungen vorhanden. Ein Teil ist sehr kritisch eingestellt und steht der Veränderung skeptisch gegenüber, ein Teil ist indifferent und ein Teil steht der Veränderung grundsätzlich positiv gegenüber, hat aber noch Zweifel. Die Begeisterten wollen letztlich die Veränderung vorantreiben. Diese Gruppen kann und muss sich die Organisation im Veränderungsprozess im Rahmen des Change Managements zu Nutze machen. Die Begeisterten können als Key Player im Projekt fungieren und aktiv eigene Aufgaben übernehmen, um die Veränderung voranzutreiben. Die Positiv-Zögerlichen können überzeugt werden, indem sie von Anfang an in das Projekt einbezogen werden. Wenn sie dann ihren eigenen Beitrag leisten und die Veränderung mitgestalten können, werden sie schnell zu Begeisterten. Die Indifferenten werden sich der Mehrheit anschließen, ihnen ist eigentlich egal, was passiert. Der wirkliche Hebel zum Erfolg des Projekts liegt bei den Skeptikern, denn zu ihnen schaut auch die Gruppe der kategorischen Neinsager. Wenn es gelingt, diese Gruppe für die Veränderung zu gewinnen, indem ihr der Nutzen der neuen Situation klar vermittelt, die Vorteile für die Betroffenen klar aufgezeigt und die Ängste genommen werden, kann diese Gruppe zum Befürworter des Wandels werden und damit – entsprechend des Phänomens der Schweigespirale, wonach Menschen dazu neigen, die Mehrheitsmeinung eher öffentlich zu vertreten als eine möglicherweise isolierende Mindermeinung – auch die Neinsager zum Mitziehen bewegen.

2.3 Ziele und Vorgehen im Rahmen des Change Management

Wegen der vielen Einflussfaktoren und der vielen verschiedenen Ausgangssituationen bei Veränderungsprozessen ist es schwierig, das Vorgehen in Change-Management-Projekten allgemeingültig detailliert zu beschreiben. Nur eine sehr grobe Darstellung des schrittweisen Herangehens ist ohne die prägenden Details des Einzelfalls möglich:

➢ Vorbereitungsphase

➢ Planungsphase

➢ Durchführungsphase

➢ Parallel zu allen Schritten: umfassende Kommunikationsmaßnahmen

Dies mutet eher wie typische Gemeinplätze an, und letztlich sind sie das auch. Die konkreten Initiativen, Aktionen, und die Entscheidung, welche Methoden und Instrumente zur Unterstützung des Veränderungsprozesses angewendet werden, leiten sich in jedem konkreten Einzelfall, bei jeder konkreten Veränderung aus den spezifischen konkreten Anforderungen und Zielen der Veränderung ab.

Ziel des Change Managements ist es letztlich immer, das Verhalten der betroffenen Menschen so zu beeinflussen, dass sie die Veränderung unterstützen. Um dies zu erreichen, müssen die Ängste und alle anderen Faktoren beseitigt werden, die den Mitarbeiter dazu veranlassen, in seiner bekannten, bisher erlernten Situation zu bleiben, die so genannte Beharrungsmotivation. Man könnte es also in einer Art Formel auch so formulieren, dass das Verhalten so beeinflusst werden muss, dass die Veränderungsmotivation größer wird als die Beharrungsmotivation.

Das Verhalten eines Menschen wird durch die verschiedensten Kompetenzen, Umfeldfaktoren, Ziele und Aufgaben beeinflusst. Verkürzt dargestellt, läuft es auf die drei variablen Größen Wollen, Können und Dürfen hinaus, deren Ergebnis das Verhalten eines Menschen ist. Diese Faktoren – also die Motivation und Einstellung, das Wissen und Können sowie das „Dürfen", die persönlichen Entscheidungsbefugnisse, der Handlungsfreiraum, die Fehlerkultur – können und müssen im Rahmen von Change Management adressiert werden, um die Veränderung zum Erfolg zu bringen.

Die Aktivitäten können sich also auf zwei Ebenen bewegen: Entweder müssen sie die Veränderungsmotivation erhöhen oder die Beharrungsmotivation verringern. In der Praxis werden unterschiedlichste Maßnahmen gewählt, durch die beide Ebenen adressiert werden.

Auf beiden Ebenen wirken aktive und passive Kräfte, die sich der Change Manager bei seiner Maßnahmenplanung, vor allem aber die Führungskraft bei der Umsetzung all dieser Maßnahmen geschickt zu eigen machen kann. Viele liegen auf der Hand, erscheinen geradezu trivial. Aber darin, sich ihren immensen Einfluss auf die Veränderungsfähigkeit der betroffenen Menschen bewusst zu machen, liegt ein ganz wichtiger Schritt und Erkenntnisgewinn im Prozess des Wandels.

Aktive Treiber der Beharrungsmotivation sind z. B. die eigene Trägheit, das Sicherheitsbedürfnis, eine befürchtete Sinnentleerung der Arbeit, aber auch die Neutralität gegenüber der Veränderung (die typische und so oft erlebte „mir doch egal, was die da oben machen"-Mentalität) sowie fehlende Identifikation mit dem Unternehmen oder der Unternehmensführung. Passiv führen alle Ängste und die damit verbundene Lähmung (Angst vor Veränderung, Angst vor Inkompetenz und Unfähigkeit in der neuen Situation, Angst vor Inkompatibilität mit den eigenen Werten, Angst vor Verlust der „Komfortzone", also der Sicherheit, der täglichen Routinen, der bekannten Kollegen, des vertrauten Umfelds), zu starken Beharrungskräften. Diese Aufzählung selbst zeigt letztlich die Schwierigkeit von Change Prozessen und deren erfolgreicher Verankerung im täglichen Geschäft und den Herzen der Menschen auf.

Glücklicherweise hat aber auch die Veränderungsmotivation starke Treiber: soziale Anerkennung, sozialer Status, Sinnstiftung, die Chance auf Selbstverwirklichung, vielleicht sogar Machtstreben. Auch Neugierde, die allgemeine Risikobereitschaft, die Suche nach konkretem persönlichem Erfolg und neuen Herausforderungen, oder auch einfach nur die Hoffnung, dass der neue Zustand spannender, erfolgreicher, einfach besser sein wird. Auch hier sind Ängste wieder die passiven Haupttreiber, und zwar zusammengefasst letztlich die Ängste vor den persönlichen Folgen der Beharrung, wie z. B. Stillstand, Langeweile, Business as Usual, Misserfolg. Auch das Sicherheitsbedürfnis kann jemanden zu einer höheren Veränderungsmotivation führen – nämlich wenn die Notwendigkeit des Wandels, die so genannte „urgency of change", deutlich genug formuliert und kommuniziert wurde und den Betroffenen klar ist, dass es so wie bisher nicht weitergehen kann und wird.

Ein essentieller Treiber für die Beeinflussung des Handelns der betroffenen Menschen, der sowohl die Beharrungsmotivation als auch die Veränderungsmotivation erhöhen kann und damit ein kritischer Erfolgsfaktor ist, ist das Vertrauen – oder eben Misstrauen – in die Führung. Wenn die Führungskräfte den Willen zum Change verkörpern, ihn konsequent vorleben, sauber und konsequent kommunizieren und dadurch Vertrauen aufbauen, dass dies der einzig richtige Weg ist, den alle gemeinsam erfolgreich beschreiten, dann wird die Veränderungsmotivation letztlich die Beharrungsmotivation überwiegen und das Verhalten der Betroffenen den erforderlichen Wandel unterstützen.

Aus Mitarbeitersicht (und auch aus Sicht der Führungskräfte, denn die sind auch nicht per definitionem Change Agents, sondern müssen oft von der Notwendigkeit und dem Nutzen der Veränderung überzeugt werden) lässt sich der gesamte Prozess, an dem sich das Vorgehen aus Unternehmenssicht im Rahmen des Change Management orientieren sollte, wie in Abbildung 2 dargestellt mit Hilfe der so genannten Change Kurve illustrieren:

Für Führungskräfte, die ihre Mitarbeiter durch den Change-Prozess begleiten und ihnen darin Führung und Guidance geben wollen, lassen sich aus dieser Darstellung viele Erkenntnisse und Anregungen gewinnen. Insbesondere die eigene wahrgenommene persönliche Kompetenz zur Veränderungssteuerung sollte das Verhalten der Führungskraft stark beeinflussen: Zum Beispiel glaubt der Mitarbeiter in der Phase der Verneinung ziemlich fest daran, dass er sich selbst verändern könnte – er will es aber nicht. Hier nur Unterstützung auf der Kompetenzebene anzubieten, wird nicht erfolgreich sein, vielmehr muss die Führungskraft hier Überzeugungsarbeit leisten, warum der bevorstehende Change richtig ist, warum der neue Zustand besser und von größerem Nutzen sein wird als der alte, und wie die Zukunft nach dem Wandel aussehen wird. Zwischen emotionaler Akzeptanz und der Phase des Ausprobierens hingegen, werden Denkanstöße in Richtung des Wie, der Herangehensweise in der Gesamtsituation oder auch Unterstützungsangebote zur Steigerung der Veränderungskompetenz vermutlich sehr gut ankommen und vom Mitarbeiter dankbar angenommen werden.

Abbildung 2:   Change-Kurve[4]

3   Instrumente und Methoden des Change Management in der Praxis

Wie oben bereits dargestellt, gibt es keine Standardlösung, keine goldene Regel, keinen Projektplan, der als Blue Print für alle und jeden Veränderungsprozess angewendet werden kann. Hierfür sind die Grundlagen, die prägenden Faktoren des Change-Prozesses, die Ausgangs- und Zielzustände, die Beteiligten, ja alle Faktoren und Stakeholder eines Unternehmenswandels zu vielfältig.

Die folgende, sehr allgemein gehaltene Struktur – die Aufteilung in Vorbereitung, Planung und Durchführung, und die Begleitung durch umfassende Kommunikationsmaßnahmen – dürfte aber eine grundsätzliche Orientierung geben und dazu geeignet sein, dass alle erforderlichen Maßnahmen zugeordnet werden können und nichts in Vergessenheit gerät. Die folgende Abbildung versucht, auf Basis dieser allgemeinen Grundstruktur ein Steuerungsmodell zur Durchführung von Veränderungsprozessen zu erstellen (siehe Abbildung 3). Es ist als Annäherung und Strukturierungshilfe gedacht, das in der praktischen Anwendung anhand der Spezifikationen des jeweiligen Change-Prozesses im Einzelfall zu überdenken und sicherlich anzupassen sein wird.

---

[4]   In Anlehnung an GROTEN (2007), S. 375. Grundlage der Veränderungskurve sind die Arbeiten der Schweizer Psychologin KÜBLER-ROSS.

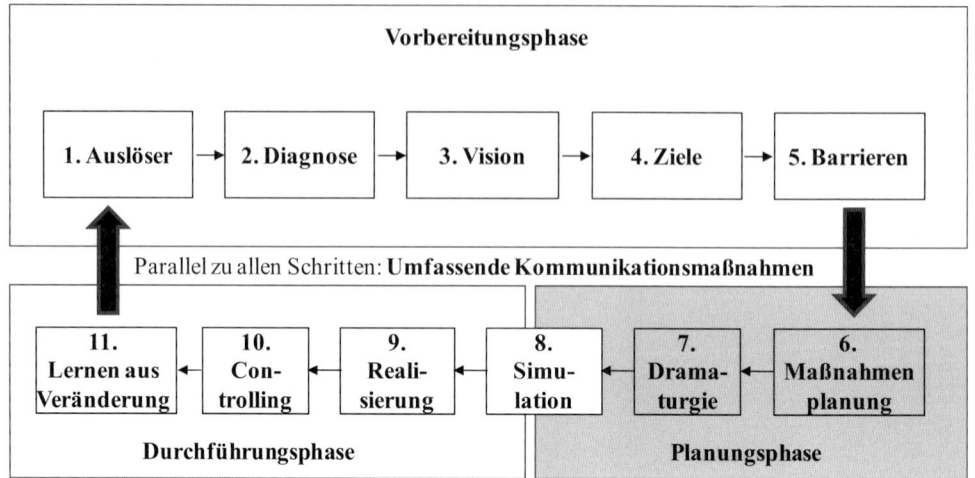

Abbildung 3:   Phasenmodell

In der Vorbereitungsphase wird das Fundament für einen erfolgreichen Change-Prozess gelegt. Zunächst ist eine saubere, detaillierte Analyse des Ist-Zustands erforderlich, die Diagnose. Hierzu eignen sich letztlich alle Diagnoseinstrumente, die im Rahmen der Organisationsentwicklung zur Verfügung stehen. Zu wichtigen Erkenntnissen dürfte hier immer eine Erhe-
bung der Unternehmenskultur im Wege einer Mitarbeiterbefragung führen, um herauszu-
finden, „wie die Dinge hier bei uns ablaufen". Zusätzliche essentielle Erkenntnis wird hier
vermutlich eine getrennte Auswertung der Mitarbeiter-Feedbacks sowie der Führungskräfte-
Feedbacks bringen, die im Wege von konkreten spezifischen Maßnahmen später adressiert
werden können. Von herausragender Bedeutung ist dann die Formulierung einer Vision, denn
diese zeigt allen Betroffenen auf, wie die Zukunft aussehen wird, nachdem der Wandel bewältigt ist. Sie sollte emotional verfasst sein, wirklich greifbar und verständlich für jeden
Mitarbeiter sein und ihm von Beginn an einen Grund geben, diesen Wandel als Chance zu
begreifen und nicht als Beschneidung seiner aktuellen Zufriedenheit. Hierdurch kann – es ist
schon zu erahnen – bereits im Anfangsstadium Einfluss auf das bekannte, alles entscheidende
Kräfteverhältnis genommen werden, indem der Wunsch, diese Veränderung, diese Vision zu
erreichen, in die Waagschale der Veränderungsmotivation gelegt wird. Ziele ergeben sich
durch die Konkretisierung der Vision, und auch zu erwartende Barrieren erscheinen dann
relativ schnell an der Oberfläche. Eine möglichst realistische Einschätzung der Barrieren ist
eine wichtige Hilfe für den Folgeprozess, weil direkt konkrete Maßnahmen zu deren Beseitigung geplant werden können und nicht zufällig auf Basis von theoretischen Modellen in die
Projektplanung eingestiegen werden muss.

In der Planungsphase geht es darum, auf der Basis der Erkenntnisse aus der Vorbereitungsphase konkrete Maßnahmen zu planen und ggf. auch zu testen, die dann in der Durchführungsphase umgesetzt, überwacht und evaluiert werden, um aus den Erfahrungen zu lernen
und für die nächste Veränderung gewappnet zu sein. In der Planungsphase ist es wichtig, die
verschiedenen Aktivitäten im Zeitablauf aufeinander aufbauend zu entwerfen, um eine bestmögliche Vernetzung der Instrumente sicherzustellen. Hierzu empfiehlt es sich, eine saubere
Dramaturgie zu haben – die Anlehnung an das Theater übersetzt sich im Business dann wohl
in Begriffe wie Veränderungs-Roadmap oder Transformationsfahrplan. Hierdurch werden die

Instrumente, die erreichten Zielgruppen und die zeitlichen Abläufe transparent und damit plan- und steuerbar für den Change Manager (und auch im Wege des Meilenstein-Reportings messbar, was eine wichtige Forderung der Change-Initiatoren ist, um den Erfolg des Change-Projekts trotz seiner grundsätzlich eher „weichen" Inhalte und Ausrichtung messbar zu machen).

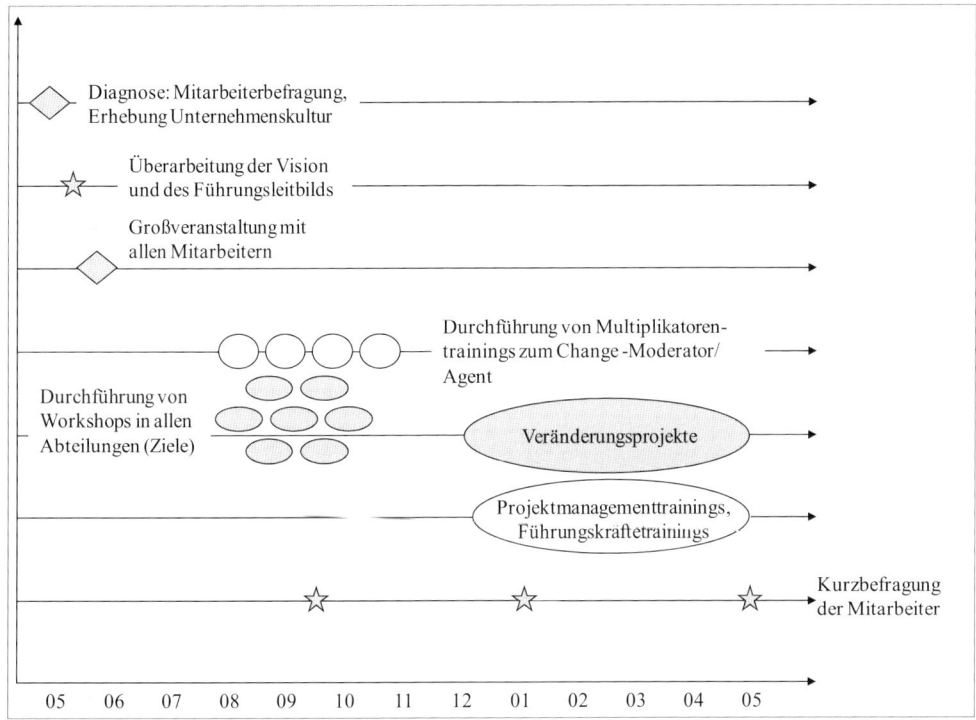

Abbildung 4:   Beispiel für einen Transformationsfahrplan[5]

Aber welche Instrumente und Methoden, welchen Werkzeugkoffer gibt es denn nun für Veränderungsprozesse? Change-Instrumente, manche eher für einzelne Phasen, manche universell einsetzbar, sind mannigfaltig, und viele sind zumindest von der Begrifflichkeit her bekannt. *Cap Gemini* hat in seiner „Change Management Studie 2008" herausgefunden, dass mehr als zwei Drittel der Befragten zwei Drittel der abgefragten Tools kannten. Die „üblichen Verdächtigen" sind nicht überraschend Trainings und Workshops, Train-the-trainer für Führungskräfte, Assessment Center/Audits und Interviews, Befragungen, Veranstaltungen und Events, Konfliktmanagement, Personal- und Organisationsentwicklung, Teambuilding, aber auch Themen wie Incentives und Mitarbeitermobilisierung sowie weniger greifbare Themen wie Führungsgrundsätze und Visionsentwicklung, die im Rahmen einer Zukunftskonferenz oder mit der Open-Space-Methode sicher zum Ziel führt. Unbekannter hingegen sind Instrumente wie das Resistance-Radar zur Sichtbarmachung von Barrieren, das World Café, das Kulturforum, die Kräftefeldanalyse, die systemische Aufstellung, das Unternehmenstheater und das Storytelling. Und die Aufzählung ist garantiert nicht abschließend!

---

[5]   Für einen alternativen Change-Plan vgl. bspw. *SCHWARZ/COKBUDAK* (2007), S. 37.

Ein Thema, das eine essentielle Bedeutung im gesamten Veränderungsprozess und auch für den Erfolg oder Misserfolg des gesamten Prozesses hat, soll aber noch gesondert herausgegriffen und betrachtet werden: die Kommunikation. Sie begleitet den gesamten Change-Prozess von A bis Z und sogar noch darüber hinaus, um den am Ende des Veränderungsprozesses erreichten Wandel weiterhin lebendig zu halten. Es gibt Grundregeln, die ohne Wenn und Aber wie in Stein gemeißelt im Veränderungsprozess gelten: Die Kommunikation muss verlässlich und authentisch sein. Sie muss zeitnah sein und für alle Betroffenen sowohl verständlich (und das ist in einem großen Unternehmen und der kulturellen und Bildungsvielfalt innerhalb der Belegschaft bereits eine sehr große Herausforderung!) als auch zugänglich sein. In ihr muss das Interesse am Veränderungsprozess geweckt werden – schließlich ist sie ein wichtiges Mittel, um die Beharrungsmotivation der Einzelnen zu reduzieren und die Veränderungsmotivation zu stärken. Schließlich muss sie emotional und lebendig sein, um die Menschen zu erreichen; sie sollte interaktiv sein, um eine aktive Einbindung zu fördern, und sie sollte so oft wie möglich über individuelle Kontakte erfolgen anstatt über Intranet, E-Mail oder Artikel in der Unternehmenszeitschrift. Dass dies herausfordernd ist, liegt auf der Hand.

Sinnvoll ist es, neben dem oder eingebettet in den Transformationsfahrplan ein Kommunikationskonzept für den gesamten Change-Prozess aufzustellen. Hierin sollte sich eine Mischung aus formellen und informellen Kommunikationsmaßnahmen finden. Beispiele für formelle Kommunikation sind Klausurtagungen und Workshops, Dialogveranstaltungen, Mitarbeitergespräche, Betriebsversammlungen sowie natürlich medienbasierte Kommunikation wie Videoansprachen und Roadshows des Vorstands, Blogs, Schreiben von Vorstand und Geschäftsführung an die Mitarbeiter, Artikel in Intranet oder Unternehmenszeitung, etc. Informelle Kommunikation findet eher unstrukturiert statt, im Wege von informellen Gesprächsrunden und Begegnungen im Arbeitsumfeld, Events und Betriebsausflügen und dem simplen Austausch mit Mitarbeitern im Arbeitsalltag (manchmal treffend bezeichnet als „Management by wandering around"). Wichtig ist, dass direkt nach der ersten Kommunikation zügig Aktionen stattfinden, damit die Mitarbeiter spüren, dass nicht nur Ankündigungsmanagement gemacht wird, sondern der Veränderungsprozess direkt beginnt.

Zusammenfassend lässt sich über die Change-Instrumente sicher folgendes konstatieren: Wenn bei jedem neu auftretenden Veränderungserfordernis der Change-Management-Ansatz immer wieder situativ und individuell gesucht und gefunden wird und die Besonderheiten jedes einzelnen Falls Maßgabe für alle Aktivitäten sind, sind der Kreativität in der Anwendung der vielfältigen Methoden und Instrumente keinerlei Grenzen gesetzt.

4   Erfolgsfaktoren

Was ist denn nun aber der ausschlaggebende Faktor, der einen Veränderungsprozess erfolgreich macht? Reicht es aus, die einzelnen Phasen als Change Manager sauber abzuarbeiten? Nein, sicherlich nicht. Jeder grundlegende Veränderungsprozess stellt eine große Herausforderung für das Management, die Mitarbeiter und das Unternehmen dar. Dabei gilt es, genau hinzusehen, sauber zu analysieren, mutige Schritte zu wagen, die aber wohl durchdacht und klar und sauber strukturiert sind – und dann, wie JOHN P. KOTTER es bezeichnet, „den Gipfel beharrlich zu erklimmen".[6] Dabei kommt es nicht nur auf die Analyse, die Planung oder die Durchführung an, nicht nur auf die Qualitäten des Change Managers und seiner Change Agents oder nur auf die Überzeugungskraft des CEO. Zumindest nicht auf jeden Aspekt allein. Grundlage für den Erfolg eines Change-Management-Projekts, also für einen erfolgreichen Wandel im Unternehmen, ist die Verbindung der oben genannten Kompetenzen und Kriterien, die Verbindung der Hard- und Softfacts. Es geht vor allem um Führung und weniger um Tools, Instrumente, Methoden und Techniken.

KOTTER beschreibt in seinem Artikel acht Fehler, die definitiv dazu führen, dass die Veränderung nicht erfolgreich gemeistert wird.[7] Daraus schlussfolgernd, lassen sich acht Erfolgsfaktoren ableiten, bei deren Beachtung und erfolgreicher Implementierung die in Angriff genommene Veränderung erfolgreich sein wird:

➤ Ein Bewusstsein der Dringlichkeit schaffen („Establishing a Sense of Urgency")

  ➤ Prüfung und Evaluierung der Markt- und Wettbewerbssituation

  ➤ Erkennung und Diskussion existierender oder potenzieller Krisen sowie großer Chancen

➤ eine mächtige Koalition von Unterstützern formieren („Forming a Powerful Guiding Coalition")

  ➤ Zusammenführen einer Gruppe, die ausreichend Macht hat, um die Veränderungsaktivitäten zu führen

  ➤ Zusammenschweißen der Gruppe zu einem Team

➤ eine Vision kreieren („Creating a Vision")

  ➤ Formulierung einer Vision, mit deren Hilfe die Veränderung vorangetrieben und gesteuert werden kann

  ➤ Entwicklung von Strategien, um die Vision zu erreichen

➤ die Vision kommunizieren („Communicating the Vision")

  ➤ Kommunikation der neuen Vision und der Strategie mit allen verfügbaren Mitteln

  ➤ Lehren der neuen Verhaltensweisen durch Vorleben durch die Koalition der Unterstützer

➤ anderen ermöglichen, die Vision mit Leben zu füllen („Empowering Others to Act on the Vision")

  ➤ Beseitigung von Hindernissen für den Wandel

  ➤ Änderung von Systemen und Strukturen im Unternehmen, die die neue Vision ernsthaft behindern oder in Frage stellen

  ➤ Unterstützung und Ermutigung zur Risikoübernahme, zu neuen, kreativen Ideen und Aktivitäten

---

[6] Vgl. *KOTTER* (1995).

[7] Vgl. *KOTTER* (1995).

> kurzfristige Erfolge planen und realisieren („Planning for and Creating Short-Term Wins")

  > Planung von sichtbaren Erfolgen und Performance-Verbesserungen

  > Realisierung dieser Verbesserungen

  > Belohnung und Belobigung von Mitarbeitern, die die Verbesserungen herbeigeführt haben bzw. an ihnen beteiligt waren

> Erreichte Verbesserungen konsolidieren und systematisch weiter verändern („Consolidating Improvements and Producing Still More Change")

  > Ausnutzung der gesteigerten Glaubwürdigkeit zur weiteren Änderung von Systemen, Strukturen und Verhaltensrichtlinien, die nicht zur neuen Vision passen

  > Einstellen, befördern und entwickeln von Mitarbeitern, die die Vision implementieren und mit Leben füllen können

  > Energetisieren des gesamten Prozesses durch neue Projekte, Themen und Menschen (Change Agents)

> Neue Vorgehensweisen fest verankern („Institutionalizing New Approaches")

  > Deutlichmachen der Verbindung zwischen dem neuen Verhalten und dem Erfolg des Unternehmens

  > Entwicklung der erforderlichen Mittel und Möglichkeiten, um Entwicklung und Nachfolge der Führungsmannschaft sicherzustellen

Diese Liste kann sicherlich nicht als Mantra heruntergebetet werden, um in Veränderungsprozessen erfolgreich zu sein. Sie ist in ihrer Ausführlichkeit und ihrem Umfang sicherlich auch nicht für jeden Wandel nutzbar, da sie sehr umfassende, langfristige Veränderungen thematisiert. Aber im Grundsatz geht es genau darum, wenn man erfolgreich Veränderungen umsetzen möchte: Die Änderungsnotwendigkeit analysieren und darauf aufbauend das Soll-Bild, die Vision, definieren; diese in erreichbare Ziele(-pakete) herunterbrechen, die Schritt für Schritt abzuarbeiten sind; Erfolge auf dem Weg feiern; und immer wieder deutlich machen, dass die Erfolge aus der Veränderung resultieren. Dabei führen, also Sinn stiften, Erfordernisse erklären, Nutzen verdeutlichen, Ängste abbauen, die Mitarbeiter also insgesamt auf dem gesamten Weg „mitnehmen". Und dabei stetig, konsequent sowie nachhaltig kommunizieren.

5   Zusammenfassung und Ausblick

Die Frage, ob all diese Erkenntnisse auch in den Zeiten der politischen Wende 1989/1990 hätten angewendet werden können und ob sie hätten verhindern können, dass auch 20 Jahre nach dem Mauerfall noch gravierende kulturelle Unterschiede und teilweise vielleicht auch immer noch eine „Mauer in den Köpfen" besteht, ist nicht leicht zu beantworten. Eigentlich ist sie gar nicht zu beantworten. An der Vision hat es sicherlich nicht gefehlt – die blühenden Landschaften waren eine schöne, emotionale Beschreibung dessen, was geschafft und erreicht werden sollte. Sicherlich hätte eine klarere Kommunikation der Veränderungen und was diese für jeden Einzelnen bedeuten können, eine klarere Erläuterung des politischen Selbstverständnisses des neuen deutschen Staates und der Tatsache, dass Freiheit nicht nur ein Geschenk ist, sondern auch bedeutet, dass man sich eigenverantwortlich darum kümmern muss, was man mit dieser Freiheit anfängt, erfolgen können. Allerdings erscheint die Anwendbarkeit von Change Management als Management-Instrument auf gesellschaftliche Umbrüche – zumindest innerhalb von demokratischen Strukturen – grundsätzlich zweifelhaft. Hier fehlen die klaren hierarchischen Führungskaskaden, die einer zentralen Führungsstruktur immanent sind. Das Beispiel der politischen Wende macht es klar: Selbst wenn ein Staatsoberhaupt nach dem Fall der Berliner Mauer am 9. November 1989 auf Veränderungsbedarfe hingewiesen und den aktuellen Status und das Soll-Bild kommuniziert hätte, hätte er nicht alle Menschen erreicht, da es keine Weisungsgebundenheit oder sonst wie verursachte Notwendigkeit gibt, auf konkrete Aktivitäten und Aufforderungen des Staatsoberhaupts zu warten oder gar auf sie zu hören. Vor allem wäre seine Botschaft nicht die einzige klare Botschaft mit alleinigem Gültigkeitsanspruch gewesen. Schließlich hatten Bürgerrechtler, Volksvertreter, kirchliche Würdenträger, politische Vertreter aus aller Welt, Parteifunktionäre aus Ost und West und nicht zuletzt ein zweites, offiziell gewähltes Staatsoberhaupt in Deutschland alle ihre eigene Meinung und machten diese publik. Und 80 Millionen deutsche Bürger, unabhängig davon, in welchem deutschen Staat sie lebten, hatten eine eigene Meinung, Ängste und Hoffnungen – und im engsten sozialen Umfeld Familien, Freunde, Ratgeber, auf deren Urteil und Interpretation von Veränderungsbedarfen sie sicherlich mehr Wert legten als auf die sowieso nicht konsistenten Aussagen der politischen Führung(en).

In hierarchisch geführten Organisationen jedoch, in denen von klaren Weisungsrechten geprägte Führungs- und Kommunikationskaskaden existieren, erweist sich Change Management als ein geeignetes Instrument zur Bewältigung von Umbrüchen und Veränderungen tiefgreifender Art. Dies jedoch als outsourcebare Aufgabe zu verstehen, derer man sich durch Schaffung interner Change-Abteilungen oder Anheuerung externer Change- oder Transformationsberater entledigen kann, wäre falsch und zum Scheitern verurteilt. Diese können als Prozessberater, Prozessbegleiter und Methodenexperten für die gesamte Organisation einen großen Mehrwert leisten. Insgesamt aber muss Change Management sich als originäre zentrale Führungsaufgabe etablieren, als Aufgabe und Verantwortung, die jede Führungskraft auf jeder Führungsebene als Service gegenüber den ihr anvertrauten Mitarbeitern zu erbringen hat. Wenn dieses Selbstverständnis in den Köpfen und Herzen der Führungskräfte fest verankert ist, werden Veränderungen in Unternehmen häufiger, schneller und vor allem nachhaltiger als bisher zum intendierten Erfolg führen.

Insgesamt ist eines glasklar: Das Managen von Veränderungen wird gerade in der Zukunft infolge rasanter Entwicklungen in zunehmend globalisierten Märkten und vor dem Hintergrund knapper werdender Ressourcen, politischer Umbrüche und des wissenschaftlichen und technologischen Fortschritts eine zentrale Herausforderung für Unternehmen und in ihnen eine der zentralen Managementaufgaben bleiben.

Quellenverzeichnis

CAP GEMINI (2007): Change Management-Studie 2008 – Business Transformation – Veränderungen erfolgreich gestalten, online: http://www.de.capgemini.com/m/de/tl/Change _Management-Studie_2008.pdf, Stand: 25.02.2008, Abruf: 18.08.2009.

GROTEN, H. B. (2007): Change Management – Worauf es wirklich ankommt, in: KEUPER, F./ GROTEN, H. B. (Hrsg.), Nachhaltiges Change Management – Interdisziplinäre Fallbeispiele und Perspektiven, Wiesbaden 2007, S. 357–379.

KOTTER, J. P. (1995): Leading Change: Why Transformation Efforts Fail, in: Harvard Business Review, 73. Jg. (1995), Nr. 2, S. 59–67.

DOPPLER, K./LAUTERBURG, C. (2002): Change Management, Frankfurt/New York 2002.

SCHEIN, E. H. (1995): Unternehmenskultur – Ein Handbuch für Führungskräfte, Frankfurt am Main/New York 1995.

SCHWARZ, S./COKBUDAK, E. (2007): Führung als kritischer Erfolgsfaktor im Change Management, in: KEUPER, F./GROTEN, H. B. (Hrsg.), Nachhaltiges Change Management – Interdisziplinäre Fallbeispiele und Perspektiven, Wiesbaden 2007, S. 31–57.

WIKIPEDIA (o. A. [a]): Veränderung, online: http://de.wikipedia.org/wiki/Ver%C3%A4nderung, Stand: unbekannt, Abruf: 18.08.2009.

WIKIPEDIA (o. A. [b]): Veränderungsmanagement, online: http://de.wikipedia.org/wiki/Ver% C3%A4nderungsmanagement, Stand: unbekannt, Abruf: 18.08.2009.

Mauern fallen – Marken bleiben!

FRANZ-RUDOLF ESCH, NIELS NEUDECKER und OLGA SPOMER

Institut für Marken- und Kommunikationsforschung an der Justus-Liebig-Universität Gießen

1	Wiedervereinigung am Point-of-Sale	245
2	Geliebt, belächelt, vergöttert – warum starke Marken überleben	246
	2.1 Markenrevitalisierung: Wiederaufbau von Ostmarken	246
	2.2 Zusammenhang zwischen Markenidentität, Positionierung und Markenimage	252
3	Marke Deutschland: präzise, zuverlässig, vertrauensvoll!	258
	Quellenverzeichnis	263

1 Wiedervereinigung am Point-of-Sale

Schokolade aus Halle, Teigwaren aus Riesa und Knäckebrot aus Burg sind wieder angesagt. Während Anfang der 1990er Jahre viele Osthersteller noch darum kämpften, bei den großen Handelskonzernen gelistet zu werden, rühmt sich 20 Jahre nach dem Mauerfall die „REWE-Group" damit über 30 % Ostmarken im Sortiment des Tochterunternehmens „PENNY" zu führen. Damit besitzt der Handelskonzern eines der größten Ost-Sortimente im Lebensmittel-discount. Der Volks-Discounter baut sein Angebot an Ostmarken für seine über 500 Filialen und die noch folgenden über 150 „PLUS"-Umstellungen in den neuen Bundesländern weiter aus.[1] *ARMIN REHBERG*, Vorstand der „REWE-Group" für den Bereich Discounter, erklärt, dass die angebotenen Ostprodukte sich durchweg gegen die renommierte Konkurrenz aus Europa durchsetzen. Zudem sei bei den Ostkonsumenten eine starke regionale Verbundenheit spürbar, wie man es bisher nur aus dem lokalpatriotischen Bayern kannte. Als Konsequenz hat „PENNY" nicht nur die Anzahl der gelisteten Ostmarken stark erhöht, sondern diese auch offensiv beworben (siehe Abbildung 1). Ziel von „PENNY" ist es, die Vielfalt der verschiedenen Regionen in Deutschland abzubilden. Ostdeutschland gelte dabei als Vorreiter für dieses Konzept.[2]

Abbildung 1:   Links: „PENNY"-Fotowettbewerb, rechts: Ost-Werbung am Point-of-Sale.

Diese Entwicklung ist kein Einzelfall. Unternehmen setzen in einer globalisierten Welt immer häufiger auf Regionalität. Skandale über Genprodukte und Lebensmittelersatzstoffe lassen beim Konsumenten die Sehnsucht nach einem Stück Heimat und den guten alten Werten wachsen. Diese Entwicklung wird verschärft durch die sich zuspitzende Komplexität in den Supermarkt-Regalen, sowie die Informationsüberflutung durch die neuen Medien. Eine konsistente, widerspruchsfreie und glaubwürdige Kommunikation sollte daher den strategischen Mittelpunkt von Unternehmen darstellen.[3] Auch aufgrund der anhaltenden Wirtschaftskrise sind Mehrwert und Regionalität als aktuelle Trendthemen bei den Konsumenten zu erkennen.[4] Die aktuelle Studie „Werbetrends 2009" bestätigt diese Entwicklung: Nach den beiden Extremen „Geiz ist Geil" und „Premiummarken" zeigt sich heute in der Werbung eine Rückbesinnung auf die ureigenen Qualitätsmerkmale Authentizität, Güte und Preis-Leistungs-Verhältnis. Laut *forsa* wollen 60 % der Bundesbürger künftig stärker auf die regionale Herkunft

---

[1]   Vgl. online *PENNY* (2009).

[2]   Vgl. online *O. V.* (2009).

[3]   Vgl. *ESCH* (2008), S. 31, und *ESCH/WINTER* (2009), S. 415.

[4]   Vgl. online *HAHN ET AL.* (2009).

von Produkten achten.[5] Zwei nicht zu verachtende Nebeneffekte davon: nicht nur würde man von den kürzeren Transportwegen profitieren, dieser Trend könnte sogar auch den heimischen Arbeitsmarkt beflügeln. Für den österreichischen Markt wurde in einer Studie der *Universität Linz* ein Anstieg um 30.000 Arbeitsplätze für den Fall ermittelt, dass 30 % der Importe durch heimische Lebensmittel ersetzt werden.[6]

Dass sich Ost-Produkte im Osten gut verkaufen, könnte man also durchaus auf den aktuellen Trend der Regionalität zurückführen. Aber auch in den Einkaufskörben der alten Bundesländer befinden sich bereits nahezu selbstverständlich die großen Ostmarken: *„Köstritzer Schwarzbier"*, *„Thüringer Bratwurst"*, *„Rotkäppchen-Sekt"*, *„Spreewälder Gurken"* u. v. a. Zwei Jahrzehnte nach der Wiedervereinigung haben die einstmals vergessenen Ostmarken auch in Westdeutschland wieder ein sehr gutes Image. Wie sich im Folgenden zeigen wird, handelt es sich dabei nicht nur um den aktuellen Trend der Regionalität, sondern um eine strategische Markenführung mit Gespür für die Bedürfnisse der gesamtdeutschen Konsumenten 20 Jahre nach dem Mauerfall.

2 Geliebt, belächelt, vergöttert – warum starke Marken überleben

2.1 Markenrevitalisierung: Wiederaufbau von Ostmarken

Ostprodukte hatten es nach dem Fall der Mauer schwer. Während sie in den alten Bundesländern mitunter belächelt wurden, verschmähten die neuen Bundesbürger ihre vorher noch geliebten DDR-Produkte regelrecht.[7] Dabei wurde der vorübergehende Niedergang der eigenen Warenwelt von der ostdeutschen Bevölkerung zwiespältig empfunden. Einerseits brachte die westliche Markenwelt den erwarteten Glanz in die verstaubten Ostregale, jedoch wurde dies andererseits mit einem hohen Preis bezahlt: die eigenen Erzeugnisse wurden in den marktwirtschaftlichen Hintergrund gedrängt. Somit degradierte man sich selbst nicht nur zu einem Produzenten zweiter Klasse, sondern löste auch eine wirtschaftliche Abwärtsspirale aus: geringere Produktionsmengen, Schließung der Betriebe, Verkauf von Industrievermögen und Verlust der Arbeitsplätze.[8] Die gesellschaftliche Entwicklung war ähnlich geprägt. Nachdem man sich mühsam von der verkrusteten Ostidentität gelöst hatte, musste man erkennen, dass die neue Westidentität nicht passen wollte. Aus dem zunehmenden Bewusstsein der Ostdeutschen über ihr gemeinsames Schicksal entwickelte sich allmählich eine neue Identität unter Rückbesinnung auf die alten Werte. Damit wurde der Grundstein für eine Renaissance ostdeutscher Marken gelegt, die später als *„Ostalgiewelle"* über die Grenzen der neuen Bundesländer rollen und fruchtbaren Boden für den Erfolg von Ostmarken hinterlassen sollte.[9]

---

[5]   Vgl. WENZEL (2009).

[6]   Vgl. SCHNEIDER/HOLZBERGER (2009).

[7]   Vgl. BETHGE (2006), S. 10.

[8]   Vgl. MACKAT ET AL. (2002).

[9]   Vgl. MACKAT (2007), S. 30.

In vielen Fällen konnten Ostprodukte ihren Marken-Relaunch erst einige Jahre nach der Wiedervereinigung vollziehen, da sie nach dem wirtschaftlichen Zusammenbruch der DDR einen Neustart unter marktwirtschaftlichen Bedingungen zu absolvieren hatten. Oftmals waren die Marken dabei das einzige Kapital, welches den Unternehmen geblieben war. Aufgrund der immateriellen Ausstrahlungskraft bekannter Marken, sowie einer hohen Flopquote neu eingeführter Marken, bietet dieser Vermögenswert eine Vielzahl von Chancen bei relativ geringem Risiko.[10] Trotz markwirtschaftlichem Ursprung des Markenbegriffs existierten diese auch unter den planwirtschaftlichen Rahmenbedingungen der DDR. Ihre Funktionen waren zwar sozialistisch geprägt, jedoch decken sich diese weitgehend mit denen in Westdeutschland.[11] In mehreren Marktstudien konnte belegt werden, dass ost- und westdeutsche Konsumenten gleichermaßen über ein positives Markenverständnis verfügen, welches durch dieselben Kriterien geprägt ist: Bekanntheit, Kontinuität, Qualität und Preis.[12] Die Bekanntheit einer Marke zeigt sich v. a. durch die konkreten Vorstellungsbilder, die ein Konsument mit einem bestimmten Produkt verbindet. Die Kontinuität des Markenauftritts erleichtert dabei die Orientierung und fördert langfristig das Markenvertrauen und die Markenbindung.[13] Gerade in Bezug auf die Qualitätseigenschaften zeigen ostdeutsche Konsumenten ein höheres Vertrauen zu Marken als Konsumenten in den alten Bundesländern.[14]

Bei den ostdeutschen Konsumenten hat sich durch die Zahl der Kontakte, der Nutzung sowie der Zufriedenheit mit den Angeboten im Zeitablauf ein Markenguthaben aufgebaut. Ähnlich einem Eisberg schlummert dieser Teil der Marke unter der Wasseroberfläche, während der sichtbare Teil das kurzfristig beeinflussbare Markenbild darstellt.[15] Aus diesem Gesichtspunkt scheint es offensichtlich, bereits verschwundene Ostmarken, die während der DDR-Zeit kontinuierlich Markenguthaben aufgebaut haben, wieder zum Leben zu erwecken. Diese Marken sind wie das verwunschene Dornröschen: auch wenn sie langsam in Vergessenheit geraten, besitzen sie immer noch einen guten Ruf, welcher jedoch im Laufe der Zeit seinen Glanz verloren hat (siehe Abbildung 2).[16]

Abbildung 2:   *Erfolgreiche Markenrevitalisierung von Ostprodukten: „Florena", „Kathi",*
„Spee", „Bautz'ner", „Rotkäppchen" und „Vita-Cola".

---

[10]   Vgl. *ESCH* (2008), S. 14 f.

[11]   Vgl. *BETHGE* (2006), S. 7.

[12]   Vgl. *MACKAT ET AL.* (2002), *MACKAT* (2007) und zum Markenbegriff vgl. auch *ESCH* (2008), S. 1 ff.

[13]   Vgl. *ESCH ET AL.* (2006), S. 98 ff., und *ESCH* (2008), S. 24.

[14]   Vgl. *IMK LEIPZIG* (2001) und *MACKAT ET AL.* (2002).

[15]   Vgl. *ESCH* (2008), S. 637.

[16]   Vgl. *ESCH/WICKE/REMPEL* (2005), S. 8.

Eine der wohl bekanntesten Ostmarken, die es bis hin zum deutschlandweiten Marktführer geschafft hat, ist „Rotkäppchen". Dabei sah es um das 1856 gegründete Traditionsunternehmen nach der Wende schlecht aus. Nachdem der Absatz im letzten sozialistischen Jahr noch 14,3 Millionen Sektflaschen erreichte, konnten im zweiten Halbjahr nach dem Mauerfall nur noch 1,8 Millionen Flaschen verkauft werden. Als es 1993 zur Treuhandentscheidung kam, das Unternehmen an fünf leitende Mitarbeiter sowie den Privatinvestor HARALD ECKES-CHANTRÉ zu verkaufen, machten diese sich daran, die Marke „Rotkäppchen" behutsam für den Wettbewerb im Supermarktregal aufzubauen. Zwar sollte eine Anpassung an den aktuellen Zeitgeist erfolgen, jedoch nicht zu Lasten des Identifikationsverlusts mit dem bestehenden Markenbild.[17] Genau wie bei menschlichen Partnerschaften kann sich auch die Beziehungen zwischen Konsument und Marke stetig weiterentwickeln, bei einem wachsenden Identifikationsmangel kann sie jedoch auch schnell wieder abbrechen.[18]

Unter diesem marketingstrategischen Fauxpas hatte die von „Reemtsma" aufgekaufte Zigarettenmarke „Cabinet" zu leiden, die nach der Übernahme einen nach westlichen Maßstäben modernisierten Gesamtauftritt erhielt. Einer der Gründe dafür war, dass Nikotin und Kondensate zum Teil mehr als doppelt so hoch wie bei den Westsorten lagen und man die niedrigeren Schadstoffwerte der von 1993 an gültigen EG-Tabaknorm vorwegnehmen wollte. Die Schadstoffe wurden erheblich reduziert, die Tabake nach neuer Rezeptur gemischt. Auch die Packung bekam ein frisches, modernes Outfit. Der Konsument war jedoch nicht bereit, sich mit der überarbeiteten Marke weiter zu identifizieren. Im September 1990 war der einstige Marktanteil von über 33 % gar auf unter 10 % abgesackt. So schnell hat nie zuvor eine Zigarettensorte ihre Käufer verloren.[19] Die Münchner Philip Morris GmbH schrieb eine ganz andere Geschichte. Zwar verkauft sie die übernommene Marke „f6" im Osten prächtig, jedoch verzichtete sie auf die Ausweitung auf den Westmarkt. Vielmehr erhoffte sich das Unternehmen einen allmählichen Siegeszug von „Marlboro" in Ostdeutschland.[20] Schaut man auf die Marktzahlen scheint man die Markenstärke unterschätzt zu haben, denn nach Einschätzung des Herstellers, der f6 Cigarettenfabrik Dresden GmbH, halte die „f6"-Markenfamilie in Ostdeutschland einen Marktanteil von 30 % und zählt heute zu den 20 umsatzstärksten Ostunternehmen.[21]

Eine wichtige Rolle hierbei spielt die Sozialisation.[22] Diese beschreibt die Umstände, in denen Mentalitäten und Werte gebildet werden. Sie prägt das Denken, die Sehnsüchte und das Empfinden, das sich in Einstellungen und Wertorientierungen ausdrückt. Ostdeutsche lebten vor der Wende in einer anderen Gesellschaft, sind entsprechend anders sozialisiert und schätzen andere Werte als Westdeutsche. Sie sind stärker an der Grundidee einer solidarischen Gemeinschaft orientiert und schätzen traditionelle Werte wie Gemeinschaft, Sicherheit, Vertrauen, Bescheidenheit und Solidarität. Die Zukunftsvorstellungen der Ostdeutschen beruhen auf einer mit einem Wir-Gefühl unterlegten, emotionalen und solidarischen Verbundenheit. Die stärkere Kollektivorientierung der Ostdeutschen findet ihren Ausdruck unter anderem in einem hohen Wunsch nach einem *stärkeren Wir-Gefühl unter Deutschen*. 83,6 % äußerten

---

[17]   Vgl. ESCH (2008), S. 121.

[18]   Vgl. FOURNIER (2005), S. 209 ff.

[19]   Vgl. O. V. (1990), S. 166.

[20]   Vgl. HOCHSTAEDTER (1991), S. 40.

[21]   Vgl. online O. V. (2004).

[22]   Vgl. MACKAT (2007), S. 36 ff.

diesen Wunsch im Osten und nur 65,5 % im Westen.[23] Die Wertestruktur der Ostdeutschen ist nach wie vor durch eine stabile Struktur geprägt, in deren Mittelpunkt Arbeit, Familie und soziale Sicherheit stehen.[24]

Westdeutsche orientieren sich dagegen stärker an westeuropäischen und nordamerikanischen Lebensstilen. Sie schätzen moderne, individualistische Werte wie Freiheit, Abenteuer, Freizeit, Kreativität und Selbstverwirklichung. Sie sind konsumorientierter, pflegen einen hochwertigeren Konsum und konsumieren mehr spontan. Auch sie haben einen Wertewandel erlebt. Während nach dem zweiten Weltkrieg noch traditionelle Einstellungen wie Fleiß, Disziplin und Opferbereitschaft gefragt waren, um das Land wieder aufzubauen, so kam mit dem Wirtschaftswunder die Entdeckung von Freiheit und Individualität.[25] Hier docken Marken an, indem sie bestimmte Werte verkörpern und Persönlichkeitseigenschaften reflektieren. Marken leben davon, dass ihre Konsumenten sich mit ihnen identifizieren und eine emotionale Bindung aufbauen können.[26] Je näher einem die Werte einer Marke sind, desto sympathischer und überzeugender wirkt sie. Entsprechen die Werte, die durch eine Marke verkörpert werden, denen der Konsumenten, so wird diese bevorzugt. Schließlich spiegelt die Marke auch die eigenen Sehnsüchte und Lebenseinstellungen wider. Marken, die bestimmte Werte verkörpern beziehungsweise diejenigen der Zielgruppe ansprechen, sind also erfolgreich. Identifiziert sich der Konsument nicht mit der Marke, so ist sie zum Scheitern verurteilt. Ein Beispiel: die Marke „Marlboro" setzt auf Freiheit und Abenteuer, spricht damit die modernen individualistischen Werte an. Die ostdeutsche Zigarettenmarke „f6" steht dagegen für Gemeinschaft und Vertrauen, die traditionellen gemeinschaftlichen Werte (siehe Abbildung 3).

Abbildung 3:   *Verkörperung von modernen Werten wie Abenteuer und Freiheit von „Marlboro" und traditionellen Werten wie Gemeinschaft und Vertrautheit von „f6".*

Bei „Rotkäppchen" schien man sich darüber im Klaren zu sein, dass die Basis für den gesamtdeutschen Markenerfolg im Hauptabsatzmarkt der neuen Bundesländer liegt. Das Unternehmen unterstreicht diesen Umstand in seiner Festschrift zum 150. Jubiläum der Sektkellerei mit den Worten: „Dann werden die Etiketten neu gestaltet, [...] so, dass die Menschen zwischen Rügen und Zwickau ein kleines bisschen stolz auf eines der wenigen überlebenden Ost-

---

[23]   Vgl. *IDENTITY FOUNDATION/REIHNGOLD/GfK* (2009).

[24]   Vgl. *SOZIALREPORT* (2008).

[25]   Vgl. *BETHGE* (2006) und *MACKAT* (2007).

[26]   Vgl. *FOURNIER* (2005) und *ESCH* (2008), S. 107 ff.

Produkte sein können."[27] Die sich nach 1991 abzeichnende Rückbesinnung auf Ostprodukte sorgte für den nötigen Aufwind dieser Strategie, die *„Rotkäppchen"* im Jahr 2002 einen Marktanteil von 50 % bescherte – in Westdeutschland jedoch nur von drei Prozent. Diesem Umstand folgte nicht nur eine Weiterentwicklung der Kommunikationskampagnen, sondern auch die Erweiterung der Produktportfolios durch den Aufkauf anderer Marken. Zwar hatte man die Produktlinie von Rotkäppchen bereits um hochpreisige Sektvarianten mit Flaschengärung erweitert, jedoch konnten durch die zusätzlichen Marken eine bessere Marktabdeckung und größeres Marktwachstum erreicht werden, indem man den zunehmend heterogenen Bedürfnisstrukturen der Konsumenten entspricht.[28]

Der Grund für diese unterschiedlichen Präferenzen liegt auf der Hand. Über die Jahre hinweg werden durch starke Marken Vorstellungsbilder in den Köpfen der Konsumenten aufgebaut, die eine Identifikations- und Differenzierungsfunktion übernehmen und unser Wahlverhalten prägen.[29] Ein Marlboro-Zigarettenraucher verbindet mit dieser Marke Vorstellungsbilder wie Abenteuer und Freiheit. Mit jedem Zug an einer *„Marlboro"*-Zigarette wird die Cowboywelt *erlebt*. Die ostdeutsche Zigarettenmarke *„f6"* wird mit Vorstellungsbildern zur Gemeinschaft und Vertrautheit assoziiert. Die große Herausforderung eines Unternehmens ist es, mit der eigenen Marke einen Platz im Kopf des Verbrauchers einzunehmen. Berücksichtig man die begrenzten Informationsverarbeitungskapazitäten des Menschen sowie die enorme Anzahl an Marken allein in Deutschland,[30] so ist dies keine leichte Aufgabe.

Durch den Aufkauf der starken Marken *„Mumm"*, *„MM"* (beide 2001) und der Premiummarke *„Geldermann"* (2003) konnte Rotkäppchen unabhängig von der Hauptmarke die spezifischen Konsumentenwünsche ansprechen. Mittlerweile ist das *„Haus aus Sekt"* klarer Marktführer.[31] Die Nummer zwei, *„Freixenet"* aus Spanien, erreicht einen Marktanteil von rund 17 %. Weltweit sieht die Reihenfolge anders aus: hier führt *„Freixenet"* den Markt an, *„Rotkäppchen"* liegt auf einem beachtlichen zweiten Platz.[32] Im Jahr 2006 folgte dann schließlich die Markenerweiterung von der Hauptmarke *„Rotkäppchen"* in die Produktkategorie Wein.[33] Mit dieser Markenerweiterung erhofft man sich die bisherigen Investitionen in die Marke durch den Transfer bereits aufgebauter Vorstellungsbilder und damit verbundene Präferenz auf die neue Produktkategorie Wein zu kapitalisieren. Dies lässt sich typischer Weise günstiger und risikoärmer realisieren als der Aufbau einer neuen Marke.[34]

Neben diesem Glanzlicht aus Freyburg konnten auch andere Produkte den Gipfel der Marktführerschaft erklimmen. So prosperiert ausgerechnet in der ostdeutschen Chemiehochburg Halle das Kuchenwunder *„Kathi"*. Schon 1953, lange vor *Dr. Oetker* und *Kraft*, brachte die *Kathi Rainer Thiele GmbH* ein fertiges Tortenmehl auf den Markt. Heute ist das Familienunternehmen Marktführer in Ostdeutschland, bei den Grundmischungen wie Hefe- oder Streu-

---

[27]   *ROTKÄPPCHEN JAHRBUCH* (2007), S. 89.

[28]   Vgl. *KAPFERER* (2008), S. 347, und *ESCH* (2008), S. 462.

[29]   Vgl. *ESCH* (2008), S. 22.

[30]   Das deutsche Patent- und Markenamt berichtet von 776.628 nationalen und 6.869 internationalen Marken, die 2008 in Deutschland geführt wurden. Vgl. *DPMA* (2009).

[31]   Vgl. online *VOGLER* (2008).

[32]   Vgl. online *PREVEZANOS* (2009).

[33]   Vgl. *ROTKÄPPCHEN JAHRBUCH* (2007), S. 89.

[34]   Vgl. *ESCH/HERRMANN/SATTLER* (2008), S. 207 f.

selteig sogar in Gesamtdeutschland.[35] Anfangs schien der Wiederaufbau der Traditionsmarke jedoch zu scheitern, denn selbst die Ost-Konsumenten kauften nur was im Westfernsehen beworben wurde. Dabei handelte es sich um eine starke Ausprägung von so genanntem *variety seeking*, vereinfacht gesagt dem Bedürfnis nach Abwechslung. Das Phänomen besteht darin, dass der Konsument nach wiederholtem Kauf die Marke wechselt, obwohl die Präferenzen unverändert sind. Nicht die neue Marke, sondern der Wechsel an sich stiftet den Nutzen.[36] Ein Wechsel zurück zur ursprünglichen Marke ist dabei nicht untypisch. Thieles waren gewiss, dass es eine Rückbesinnung auf die wenigen Ostmarken geben würde, denn schließlich handelte es sich hierbei um so genannte *Bückware*, die zu DDR-Zeiten mitunter gegen Westgeld unterm Ladentisch gehandelt wurde.[37] Ähnlich wie bei „*Rotkäppchen*" hat auch hier die Betonung der traditionellen Werte die Marke „*Kathi*" stark gemacht. Auf Messen etwa ist die Familie *THIELES* immer persönlich anwesend und präsentiert sich als bodenständiges deutsches Unternehmen. Solche Werte kommen auch im Ausland gut an, besonders in den USA, wo „*Kathi*" mit der Marke „*Kathi 1951*" den Markt erobert.[38]

Gerade am Beispiel der traditionsbewussten *Kathi Rainer Thiele GmbH* wird deutlich, dass erfolgreiche Unternehmen sich durch einen langfristigen Markenaufbau auszeichnen. Oftmals sehen sich Unternehmen jedoch unter dem kurzzeitigen Erfolgsdruck, der etwa an Abverkaufszahlen gebunden ist. Das Wachstum um jeden Preis kann jedoch sehr schnell mit der Verwässerung der Markenkraft einhergehen.[39] Einer solchen Gefahr war die ostdeutsche Kultmarke „*Vita Cola*" ausgesetzt. Lange rangierte „*Vita Cola*" auf Rang zwei aller Cola-Marken in Ostdeutschland, bis sie 2006 von *Pepsi* auf Rang drei verdrängt wurde. Eine Mengensteigerung, die von *Pepsi* durch hohe Preisaggressivität erkauft wurde. *Pepsi* hatte bundesweit den eigenen Softdrink vornehmlich über Markendiscounter wie *Lidl* zu einem Preis von 49 Cent pro Liter in den Markt gedrückt, während „*Vita Cola*" bei stolzen 71 Cent verharrte. Preisaktionen wie jene von *Pepsi* führen neben mangelnder Konsistenz und Kontinuität der Markenführung zur Markenerosion, die durch dem Rückgang des Markenimages sowie des Markenbekanntheit geprägt ist. Ein Rückgang dieser beiden verhaltenwissenschaftlichen Zielgrößen wirkt sich mittel- bis langfristig auf die Preisbereitschaft und die abgesetzte Menge ab.[40] „*Vita Cola*" distanziert sich von diesen kurzfristigen Maßnahmen und lies sich durch den Preisdruck nicht provozieren, denn man sei auf den langfristigen Erfolg durch den Aufbau einer starken Marke interessiert.[41] Hieraus wird ersichtlich, dass die Botschaft starker Marken längst in der Managementpraxis angekommen ist. Leider erlebt man allzu oft, dass mit der Marke primär das Zeichen und schöne Bilder in der Werbung verknüpft werden. Von einem systematischen Markenaufbau, in dessen Zentrum die Markenidentität steht, sind Unternehmen mitunter weit entfernt.[42]

---

[35] Vgl. online *BRÜCK* (2008).

[36] Vgl. *BAUMGARTH* (2007), S. 16.

[37] Vgl. online *LIXENFELD* (2009).

[38] Vgl. online *KÄTHE&KURT 1951* (2009).

[39] Vgl. *ESCH* (2002) und *ESCH* (2008), S. 54.

[40] Vgl. *ESCH/GEUS/LANGNER* (2002), S.475, *KIRCHGEORG/KLANTE* (2005), S. 339, und *ESCH* (2008), S. 184.

[41] Vgl. online *REICH* (2007).

[42] Vgl. *ESCH* (2008). S. 81.

2.2   Zusammenhang zwischen Markenidentität, Positionierung und Markenimage

Die Entwicklung von *„Rotkäppchen"*, *„Kathi"* und *„Vita-Cola"* über die letzten 20 Jahre ist eine Erfolgsgeschichte starker Marken. Anhand der wohlbedachten Maßnahmen der Marketing-Verantwortlichen wird deutlich, dass Marken mehr sind als schön kommunizierte Bilder in der Werbung. Es wurde immer wieder der Spagat ersichtlich, den eine Marke zwischen dem bestehenden Bild der Konsumenten und dem gewünschten Bild der Unternehmen machen muss, ohne dabei ihre Identität zu verlieren. Gerade in den Jahren der Rückbesinnung ostdeutscher Konsumenten auf ihre Kernwerte und der Solidarisierung mit der eigenen Konsumkultur ist die Entwicklung der *Markenidentität* ein sensibles Thema. Für eine erfolgreiche Markenführung ist die Markenidentität Ausgangspunkt strategischer Überlegungen. Sie bringt essenzielle und wesensprägende Merkmale einer Marke zum Ausdruck.[43]

Ein Ansatz, der die Einzelteile der Markenidentität pragmatisch zu einem *big picture* zusammenführt ist das *modifizierte Markensteuerrad nach ESCH* (siehe Abbildung 4).

Abbildung 4:   Modifiziertes Markensteuerrad nach Esch[44]

---

[43]   Vgl. *ESCH* (2008), S. 90.

[44]   Vgl. *ESCH* (2008), S. 102.

Im Zentrum der Betrachtung steht die *Markenkompetenz* als Kern der Markenidentität. Sie kann sich wie bei *„Kathi"* und *„Rotkäppchen"* auf die Markenhistorie und die Zeitdauer im Markt beziehen. Bei den *„Spreewälder Gurken"*, den *„Thüringer Rostbratwürsten"* und dem *„Bautz'ner Senf"* steht hingegen die Herkunft der Marke im Zentrum der Kommunikation. Andere Marken heben sich wiederum durch zentrale Markenassets ab, beispielsweise zeichnet sich *„Vita Cola"* durch den ungewöhnlichen Zitrusgeschmack aus.[45]

Um diesen Kern herum werden auf der linken Seite die „hard facts" zur Marke abgebildet, also die *Markenattribute* sowie die *Markennutzen*, wobei eine akkurate Trennung dieser wichtig ist: Konsumenten kaufen ein Produkt schließlich nicht aufgrund seiner Eigenschaften, sondern aufgrund des daraus entstehenden Nutzens. Beispielsweise erschließt sich bei *„Rotkäppchen"* der Nutzen der Markeneigenschaft Flaschengärung im überlegenen Geschmack. Auf der rechten Seite des Markensteuerrades werden die emotionalen Aspekte der *Markentonalität* und des *Markenbildes* erfasst. Das Traditionsbewusstsein im Rahmen der Markentonalität wird bei *„Rotkäppchen"* unter anderem durch das deutlich zu lesende Gründungsjahr auf dem Flaschenetikette erlebbar.[46] Das Markenbild wird hingegen geprägt durch die Frau im roten Kleid sowie die rote Kapsel der Flasche. Hierbei wird ersichtlich, dass zwischen den vier Quadranten des Modells ein starker innerer Bezug besteht. Im Gegensatz zum Kern sind diese Bereiche im Zeitablauf veränder- und erweiterbar.[47]

Die festgelegte Markenidentität wird mit Hilfe der *Markenpositionierung* durch eine klare Fokussierung auf die für Anspruchsgruppen wichtige und von der Konkurrenz differenzierende Eigenschaften wirksam umgesetzt. Im Kern sollte man sich dabei auf wenige besonders wichtige Positionierungseigenschaften fokussieren,

➢ die zur Marke passen,

➢ für Kunden relevant sind,

➢ die Marke vom Wettbewerb differenzieren und

➢ langfristig verfolgt werden können.

Diese sollte man in einem kurzen und prägnanten Satz formulieren können, der die Maßgabe für das Handeln im Unternehmen bildet: *Spee* ist die günstige, moderne und schlaue Art zu waschen. *Rotkäppchen* ist elegant und phantasievoll, um alltägliche Momente zu besonderen Erlebnissen zu machen.

Dabei müssen stets die relevanten Markt- und Kommunikationsbedingungen berücksichtigt werden.[48] Unter den Bedingungen der Wiedervereinigung stellte es sich als große Herausforderung heraus, die Positionierungseigenschaften so zu wählen, dass sie den Wünschen und Bedürfnissen der Konsumenten in den Neuen und Alten Bundesländern gleichermaßen entsprechen. Dies ist für den gesamtdeutschen Markterfolg eines Produktes essenziell, denn die Befriedigung von Wünschen und Bedürfnissen der Konsumenten gilt als notwenige Bedingung. Die Vermittlung eines aus Sicht der Anspruchsgruppen eigenständigen und unverwech-

---

[45]   Vgl. *ESCH* (2008), S. 103, und S. 218.

[46]   Vgl. *ROTKÄPPCHEN JAHRBUCH* (2007), S. 89.

[47]   Vgl. *ESCH* (2008), S. 101.

[48]   Vgl. *ESCH* (2008), S. 90.

selbaren Profils ist jedoch eine hinreichende Voraussetzung.[49] Eine hohe Bekanntheit führt oft zu Sympathie und Vertrauen zur Marke und dadurch bereits zum Kauf. Bekannte und akzeptierte Marken kommen in das so genannte *evoked set of alternatives*, unter denen man in der Regel die Kaufentscheidung trifft.[50]

Die aus der Markenidentität abgeleitete Markenpositionierung wird mit Hilfe von Kommunikationsmaßnahmen, die sich aus dem klassischen Marketing-Mix ergeben, auf den Konsumenten übertragen. Hierzu zählen etwa Umsetzungen im Produktdesign, der Massenkommunikation oder *Below-the-line*-Kommunikation. Ob die Markenidentität letztendlich erfolgreich auf das *Markenimage* der Konsumenten übertragen wurde, muss durch *Markenstatus*- und *Imageanalyse* überprüft und gegebenenfalls angepasst werden (siehe Abbildung 5).[51]

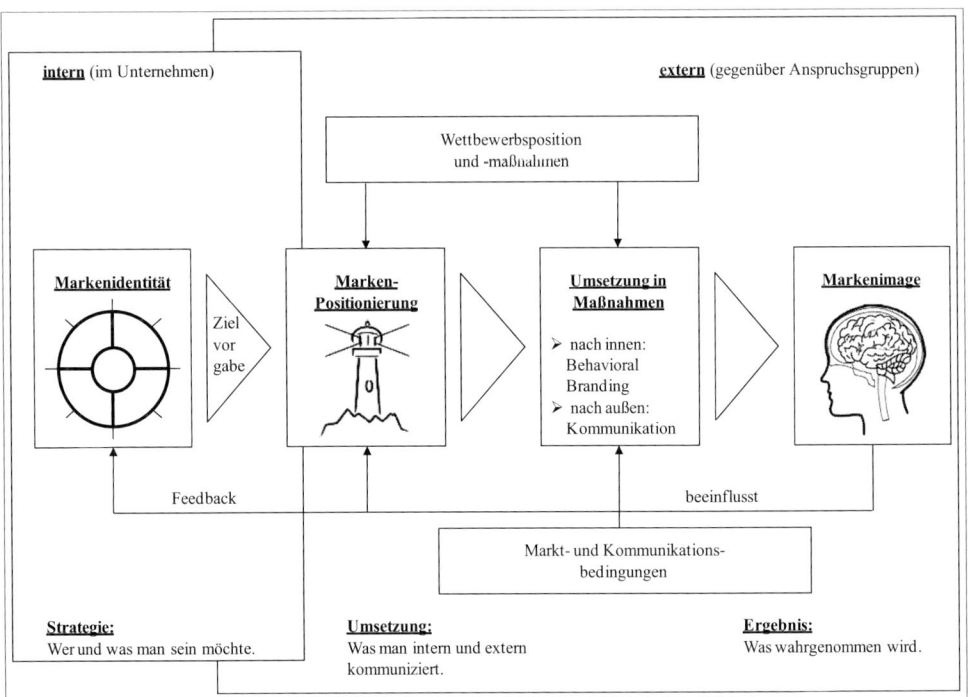

Abbildung 5:   Zusammenhang zwischen Markenidentität, Markenpositionierung und Markenimage[52]

Das Markenimage, das allgemein als wesentliche Grundlage des Markenwerts gilt, ist vereinfacht ausgedrückt das Bild, das sich jemand von einer Marke macht. Es beinhaltet die Vorstellungen der Konsumenten über eine Marke, alle sprachlichen und nicht-sprachlichen Assoziationen, die sich zu einem Marken- bzw. Angebotsschema in den Köpfen der Konsumenten

49   Vgl. KROEBER-RIEL/ESCH (2004).

50   Vgl. ESCH (2008), S. 22, und ESCH/HERRMANN/SATTLER (2008).

51   Vgl. ESCH (2008), S. 92.

52   Vgl. ESCH (2008), S. 91.

zusammenfügen.[53] So werden z. B. mit der Marke „*Spee*" bildlich der Fuchs und sprachlich die „schlaue Art zu waschen" assoziiert. Die Vorstellungsbilder in den Köpfen der Konsumenten sind die Werttreiber für eine Marke und sie prägen die Präferenzen der Anspruchsgruppen. Es ist auf den ersten Blick etwas verwunderlich, dass ausgerechnet die lupenreine Westmarke „*Jacobs Krönung*" zu der meist favorisierten Marke in den neuen Bundesländern zählt. Laut der aktuellen Verbraucher- und Medienanalyse haben 34,6 % der Ostdeutschen innerhalb der letzten 4 Wochen diese Kaffeemarke favorisiert.[54] Die Entwicklung der Präferenz für „*Jacobs Kaffee*" begann jedoch schon vor dem Mauerfall: mit *Westpaketen*, die Westdeutsche an Familienangehörige und Freunde in der DDR sandten. Darunter befand sich auch „*Jacobs Kaffee*".[55] Man sieht hieran, dass Markenloyalität über den Wiederkauf einer Marke hinausgeht. Sie ist auch der emotionale Aspekt der gefühlsmäßigen Bindung zur Marke, der sich im Fall von „*Jacobs*" über Westpakete aufgebaut hat.[56]

Vor dem Abstimmungsprozess von Markenidentität und Markenimage standen nach dem Mauerfall nicht nur Ost-, sondern auch Westmarken. Die weltweit durch die *lila Kuh* bekannte Schokoladenmarke „*Milka*" schien nach der Wende ein leichtes Spiel in den neuen Bundesländern zu haben, da die verwendeten Motive der Berge und der Kuh keine Nationalität besitzen. Berge repräsentieren frische Luft und saftige Wiesen, unabhängig davon ob dies die Anden in Südamerika oder die Alpen in Europa sind. Darüber hinaus wird die abgebildete *lila Kuh* als sympathisch angesehen. Eine davon abweichende Entwicklung hatte der amerikanische Lebensmittelkonzern *Kraft Foods* für seine Traditionsmarke „*Milka*" nicht vorhersehen können. Imageanalysen zeigten, dass die „zarteste Versuchung seitdem es Schokolade gibt" von den neuen Bundesbürgern als Kindermarke eingeordnet wurde. Dadurch wären eine Markendehnung und die damit verbundenen Marktchancen der Produktlinien- und Markenerweiterung nur auf das relativ kleine Marktsegment der jungen Konsumenten beschränkt, welches in großen Teilen bereits durch die Marke „*Kinder Schokolade*" des italienischen Süßwarenherstellers „*Ferrero*" abgedeckt ist.[57] Diese Fehlentwicklung im Markenimage kann durch zwei Umstände begründet werden. Zum einen wird die Marke „*Milka*" in den neuen Bundesländern stark mit den Schokoladen-Nikoläusen und -Osterhasen verbunden, was bei den dortigen Konsumenten klar als Kinderprodukt wahrgenommen wird.[58] Zum anderen ist den ostdeutschen Konsumenten die Schokolade „*Zetti bambina*" bekannt, die ebenso eine Kuh als Schlüsselbild eingesetzt hatte. Diese Vollmilchschokolade mit einer karamellhaltigen Milchcreme ist der westdeutschen „*Kinder Schokolade*" nachempfunden. Nach dem Mauerfall war diese ostdeutsche Kinderschokolade zwar komplett verschwunden, jedoch wird sie seit 1998 wieder von der *Goldeck Süßwaren GmbH* hergestellt und deutschlandweit vertrieben. Für „*Milka*" heißt es nun gegenzulenken, um die Abweichung von Identität und Image zu korrigieren.

Nach einer gesamtdeutschen Positionierung suchte auch das Genthiner Waschmittel „*Spee*" (kurz für Spezial-Entwicklung), das direkt nach der Wende von der *Henkel KGaA* übernommen und fortan als günstige Alternative zu „*Persil*" im Produktportfolio angeboten wurde. Nach der Übernahme durch *Henkel* sollte „*Spee*" zu einem Symbol für nationales Verantwor-

---

[53] Vgl. *Esch/Herrmann/Sattler* (2008), S. 217.

[54] Vgl. *VuMA* (2009).

[55] Vgl. *Gassner* (2004).

[56] Vgl. *Esch* (2008), S. 75.

[57] Vgl. *Esch/Herrmann/Sattler* (2008), S. 207 f.

[58] Vgl. *Mackat* (2007), S. 68.

tungsbewusstsein erhoben werden. Passend dazu wurden Anzeigenheadlines wie „Warum ist das neue Spee das erste gesamtdeutsche Waschmittel?" und „Warum ist das neue Spee ein Stück gesamtdeutscher Zukunft?" erstellt.[59] Die Herkunft und Geschichte des Produkts machen einen solchen Auftritt plausibel, denn ursprünglich wurde das Genthiner Waschmittelwerk 1921 von *Henkel* gegründet, jedoch 1945 von den sowjetischen Militärbehörden enteignet. Nach der Wiedervereinigung erwarb *Henkel* im November 1990 das Werk von der *Treuhandanstalt* zurück. Vor der Wende wuschen 80 % der Ostdeutschen mit „*Spee*", nach der Wende war der Marktanteil auf nahezu null abgesackt. Aber der *Henkel*-Konzern wollte den Tod der Marke nicht hinnehmen, denn schließlich genießt „*Spee*" in der ehemaligen DDR eine Markenbekanntheit von nahezu 100 %.[60] Im späteren Werbeauftritt der Marke integrierte man den *schlauen Fuchs* als Konsens-Charakter mit Ecken und Kanten, in dem sich *Ossis* und *Wessis* gleichermaßen wiederfinden können.[61]

Gegenüber dem losgelösten Neustart der Marke „*Spee*" veränderte die Sektkellerei „*Rotkäppchen*" ihren Marktauftritt schrittweise. Die Kernwerte der Unternehmensmarke sollten unveränderlich im Vordergrund stehen, wobei die rote Kappe und das Gründungsjahr 1856 als historisch verankerte Schlüsselelemente dienten.[62] In den 40 Jahren DDR war die Marke „*Rotkäppchen*" aus dem Bewusstsein der westdeutschen Verbraucher verschwunden, so dass man in der ersten Wachstumsphase bis 1994 zunächst nur ostdeutsche Konsumenten ansprach. Als „Gute-alte-Freunde-wiedergetroffen-und-viel-gelacht-Sekt" wurde die Marke stark personalisiert als langjähriger Begleiter und Identifikationsfigur dargestellt.[63] Eine solche Ansprache hat hohes Potenzial, denn die Beziehung zwischen Konsument und Marke ist ähnlich der zwischen zwei Menschen. Somit kann sie einen wesentlichen Beitrag für den Sinn des Lebens leisten, indem sie dieses bereichert und strukturiert.[64] Ab 1995 machte „*Rotkäppchen*" erstmals in den alten Bundesländern mit Anzeigen, Plakaten und Werbespots auf sich aufmerksam. Ähnlich wie bei der Entwicklung der Waschmittelmarke „*Spee*" setzte man dabei auf eine Visualisierung, die bei ost- und westdeutschen Konsumenten gleichermaßen eine emotionale Bindung aufbaute. Bei dem ausgestrahlten Werbespot taucht der Konsument in eine mystische bis leidenschaftliche Märchenwelt ein, in welcher der männliche Protagonist sich nach dem prickelnden Sektgenuss in einen düsteren Wolf verwandelt. Der begleitende Slogan „Und führe mich in Versuchung" deutet subtil den erotisch anmutenden Hintergrund der Geschichte an.[65] In Bezug auf die Umsetzung der *Markenidentität* (siehe Abbildung 4) werden alle vier Quadranten miteinander verknüpft: die belebende und prickelnde Wirkung des alkoholischen Getränks findet den Nutzen in der Entfliehung aus dem Alltag in eine andere Welt. Die Mystik und Phantasie dieser Welt wird durch die Verwandlung in einen Wolf erlebbar gemacht.[66]

---

[59] Vgl. *O. V.* (1990), S. 40, und *SPEE* (2009).

[60] Vgl. *O. V.* (1990), S. 40.

[61] Vgl. online *GESAMTVERBAND KOMMUNIKATIONSAGENTUREN* (1997).

[62] Vgl. *GERBER* (2000), S. 126.

[63] Vgl. *VAN RINSUM* (1998), S. 86.

[64] Vgl. *FOURNIER* (2005), S. 209 ff.

[65] Vgl. *BETHGE* (2006), S. 72 f., und *ROTKÄPPCHEN JAHRBUCH* (2007), S. 89.

[66] Vgl. *VAN RINSUM* (1998), S. 86.

Anfang 2001 beschließt die Marke einen Kampagnen-Wechsel, denn „*Rotkäppchen*" Sekt soll eigenständiger wirken, fern aller Sektwerbeklischees, insbesondere der seines direkten Konkurrenten „*Freixenet*". Durch diese Strategie sollen Alleinstellungsmerkmale (*Points of Difference*) gegenüber der Konkurrenz geschaffen werden, da die Kaufwahrscheinlichkeit einer Marke steigt, je näher die wahrgenommene Position an den Idealvorstellungen der Konsumenten liegt und je weiter Konkurrenzmarken davon entfernt sind. Eigenschaften, die man mit der Konkurrenz teilt (*Points of Parity*) sind damit zwar nicht bedeutungslos, jedoch haben sie für die Ausrichtung marktbezogener Maßnahmen untergeordnete Bedeutung. Die kommunizierten Merkmale der Marke müssen für den Konsumenten relevant sein und von der Marke langfristig verfolgt werden können.[67]

Bei „*Rotkäppchen*" knüpft man an die Mystik der letzten Kampagne an. Diesmal befindet sich die Kulisse des Werbespots auf grau verregneten Bahnsteigen. Das Bild wirkt düster, bis auf eine elegante Dame in rotem Seidenkleid mit tief ausgeschnittener Rückenpartie, hinter dem sie eine Flasche Sekt versteckt hält (siehe Abbildung 6). Die selbstbewusst versteckte Sektflasche wird das neue Schlüsselbild für die Marke „*Rotkäppchen*", das durch seine starke emotionale Ladung ein lebendiges Bild der Marke im Gedächtnis des Konsumenten verankert.[68] Der Erfolg der Kommunikationskampagne kann sich sehen lassen: „*Rotkäppchen*" ist nicht nur die bekannteste Ostmarke, sondern auch zugleich die Sektmarke mit dem höchsten Verbrauchervertrauen in Deutschland.[69] Zudem wurde die Sektmarke aus Freyburg in die Liga der „*Best-Brands 2009*" aufgenommen. Die Platzierung ist das Ergebnis einer Marktforschungsstudie der *GfK*, die sowohl die erlösorientierte Perspektive der Markenstärke als auch die Markenattraktivität misst und somit die erfolgreichsten Marken in ihrer zukunftsgerichteten Markenstärke bewertet.[70]

Abbildung 6:   Phantasie aus tausend Perlen – die Rotkäppchen Kampagne seit 2001

---

[67]   Vgl. *ESCH* (2008), S. 154 f., und *KELLER* (2008), S. 107 ff.

[68]   Vgl. *KROEBER-RIEL/WEINBERG/GRÖPPEL-KLEIN* (2009), S. 397.

[69]   Auf dem zweiten Platz landen die *Spreewälder Gurken* mit einer ungestützten Bekanntheit von 17,4 %, gefolgt von der Waschmittelmarke *Spee* mit 6,3 %, *Bautz'ner Senf* mit 3,1 %, *Radeberger* Bier mit 2,5 % und der Kosmetikmarke *Florena* mit 2,1 %; vgl. *O. V.* (2006a), *O. V.* (2006b) und *READER'S DIGEST* (2009).

[70]   Vgl. online *BEST BRANDS* (2009).

Eine aktuelle Studie, in der u. a. die gestützte Markenbekanntheit von Ostprodukten erhoben wurde, zeigt für einige Marken erstaunliche Ergebnisse: aufgrund des hohen überregionalen Bekanntheitsgrades liegen für *„Rotkäppchen"*, *„Spreewälder Gurken"* und *„Radeberger"* die spontanen Nennungshäufigkeiten in deren Produktkategorie im Westen höher als im Osten.[71] Offensichtlich werden diese Marken im Westen teilweise nicht mehr als ausschließliche Ostmarken gesehen beziehungsweise nicht als solche identifiziert, sondern als deutschlandweite Marken.[72]

Bei der Mehrheit der Erzeugnisse handelt es sich ohnehin nicht um DDR-Marken im eigentlichen Sinne, sondern um Traditionsmarken aus der zweiten Hälfte des 19. und ersten Hälfte des 20. Jahrhunderts.[73] Zu diesen Fällen zählt auch die *Waldheim Cosmetic GmbH*, die 1920 die Marke *„Florena"* angemeldet hat. Im letzten Jahr wurde das 150. Firmenjubiläum gefeiert, allerdings nun als Tochterfirma der *Beiersdorf AG*, dem Hersteller von *„Nivea"*. Die Erfolgsgeschichte von *Radeberger* begann ebenfalls im 19. Jahrhundert, und der Produzent der beliebten *„Halloren-Kugeln"* setzt auf seinen Nimbus als Deutschlands älteste Schokoladenfabrik.

Zwar betont die Bevölkerung sowohl im Westen als auch im Osten, wenn man sie heute nach den Unterschieden oder Gemeinsamkeiten der Deutschen in Ost- und Westdeutschland befragt, dass „die Unterschiede überwiegen".[74] Ein Wertewandel in der gesamten Bevölkerung ist dennoch zu spüren.[75] Während sich der Osten von den traditionellen zu den moderneren Werten bewegt, geht der Westen den umgekehrten Weg. In den Medien wird schon seit längerem das Aufkommen der traditionellen Werte, der Rückzug ins Private und die Wiederentdeckung der Familie prophezeit. Die Ereignisse der neueren Geschichte (z. B. 11. September, Klimawandel, Wirtschaftskrise) haben einen nicht unbedeutenden Teil daran. Höflichkeit, Anstand, Ordnung und Einhalten von Regeln spielen heute wieder eine wichtigere Rolle. Das Erstarken der alten Werte zieht aber keine Abnahme der neuen Werte nach sich. Vielmehr wächst heute eine Generation heran, die sowohl moderne als auch traditionelle Werte, also eine neue Mentalität in sich trägt. Das bedeutet, dass man zugleich ich-bezogen und gemeinschaftsorientiert, freiheitsliebend und pflichtbewusst, abenteuerlustig und sicherheitsbedürftig, lustig und ernst ist. Der Wertemix ist somit eine Voraussetzung für die lang erhoffte innere Einheit, ein Zukunftsmodell für ganz Deutschland.[76]

3   Marke Deutschland: präzise, zuverlässig, vertrauensvoll!

Auch Nationen oder Regionen lassen sich als Marken begreifen. Gerade bei internationalen Ereignissen wie der *„FIFA Fußball-Weltmeisterschaft 2006"* in Deutschland, steht das Land zentral im Schaufenster der Welt, wie ein Produkt, ein Leistungsversprechen, eine Marke. Die Marke *„Made in Germany"* ist dabei als eine Dachmarke zu sehen, bei der alle Produkte ei-

---

[71]   Vgl. *IMK ERFURT* (2006).

[72]   Vgl. *IMK LEIPZIG* (2001).

[73]   Vgl. *O. V.* (2002), und online *PREVEZANOS* (2009).

[74]   Vgl. *IfD-ALLENSBACH* (2009).

[75]   Vgl. *SHELL-JUGENDSTUDIEN* (2006) und *MACKAT* (2007).

[76]   Vgl. *MACKAT* (2007).

nes Landes vom Image der Marke Deutschland profitieren.[77] Bekanntheit, Kompetenz, Image und Vertrauen sind hier die wesentlichen Merkmale, die an die einzelnen Angebote übertragen und mit positiven Aspekten, wie beispielsweise hohe Qualität, aufgeladen werden.

Produkte der Marke *„Made in Germany"* stehen für 52 % der Konsumenten in den 50 größten Wirtschaftsnationen der Welt heute wie früher für Spitzenqualität mit anhaltender Gültigkeit.[78] Produkte aus Deutschland sind nicht nur qualitativ hochwertig, sondern zuverlässig, langlebig, sicher, funktional, technisch anspruchsvoll und stehen für gute deutsche Wertarbeit.[79] Im so genannten *„Nation Brand Index"* belegt Deutschland den ersten Platz. Frankreich, Großbritannien, Kanada, Japan, Italien und die USA sprechen deutschen Produkterzeugnissen hohe Qualität zu.[80] Viele Russen sehen Deutschland als ein gepflegtes und sauberes Land, 43 % der Befragten verbinden mit Deutschen Fleißigkeit.[81] In einer Umfrage der *Boston Consulting Group* haben französische, englische, amerikanische und schweizer Studenten angegeben, mit Deutschland spontan Werte wie Qualität, Pünktlichkeit, Ordentlichkeit, Effizienz, Präzision, Disziplin und Traditionalität zu assoziieren.[82] Auch in China sind deutsche Marken bekannt und beliebt, insbesondere deutsche Automobilmarken.[83] Chinesische Konsumenten verbinden mit Deutschland und deutschen Produkten vor allem gutes Design, hohe Qualität, Prestige, Zuverlässigkeit und Vertrauen.[84]

In den Schlüsselindustrien Fahrzeugbau, Metall, Maschinenbau, Chemie und Elektrotechnik hat Deutschland eine führende, teilweise sogar dominierende Stellung im Weltmarkt.[85] Mit *BASF* haben wir den weltweit umsatzstärksten Chemiekonzern in Deutschland. Konzerne wie *Daimler*, *BMW* oder *VW* haben zur weltweiten Führung in der Automobiltechnologie beigetragen. Auch in optischen Technologien belegen deutsche Unternehmen, wie z. B. das Traditionsunternehmen *Zeiss*, Spitzenpositionen.[86] Im Ausland haben deutsche Marken einen starken Einfluss auf die Kaufentscheidungen in den Produktkategorien Automotive, Construction/Engineering und Industrial Goods.[87] Laut der Studie des *Instituts für Marketing an der Universität St. Gallen* wird Deutschland im Bereich Maschinen/Anlagen/Engineering weltweit führend wahrgenommen. Nicht nur in diesen Branchen empfiehlt sich, den Faktor *„Germanness"* als Kernbestandteil der Marketingstrategie zu verwenden.[88]

---

[77] Vgl. ESCH (2008), S. 353.

[78] Vgl. GFK (2008a), TNS INFRATEST (2009) und BRAND EINS (2009).

[79] Vgl. IDENTITY FOUNDATION (2002), BCG (2004), BBDO (2005), REINECKE/FEIGE/FISCHER (2009), S. 45, und KLEIN (2009).

[80] Vgl. GFK (2008b).

[81] Vgl. IFD-ALLENSBACH (2008).

[82] Vgl. BCG (2004).

[83] Vgl. BBDO (2005), und BBDO CONSULTING SHANGHAI (2007).

[84] Vgl. BBDO (2005).

[85] Vgl. IDENTITY FOUNDATION (2002), BCG (2009), und REINECKE/FEIGE/FISCHER (2009), S. 46.

[86] Vgl. IFD-ALLENSBACH (2002), und BCG (2006).

[87] Vgl. BCG (2004).

[88] Vgl. REINECKE/FEIGE/FISCHER (2009), S. 47.

Abbildung 7:   *Beispiele für die Verwendung des weltbekannten Qualitätssiegels „Made in Germany": Zeiss, VW und Birkenstock*

Eine erfolgreiche Integration der Dachmarke „Deutschland" zeigen etwa *VW* und *Birkenstock*. Der Schuhhersteller *Birkenstock* hat das *„Made in Germany"* gleich als Spitzenqualitätssiegel für seine Produkte in den Markennamen eingebunden und verweist zusätzlich auf die lange Tradition. *Zeiss* demonstriert stolz seine Herkunft, indem das Qualitätssiegel in jedes einzelne Produkt eingraviert wird (siehe Abbildung 7).[89]

Das weltweite Vertrauen, die Akzeptanz und das gutes Image deutscher Produkte zeigen, dass die Marke *„Made in Germany"* im Zeitablauf ein starkes Markenguthaben aufgebaut hat. Viele Unternehmen laufen deswegen die Gefahr, durch die Verlagerung der Produktion ins Ausland, an dem Guthaben *„Made in Germany"* nicht zu profitieren. Die aktuelle Studie von *„TNS Infratest"* belegt, dass für die Sicherung der bekannten deutschen Produktqualität die große Mehrzahl der Bundesbürger die Entwicklung als auch die Herstellung von Produkten in Deutschland für wichtig hält. Beim Autokauf ist für mehr als jeden Zweiten die deutsche Herkunft ein bedeutsames Entscheidungskriterium.[90]

Damit die Marke *„Made in Germany"* als eine starke Marke nach Außen getragen werden kann, muss sie auch nach Innen gelebt und kommuniziert werden. Denn ein besseres Verständnis und höheres Commitment der Bundesbürger zur Markenidentität führt zu markenbezogenem Handeln.[91] Bei der Umsetzung der Markenidentität nach Innen kommt auch den Führungskräften als Markenbotschaftern eine Schlüsselrolle zu. Im Folgenden wird dargestellt, wie die deutsche Bevölkerung die Identität der Marke Deutschland wahrnimmt und wie diese verankert ist.

„Wir sind Deutschland!" – können wir 60 Jahre nach der Gründung der BRD und 20 Jahre nach dem Fall der Mauer sagen, denn knapp 60 % der Bevölkerung sind wieder stolz darauf, Deutsche zu sein. 70 % fühlen sich im Herzen mit dem Land verbunden und 73 % sind der Ansicht, dass die Deutschen wieder mehr nationales Selbstbewusstsein zeigen sollten.[92] Über das, was *typisch deutsch* ist, herrscht ebenfalls breiter Konsens. Die wichtigsten Werte für die Deutschen sind Ehrlichkeit, Familie, Gerechtigkeit, Respekt vor anderen und Freiheit.[93] In den Augen von 91 % der Befragten ist der typische Deutsche pflichtbewusst, leistungsorientiert, schätzt Regeln und Ordnung. Weitere wichtige Identifikationsanker der Deutschen sind

---

[89]   Vgl. *SLOGANS.DE* (2009).

[90]   Vgl. *TNS INFRATEST* (2009).

[91]   Vgl. *ESCH* (2008), *TOMCZAK ET AL.* (2009).

[92]   Vgl. *IDENTITY FOUNDATION/RHEINGOLD/GFK* (2009).

[93]   Für die vollständige Tabelle vgl. *KOCHANEK* (2007).

die Liebe zur Heimat, die Pflege des Brauchtums, die Tugend und der Charakter der Deutschen, die deutsche Tradition sowie das *Werkeln*. Die deutschen *Dichter und Denker* bilden für viele Deutsche immer noch eine Identitätsbrücke zur Geschichte der Nation.[94]

Obwohl die Deutschen über ein ausgeprägtes Nationalgefühl verfügen, gelingt es nicht, seine Identität adäquat in der öffentlichen Sphäre zu präsentieren. So finden es zwar 61 % gut, dass die Deutschen bei besonderen Gelegenheiten wie Fußballnationalspielen die Nationalfahne heraushängen. Doch wenn es darum geht, selbst Farbe zu bekennen, so sagen nur 31 % der Deutschen, schon einmal die Nationalhymne gesungen oder die deutsche Fahne geschwungen zu haben. Die Hälfte der Bevölkerung ist der Ansicht, dass Schule, Politik und Medien viel zu selten ein positives Bild des Deutsch-Seins vermitteln.[95] Das Selbstbild der Markenidentität wird aber erst erfahrbar, wenn es in Kommunikationsmittel umgesetzt wird.[96] Damit die Marke „*Made in Germany*" seine volle Kraft entfalten kann, muss sie nach Innen und nach Außen kommuniziert und gelebt werden. Hieran setzen die zwei großen Kampagnen der neueren Geschichte an, die Initiativen „*Du bist Deutschland*" sowie „*Deutschland – Land der Ideen*".

Letztere Kampagne ist eine gemeinsame Standortinitiative der Bundesregierung und der deutschen Wirtschaft, vertreten durch den *Bundesverband der Deutschen Industrie*. Sie betont die Stärken des Standortes Deutschland und spiegelt wesentliche Eigenschaften der Deutschen wider: Einfallsreichtum, schöpferische Leidenschaft und visionäres Denken. Ziel der Initiative ist es, das „*Land der Ideen*" der Weltöffentlichkeit zu präsentieren sowie im In- und Ausland ein Bild von Deutschland als innovatives, weltoffenes und begeisterungsfähiges Land zu vermitteln. Die Entwicklung Deutschlands wurde in der Vergangenheit und wird auch in der Zukunft von den Ideen der Menschen in diesem Land bestimmt. Leistungen in Wissenschaft und Wirtschaft, Kunst und Kultur werden im In- und Ausland mit Bezeichnungen wie „*Made in Germany*" oder „*Land der Dichter und Denker*" verbunden. Dass Deutschland Land der Ideen ist, belegt eindrucksvoll die Geschichte. Buchdruck, Auto, Zahnpasta, Computer, Airbag, Chipkarte, MP3-Technologie: deutsche Erfindungen haben die Welt verändert! Erfolgreiche Innovationen prägen unsere Geschichte, sie haben unseren Wohlstand begründet und müssen es auch in der Zukunft tun.[97] „*Deutschland – Land der Ideen*" bündelt diese Fülle an positiven Assoziationen mit Deutschland und unterstreicht gleichzeitig die Zukunftsfähigkeit, Leistungs- und Innovationskraft des Landes (siehe Abbildung 8).[98]

---

[94] Vgl. IDENTITY FOUNDATION/RHEINGOLD/GFK (2009).

[95] Vgl. IDENTITY FOUNDATION/RHEINGOLD/GFK (2009).

[96] Vgl. MEIER-KORTWIG/STÜWE (2000), S. 190, und ESCH (2008), S. 91.

[97] Vgl. BCG (2006) und INITIATIVE „PARTNER FÜR INNOVATION" (2009).

[98] Vgl. DEUTSCHLAND – LAND DER IDEEN (2009).

Abbildung 8:   Anzeige der Kampagne „Deutschland - Land der Ideen"

Erklärtes Ziel der Kampagne *„Du bist Deutschland"* war, Initialzündung einer Bewegung für mehr Zuversicht, Mut und Eigeninitiative in Deutschland zu sein und die Bundesbürger zu mehr Selbstvertrauen und Motivation anzustoßen, sie bei ihrer individuellen Befindlichkeit abholen: Deutschlands Ambition ist Deine Ambition, Deutschlands Träume sind Deine Träume. Die Werbespots und Anzeigen trugen den Slogan *„Du bist Deutschland"* in verschiedenen Variationen vor: „Du bist das Wunder von Deutschland", „Du bist Albert Einstein" sowic Sinnsprüche und Metaphern, die positive Gefühle auslösen und den Zuschauer spontan begeistern und mitreißen sollen (siehe Abbildung 9).

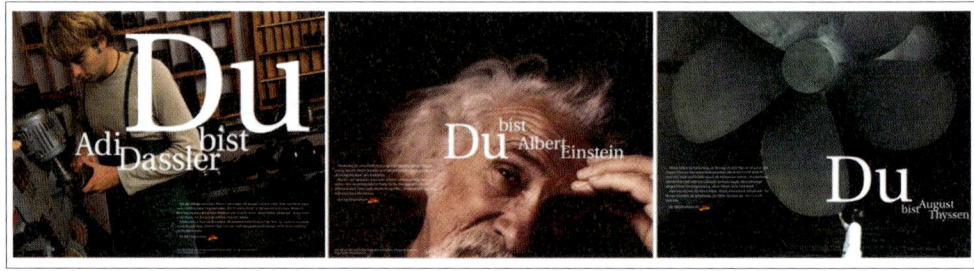

Abbildung 9:   Werbeanzeigen zur Kampagne „Du bist Deutschland"

Mit der Kampagne sollte Deutschland samt seinen Einwohnern wachgerüttelt werden und für eine neue Aufbruchsstimmung sorgen. „Jeder Deutsche sollte wieder anfangen positiv über seine Heimat zu denken und optimistischer in die Zukunft zu blicken. Denn nur gemeinsam kann viel bewegt werden", so der Initiator der Kampagne, GUNTHER THIELEN. Die größte Social-Marketing-Kampagne in der Mediengeschichte der Bundesrepublik Deutschland hat 58 % der Bevölkerung erreicht, berührt und bewegt. 46 % der Kenner der Kampagne gefällt sie, sie zeigten sogar eine signifikant bessere Einstellung zu Deutschland.[99] Viele Millionen Menschen in Deutschland fühlten sich emotional darin bestätigt und motiviert, mit ihrem täglichen Engagement einen sinnvollen, persönlichen Beitrag für die Zukunft des Landes zu leisten. Der Bevölkerung und v. a. der Jugend sollte mit den Kampagnen *„Du bist Deutschland"* sowie *„Deutschland – Land der Ideen"* gezeigt werden, wie vielfältig Deutschland ist. Denn es sind die Menschen, die das Land einzigartig, interessant und liebenswert machen. Und letztendlich zeigt sich an der Entwicklung von Marken genauso wie in der Politik, dass bleibt, was den Wünschen und Bedürfnissen der Menschen nachkommt: Mauern fallen, Marken bleiben!

---

[99]   Vgl. *GfK* (2006).

Quellenverzeichnis

BAUMGARTH, C. (2007): Markenpolitik, 3. Auflage, Wiesbaden 2007.

BBDO (2005): Deutsche Marken in China, o. O. 2005.

BBDO CONSULTING SHANGHAI (2007): Repräsentative Studie zum Image deutscher Marken in China, o. O. 2007.

BEST BRANDS (2009): Best Brands 2009. Das deutsche Markenranking, online: http://www.bestbrands.de/, Stand: 2009, Abruf: 13.07.2009.

BETHGE, J. (2006): Ostmarken. Zwischen Nischendasein und Marktführerschaft, Saarbrücken 2006

BCG (2004): Boston Consulting Group-Web Survey im Februar 2004 unter MBA-Studenten (Wharton, Stanford, LBS, INSEAD, IMD), Boston et al. 2004.

BCG (2006): Innovationsstandort Deutschland – quo vadis? Wie gut wir sind, wo unsere Chancen liegen und wie wir die Zukunft meistern können, München 2006.

BCG (2009): Deutschland 2015 – Szenarien für den Industriestandort, Boston et al. 2009.

BRAND EINS (2009): Extrem, sensibel und rational. Kaum ein Versprechen wirkte nach innen und außen so wie „made in Germany". Was bedeutet es heute? Eine Umfrage. Nr. 6, 2009, S. 70–71.

BRÜCK, M. (2008): Ostmarken. Die süßen Wunder aus Halle, onlinc: http://www.wiwo.de/unternehmer-maerkte/die-suessen-wunder-aus-halle-379415/4/, Stand: 05.12.2008, Abruf: 13.07.2009.

DEUTSCHLAND – LAND DER IDEEN (2009): Standortinitiative der Bundesregierung und der deutschen Wirtschaft, online: http://www.land-der-ideen.de, Abruf: 20.07.09.

DPMA (2009): Jahresbericht 2008 – Deutsches Patent- und Markenamt, München 2009.

ESCH, F.-R. (2002): „Die Marke als Wertschöpfer", in: FAZ, 25. März 2002, S. 25.

ESCH, F.-R. (2008): Strategie und Technik der Markenführung, 5. Auflage, München 2008.

ESCH, F.-R./WINTER, K. (2009): „Entwicklung von Kommunikationsstrategien", in: *BRUHN, M./ESCH, F.-R./LANGNER, T.* (Hrsg.), Handbuch Kommunikation, Wiesbaden, 2009, S. 413–433.

ESCH, F.-R./HERRMANN, A./SATTLER, H. (2008): Marketing - eine managementorientierte Einführung, 2. Auflage, München 2008.

ESCH, F.-R./GEUS, P./LANGNER, T. (2002): „Brand Performance Measurement zur wirksamen Markennavigation", in: Controlling, 14. Jg. (2002), Nr. 8/9, S. 39–47.

ESCH, F.-R./WICKE, A./REMPEL, J. (2005): „Herausforderungen und Aufgaben des Markenmanagements", in: *ESCH, F.-R.* (Hrsg.), Moderne Markenführung, 4. Auflage, Wiesbaden, S. 3–60.

ESCH, F.-R./LANGNER, T./SCHMITT, B. H./GEUS, P. (2006): „Are Brands Forever? How Brand Knowledge and Relationships Affect Current and Future Purchases", in: Journal of Product and Brand Management, 15. Jg. (2006), Nr. 2/3, S. 98–105.

ESCH, F.-R./LANGNER, T./GEUS, P./KNÖRLE, C./SCHMITT, B. H. (2007): „Image ist alles", in: Markenartikel, 2007, Nr. 9, S. 132–136.

FOURNIER, S. M. (2005): „Markenbeziehungen – Konsumenten und ihre Marken", in: ESCH, F.-R. (Hrsg.), Moderne Markenführung, 4. Auflage, Wiesbaden, S. 209–238.

GASSNER, H.-P. (2004): Global denken, regional werben, in: Absatzwirtschaft, (2004), Nr. 6, o. S.

GESAMTVERBAND KOMMUNIKATIONSAGENTUREN. (1997): Spee Megaperls Einführung, online: http://www.gwa.de/images/effie_db/1997/72537_164_Spee.pdf, Stand: 1997, Abruf: 14.07.2009.

GERBER, R. (2000): Kleine rote Mützen, in: W&V, o. Jg. (2000), Nr. 5, S. 126.

GFK (2006): Abschlussbericht „Du bist Deutschland", Hamburg 2006.

GFK (2008a): Online-Studie der Gesellschaft für Konsumforschung Customer Research North America und Simon Anholt im Auftrag von WELT ONLINE, „Nation Brands Index: Untersuchung zur Stellung der deutschen Wirtschaft in 50 wichtigen Wirtschaftsnationen", in: Die Welt, am 13.10.2008, S. 10.

GFK (2008b): Online-Studie der Gesellschaft für Konsumforschung Customer Research Germany im Auftrag von WELT ONLINE, „Untersuchung zur Stellung der deutschen Wirtschaft in 6 wichtigen Wirtschaftsnationen", in: Die Welt, 13.10.2008, S. 10.

HAHN, A./WERMUTH, I./ANGERER, M./PULS, F./SPORER, J. (2009): Studie WERBETRENDS 2009 – Die Trends in Werbesprache und Gesellschaft, online: http://www.slogans.de/studie2009.php, Stand: 2009, Abruf: 04.08.2009.

HOCHSTÄDTER, D. (1991): MARKETING: Gesamtdeutscher Auftritt für „Spee" Neues Waschgefühl, in Wirtschaftswoche, 31.05.1991, Nr. 23, o. S.

IDENTITY FOUNDATION (2002): Marke Deutschland: Glanz mit Patina. Eine repräsentative Studie im Auftrag der Identity Foundation, Düsseldorf 2002.

IDENTITY FOUNDATION/RHEINGOLD/GFK (2009): „Deutsch-Sein – Ein neuer Stolz auf die Nation im Einklang mit dem Herzen", eine repräsentative Studie des Rheingold-Instituts, Köln sowie der GfK Marktforschung, Nürnberg im Auftrag der Identity Foundation, Düsseldorf 2009.

IFD-ALLENSBACH (2002): Allensbacher Jahrbuch der Demoskopie 1998-2002, Band 11, Berlin 2002.

IFD-ALLENSBACH (2008): „Das Russlandbild der Deutschen – das Deutschlandbild der Russen: Ergebnisse repräsentativer Bevölkerungsumfragen in Deutschland und Russland", September 2008, Berlin 2008.

IFD-ALLENSBACH (2009): Ostdeutsche-Westdeutsche. Für die Mehrheit im Ostern überwiegen heute wieder deutlicher die Unterschiede IfD-Umfrage 10036, April 2009, Institut für Demoskopie Allensbach, Berlin 2009.

IMK ERFURT (2006): Ostmarkenstudie 2006 – Einkaufsverhalten von Konsumenten in Ost und West, Institut für angewandte Marketing- und Kommunikationsforschung, Erfurt 2006.

IMK LEIPZIG (2001): Ergebnisse der repräsentativen deutschlandweiten Studie „Durch Marken vereint?", Institut für Marktforschung GmbH, Leipzig.

INITIATIVE „PARTNER FÜR INNOVATION" (2009): Deutsche Stars – 50 Innovationen, die jeder kennen sollte, Berlin 2009.

KAPFERER, J.-N. (2008): The new strategic brand management, 4. Auflage, London/Philadelphia 2008.

KÄTHE&KURT 1951 (2009): Webseite der Marke Käthe&Kurt 1951, online: http://www.kaethe-kurt1951.com, Stand: 2009, Abruf: 13.07.2009.

KLEIN, H. M. (2009): Business-Etikette International. Das Deutschlandbild im Ausland. Kulturelle Gemeinsamkeiten und Unterschiede. Praktische Verhaltenstipps in 26 Ländern, 2. Auflage, Berlin 2009.

KOCHANEK, D. (2007): „Welche Werte den Deutschen wichtig sind", eine repräsentative Umfrage von TNS Emnid im Auftrag von Reader's Digest, in: RD, 2007, S. 55.

KROEBER-RIEL, W./ESCH, F.-R. (2004): Strategie und Technik der Werbung, 6. Auflage, Stuttgart 2004.

KROEBER-RIEL, W./WEINBERG, P./GRÖPPEL-KLEIN, A. (2009): Konsumentenverhalten, 9. Auflage, München 2009.

MEIER-KORTWIG, H./STÜWE, B. (2001): „Gestaltete Werte: Wie die Markenbotschaft erfahrbar wird", in: Absatzwirtschaft, 43. Jg., Sondernummer Oktober, S. 190–197.

MACKAT, A./ENKE, M./GEORGE, K./KUDLA, B./SCHMITZ, H./TURNER, S. (2002): MarkenRealitäten 3. Die Studie für erfolgreiches gesamtdeutsches Marketing, Berlin 2002.

MACKAT, A. (2007): Das deutsch-deutsche Geheimnis: Mit der Werteentwicklung im Ost und West zum gemeinsamen Markenerfolg, Berlin 2007.

O. V. (1990): Spürt man kaum. Die Tabakbranche erlebt im neuen deutschen Osten eine Überraschung, im Spiegel, (1990), Nr. 45, S. 166–168.

O. V. (2002): Wunder in Rot. Von Honeckers Superbrause zum Kultgetränk, in: Fokus, (2002), Nr. 52, S. 40–42.

O. V. (2004): Top 20 des Ostens. Sachsen schieben sich nach vorn, online: http://www.focus.de/finanzen/geldanlage/top-20-des-ostens_aid_11095.html, Stand: 13.12.2004, Abruf: 13.07.2009.

O. V. (2006a): Rotkäppchen ist bekannteste Ostmarke, online: http://www.horizont.net/aktuell/marketing/pages/protected/Rotkaeppchen-ist-bekannteste-Ostmarke_62392.html, Stand: 13.06.2006, Abruf: 13.07.2009.

O. V. (2006b): Eckes verkauft Schnapsmarken an Rotkäppchen, online: http://www.handelsblatt.com/unternehmen/industrie/eckes-verkauft-schnapsmarken-an-rotkaeppchen%3B1160908, Stand: 07.11.2006 , Abruf: 20.07.2009.

O. V. (2009): (K)Östlich: Das Penny-Herz schlägt Ost, online: http://www.super-illu.de/ aktuell/Armin_Rehberg_994754.html, Stand: 22.02.2009, Abruf: 13.07.2009.

PENNY (2009): Penny baut Sortiment an Ostmarken weiter aus, online: http://www.penny.de/index.php?id=8312&tx_ttnews[pointer]=1&tx_ttnews[tt_news]=119&tx_ttnews[backPid]=8313&cHash=d887559851, Stand: 04.02.2009, Abruf: 13.07.2009.

PREVEZANOS, K. (2009): Rotkäppchen-Sekt: Erfolgsgeschichte wie aus dem Märchenbuch, online: http://www.dw-world.de/dw/article/0,,3799239,00.html, Stand: 06.01.2009, Abruf: 13.07.2009.

READER`S DIGEST (2009): European Trusted Brands 2009 – Brands Summary Report, Stuttgart 2009.

REICH, I. (2007): Vita-Cola trifft den Nerv des Ostens, online: http://www.wiwo.de/ unternehmer-maerkte/vita-cola-trifft-den-nerv-des-ostens-250107, Stand: 22.05.2007, Abruf: 13.07.2009.

REINECKE, S./FEIGE, S./FISCHER, P. M. (2009): Swiss made vs. Made in Germany- Kaufentscheidung nach Herkunftsland, in: Marketing Review St. Gallen, (2009), Nr. 1, S. 43–47.

ROTKÄPPCHEN JAHRBUCH (2007): Rotkäppchen 1856–2006. Eine Prickelnde Geschichte, Freyburg 2007.

SCHNEIDER, F./HOLZBERGER, M. (2009): Mehr (bäuerliche) Produkte aus Österreich – Besser für Klima, Umwelt und Wirtschaft, Arbeitspapier 07.05.2009, Universität Linz 2009.

SHELL-JUGENDSTUDIEN (2006): Das Wertesystem der Jugendlichen weist insgesamt eine positive und stabile Ausrichtung auf, 15. Shell-Jugendstudie: Jugend 2006 – Eine pragmatische Generation unter Druck, online: http://www.shell.com/home/content/deu/aboutshell/our_commitment/shell_youth_study/2006/values/, Abruf: 20.07.09.

SLOGANS.DE (2009): Studie „Werbetrends 2009": Slogans mit Wir-Gefühl, Englisch und Kunstwörtern im Aufwind, online: http://www.marketing-boerse.de/News/details/Studie-Werbetrends-2009-Slogans-mit-Wir-Gefuehl-Englisch-und-Kunstwoertern-im-Aufwind, Stand: 09.04.2009, Abruf: 13.07.2009.

SOZIALREPORT (2008): Daten und Fakten zur sozialen Lage in den neuen Bundesländern, sozialwissenschaftliches Forschungszentrum Berlin-Brandenburg e.V. im Auftrag der Volkssolidarität Bundesverband e. V., Berlin 2008.

SPEE (2009): FAQ: Schlau nachgefragt, online: http://www.spee.com/entertainment/faq.html, Stand: 2009; Abruf: 13.07.2009.

TOMCZAK, T./ESCH, F.-R./KERNSTOCK, J./HERRMANN, A. (2009): Behavioral Branding. Wie Mitarbeiterverhalten die Marke stärkt, 2. Auflage, Wiesbaden 2009.

TNS INFRATEST (2009): Studie von TNS Infratest zur aktuellen wirtschaftlichen Situation in Deutschland, München 2009.

VAN RINSUM, H. (1998): Versuchung aus dem Osten, in: W&V, o. Jg. (1998), Nr. 29, S. 86.

VOGLER, H.-D. (2008): Rotkäppchen, der Deutschen Lieblingssekt, online: http://www.saaleunstrut-in-fo.de/aktuell/aktuell/RSK-Sektbilanz/RSK-Sektbilanz_inh.htm, Stand: 2008, Abruf: 13.07.2009.

WENZEL, E. (2009): Sinnmärkte. Der Wandel in den Konsumwelten, Zukunftsinstitut 2009, Kelkheim 2009.

VUMA (2009): Verbraucher- und Medienanalyse, Mainz 2009.

Vertrauen und Engagement – Grundlagen für den Erfolg der Fraunhofer-Institute in den neuen Bundesländern

HANS-JÖRG BULLINGER

Fraunhofer-Gesellschaft

1	Neuanfang und gemeinsames Ziel	269
2	Pragmatismus und Mut als Erfolgsrezept	270
3	*Fraunhofer* in Berlin	271
4	*Fraunhofer* in Brandenburg	271
5	*Fraunhofer* in Sachsen	272
6	*Fraunhofer* in Thüringen	274
7	*Fraunhofer* in Sachsen-Anhalt	275
8	*Fraunhofer* in Mecklenburg-Vorpommern	276
9	Innovationscluster in den östlichen Bundesländern	276
10	Kooperation mit *Max-Planck-Instituten*	277
11	Fazit: *Fraunhofer* wirkt – im Osten wie im Westen	278

1   Neuanfang und gemeinsames Ziel

Nicht lange reden, sondern handeln – das war das Motto der *Fraunhofer-Gesellschaft* nach dem Fall der Mauer. Bereits kurz nach dem 9. November 1989 beteiligte sie sich aktiv am Neuaufbau der Forschungslandschaft in den neuen Bundesländern. Dabei ging *Fraunhofer* einen besonderen Weg und suchte den direkten Kontakt zu den Wissenschaftlerinnen und Wissenschaftlern im Osten – und die packten die angebotene Chance beim Schopf. Zu den 19 im Jahr 1991 gegründeten Einrichtungen sind inzwischen mehr als zehn weitere hinzugekommen – und alle sind erstaunlich erfolgreich.

Als im Oktober 1989 die Mauer fiel, fehlte es nicht an großen Gedanken und tragenden Worten über die Zukunft Deutschlands. Vor allem aber war Handeln gefragt: Für eine so umfassende politische und gesellschaftliche Umwälzung gab es noch keine passenden Erfahrungswerte. Improvisation und Pragmatismus, Gestalten mit Augenmaß und mit Blick auf die Menschen – darauf kam es an. Die *Fraunhofer-Gesellschaft*, damals geleitet von ihrem Präsidenten MAX SYRBE, erkannte die Notwendigkeiten und wurde umgehend aktiv: Sie intensivierte die wissenschaftlichen und menschlichen Kontakte zu den Kolleginnen und Kollegen aus der sich auflösenden DDR. Die vielfältigen Beziehungen, die zu Instituten aus dem Osten Deutschlands und zu einzelnen Forschern bereits bestanden hatten, erwiesen sich nun als außerordentlich hilfreich.

Im Jahr 1990 begann der offizielle Umstrukturierungsprozess in den östlichen Bundesländern mit dem Ziel, eine einheitliche Forschungslandschaft in Deutschland zu schaffen. Dabei ließ das hohe Tempo des Vereinigungsprozesses der beiden deutschen Staaten – bestimmt vom wirtschaftlichen Niedergang der DDR – keiner Seite Zeit für langwierige systematische Studien. Noch bevor eine Debatte über die Strukturen einer künftigen gemeinsamen wissenschaftlichen Welt ins Laufen kam, zwang der politische und wirtschaftliche Zerfall zum schnellen Handeln. Es galt, das vorhandene Potenzial an kreativen Köpfen vor Ort zu erhalten und für die Forscherinnen und Forscher neue und attraktive Perspektiven zu entwickeln.

So nahmen Wissenschaftler und Forschungseinrichtungen von beiden Seiten bereits Anfang 1990 Kontakt miteinander auf und diskutierten über tragfähige zukünftige Arbeitsgebiete und eine Zusammenarbeit. Vor allem die *Fraunhofer-Gesellschaft* wartete in dieser Situation nicht tatenlos auf die Ergebnisse des Wissenschaftsrats, der die existierenden Forschungseinrichtungen im Osten evaluierte, sondern trieb das Verfahren aktiv voran. Nach dem Prinzip „Hilfe zur Selbsthilfe" suchte *Fraunhofer* besonders unter den ehemaligen Einrichtungen der Akademie der Wissenschaften nach potenziellen Kandidaten für neue *Fraunhofer-Institute*. Die Voraussetzungen für ein Gelingen waren auf Seiten der *Fraunhofer-Gesellschaft* Vertrauen in das Potenzial der Forschergruppen und Verständnis für die schwierigen Anpassungsprozesse, auf Seiten der neuen *Fraunhofer*-Mitarbeiter der Wille, die eigene Leistungsfähigkeit auch unter veränderten Bedingungen zu beweisen, und die Bereitschaft zum Lernen. Zugute kamen den neuen Kolleginnen und Kollegen dabei die vorhandene hohe wissenschaftliche Kompetenz und die unerschöpfliche Improvisationsfähigkeit.

2   Pragmatismus und Mut als Erfolgsrezept

Mutig wie keine andere Forschungsorganisation wagte die *Fraunhofer-Gesellschaft* bereits im Jahre 1991 die Aufnahme von 19 Instituten und Einrichtungen in den neuen Bundesländern – ein gewaltiger Kraftakt für alle Beteiligten in Ost und West. *Fraunhofer*-Präsident MAX SYRBE und der Hauptabteilungsleiter Forschungsplanung, ALEXANDER IMBUSCH, setzten sich mit großem persönlichem Engagement dafür ein. Dank einer großzügigen Anschubfinanzierung des Bundesforschungsministeriums und dank einer Sonderfinanzierung der Bundesländer gelang es sehr schnell, den neuen Instituten aus dem Osten Deutschlands wettbewerbsfähige Rahmenbedingungen und eine leistungsfähige Infrastruktur zu verschaffen. Sie wurden unvoreingenommen und freundlich in den Kreis der *Fraunhofer-Institute* aufgenommen und integrierten sich erstaunlich rasch. Auch hierbei zahlte sich die Vorgehensweise aus, weitgehend auf das vorhandene Potenzial zu setzen und die West-Institute als Partner, Betreuer und Mentoren zu gewinnen.

So entstanden im Osten Deutschlands neun große neue Institute, die nach einer auf drei Jahre befristeten Übergangs- und Anpassungsphase zu dauerhaften *Fraunhofer-Instituten* werden sollten, und zehn Außenstellen bestehender *Fraunhofer-Institute*. Am 1. Januar 1992 fiel der Startschuss für diese außerordentliche Erfolgsgeschichte – und rund 1.000 neue Mitarbeiterinnen und Mitarbeiter konnten wieder Hoffnung schöpfen.

Aus den „Bruchstücken" einer sich auflösenden Forschungslandschaft wurden rasch hochmoderne, vitale Kompetenzzentren mit leistungsfähiger Infrastruktur. Bereits nach zehn Jahren hatte sich die Mitarbeiterzahl der neuen Institute verdoppelt; heute arbeiten mehr als dreimal so viele Menschen bei *Fraunhofer* als am Anfang. Schon nach vier Jahren zog die *Fraunhofer-Gesellschaft* aus der raschen Integration eine Konsequenz und verzichtete fortan auf die getrennte Ausweisung der Finanz- und Personalzahlen der neuen Einrichtungen in den östlichen Bundesländern. Seither sind Ost- und West-Institute – auch in ihrer Finanzstruktur – kaum noch voneinander zu unterscheiden.

Ein solch dynamisches Wachstum wäre nicht möglich gewesen ohne die außerordentliche Motivation, Ausdauer und Kreativität aller Beteiligten. Die Übergangsphase unmittelbar nach der Wende war zunächst geprägt von einem wechselseitigen Aufeinanderzugehen der Mitarbeiterinnen und Mitarbeitern aus Instituten in den westlichen Bundesländern und den neuen Kolleginnen und Kollegen im Osten. Mit Unterstützung der erfahrenen Mentoren aus den westlichen *Fraunhofer-Instituten* konnte das hier schon erfolgreich praktizierte „*Fraunhofer*-Modell der erfolgsabhängigen Finanzierung" auch in den *Fraunhofer*-Einrichtungen der östlichen Bundesländer schnell Fuß fassen und zu wirken beginnen.

Die zweite Phase des Aufbaus war gekennzeichnet durch hohe Investitionen: Alle Ost-Institute erhielten neue oder neu renovierte Institutsgebäude, moderne Arbeitsgeräte und Computer nach aktuellem Standard. So entstanden die Voraussetzungen für eine erfolgreiche und internationale konkurrenzfähige Forschungsarbeit.

Die neuen Mitarbeiterinnen und Mitarbeiter nutzten diese Phase zum Aufbau vielfältiger Kontakte sowohl in der wissenschaftlichen Welt – hier vor allem zu den Hochschulen – als auch zu den Unternehmen. Dies war nötig, um sich am Markt zu positionieren. Die Angebotsstruktur der Forschungseinrichtungen wurde dem Bedarf der Wirtschaft angepasst. Heute existieren enge Kontakte der Institute sowohl zu Firmen der jeweiligen Region als auch zu überregionalen Unternehmen, sie reichen aber auch weit über Deutschland hinaus bis in die wichtigen Zentren der Weltwirtschaft in Europa, Asien und in den USA.

Im Rückblick können wir heute von einer weitgehend problemlosen, sehr schnellen und rundum erfolgreichen Integration sprechen. Schon seit vielen Jahren gehören die Institute aus den östlichen Bundesländern ganz selbstverständlich zum bundesweiten *Fraunhofer*-Netzwerk. Den *Fraunhofer*-Einrichtungen in den neuen Bundesländern ist gelungen, was der Wirtschaft in diesen Regionen vielfach noch lange Zeit versagt blieb, nämlich rasch den Anschluss an das Westniveau zu schaffen und sich im nationalen und internationalen Wettbewerb zu behaupten.

3   *Fraunhofer* in Berlin

Schon vor dem Fall der Mauer war die *Fraunhofer-Gesellschaft* in Berlin mit einem großen Institut vertreten: mit dem *Fraunhofer-Institut für Produktionsanlagen und Konstruktionstechnik IPK*. Im Zuge der Ostintegration kamen im Jahr 1992 das *Fraunhofer-Institut für Software- und Systemtechnik ISST* und im Jahr 1993 das *Fraunhofer-Institut für Zuverlässigkeit und Mikrointegration IZM* dazu. Beide Institute gehören heute zu den wichtigsten Standbeinen der *Fraunhofer-Gesellschaft* in den Bereichen Informationstechnik und Mikroelektronik. Mit seinen zwei Institutsteilen in Berlin und Dortmund hat das *Fraunhofer ISST* zudem schon von Beginn an den Brückenschlag zwischen Ost und West verwirklicht.

Eine elementare Erweiterung der *Fraunhofer*-Kompetenzen in der Bundeshauptstadt ergab sich durch den Zusammenschluss der *Fraunhofer-Gesellschaft* mit der *GMD-Forschungszentrum Informationstechnik GmbH* im Jahr 2001. Damit kamen die *Fraunhofer-Institute für Rechnerarchitektur und Softwaretechnik FIRST* und *für Offene Kommunikationssysteme FOKUS* als neue Berliner *Fraunhofer*-Niederlassungen dazu.

Eine weitere bedeutende Ergänzung der informationstechnischen Kompetenz in Berlin erfuhr *Fraunhofer* im Jahr 2003 zudem durch die Integration des *Fraunhofer-Instituts für Nachrichtentechnik, Heinrich-Hertz-Institut HHI*. Als zusätzliche Repräsentanz der *Fraunhofer-Gesellschaft* in der Bundeshauptstadt dient das *Fraunhofer*-Forum mit Sitz im Spreepalais am Dom.

4   *Fraunhofer* in Brandenburg

In Brandenburg sind vier *Fraunhofer*-Einrichtungen aktiv. Zwei davon in Potsdam-Golm: Das *Fraunhofer-Institut für Angewandte Polymerforschung IAP* und der Institutsteil Medizinische Biotechnologie des *Fraunhofer-Instituts für Biomedizinische Technik IBMT*. Das *Fraunhofer IAP* entwickelt nachhaltige Materialien und Verfahren auf der Grundlage von biobasierten und synthetischen Polymeren. Im vergangenen Jahr startete das *Fraunhofer*-Innovationscluster „Sichere Identität Berlin/Brandenburg", bei dem das *Fraunhofer IAP* eine wichtige Rolle bei der Entwicklung von Technologien übernimmt, die eine eindeutige Identität gewährleisten.

Die *Fraunhofer-Institute IBMT* und *IAP* konnten aktuell einen wichtigen Erfolg verbuchen: Das *Bundesministerium für Bildung und Forschung* (BMBF) nahm im Mai 2009 das von den beiden Instituten gemeinsam mit der *Universität Potsdam* eingereichte Projekt des „Taschentuchlabors" in das Förderprogramm „Spitzenforschung und Innovation in den Neuen Ländern" auf. Hierbei wollen die Forscher eine Diagnostik entwickeln, die mithilfe von Sensor-Aktor-Molekülen frühzeitig und an jedem Ort durchgeführt werden kann. So könnten in das Taschentuch integrierte autonome Biosensoren unmittelbar anzeigen, ob der Schnupfen eine banale Erkältung oder aber das erste Anzeichen einer ernst zu nehmenden Grippeerkrankung ist.

In Cottbus arbeitet das *Fraunhofer-Anwendungszentrum für Logistiksystemplanung und Informationssysteme ALI*, das organisatorisch zum *Fraunhofer-Institut für Materialfluss und Logistik IML* gehört. Sein Fokus liegt vor allem auf dem Gebiet der Informationsverarbeitung in der Logistik.

In Teltow entstand aus der *Außenstelle Polymermaterialien und Composite EPC* des Berliner *Fraunhofer-Instituts für Zuverlässigkeit und Mikrointegration IZM* im Jahre 2008 die selbstständige *Fraunhofer-Einrichtung für Polymermaterialien und Composite PYCO*. Hier entwickeln *Fraunhofer*-Forscher gemeinsam mit dem Lehrstuhl Polymermaterialien der *Brandenburgischen Technischen Universität Cottbus* hochvernetzte Polymere für Anwendungen in allen Branchen, insbesondere für die Luftfahrt, die Informations- und Kommunikationstechnik sowie die Gerätetechnik. Im Frühjahr 2009 wurde am Luft- und Raumfahrtstandort Schönefelder Kreuz, nahe dem im Bau befindlichen zukünftigen Berlin-Brandenburger Großflughafen, ein Technikum für Faserverbundwerkstoffe als Außenstelle eröffnet, das sich, der Tradition des Standorts folgend, auf Luftfahrtanwendungen konzentriert.

5   *Fraunhofer* in Sachsen

Zu den größten *Fraunhofer*-Standorten in den östlichen Bundesländern zählt Dresden, wo inzwischen elf *Fraunhofer*-Einrichtungen arbeiten: Zu den Fraunhofer-Instituten

➢   für *Elektronenstrahl- und Plasmatechnik FEP*,

➢   für *Keramische Technologien und Systeme IKTS*,

➢   für *Werkstoff- und Strahltechnik IWS* und

➢   für *Photonische Mikrosysteme IPMS* kommen

➢   der *Institutsteil Pulvermetallurgie und Verbundwerkstoffe des Fraunhofer-Instituts für Fertigungstechnik und Angewandte Materialforschung IFAM*,

➢   der *Institutsteil Entwurfsautomatisierung des Fraunhofer-Instituts für Integrierte Schaltungen IIS*,

➢   der *Dresdener Institutsteil des Fraunhofer-Instituts für Zerstörungsfreie Prüfverfahren IZFP*,

> das *Fraunhofer-Anwendungszentrum für Verarbeitungsmaschinen und Verpackungstechnik AVV* sowie

> die *Einrichtung für Prozesssteuerung EPS des Fraunhofer-Instituts für Informations- und Datenverarbeitung IITB.*

Im Jahr 1999 ging aus dieser Dresdner Außenstelle das *Fraunhofer-Institut für Verkehrs- und Infrastruktursysteme IVI* hervor, das heute noch Teilinstitut des *IITB* ist. Die Forschungsgebiete des *Fraunhofer IVI* sind technologieorientiert und umfassen Systemlösungen für Verkehrsinformation und -management sowie Fahrzeugführung und Fahrerassistenz. Daneben stehen Entwurfswerkzeuge für das Anlagenengineering, Automatisierungssysteme für Verkehrs- und Versorgungssysteme und die Integration neuer Energieträger in die Fahrzeugtechnik auf der Agenda der *Fraunhofer*-Forscher am *IVI*.

Mit dem neuen *Fraunhofer-Center Nanoelektronische Technologien CNT* eröffnete *Fraunhofer* im Jahr 2005 die Chance zu einer engeren Kooperation mit der Wirtschaft auf dem bedeutenden FuE-Markt für Nanoelektronik. 2006 nahm der Institutsteil Dresden des *Fraunhofer-Instituts für Werkzeugmaschinen und Umformtechnik IWU* seine Arbeit auf. Für das Jahr 2009 schließlich ist die Eröffnung der neuen *Fraunhofer*-Einrichtung „All Silicon System Integration Dresden ASSID" geplant.

Die Technologie der organischen Leuchtdioden wurde maßgeblich am *Fraunhofer IPMS* vorangetrieben. Sie bietet ein immenses wirtschaftliches Potenzial, vor allem in den Bereichen Displayfertigung und Beleuchtungstechnik. Das Unternehmen *Novaled GmbH* entstand im Jahr 2003 in Dresden als Ausgründung des *Fraunhofer-Instituts*; es gehört seitdem zu den am schnellsten wachsenden mittelständischen Unternehmen in Deutschland.

In der „Biocity" von Leipzig entstand 2005 das *Fraunhofer-Institut für Zelltherapie und Immunologie IZI*. Die Forschungseinrichtung hat das Ziel, spezielle Problemlösungen an den Schnittstellen von Medizin, Biowissenschaften und Ingenieurswissenschaften für Partner aus Industrie und Wirtschaft zu finden. 2006 wurde – ebenfalls in Leipzig – das *Fraunhofer-Zentrum für Mittel- und Osteuropa MOEZ* ins Leben gerufen; seine Aufgabe ist es, als strategischer Partner für Wirtschaft, Wissenschaft und Politik zur Vernetzung und Zusammenarbeit mit den Akteuren der mittel- und osteuropäischen Wachstumsmärkte beizutragen.

Im Jahr 2005 nahm in Freiberg das *Fraunhofer Technologiezentrum Halbleitermaterialien THM* seine Arbeit auf; es wird gemeinsam von den *Fraunhofer-Instituten für Integrierte Systeme und Bauelementetechnologie IISB* und für *Solare Energiesysteme ISE* betrieben. Aufbauend auf der Expertise der beiden Institute unterstützt das *THM* Unternehmen u. a. bei der Forschung und Entwicklung zur Materialpräparation und -bearbeitung für 300-mm-Silizium, Solarsilizium und III-V-Halbleitern.

In Chemnitz ist das *Fraunhofer-Institut für Werkzeugmaschinen und Umformtechnik IWU* beheimatet. Es versteht sich vor allem als Forschungs- und Entwicklungspartner der Automobil- und Maschinenbauindustrie. Der Chemnitzer Teil des *Fraunhofer-Instituts für Zuverlässigkeit und Mikrointegration IZM* wurde 2008 zur selbstständigen *Fraunhofer-Einrichtung für Elektronische Nanosysteme ENAS*. Das Projekt „Kompetenznetzwerk für Nanosystemintegration", geleitet von PROF. DR. THOMAS GESSNER, Direktor des *Zentrums für Mikrotechnologien* der *TU Chemnitz* und zugleich Leiter des *Fraunhofer ENAS*, erhielt im Mai 2009 als eines von elf erfolgreichen Projekten die Förderzusage des Bundesministeriums für Bildung und Forschung. Das Netzwerk soll die am Standort Chemnitz mit dem Smart Systems Campus SSCC vorhandenen Kompetenzen auf dem Gebiet der Mikro- und Nanotechnologien und der Systemintegration erweitern. Am Projekt beteiligt sind vier Fakultäten der *TU Chemnitz*, die *Hochschule Mittweida*, das *Fraunhofer ENAS* und die *Fraunhofer-Institute für Zuverlässigkeit und Mikrointegration IZM* in Berlin und *für Angewandte Polymerforschung IAP* in Potsdam, sowie drei Institute der LEIBNIZ-Gemeinschaft und ein Institut der HELM-HOLTZ-Gemeinschaft.

Das *Fraunhofer-Institut für Integrierte Schaltungen IIS* ist die größte deutsche Forschungseinrichtung auf den Gebieten des System- und Schaltkreisentwurfs sowie der Entwicklung von Entwurfsverfahren und -werkzeugen. Leistungsfähige Methoden und Werkzeuge für einen effizienten und qualitätsgerechten Entwurf hochkomplexer Schaltungen und Systeme werden vom Institutsteil Entwurfsautomatisierung in Dresden bereitgestellt. Sie betreffen alle wesentlichen Entwurfsschritte, berücksichtigen den Einfluss der Fertigungstechnologien auf das Verhalten, ermöglichen den modellbasierten Entwurf von Sensor-Aktor-Systemen in Maschinen und Produktionsanlagen, die Verifikation kompletter Systeme sowie den Entwurf unter Randbedingungen wie minimaler Verlustleistung oder hoher funktioneller Zuverlässigkeit.

6   *Fraunhofer* in Thüringen

In Thüringen hat sich das *Fraunhofer-Institut für Angewandte Optik und Feinmechanik IOF* in Jena zu einem wichtigen Forschungspartner der optischen Industrie entwickelt. Im Mai 2009 erhielt das PhoNa-Projekt, an dem das *Fraunhofer IOF* beteiligt ist, die Förderzusage des Bundesministeriums für Bildung und Forschung im Rahmen des Programms „Spitzenforschung und Innovation in den Neuen Ländern". Im Jahr 2007 erhielt DR. ANDREAS BRÄUER von diesem Institut zusammen mit seinen Kooperationspartnern DR. KLAUS STREUBEL und DR. STEFAN ILLEK von der *Osram Opto Semiconductors GmbH* den Zukunftspreis des Bundespräsidenten für die Entwicklung einer leistungsfähigen Leuchtdiode, die viele Bereiche der Lichttechnik revolutionieren kann. Solche bemerkenswerten Erfolge bezeugen einmal mehr den hohen Leistungsstand der *Fraunhofer*-Forschung in den östlichen Bundesländern.

Das *Fraunhofer-Anwendungszentrum für Systemtechnik AST* ist in der Universitätsstadt Ilmenau angesiedelt. Seit 1995 werden hier erfolgreich Systemlösungen entwickelt, die rund um den Globus Verwendung finden, etwa Entscheidungshilfesysteme zur optimalen Wasserbewirtschaftung in der Mongolei oder in China, Energiemanagementlösungen für Verteilnetzbetreiber in Deutschland, Österreich, Portugal und Ungarn, softwaregestützte Leckortungen im „Great-Man-Made-River-Projekt" in Libyen oder innovative E-Rollstuhl-Fernwartungskomponenten in Finnland. Mit der Einweihung des Informations- und Kommunikations-Energie-Labors im Jahr 2008 und der Errichtung eines Testbeckens für Unterwasserfahrzeuge sowie der Forschungsanlage Smart Grids im Jahr 2009 konnte das *Fraunhofer AST* seine Kompetenzen in den Bereichen Energie und Maritime System weiter ausbauen.

Die sehr erfolgreich agierende Ilmenauer Arbeitsgruppe für Digitale Medientechnologie ADMT des *Fraunhofer-Instituts für Integrierte Schaltungen IIS* wurde im Jahr 2004 zum *Fraunhofer-Institut für Digitale Medientechnologie IDMT* aufgewertet. Die Leitung übernahm mp3-Entwickler PROF. DR. KARLHEINZ BRANDENBURG.

Ein wichtiges aktuelles Forschungsfeld am *Fraunhofer IDMT* ist die Wirkung von Medien auf Kinder. Stärker als je zuvor sind sie heute medialen Einflüssen ausgesetzt, und deshalb ist es wichtig, ihren Umgang mit Fernsehen, Computerspielen, Internet oder anderen mobilen Medien zu erforschen und zu steuern. Die neue Abteilung Kindermedien am *IDMT* arbeitet eingebettet in ein Kooperationsnetz verschiedener Forschungseinrichtungen in Thüringen und stimmt ihre Tätigkeit mit dem Kindermedienzentrum, mit der Kindermedienstiftung „Goldener Spatz" sowie mit der *Akademie für Kindermedien* ab. Zusammen mit den Universitäten in Erfurt und Weimar, der *Technischen Universität Ilmenau* und der *Fachhochschule Erfurt* leistet *Fraunhofer* so einen Beitrag dazu, das Kindermedienland Thüringen als Innovationsstandort weiter voran zu bringen.

7 *Fraunhofer* in Sachsen-Anhalt

In Sachsen-Anhalt arbeitet das *Fraunhofer-Institut für Fabrikbetrieb und -automatisierung IFF* mit Sitz in Magdeburg. Als Partner für Auftraggeber aus Industrie, Forschung und Politik entwickeln und optimieren die Mitarbeiterinnen und Mitarbeiter des Instituts gemeinsam mit ihren Kunden Lösungen auf den Gebieten Logistik, Virtual Engineering, Automatisierung und Anlagentechnik. Im Magdeburger Wissenschaftshafen befindet sich das *Virtual Development and Training Centre VDTC*. Diese Erweiterung des *Fraunhofer IFF* ist auf neueste Virtual-Reality-Technologien für Anwendungen in der Industrie spezialisiert. Gemeinsam mit dem *Fraunhofer-Institut für Experimentelles Software Engineering IESE*, der *Otto-von-Guericke-Universität Magdeburg* und der *Technischen Universität Kaiserslautern* arbeitet das *Fraunhofer IFF* an dem Forschungsprojekt VIERforES, das zum Ziel hat, Virtuelle und Erweiterte Realität für höchste Sicherheit und Zuverlässigkeit von „Embedded Systems" zu entwickeln. Das BMBF unterstützt das Vorhaben im Rahmen seiner Initiative „Spitzenforschung und Innovation in den Neuen Ländern".

In Halle arbeitet ein Institutsteil des *Fraunhofer-Instituts für Werkstoffmechanik IWM*. Hinzugekommen ist in dieser Stadt im Jahr 2007 das *Fraunhofer-Center für Silizium-Photovoltaik CSP*. Hier bündeln die *Fraunhofer-Institute für Werkstoffmechanik IWM und für Solare Energiesysteme ISE* ihre Kompetenzen mit dem Ziel, in einem weltweit einmaligen Kristallisations- und Materialanalysezentrum die Forschung und Entwicklung von Siliziummaterial für die Photovoltaik voranzutreiben.

Auftrieb erhielt die Photovoltaik in dieser Region im Jahr 2008 durch den Erfolg von „Solarvalley Mitteldeutschland" im Spitzenclusterwettbewerb des BMBF. An dieser Kooperation sind neben zahlreichen Unternehmen und vier ostdeutschen Hochschulen die *Fraunhofer-Institute für Keramische Technologien und Systeme IKTS, für Elektronenstrahl- und Plasmatechnik FEP, für Solare Energiesysteme ISE* und *für Werkstoff- und Strahltechnik IWS* beteiligt, ebenso die schon erwähnten *Fraunhofer-Zentren THM* und *CSP*. Erklärtes Ziel des Spitzenclusters ist es, die Industriepartner und Forschungseinrichtungen der Photovoltaik entlang der gesamten Wertschöpfungskette zu vereinen.

In Schkopau arbeitet seit 2005 das *Fraunhofer-Pilotanlagenzentrum für Polymersynthese und Polymerverarbeitung PAZ*; es wird gemeinschaftlich von den *Fraunhofer-Instituten für Angewandte Polymerforschung IAP* und *für Werkstoffmechanik IWM Halle* betrieben und soll die Forschungs- und Entwicklungskapazitäten in der mitteldeutschen Chemieregion stärken. Durch die Verbindung von Synthese- und Verarbeitungskompetenz der beiden *Fraunhofer-Institute* im Pilotanlagenzentrum ist es möglich, maßgeschneiderte Lösungen vom Syntheserohstoff über das Polymer bis hin zum Hochleistungsbauteil zu realisieren.

In Leuna plant *Fraunhofer* zudem den Aufbau des *Chemisch-Biotechnologischen Prozesszentrums CBP* – mit Unterstützung des Landes Sachsen-Anhalt und verschiedener Bundesministerien und in Zusammenarbeit mit der *InfraLeuna GmbH*, der Betreibergesellschaft des Chemiestandorts Leuna. Es soll Unternehmen ermöglichen, chemisch-biotechnologische Verfahren vom Labormaßstab in die industrielle Anwendung zu bringen. Ziel ist die Entwicklung von grundlegenden Verfahren für eine Bioraffinerie, die analog zu einer petrochemischen Raffinerie arbeitet: Die biologischen Rohstoffe werden aufbereitet und in weiteren Prozessschritten zu Chemikalien, Werkstoffen oder Energieträgern verarbeitet. Betrieben werden soll das neue Zentrum von den *Fraunhofer-Instituten für Grenzflächen- und Bioverfahrenstechnik IGB* und *für Chemische Technologie ICT*.

8   *Fraunhofer* in Mecklenburg-Vorpommern

Auch in Mecklenburg-Vorpommern haben sich *Fraunhofer*-Einrichtungen sehr erfolgreich etabliert: In Rostock ist ein Institutsteil des in Darmstadt beheimateten *Fraunhofer-Instituts für Graphische Datenverarbeitung IGD* tätig. Die Kompetenzen liegen hier vor allem in der Entwicklung von graphischen Anwendungen, die moderne Informations- und Kommunikationstechnologien nutzen und komplexe Sachverhalte erkennbar und bedienbar machen. Auch das *Fraunhofer-Anwendungszentrum für Großstrukturen in der Produktionstechnik AGP* ist in Rostock angesiedelt. Ziel seiner Forschungs- und Entwicklungsaktivitäten ist es, ganzheitliche Lösungen zu entwickeln, die den Kunden eine kostengünstigere und qualitätsgerechte Fertigung ermöglichen.

9   Innovationscluster in den östlichen Bundesländern

Mit dem Konzept der „Innovationscluster" verfolgt *Fraunhofer* seit dem Jahr 2005 das Ziel, die Fach- und Organisationskompetenz der Institute in einer neuen Form der Partnerschaft zwischen Forschungseinrichtungen, Hochschulen und der Wirtschaft zu bündeln. In den östlichen Bundesländern sind bis jetzt folgende sieben Innovationscluster entstanden:

➢   Maintenance, Repair and Overhaul MRO in Energie und Verkehr in Berlin und Brandenburg. In diesem Cluster sollen ressourcenschonende und energieeffiziente MRO-Prozesse und -Technologien erarbeitet und nachhaltig in der Hauptstadtregion etabliert werden.

> Mechatronischer Maschinenbau in Chemnitz. Ziel des Clusters ist es, mechatronische Fertigungsmittel zu entwickeln und damit zur Realisierung anspruchsvollster Produkte und Prozesse beizutragen.

> Nano for Production in Dresden. Aufgabe des Innovationsclusters ist es, die wirtschaftliche Verwertung von Nanotechnologien voranzutreiben.

> Optische Technologien, Jena Optical Innovations JOIN in Jena. Entwicklungsobjekte sind vor allem optische Systeme zur digitalen Informationsaufnahme und -wiedergabe für Volumenmärkte.

> Polymertechnologie in Halle und Leipzig. Ziel des Innovationsclusters ist es, innovative Synthese- und Verarbeitungstechnologien zu entwickeln und neuartige Kunststoffe schneller auf den Markt zu bringen.

> Sichere Identität in Berlin und Brandenburg. Ziel des Clusters ist die Forschung und Entwicklung von Technologien, Verfahren und Produkten, welche die eindeutige, unverfälschte Identität von Personen, Objekten und geistigem Eigentum in der realen und virtuellen Welt gewährleisten.

> Virtual Development, Engineering and Training VIDET in Magdeburg. Aufgabe des Clusters ist es, die genannten Technologien verstärkt dem Maschinen- und Anlagenbau in Sachsen-Anhalt zugänglich zu machen.

In den Innovationsclustern kooperieren alle relevanten Kräfte aus Wirtschaft, Wissenschaft, Staat und Gesellschaft in räumlicher Nachbarschaft mit dem Ziel, erfolgreich in den Märkten zu agieren und auf diesem Weg auch Beschäftigung zu fördern und zu sichern. Die Mobilisierung von gleichen Mittelzuflüssen aus den Regionen und der beteiligten Industrie ist dabei Voraussetzung für die Einrichtung eines Innovationsclusters. So wird das Engagement aller Beteiligten sichergestellt. Von den neuen Infrastrukturen sollen Impulse ausgehen, um die Wirtschaft im internationalen Wettbewerb nachhaltig zu stärken.

10 Kooperation mit *Max-Planck-Instituten*

Grundlagenforschung und Angewandte Forschung beißen sich nicht, sondern können in guter Zusammenarbeit hervorragende Wirkung entfalten. *FRAUNHOFER* und *MAX PLANCK* haben das schon mehrfach bewiesen, und dies gilt natürlich auch in den östlichen Bundesländern.

Ein Beispiel für diese fruchtbare Kooperation ist das Projekt „ProBio". Hier wollen Wissenschaftler aus den *Fraunhofer-Instituten für Keramische Technologien und Systeme IKTS* und *für Fabrikbetrieb und -automatisierung IFF* zusammen mit ihren Kolleginnen und Kollegen vom *Max-Planck-Institut für Dynamik komplexer technischer Systeme* in Magdeburg und Dresden bei der Entwicklung dezentraler Energieversorgungssysteme in Zukunft eng zusammenarbeiten. Ziel ist es unter anderem, vermehrt Biomasse anstatt fossiler Energie für die Brennstoffzellentechnologie nutzbar zu machen. Gerade die Energiebranche entwickelt sich in rasantem Tempo, so dass Innovationen in diesem Bereich rasch den Weg in wirtschaftlich relevante Anwendungen finden werden.

11   Fazit: *Fraunhofer* wirkt – im Osten wie im Westen

Die Forschungseinrichtungen der *Fraunhofer-Gesellschaft* werden seit langem von Politik und Wirtschaft als wirkungsvolle Strukturmaßnahmen für die Ansiedlung und Entwicklung von Hightech-Unternehmen angesehen. Die leistungsfähigen, hochmodernen *Fraunhofer-*Einrichtungen sind daher Symbol und Hoffnungsträger für die jeweilige Region – im Osten wie im Westen.

Langsam, für viele Menschen zu langsam, entwickelte sich auch in den östlichen Bundesländern eine wettbewerbsfähige Industrie. Der Schlüssel für diesen weiter fortschreitenden Prozess liegt in Forschung und Technologie. Hier sieht sich die *Fraunhofer-Gesellschaft* seit dem Fall der Mauer besonders gefordert. Sie hat bereits Erhebliches zum Erstarken der Wirtschaft in den östlichen Bundesländern beigetragen und wird dies – wie an den zahlreichen und viel versprechenden neuen Gründungen, Aktivitäten und Erfolgen zu sehen ist – auch weiterhin in hohem Maß tun.

Der Maschinenbau in Thüringen und Sachsen ist bereits aktuell wieder auf dem Weg nach oben, ebenso die Optik in und um Jena, die Life Sciences in Leipzig und die Mikroelektronik in Dresden und Berlin. *Fraunhofer-Institute* tragen auch viel dazu bei, in Sachsen-Anhalt, Brandenburg und Mecklenburg-Vorpommern eine zukunftsfähige Wirtschaft zu etablieren.

Wir müssen dabei – ebenso wie in der akuten Phase der Integration von Forschungseinrichtungen in die *Fraunhofer-Gesellschaft* – auch künftig auf die Menschen vor Ort vertrauen und ihnen persönliche und berufliche Perspektiven schaffen. Sie werden die angebotenen Chancen nutzen und ihren Teil zum Wachstum der Wirtschaft in ihrer Umgebung beitragen.

Innovationen der letzten 20 Jahre – Fortschritt durch Überwindung von Barrieren

MARIANNE JANIK und RIMON WASSEF

ESG Consulting GmbH

1   Einleitung.. 281
2   Der Mauerfall – Euphorie und Ernüchterung 282
    2.1   Modernisierung der öffentlichen Verwaltung
        mit marktwirtschaftlichen Mitteln... 282
    2.2   Wegfall des Eisernen Vorhangs –
        Chancen und Barrieren für wirtschaftliches Wachstum...................... 283
3   20 Jahre Mauerfall – Die vernetzte Gesellschaft 284
    3.1   Globalisierung und lokale Identität –
        Chancen und Risiken eines globalen Wertschöpfungssystems 284
    3.2   Verwaltungsmodernisierung und eGovernment –
        Zentralisation und Dekonzentration durch IT-gestützte Prozesse 285
    3.3   Der vernetzte Bürger: Virtuelle Identitäten –
        Möglichkeiten und Schutzbedarf 288
    3.4   Innovationen in Deutschland an der Schnittstelle
        zwischen Verwaltung, Unternehmen und Bürger 290
        3.4.1   Elektronische Arbeitsunfähigkeitsbescheinigung.................... 290
        3.4.2   Prozessketten zwischen Wirtschaft und Verwaltung............... 291
4   30 Jahre Mauerfall – eine Prognose... 291
5   Fazit 294
Quellenverzeichnis... 295

1 Einleitung

Der Fall der Berliner Mauer beendete die Teilung Deutschlands. Die friedliche Revolution in der ehemaligen Deutschen Demokratischen Republik (DDR) sowie die Umsicht der politisch Verantwortlichen im Einigungsprozess überwand die Starrheit der bipolaren Blöcke und öffnete nicht nur die deutsch-deutsche Grenze. Sie bildete auch den Startpunkt für eine Vernetzung unserer Lebens- und Arbeitswelt, in der auch die bestehenden Barrieren zwischen Staaten, Unternehmen und Bürgern zunehmend fallen.

40 Jahre getrennte Entwicklung hatten nicht nur unterschiedliche politische und wirtschaftliche Systeme hervorgebracht, sondern auch zwei deutsche Kulturen mit jeweils eigenen Erfahrungen. Während die politisch-rechtlichen sowie die ordnungspolitischen Herausforderungen durch den Aufbau eines Rechts- und Verwaltungssystems und neue politische Vertretungskörperschaften nach bundesrepublikanischem Vorbild bewältigt wurden, stellt die Überwindung der wirtschaftlichen und zwischenmenschlichen Barrieren für uns heute noch eine wesentliche Herausforderung dar. Das wirtschaftliche Gefälle zwischen der Bundesrepublik Deutschland und der DDR, ausgelöst durch den Zusammenbruch des Warenhandels zwischen den Staaten des Warschauer Pakts und die Nutzung veralteter Technologien, ist trotz immenser gesamtdeutscher Anstrengungen bis heute noch nicht ganz ausgeglichen. Auch die „Mauer in den Köpfen der Menschen" konnte nicht an einem Tag eingerissen werden – ist in Teilbereichen immer noch vorhanden. Allerdings hat sie wesentlich mehr ihrer „Steine" verloren als neue hinzugekommen sind. Dennoch unterscheidet sich der Vereinigungsprozess der Bürger beider Staaten im Hinblick auf die jeweiligen politischen und wirtschaftlichen Prozesse. Während letztere weitestgehend die bestehenden Strukturen ersetzten, entwickelt sich aus der Zusammenführung der unterschiedlich entwickelten deutschen Kulturen eine neue gemeinsame kulturelle Grundlage.

„20 Jahre Mauerfall" bedeuten daher nicht nur den Wegfall der Barrieren zwischen Menschen, Organisationen und Systemen, sondern auch die Gestaltung der kontinuierlichen Annäherungs-, Integrations- und Vereinigungsprozesse – im deutsch-deutschen Verhältnis und im Kontext der weltweiten, globalen Entwicklung.

Ein wesentlicher Treiber für die Überwindung dieser Barrieren ist die rasante Entwicklung der Informations- und Telekommunikationstechnologien (ITK). Diese haben ähnlich revolutionär die Mauern zwischen Menschen, Unternehmen und Staaten eingerissen und beeinflussen unser Zusammenleben 20 Jahre nach dem Mauerfall maßgeblich. Die ITK-Technologien haben die Transformation von einer politisch, kulturellen, wirtschaftlichen und technologischen bipolaren Welt in eine vernetzte, integrierte Gesellschaft ermöglicht, in denen jedoch Reste der vormaligen Mauern weiterhin bestehen sowie neue Schutzwälle in einer neuen digitalen Welt errichtet werden.

2   Der Mauerfall – Euphorie und Ernüchterung

2.1   Modernisierung der öffentlichen Verwaltung
mit marktwirtschaftlichen Mitteln

Der Aufbau der öffentlichen Verwaltung nach bundesrepublikanischem Vorbild der 1980er
Jahre in den fünf Neuen Bundesländern erfolgte in den ersten Jahren durch die Assimilation
der bestehenden Verwaltungsstrukturen und Verwaltungsmitarbeiter sowie den Transfer von
Fach- und Führungskräften aus den Alten Bundesländern. Trotz erheblicher Vorbehalte und
Bedenken gelang die Zusammenführung in der Verwaltung auch im Bereich der Polizei und
der Bundeswehr weitestgehend erfolgreich. Durch die Belastungen des „Aufbau Ost" begann
die Phase der Modernisierung der öffentlichen Verwaltung erst in der zweiten Hälfte der
1990er Jahre im Rahmen des Konzepts „Neues Steuerungsmodell"(NSM) sowie weiterer
Programme mit ähnlichen Zielsetzungen. Im angelsächsischen Raum starteten umfangreiche-
re Aktivitäten unter dem Begriff „New Public Management" (NPM) bereits Ende der 1980er
Jahre.

Die Modernisierungsphase der öffentlichen Verwaltung umfasste vor allem die Neubewer-
tung der Staatsaufgaben sowie die Neuorganisation der Aufgabenerledigung durch staatliche
Institutionen. Die bisherige alleinige Orientierung an rechts-, politik- und verwaltungswissen-
schaftlichen Vorgaben wurde durch betriebswirtschaftliche Erkenntnisse ergänzt. Ausgelöst
wurden diese Modernisierungsmaßnahmen in Deutschland durch die sinkenden Staatseinnahmen und die finanziellen Belastungen der deutschen Einheit Anfang der 1990er Jahre. Das
Kernziel der betriebswirtschaftlichen Reform lag in der Umwandlung des zentralistischen und
bürokratischen Verwaltungsapparats in Richtung einer dezentralen und wettbewerbsfähigen
Verwaltung mit Dienstleistungscharakter. Trotz der Erkenntnis, dass der Einsatz von Methoden, die in den privaten Unternehmen zu Kostensenkung und Leistungsverbesserungen geführt haben, nicht immer unmittelbar auch in Verwaltungsorganisationen diese Effekte erzielen, konnten aber durch den Einsatz von Informations- und Telekommunikationstechnologien
Erfolge erzielt werden. Die verstärkte Nutzung von ITK ermöglichte es vor allem, durch die
Optimierung der internen Prozesse, die Verwaltungsleistungen effizienter, preiswerter und
bürgerfreundlicher zu gestalten. Dabei standen u. a. die IT-Unterstützung von Prozessen,
zentrale Bereitstellung von Daten und Informationen sowie der Aufbau von Weitverkehrsnet-
zen im Vordergrund. Der Bedeutung der ITK-Technologie folgte ein Paradigmenwechsel von
einer technischen zu einer dienstleistungsorientierten Betrachtung der ITK, was sich auch in
der Gründung von eigenständigen IT-Dienstleistern, wie z. B. dem *Landesbetrieb für Informationstechnik* in Berlin, zeigt. Mit diesem Paradigmenwechsel wurde der erste Schritt zur
Überwindung der Barrieren vollzogen, die sich durch ein klassisches, hierarchisch-funk-
tionales Wertschöpfungsmodell ergeben. Waren bisher die Aufgaben auch ohne ITK lösbar,
so wurde die ITK essentieller Bestandteil der neuen prozessorientierten Verwaltungsverfahren. Mit der Ablösung der „geschobenen" zu einer prozessorientierten Wertschöpfung ergaben sich neue Anforderungen an die Führung-, Steuerungs- und Informationsprozesse. War es
bisher möglich für eine isolierte Aufgabe ein maßgeschneidertes IT-Verfahren zu konstruie-
ren, mussten jetzt nicht nur die verantwortlichen IT-Dienstleister, sondern alle am Prozess
beteiligten Stellen einbezogen werden. Die Anwendung der im Rahmen des neuen Steuerungsmodells übernommenen betriebswirtschaftlichen Methoden und Verfahren war daher
eine logische Folge, wenngleich sie ihre Wirkung nur in den Bereichen der Verwaltung ent-

falten konnten, in denen die Rahmenbedingungen (Output-Orientierung des Verwaltungshandelns, dezentrale Ressourcenverantwortung, Kontraktmanagement) erfüllt wurden.

2.2 Wegfall des Eisernen Vorhangs – Chancen und Barrieren für wirtschaftliches Wachstum

Die 1990er-Jahre zeigten, dass die Wirtschafts-, Sozial- und Währungsunion, die mit Wirkung vom 1. Juli 1990 in Kraft trat, eine Maßnahme war, die zwar politisch korrekt und erforderlich war, im Gegenzug aber den fast vollständigen Zusammenbruch der Wirtschaft in den Neuen Bundesländern auslöste. Dies resultierte nicht nur aus der Nutzung veralteter Technik und Technologien, sondern auch aus dem Umstand, dass die bisherigen Absatzmärkte in den ehemaligen RGW-Staaten (COMECON) ersatzlos wegbrachen, da die bis dato übliche faktische Tauschwirtschaft entfiel und die Notwendigkeit bestand, mit Devisen zu bezahlen, die in den Mitgliedstaaten nicht ausreichend vorhanden waren.

Devisenmangel und veraltete Technologien waren nicht nur ein Problem für die Wirtschaft der ehemaligen DDR, sondern bildeten die Ausgangsposition für die Wirtschaft des gesamten Ostblocks. Während in den 1990er Jahren ersteres u. a. durch direkte Transfers bzw. die Erschließung von Rohstoffquellen bzw. den Export von Arbeitskräften kompensiert wurde, konnte der technologische Rückstand durch die zeitgleich voranschreitende Entwicklung der ITK-Technologien schneller aufgeholt werden als erwartet. Insbesondere das Internet und die dahinterliegende Philosophie eröffneten neue Perspektiven für die Entstehung von technologischem Fortschritt aus dem Netz selbst heraus: Das Internet war als akademisches Datennetz Infrastruktur und Entwicklungsumgebung zugleich. Innovationen wurden ohne die Anwendungsreife abzuwarten ins Netz gestellt, dort von Nutzern getestet, weiterentwickelt und wiederum allen kurzfristig zur Verfügung gestellt. 1990 wurde das Internet für die kommerzielle Nutzung freigegeben und wurde damit auch außerhalb der universitären Welt öffentlich zugänglich, der erste kommerzielle Anbieter ging an den Start. 1991 konnte das World Wide Web so seinen Siegeszug antreten. Anfang des Jahrzehnts bescherte bereits das rasche Auftauchen der Personal Computer einen weiteren Paradigmenwechsel: Unternehmen konnten IT-Kosten durch verteilte Verarbeitung in so genannten Client-Server-Umgebungen senken. Im Bereich der Konstruktion und der Produktionsplanung und -steuerung wurden diese Fortschritte zunächst unter dem Schlagwort „Computer Integrated Manufacturing" (CIM) und später unter dem Schlagwort „Computer Aided Industrie" (CAI) subsumiert. Dazu gesellten sich die Kommunikations- und Übertragungstechnologien, die zur Entstehung der ersten horizontalen (z. B. Online Datenbankdienste, Datex-J) und vertikalen Mehrwertdienste (z. B. Beispiel ODETTE, SWIFT) führten [1]. Es entstanden insbesondere in der Automobilindustrie Wertschöpfungsketten neuen Zuschnitts, die standardisierte Schnittstellen bei der Elektronik und in der Software schaffen und nutzen sollten. 1991 wurde in Deutschland einhergehend mit der Deregulierung des Funktelefonmarkts auch das D-Netz in Betrieb genommen.

So sind die Konvergenz der Informations- und Telekommunikationstechnologien für rund 40 % der Produktivitätssteigerung der Industrie verantwortlich und damit ein essentieller Baustein für Wirtschaftswachstum. Dazu gehören auch die konsequente Einführung von ERP-Systemen sowie die Revolution durch die einsetzende Vernetzung innerhalb der Supply Chain. Die Überwindung geografischer, kultureller und teilweise politischer Barrieren ermöglichte

---

[1] Vgl. *STOETZER* (1993), S. 5.

nicht nur eine schnellere Vernetzung der globalen Wirtschaft, sondern auch die Kompensation fehlender, moderner Industrieinfrastrukturen.

Die konsequente Investition auch in ITK-Infrastrukturen ermöglichte nicht nur die überproportionale Steigerung der Arbeitsproduktivität der ostdeutschen Wirtschaft, sondern kann in der Nachschau auch als einer der notwendigen Schritte auf dem Weg zum High-Tech-Standort Deutschland angesehen werden.

3   20 Jahre Mauerfall – Die vernetzte Gesellschaft

Zwanzig Jahre nach dem Fall der Mauer ist die wirtschaftliche Integration Deutschlands noch nicht abgeschlossen.[2] Es werden wohl noch über Jahre Transferleistungen von ca. 100 Mrd. EUR pro Jahr in die fünf Neuen Bundesländer fließen. Dennoch haben sich die Lebensverhältnisse bereits in vielen Bereichen angeglichen. Hatten in den Neuen Bundesländern vor 20 Jahren nur ca. 17 % der Haushalte einen Telefonanschluss, so sind es heute fast 90 %. Etwa dreiviertel der Bevölkerung in Ost und West haben einen PC, ca. zweidrittel einen Internetanschluss und über 80 % ein Mobiltelefon. Die konsequente Investition in den Aufbau einer flächendeckenden ITK-Infrastruktur hat nicht nur die Lebensbedingungen der Bürger verbessert, sondern auch den Anschluss des gesamten Landes an die Informationsgesellschaft ermöglicht.[3] Heute, 20 Jahre nach dem Mauerfall, befähigt uns dieser Schritt nicht nur zu einer verbesserten innerdeutschen Kommunikation, sondern macht uns zum Teil einer globalen, vernetzten Gesellschaft. Dies hat zum einen Auswirkungen auf den einzelnen Bürger. Darüber hinaus werden die Wertschöpfungsstrukturen der Wirtschaft ebenso sehr wie die der öffentlichen Verwaltung verändert. Aktuell wandelt sich die Wertschöpfungsarchitektur weiter von einer funktionalen Zusammenarbeit hin zu einer wissensbasierten fort. Eine effiziente, weltweite Leistungserstellung durch Global Player wird ebenso ermöglicht, wie ein im Grundsatz möglicher globaler Marktzugang selbst kleiner Unternehmen oder Einzelpersonen über Online-Portale. Neue Dienstleistungen und Produkte sind entstanden, die nicht nur neue Arbeitsplätze, sondern auch völlig neue Berufsgruppen entstehen ließen. Aber auch die öffentliche Verwaltung nutzt die ITK-Technologien in ihrem Bemühen um Bürgernähe und Effizienz. Internetportale ermöglichen Behördengänge vom heimischen Schreibtisch aus, während die Vernetzung der Verwaltung interne Abläufe optimiert.

3.1   Globalisierung und lokale Identität – Chancen und Risiken eines globalen Wertschöpfungssystems

Der Jahrestag des Mauerfalls fällt in eine Zeit, in der das geeinte Deutschland einer weltweiten Finanzkrise gegenübersteht. Diese Krise hat gezeigt, dass Verantwortliche in Wirtschaft und Politik sowie die Bürger dieses Landes besonnen aber zielgerichtet für den Erhalt der wirtschaftlichen und politischen Grundlage der Gesellschaft eintreten können. Zahlreiche Innovationsallianzen auf Bundes- und Landesebene sollen die Zusammenarbeit zwischen den Unternehmen sowie der Wissenschaft entlang der Wertschöpfungskette intensivieren und

---

[2]   Vgl. *BERTHOLD/KULLAS* (2009), S. 1.

[3]   Vgl. *MÜLLER* (2009).

weiter ausbauen.[4] Innovationsplattformen bieten interessierten Akteuren aus Forschung, Industrie, den Behörden und Organisationen ein Netzwerk an. Mit dem im Rahmen des „Gesetzes für Beschäftigung und Stabilität in Deutschland" beschlossenen IT-Investitionsprogramm stellt die Bundesregierung in den Jahren 2009 und 2010 zudem zusätzliche 500 Mio. EUR für die Modernisierung der Informations- und Kommunikationstechnik der Verwaltung bereit. Die Förderung von ITK-Technologien war und ist in diesem Zusammenhang eine sinnvolle wirtschafts- und strukturpolitischer Maßnahme, um die Leistungsfähigkeit und die Innovationskraft unserer Wirtschaft zu stärken und damit auch weiterhin die Lebensumstände in Ost- und West anzugleichen.[5] Dies ist nicht nur hinsichtlich des Ausgleichs fehlender Industriestrukturen sinnvoll, sondern fördert auch die Entwicklung und Etablierung neuer, smarter Technologien, die zunehmend als „Problemlöser" für die gesellschaftlichen und ökologischen Herausforderungen des 21. Jahrhunderts eingesetzt werden können. Ein Land, das im Informations- und Wissenszeitalter auch weiterhin deutliche Akzente in Gesellschaft, Verwaltung und Wirtschaft setzen will, muss seinen Fokus auf die Informationstechnik und Telekommunikation richten, um innovative Dienste und Anwendungen zu schaffen und diese konsequent und zügig in praxistaugliche Produkte und Services umzusetzen. Dazu bedarf es mehr sichtbarer und überzeugender, aber auch mutiger Erstanwendungen in Deutschland, die weltweit „Best Practice" darstellen. Nur diese können Innovationen insbesondere in der Krise zum wirtschaftlichen Durchbruch verhelfen. Damit sind nicht zuletzt zukunftsorientierte Arbeitsplätze in der IT- und Telekommunikationsbranche selbst verbunden, sondern auch in vielen anderen Wirtschaftsbereichen, deren Entwicklung unmittelbar und mittelbar vom Einsatz dieser Technologien bestimmt wird.

Die optimale Positionierung der deutschen IKT-Branche im internationalen Wettbewerb stellt mithin eine wesentliche Voraussetzung für Beschäftigung und nachhaltiges Wachstum in Deutschland dar und ist damit ein wichtiger Eckpfeiler zur Überwindung von Barrieren zwischen Unternehmen, Verwaltung und Bürgern.

3.2   Verwaltungsmodernisierung und eGovernment –
Zentralisation und Dekonzentration durch IT-gestützte Prozesse

Standen die Verwaltungsreformen in den 1990er Jahren unter dem Zeichen des „Neuen Steuerungsmodells" so gilt in diesem Jahrzehnt eGovernment als Motor der Verwaltungsmodernisierung. Um das Verwaltungshandeln an den Bedürfnissen der Kunden (Bürger und Unternehmen) mittels Informations- und Telekommunikationstechnologien ausrichten zu können, bedurfte es auch hier einer Reorganisation der Verwaltung.

In den letzten Jahren sind vor allem Verwaltungsvorgänge wie die Personalverwaltung oder das Travel Management bis hin zu Fachverfahren durch ITK unterstützt und teilweise medienbruchfrei realisiert worden. Der größte Teil der öffentlichen Verwaltungen ist mit PC-Arbeitsplätzen ausgestattet und per E-Mail erreichbar. Über Portale sind Leistungen der Verwaltung teilweise rund um die Uhr für Bürger und Unternehmen abrufbar bzw. ermöglichen die gesamte Durchführung von Verwaltungsabläufen medienbruchfrei über das Internet.

---

[4]   *BUNDESMINISTERIUM FÜR BILDUNG UND FORSCHUNG* (2009).

[5]   Vgl. *BERTHOLD/KULLAS* (2009), S. 1.

Diese Maßnahmen wurden unter der politischen Agenda des eGovernment von nahezu allen Industriestaaten umgesetzt, um sich in einer globalisierten Welt mit einer modernen sowie kundenorientierten Verwaltung Standortvorteile zu verschaffen[6]. In Deutschland wurden durch die Programme „Deutschland Online" und „Bund Online" bzw. deren Anschlussprogramme die wesentlichen Modernisierungsschritte eingeleitet. Wie bei allen großen Reformen der Öffentlichen Verwaltung wurde auch hier mit kleinen Schritten pragmatische Lösungen mit direktem Nutzen für Bürger und Unternehmen realisiert. Ein primäres Ziel dieser ersten Phase war die Beseitigung von Barrieren zwischen Verwaltung und Bürgern bzw. Unternehmen sowie innerhalb der unterschiedlichen Behörden in Bund, Ländern und Gemeinden. Das Ergebnis dieser Phase lieferte im Wesentlichen den Zugang zur Verwaltung für Bürger und Unternehmen über Portale, die Etablierung gemeinsamer Standards zur Sicherstellung der technischen Interoperabilität unterschiedlicher ITK-Systeme und Komponenten sowie den Aufbau einer modernen, standardisierten Netzinfrastruktur für die Verwaltung. Bereits in dieser Phase haben alle national und international beteiligten Stellen erkannt, dass sich trotz des augenscheinlichen Fokus des eGovernment auf ITK die Ziele der Verwaltungsmodernisierung durch die bloße Einführung IT-basierter Kommunikation oder elektronischer Verfahren nur unzureichend realisieren lassen. Anpassungen der Organisation und Prozesse, Förderung der notwendigen Kompetenzen[7] und der Aufbau von adäquaten Führungs- und Steuerungsstrukturen sind notwendig, um das Potenzial der ITK für die Steigerung der Effizienz und Leistungsfähigkeit der Verwaltung realisieren zu können. Dieser integrative Modernisierungsansatz wird noch in verschiedenen Initiativen, Programmen und Beschlüssen strategisch initiiert und vorangetrieben. Darunter fallen z. B. „Bund Online" (2005), „Deutschland Online" (2006), die „High Tech Strategie für Deutschland"(2006), „E-Government 2.0" (2006), der „12-Punkte-Plan für ein bürgerfreundliches Deutschland" (2007) und die „IT-Steuerung Bund" (2007).

Im Jahr 2009 hält die Informationstechnik mit Art. 91c GG als eine der bedeutsamsten Infrastrukturen des 21. Jahrhunderts Einzug in die deutsche Verfassung. Mit diesem Schritt wurde nicht nur die ITK als die zentrale Infrastruktur des 21. Jahrhunderts den Verkehrs-, Wirtschafts- und Energienetzen gleichgestellt, sondern in Zukunft die Planung und Steuerung von ITK in Bund, Länder und Gemeinden erleichtert. Deutschland ist damit der erste Staat, der Strukturregelungen für die Informationstechnik mit Verfassungsrang ausgestattet hat.

Die Notwendigkeit von Standardisierung, Kompetenzbündelung, effizienter Leistungserstellung durch die Realisierung von Skaleneffekten in der ITK führte erst einmal zurück zur Zentralisierung und Konzentration. Dazu wurden Kompetenzzentren und zentrale Dienstleister in Bund und Ländern gegründet, die mehr oder weniger Anteile der Wertschöpfung von ITK-Leistungen in der Verwaltung bündeln. Gehört die ausgerichtete Zusammenarbeit unterschiedlicher Behörden zum Alltag der Verwaltung, so stellte die bestehende Verzahnung der ITK mit den allgemeinen Verwaltungsprozessen die IT-Dienstleister und die prozessverantwortlichen Behörden vor neue Herausforderungen. Im Gegensatz zur sequenziell und vertikal ausgerichteten behördenübergreifenden Zusammenarbeit bedarf die Entwicklung ITK-basierter Prozesse eher iterativer, meist horizontal ausgerichteter Planungs-, Steuerungs- und Umsetzungsprozesse. Diese sind notwendig, um vor allem bei ITK-Großprojekten gegenüber dem technologischen Fortschritt eine angemessene Realisierungsdauer zu erreichen. Leider konnte vor allem zu Beginn des Jahrzehnts beobachtet werden, dass die Dauer der traditionellen Phase der politischen Willensbildung asynchron zum Entwicklungszyklus der dann ver-

---

[6]   Vgl. *BUNDESMINISTERIUM DES INNERN* (2006), S. 4.

[7]   Vgl. *BUNDESMINISTERIUM DES INNERN* (2006), S. 4

wendeten Technologien war. Dies hat vor allem High-Tech-Projekte, wie „Toll Collect" oder „INPOL" hinsichtlich der Kosten, der Realisierungsdauer und der Qualität hinter die Erwartungen zurückgeworfen. Die daraus resultierende Erkenntnis, dass eine ITK-gestützte Verwaltung sich nicht mehr nur mit den traditionellen Instrumenten der Rechts- und Verwaltungswissenschaften realisieren lässt, wird vor allem durch die politische Bedeutung der eingeleiteten Modernisierungsmaßnahmen deutlich. Neben den bisher üblichen Programmen, Strategien und Beschlüssen wurde, initiiert durch den ersten IT-Gipfel im Jahr 2006, die Struktur sowie die Verfahren zur Zusammenarbeit in der Verwaltung durchgehend verändert. Im Gegensatz zu den Maßnahmen in den 1990er Jahren wurde die neue Form der ITK-Planung und Steuerung in die bestehenden Strukturen integriert. Die Schaffung verantwortlicher Institutionen auf Bundesebene, wie den „Beauftragten der Bundesregierung für Informationstechnik" bzw. des IT-Rats sowie ähnlicher Strukturen auf Landesebene ermöglichen heute eine horizontale Zusammenarbeit auf höchster Verwaltungsebene. Die Gründung des Planungsrats wird diese Zusammenarbeit auch zwischen Bund und Ländern ermöglichen und somit bezüglich der ITK nicht nur eine weitestgehend barrierefreie Kommunikation, sondern vor allem Entscheidungs- und Steuerungsfähigkeit bezüglich ITK-relevanter Modernisierungsmaßnahmen fördern. Die Fähigkeit, diese Form der iterativen, horizontalen und übergreifenden Zusammenarbeit in konkreten Projekten und auf jeder Verwaltungsebene zu etablieren, wird ausschlaggebend dafür sein, wie die öffentliche Verwaltung die Position Deutschlands im globalen Standortwettbewerb beeinflussen wird. Dabei werden bereits durchaus die Lehren aus der Vergangenheit gezogen, dass beispielsweise mit der reinen Verwendung von privatwirtschaftlichen Methoden und Instrumenten oder der einfachen Überführung von Verwaltungseinheiten in privatrechtliche Strukturen die angestrebten Ziele nicht allein zu erreichen sind. Privatwirtschaftliche Begriffe wie „Wettbewerb", „Angebot und Nachfrage" sowie „Verträge" sind daher hinsichtlich ihrer Kompatibilität zu bestehenden Systemen und Verfahren zu prüfen und ggf. anzupassen, soweit die bestehenden Rahmenbedingungen erhalten bleiben sollen. Irritierend ist allerdings, dass in der aktuellen Diskussion um die Verwaltungsmodernisierung marktwirtschaftliche Instrumente dominieren und dass der Wettbewerb zwischen Behörden ähnlichen Regeln folgen soll, die zwischen unabhängigen Unternehmen gelten. Weitestgehend ausgeblendet bleibt jedoch der Vergleich der öffentlichen Verwaltung mit einem Konzern und den Instrumenten der Konzernsteuerung, die sich trotz ihrer Systemkonformität zu marktwirtschaftlichen Methoden in der konkreten Umsetzung unterscheiden. Die Optimierung von Verrechnungspreisen innerhalb eines globalen Konzerns muss nicht immer über internen Wettbewerb erfolgen, sondern kann aus einem konzernweiten Ziel, wie z. B. der Minimierung der Steuerbelastung, resultieren. Ebenso wie die differenzierte Verwendung von Kerninstrumenten der Marktwirtschaft die Ziele eines globalen Unternehmens sichern können, gilt dies auch für die Auswahl und den Einsatz der Instrumente der öffentlichen Verwaltung bei der Erfüllung ihrer Aufgaben. Die „Modernisierung des Haushalts- und Rechnungswesens" (MHR), der Aufbau von Kompetenzen und Verfahren zur Realisierung von IT-Großprojekten sowie die Schaffung einheitlicher Regelungen für den ressortübergreifenden Leistungstransfer durch „Dienstleistungszentren IT" und anderen „Shared-Service-Centern" (SSC) sind erste Schritte sowohl um die Rahmenbedingungen des Verwaltungshandelns zu verändern als auch die dazu verwendeten Instrumente, ohne dass dabei die interne Kontrolle der Verwaltung ausgehebelt wird.

Mit diesen Maßnahmen wird eine zukünftige Entwicklung eingeleitet, die wieder zu einer Dekonzentration der Verwaltung führen wird. Die Einführung standardisierter Planungs- und Steuerungsinstrumente erlaubt eine iterative, horizontale Zusammenarbeit zwischen Behörden auf allen Verwaltungsebenen. Durch Herabsetzen dieser Barrieren können die Potenziale der ITK zur Verwaltungsmodernisierung ausgeschöpft und die Effizienz und die Leistungsfähigkeit der öffentlichen Verwaltung verbessert werden.

3.3   Der vernetzte Bürger: Virtuelle Identitäten – Möglichkeiten und Schutzbedarf

Wäre die Nutzung von Mobiltelefonen, PCs sowie das Internet der Maßstab für die Wiedervereinigung, so wäre sie heute bereits vollzogen. Es besteht kaum noch ein Unterschied in der Nutzung dieser Kommunikationsmittel, wodurch nicht nur die innerdeutsche Mauer, sondern jegliche Grenze auf dieser Welt mit wenigen Ausnahmen überwunden wurde. Die Präsenz in einer virtuellen Welt mit Menschen aus jedem Kulturkreis, mit unterschiedlichen Überzeugungen und Erfahrungen sowie eigenen Interessen lässt auf den ersten Blick die vielzitierte „Mauer im Kopf" als provinziell erscheinen. Dies ist sie nicht, denn je größer die Vielfalt und Komplexität, umso wichtiger ist die persönliche wie auch die virtuelle Identität jedes Bürgers. Dabei ist die Identifizierung und Sicherung der virtuellen Identität trotz ihrer Komplexität um ein vielfaches leichter als die Schaffung einer persönlichen Identität. Die Gründe für diese Mauer im Kopf sind vielfältig und an anderer Stelle ausführlich behandelt. Sei es nun die fehlende Anerkennung für die erbrachten Leistungen oder die mögliche Verklärung der 40-jährigen Geschichte vor dem Mauerfall. Zu all diesen essentiellen Punkten haben heute alle Bürger erstmals in der Geschichte die Möglichkeit, in der virtuellen Welt unzensiert Fakten zu sichten, Meinungen zu äußern und miteinander zu kommunizieren.

Der Einsatz von modernen ITK hat in den letzten 20 Jahren diese virtuelle Welt erschaffen, die von jedem einzelnen Bürgern gestaltet werden kann. „Web 2.0", „*Facebook*®", „*iPhone*®" und „*Twitter*®" sind nur einige Begriffe, die das Leben des virtuellen Bürgers prägen. Im Gegensatz zu vielen anderen Technologien bilden sie einen virtuellen Raum, der nicht nur die Abläufe in der realen Welt erleichtert, sondern eigene Regeln und Bewertungssysteme schafft. Eine neue Form dieser virtuellen Währung bildet die „Social Currency", die sich durch Wertschöpfung in sozialen Systemen, wie *Facebook*®, *Wikipedia*®, etc. durch Reputation in der Online-Community bildet. Diese Währung ist allerdings nicht nur auf Bürger beschränkt. Sie erstreckt sich vielmehr auch auf die Präsenz von Unternehmen und Verwaltungen im Netz. Dies zeigt sich an dem rasanten Anstieg der Mitglieder in sozialen Netzwerken wie *Xing*®, *LinkedIn*® oder *StudiVz*®, und an der Entstehung neuer Geschäftsmodelle wie beispielsweise Onlinespiele. Dass sich dieses Phänomen nicht nur auf den privaten Bereich erstreckt, zeigte kürzlich die hohe Mobilisierungsfähigkeit der Netzgemeinschaft gegen Gesetzentwürfe der Bundesregierung, von denen man glaubt, sie würden die Freiheit der Kommunikation im Netz und somit ihre „Geschäftsgrundlage" beschneiden.

Die Debatte um Freiheit und Sicherheit ist auch 20 Jahre nach dem Fall der Mauer und dem Ende des Kalten Krieges nicht beendet. Die konkrete Konfrontation nach scheinbar stabilen Regeln ist einer diffusen Sicherheitslage gewichen, die sich weltweit in begrenzten militärischen Konflikten, asymmetrisch geführten Kriegen und einer latenten Bedrohung durch terroristische Anschläge ausdrückt. Aber auch der Schutz der Privatsphäre und die Sicherstellung rechtsstaatlicher Grundlagen des Zusammenlebens stellen in der realen wie auch in der virtuellen Welt die Frage nach Grenzen der Freiheit und der Sicherheit. Diese Frage kann und wird zukünftig in beiden Welten für ausgewählte Sachverhalte unterschiedlich beantwortet werden. ITK-Technologien bieten hier sowohl zusätzliche Unterstützung aber auch konkrete

Angriffsflächen, wodurch wir zukünftig stärker von sicherheitsbasierten ITK-Technologien sprechen werden.

Virtuelle Identitäten von Bürgern, Unternehmen und Verwaltung sowie vernetzte Systeme innerhalb und zwischen Organisationen bilden das Rückgrat der virtuellen Welt. Dabei ist es üblich, mehrere Identitäten anzunehmen und zu pflegen. Sei es nun als Mitglied unterschiedlicher sozialer Netzwerke, als Teil des Firmennetzwerks oder in direktem Zusammenhang mit einem Verwaltungsverfahren wie bspw. bei der Abgabe der Steuererklärung mittels des Programms „ELSTER". Sowohl das sichere Management dieser Identitäten als auch deren Schutz stellen dabei alle Beteiligten vor noch nicht gelöste Herausforderungen. Einzelne Maßnahmen der öffentlichen Verwaltung, wie die Einführung des elektronischen Personalausweises zur sicheren Identifizierung oder die Gewährleistung des Austauschs rechtsgültiger elektronischer Dokumente (DE-Mail), schaffen jedoch verbindliche Ankerpunkte im virtuellen Austausch von Daten und Informationen. Die Vorteile, wie die Durchführung rechtsverbindlicher, medienbruchfreier Geschäftsabschlüsse, liegen nahe an den Gefahren, die sich z. B. durch den Verlust der Privatsphäre sowie die Beschneidung des Rechts auf informationelle Selbstbestimmung konkretisieren. Die teilweise emotional geführte Diskussion um die Transparenz von Scoring-Verfahren zur Bonitätsprüfung zeigt das Spannungsfeld zwischen dem individuellen Recht auf informationelle Selbstbestimmung und dem Schutz des eigenen Geschäftsmodells. Die ITK können hier sowohl die technischen Barrieren zwischen den Identitäten aufbrechen und die Verlässlichkeit der Identifikation erhöhen. Ein umfassendes Identitätsmanagement ist allerdings nur unter Berücksichtigung der rechtlichen, organisatorischen und ethischen Rahmenbedingungen möglich.

Der Schutz vernetzter Systeme ist spätestens seit Verbreitung des Internets nicht nur eine Domäne von technikbegeisterten Computerexperten. Jeder Privatanwender ist heute angehalten, seinen Zugang sowie sein eigenes Netz zu schützen, Aber auch für Unternehmen und nicht zuletzt für staatliche Stellen rückt der Schutz kritischer Infrastrukturen in den strategischen Fokus. Energieversorgung, Gefahrenstoffe, Transport und Verkehr und nicht zuletzt die Informationssysteme sind Teil dieser schützenswerten Infrastrukturen. Ihr Schutz lässt sich heute nur noch über einen integrierten Ansatz realisieren, der sowohl die Möglichkeiten der ITK-Technologien, als auch herkömmliche Sicherheitsmaßnahmen wie z. B. den Objektschutz einbezieht.

Die Integration der virtuellen und der realen Welt erfolgt allerdings nicht nur im Bereich der Sicherheit, sondern vollzieht sich seit einigen Jahren an deren Schnittstelle. Saß man in den 1990er Jahren in der Regel vor einem PC, um die virtuelle Welt zu betreten, so erfolgt dies heute über Mobilfunkgeräte, Fernsehgeräte und Küchengeräte. Die Weiterentwicklung der so genannten Mensch-Maschine-Schnittstelle führt heute zu einer Überlappung beider Sphären, denn sie ermöglicht die Steuerung der virtuellen Welt durch Alltagshandlungen in der realen Welt. In diesem „Internet der Dinge" ist es möglich, durch „verschieben" der einzelnen Menüs im iPhone®, das Aufrufen von Informationen aus dem Internet über die normale Fernbedienung oder die Körpersteuerung von Spielkonsolen Funktionen in der virtuellen Welt auszulösen. Diese Überlappung kann aber auch zu einer Verschiebung führen, die im Falle von Internetsucht zu realen Gefährdungen führen kann.

Trotz der Gefährdungen wurde das Leben der Menschen durch die Einführung moderner Kommunikationsmittel bereichert. In modernen Autos stecken bis zu 70 elektronische Steuereinheiten. Diese neuen eingebetteten Kommunikationssysteme ermöglichen sowohl die Kommunikation von Fahrzeugen untereinander als auch die Kommunikation mit Verkehrsinfrastrukturen. So soll die Verkehrssicherheit erhöht und die Unfallgefahr vermindert werden. Allerdings ergeben sich auch hier wiederum technische Herausforderungen nach der Absicherung der ausgetauschten Informationen.

War der Fall der Mauer durch eine friedliche Revolution ein Meilenstein in der Geschichte der Freiheit, so trägt die Verwendung der ITK i. S. e. sicherheitsbasierten ITK-Technologie grundsätzlich dazu bei, diese Freiheit zu bewahren und zu schützen.

3.4 Innovationen in Deutschland an der Schnittstelle zwischen Verwaltung, Unternehmen und Bürger

Innovationen bilden eine wesentliche Grundlage für den Aufbau und Erhalt des High-Tech-Standorts Deutschland. Kreative Unternehmen, wissenschaftliche Einrichtungen, ein fördernder und fordernder Staat und ein hoher Bildungsstand der Bevölkerung bilden die Grundlage für Innovationen. Einige dieser Maßnahmen sind nur mit Beteiligung aller aufgeführten Stellen zu realisieren. Einige Beispiele für die Möglichkeiten und Herausforderungen einer übergreifenden Zusammenarbeit soll an zwei Beispielen aufgezeigt werden.

3.4.1 Elektronische Arbeitsunfähigkeitsbescheinigung

Die Arbeitsunfähigkeitsmeldung gehört zu den häufigsten Papierdokumenten im deutschen Sozialversicherungswesen. Die von Experten geschätzte Zahl liegt bei jährlich etwa 250 Millionen Einzeldokumenten, wobei jedes einzelne Dokument aus Deckblatt und weiteren Durchschlägen besteht. Vor dem Hintergrund der Tatsache, dass 2,8 Millionen Arbeitgeber und die gesamte deutsche Sozialversicherung in diesen Papierprozess involviert sind, ist eine EDV-technische Abbildung dieses Prozesses nicht nur für den Bürger in der Rolle des Patienten ein signifikanter Beitrag zum Bürokratieabbau in der Bundesrepublik Deutschland, sondern würde auch die Akzeptanz der Ärzteschaft gegenüber der Telematikinfrastruktur und damit auch gegenüber der Einführung der Gesundheitskarte erheblich steigern.

Aus einer Prozessbetrachtung heraus beginnt die Erstellung der Arbeitsunfähigkeitsmeldung in der Arztpraxis mit der Krankschreibung des Arbeitnehmers ab dem dritten Arbeitstag. Das Dokument wird auf unterschiedlichen Wegen – über den Patienten und/oder per Post – der jeweiligen gesetzlichen Krankenversicherung und dem Arbeitgeber papierbasiert zur Verfügung gestellt und dort in die jeweiligen Betriebsabläufe integriert. Dort löst dieses Dokument wiederum Geschäftsprozesse wie bspw. die Bearbeitung bzw. die Zahlung von Entgeltersatzleistungen etc. aus.

Dieser Prozess lässt sich mittels der ITK medienbruchfrei und effizient abbilden und kann allen Beteiligten einen nachhaltigen Nutzen und Mehrwert stiften.

Da trotz der bestehenden Vorteile aufgrund der aktuellen Verteilung der Verantwortlichkeiten zwischen Unternehmen, Krankenversicherungen und Ärzten keiner der Projektbeteiligten ein eigenwirtschaftliches Interesse hat, dieses Vorhaben alleine zu beginnen, bedarf es in einem ersten Schritt einer neutralen (Anschub-) Finanzierung des Projektvorhabens, um durch eine sektorübergreifende (elektronische) Zusammenarbeit den entsprechenden Nutzen zu generieren.

3.4.2   Prozessketten zwischen Wirtschaft und Verwaltung

Mit ihrem Programm „E-Government 2.0 – Das Programm des Bundes" hat die Bundesregierung dem Bundeskabinett zum 13. September 2006 eine Strategie zur Unterstützung des Modernisierungsprozesses der öffentlichen Verwaltung vorgelegt. Es definiert dazu vier Handlungsfelder, von denen eines dem Thema „Prozessketten" gewidmet ist. Durch die Sicherstellung medienbruchfreier Prozesse zwischen Unternehmen und Behörden soll eine spürbare Vereinfachung der verwaltungsbezogenen Vorgangsbearbeitung in den Unternehmen erreicht und ein wichtiger Beitrag zum Bürokratiekostenabbau auf Seiten der Wirtschaft geleistet werden.[8]

Standen bisher einzelne Prozessketten, wie z. B. das „Elektronische Abfallnachweisverfahren" oder der „Vollzug der Tierarzneimittelzulassung und Überwachung", mit ihren individuellen Lösungsansätzen im Vordergrund, so erfolgt nun der Aufbau einer standardisierten Infrastruktur, auf deren Grundlage zukünftig Prozesse zwischen Unternehmen, Behörden und Sozialversicherungsträgern auf der Basis gemeinsamer Standards abgebildet werden können.

Ein Beispiel für die Anwendungsfähigkeit dieses Ansatzes liegt im Bereich der Informationspflichten von Unternehmen, die bislang individuell durch die verantwortlichen staatlichen Stellen initiiert und durch die Unternehmen über verschiedene Kommunikationskanäle erfüllt werden. Eine Standardisierung dieser Kommunikationskanäle erlaubt nicht nur die effizientere Gestaltung zukünftiger Prozessketten, sie ermöglicht den Unternehmen auch gleichartige Informationen zentral bereitzustellen und den berechtigten Stellen separat zu übermitteln. Damit fällt nicht nur die Bedienung unterschiedlicher Kommunikationskanäle weg, sondern es entfällt auch die meist manuelle Zusammenstellung der einzelnen Datensätze.

Beide Beispiele zeigen deutlich die bestehenden Wertschöpfungspotenziale durch den Nutzen der ITK. Sie zeigen aber auch die Notwendigkeit verantwortlicher Wahrnehmung der damit verbundenen Aufgaben. Sei es nun die der öffentlichen Hand, geeignete Strukturen zu schaffen oder die der Unternehmen, sich an Gemeinschaftsaufgaben dieser Art zu beteiligen. Aber es ist in der Regel der Bürger, der mit seiner Wahlfreiheit, neue Angebote zu nutzen, maßgeblich die Richtung dieser Innovationen mit beeinflusst.

4   30 Jahre Mauerfall – eine Prognose

Was würde man in diesem Beitrag zum 30-jährigen Jubiläum des Mauerfalls schreiben? Anhand dieser Frage soll im Folgenden aufgezeigt werden, welche aktuellen Innovationen und Entwicklungen Deutschland im Jahre 2019 prägen könnten.

Die Vernetzung der Wertschöpfung in und zwischen Organisationen in den 1990ern, seien es nun privatwirtschaftliche oder öffentliche, sowie die Anbindung des Kunden über das Internet in der ersten Dekade des 21. Jahrhunderts findet ihre Fortsetzung. Scheinen die Begriffe SOA (Service-orientierte Architekturen), Cloud Computing und SaaS (Software as a Service) auf den ersten Blick eher aus den Büros der Marketingabteilung zu kommen als aus dem Bereich

---

[8]   Vgl. *BUNDESMINISTERIUM DES INNERN* (2009), S. 11.

der Technologie, so besitzen sie doch das Potenzial, die Wertschöpfungsstrukturen innerhalb und zwischen Organisationen nachhaltig zu verändern.

Die Idee hinter dem SOA-Konzept klingt bestechend: Die Programmlogik ist nicht mehr Bestandteil der einzelnen Programme, sondern wird über mehrere, unabhängige Services verteilt. IT-Prozesse werden so vereinfacht dargestellt und als eigenständige Services definiert. Damit lassen sich grundsätzlich alle Wertschöpfungsprozesse wie aus einem Baukastensystem durch ITK unterstützen, sofern alle Beteiligten festgelegte Standards einhalten und die technisch Verantwortlichen die Komplexität bewältigen können.

Die Idee des Cloud Computing: Computerleistungen können aus „IT-Fabriken" bezogen werden, die benötigte Rechnerressourcen in genau der benötigten Menge bereitstellen und auch nur die erbrachte Leistung berechnen. Dabei können große Organisationen ihre eigenen IT-Ressourcen bündeln und allen internen Bereichen die Leistung zentral anbieten. Kleine Organisationen können auf den Aufbau einer eigenen IT verzichten und die benötigten Ressourcen direkt bei einem externen Anbieter einkaufen.

Das Modell Software as a Service (SaaS) verfolgt den Ansatz, dass die Software direkt bei einem Dienstleister betrieben wird und dadurch der Erwerb der Lizenz und die Installation auf eigenen IT-Systemen entfallen. Der technische Aufwand für die Nutzung auch komplexer, rechenintensiver Programme ist somit auch auf einfachen Rechnersystemen möglich, soweit diese über eine stabile Netzverbindung verfügen.

Alle diese neuen Technologien gehören zu den Innovationen, die in den nächsten Jahren die noch bestehenden Barrieren der Zusammenarbeit und des Zusammenlebens wieder ein wenig mehr senken können. Aber sie gehören auch zu den befähigenden Technologien, also Lösungen, die nur dann einen Mehrwert erzeugen können, wenn organisatorische, rechtliche und emotionale Schranken sie nicht dabei behindern. Damit liegt die eigentliche Innovation nicht nur in der Überwindung der technischen Hürden, sondern in der Befähigung zur Integration in die bestehenden Strukturen.

Gelingt dieser Schritt, so hat dies massive Auswirkungen auf die Art der ITK-Unterstützung von Unternehmen und Verwaltungen und wird die Weiterentwicklung des „Internets der Dinge" zum „Internet der Dienste" unterstützen. Das „Internet der Dinge" bezeichnet die elektronische Vernetzung von Gegenständen bspw. mittels RFID-Technologie (Radio Frequency Identification) zum selbstständigen Informationsaustausch. Das zukünftige Internet wird aus Erweiterungen des Internets der Dinge, und dem Aufbau eines Internets der Dienste entstehen. Dieses besteht aus den vernetzten Teilnehmern, ihrer Infrastruktur und Produkten, den ausgewählten Wertschöpfungs- bzw. Geschäftsmodellen sowie den Diensten selbst. Dabei werden die Dienste von verschiedenen Anbietern zur Verfügung gestellt, zu individuellen Lösungen zusammengestellt und Nutzern und Konsumenten über verschiedene Kanäle zur Verfügung gestellt. Bei Diensten handelt es sich sowohl um technische Dienste wie z. B. die Bereitstellung von Rechenkapazität oder Speicherplatz als auch um Softwareanwendungen, wie etwa die Bereitstellung von Datenbanken. Diese Dienste können zudem durch anwendungsnahe Dienstleistungen ergänzt werden. Um dies realisieren zu können, wird sich die Landschaft der IT-Dienstleister aber auch die der Nutzer andern.

Rechenzentrumskapazitäten werden konzentriert und führen damit zur Reduzierung der Hardwarekosten. Gleichzeitig erfolgt eine Dekonzentration des Software-Anbietermarkts, da auch kleinere Anbieter ihre Dienste ohne zusätzliche Lizenzverwaltung über standardisierte Plattformen anbieten können. Parallel dazu entstehen neue Geschäftsmodelle und Aufgabengebiete. Der eigentliche Mehrwert ergibt sich aber durch einen Anstieg der Flexibilität und Geschwindigkeit, mit der sich die ITK-Unterstützung auf die sich schneller verändernden Wertschöpfungsstrukturen ausrichten kann.

Dies ermöglicht in der öffentlichen Verwaltung eine schnelle Reaktion auf die sich ändernden politischen Herausforderungen. Auch hier erfolgt eine Konzentration der Rechenzentrumskapazitäten, die allenfalls durch die speziellen Anforderungen der Behörden mit Sicherheitsaufgaben, wie bspw. die Polizei oder die Bundeswehr begrenzt wird. Der Aufbau von zentralen Dienstleistungsbereichen mit einer hohen Wertschöpfungsbreite wird sich umkehren und zur Dekonzentration der Leistungserstellung führen. Durch die Verstärkung der Leistungsverflechtung zwischen den einzelnen Dienstleistern auf Bundes-, Landes- und kommunaler Ebene erfolgt eine Spezialisierung der Leistungserstellung innerhalb der einzelnen Dienstleister, da sie Dienste, die sie nicht selbst herstellen können, von anderen beziehen werden und somit ihre Rolle als zentraler Dienstleister für ihren Bereich weiterhin wahrnehmen können. Die vor allem örtliche Unabhängigkeit der Leistungserstellung ermöglicht eine adäquate Transformation der Verwaltung mit einer geringen Belastung für die Mitarbeiter aufgrund von Reorganisationsmaßnahmen.

Die Realisierung dieser Veränderungen bedingen zum einen adäquate rechtliche Rahmen für den Schutz und die Bereitstellung von virtuellem Eigentum, Informationen und Daten. Stärker als bisher werden aber auch die Dynamik und die Besonderheiten der virtuellen Welt sowie der Schnittstelle zur realen Welt in den einzelnen Rechtsbereichen berücksichtigt werden müssen.

Möglich wird dieses Szenario auch durch das innovative Konzept der Identity Federation, um das Sicherheitsmanagement weiter zu vereinheitlichen und zu vereinfachen. Die Identity Federation bildet eine standardbasierte Plattform, über die Sicherheitsadministratoren vertrauensvoll zusammenarbeiten können, die in ihrem Verantwortungsbereich jeweils für die Verwaltung digitaler Identitäten, der zugeordneten Berechtigungen sowie für den notwendigen Datenschutz- und -sicherheitsmaßnahmen verantwortlich zeichnen.

Solche unabhängigen Föderationen werden innerhalb eines Unternehmens aufgebaut werden, aber auch innerhalb eines Kreises befreundeter oder geschäftlich verbundener Unternehmen. Sogar Verbünde von Identity Federations sind vorstellbar, in denen zuvor nicht direkt miteinander in Geschäftsbeziehung stehende Firmen Identitätsinformationen über die Benutzer ihrer IT-Systeme austauschen. Überall wird intensiv am Aufbau firmenübergreifender Wertschöpfungsketten gearbeitet. Dabei kommt es auf Koordination, Integration und den sicheren Betrieb aller unterstützenden IT-Systeme an, seien sie nun als altbewährte Legacy-Applikationen oder als moderne Webservices realisiert. Möglich ist das nur dann, wenn die Rechte der diversen Benutzergruppen aller beteiligten Firmen und ihre Zugriffe auf die IT-Systeme exakt definiert und kontrolliert werden. Dabei hilft das Konzept der Identity Federation. Es beruht auf der Erkenntnis, dass ein durchgängiges Sicherheitskonzept über alle beteiligten Firmen, Personen und Plattformen nur selten realisierbar sein dürfte.

Technologien des „Single-Sign-On" (SSO), der „starken" Authentifizierung und des Benut-
zer- und Berechtigungsmanagements (inkl. User Provisioning), sind zu Kernthemen der IT-
Sicherheit geworden – auch, weil das Identitätsmanagement in den wenigsten Unternehmen
vollständig gelöst ist – geschweige denn für unternehmensübergreifende Anwendungen.
Doch es ist keineswegs ein aussichtsloses Projekt, die zuverlässige Authentifizierung der
Benutzer sowie die Vergabe und Kontrolle ihrer Zugriffsrechte zwischen heterogenen IT-
Systemen mehrerer Firmen zu koordinieren. Das kann sogar dann gelingen, wenn diese Sys-
teme nur sporadisch oder erstmalig zusammenarbeiten. Wobei dank SSO der Wechsel zwischen den Applikationen ohne Mehrarbeit für den Benutzer erfolgt. Ein Kunde wird z. B.
Webservices nutzen, bei denen Geschäftsprozesse, IT-Anwendungen und Ressourcen zielori-
entiert zusammenwirken.

Dieses Vertrauen sowohl bezüglich der Wahrung der eigenen Rechte sowie die Gewährleistung der Freiheit wird letztlich den Erfolg und die Geschwindigkeit dieser Entwicklung maßgeblich beeinflussen. Denn jeder einzelne Bürger, trägt er nun Verantwortung in der Privatwirtschaft bzw. der öffentlichen Verwaltung oder agiert er als Staatsbürger bzw. Konsument,
wird durch die Art und Häufigkeit der Nutzung über deren Zukunft mitentscheiden.

5   Fazit

20 Jahre nach dem Mauerfall ist Deutschland Teil der vernetzten Gesellschaft. Heute haben
alle Bürger die Möglichkeit, weltweit zu kommunizieren und per Mausklick Waren und
Dienstleistungen zu bestellen.

Damit wurden die Voraussetzungen für physische und virtuelle Mobilität erheblich verbessert. Die notwendigen ITK-Infrastrukturen für eine moderne Verwaltung wurden geschaffen
und können sich wie aufgezeigt weiterentwickeln. Um dies zu erreichen, sind jedoch begleitende Change-Management-Prozesse auf- und umzusetzen. Dies betrifft z. B. die Befähigung
der Nutzer auf Verwaltungs- und Bürgerseite zur Nutzung der ITK-Infrastrukturen als eine
weitere wesentliche Voraussetzung zur Generierung von wertschöpfenden Strukturen. Darüber hinaus sind Prozesse, Verwaltungsverfahren und Organisationsstrukturen so aufzusetzen,
zu pilotieren und weiterzuentwickeln, dass daraus ein nutzenstiftendes Mehr an Vernetzung
resultieren kann – und damit eine weitere Beseitigung von Barrieren stattfindet. Denn Fortschritt lässt sich nur durch die weitere Überwindung von Barrieren erzielen, die innerhalb und
zwischen Unternehmen und Verwaltungsinstitutionen bestehen.

Die Zukunft Deutschlands als High-Tech-Standort wird auch dadurch bestimmt, wie erfolgreich wir diese nicht-technischen Barrieren beseitigen werden. Auch hier ist der Schulterschluss zwischen jedem einzelnen in der Politik, Verwaltung, Wissenschaft und Wirtschaft
notwendig, um die aufgezeigte Entwicklung weiter voranzubringen und neue Lösungen zu
finden.

Quellenverzeichnis

BERTHOLD, N./KULLAS, M. (2009): 20 Jahre Mauerfall – Konvergenz in Deutschland?, Würzburg 2009.

BUNDESMINISTERIUM DES INNERN (Hrsg.) (2006): E-Government 2.0 – Das Programm des Bundes, Berlin 2006.

SÖLLNER, A./VORGEL, P./WASSEF, R. ET AL. (2009): Machbarkeitsstudie zum Forschungsauftrag „Entwicklung von Prozessketten zwischen Wirtschaft und Verwaltung“, Los 3 „Informations- und Meldepflichten für Arbeitgeber“, Berlin 2009.

BUNDESMINISTERIUM FÜR BILDUNG UND FORSCHUNG (2009): Forschung und Innovation für Deutschland, Bilanz und Perspektive, Bonn/Berlin 2009.

HOOD, C. (1991): A Public Management for all Seasons?, in: Public Administration, 1991, Nr. 1, S. 3–19.

HOOD, C. (1995): Contemporary Public Management: a new global paradigm?, in: Public Policy and Administration, 1995, Nr. 2, S. 104–117.

MÜLLER, U. (2009): 100 Milliarden Euro fließen pro Jahr in den Osten, online: http://www.welt.de/wirtschaft/article4363237/100-Milliarden-Euro-fliessen-pro-Jahr-in-den-Osten.html, Stand: 21.08.2009, Abruf: 29.08.2009.

NASCHOLD, F./BOGUMIL, J. (2000): Modernisierung des Staates. New Public Management in deutscher und internationaler Perspektive, 2. Auflage, Köln/Opladen 2000.

SCHUG, S. H. (2001): European and International Perspectives on Telematics in Healthcare, Berlin, 2001.

STOETZER, M.-W. (1993): Der Einsatz von Mehrwertdiensten in bundesdeutschen Unternehmen. Eine empirische Bestandsaufnahme, unter Mitarbeit von RUPERT, W./SCHEDL, H., Diskussionsbeitrag des WIK Nr. 116, Bad Honnef 1993.

Der Business-Development-Plan für Deutschland – Wachstumssprünge für die nächsten 20 Jahre

FRANK BAUMGÄRTNER

TellSell Consulting GmbH

1   Rückblick: Die letzten 20 Jahre 299
    1.1   Fusion zweier Volkswirtschaften 299
    1.2   Zwischenbilanz: Mangelndes Wachstum
          durch verfehltes Business Development 299
2   Ausblick: Business-Development-Plan 2010–2030 302
    2.1   Business-Development-Aufgaben für die Politik 302
          2.1.1   Aufgabe 1: Schulden abbauen und neue Spielräume
                  für Investitionen schaffen 303
          2.1.2   Aufgabe 2: Wettbewerbsfähigkeit bei Abgaben und
                  Steuern herstellen 304
          2.1.3   Aufgabe 3: Arbeitsteilung zwischen Wirtschaft und
                  Staat korrigieren und die Staatsquote senken 305
          2.1.4   Aufgabe 4: Wirtschafts- und bürgerfreundliche
                  Bürokratie als Wettbewerbsfaktor 306
          2.1.5   Aufgabe 5: Arbeitszeiten und -volumen steigern 307
          2.1.6   Aufgabe 6: Sozialsysteme sanieren 307
          2.1.7   Aufgabe 7: In Humankapital und Bildung investieren 308
          2.1.8   Aufgabe 8: Investitionen in Forschung und
                  Entwicklung forcieren 309
          2.1.9   Aufgabe 9: Globalisierungschancen unternehmerisch nutzen 310
3   Business-Development-Aufgaben umsetzen: Organisation folgt Zielen 311
    3.1   Deutschland hat kein Erkenntnis-, sondern ein Umsetzungsproblem 311
    3.2   Ausblick: Einrichtung einer (virtuellen) Infrastruktur für
          Business Development zur Verwirklichung der Wachstumspotenziale............... 311
Quellenverzeichnis.. 314

1 Rückblick: Die letzten 20 Jahre

1.1 Fusion zweier Volkswirtschaften

20 Jahre nach dem Mauerfall. 20 Jahre, in denen sich vieles entwickelte, 20 Jahre, in denen auch Chancen vertan wurden. Zwei Volkswirtschaften, die unterschiedlicher nicht sein konnten, haben ihre Fusion vollzogen, die das Potenzial immenser wirtschaftlicher Power und damit größeren Wohlstands für alle in sich birgt. Damals wie heute.

1989 dachten wir: Diese Fusion von Ost und West wird Wachstumssprünge für 80 Millionen Bürger erzeugen. Ein hoch entwickelter Westteil und ein hungriger, motivierter Osten mit dem Nachholbedarf von 16 Millionen Menschen in Infrastruktur und Konsum![1] Alte Zöpfe – auch im Westen – können abgeschnitten, die komplette Verwaltungs- und Behördeninfrastruktur kann neu definiert werden. Der Staat wird der Treiber sein, wird die Leitplanken setzen, und die Wirtschaft wird mit Vollgas fahren! Eine ideale Ausgangssituation für ein Business-Development-Projekt in großem Stil – dachten wir.

Es begann zielstrebig. Nur wenige Wochen nach dem Mauerfall skizzierte Bundeskanzler *HELMUT KOHL* den Weg zur Fusion anhand eines 10-Punkte-Plans und entwickelte eine klare Vision: „Durch eine gemeinsame Anstrengung wird es uns gelingen, Mecklenburg-Vorpommern und Sachsen-Anhalt, Brandenburg, Sachsen und Thüringen schon bald wieder in blühende Landschaften zu verwandeln, in denen es sich zu leben und zu arbeiten lohnt …"[2] 80 Millionen Einwohner waren mobilisiert und die Wirtschaft im In- und Ausland sah vorwiegend die positiven Aspekte. Der Dax kletterte von September 1989 bis März 1990 um 25 %.[3] Wirtschaftszeitungen bestätigten, dass „die deutsche Vereinigung auf die bundesrepublikanische Wirtschaft wie ein milliardenschweres Konjunkturprogramm wirkte", „… die bundesdeutsche Wirtschaft trotz weltweiter Konjunkturflaute weiter wie geschmiert lief und in der Bundesrepublik noch nie so viele Menschen in Lohn und Brot standen".[4]

1.2 Zwischenbilanz: Mangelndes Wachstum durch verfehltes Business Development

20 Jahre später die Zwischenbilanz: Positiv ist, dass nach vollzogener Fusion Deutschland noch immer – trotz erkennbaren Wohlstandsverlusts – ohne große soziale Unruhen auf einem der vorderen Plätze in der Welt rangiert. Der Wohlstand ist gewachsen, fiel aber gegenüber wichtigen Wettbewerbern zurück. Andere Länder, von denen einige auf der ökonomischen Landkarte vor 20 Jahren noch gar nicht aufgetaucht waren, haben uns bei Pro-Kopf-Konsum-Wachstum und Lebensstandard überholt. Im Ranking nach Bruttoinlandsprodukt (BIP) pro Kopf taucht Deutschland unter den Top 10 gar nicht mehr auf und liegt nach Kriterien der Leistungsfähigkeit nur noch im Mittelfeld der westeuropäischen Staaten. Mit durchschnittlich

---

[1] Vgl. online *STATISTISCHES BUNDESAMT* (2008c).
[2] Vgl. online *KONRAD ADENAUER STIFTUNG* (2007).
[3] Vgl. online *DEUTSCHE BUNDESBANK* (2009).
[4] Vgl. online *HANDELSBLATT* (1989), und online *WIRTSCHAFTSWOCHE* (1990a), und online *WIRTSCHAFTSWOCHE* (1990b).

1,4 % jährlichem Wirtschaftswachstum wird eine Spitzenposition nicht zurückzuerobern sein, sondern das Land wird noch weiter zurückfallen.[5]

		1988 (West-D)	1991 (Gesamt-D)	2008 (Gesamt-D)	Veränderung 1991 bis 2008 in %
Rahmen-bedingungen	Einwohner	61,72 Mio.	80,28 Mio.	82,22 Mio.*	+ 2,4
Ergebnis	BIP	1.123,29 Mrd. EUR	1.534,60 Mrd. EUR	2.492 Mrd. EUR	+ 62,4
	BIP/Kopf	11.268 EUR	14.113 EUR	24.397 EUR*	+ 72,9
	OECD- Ranking: BIP-Wachstum	Platz 18 (3,7 %)	Platz 3 (5,1 %)	Platz 31 (2,5 %)*	− 28 Plätze − 51,0
Investitionen	Ausgaben öffentliche Haushalte für Bildung	38,44 Mrd. EUR	41,92 Mrd. EUR (1990)	79,66 Mrd. EUR	+ 90,0
	Ausgaben öffentliche Haushalte für Forschung & Entwicklung	9,02 Mrd. EUR (1989)	11,60 Mrd. EUR	18,54 Mrd. EUR*	+ 59,8
Staat	Staatsquote	44,6 %	46,3 %	43,9 %	− 5,2
	Staatsverschuldung	461,53 Mrd. EUR	599,51 Mrd. EUR	1.517,09 Mrd. EUR	+ 153,1
Erwerbs-tätige	Anzahl Erwerbstätige	28,94 Mio.	38,62 Mio.	40,35 Mio.	+ 4,5
	Arbeitslose	2,24 Mio.	2,60 Mio.	3,27 Mio.	+ 25,8
	Jahresarbeitszeit pro Erwerbstätige in Stunden (h)	1.624,2 h	1.545,0 h	1.431,9 h	− 7,3

Tabelle 1:   Übersicht ausgewählter Wirtschaftsfaktoren in Deutschland[6]

---

[5]   Vgl. EDERER/SCHULLER/WILLMS (2008), S. 19.

[6]   Die mit einem Sternchen gekennzeichneten Daten stammen aus dem Jahr 2007. Für die Zahl der Einwohner vgl. online STATISTISCHES BUNDESAMT (2008a), für das Bruttoinlandsprodukt vgl. online BUNDESAGENTUR FÜR ARBEIT (2009a), für das Bruttoinlandsprodukt pro Kopf vgl. online OECD (2009a) (Umrechnung von USD in EUR zum 20.07.2009), für das OECD-Ranking vgl. OECD (2009a), für die Bildungsausgaben der öffentlichen Haushalte vgl. online STATISTISCHES BUNDESAMT (2008b) und STATISTISCHES BUNDESAMT (2009b), für die For-schungs- und Entwicklungsausgaben der öffentlichen Haushalte vgl. online STATISTISCHES BUNDESAMT (2009a), für die Staatsquote vgl. online BUNDESMINISTERIUM DER FINANZEN (2009a), für die Staatsverschuldung vgl. onli-ne STATISTISCHES BUNDESAMT (2007) und online STATISTISCHES BUNDESAMT (2009e), für die Anzahl Erwerbstä-tiger vgl. online BUNDESAGENTUR FÜR ARBEIT (2009a), für die Anzahl Arbeitsloser vgl. online STATISTISCHES BUNDESAMT (2009d), für die Jahresarbeitszeit je Erwerbstätigem in Stunden vgl. online INSTITUT FÜR ARBEITS-MARKT- UND BERUFSFORSCHUNG (2009a) und INSTITUT FÜR ARBEITSMARKT- UND BERUFSFORSCHUNG (2009b).

Angesichts seiner Größe und seiner Rohstofflage kann Deutschland nicht wie Irland, Singapur oder die Schweiz auf das Geschäftsmodell „Nischenspezialist" setzen oder – wie China, die USA oder Russland – auf das Geschäftsmodell „Hegemonialmacht". Es muss seinen Wohlstand auf den Aufbau individuellen Humanvermögens gründen und in der internationalen Arbeitsteilung seinen Beitrag durch hoch qualifizierte menschliche Arbeit leisten.[7]

Eng verbunden mit der Wahl des *Geschäftsmodells* sind die *Umverteilungsmöglichkeiten* eines Landes. Staaten mit Rohstoffen als Einnahmequellen können innerhalb der Bevölkerung Umverteilungen durchsetzen, die nicht vorher erarbeitet worden sind. In Deutschland muss alles, was umverteilt werden soll, vorher erwirtschaftet werden. Umverteilung heißt bei diesem Geschäftsmodell, etwas von jemand anderem zu nehmen oder dass es von anderen (Generationen) zurückgezahlt werden muss. Und damit gilt heute wie vor 20 Jahren: ohne Wirtschaftswachstum gibt es auch keine großen Umverteilungsmöglichkeiten.

Hinzu kommt, dass heute die Sozialsysteme vor einer Zerreißprobe stehen – und das bei steigenden Arbeitslosenzahlen. Die immensen Sozial- und Steuerabgaben lassen Spielräume schwinden. Der Bürger hat immer weniger von seinem Arbeitseinkommen zur freien Verfügung. Unter dem Vorwand der sozialen Gerechtigkeit werden immer größere Staatshaushalte generiert, immer mehr Schulden angehäuft. Lagen diese 1989 noch bei etwa 8.500 EUR je Bundesbürger, steht heute – trotz 16 Millionen Menschen mehr – jeder mit nahezu 20.000 EUR in der Kreide.[8]

Beim Blick auf Tabelle 1 fallen einige Fakten sofort ins Auge: Während die Staatsverschuldung um mehr als 150 % stieg, sank die Jahresarbeitszeit pro Erwerbstätigem um 7,3 %. Die Arbeitslosenquote ist stark gestiegen und auch 2010 – so die Prognosen der *Wirtschaftswoche* – werden die Staatsausgaben fast 50 % des BIP ausmachen.[9] In der Wachstumsdynamik hat Deutschland im *OECD*-Ranking 28 Plätze verloren. Der Wachstumsschub durch die Wiedervereinigung blieb langfristig aus.

Unser Sozial- und Steuersystem ist eine „Black-Box", bei der niemand mehr durchblickt. Der Staat wird immer mächtiger, die Staatsquote nähert sich 50 %. 39,2 Millionen Bundesbürger erhalten ihr Geld vom Staat: 4,5 Millionen öffentlich Beschäftigte, 806.000 Bafög-Empfänger, 7,9 Millionen Empfänger von Arbeitslosengeld I und II, 24,6 Millionen Rentner und 1,4 Millionen Pensionsempfänger. Zusammengenommen kostet das den Steuerzahler 500 Mrd. EUR jährlich. Lediglich 35,4 Millionen Menschen arbeiten in der freien Wirtschaft, nur 28,3 Millionen zahlen Lohnsteuern.[10] Und dann ist da noch die qualitative Lücke beim Humanvermögen – Fachkräftemangel auf der einen, vier Millionen Arbeitslose auf der anderen Seite.

Investitionen in die Bildung gehen ebenso zurück wie solche in Forschung und Entwicklung. Für ein Geschäftsmodell, das auf Humankapital basiert, eine gewagte Vorgehensweise!

---

[7]   Vgl. *EDERER/SCHULLER/WILLMS* (2008), S. 13.

[8]   Vgl. online *BUNDESMINISTERIUM DER FINANZEN* (2009b).

[9]   Vgl. online *WIWO.DE* (2009a).

[10]   Vgl. online *WIRTSCHAFTSWOCHE* (2009c).

Fazit: Deutschland kann sich nicht noch mehr „gesund sparen". Es kann nur noch gesund wachsen. Dazu ist ein konsequentes Business-Development-Programm auf- und vor allem umzusetzen, das die notwendigen Wachstums- und damit auch Wohlstandssprünge generieren kann. Andere Leitplanken und Prioritäten müssen definiert, die Mittel entsprechend eingesetzt werden – sonst wird aus einem temporären Phänomen ein dauerhafter Abstieg.

2   Ausblick: Business-Development-Plan 2010–2030

Nur ein langfristig angelegter Business-Development-Plan kann gewährleisten, dass die nächsten 20 Jahre Wachstums- und damit Wohlstandsjahre werden. In Wachstumsprojekte und -felder zu investieren heißt nicht, weitere Schulden zu machen, sondern die richtigen Akzente zu setzen, die richtigen Projekte zu definieren, durchzuführen und selbstverständlich einem Controlling zu unterziehen. So würde es jedes Unternehmen machen, das in einer vergleichbaren Lage wie die deutsche Volkswirtschaft wäre.

Der Begriff *Business Development* wird in der Literatur nicht einheitlich verwendet. Allen Definitionen jedoch ist das Ziel gemeinsam: Durch Business Development soll nachhaltiges Wachstum erzeugt werden. Beispiele sind Länder wie Spanien, dessen BIP in den vergangenen 20 Jahren um durchschnittlich 7,5 % pro Jahr wuchs, oder Korea, dessen jährliches Wachstum im Durchschnitt bei nahezu 11 % lag.[11]

2.1   Business-Development-Aufgaben für die Politik

Die folgende Matrix macht zwei große Aufgabenblöcke mit neun Business-Development-Aufgaben für die Politik deutlich: zum einen Aufgaben, welche die Effizienz des Staatsapparates steigern – *Überführung öffentlicher Funktionen in öffentlich-private Kooperationsmodelle und Senkung der Staatsquote* – oder seine Handlungsmöglichkeiten erweitern: *weniger Steuern und Abgaben, weniger Bürokratie, mehr Arbeitsvolumen, Schuldenabbau und Sanierung der Sozialsysteme.* Im klassischen Sinne investiert werden muss in *Bildungs-* und *Forschungsaktivitäten und internationale Zukunftsmärkte.*

---

[11]   Vgl. online *OECD* (2009a).

In der sozialen Marktwirtschaft gehört es zu den Aufgaben der Politik die Rahmenbedingungen für die Wirtschaft zu setzen, während die Wirtschaftsprozesse weitgehend durch den Marktmechanismus gesteuert werden sollen. Diesem Paradigma ist mehr Rechnung zu tragen.

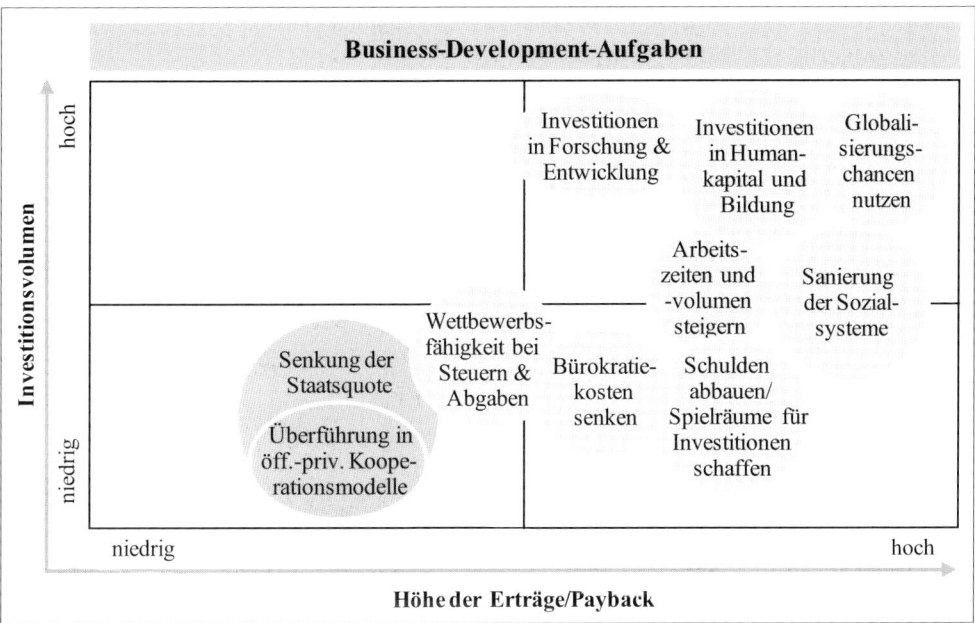

Abbildung 1:   *Business-Development-Matrix für Staat und Politik*[12]

2.1.1   Aufgabe 1: Schulden abbauen und neue Spielräume für Investitionen schaffen

Schulden- und damit Zinsabbau, angepasste Ausgaben und sorgfältigerer Umgang mit Steuergeldern (Einsparungspotenzial: 30 Mrd. EUR[13]) sind die wichtigsten Business-Development-Aufgaben für die nächsten 20 Jahre.

Jeder Bürger trägt heute eine vom Staat induzierte Schuldenlast von fast 20.000 EUR, insgesamt annähernd 1,6 Billionen EUR Schulden. Die jährlichen Zinskosten betragen 41,6 Mrd. EUR, also 14,4 % des Bundeshaushalts. Seit 1989 hat sich die Staatsverschuldung mehr als verdreifacht, die des Bundes nahezu vervierfacht.[14] Jedes Unternehmen würde bei einer solchen Finanzlage seine Ausgaben drastisch senken. Nicht so der Staat.

---

[12] Darstellung von *TELLSELL CONSULTING*.

[13] Vgl. online *BUND DER STEUERZAHLER* (2007).

[14] Vgl. online *BUNDESMINISTERIUM DER FINANZEN* (2009b), und online *BUNDESMINISTERIUM DER FINANZEN* (2009c).

Von einer Unterfinanzierung kann dennoch nicht die Rede sein. Seit 1989 sind die Staatseinnahmen – vor allem die Steuereinnahmen – um 93 % gestiegen.[15] Für 2009 kalkuliert der Bund mit ca. 250 Mrd. EUR Steuern, 2012 sollen es noch 25 Mrd. EUR mehr sein.

Auch die Länder und Gemeinden haben enorme Steuereinnahmen: Allein 2009 werden dort zusätzlich 10 Mrd. EUR erwartet. Insgesamt kalkulieren die Steuerschätzer für 2008 bis 2012 ein Steueraufkommen von unglaublichen drei Billionen EUR.[16] Allerdings gehen dem Staat jedes Jahr 17 Mrd. EUR durch Mehrwertsteuerbetrug verloren.[17] 21,5 Mrd. EUR Subventionen an die EU – etwa zum Erhalt von Wettbewerbsländern – sind eine klassische Verschwendung von Steuermitteln.[18] Nicht zu vergessen die Milliarden, die in die Rettung überlebter Industrien oder Strukturen fließen, siehe *Opel* oder *Holzmann*, oder die milliardenschweren Fehlallokationen in den sozialen Sicherungssystemen.

Jeder Bürger, der nur hundert Euro in seiner Steuererklärung nicht angibt, hat mit Konsequenzen zu rechnen, bei größeren Delikten wird die Steuerfahndung tätig. Analog dazu sollte auch eine Steuerverschwendungsfahndung mit den gleichen Rechten etabliert werden, die nach Fällen sinnlos verschwendeter Steuergelder fahndet. Und solche Delikte sollten nicht nur angeprangert, sondern auch strafrechtlich verfolgt werden.

2.1.2 Aufgabe 2: Wettbewerbsfähigkeit bei Abgaben und Steuern herstellen

Die zweite Business-Development-Aufgabe besteht in der kompletten Neugestaltung des Steuersystems mit drastisch gesenkten Steuern und Abgaben für Unternehmen und Bürger.

Die Steueroasen, wird gesagt, seien schuld, dass Unternehmen und Bürger abwandern. Aber die Steuern sind nicht in der Schweiz oder in Österreich zu niedrig, sondern in Deutschland zu hoch. Hinzu kommen Papierberge aus 118 Steuergesetzen mit über 100.000 Verwaltungsvorschriften, unzähligen Fachpublikationen, in denen gerätselt wird, was Gesetzgeber oder Gerichte gemeint haben könnten. Nicht nur Unternehmen, auch Bürger reagieren zunehmend frustriert, zumal – nach Expertenmeinung – 50 % der Steuerbescheide fehlerhaft sind.[19]

Nur wenn die *Unternehmenssteuern* wettbewerbsfähiger werden, kommen Unternehmen, Menschen und Arbeitsplätze nach Deutschland. Nach mehr als 50 Jahren „kalter Progression", also Nichtanpassung der Einkommensteuersätze an die Inflationsrate, wird hingegen heute jeder Facharbeiter wie ein Spitzenverdiener besteuert und von Lohnerhöhungen bleibt netto oft nur ein Drittel übrig. 2009 ist jede fünfte Arbeitsstunde Schwarzarbeit, das kostet etwa 352 Mrd. EUR im Jahr. Die Umsätze der Schwarzarbeit übersteigen die Nettolohnsumme aller legalen Arbeitnehmer und entsprechen 14,6 % des BIP – Tendenz steigend.[20] Acht bis zehn Millionen Menschen arbeiten am Finanzamt vorbei und angesichts der derzeitigen Abgabenquote werden auch zukünftig viele Handwerker fragen: „Mit oder ohne Rechnung?"

---

[15]   Vgl. online STATISTISCHES BUNDESAMT (2004), und vgl. online STATISTISCHES BUNDESAMT (2008d).

[16]   Vgl. WEMHOFF (2009), S. 156 ff.

[17]   Vgl. online FAZFINANCE.NET (2008).

[18]   Vgl. online RP ONLINE (2009).

[19]   Vgl. online FOCUS MAGAZIN (2007).

[20]   Vgl. online BERLINER MORGENPOST (2009), und online WIRTSCHAFTSWOCHE (2009a), und online SCHNEIDER (2009).

Auch nur 30 % dieser Schwarzarbeit in den offiziellen Wirtschaftkreislauf zurückzuführen, würde Steuermehreinnahmen von rund 9 Mrd. EUR bringen.[21]

2.1.3   Aufgabe 3: Arbeitsteilung zwischen Wirtschaft und Staat korrigieren und die Staatsquote senken

Wenn Aufgaben zwischen Wirtschaft und Staat nach Kernkompetenzen aufgeteilt werden, kann die Staatsquote drastisch gesenkt werden. Das bedeutet, eine Reihe heute noch staatlicher Aufgaben in öffentlich-private Kooperationsmodelle zu überführen.

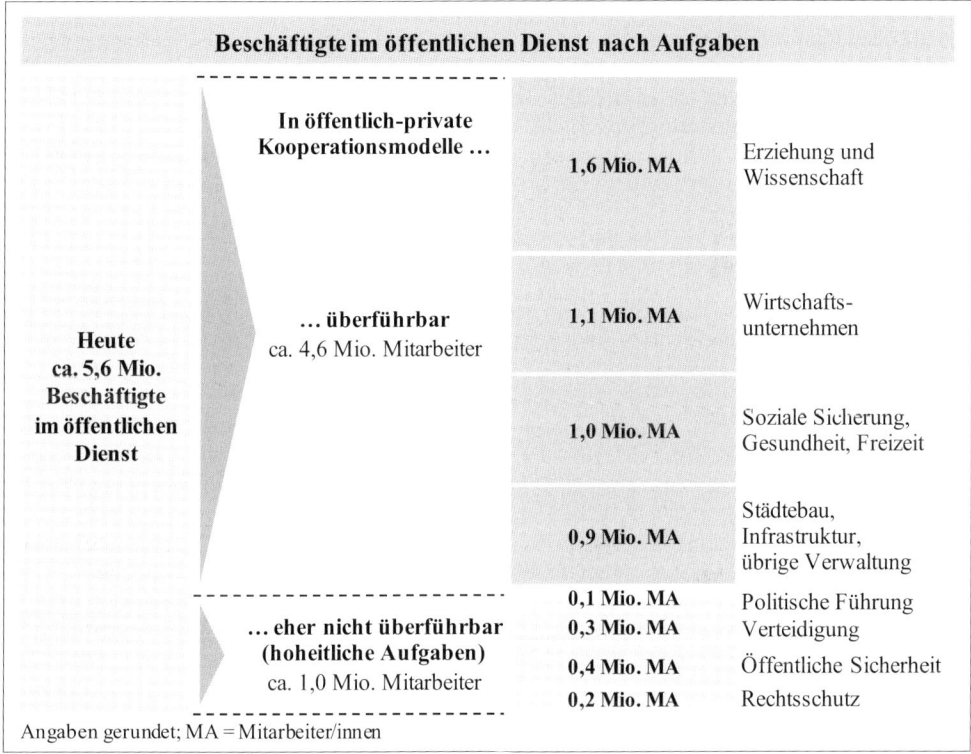

Abbildung 2:   Beschäftigte im öffentlichen Dienst nach Aufgaben[22]

Von den fast 5,6 Millionen Erwerbstätigen im öffentlichen Sektor erfüllen lediglich eine Million explizit hoheitliche Aufgaben im Rahmen der politischen Führung, der Verteidigung, der öffentlichen Sicherheit und Ordnung und im Rechtsschutz. Die übrigen 4,6 Millionen Mitarbeiter im öffentlichen Dienst können ebenso gut privatwirtschaftlich beschäftigt werden.[23]

---

[21]   Vgl. online *WELT ONLINE* (2009) und eigene Berechnungen.

[22]   Vgl. in Anlehnung an *EDERER/SCHULLER/WILLMS* (2008), S. 108.

[23]   Vgl. *EDERER/SCHULLER/WILLMS* (2008), S. 108.

Bisherige Erfahrungen zeigen, dass in vielen Fällen privatwirtschaftliche Unternehmen nicht-hoheitliche Aufgaben besser und effizienter lösen können als der Staat, z. B. in öffentlich-privaten Kooperationsmodellen. Das Argument, dadurch gingen Arbeitsplätze verloren und der Service werde schlechter, lässt sich anhand von Zahlen widerlegen. So wächst nach einer Privatisierung die Mitarbeiterzahl um durchschnittlich 6 %, Effizienzsteigerungen von bis zu 11 % werden realisiert bei 44 % mehr Investitionen und einer um 27 % gestiegenen Produktivität. Die Steigerung der Profitabilität um 45 % belegt, welche Potenziale eine Privatisierung birgt.[24] Bei Post, Telekom, Bahn und kommunalen Unternehmen in anderen Ländern wurden nach ihrer Privatisierung innerhalb weniger Jahre Produktivitätssteigerungen von mehr als 100 % erreicht.[25]

Um diese Entbürokratisierungswelle zu organisieren, sind Public-Private-Partnership-Modelle denkbar. Eine neue Studie von *TellSell Consulting* zeigt, dass die private Wirtschaft an solchen Modellen interessiert ist, jedoch Beteiligte auf Behördenseite – aus Selbsterhaltungstrieb – viele Projekte zum Scheitern bringen. Um dies in Zukunft zu verhindern, bietet sich an, die Umsetzung solcher Modelle an gesonderte – ressortübergreifende – Einheiten zu delegieren.

2.1.4   Aufgabe 4: Wirtschafts- und bürgerfreundliche Bürokratie als Wettbewerbsfaktor

Die Bürokratiekosten könnten um 70 % sinken und damit 35 Mrd. EUR gespart werden – mehr als so manche Steuerreform einbringt.

Gesetze und Verordnungen, Bearbeitungsfristen, behördliche Antragsverfahren, statistische Pflichten und komplizierte, undurchsichtige Entscheidungsstrukturen beanspruchen heute die finanziellen Spielräume in unvertretbarem Umfang. Insgesamt liegen die Bürokratiekosten für die deutsche Wirtschaft immer noch bei 48 Mrd. EUR.[26]

In der laufenden Legislaturperiode wurden tausend Gesetze, Rechtsverordnungen und andere Rechtsvorschriften aufgehoben. Aber immer noch verschlingen Melde- und Genehmigungsverfahren, Auflagen, usw. immense Arbeitskraft und Geldmittel. Kleinbetriebe mit weniger als zehn Beschäftigten tragen derzeit Bürokratiekosten von fast 4.000 EUR pro Jahr und Mitarbeiter, Betriebe mit 20 bis 49 Mitarbeitern immerhin noch etwas mehr als 2.000 EUR.[27]

Bei aller Kritik hat das deutsche Behördensystem im Ausland jedoch einen guten Ruf als kompetent und verhältnismäßig unbürokratisch. Eine effiziente Bürokratie sorgt für Rechtssicherheit, und das ist für die Wirtschaft in freien Märkten ein Wettbewerbsvorteil. Und hier gehört Deutschland zu den positiv wahrgenommenen Ländern. Durch radikale Entbürokratisierung kann das zum echten Wettbewerbsvorteil werden.

---

[24] Vgl. *EDERER/SCHULLER/WILLMS* (2008), S. 109.

[25] Vgl. online *MANAGERKREIS DER FRIEDRICH-EBERT-STIFTUNG* (2004).

[26] Vgl. online *HANDELSBLATT* (2009).

[27] Vgl. online *WIKIPEDIA* (2009).

2.1.5 Aufgabe 5: Arbeitszeiten und -volumen steigern

Eine nicht ganz einfache Business-Development-Aufgabe wird es sein, möglichst viele der 20,6 Millionen heute nicht Erwerbstätigen in den Arbeitsprozess zu integrieren und gleichzeitig die Lebensarbeitszeit für alle zu verlängern.

1987 lag in Deutschland die Jahresarbeitszeit pro Erwerbstätigem bei 1.632 Stunden, 2007 waren es nur noch 1.433. Mit Ausnahme von Norwegen (1.417 h) und den Niederlanden (1.392 h) liegt die Jahresarbeitszeit 2007 in allen OECD-Staaten im Schnitt 23 % über der deutschen.[28] Insgesamt sank das Arbeitsvolumen in Deutschland zwischen 1990 und 2007 um 4,7 %, während es in anderen europäischen Ländern stieg.[29]

Sinkendes Arbeitsvolumen durch späten Berufseintritt, frühen Ruhestand, mehr Urlaub und Feiertage, höheren Krankenstand und kürzere Wochenarbeitszeit sind ein deutsches Phänomen.[30] Um das Arbeitsvolumen zu erhöhen, müssen große Teile der 4,5 Millionen Arbeitslosen und 16,1 Millionen Erwerbsfähigen, aber Nicht-Erwerbstätigen[31] (wieder) aktiviert werden – oder alle Erwerbstätigen müssen bewusst mehr Freizeit gegen weniger Wohlstand eintauschen. Die Schwarzarbeit muss reduziert, Geringverdiener und -qualifizierte müssen wieder in den Arbeitsprozess eingegliedert werden, und zwar, indem Arbeitskosten, sowie Steuern und Abgaben gesenkt werden.

Die Rente in ihrer derzeitigen Form wird es nicht mehr lange geben. Mehr Ältere werden in Teilzeit arbeiten. Auch Mütter werden schneller und vermehrt (wieder) in den Arbeitsprozess integriert, die geplante flächendeckende Kinderbetreuung wird das unterstützen. Und um die schwachen Geburtsraten auszugleichen und das Niveau auf den heute 31,9 Millionen Vollzeitäquivalenten zu halten, sind mindestens 300.000 gut qualifizierte Migranten in den Arbeitsprozess zu integrieren.[32] Die jährlich 165.000 Auswanderer – 80 % davon gut qualifiziert wie Ärzte, Krankenschwestern, Facharbeiter, Handwerker und Forscher – sind damit noch nicht kompensiert.[33] Eine am notwendigen Humankapital orientierte Einwanderungs- und Integrationspolitik ist unabdingbar.

2.1.6 Aufgabe 6: Sozialsysteme sanieren

Im privaten Wettbewerb könnten die Sozialsysteme effizienter bessere zweckgebundene Versicherungsleistungen bieten – bei weniger Leistungsmissbrauch.

1991 hatten mit einem Schlag einige Millionen Menschen Anspruch auf Leistungen aus den Sozialsystemen, die bis dahin nie etwas eingezahlt hatten. Inzwischen erhöhen die Sozialabgaben die Kosten der Arbeit um 40 %. Bei ständig steigenden Abgaben übersteigen die Beiträge aller Arbeitnehmer den gesamten Bundeshaushalt, während sich die Leistungen für sie

---

[28] Vgl. online *OECD* (2009a).

[29] Vgl. online *OECD* (2009b).

[30] Vgl. *EDERER/SCHULLER/WILLMS* (2008), S. 188.

[31] Vgl. *EDERER/SCHULLER/WILLMS* (2008), S. 196.

[32] Vgl. *EDERER/SCHULLER/WILLMS* (2008), S. 24.

[33] Vgl. online *STATISTISCHES BUNDESAMT* (2008e), und online *ZEIT ONLINE* (2008).

dem gesetzlich garantiertem Minimum nähern und ihnen, zählt man die Steuerlast hinzu, weniger als die Hälfte ihres Lohns bleibt.[34]

Die Beiträge der *Arbeitslosenversicherung* werden zur Finanzierung allgemeiner gesellschaftlicher Aufgaben zweckentfremdet. Die Hälfte des Budgets wird für „Leistungen zum Ersatz des Arbeitsentgeltes" ausgegeben, die andere Hälfte für klassische gesamtgesellschaftliche Aufgaben der Arbeitsmarktpolitik[35] wie Projekte zur Vertiefung der Berufsorientierung, Vorruhestandsregelungen oder auch der „Nachteilsausgleich für Leistungsschwache" usw. Zudem subventioniert die Arbeitslosenversicherung andere Sozialversicherungen. Würde eine private Versicherung die Hälfte ihrer Beiträge zweckentfremden, schritte die staatliche Aufsichtsbehörde ein und Kunden würden ihre Verträge kündigen. Aber die Sozialversicherungen sind de facto Zwangsversicherungen.

Mit dem Gesundheitsfonds wurde bei der *Gesundheitsversicherung* auch der letzte Wettbewerb ausgeschaltet. Die Versorgung der Beitragszahler ist inzwischen fast identisch mit der kostenlosen staatlichen Grundversorgung, Leistung und Beitrag stehen in keinem gesunden Verhältnis mehr. Studien belegen, dass bei gleicher Qualität jährlich 10 Mrd. EUR Sachkosten gespart werden könnten.[36]

Die *Rentenversicherung* gewährleistet keinen gut situierten Ruhestand mehr, sondern maximal die notwendigste Grundversorgung. Die Formel (Bruttolohnfaktor, Beitragssatzfaktor, Riesterfaktor, Nachhaltigkeitsfaktor, Schutzklausel, Nachholfaktor) zu ihrer Berechnung ist politisch manipulierbar. Und die geforderte private Vorsorge – genügend Nettospielraum vorausgesetzt – wird bei Arbeitslosigkeit wieder aufgelöst.

Angesichts der soziodemografischen Entwicklung, der Verschwendung und Zweckentfremdung der Beiträge kann sich dieses System nicht mehr erholen. Selbst wenn die Geburtenrate von heute 1,4 auf 2,5 Kinder pro Frau stiege, würden erst 2070 wieder so viele Kinder geboren wie 1963 und erst im 22. Jahrhundert würde die Bevölkerung das heutige Niveau wieder erreichen. Bleibt die Sozialversicherung vor diesem Hintergrund wie sie heute ist, wird künftig die Abgabenlast um 12 % oder, noch plakativer, die Mehrwertsteuer auf über 31 % steigen, um über Sozialversicherung und Steuersystem die Einkommen zwischen den noch Arbeitenden und den nicht mehr Arbeitenden umzuverteilen.[37]

2.1.7   Aufgabe 7: In Humankapital und Bildung investieren

Eine zentrale Zielgröße des Business-Development-Plans muss es sein, die nachgefragte Art und Qualität des Humankapitals mit dem Angebot in Einklang zu bringen. Damit sind mittelfristig 4–5 % zusätzliches Wirtschaftswachstum zu generieren.

---

[34] Beträgt das auf dem Lohnzettel ausgewiesene Bruttoeinkommen 3.100 EUR, zahlt der Arbeitgeber knapp 20 % (Sozialversicherungsanteil) mehr, also 3.700 EUR. Von den ausgewiesenen 3.100 EUR gehen noch einmal 500 EUR Sozialabgaben und 650 EUR Steuern ab. Zahlt also der Arbeitgeber 3.700 EUR, kommen beim Arbeitnehmer nur 1.800 EUR an – weniger als die Hälfte.

[35] Vgl. online BUNDESAGENTUR FÜR ARBEIT (2009b).

[36] Vgl. WEMHOFF (2009), S. 79.

[37] Vgl. EDERER/SCHULLER/WILLMS (2008), S. 58 ff.

Studenten gehen auf die Straße und demonstrieren für eine bessere Bildung. Bei den Hochschulinvestitionen liegt Deutschland mit einer Investitionsquote von 1,1 % des BIP unter dem OECD-Durchschnitt von 1,4 % (Finnland: 1,8 %).[38] Im Bildungswesen fehlen 200.000 Fachkräfte. Das Geschäftsmodell „Humanvermögen" ist auf Dauer ohne massive Investitionen in die Kernkompetenz „Humankapital" nicht wettbewerbsfähig.

Weltweit erwirbt im OECD-Durchschnitt über ein Drittel eines Schuljahrgangs einen Hochschulabschluss – in Deutschland sind es nur etwas mehr als 20 %.[39] Zudem gibt es zu wenig Bildungsangebote, die sich verstärkt dem Wandel in der Arbeitswelt anpassen und das „lebenslange Lernen" unterstützen. Es fehlen Institutionen, die Inaktive des Arbeitsmarktes wieder in den Prozess integrieren.

Die Pisa-Studien der letzten Jahre zeigten, dass Deutschlands Schüler im internationalen Vergleich hinterherhinken. Das Schulsystem befähigt bei weitem nicht die Hälfte eines Jahrgangs zum Hochschulstudium. Individuelle Förderung, systematische Hausaufgabenbetreuung und Ganztagsschulen fehlen. Spracherziehung im Vorschulalter ist ein Anfang. Aber immer noch werden Kinder eingeschult, die kaum der deutschen Sprache mächtig sind.

Deutschland braucht eine gezielte Migrationsstrategie. Mit Zielländern können z. B. Abkommen geschlossen werden, um die Ausbildung und Einwanderung akademischer Kräfte zu forcieren. Die Einwanderungspolitik muss darauf abzielen, Leistungsträger ins Land zu bekommen. Nur langfristig verbindliche Ziele in der Bildungs- und Migrationspolitik und eine betriebswirtschaftliche Zieledefinition – ohne politisch und ideologisch geprägte Schattendiskussionen – können Deutschland den Weg zurück zur Spitze sichern.

2.1.8 Aufgabe 8: Investitionen in Forschung und Entwicklung forcieren

Nur mit deutlich gesteigerten Innovationsbudgets kann sich die deutsche Industrie in wichtigen Innovationsbranchen und Schlüsseltechnologien an die Spitze setzen. Anstatt in Fabriken zu arbeiten müssen wir Fabriken entwickeln, bauen und das Know-how vermitteln.

Der Gesundheitsmarkt wird bis 2020 von heute 250 Mrd. EUR auf etwa 453 Mrd. EUR anwachsen.[40] Rund um Ernährung, Körper, Sport und Lebensqualität entstehen gigantische neue Märkte. Bio- und Nanotechnologie haben ein Marktvolumen von 40 Mrd. EUR bei einem 15-prozentigen Wachstum pro Jahr.[41] Das Arbeitsplatzpotenzial in der Biotechnologie wird im Jahr 2020 bis zu 600.000 betragen, dort werden mehr Menschen arbeiten als heute in der gesamten Chemieindustrie.[42] Die Photonik (45 Mrd. EUR/8 % Wachstum), die weiße Biotechnologie (58 Mrd. EUR/10 %) und die Materialtechnologien (260 Mrd. EUR/5 %) werden die Märkte verändern.[43] In der Medizintechnik machen Produkte, die jünger sind als zwei Jahre, mehr als die Hälfte der Umsätze aus. Auch hier liegt Deutschland weltweit vorn, an

---

[38] Vgl. *EDERER/SCHULLER/WILLMS* (2008), S. 124 ff.

[39] Vgl. *EDERER/SCHULLER/WILLMS* (2008), S. 124 ff.

[40] Vgl. *ZUKUNFTSINSTITUT GMBH* (2007), und online *STATISTISCHES BUNDESAMT* (2009c).

[41] Vgl. online *MANAGER MAGAZIN* (2009).

[42] Vgl. online *IG BCE INDUSTRIEGEWERKSCHAFT BERGBAU, CHEMIE, ENERGIE* (2007), und online *SÜDDEUTSCHE ZEITUNG* (2009).

[43] Vgl. online *MANAGER MAGAZIN* (2009).

zweiter Stelle hinter den USA.[44] Cleantech wird in Deutschland bis 2020 mehr als zwei Millionen neue Arbeitsplätze schaffen und 2030 wird die Branche um den Faktor 3,5 größer sein als die Maschinenbauindustrie.[45]

Branchen und Berufsbilder verändern sich, neue Berufe entstehen. Innovationspolitik kann jedoch nur dann zum Aufbau von Beschäftigung beitragen, wenn die Arbeitsmärkte in der Lage sind, durch Prozessinnovationen induzierte Rationalisierungsentlassungen aufzufangen. Und wenn Anreize zu Umschulung, Fort- und Weiterbildung geschaffen werden, so dass innovative Unternehmen nicht durch fehlende Fachkräfte in ihrem Wachstum gebremst werden. Ein Bericht des Bundesministeriums für Bildung und Forschung (BMBF) prognostiziert z. B. bis 2014 selbst bei konservativen Annahmen einen jährlichen Fehlbedarf an Ingenieuren und anderen Akademikern zwischen 41.000 und 62.000.[46]

In die Forschung fließen 43 Mrd. EUR aus der Wirtschaft und 18,54 Mrd. EUR vom Staat.[47] Das ist zu wenig. Der Wettbewerb um die Vorherrschaft in den globalen Märkten wird nicht mehr allein zwischen Unternehmen, sondern auch zwischen den Volkswirtschaften ausgetragen. Im Hochtechnologiebereich (z. B. Fahrzeug- und Maschinenbau, chemische Industrie) konnte Deutschland zwar seine Position in der weltweiten Spitzengruppe weiterhin behaupten, in den besonders forschungsintensiven Spitzentechnologien (z. B. Biotechnologie, Luft- und Raumfahrt, Pharmaindustrie, IT- und TK-Industrie) jedoch nicht mit der internationalen Entwicklung mithalten.[48] Andere Länder haben enorm aufgeholt.

2.1.9 Aufgabe 9: Globalisierungschancen unternehmerisch nutzen

Wo es um die wirtschaftliche Eroberung relevanter Auslandsmärkte geht, haben Unternehmen und Staat gemeinsame Interessen. Außen- und Wirtschaftspolitik können durch Kontakte und Hilfestellungen pragmatisch zum Wirtschaftswachstum beitragen.

Der Mittelstand – das Rückgrat der deutschen Wirtschaft – muss seine gute internationale Wettbewerbsposition in den zukunftsträchtigen Marktsegmenten global ausbauen. Asien und Afrika sind die Zukunftsmärkte. Hier kann die Politik neben klassischen Instrumenten wie Bundesbürgschaften aktive Unterstützung bieten, z. B. in Form von Kontakten und bilateralen Abkommen mit potenziellen Wirtschaftspartnern. Auch pragmatisch agierende deutsche Dependancen in den Zielländern sind notwendig. Zugute käme das in erster Linie nicht nur so genannten Hidden Champions, mittelständischen Firmen, deren Weltmarktanteil von über 50 % auf spezieller Technologieführerschaft beruht, sondern auch Markteinsteigern. Nicht Massenfertigung ist für Deutschland attraktiv, sondern vielmehr sollten die vorgelagerten Teile der Wertschöpfungskette im Lande bleiben. Die Schaffung entsprechend attraktiver Rahmenbedingungen ist die originäre Aufgabe moderner Wirtschafts- und Außenpolitik.

---

[44] Vgl. online *EBERHARD KARLS UNIVERSITÄT TÜBINGEN, INSTITUT FÜR POLITIKWISSENSCHAFT (IfP)* (2006).

[45] Vgl. *ZUKUNFTSINSTITUT GMBH* (2007), und online *WIWO.DE* (2009b).

[46] Vgl. online *BUNDESMINISTERIUM FÜR BILDUNG UND FORSCHUNG* (2007).

[47] Vgl. online *STATISTISCHES BUNDESAMT* (2009a).

[48] Vgl. online *EBERHARD KARLS UNIVERSITÄT TÜBINGEN, INSTITUT FÜR POLITIKWISSENSCHAFT (IfP)* (2006).

Die weltweiten Märkte für Cleantech umfassen schon heute mehrere hundert Milliarden Euro: Energieeffizienz: 540 Mrd. EUR, Nachhaltige Wasserwirtschaft: 360 Mrd. EUR, Nachhaltige Mobilität: 200 Mrd. EUR und Energieerzeugung: 150 Mrd. EUR. In zehn Jahren wird die deutsche Industrie über 400 Mrd. EUR in diesem Bereich umsetzen können.[49] Für Deutschland, dessen Geschäftsmodell auf seinem Humankapital basiert, ist seine Stellung in diesen Schlüsseltechnologien von entscheidender Bedeutung für den Wohlstand von morgen.

3 Business-Development-Aufgaben umsetzen: Organisation folgt Zielen

3.1 Deutschland hat kein Erkenntnis-, sondern ein Umsetzungsproblem

Werden die nächsten 20 Jahre konsequent für die Konzeption und Umsetzung der skizzierten Business-Development-Aufgaben genutzt, dann kann es Deutschland gelingen, ein enormes Wirtschaftswachstum zu realisieren und seine Schulden abzubauen. Der Staat kann die Leitplanken setzen bzw. gezielt halten. Fahren müssen Unternehmen und Bürger selbst. Eine neue Geisteshaltung muss gelebt werden: Weg vom „der Staat wird es schon richten" hin zu „wir packen an und schaffen das"!

3.2 Ausblick: Einrichtung einer (virtuellen) Infrastruktur für Business Development zur Verwirklichung der Wachstumspotenziale

Die identifizierten neun Business-Development-Aufgaben verfolgen in erster Linie zwei Ziele: Die für eine schlagkräftige Wirtschaft erforderlichen Spielräume in Staat, Wirtschaft und Gesellschaft zu schaffen und die Zukunftsfähigkeit der deutschen Wirtschaft zu sichern.

Die Abbildung auf der folgenden Seite zeigt, dass in der Ost-West AG durchaus noch Reserven liegen, die bei konsequenter Umsetzung der genannten Aufgaben in Wachstumssprünge umgewandelt werden können.

Ein umfassendes Business-Development-Programm zielgerichtet umzusetzen erfordert eine übergreifende Struktur zur Entwicklung, Umsetzung und Koordination von Maßnahmen – ähnlich der einstigen Rolle der Treuhand. Diese Infrastruktur kann nur funktionieren, wenn sie mit den relevanten Ressorts der Politik verzahnt und parteiübergreifend verankert ist. Politiker sind daran ebenso zu beteiligen wie Aktive aus Wissenschaft und Wirtschaft. Sie vereint systematisch aufeinander abgestimmt anhand eines Businessplans die wirtschaftlichen Zukunftsthemen und die entsprechenden Geldmittel, die heute über verschiedene Ressorts verteilt sind. Sie agiert wie ein wirtschaftlich handelndes Unternehmen mit einem Investitionsplan, mit Budgets und vor allem mit einem funktionierenden Controlling.

---

[49] Vgl. online *WIRTSCHAFTSWOCHE* (2009b).

Durch ein konsequentes Projektmanagement mit strukturierten Meilensteinplänen und klar formulierten Zuständigkeiten werden die einzelnen Schritte der Projektpläne und die erfolgreiche Umsetzung des Business-Development-Plans sichergestellt und regelmäßig evaluiert. Die Infrastruktur koordiniert alle relevanten Projekte: die Entschlackung des Staates, die Privatisierungen sowie die relevanten Bildungsoffensiven ebenso wie wichtige Forschungsgelder und Finanzierungshilfen für die Wirtschaft. Eine wichtige Rolle spielen dabei Task Forces, die bei Bedarf die neue Infrastruktur unterstützen (z. B. eine „Task Force Steuererleichterung").

Durch den eingeschlagenen Wachstumskurs wird Deutschland wieder zum Kreis der führenden Industrienationen aufschließen und seinen Bürgern größeren Wohlstand ermöglichen.

Business-Development-Aufgaben für die Politik	Mögliche Maßnahmen	Positiver Effekt auf BIP		
		Kurzfristig (< 1 Jahr)	Mittelfristig (3 – 5 Jahre)	Langfristig (> 5 Jahre)
1. Schulden abbauen und neue Spielräume für Investitionen schaffen	➢ Eindämmung Steuerverschwendung		░	░
	➢ Bekämpfung Mehrwertsteuerbetrug			
	➢ Abbau EU-Subventionen			
	➢ Reduzierung Rettungen überlebter Industrien			
2. Wettbewerbsfähigkeit bei Abgaben und Steuern herstellen	➢ Vereinfachung des Steuersystems			
	➢ Reduzierung der Schwarzarbeit um 30 %			
3. Arbeitsteilung zwischen Wirtschaft und Staat korrigieren und die Staatsquote senken	➢ Überführung der Aufgaben von ca. 4,6 Mio. Mitarbeitern im öffentlichen Dienst in öffentlich-private Kooperationsmodelle		▓	
4. Wirtschafts- und bürgerfreundliche Bürokratie als Wettbewerbsfaktor	➢ Senkung der Bürokratiekosten um 50 %		▓	
5. Arbeitszeiten und -volumen steigern	➢ Überführung großer Teile von 20,6 Mio. Nicht-Erwerbstätigen in Arbeitsprozess			░
	➢ Verlängerung Lebensarbeitszeit Arbeitnehmer			
6. Sozialsysteme sanieren	➢ Schaffung effizienterer sozialer Sicherungssysteme			░
	➢ Einsparungen in der Gesundheitsversicherung			
7. In Humankapital und Bildung investieren	➢ Synchronisierung von Art und Qualität des nachgefragten Humankapitals mit dem Angebot			█
8. Investitionen in Forschung und Entwicklung forcieren	➢ Förderung und Ausbau von Zukunftstechnologien			█
9. Globalisierungschancen unternehmerisch nutzen	➢ Eroberung relevanter Auslandsmärkte		░	█

Tabelle 2:   *Möglicher Effekt einer Umsetzung der Business-Development-Aufgaben (vorläufige Einschätzung)*[50]

[50]   Bruttoinlandsprodukt (BIP); Einschätzung auf Basis cet. par.; zeitliche Einordnung der Wirksamkeit im Rahmen der Umsetzung der Business-Development-Aufgaben; zusätzliches Wachstum: „hellgrau" < 1 %, „dunkelgrau" 1–3 %, „schwarz" > 3 %.

Quellenverzeichnis

BERLINER MORGENPOST (2009): Schlechte Zeiten für Schwarzarbeiter – Bessere Kontrollen sollen die Zahl von derzeit acht bis zehn Millionen illegal Beschäftigten deutlich senken, online: http://www.lexisnexis.com/de/business/, Stand: 08.03.2009, Abruf: 23.06.2009.

BUND DER STEUERZAHLER (2007): Die öffentliche Verschwendung, online: http://www.steuerzahler.de/webcom/show_article.php/_c-92/_nr-1/_lkm-23/i.html, Stand: 27.09.2007, Abruf: 31.08.2009.

BUNDESAGENTUR FÜR ARBEIT (2009a): Arbeitsmarkt in Deutschland – Zeitreihen bis 2008, online: http://www.pub.arbeitsagentur.de/hst/services/statistik/000200/html/analytik/jahresrueckblick_2008.pdf, Stand: April 2009, Abruf: 22.05.2009.

BUNDESAGENTUR FÜR ARBEIT (2009b): Geschäftsbericht 2008, online: http://www.arbeitsagentur.de/zentraler-Content/Veroeffentlichungen/Intern/Geschaeftsbericht-2008.pdf, Stand: 2009, Abruf: 02.09.2009.

BUNDESMINISTERIUM DER FINANZEN (2009a): Entwicklung der Staatsquote, online: http://www.bundesfinanzministerium.de/nn_39848/DE/BMF__Startseite/Service/Downloads/Abt__I/Entwicklung__der__Staatsquote__250209,templateId=raw,property=publicationFile.pdf, Stand: 25.02.2009, Abruf: 22.05.2009.

BUNDESMINISTERIUM DER FINANZEN (2009b): Schulden der öffentlichen Haushalte, online: http://www.bundesfinanzministerium.de/DE/Wirtschaft__und__Verwaltung/Finanz__und__Wirtschaftspolitik/Oeffentlicher__Gesamthaushalt/0508311a4001.html, Stand: 2009, Abruf: 31.08.2009.

BUNDESMINISTERIUM DER FINANZEN (2009c): Unterrichtung durch die Bundesregierung, Finanzplan des Bundes 2008 bis 2012, online: http://www.bundesfinanzministerium.de/nn_4316/DE/Wirtschaft__und__Verwaltung/Finanz__und__Wirtschaftspolitik/Bundeshaushalt/Bundeshaushalt__2009/Finanzplan__08__012,templateId=raw,property=publicationFile.pdf, Stand: 31.08.2009, Abruf: 31.08.2009.

BUNDESMINISTERIUM FÜR BILDUNG UND FORSCHUNG (2007): Die technologische Leistungsfähigkeit Deutschlands, online: http://www.technologische-leistungsfaehigkeit.de/de/1869.php, Stand: 20.07.2007, Abruf: 20.08.2009.

DEUTSCHE BUNDESBANK (2009): DAX Performanceindex, online: http://www.bundesbank.de/statistik/statistik_zeitreihen.php?lang=de&open=&func=row&tr=WU3141, Stand: 04.05.2009, Abruf: 22.05.2009.

EBERHARD KARLS UNIVERSITÄT TÜBINGEN, INSTITUT FÜR POLITIKWISSENSCHAFT (IfP) (2006): Buhr, D., Matt oder glänzend? Innovationspolitik in Deutschland, online: http://www.wip-online.org/downloads/Buhr_Daniel_2006_c.pdf, Stand: Oktober 2006, Abruf: 26.08.2009.

EDERER, P./SCHULLER, P./WILLMS, S. (2008): Geschäftsplan Deutschland, Stuttgart 2008.

FAZFINANCE.NET (2008): Europäischer Rechnungshof – Deutschland behindert Kampf gegen Steuerbetrug, online: http://www.fazfinance.net/.../Wirtschaft-und-Konjunktur/Deutschland-behindert-Kampf-gegen-Steuerbetrug-7276.faz, Stand: 29.02.2008, Abruf: 31.08.2009.

FOCUS MAGAZIN (2007): Fehlerhafte Steuerbescheide – Zu viel gezahltes Geld zurückholen, online: http://www.focus.de/finanzen/steuern/tid-5731/fehlerhafte-steuerbescheide_aid_56227.html, Stand: 22.05.2007, Abruf: 31.08.2009.

HANDELSBLATT (1989): Vor allem Exporte und Ausrüstungen sind außerordentlich stark gestiegen. Konjunktur erreicht Spitzenwerte, online: http://www.wirtschaftspresse.biz, Stand: 06.09.1989, Abruf: 22.05.2009.

HANDELSBLATT (2009): Wirtschaft fordert schnelleren Bürokratieabbau, online: http://www.wirtschaftspresse.biz, Stand: 11.05.2009, Abruf: 17.06.2009.

IG BCE INDUSTRIEGEWERKSCHAFT BERGBAU, CHEMIE, ENERGIE (2007): Neue Studie zu Arbeitsplätzen und Wettbewerbsfähigkeit in Deutschland, online: http://www.igbce.de/portal/binary/com.epicentric.contentmanagement.servlet.ContentDeliveryServlet/site_www.igbce.de/static_files/PDF-Dokumente/Schwerpunktthemen/Biotechnologie/4a87be1ed0d8f931e2c4cd87c5bf21ca.pdf, Stand: April 2007, Abruf: 25.08.2009.

INSTITUT FÜR ARBEITSMARKT- UND BERUFSFORSCHUNG (2009a): Durchschnittliche Arbeitszeit und ihre Komponenten in Deutschland, online: http://doku.iab.de/grauepap/2009/tab-az.pdf, Stand: 16.02.2009, Abruf: 26.05.2009.

INSTITUT FÜR ARBEITSMARKT- UND BERUFSFORSCHUNG (2009b): Übersichtstabelle: Durchschnittliche Arbeitszeit und ihre Komponenten in Deutschland, E-Mail Frau Susanne Wenger, Stand: 26.05.2009, Abruf: 26.05.2009.

KONRAD ADENAUER STIFTUNG (2007): Fernsehansprache von Bundeskanzler Kohl am 1. Juli 1990, online: http://www.kas.de/wf/de/71.4516/, Stand: 14.06.2007, Abruf: 22.05.2009.

MANAGERKREIS DER FRIEDRICH-EBERT-STIFTUNG (2004): Wachstum und Vollbeschäftigung durch wettbewerbsfähige Arbeitskosten, online: http://library.fes.de/pdf-files/stabsabteilung/02610.pdf, Stand: Oktober 2004, Abruf: 31.08.2009.

MANAGER MAGAZIN (2009): Projekt Zukunft, online: http://www.lexisnexis.com/de/business/, Stand: 01.07.2009, Abruf: 26.08.2009.

OECD (2009a): OECD Factbook 2009, online: http://www.sourceoecd.org/factbook, Stand: 23.06.2009, Abruf: 23.06.2009.

OECD (2009b): OECD.StatExtracts, online: http://stats.oecd.org/Index.aspx, Stand: 02.06.2009, Abruf: 02.06.2009.

RP ONLINE (2009): Knapp 360 Millionen Euro, Deutschland bekommt Geld von EU zurück, online: http://www.rp-online.de/public/kompakt/politik/696841/Deutschland-bekommt-Geld-von-EU-zurueck.html, Stand: 15.04.2009, Abruf: 02.09.2009.

SCHNEIDER, F. (2009): The Size of the Shadow Economy in 21 OECD Countries, (in % of „official" GDP) using the MIMIC and currency demand approach – From 1989/90 to 2009, http://www.statbel.fgov.be/studies/ac1273_en.pdf, Stand: 2009, Abruf: 23.06.2009.

STATISTISCHES BUNDESAMT (2004): Öffentliche Finanzen – Rechnungsergebnisse des öffentlichen Gesamthaushalts, Fachserie 14 Reihe 3.1 – 2001, Entwicklung der Ausgaben und Einnahmen der öffentlichen Haushalte nach Arten, online: https://www-ec.destatis.de/csp/shop/sfg/bpm.html.cms.cBroker.cls?CSPCHD=00300001000442ezj8DQ000000gu9F1CKnoni35MOJekjKOA--&cmspath=struktur,vollanzeige.csp&ID=1015556, Stand: 22.12.2004, Abruf: 25.08.2009.

STATISTISCHES BUNDESAMT (2007): Schulden der öffentlichen Haushalte, online: https://www-ec.destatis.de/csp/shop/sfg/bpm.html.cms.cBroker.cls?cmspath=struktur,vollanzeige.csp& ID=1022202, Stand: 02.06.2008, Abruf: 22.05.2009.

STATISTISCHES BUNDESAMT (2008a): Bevölkerung nach dem Gebietsstand, online: http://www. destatis.de/jetspeed/portal/cms/Sites/destatis/Internet/DE/Content/Statistiken/Zeitreihen/Lange Reihen/Bevoelkerung/Content75/lrbev03a,templateId=renderPrint.psml, Stand: 14.10.2008, Abruf: 22.05.2009.

STATISTISCHES BUNDESAMT (2008b): Bildungsfinanzbericht 2008, online: https://www-ec. destatis.de/csp/shop/sfg/bpm.html.cms.cBroker.cls?cmspath=struktur,vollanzeige.csp&ID =1023160, Stand: Dezember 2008, Abruf: 22.05.2009.

STATISTISCHES BUNDESAMT (2008c): Datenreport 2008: Der Sozialbericht für Deutschland, Kapitel 1 Bevölkerung, online: https://www-ec.destatis.de/csp/shop/sfg/bpm.html.cms.c Broker.cls?cmspath=struktur,vollanzeige.csp&ID=1022978, Stand: November 2008, Abruf: 22.05.2009.

STATISTISCHES BUNDESAMT (2008d): Statistisches Jahrbuch 2008 Entwicklung der Ausgaben und Einnahmen nach ausgewählten Arten, online: http://www.destatis.de/jetspeed/portal/ cms/Sites/destatis/Internet/DE/Navigation/Publikationen/Querschnittsveroeffentlichungen /Jahrbuch.psml, Stand: 2008, Abruf: 26.06.2009.

STATISTISCHES BUNDESAMT (2008e): Wirtschaft und Statistik 05/2008, online: http://www.des-tatis.de/publikationen, Stand: Juni 2008, Abruf: 25.06.2009.

STATISTISCHES BUNDESAMT (2009a): Ausgaben für Forschung und Entwicklung, online: http://www.destatis.de/jetspeed/portal/cms/Sites/destatis/Internet/DE/Content/Statistiken/ BildungForschungKultur/ForschungEntwicklung/Tabellen/Content75/ForschungEntwickl ungSektoren,templateId=renderPrint.psml, Stand: 20.05.2009, Abruf: 20.05.2009.

STATISTISCHES BUNDESAMT (2009b): Bildungsausgaben, E-Mail Marco Threin, Stand: 26.05.2009, Abruf: 26.05.2009.

STATISTISCHES BUNDESAMT (2009c): Gesundheitsausgaben 2007 um knapp 8 Milliarden Euro gestiegen, online: http://www.destatis.de/jetspeed/portal/cms/Sites/destatis/Internet/DE/ Content/Statistiken/Gesundheit/Gesundheitsausgaben/Aktuell.psml, Stand: 2009, Abruf: 24.06.2009.

STATISTISCHES BUNDESAMT (2009d): Registrierte Arbeitslose, Arbeitslosenquote, online: http:// www.destatis.de/jetspeed/portal/cms/Sites/destatis/Internet/DE/Content/Statistiken/Zeitrei hen/LangeReihen/Arbeitsmarkt/Content100/lrarb01ga,templateId=renderPrint.psml, Stand: 20.01.2009, Abruf: 25.05.2009.

STATISTISCHES BUNDESAMT (2009e): Schulden der öffentlichen Haushalte Ende 2008: 1,5 Billionen Euro, online: http://www.destatis.de/jetspeed/portal/cms/Sites/destatis/Internet/ DE/Presse/pm/2009/02/PD09__060__713,templateId=renderPrint.psml, Stand: 20.02.2009, Abruf: 22.05.2009.

SÜDDEUTSCHE ZEITUNG (2009): Bunte Aussichten; Die Biotechnologie bietet wegen ihrer Vielfalt gute Berufschancen, online: http://www.lexisnexis.com/de/business/, Stand: 20.06.2009, Abruf: 24.06.2009.

WELT ONLINE (2009) Schattenwirtschaft – Schwarzarbeit kostet den Staat 30 Milliarden Euro, online: http://www.welt.de/wirtschaft/article3268576/Schwarzarbeit-kostet-den-Staat-30-Milliarden-Euro.html, Stand: 25.02.2009, Abruf: 20.07.2009.

WEMHOFF, C. (2009): Melkvieh Mittelschicht – Wie die Politik die Bürger plündert, München 2009.

WIKIPEDIA (2009): Bürokratieabbau, online: http://de.wikipedia.org/wiki/B%C3%BCrokratie-abbau, Stand: 25.08.2009, Abruf: 25.08.2009.

WIRTSCHAFTSWOCHE (1990a): KONJUNKTUR – Dank DDR auf neuem Wachstumspfad, online: http://www.wirtschaftspresse.biz, Stand: 22.06.1990, Abruf: 22.05.2009.

WIRTSCHAFTSWOCHE (1990b): KONJUNKTUR 1991 – Wie lange hält der Aufschwung noch?, online: http://www.wirtschaftspresse.biz, Stand: 21.12.1990, Abruf: 22.05.2009.

WIRTSCHAFTSWOCHE (2009a): Boomende Sparte, online: http://www.wirtschaftspresse.biz/, Stand: 20.04.2009, Abruf: 23.06.2009

WIRTSCHAFTSWOCHE (2009b): Hart am Wind, online: http://www.wirtschaftspresse.biz/, Stand: 04.05.2009, Abruf: 26.08.2009.

WIRTSCHAFTSWOCHE (2009c): Gespaltene Gesellschaft, online: http://www.wirtschaftspres-se.biz/, Stand: 30.05.2009, Abruf: 23.06.2009.

WIWO.DE (2009a): Die Folgen der Krise: Der Staat wird immer mächtiger, online: http://www.wiwo.de/politik/der-staat-wird-immer-maechtiger-402569/, Stand: 17.07.2009, Abruf: 24.08.2009.

WIWO.DE (2009b): Umwelttechnik: Wie Öko-Technik die deutsche Industrie revolutioniert, online: http http://www.wiwo.de/technik/wie-oeko-technik-die-deutsche-industrie-revolu-tioniert-395625/, Stand: 06.05.2009, Abruf: 24.06.2009.

ZEIT ONLINE (2008): Auswanderer - Die „Elite" geht, online: http://www.zeit.de/online/2008/26/fachkraefte-auswanderung, Stand: 24.06.2008, Abruf: 26.08.2009.

ZUKUNFTSINSTITUT GMBH (2007): Megatrend Dokumentation, Stand: 2007.

Dritter Teil:

Gesellschaftliche Perspektive

Zwei Wege. Eine Ankunft.

Michael Czupalla und *Frank Hannig*

Landkreis Nordsachsen (Landrat) und
Hannig & Partner, Rechtsanwälte

1	Ansichten	323
2	Anfänge	323
	2.1 Montagsandacht: *Czupalla*	323
	2.2 Bornholmer Straße: *Hannig*	327
3	Ankünfte	329
	3.1 Landratsamt: *Czupalla*	329
	3.2 Nordsachsen: *Hannig*	331
4	Aussichten	332
	Quellenverzeichnis	333

1 Ansichten

Ansichten und Meinungen, Erfahrungen und Analysen: Jeder nur denkbaren Betrachtung wurde das einmalige Ereignis des Falls der Berliner Mauer schon unterzogen. Ungewöhnlich und spannend wird es dann, wenn das persönliche Erleben, die Sicht des Einzelnen, an die Stelle der öffentlichen Lesart und der politisch korrekten Betrachtung tritt. Besonders ungewöhnlich, wie die Freundschaft zweier gänzlich verschiedener Männer mit ganz verschiedenen Geschichten und Hintergründen, ist die Sicht dieser Beiden auf die letzten 20 Jahre deutscher Geschichte. Geschichte, die weit mehr ist als Füllstoff für Geschichtsbücher, sondern vor allem ein Lehrstück darüber, dass es richtig und falsch, oben und unten, rechts und links in unveränderlicher Form nicht gibt. Geschichte, die beweist, dass der alltägliche Versuch, das Schlechte zu verbessern, das Ungerechte zu verändern, aber auch das Gute zu bewahren, vor allem eines ist: Unser gemeinsames Leben.

Die Autoren dieses Beitrags könnten unterschiedlicher kaum sein: MICHAEL CZUPALLA ist der distinguierte, erfahrene Kommunalpolitiker, erfolgreicher Landrat seit 20 Jahren. Geboren 1950 im Jahr nach der Teilung Deutschlands in zwei Staaten verkörpert er die Generation, die die DDR erlebte, den politischen Wandel letztendlich mit ermöglicht hat. FRANK HANNIG andererseits ist ein lebenslustiger und kämpferischer Rechtsanwalt und Politikneuling. Im Jahr 1970 geboren, erlebt er die Zeit des Mauerfalls als FDJ-Funktionär und frischgebackener Abiturient, als Akteur auf der anderen, der staatstragenden Seite der schwindenden DDR. Beide Männer versuchen im folgenden Beitrag zu beschreiben, was sie seit dem historischen Fall der Mauer auf ihrem Weg geprägt hat und was sie heute – nach 20 Jahren erlebter Weltgeschichte und einem Start auf verschiedenen Seiten der gleichen (deutschen) Medaille – verbindet.

2 Anfänge

2.1 Montagsandacht: CZUPALLA

Die Bilder und die konfusen Worte bei GÜNTHER SCHABOWSKIs „Auftritt" am 9. November 1989 sind in die Geschichte eingegangen und mir persönlich sehr präsent. An diesem Tag lief der Fernseher ohne Pause. Die Zeit war zu aufregend und die Gefahr viel zu groß, etwas zu verpassen. Ich fand es spannend, zu vergleichen, was in den Nachrichtensendungen (Tagesschau, Tagesthemen und auch Aktuelle Kamera) berichtet wurde. Was vielleicht nur eine routinemäßige Pressekonferenz anlässlich der 10. Tagung des Zentralkomitees (ZK) der Sozialistischen Einheitspartei Deutschlands (SED) werden sollte, wurde zu dem Funken, der die Mauer explosionsartig zum Einsturz brachte. Keiner wusste es, keiner verstand es, keiner konnte erahnen, was in diesen Stunden passierte. Es waren Momente, deren historische Tragweite auch mir erst später bewusst wurde. Eines kann ich aber mit Fug und Recht sagen: Der Mauerfall und die deutsche Wiedervereinigung sind für mich ein Wunder. Mir ist es ein Anliegen, dies immer wieder deutlich zu sagen, um den Glanz der „friedlichen Revolution" und der Wiedervereinigung nicht verblassen zu lassen.

Doch der Reihe nach …

Ich wurde am 7. August 1950 in Delitzsch geboren, erlebte hier eine glückliche Kindheit, verbrachte dort meine Schulzeit und absolvierte eine Berufsausbildung zum Werkzeugmacher. Meinen Grundwehrdienst bei der *Nationalen Volksarmee* (NVA) leistete ich von 1968 bis 1969. Danach studierte ich von 1970 bis 1976 an der *Bergakademie* in Freiberg. Mit dem Abschluss als Diplom-Ingenieur in der Tasche kehrte ich nach Delitzsch zurück. Bereits damals gab es eine feste Bindung zu meiner Heimatregion, in der ich auch heute noch sehr tief verwurzelt bin. Ich hatte einen sehr großen Freundeskreis, der immer zusammenhielt. Bei wichtigen Entscheidungen konnte ich mich stets auf den Rückhalt meiner Familie verlassen. Eine große Rolle spielte für mich immer, und das ist bis heute so, der Sport. Bis zum Studium trieb ich selbst aktiv sehr viel Sport und sehe auch heute in der Sportförderung und -unterstützung eine wichtige Aufgabe. Ich arbeitete nach dem Studium, bis 1990 als Abteilungsleiter in verschiedenen Bereichen meines Lehrbetriebs, dem *Volkseigenen Betrieb* (VEB) *Ziehwerk Delitzsch*, welcher zum *VEB Stahl- und Walzwerk Hennigsdorf* gehörte.

Zum Zeitpunkt des Mauerfalls erlebte ich diesen epochalen Tag als 39jähriger in Delitzsch und war, wie vermutlich viele in jenen Tagen, Wochen und Monaten des Jahres 1989 voller Spannung, Ungewissheit, Unruhe – ja auch Angst spielte manchmal eine Rolle. Was passiert um mich herum? Wo führt das noch hin? Gerade hier im Ballungsraum um Leipzig überschlugen sich die Ereignisse. Das Volk protestierte, doch keiner dachte an offene Grenzen oder gar an Wiedervereinigung. Die politische Situation in der DDR war zu dieser Zeit sehr angespannt, dies wusste jeder und jeder merkte, so kann es nicht weiter gehen. Es war lebendig, interessant – es musste etwas passieren. Die spannende Frage die ich mir wie viele andere auch stellte, war jene, wie Staat und *SED* reagieren würden. Es war klar, wer die Macht hatte. Doch würde diese ausgeübt werden? Auch wenn die Entfernung von Delitzsch zur Nikolaikirche in Leipzig nicht groß ist, erschien sie in dieser Zeit unendlich. Die Zufahrtsstraßen und Autobahnabfahrten nach Leipzig wurden kontrolliert oder waren gesperrt. Von den Verhaftungen bzw. „Zuführungen" im Zusammenhang mit den Friedensgebeten durch die Polizei hörte ich und den zum Einsatz bereit stehenden voll aufmunitionierten Truppen der *NVA* bspw. in der Benndorfer Kaserne des Ausbildungszentrums 17 „*KURT BENNEWITZ*" munkelte man. Auch in Delitzschs Stadtkirche fand am 16. Oktober die erste Montagsandacht statt. Sie sollte in den kommenden Wochen zum Zentrum des Protests in Delitzsch werden. An eine Situation kann ich mich noch recht gut erinnern. Es muss Mitte Oktober 1989 gewesen sein. Vertreter der Blockparteien, ich war zu dieser Zeit Kreisvorsitzender der *Christlich Demokratischen Union* (CDU), der Kirchen und andere wurden in die damalige *SED*-Kreisleitung in Delitzsch, gegenüber des Bahnhofs, einbestellt. Es wurden klare Worte gesprochen und unmissverständlich verdeutlichte man uns, dass jegliche Demonstrationen zugunsten der allgemeinen Sicherheit mit allen staatlichen Mitteln unterbunden würden. Eine sanfte Opposition übend, wurde darauf geantwortet: „Es kann doch nicht sein, jetzt wird die Volksarmee gegen das Volk gehetzt!". Diese Worte blieben unbestraft, bezeichnend für diese Zeit.

Die Grenzzäune in Ungarn gehörten bereits der Vergangenheit an, die „Botschaftsflüchtlinge" reisten durch die DDR in die Bundesrepublik aus. Die im tausendfachen Aufschrei und Jubel untergegangenen Worte des Bundesaußenministers *HANS-DIETRICH GENSCHER* auf dem Balkon der Botschaft in Prag vom 30. September 1989 gingen durch die Nachrichten und die Bilder völlig überfüllter Züge auf dem Dresdner Hauptbahnhof habe ich noch heute vor Augen. Die Bezeichnung „Wendewirren" trifft den Nagel auf den Kopf. So gab es regelmäßige

Rathausgespräche ab Oktober 1989 im Delitzscher Rathaus, die keine Akzeptanz fanden – fehlende Bereitschaft der Funktionsträger zum Dialog war die Ursache dafür.

Bereits Anfang Dezember, unmittelbar nach einer Montagsdemonstration wurde die „Runde Ecke", Leipzigs Bezirksverwaltung der *Staatssicherheit* besetzt, wenige Tage später wurden im Auftrag des Bürgerkomitees die Delitzscher Akten nach Leipzig gebracht, es bildeten sich überall Runde Tische, auch in Delitzsch. Es trafen sich am 19. Dezember 1989 Vertreter aller Parteien, von Massenorganisationen, von oppositionellen Gruppen, von der Kirche und von der *NVA* und auch ich als Vertreter der *CDU* nahm daran teil. Viele interessante Gespräche mit unterschiedlichsten Menschen, die am „Neuen" mitarbeiten wollten, aber auch kontroverse Diskussionen. Bei mir wuchs das Gefühl, die Verhältnisse endlich frei mitgestalten zu können. In der *CDU* sah ich in dieser Zeit, wie übrigens auch in den anderen Blockparteien, die Oppositionspartei zur *SED*. Wir versuchten, was mangels Macht vorher nicht möglich war, unsere Ideen einzubringen und umzusetzen, ohne vorher fragen zu müssen.

In der ersten Hälfte des Jahres 1990 galt es, Weichen für die Zukunft zu stellen. Doch wohin sollten die Weichen gestellt werden? Wussten wir doch nur soviel, wie vorher, nicht mehr. Zugegebenermaßen existierte eine gewisse Orientierungslosigkeit. Wir kannten ja die möglichen Alternativen zum „Vorher" nicht.

An dieser Stelle ist für mich ein herzlicher Dank an den Landkreis Schwäbisch Hall oberste Pflicht und gern wahrgenommene Ehre. Die Freunde aus Baden Württemberg waren uns in dieser Phase eine unverzichtbare Hilfe. Sie gaben uns eine gewisse Stärke und vermittelten uns in der Zeit des Umbruchs die Hoffnung, dass es nach dem Untergang der DDR mit dem Leben weiter geht. Es war von Anfang an, das erste Treffen fand übrigens bereits am 8. und 9. März 1990 in Schwäbisch Hall statt, eine Hilfe zur Selbsthilfe. Auch wenn anfangs, zugegebenermaßen nur ganz kurz, die Befürchtung keimte, man könne nunmehr die Verhältnisse doch nicht selbst gestalten, sondern man bekomme doch wieder nur etwas übergestülpt. Dem war nicht so, doch ohne die Hilfe wäre es sehr schwer bis unmöglich gewesen, das viele Neue zu verstehen und umzusetzen. Unsere Freunde um den ehemaligen Landrat *ULRICH STÜCKLE* sahen die beste Hilfe in der Unterstützung beim Aufbau einer geordneten und rechtsstaatlichen Kreisverwaltung. Eine intensive Personalhilfe wurde vereinbart. Wenige Tage später gingen die ersten Delitzscher Mitarbeiter aus dem Bereich der Haupt- und Ordnungsverwaltung nach Schwäbisch Hall um Einblicke in die Verhältnisse einer bundesdeutschen Behörde, deren Verwaltungsstil und nicht zuletzt in die Vielfalt der Aufgaben zu erhalten. Im wöchentlichen Wechsel folgten weitere Mitarbeiterinnen und Mitarbeiter. Noch heute resultieren daraus partnerschaftliche, ja sogar freundschaftliche Beziehungen. Initiator des Ganzen war der Ministerpräsident Baden Württembergs aus dieser Zeit, *LOTHAR SPÄTH*. Er beauftragte, so glaube ich kann man es formulieren, seine Landkreise mit der Kontaktaufnahme zu Landkreisen in Sachsen.

Auch parteipolitisch ereignete sich in dieser Zeit einiges …

Ein überwältigendes Ereignis dieser Zeit, und auch das erste dieser Art, war der Deutschland-Kongress der *CDU* im Februar 1990 auf dem Stuttgarter Messegelände. Fünf Personen – ich glaube erst am Vortag war die Teilnahmemöglichkeit so recht klar – fuhren spontan und kurzfristig mit einem Wartburg über Nacht von Delitzsch nach Stuttgart – ein Abenteuer. Man empfing uns mit offenen Armen. „Davor setze ich mich nicht!", so reagierte ich, als ich mein

Namensschild im Präsidium sah. Erst die Überredungskünste von GERHARD MEYER VORFELDER, dem damaligen Minister für Kultur und Sport von Baden Württemberg sowie Präsident des *VfB Stuttgart*, stimmten mich um. Auch auf eine Rede war ich natürlich nicht vorbereitet, ahnte ich doch nicht, dass ich eine halten sollte. Unsere Gastgeber wollten natürlich wissen, wie die Wendezeit bei uns in Delitzsch ist. Am Ende wurden es 20 Minuten freier Rede, deren Inhalt ich heute, so groß war die Aufregung, nicht wieder geben könnte. Ich erhielt tosenden Applaus.

So denke ich voller Emotionen und Freude an den 14. März 1990 zurück. HELMUT KOHLs Wahlauftritt auf dem heutigen Augustusplatz (damals KARL-MARX-Platz) in Leipzig: „Das Ziel, die Einheit Deutschlands zu vollenden, ist nun zum Greifen nahe", sagt er vor mehreren hunderttausend Menschen. Der Delitzscher Ortsverband der *CDU*, ich mitten drin, war mit für die Absicherung des Kanzlers zuständig. Die ersten Worte HELMUT KOHLs beim Verlassen des Autos waren: „Wo sind meine Leute, ich gehe keinen Schritt!". Die Fotografen schienen uns schier zu erdrücken, doch es war ein wunderbares Gefühl, den Kanzler der Wende durch die Menschenmassen zu begleiten. Einen günstigen Moment sehend, half ich einem Musiker beim Tragen seiner Instrumente, um wenig später unweit des Kanzlers auf dem Balkon der Leipziger Oper zu stehen. Den Beweis dafür schickten mir Freunde wenige Tage später: eine holländische Tageszeitung. Die Ereignisse waren von internationalem Interesse. Die ganze Welt wollte wissen, was in jenen Tagen in Deutschland passierte. Einen solchen Moment vergisst man nicht. Es war bewegend, die Menschen voller Freude, glücklich und positiver Emotionen zu erleben. Auch heute bin ich zutiefst davon überzeugt, HELMUT KOHL erkannte seinerzeit das kleine Fenster der Geschichte, griff beherzt zu und erreichte die Einheit in Freiheit und Frieden.

Im Juni besuchte uns erstmals Landrat ULRICH STÜCKLE in Delitzsch, der mit offenen Armen empfangen wurde. Ich kannte Landrat STÜCKLE bereits von einem Besuch in Schwäbisch Hall, Landrat war ich da noch nicht. Ein besonderes Erlebnis, insbesondere für unsere Gäste aus Schwäbisch Hall war das Mittagessen an jenem Tag. Fand es doch im Kasino der *NVA* in Benndorf statt. Dort hineingehen zu können, noch dazu mit Gästen aus der Bundesrepublik, noch wenige Monate vorher unvorstellbar, und jetzt ein mehr als deutliches Symbol für den Anbruch einer wirklich neuen Zeit.

Am Nachmittag, ich kann mich noch genau daran erinnern, ergriff Landrat ULRICH STÜCKLE vor Vertretern des Kreistags, der Kirchen und den fünf größten Delitzscher Kreisgemeinden das Wort. Er fand den richtigen Ton und machte Mut. Er nahm uns, zumindest ein wenig, die Angst und die Ungewissheit vor dem Neuen, verstand es, Interesse und Vertrauen in den Rechts- und Sozialstaat Bundesrepublik Deutschland zu wecken. Eines bekräftigte er in seinen Worten ganz besonders: Die günstigen Standortvoraussetzungen in der Nähe von Leipzig, am Autobahnkreuz, an der Bahnstrecke Nürnberg-Berlin sowie einen Flughafen, der zugegebenermaßen zu diesem Zeitpunkt nicht einmal ansatzweise die Entwicklung erahnen ließ, die er bis zum heutigen Tag nahm.

Der Besuch meines Freundes ULRICH STÜCKLE stand ganz im Zeichen der für den 1. Juli terminierten Währungs- und Wirtschaftsunion. Für uns bedeutet dies, dass ein Großteil der westdeutschen Gesetze und Verordnungen übernommen werden sollten. Eine Aufgabe, die wir nicht allein bewältigen konnten. Meine Mitarbeiterinnen und Mitarbeiter wurden noch intensiver von den Kolleginnen und Kollegen vorbereitet. Es galt, schnellstens den „Berg" zu verstehen und anwenden zu können. Doch Ausbildung war das eine, in Schwäbisch Hall wurden ab 1990 jeweils vier Ausbildungsplätze im mittleren Verwaltungsdienst für uns bereitgestellt. Es fehlte aber darüber hinaus an allem und jedem. Büromaschinen, Büromaterial, Schulbücher, Kopierer und Druckmaschinen – Schwäbisch Hall unterstützte wo immer möglich.

Selbst mit einem Dienstfahrzeug wurde geholfen. Der *Opel* „Rekord" müsse nur, so war die einzige Bedingung meines Kollegen, zukünftig immer den Weg nach Schwäbisch Hall finden.

Höhepunkt war für mich zweifelsohne der 3. Oktober 1990. Wir bereiteten uns auf diesen Tag akribisch vor, galt es doch, die deutsche Wiedervereinigung würdig zu begehen. Am Vormittag fand ein festlicher Gottesdienst und am Abend ein Festakt statt, bei dem alle gemeinsam die Nationalhymne sangen.

2.2 Bornholmer Straße: *HANNIG*

Euphorische Stimmung, Schreien, Weinen, Glückstränen, Angst, Aufregung, Lachen, Erleichterung – an den Tag der Grenzöffnung habe ich keine Erinnerung. Alles, was wir heute damit verbinden, kenne ich nur aus dem Fernsehen, aus den Berichten unzähliger Menschen, von Freunden und auch Fremden, die ihre Emotionen und Gedanken an diesen geschichtsträchtigen Tag mit mir oder der Öffentlichkeit geteilt haben. Im Nachhinein scheint es mir als wäre ich dabei gewesen in jener Nacht, als hätte ich an jenem Schlagbaum an der Bornholmer Straße gestanden, hätte versucht, Pässe abzustempeln und dann angesichts des Ansturms an Menschen, deren Freiheitsdrang sich nach 40 Jahren zum ersten Mal nicht von Verboten und Edikten der Staatsmacht bremsen lassen wollte, resigniert. Ich war jedoch nicht dabei. Nicht in dieser Nacht. Aber in der darauffolgenden oder vielleicht auch erst der übernächsten Nacht.

Am 9. November 1989 lag ich nichts ahnend und völlig unwissend im Bett einer Kaserne irgendwo am Rande Berlins. Nachrichtensperre nannte man das, was allen kasernierten Angestellten der DDR-Staatsmacht in jenen Tagen widerfuhr. Nachrichtensperre bedeutete, dass in den Kasernen der *Volkspolizei*, der *NVA*, des Wachregiments des Ministeriums für *Staatssicherheit* und der Grenztruppen der DDR es weder Radio noch Fernsehen gab. Tausende junge Männer waren ohne Verbindung zur Außenwelt, ohne Telefon und ohne Zeitung. Wir hätten zu diesem Zeitpunkt die zuverlässige und stolze Garde des selbstverliebten Systems sein sollen, die letzten und besten Getreuen, der unzerstörbare Schild der DDR-Staats- und Parteiführung – die bewaffnete Elite eben. Und gerade uns, den vermeintlich besten, den zuverlässigsten und loyalsten DDR-Bürgern, verordnete man eine simple „Nachrichtensperre". Als ich ein oder zwei Tage später von der offenen Grenze und von den Ereignissen des 9. November 1989 erfuhr, vollzog sich meine Abkehr von einem System, das ich wenige Tage vorher noch buchstäblich mit meinem Leben verteidigt hätte, geradezu in Sekunden: Ich war beleidigt und bitter enttäuscht, dass man mir als angeblichem Teil der Elite nicht einmal so viel Verstand zugetraut hatte, mit den ohnehin frisierten Nachrichten der DDR-Medien umzugehen und mir ein eigenes Bild von den Geschehnissen des November 1989 zu machen. Freilich war mir das in jenen Tagen nicht so deutlich bewusst, die Klarheit dieses Gedankens kam erst viel später und die Frage was mich damals bewegt und getrieben hat, bewegt mich zuweilen bis heute. Aber mein gedanklicher Abschied von der DDR vollzog sich wegen der

Nachrichtensperre. Bis heute hasse ich es, für dumm verkauft zu werden. Und in diesen No-
vembertagen 1989 hatte ich erkannt, dass mir genau das widerfahren war.

In den 1970er Jahren in einer der Plattenbau- Satellitenstädte der DDR aufgewachsen, gehöre
ich zu der Generation, die in ihrer übergroßen Mehrheit eine glückliche Kindheit in der DDR
erlebte. Bis heute vermag ich nicht zu glauben, dass die Masse der Ost-Kinder unter fehlender
Reisefreiheit oder politischen Repressalien gelitten hätte. Ich spielte als Kind leidenschaftlich
Handball, und ging zum Schwimmtraining, versuchte mich mit zehn Jahren ein einziges Mal
in der Kinder- und Jugend-Olympiade beim „Kampf um den Goldenen Boxhandschuh" und
steckte gegen einen Dreizehnjährigen mörderische Prügel ein. Ich war Gruppenratsvorsitzen-
der bei den Pionieren und fuhr im Sommer ins Ferienlager. Im Alter von 12 Jahren fragte
mich mein Freund Uwe, ob ich mit ihm in die Christenlehre gehen wollte. Ich wollte nicht,
nachdem ich einmal dort war – zum Anschauen und gegen den Willen meiner Eltern – und
das war in Ordnung. Uwe wollte nicht zu den Pionieren. Er drückte sich um die meisten Veranstaltungen, hatte nie ein Pionier-Halstuch um – und das war auch in Ordnung. Wir waren
Kinder einer Zeit, in der es in der DDR keinen Hunger gab und keine wirklich armen Menschen, aber natürlich auch keine Bananen und keine *Nivea*- Creme. In dieser Zeit aufzuwach-
sen bedeutete für die meisten von uns, keine Konfrontationen mit dem System direkt zu erleben. Unsere Eltern waren angepasst oder vorsichtig systemkritisch, einigermaßen integriert,
engagiert oder auch fanatisch überzeugt. Für uns als Kinder machte das kaum einen Unterschied. Die wenigen Eltern, die in offenem Konflikt zur Staatsraison standen, hielten ihre
Kinder hiervon fern oder sie wurden ausgegrenzt, als Ausnahmen abgestempelt und ignoriert.
Für die meisten DDR-Kinder jener Zeit war die Welt in Ordnung.

In der zweiten Hälfte der 1980er Jahre mit 15, 16 Jahren wandelte sich für manche, nicht
jedoch für mich, das Bild: Radio und Fernsehen sendeten grenzübergreifend, Eltern redeten
über manche Dinge offen und die Jugendlichen spitzten die Ohren. Vom großen Bruder, dem
zwar ungeliebten aber allgegenwärtigen sowjetischen Freund, kamen beunruhigende, aber
unverständliche Nachrichten. Der „*Sputnik*", jahrelang bevorzugter Lesestoff im ebenfalls
ungeliebten Russischunterricht, verschwand aus den Zeitungsregalen und meine erste Begegnung mit dem Überwachungsstaat fand in der banalen Aufforderung statt, ich möge doch
nach einer Reise in die Sowjetunion einen „Bericht" über die dort erlebte Stimmung der Bevölkerung schreiben. Mancher 16jährige hätte sich hierüber gewundert, einige wenige hätten
und haben sich geweigert. Ich habe nicht darüber nachgedacht. Meine Eltern waren engagierte Mitglieder der *SED*, meine Mutter Schuldirektorin, mein Vater Führungskraft in einem
VEB. Ich war Pionier gewesen und Mitglied der Jugendorganisation *Freie Deutsche Jugend*
(FDJ), wir hatten einen Trabant und waren jeden Sommer an der Ostsee im Urlaub. Ich konnte unentgeltlich in die Sowjetunion fahren. Warum hätte ich nicht für mein Land einen Bericht schreiben sollen, in dem es mir doch gut ging? Warum hätte ich mit 18 Jahren nicht in
die *SED* eintreten sollen, wo es doch alle von mir erwarteten? Warum hätte ich nicht in die
„Bewaffneten Organe" eintreten sollen, wo mein Land das doch von mir wollte? Damals
waren all diese Entscheidungen folgerichtig. Ich musste keine Antwort finden auf Fragen, die
ich mir gar nicht stellte.

Und so verschlief ich – folgerichtig – am 9. November 1989 die Grenzöffnung unter der
„Nachrichtensperre" und wurde einen oder zwei Tage später abkommandiert an den Grenzübergang Bornholmer Straße in Berlin, und zwar „zur Verstärkung der Passkontrolleinheiten
während des vorübergehend erhöhten Ausreiseaufkommens". Die Grenze war offen, die DDR
wankte und war schon im Fallen begriffen, aber wir Grenzer taten Dienst nach Vorschrift.
Wir kontrollierten Autos und Fußgänger in endlosen Tag- und Nachtschichten. Wir behandel-

ten die West-Berliner Prostituierten, die schon bald jeden Abend in den Osten fuhren, genauso streng, wie die holländischen Händler, die den Ost-Markt und die Ost-Mark als erste für sich kapitalisierten. Wir guckten unbeteiligt und gelangweilt, wenn Heerscharen Ostdeutscher abends von Ihren Stadtbummeln im Westen zurückkehrten und erwiderten das Winken der West-Berliner Polizisten vorschriftsmäßig nicht. Wir kontrollierten auch penibel den Pass eines Herrn *UDO LINDENBERG* („Würden Sie bitte den Hut abnehmen, bei der Passkontrolle!"). Als dieser allerdings nachts mitten im Niemandsland nach einer Toilette fragte, anschließend Clausthaler aus dem Kofferraum seines *Mercedes* zauberte und anfing zu singen, kam mir erneut hoch, dass man mich für dumm verkauft hatte. Der Volksverhetzer *LINDENBERG* so sympathisch? „Mädchen aus Ostberlin", nachts an der Grenze gesungen, so wenig subversiv? Ob es nun an *UDO LINDENBERG* lag oder ob das Maß einfach voll war, vermag ich nicht mehr zu sagen. Am nächsten freien Abend jedenfalls fuhr ich mit meinen Genossen von der Grenze das erste Mal in den Westen. Das war uns Grenzern noch verboten zu jenem Zeitpunkt aber es war uns erstaunlicherweise fast egal.

Als wir spät nachts zurückkamen aus dem Kapitalismus und uns niemand überfallen und beraubt hatte, als auch der Nachrichtendienst uns nicht angeworben und die *Central Intelligence Agency* (CIA) nicht entführt hatte, als nicht mal Fixer und Punks, Bettler und Stricher, ja nicht einmal die kapitalistischen Büttel der West-Berliner Polizei uns belästigt hatten, war mir klar, dass ich ab sofort nur noch mir selbst vertrauen wollte. Kein politisches System, keine Partei, kein Verein und kein vorgebliches Gemeinwohl sollten mich beeinflussen. Ich fühlte mich betrogen und beschämt. Andere waren schlauer gewesen als ich und hatten früher gemerkt, dass wir betrogen worden waren. Ich hatte zu lange und zu naiv an Parolen und Sprüche geglaubt. Das sollte mir nicht mehr passieren.

Eine Woche später stellte ich einen Antrag auf Entlassung aus den „Bewaffneten Organen". Meinem Vater fiel es aus Enttäuschung über meinen „Verrat" schwer mit mir zu reden und ich beschloss, in den Westen zu gehen und Anwalt zu werden.

3 Ankünfte

3.1 Landratsamt: *CZUPALLA*

Es lief immer besser in der Folgezeit, die Verwaltung nahm Strukturen an und funktionierte. Nun war es an der Zeit, sich verstärkt auf andere Bereiche zu konzentrieren: Ausbau der Straßennetze und anderer Infrastruktur, Modernisierung der Krankenhäuser, Ausbau des Telefonnetzes und vieles vieles mehr. Doch besonders wichtig war es, die nahezu verschwundene Wirtschaft wieder in Schwung zu bringen und neu aufzubauen.

Gerade auch der Entwicklung und (Wieder)belebung des Vereinslebens, welches unmittelbar nach der Wende in vielen Bereichen aus vielerlei Gründen zunächst einmal in eine Art Lethargie oder Schockstarre verfallen war, galt es sich verstärkt zu widmen. Sport, Kultur, Kunst, heimatverbundene Traditionsvereine, eben jene Aktivitäten, die das Leben lebenswert machen. Nach der Wende hatten viele Menschen viele grundlegendere Probleme zu lösen, die Vereinsarbeit mussten oder wollten viele gar nicht mehr oder erst einmal nicht mehr machen. Heute ist davon nichts mehr zu spüren, unser Landkreis lebt.

Eine wichtige Aufgabe war auch der Aufbau einer funktionierenden Sparkasse, die es in Delitzsch nicht gab. Mein Engagement in diesem Bereich führte dazu, dass ich seit 1991 im *Ostdeutschen Sparkassen- und Giroverband*, dem späteren *Ostdeutschen Sparkassenverband* als Präsident im Amt bin.

Im Kreis wurde eine Wirtschaftsförderungsgesellschaft gegründet. Wirtschaft wurde mehr und mehr zur Chefsache. Die Zeit verging wie im Fluge und der Landkreis konnte auf vielen Gebieten eine kontinuierliche Entwicklung nehmen. Eine Vielzahl neuer Betriebe entstand und einheimische Unternehmen investierten in neue Maschinen und Technologie. Man merkte, dass es stetig aufwärts ging. Heute findet man zahlreiche weltweit wettbewerbsfähige Unternehmen in unserem Landkreis. Betriebe des Bauwesens, der Metallverarbeitung, des Maschinen- und Anlagenbaus, der Leicht- und Lebensmittelindustrie, der Landwirtschaft, der Logistik sowie des Handels- und Dienstleistungssektors. Motivierend in meiner Arbeit waren neben vielem besonders die wunderbare Entwicklung des Flughafens Leipzig/Halle und der „Sieg" im Ringen um das Drehkreuz von *DHL*.

Vier Landratswahlen – 1990, 1994, 2001 und 2008 – habe ich nunmehr erfolgreich gewonnen, was 20 Jahre Arbeit als Landrat bedeutet. Ich kann versichern, es gab viele Höhen, schöne Erlebnisse und Begegnungen. Aber auch Rückschläge galt es zu überwinden, denke ich nur an das Hochwasser 2002 an Elbe und Mulde. Vieles, was in mühsamer Arbeit nach der Wende aufgebaut wurde, drohte zerstört zu werden bzw. wurde zerstört. Manch einer verlor Hab und Gut. Doch hier zeigte sich, dass ein Land, dessen Prozess des Zusammenwachsens noch lange nicht abgeschlossen ist, jegliche Chancen hat, dies zu schaffen. In der Not zeigte sich der Zusammenhalt ganz Deutschlands. Wir Sachsen sind dafür sehr dankbar und werden uns daran erinnern. Heute ist kaum noch etwas von der zerstörerischen Flut zu sehen. Dies alles konnte nur zum Erfolg führen, weil Engagement und ein gutes Team sowie starke Partner da sind.

Mich gerade 2008 noch einmal zur Wahl zu stellen, betrachtete ich für mich persönlich im Vorfeld als große Herausforderung. Wohl wissend – nicht zuletzt auf Grundlage der Erkenntnisse aus der Kreisgebietsreform 1994, bei der Delitzsch und Eilenburg fusionierten –, dass die Zusammenführung der beiden Kreise Delitzsch und Torgau/Oschatz die ganze Kraft, den ganzen Mann erfordert und der Wahlkampf nicht ganz einfach werden sollte, meine ich, die richtige Entscheidung getroffen zu haben. Viele unterstützten mich. Rechtsanwalt *HANNIG* ist einer von Ihnen, der mich im Wahlkampf genauso in Wirtschaftsrunden nach Oschatz führte, wie auf den Wochenmarkt in Schkeuditz oder zum Plinsenbacken in Torgau. Mir war immer bewusst, dass die Zusammenführung und ein Zusammenwachsen des Landkreises nur über die Akzeptanz der Unterschiedlichkeit der einzelnen Regionen gelingen können. Ich, als Landrat, bin dabei nur ein Teil. Für eine solche Aufgabe sind Partner notwendig. Damit meine ich unter anderem die Oberbürgermeister und Bürgermeister, die Vereine und Verbände, alle Bürgerinnen und Bürger, die sich für ihren Landkreis, ihre Heimat engagieren und nicht zuletzt die Wirtschaft. Ich meine, wir können gemeinsam stolz sein auf das, was in den letzten 20 Jahren hier in unserer Region entstanden ist.

3.2 Nordsachsen: *HANNIG*

Das Handballspielen war mir immer noch ans Herz gewachsen. Zwischenzeitlich gerade im nächsten Jahrhundert und bei der „Alte- Herren-Mannschaft" angekommen, blieb ich meinem Credo treu, im Hintergrund zu agieren, mich nicht zu exponieren, mich nicht angreifbar zu machen. In irgendeiner Handball-Vereinsversammlung bei der es um die Profi-Mannschaft und den Aufstieg in die Bundesliga ging, beim Meckern und Schwadronieren was der Verein alles falsch mache und wie man es besser machen könnte, beim typisch (Ost- wie West-) deutschen Fachsimpeln über Sport und Politik und Sportpolitik, erwischte mich die Frage der Marketingchefin des Sportvereins auf dem falschen Fuß: „Warum wirst Du nicht Vorstand? Du könntest es doch besser, oder?" Die Sportfreunde verstummten und sahen mich erwartungsvoll an. Was hätte ich jetzt sagen sollen? Die Antworten: „Ich will mich nicht in der Öffentlichkeit darstellen, ich hab doch eine DDR-Vergangenheit" oder „Ich hab mir 1990 geschworen, mich nicht mehr gesellschaftlich zu engagieren" oder „Ich nutze meine Zeit lieber zum Geldverdienen" kamen mir nicht über die Lippen, weil ich spürte, dass sie nicht bzw. nicht mehr wahr waren. Die Antwort: „Na klar kann ich´s besser, ich lasse mich zum Vorstand wählen!", stand am nächsten Tag auf den Sportseiten der Tageszeitung und meine Mutter warnte mich: „Junge, pass bloß auf, wenn die mitbekommen, dass du mal in der *SED* warst; die fallen doch alle über Dich her."

Das taten Sie nicht. Diese Sorge hat meine Mutter wie so mancher andere Ostdeutsche bis heute, aber erst diese Sorge oder gar Angst macht uns Ostdeutsche auch anfällig dafür – mit Mutters Worten – über uns herfallen und für unser ostdeutsches Leben verurteilen zu lassen. Wir haben es uns nämlich angewöhnt, uns zu ducken vor den vermeintlich Besseren oder Schlaueren, so wie früher vor den vermeintlich Mächtigeren. Im Sportverein und später in den Sportverbänden merkte ich plötzlich dass ich nicht der einzige war, der nach der Wende nicht mehr öffentlich auftreten wollte, der den Kopf unten hielt um nicht aufzufallen, der sich betrogen gefühlt hatte und sich nun schämte, dass er sich hatte betrügen lassen – immer die „Anderen" vor sich, die schlauer waren und es von Anfang an gewusst hatten und schon immer gegen das Regime gekämpft hatten, und die aus dem Westen, die entrüstet den Kopf schüttelten, wie man nur so naiv sein konnte. Beim Sport sah ich plötzlich, dass sich viele Ostdeutsche eine Mentalität des Verschämt-zu-Boden-Blickens zugelegt hatten, anstatt auch stolz auf das zu sein, was sie im Leben taten. Ein Leben besteht doch nie aus nur Gutem oder nur Bösem und eben auch nicht nur aus DDR-Vergangenheit. Ich stellte meinen Lebenslauf ins Internet, erzählte jedem der danach fragte meine Geschichte und sagte jedem, der es hören wollte, dass ich auf manches in meinem Leben stolz sei, auf manches eben nicht, und dass ich mich für manches schämte. Im Sport, in Verbänden und Sportschiedsgerichten war das in Ordnung, in die öffentliche Auseinandersetzung mit der Politik wollte ich lieber nicht – falls Mutter doch recht hatte und „die über mich herfallen" könnten.

Auf einer Familienfeier im ganz großen Kreis merkte ich ein paar Jahre später, dass ich falsch gelegen hatte: Nicht alle Ostdeutschen blickten schweigend zu Boden oder waren schon zu Ostzeiten mutige und aktive Demokraten. Ein älterer Verwandter, bis 1989 hoher Funktionär der DDR, strahlte stolz in die Runde: „Jetzt geht's wieder andersrum, 24 % für die *PDS*[1], wir sind wieder im Kommen [...]" An dem Tag erkannte ich, dass es zwar manchmal ein dickes Fell erfordert, auch zu seinen Fehlern zu stehen, vor allem, wenn diese Fehler öffentlich gemacht werden und mit unserer DDR-Vergangenheit zu tun haben, dass es aber notwendig ist,

---

[1] Wahlergebnis der *PDS/Die Linke* 2006 bei Landtagswahlen in Sachsen-Anhalt: 24,1 %. Vgl. online *STATISTISCHES LANDESAMT SACHSEN-ANHALT* (2006).

genau das zu tun. Mir wurde klar: Wenn wir, aus der Mitte der Gesellschaft geduckt bleiben, aus welchen Gründen auch immer, sind die am Rande diejenigen, die oben sind. „Wir sind wieder im Kommen", das hörte sich für mich ganz verdächtig an nach „Grenzübergang Bornholmer Straße" und „Nachrichtensperre". Ich war Vorsitzender einer Bürgerinitiative in Nordsachsen und dort als Anwalt einem Müllskandal auf der Spur. Vertreter von drei politischen Parteien hatten mich gefragt, ob ich mich im Wahlkampf zum Bürgermeister stellen könne. Die rief ich nun an und gab ihnen Antwort. Auch diese Antwort stand am nächsten Tag in der Tageszeitung, ebenso wie die Fragen nach der DDR-Vergangenheit. Hatte meine Mutter am Ende doch Recht behalten? Nein, hatte sie nicht. Die Medien verloren jedes Interesse, als sie erfuhren, dass alles schon im Internet nachzulesen war. Keiner griff mich an, keiner fiel über mich her. Nein, mancher klopfte mir verschämt lächelnd auf die Schulter und lobte mich für den „Mut", den er selber nicht gehabt habe. Ich aber schämte mich selbst ein bisschen, weil ich so lange gezögert hatte, meine Überzeugungen auch öffentlich zu vertreten.

Also stand ich nun als parteiloser Bürgermeisterkandidat, Anwalt, Vorstand der Bürgerinitiative und Sportfunktionär gemeinsam mit einem Landrat im Wahlkampf und war erstaunt: Zum einen über mich selbst und darüber, wie ich nun doch öffentlich Farbe bekannte und Verantwortung forderte; zum anderen über den Landrat. Ich kannte den Lebensweg des Landrats aus der Zeitung, war mir sicher, wegen unseres so gänzlich unterschiedlichen Starts in die Freiheit keine Gemeinsamkeit zu finden und war versucht, den Blick zu Boden zu richten. Aber gerade dazu gab mir der Landrat keine Gelegenheit. „Gut so!", sagte er. „Wir brauchen solche wie Sie.", und: „Wir können doch nicht auf so viele aus Ihrer Generation verzichten. Jetzt sind Sie nämlich dran." Ich fühlte mich eigentlich wieder wie auf jener Versammlung des Handballvereins einige Jahre zuvor: Ob ich denn für eine politische Partei aktiv sein könne, wo ich doch eine DDR-Vergangenheit habe, ob mich denn andere akzeptieren würden mit dieser Vergangenheit, ob ich der guten Sache denn nicht schaden würde, fragte ich den Landrat CZUPALLA. Er antwortete mir: „Was haben Sie denn bisher getan und bewegt in den letzten zwanzig Jahren? Was wiegt denn schwerer in Ihrem Leben? Und glauben sie nicht auch, dass Sie hier gebraucht werden?"

Damit war ich angekommen, zumindest am Etappenziel, 20 Jahre nach dem Mauerfall.

4   Aussichten

Die Zukunft ist ein unentdecktes Land, sagt man. Gerade unsere Zukunft im Osten Deutschlands ist auch immer noch ein bisschen Abenteuer, weil unsere Wege und Schicksale in den Jahren des sozialistischen Experiments und der Wende so unterschiedlich waren, wie die Erfahrungen, über die der Landrat und der Rechtsanwalt hier berichten. Aber ganz sicher ist die Zukunft, über die wir heute reden, eine solche in Freiheit und in Selbstbestimmung. Gerade wir, die wir im Osten Deutschlands aufgewachsen sind und gelebt haben, sollten und dürfen das nie vergessen. Die Frage, die wir uns stellen müssen – auch gegenseitig – lautet nicht „Was hast du früher getan?", sondern: „Was hast Du daraus gelernt?"

Gerade in Zeiten, in denen über Wirtschaftskrisen und Staatsverschuldung, Rentenlöcher und Managergehälter diskutiert, gestritten und polemisiert wird, dürfen wir uns nicht darauf einlassen, die DDR hochzujubeln und schönzureden. Keine Schulspeisung und keine Krippenplatzgarantie, kein kostenloses Gesundheitssystem und keine angebliche soziale Gerechtigkeit dürfen uns darüber hinweg täuschen, dass der Sozialismus in der DDR vor allem eines war: Ein totalitäres System, dass seine Bürger entmündigt, betrogen und eingesperrt hat. Und wir dürfen und müssen uns daran erinnern, dass unsere heutige Gesellschaft 20 Jahre nach dem Mauerfall vor allem eines ist: Freiheitlich. Wir können ganz verschiedener Auffassung sein, welchen wirtschaftlichen oder sozialen Weg wir einschlagen sollten, ins unentdeckte Land unserer Zukunft. Aber wir dürfen keine Sekunde vergessen, das Grundprinzip von Freiheit und Demokratie zu schützen und zu bewahren. Dazu brauchen wir jeden Bürger, jeden Mann, jede Frau, jeden Jugendlichen und jeden Greis, den wir bekommen können und wir können und dürfen es uns nicht leisten, die Bewahrung dieser unserer Werte, den „Politikprofis" zu überlassen. Wir alle, gerade hier im Osten Deutschlands, mit unseren Fehlern, Schwächen und Stärken, aber auch unserer Vergangenheit, auf die eine oder die andere Weise, müssen uns dazu bekennen. Diese Erkenntnis zu leben, ist das Anliegen der Autoren dieses Beitrags. Wir, so unterschiedlich unser Lebensweg, unsere Charaktere, Erfahrungen und Karieren auch sein mögen, sind uns in diesem Punkt einig: Wir brauchen jeden Einzelnen, um den Weg weiterzugehen, den wir vor 20 Jahren beschritten haben. Und wir sind stolz auf jeden Einzelnen, der die letzten 20 Jahre gemeinsam mit uns gestaltet hat.

Quellenverzeichnis

STATISTISCHES LANDESAMT SACHSEN-ANHALT (2006): Wahl des 5. Landtages von Sachsen-Anhalt am 26. März 2006, online: http://www.stala.sachsen-anhalt.de/wahlen/lt06/, Stand: 26.03.2006, Abruf: 23.08.2009.

Vom süddeutschen Föderalisten
zum überzeugten Berliner

DIETER PUCHTA

Investitionsbank Berlin

1   Mein 9. November 1989 337
2   Zwei Wochen in der DDR – Vom Saulus zum Paulus 338
3   Baden und Preußen 340
4   Von der Megacity zur Megapleite – Berlin in den 1990er Jahren 341
     4.1   Visionen allein genügen nicht … 342
     4.2   *Bankgesellschaft Berlin* – eine vorzeitige Blaupause
            der weltweiten Finanzkrise 344
5   Mein Berlin.. 345
     5.1   Hauptstadtumzug beschleunigt den Normalisierungsprozess 345
     5.2   Wechsel zur richtigen Zeit 346
     5.3   Berlin die Subventionshauptstadt... 347
     5.4   Der Bankenskandal als Katalysator für Veränderungen 348
     5.5   Die *Investitionsbank Berlin* als Instrument für den Mentalitätswechsel 349
     5.6   Kompetenzfelder und moderne Wirtschaftsförderung 349
     5.7   Geschafft: Darlehen und revolvierende Instrumente statt Subventionen 350
6   Ausblick 351
Quellenverzeichnis... 352

1   Mein 9. November 1989

Dieser Artikel, der sich in erster Linie dem Thema „Mentalitätswechsel" in mehreren Facetten widmet, ist ein sehr persönlicher. Er erhebt keinen wissenschaftlichen Anspruch, sondern soll meine individuellen Erfahrungen, Erlebnisse, Schlussfolgerungen und Handlungsweisen im Gefolge der deutschen Einheit schildern. Er soll zeigen, wie auch ich persönlich vom „wind of change" ergriffen wurde und welche Folgen dies für meine Arbeit, meine Einstellungen und vor allem für die weitere Entwicklung der deutschen Hauptstadt hatte und hat.

Wenn Menschen über den Fall der Mauer sprechen, wissen die meisten genau, was sie am 9. November 1989 gemacht haben, wo sie waren, als sie die Nachricht erhielten, die Mauer sei offen. Beim Schwelgen in Gedanken überkommen uns Erinnerungen aus dieser Zeit und beim Anschauen der Bilder in den zahlreichen Fernsehdokumentationen lässt uns spätestens die Veränderung der Haarmoden erstaunt feststellen, dass das alles bereits 20 Jahre her ist. Kinder, die in dieser Nacht geboren wurden, sind heute erwachsen und haben vielleicht bald selbst wieder Kinder. Obwohl wir es alle wissen und wir es uns leicht seit Jahren ausrechnen können, stellen wir zu diesem Jubiläum entsetzt fest, dass im Jahr 2009 alle deutschen Schulpflichtigen die DDR nie erlebt haben. Dementsprechend groß sind die Unkenntnis und die Unwissenheit über diesen deutschen Staat, der für viele Menschen meiner Generation eine historische Tatsache war, obwohl auch wir letztlich über die DDR weniger wussten, als wir glaubten.

Die blühenden Landschaften, die der damalige Bundeskanzler KOHL 1990 schon in fünf Jahren sah, also 1995/1996, sind demnach bereits seit knapp 15 Jahren Realität. Inzwischen wissen wir, dass der Prozess, die innere Einheit zu vollziehen, ein sehr langwieriger, steiniger und zäher ist. Der 1990 eingeführte Solidaritätszuschlag, der für ein paar Jahre als Sondersteuer helfen sollte, die Kosten der Einheit teilweise zu finanzieren, ist heutzutage nicht mehr wegzudenken und keine Bundesregierung, egal welcher Couleur, erwägt ernsthaft dessen Abschaffung. Auch hier bestätigt sich wieder einmal das „historische Steuergesetz", dass einmal eingeführte Zwecksteuern den jeweiligen Anlass langfristig überleben. Vieles, was in den Wendezeiten als vorübergehend, im Fluss, und nicht abschließend zu klären galt, hat sich zum Allgemeingut entwickelt.

Ich selbst bin 1950 geboren, d. h. ein Jahr nach Gründung beider deutscher Staaten. Ich kannte mein Leben lang bis zum Herbst 1989 nur die deutsche Zweistaatlichkeit. Genauso wenig wie sich viele junge Menschen heute nicht mehr vorstellen können, dass jemals durch Berlin eine Mauer verlief und sich durch Deutschland und ganz Europa der Eiserne Vorhang zog, hinter dem sich hoch gerüstete Armeen mit der Fähigkeit zur mehrfachen gegenseitigen Zerstörung Auge in Auge gegenüberstanden, konnte ich mir vorstellen, dass ich jemals durch das Brandenburger Tor gehen würde. Dieses Symbol der deutschen Teilung war über Nacht offen. Ein Weltbild – im wahrsten Sinne des Wortes – brach zusammen und am Anfang jubelte die übergroße Mehrheit der Deutschen. Ich denke, anlässlich dieses epochalen Umbruchs ist die Frage mehr als berechtigt, wo man sich in jener Nacht aufgehalten hat. Diese Frage ist Teil unseres historischen Erbes geworden. Die Älteren unter uns stellten sich die Frage „Wo warst Du als JOHN F. KENNEDY erschossen wurde?" und die Jüngeren beziehen diese Frage auf den 11. September 2001. Leider gehöre auch ich inzwischen schon zu denen, die beide Fragen genau beantworten können.

Ich kann mich noch sehr genau erinnern, wo ich mich befand, als ich hörte, dass die Mauer offen sei. Ich war ein Jahr zuvor als Abgeordneter in den Landtag Baden-Württembergs gewählt worden. An diesem Abend war ich bei einer turnusmäßigen Kreisvorstandssitzung und fuhr bei leicht rieselndem Schnee durch meinen Wahlkreis. Zu Hause angekommen, schaltete ich die Tagesthemen ein, in denen HANNS-JOACHIM FRIEDRICHS die Meldung brachte, dass heute Abend etwas geschehen sei, was den Begriff historisch wahrlich verdiene. Da mein Bruder am 9. November Geburtstag hat, rief ich ihn an, um ihm zu gratulieren und zu sagen, er solle den Fernseher einschalten. Wir konnten beide nicht glauben, was wir sahen. Das, was bis vor kurzem als unüberwindbar galt, wurde durchlässig. Natürlich bangten wir alle, ob das so friedlich ablaufen würde oder ob es so ausgehen würde wie am 17. Juni 1953. Uns ging es so, obwohl wir weder Familie noch enge Freunde in Berlin oder in der DDR hatten. Wie musste es den Menschen ergangen sein, die aufgrund der jahrzehntelangen Teilung Verwandte und Freunde verloren hatten? Welche Emotionen und Gefühle mussten dort ausgebrochen sein, wenn ich als überzeugter süddeutscher Föderalist so überwältigt war?

Der 9. November ist das zentrale Datum der deutschen Geschichte. Glücklicherweise haben die Ereignisse des Jahres 1989 dazu beigetragen, dass dieser Tag heute und in Zukunft nicht nur mit den Greueltaten und Pogromen der Nazis assoziiert wird. Erst der 9. November 1989 macht die Komplexität der deutschen Geschichte komplett, weil dieses Datum Trauer und Freude, Scham und Begeisterung, Schuld und Sühne untrennbar miteinander zusammengeführt hat. Der wahre Tag der Deutschen Einheit und damit der deutschen Geschichte ist ohne jeden Zweifel der 9. November.

2   Zwei Wochen in der DDR – Vom Saulus zum Paulus

Im sicheren Gefühl, dass sich in der DDR wesentliches verändern wird – und man deshalb das Bestehende (noch) einmal wahrnehmen sollte, machte ich mich schon drei Wochen nach dem Fall der Mauer mit meiner Familie auf, die damalige DDR zu erkunden. Zwei Wochen fuhren meine Frau und unsere beiden Töchter durch Thüringen, Sachsen und Brandenburg bis nach Berlin. Die Reise war ernüchternd, erschreckend, begeisternd und faszinierend zugleich. Der Schleier von vierzig Jahren real existierendem Sozialismus lag über diesen alten Schätzen. Wir kamen uns vor wie Archäologen, die vorsichtig die Schichten der vergangenen Jahre freilegten. Es bedurfte großer Vorstellungskraft, das triste Grau in Grau des Alltags der DDR auszublenden, um dahinter die wahren historischen Kostbarkeiten zu sehen. Es ist schon eine Ironie des Schicksals, dass wir der schlecht entwickelten Wirtschaftskraft der DDR beides zu verdanken haben – das Ende eines Staates, weil die Menschen in den vermeintlich Goldenen Westen wollten und den Erhalt eines Großteils der historischen Baustruktur. Beides ist im Nachhinein ein Segen für unser Land, weil die DDR, die wahrlich viele moderne Prestigebauten auf den Weg gebracht hatte, in der Breite nicht die Mittel hatte, soviel abzureißen und neu zu bauen wie die alte Bundesrepublik, die getragen von der Aufschwungs- und Fortschrittseuphorie der Wirtschaftswunderjahre irreversible Bausünden begangen hat, denen wir heute nachtrauern.

Was in den ersten Wochen die größte Bewunderung bei mir erzeugte, war die Freundlichkeit und Euphorie der „Brüder und Schwestern" im Osten. Die Begeisterung und positive Überzeugung, nach langer Zeit des Darbens und des Verzichts, der Gängelung und Bevormundung nun endlich an der Schwelle zu Freiheit und Wohlstand zu stehen, war überall spürbar. Gleichzeitig fiel mir das stets zurückhaltende bis ängstliche Verhalten z. B. des Gaststättenpersonals auf, falls man in die total leeren „Restaurants" aufgrund vieler „Reservierungen" überhaupt eingelassen wurde. Auch die Qualität des Essens und vor allem des Kaffees war für einen verwöhnten badischen Gaumen äußerst gewöhnungsbedürftig.

Den Geist der Wendezeit haben wir heute fast vergessen. Er war in der damaligen DDR wesentlich ausgeprägter als in der alten Bundesrepublik, wo Skepsis oder Gleichgültigkeit vorherrschten und die staatliche Einheit zumindest im ersten Halbjahr 1990 nur sehr schwer vorstellbar war. Natürlich gab es auch in Thüringen, Sachsen oder Brandenburg Ressentiments gegenüber uns Westlern, jedoch hat sich das negative Bild des „Besserwessi" erst nach Einführung der D-Mark zum 1. Juni/1. Juli 1990 entwickelt als viele Westdeutsche anfingen, in den wilden Osten einzufallen, um dort den Krösus raushängen zu lassen. Ich bin der festen Überzeugung, viele Vorbehalte und negative Einstellungen bei den Menschen in den neuen Ländern rühren vom unsensiblen Verhalten vieler Wessis zu Beginn der staatlichen Einheit. Gepaart mit der schnellen Ernüchterung nach dem raschen Einheitsboom, dass der vermeintliche „Goldene Westen" auch Schattenseiten hat, haben zu der massiv negativen Haltung gegenüber der Bundesrepublik beigetragen, die wir bedauerlicherweise heute wieder verstärkt vorfinden.

Die Wendemonate waren von Freiheitsgeist und Anarchie geprägt. Das hört sich gewagt an, ist bei genauerer Betrachtung jedoch nicht so einfach von der Hand zu weisen. Ich möchte Ihnen ein Beispiel für meine gewagte These geben. Zum Neujahr 1990 fand zum ersten Mal wieder ein Halbmarathon durch beide Hälften Berlins statt und natürlich verlief der Zieleinlauf durch das Brandenburger Tor. Die Begeisterung am Rande der Strecke war phänomenal. Es war vergleichbar mit der Fanmeile zur Fußball-Weltmeisterschaft 2006 oder den jährlichen Umzügen zum Christopher-Street-Day. Die zahlreichen Volkspolizisten (Vopos), die am Straßenrand die „Sicherheit" gewährleisteten, waren im Prinzip überflüssig, weil die Grundstimmung von einer friedlichen Herzlichkeit geprägt war, die ich vor- und nachher nicht mehr in diesem Ausmaß vorgefunden hatte. Als begeisterter Freizeitläufer hatte ich an diesem Lauf teilgenommen und von der Euphorie anstecken lassen. Kurz vor dem Ziel hatte ich einem VoPo die Mütze vom Kopf genommen und war damit einige hundert Meter gelaufen, um sie dann einem anderen VoPo wieder in die Hand zu drücken. Was im Nachhinein wie ein kleiner Bubenstreich daherkommt, war alles andere als normal. Die VoPos waren jahrelang Synonym für die Autorität des Staates und unantastbar. Das Verhältnis von DDR-Bürgern zu ihren VoPos war in keiner Weise zu vergleichen mit dem von westdeutschen Bürgern zu ihrer Polizei, wobei sich auch diese ungern ihre Uniform oder Mützen stibitzen ließen, ohne mit Konsequenzen rechnen zu müssen. Hätte ich die Mütze wenige Wochen vorher dem VoPo vom Kopf genommen, wäre ich nicht mit einem Lächeln davon gekommen. Ich möchte mir gar nicht ausmalen, was dann passiert wäre.

Was anfangs noch unter der Rubrik „erste Euphorie" verbucht werden kann, war das erste Halbjahr 1990, das – von der Auflösung der staatlichen und wirtschaftlichen Strukturen geprägt – weitestgehend positiv verlief. Jeder wusste mit fortlaufender Zeit, dass Fragen, wie der Anspruch auf ehemalige Grundstücke und Immobilien, Besitzverhältnisse, Sicherstellung der Finanzströme, Währungsumstellung anstanden. Hier wurde meines Erachtens im Rückblick der Grundstein für viele Ressentiments gelegt, die leider bis heute bestehen. Viele machten sich in den „wilden Osten" auf, um den Pioniergeist ad absurdum zu führen, da Sie nur auf die schnelle Mark aus waren. Wie sooft, profitierten Sie von unerfahrenen, dadurch noch sehr naiven DDR-Bürgern. Hieraus ergab sich die schlechte Stimmung gegenüber dem Westen, der „uns sowieso nur über den Tisch ziehen will". Aus der Einheitseuphorie, während der das Gemeinschaftsgefühl dominiert hatte, war unzweifelhaft ein Einordnen in Gewinner und Verlierer geworden, wobei die Verlierer meistens aus der damaligen DDR kamen.

So inspirierend meine ersten Erfahrungen im Osten Deutschlands auch waren, ich selbst fühlte mich im „Ländle" nach wie vor wohl. Ich hatte Spaß an meinen Tätigkeiten als Landtagsabgeordneter. Gedanken, meinen Lebensmittelpunkt eines Tages ganz ins Herz der wiedervereinigten Republik zu verlagern, hegte ich damals noch nicht. Dennoch: Mir war bewusst geworden, dass künftig ein sehr großer Teil der politischen, gesellschaftlichen und kulturellen Akzente weit entfernt von meiner badischen Heimat und den bisherigen bundesrepublikanischen Zentren gesetzt werden würde – nämlich in Berlin. Die föderale Struktur Deutschlands mit einer ganzen Reihe von relevanten Ballungszentren stand davor, um eine echte Metropole bereichert zu werden. So wie die Franzosen ihr Paris, die Italiener ihr Rom und die Briten ihr London würden wir Deutschen unser Berlin haben.

Für mich, der aus dem so mittelständisch geprägten Südwesten des Landes stammt, war das ein neuer, faszinierender Gedanke. Was mag das wohl für ein Gefühl sein, selbst in einer solchen Metropole zu leben? Wie unterscheidet sich der Alltag in der baden-württembergischen Landeshauptstadt vom Leben in der Hauptstadt der wiedervereinigten Republik? Solche Gedanken schossen mir schon damals durch den Kopf. Zu diesem Zeitpunkt war der Schritt quer durch die Republik für mich aber noch zu groß. Wie groß, mag schon daran zu erkennen sein, dass ich in meiner Funktion als Landtagsabgeordneter bei der Abstimmung um den künftigen Regierungssitz noch für Bonn plädierte. Es war für mich kaum vorstellbar, dass das Machtzentrum an das andere Ende Deutschlands verlagert werden könnte. Heute kann ich mein Votum von damals selbst kaum noch nachvollziehen. Stünde ich wieder vor der Wahl, würde ich ohne zu zögern für Berlin votieren.

3   Baden und Preußen

Bis zum Fall der Mauer ging mein Blick eher Richtung Süden und Westen. Die Schweiz, die Alpen und dahinter das mediterrane Leben waren nicht weit weg. Mich interessierten vielmehr Zürich, Mailand, Rom und Paris. Berlin war weit weg, und so ging es vielen meiner badischen Landsleute, sofern Sie keine persönlichen Bindungen nach Berlin hatten. Dabei gilt es bis heute als geflügeltes Wort, dass die Baden-Württemberger insgesamt die größte ethnische Minderheit in Berlin nach den Türken seien. Ergo, diejenigen aus dem Südwesten, die Berlin toll fanden, waren meistens schon vor Ort. Diejenigen, die im Südwesten geblieben waren, hatten keine allzu großen Sympathien für Berlin empfunden.

Dadurch ist mein Verhältnis zu Preußen ein überwiegend emotionales. Ich war ziemlich erschreckt, als ich im Herbst 2003 rund um den Berliner Volkspark die Namen von vielen badischen Orten las. Meine erste feste Wohnung in Berlin war denn auch ausgerechnet – zufällig? – in der Badenschen Straße. Als ich auf Schildern am Eingang des Volksparks las, wie die Berliner noch heute die Niederschlagung der badischen Revolution von 1848 durch das preußische Heer feiern, waren meine alten Vorurteile sofort wieder präsent. Ordnung, Disziplin, Gehorsam zu jedem (auch sinnlosen) Zweck einsetzbar, in Verbindung mit der Berliner Schnoddrigkeit und einer gewissen Großmäuligkeit verdichteten in mir sofort wieder das Gefühl vom unsteten, ständig nörgelnden Untertanengeist. Und natürlich fiel mir *LENIN* ein, der sinngemäß sagte, dass wenn man mit den Preußen einen Bahnhof stürmen will, diese zuvor erst eine Bahnsteigkarte erwerben.

Umgekehrt weiß ich jedoch, dass Berlin nicht erst heute eine Stadt der Toleranz ist, die historische Hochburg der deutschen Sozialdemokratie und die Stadt eines *EMANUEL KANT* und eines *WILHELM VON HUMBOLDT*, um nur zwei berühmte Philosophen zu nennen.

Und weil ohne die sinnliche Lebenslust nie etwas wirklich Großes entstehen kann, wie von Humboldt betonte, wurde mir schnell wieder klar, dass eine Symbiose von Baden (und anderen föderalen Teilen Deutschlands) und Berlin die Chance für etwas Neues, Lustvolles und Großes beinhaltet.

Zusammenfassend sage ich – in Abwandlung eines Satzes von *LEPENIES*[1] – Berlin hat sich vereint, bevor die Berliner sich einig wurden. Ich erlebte am Anfang ein Berlin ohne Berliner. Nicht nur, dass wir Baden-Württemberger (die sich selten landsmannschaftlich so vereint fühlen wie in Berlin) nach den Türken in Berlin (West) die zweitstärkste Gruppe an Neubürgern stellen, ist hierfür ein Indiz, sondern insbesondere die Tatsache, dass es nach wie vor Einheimische Ost-Berlin und Einheimische West-Berlin gibt, zeigt, dass die Berlinerin und der Berliner noch immer im Werden sind. Vielleicht trägt gerade dieser Berlin(er)-Werdungsprozess so viel zur gegenwärtigen Attraktivität dieser Stadt bei. Alle können und dürfen an diesem Zeugungsprozess – noch über viele Jahre hinweg – teilhaben. Deshalb lautet 20 Jahre nach dem Fall der Mauer eine der wichtigsten Fragen wie folgt: Welche gemeinsame Zukunftsperspektive können wir bis zum 40jährigen Jubiläum des Mauerfalls entwickeln? Denn wirklich vereint, nicht nur im Sinne gleicher Lebenschancen, wird Berlin erst sein, wenn Ost- und West-Berliner sowohl eine gemeinsam geteilte historische Identität entwickeln als auch eine gemeinsame Zukunftsperspektive verinnerlicht haben.

4   Von der Megacity zur Megapleite – Berlin in den 1990er Jahren

Die Entwicklung der wiedervereinigten Stadt Berlin in den vergangenen Jahren, die ich hautnah miterleben konnte, hat schon etwas Atemberaubendes. Erinnern wir uns jedoch zurück an die ersten Jahre des wiedervereinigten Deutschlands und die damals formulierten Visionen für die Hauptstadt, dann mag die Einschätzung nach nunmehr 20 Jahren schon etwas differenzierter ausfallen. In Berlin leben derzeit rund 3,4 Millionen Menschen. Zum Zeitpunkt der Wiedervereinigung brachten es der Ost- und der Westteil der Stadt gemeinsam auf etwa die gleiche Zahl. Ist also an der Spree in den vergangenen zwei Jahrzehnten alles doch gar nicht so spektakulär verlaufen?

---

[1]   Vgl. *LEPENIES* (1992), S. 14 f.

Ich kann mich noch gut an den Anfang der 1990er Jahre erinnern, als ich – so gut es eben ging – aus der Ferne an den Entwicklungen in Berlin teilhaben wollte. Mein Drang nach Informationen jeder Art über das Geschehen in der Hauptstadtregion war groß. Jedoch begleitete ich die Pläne und das Wirken der Akteure in Berlin keineswegs unkritisch. Zuweilen war mir sogar äußerst fremd, was dort geschah. Als Beispiel möchte ich die Abstimmung über die Fusion der Länder Berlin und Brandenburg in Erinnerung bringen. War es nicht eigentlich klar, wie eine Wahl zum Zusammenschluss ausgehen musste? Konnte man überhaupt dagegen sein? Stadtstaaten gibt es mit Hamburg und Bremen im Norden. Ich im Südwesten habe darin nie ein erstrebenswertes Modell gesehen. Schließlich leben sogar die Badener und die Schwaben sehr erfolgreich in einem Bundesland zusammen, obwohl das Verhältnis beider untereinander gemeinhin ja als nicht gänzlich unkompliziert gilt.

Aus Berliner Sicht hätte die Länderfusion die Grundlage für eine solidere Finanzierung des Haushalts werden können, zumal immer mehr Einwohner in den Speckgürtel zogen und damit als Steuerzahler ausfielen. Die beiden Landesparlamente – in Berlin und Potsdam – hatten am 26. Juni 1995 bereits den Zusammenschluss abgesegnet. Vor der Umsetzung stand aber der Volksentscheid vom 5. Mai 1996. Die Berliner stimmten mehrheitlich dafür, die Brandenburger dagegen. Eine große Chance für die Region war vertan.

Zu diesem Zeitpunkt plagten Berlin schon erhebliche Haushaltsprobleme. Die damalige Berliner Finanzsenatorin ANNETTE FUGMANN-HEESING musste im März 1996 eine Deckungslücke von 5,3 Mrd. D-Mark bekannt geben. Bis zum Jahr 1999 sollte der Fehlbetrag sogar auf 31,8 Mrd. D-Mark steigen. Hinter den Haushaltsproblemen steckte unter anderem der erhebliche Wandel, den die Stadt durchmachte. Der Westteil der Stadt musste über Jahrzehnte hinweg aufgrund seiner Insellage finanziell unterstützt werden. Nun wurden die Hilfen des Bundes massiv zurückgefahren. Die Stadt musste lernen, auf eigenen Beinen zu stehen.

Genau genommen stand die Bundesunterstützung auf zwei Säulen: Die Berlinhilfe und die Berlinförderung. Mit der Berlinhilfe wurde der Haushalt ausgeglichen, mit der Berlinförderung räumte der Bund den in Berlin angesiedelten Unternehmen Steuervergünstigungen ein. Um die Bedeutung der Berlinhilfe richtig einschätzen zu können, sei erwähnt, dass mehr als 50 % des Haushalts aus dieser Quelle finanziert wurden. In den Jahren von 1991 bis 1994 sank die Berlinhilfe von sieben auf drei Mrd. D-Mark. Im Rahmen der Berlinförderung flossen jährlich rund 4,5 Mrd. D-Mark in die Stadt. Bis zum Jahr 1995 wurde diese Subvention komplett auf null zurückgeführt.

Der Abbau der Berlinförderung beschleunigte die Deindustrialisierung in der Stadt erheblich. Viele Unternehmen hatten bis dahin vor allem wegen der öffentlichen Unterstützung den Standort als Fertigungsstätte gewählt, jetzt war die Ansiedlung in anderen Regionen oder im Speckgürtel lukrativer. Im Jahr 1995 war Berlin mit einem um 0,7 % gesunkenen realen Bruttoinlandsprodukt das Schlusslicht unter allen Bundesländern.

4.1   Visionen allein genügen nicht …

Die tatsächliche wirtschaftliche Entwicklung in Berlin stand im krassen Gegensatz zu den Visionen, die in der Stadt aufgebaut worden waren. Wer – so wie ich – aus einem Land mit einer eher bodenständigen, mittelständischen Wirtschaftsstruktur stammt, konnte nur staunen. Nachdem die Entscheidung für den Umzug gefallen war und die Umsiedlung von Parlament und Regierung vom Rhein an die Spree beschlossen wurde, war endgültig eine euphorische Stimmung ausgebrochen, die schließlich auch bis nach Süddeutschland vordrang. Im Zuge des Regierungsumzugs würden tausende von Beschäftigten mit ihren Familien nach Berlin umsiedeln. Hunderte von Lobbyisten würden mit ihren Verbänden in der neuen Hauptstadt ihre Zukunft sehen. In der großen Koalition, die 1991 unter Führung der CDU die Stadt regierte, wurde mittlerweile ein fast schon explosionsartiges Wachstum der Bevölkerungszahlen unterstellt. Basierend auf mehreren wissenschaftlichen Studien rechnete auch der damalige Bausenator und Aufsichtsratsvorsitzende der *Wohnungsbau-Kreditanstalt* (WBK), dem Vorgängerinstitut der heutigen *Investitionsbank Berlin*, WOLFGANG NAGEL, mit einem Anstieg um mindestens 800.000, möglicherweise aber auch mit 1,6 Millionen Neu-Berlinerinnen und -Berlinern.

Wie viele andere Steuerzahler betrachtete auch ich die Kosten des Umzuges von 20 Mrd. D-Mark mit einem weinenden Auge. Auf der anderen Seite fand ich Gefallen an der enormen Aufbruchsstimmung. Es war selbstverständlich kein Fehler, in diesen Jahren Visionen für die neue Hauptstadt zu entwickeln. Doch Visionen allein haben keinen großen Wert, wenn nicht zugleich auch konsequent Maßnahmen zur Realisierung der Ziele eingeleitet werden. Zu diesem Zeitpunkt war ich noch weit weg. Vom Südwesten aus betrachtet, sah es aber tatsächlich so aus, als würden den großen Plänen nicht immer auch große Taten folgen. Zum ersten Mal dachte ich deshalb darüber nach, ob Berlin nicht ein ideales „Labor" zur Anwendung des von mir entwickelten Managementmodells VMSI (Vision, Mission, Strategie, Instrumente) sein könnte.[2] Doch bis es soweit kam, dass Berlin die Unausweichlichkeit eines Mentalitätswechsels akzeptierte, sollte es noch ein ganzes Jahrzehnt dauern.

Es stellte sich bald heraus, dass die hohen Erwartungen in Berlin fernab der Realität lagen. Die Landschaften im Osten wollten nicht so schnell blühen, wie einst prophezeit und ebenso blieb das Wachstum der Einwohnerzahlen in Berlin aus. Die Abwanderung der Industrie konnte durch den herbeigesehnten Ausbau des Dienstleistungssektors bei weitem nicht kompensiert werden. Als Folge stieg die Arbeitslosigkeit immer weiter an. Die Arbeitslosenquote Berlins lag deutlich höher als der Bundesdurchschnitt, mit steigender Tendenz. Der Regierende Bürgermeister EBERHARD DIEPGEN mahnte: „Ohne eine Abkehr vom geplanten schnellen Abbau der Bundeshilfen für Berlin, könne die Stadt in der schwierigen Übergangsphase die Wiederherstellung der Einheit nicht bewältigen."

Aus meiner Sicht zeigte sich deutlich, dass die Politik die Grundsätze der modernen Managementwissenschaften nicht einmal ansatzweise einsetzte. Denn es gehört zum absoluten Basiswissen der Managementlehre, dass die Realisierung einer Vision mit konkreten Aktionsplänen unterlegt werden muss. Da die Zeit der alten Fördermaßnahmen für Berlin ein für allemal Geschichte war, musste die Stadt lernen zu wirtschaften, wie andere Bundesländer auch. In der zweiten Hälfte der 1990er Jahre machte sich das insbesondere in einem rigorosen Sparkurs bemerkbar, den die SPD-Finanzsenatorin ANNETTE FUGMANN-HEESING innerhalb einer Großen Koalition dem Land verordnete. Die öffentlichen Investitionsvorhaben wurden drastisch zurückgefahren, von sieben Mrd. D-Mark im Jahr 1991 auf vier Mrd. im Jahr 2001. Im öffentlichen Dienst wurden 35.000 Stellen abgebaut, ABM-Maßnahmen waren ebenfalls auf der Streichliste. Ebenso wurden die Gelder für freie Projekte, aber auch für zahlreiche und renommierte Kultureinrichtungen zusammengestrichen. An den Schulen herrschte der Notstand, zentrale Einrichtungen für Jugend und Freizeit wurden geschlossen, ebenso große Krankenhäuser und wissenschaftliche Einrichtungen. Zusätzliche Einnahmen wurden zur

---

[2]   Ausführlich wird das VMSI-Modell in *PUCHTA* (2008), S. 9 ff., erläutert.

Sanierung des Haushalts durch den Verkauf öffentlicher Versorgungsunternehmen (*Gasag, Bewag, Wasserwerke, Wohnungsbaugesellschaften*) erzielt. Der Stadt brachten die Verkäufe in den Jahren 1996 bis 1998 Einnahmen von 10 Mrd. D-Mark.

In den 1990er Jahren sank das Lohnniveau — vor allem im Dienstleistungs- und Baugewerbe der Stadt — beträchtlich. Arbeitslosigkeit und Armut in Westberlin hatten das ostdeutsche Niveau erreicht und übertrafen bereits die Quoten im Ostteil der Stadt. Der Senat schien ratlos, keine der Maßnahmen konnte verhindern, dass die Verschuldung Berlins weiterhin in astronomische Höhen hochschnellte. Die Maßnahmen reichten nicht aus, die Strukturprobleme wirksam zu bekämpfen. Mir kam die Stadt wie gelähmt vor. Einen sich selbst tragenden Aufschwung würde es nicht geben. Konzepte für die wirtschaftliche Entwicklung der Stadt waren für mich aber auch nicht zu erkennen. Die 1990er Jahre wurden zu einem Jahrzehnt der verpassten Chancen. Ein Ende der einfallslosen Wirtschaftspolitik war nicht abzusehen. Und es sollte noch schlimmer kommen: Der Skandal um die *Bankgesellschaft Berlin* erschütterte bald darauf die Stadt.

4.2   Bankgesellschaft Berlin – eine vorzeitige Blaupause der weltweiten Finanzkrise

Die Bombe platze im Jahr 2001. Im Mittelpunkt stand die *Bankgesellschaft Berlin*, jenes Kreditinstitut, das in den 1990er Jahren im Zuge der allgemeinen Euphorie formiert wurde, um den Standort auch als Finanzplatz nach vorn zu katapultieren. Nun stand das Institut aber plötzlich inmitten einer Affäre, die als „Bankenskandal" Politik, Öffentlichkeit und die Justiz über Jahre hinweg beschäftigen würde. Aus heutiger Sicht weist der Skandal erstaunliche Parallelen zur jüngsten globalen Finanzkrise auf, die mit der US-Immobilienkrise im Jahr 2007 ihren Anfang nahm. Auch in Berlin ging es um riskante Engagements der *Bankgesellschaft* und ihrer Tochterunternehmen im Immobilienbereich. Der Vorwurf: Die Manager der Bank hätten zu offensiv Immobiliendarlehen vergeben. Schon Mitte der 1990er Jahre waren Wertberichtigungen in Milliardenhöhe erforderlich geworden. Der Vertrieb von Immobilienfonds mit hohen Mietzinsgarantien, langen Laufzeiten und Rückzahlungsgarantien brachte die *Bankgesellschaft* in eine Schieflage, aus der ihr nur noch das Land Berlin und damit die Steuerzahler heraushelfen konnten.

Der Skandal sollte auch in politischer Hinsicht zu einem einschneidenden Moment in der Geschichte der Stadt werden als Parteispenden von Darlehensnehmern an die innerhalb der Großen Koalition regierende CDU öffentlich bekannt wurden. Die Große Koalition brach in Folge dieser Krise auseinander. Am 16. Juni 2001 setzten 89 Abgeordnete von SPD und Bündnis 90/Die Grünen einen Misstrauensantrag gegen EBERHARD DIEPGEN durch. Neuer Regierender Bürgermeister wurde der bisherige Fraktionsvorsitzende der SPD, KLAUS WOWEREIT. Zunächst wurde die SPD von der PDS nur geduldet. Nach vorgezogenen Neuwahlen regierte WOWEREIT die Stadt in einer Koalition mit der PDS. Nach einer Megapleite lag die vermeintliche Megacity nun in den Händen einer rot-roten Koalition. Oder anders gesagt: Nach gut zehn Jahren war die SED-Nachfolgeorganisation in Berlin wieder in der Regierungsverantwortung. Für uns in Baden war das alles schwer nachvollziehbar.

Die Bedingungen, unter denen die neue Landesregierung ihre Arbeit aufnahm, müssen als katastrophal bezeichnet werden. Ein Schuldenberg von nunmehr rund 40 Mrd. EUR drohte die Stadt zu erdrücken. Im Februar 2003 erreichte die Arbeitslosigkeit die Zahl von 313.473. So viele Menschen waren seit dem II. Weltkrieg in der Stadt nicht mehr ohne Beschäftigung. Wie ohnmächtig der Senat sich gefühlt haben mochte, lässt sich wohl am besten an einer Klage ablesen. Mit einem Beschluss vom 2. September 2003 wurde der Versuch unternommen, 35 Mrd. EUR Sanierungshilfe vom Bund einzuklagen. Aber auch auf diese Weise kam Berlin einer gesunden Finanzlage nicht näher: Die Klage wurde einige Jahre später abgewiesen.

Der Bankenskandal endete schließlich mit der Privatisierung der *Bankgesellschaft Berlin*. Notwendig wurde das, weil die EU-Kommission eine Garantieerklärung des Senats zur Abschirmung der ungedeckten Risiken aus Immobiliengeschäften nur unter dieser Auflage genehmigte. Ich selbst erlebte den Bankenskandal zunächst noch aus der Ferne. Doch in meinen späteren Funktionen als Vorstand der *Landesbank Berlin* und Vorstandsvorsitzender der *Investitionsbank Berlin* wurde ich noch oft mit den Auswirkungen konfrontiert. Dass die *Landesbank Berlin* – im Gegensatz zu etlichen anderen Landesbanken – vergleichsweise gut durch die jetzige Finanzkrise kam, hat seine Ursachen auch in dem Skandal und dem in der Folge drastisch verbesserten Risikomanagement. Als in der jüngeren Vergangenheit die Finanzkrise die Märkte global erschütterte, fragte ich mich und andere häufig, warum man bei der Aufarbeitung der Bankenkrise in ganz Deutschland die positiven Erfahrungen und die Vorgehensweise, die wir zur erfolgreichen Sanierung der *Bankgesellschaft* gewählt hatten, nicht als Blaupause kopierte. Stattdessen experimentierte die Bundesregierung monatelang, vergeudete kostspielige Zeit und warf Milliarden von Euro z. B. für die sinnlose Sanierung der *Hypo Real Estate* zum Fenster hinaus. Um nicht missverstanden zu werden: Die Rettung des Bankensystems an und für sich war alternativlos. Man hätte dies nach dem Berliner Vorbild jedoch kostengünstiger und effektiver gestalten können. Vielleicht wollte die Bundesregierung nicht glauben, dass ausgerechnet das hoch verschuldete und wirtschaftlich darbende Berlin nicht nur einen Plan zur Rettung der Bankenlandschaft anbieten konnte, sondern diesen sogar nachweislich erfolgreich umgesetzt hatte. Oder lag es daran, dass dies eine rot-rote Landesregierung bewerkstelligt hatte?

5   Mein Berlin

5.1   Hauptstadtumzug beschleunigt den Normalisierungsprozess

Im Jahr 1999 – also rund zehn Jahre nach dem Fall der Mauer – zogen Parlament und Regierung vom Rhein an die Spree. Das Warten hatte ein Ende. Zehn Jahre bereitete sich Berlin auf diesen Moment vor. Der bevorstehende Regierungsumzug nährte einen großen Teil der Euphorie und der Erwartungshaltungen in der Stadt. Mit dem Umzug war die deutsche Hauptstadt nun auch wirklich zum Regierungssitz geworden. Mein Interesse war ungebrochen, doch noch immer blickte ich aus dem Süden auf das nun zunehmend glamourösere Treiben in der größten deutschen Millionenmetropole. Auch wenn meine Karriere in Baden-Württemberg in diesen Jahren neue Höhepunkte bot und mich in Atem hielt, war die Faszination des deutsch-deutschen Zusammenwachsens bei mir noch immer nicht erloschen. Im Jahr 2000 wurde ich Bereichsleiter für Wirtschaftsförderung bei der *L-Bank* Baden-Württemberg, zwei

Jahre später rückte ich den Vorstand auf. Für mich boten die neuen Aufgaben einerseits genügend neue Herausforderungen und inspirierende Erlebnisse. Andererseits verspürte ich mehr denn je den Reiz der neuen Hauptstadt.

Ich war mir mittlerweile sicher, dass mit dem Regierungsumzug eine ganz neue Zeit in Berlin angebrochen war, und dass die Stadt diesen Impuls dringend brauchte. Fast zehn Jahre waren die Berliner damit befasst, sich auf den erwarteten Ansturm vorzubereiten. Eine zentrale Bedeutung beim Aufbau spielte das Vorgängerinstitut meines späteren Arbeitgebers – die *Wohnungsbau-Kreditanstalt*, aus der später die *Investitionsbank Berlin* hervorgegangen war. Die Verantwortlichen in der Stadt sahen nämlich vor allem die Versorgung mit Wohnungen als das Nadelöhr der Hauptstadtentwicklung an. Der Senat bezifferte den Wohnungsfehlbestand Anfang der 1990er Jahre auf mindestens 150.000 Wohnungen. Folglich wurde damit begonnen, die Wohnungsbauförderung erheblich zu intensivieren. Auch qualitativ genügte das Wohnraumangebot in der Stadt den künftigen Anforderungen nicht, war die überwiegende Meinung. Die aus Bonn kommende Verwaltungselite würde hohe Ansprüche an den Wohnraum haben, so die Überzeugung der Berliner Politik. Die Wohnungsbauförderung erlebte eine Renaissance.

Die selbst gesetzten Aufgaben waren gewaltig. Schließlich ging es bei weitem nicht nur um die „Bonner". Die Berliner standen auch vor der historischen Aufgabe, die Lebensverhältnisse in beiden Stadthälften anzugleichen. Im Ostteil der Stadt war über Jahrzehnte hinweg die Modernisierung und Instandsetzung der Wohnungen vernachlässigt worden. Der Nachholbedarf war immens. Für die Wohnungsbauförderung, und damit für die *Wohnungsbau-Kreditanstalt*, war das eine enorm wichtige historische Herausforderung, die schnelles Handeln erforderte.

Der Bauboom der 1990er Jahre konnte das Wohnungsangebot der Stadt tatsächlich erheblich verbessern. Zum Ende des Jahrzehnts war aber plötzlich auch ein neuer Realismus in der Stadt eingekehrt. Die früheren Prognosen, die ein Bevölkerungswachstum auf bis zu fünf Millionen Menschen in der Stadt annahmen waren vom Tisch. Die ambitionierte Wohnungsbaupolitik war vielleicht sogar ein bisschen über das Ziel hinausgeschossen. Die dramatischen Haushaltsdefizite taten ein Übriges. Es galt nun – vor dem Beginn des neuen Jahrtausends – die allzu hochfliegenden Pläne zu begraben und die vordringlichsten Probleme anzupacken. Der Stadt konnte das nur gut tun, war schon damals meine Meinung.

5.2   Wechsel zur richtigen Zeit

Die ersten Jahre als Regierungssitz und die zunehmend prekäre Finanzlage Berlins verfolgte ich mit großem Interesse, jedoch mit sicherem Abstand aus Süddeutschland. Im Jahr 2003 änderte sich dies – ich war nun nicht mehr der Beobachter aus dem fernen Ländle; ich war Berliner. Vorausgegangen war das Angebot, in den Vorstand der *Landesbank Berlin* zu wechseln. Diese Aufgabe reizte mich sofort, ich musste nicht lange überlegen. Mein Entschluss stand schnell fest: Jetzt ist der richtige Zeitpunkt gekommen. Ich ziehe nach Berlin. In meiner Heimat stieß ich damit allerdings bei vielen auf großes Unverständnis. Der wohl Prominenteste, der mich in diesen Tagen zum Bleiben in Stuttgart überreden wollte, war der damalige Ministerpräsident ERWIN TEUFEL. Er hatte wohl vor allem die dramatische Finanzlage in der Hauptstadt im Blick, als er mich warnte: „Die werden Ihnen eines Tages nicht einmal Ihre Rente zahlen können."

Doch ich ließ nicht mich nicht mehr umstimmen. Ich wechselte aus einer komfortablen Stellung in einem Geberland in die ungewisse Zukunft eines Nehmerlandes, um es einmal in Bezug auf den Länderfinanzausgleich darzustellen. Als süddeutscher Föderalist war ich nun endgültig auf dem Sprung, ein überzeugter Berliner zu werden, ohne jedoch meine baden-württembergische Herkunft zu vergessen. Im Gegenteil: Ich wollte an vorderster Front mit dazu beitragen, dass Berlin immer weniger vom Länderfinanzausgleich abhängt. Vom gesamten Volumen des Länderfinanzausgleichs in Höhe von 4,95 Mrd. EUR erhielt Berlin selbst im Jahr 2007 mit 2,9 Mrd. EUR immer noch fast 60 %. Das ist mehr als die anderen sieben Empfängerländer zusammen. Da dieses System für alle anderen bundesdeutschen Länder auf Dauer nicht durchzuhalten sein wird, haben wir Wege zur Selbsthilfe forciert.

Die Landung in Berlin war tatsächlich nicht gerade weich. Die Zeiten waren für mein neues Umfeld äußerst turbulent. Der Schock des Bankenskandals konnte noch immer nicht überwunden werden. Die drohende Insolvenz der *Bankgesellschaft Berlin* im Jahr 2001 hatte tausenden von Mitarbeitern den Arbeitsplatz gekostet und alle Bestandteile der Bankengruppe in Existenzgefahr gebracht, also auch die *Investitionsbank Berlin* (IBB), die bis zum Jahr 2004 in die *Bankgesellschaft* integriert war. Vor dem Hintergrund der geschilderten Ereignisse war die gesamte Situation in den Jahren 2002 und 2003 aus Sicht der *IBB* als komplex, dynamisch und unsicher zu charakterisieren. Andererseits waren die Grundlagen für einen Neuanfang geschaffen worden. Mir war bewusst, dass im Rahmen meiner neuen Aufgaben harte Arbeit vor mir lag, Herausforderungen dieser Art hatte ich aber gesucht. Ich fühlte mich wohl in meiner neuen Umgebung. Ich konnte ein neues Kapitel innerhalb der Berliner Förderpolitik schreiben, denn im Jahr 2004 führte ich die *Investitionsbank Berlin* in die Selbstständigkeit und wurde zum Vorstandsvorsitzenden ernannt.

5.3 Berlin die Subventionshauptstadt

Ich war nun zwar aus Überzeugung Berliner, meine Herkunft aus dem Geberland Baden-Württemberg konnte und wollte ich aber natürlich nicht leugnen. Mit dieser Lebensgeschichte im Rücken war ich der Meinung, dass Berlin nicht ewig am Tropf der anderen Länder hängen könne. Ein heikles Thema, denn der Berliner Senat sah sich in einer „extremen Haushalts-Notlage" und wollte zusätzliche Hilfen vom Bund. Die Bundesregierung teilte diese Ansicht aber nicht, wohl auch, weil sonst Begehren anderer Länder aus dem Osten Deutschlands nicht auszuschließen waren.

Auch vom Bundesverfassungsgericht kam später harsche Kritik. Es sei nicht im Sinn des Finanzausgleichs, eine verschwenderische Haushaltspolitik auch noch zu belohnen. Berlin könne die Lage voraussichtlich aus eigener Kraft überwinden. Die finanzielle Situation sei keine Notlage, sondern lediglich „angespannt", mit diesen Worten wurde die so genannte „Berlin-Klage" im Oktober 2006 abgewiesen. Von überall her kamen kritische Stimmen. Wer sich drei Opern, drei Universitäten, zwei Tierparks und sechs Wohnungsbaugesellschaften mit einem Hausbestand im Wert von fünf Milliarden Euro leistet, dürfe nicht klagen, auch nicht bei einem Schuldenstand in Höhe von 61 Mrd. EUR.

Spätestens jetzt war klar: Berlin musste sich selbst helfen. Mit dem Urteil der Verfassungs-richter war die Hoffnung auf zusätzliche Hilfen durch den Bund und die anderen Länder zerplatzt. Der Jahrzehnte währende Sonderstatus Berlins war Geschichte. Für die Zukunft konnte nur ein Mentalitätswechsel helfen. Berlin musste sich auf seine Stärken besinnen und ich war überzeugt davon, dass es in der Stadt ein Fundament gab, auf das aufgebaut werden konnte.

Nun musste Berlin drastische Sparmaßnahmen angehen. Tausende Stellen im öffentlichen Dienst wurden abgebaut, die Kita-Gebühren wurden erhöht und der soziale Wohnungsbau gestoppt. Mit diesen rigorosen Maßnahmen und einem Gesamtbeitrag an den Landeshaushalt von rund 1,5 Mrd. EUR durch die *IBB* zwischen 2004 und 2008 gelang es, für das Jahr 2008 einen ausgeglichenen Haushalt vorzulegen. Berlins Probleme erschienen plötzlich nicht mehr als unüberwindliche Hürden. Dort wo der Schuh drückte, wurde jetzt auch nach Lösungen gesucht.

Ich selbst hatte eigentlich nie Zweifel daran, dass Berlin auf einen guten Weg einschwenken würde. Meinen Optimismus hatte ich aus Baden-Württemberg mitgebracht. Auch dort war ich mit der Wirtschaftsförderung beschäftigt gewesen. Ich wusste, dass es gute Argumente für die Ansiedlung von Firmen in den badischen und schwäbischen Wirtschaftszentren gab. Ich sah aber auch gewichtige Standortvorteile für die Hauptstadtregion, die bis dahin noch längst nicht voll ausgespielt worden waren. Warum also sollte Berlin im Standortwettbewerb gegen Länder wie Baden-Württemberg, Bayern oder Hessen chancenlos sein? Dann aber war für mich die logische Konsequenz: Es kann auch keine Gesetzmäßigkeit geben, dass Baden-Württemberg dauerhaft einer der Hauptzahler im Länderfinanzausgleich sein musste, wäh-rend Berlin von Subventionen abhängig bleibt.

5.4   Der Bankenskandal als Katalysator für Veränderungen

Infolge des Bankenskandals mussten in Berlin auch die Strukturen der Wirtschaftsförderung tiefgreifend verändert werden. Aufgrund der angespannten Haushaltslage war der Bedarf an einer extrem effizienten monetären Wirtschaftsförderung besonders groß. Dies war nach Auffassung des Senats nur innerhalb einer landeseigenen *Investitionsbank Berlin* zu leisten. Das Problem: Die *Investitionsbank Berlin* war nicht selbstständig, sondern eine Abteilung der *Landesbank* und damit Teil des Konzerns *Bankgesellschaft*. Dieser musste durch Auflagen der Europäischen Kommission redimensioniert werden. Als Lösung kam deshalb nur die Trennung der *IBB* von der *Landesbank* infrage, die im Laufe des Jahres 2004 dann auch tat-sächlich vollzogen wurde. Damit verbunden war eine Verschiebung der Prioritäten innerhalb der *IBB*. Der Wohnungsbau war zwar weiterhin eine wichtige, bei weitem aber nicht mehr die wichtigste Aufgabe. Im Mittelpunkt stand nun auch in Berlin die Wirtschaftsförderung, die jedoch von der Pike aufgebaut werden musste.

Allgemein wurde die Wirtschaftspolitik in Berlin immer wichtiger genommen. Nach Jahr-zehnten, in denen sich die Stadt auf Subventionen verließ – und eher reagierte – begann der Senat nun zu agieren. Es war deutlich geworden, dass mit Sparen allein die Probleme auch nicht zu lösen waren. Die Stadt brauchte neue Unternehmen aus zukunftsfähigen Branchen, um Arbeitsplätze zu schaffen und Steuergelder in die Kassen zu spülen. Dabei besann sich die Stadt auf die Förderung von Clustern, sechs Kompetenzfeldern und auf Großprojekte wie z. B. den neuen Hauptstadt-Airport in Schönefeld.

5.5 Die *Investitionsbank Berlin* als Instrument für den Mentalitätswechsel

Mit dem Strategiewechsel in der Wirtschaftsförderpolitik des Landes Berlin ging auch ein erheblicher Wandel innerhalb der *IBB* einher. Die Bank musste ein neues Selbstverständnis entwickeln, in dem die Wirtschaftsförderung im Mittelpunkt der Aktivitäten stehen sollte. Das war nicht nur politisch gewollt, es gab auch aus ökonomischen Gründen keine Alternative zum neuen Kurs. Als Vorstandsvorsitzender der *IBB* musste ich diesen Wandel vollziehen. Die Dimension der Herausforderung war mir bewusst. Da zuvor die Tätigkeit der Bank jahrzehntelang vorwiegend in der Finanzierung des Wohnungsbaus lag, mussten ganz neue Gedanken in das Institut hineingetragen werden. Mehreren hundert Mitarbeitern galt es neue Wege aufzuzeigen. Plötzlich war ich genau dort, wo ich seit mehr als einem Jahrzehnt die spannendsten Aufgaben dieser Zeit wähnte. Ich konnte mit dem Ausbau der Wirtschaftsförderung Berlins dazu beitragen, die Lebensverhältnisse in Ost in West anzugleichen. Dort wo die Wiedervereinigung am intensivsten zu spüren war, in Berlin, war ich in der Lage etwas Neues aufzubauen. Diesen Chancen verschrieb ich mich mit Haut und Haar.

Um in ihrer neuen Rolle wirklich etwas bewirken zu können, musste innerhalb der Bank ein Mentalitätswechsel vollzogen werden. Jetzt stand die *IBB* inmitten eines harten Standortwettbewerbs. Ich wusste aus meiner Zeit in der Wirtschaftsförderung der *L-Bank*, dass es auch andere Regionen gibt, die sich mit großem Engagement um den Aufbau einer zukunftsfähigen Wirtschaftsstruktur bemühten.

Innerhalb der *IBB* begannen wir mit Hochdruck, die Bank als einen Partner für den Mittelstand aufzustellen. Die monetäre Wirtschaftsförderung wurde ausgebaut, die Finanzierungsberatung intensiviert. Dabei galt es allerdings die Förder- und Kreditbearbeitung streng nach betriebswirtschaftlichen Kriterien ausrichten. Im Rahmen des Mentalitätswechsels stellten wir die Gießkanne beiseite und holten den Gartenschlauch hervor. Jetzt wurden gezielt Darlehen und Beteiligungen vergeben. Zuschüsse und Subventionen galt es, gegen erhebliche Widerstände von Senatsverwaltungen, aber auch Teilen der Wirtschaft, zu reduzieren und Mitnahmeeffekte zu minimieren.

5.6 Kompetenzfelder und moderne Wirtschaftsförderung

Als moderne Wirtschaftförderbank mussten wir Prioritäten setzen und Kompetenzfelder definieren. In den Vordergrund rückten die Zukunftsbranchen und junge Themen, wie Biotechnologie, Medizin, Informations- und Kommunikationstechnologien, Medien sowie Verkehrstechnik. Unser wirtschaftspolitischer Ansatz war also der gezielte Ausbau technologieorientierter Felder, in denen Berlin ganz besondere Stärken vorzuweisen hat. Als Cluster-Strategie ist dieser Ansatz auch bekannt. Eines der Cluster, das ich für Berlin schon immer für besonders wichtig hielt, ist beispielsweise der gesamte Bereich „Gesundheit". Mit seinen vielen Krankenhäusern, den Universitätskliniken und Forschungseinrichtung, den Medizintechnik- und Pharmaunternehmen sowie unzähligen Gesundheitsdienstleistungen hat Berlin eine besonders hohe Kompetenzdichte in diesem Sektor. Ebenfalls günstig sind die Perspektiven für das Cluster Mobilität und Verkehr.

Zu einem weiteren Kompetenzfeld wurde Ende 2007 die Kreativwirtschaft erhoben. In diesem Bereich kann Berlin nahezu beispiellose Stärken ausspielen. Sowohl im Inland als auch im Ausland wird die Stadt als kreative Metropole wahrgenommen. Schon Ende 2005 wurde die Zahl der Berliner Unternehmen aus der Kreativwirtschaft auf 25.000 geschätzt. Mehr als 100.000 Beschäftigte sind in den Bereichen Film und TV, Verlage, Musik, Entertainment, Werbung, Design oder Spieleentwicklung tätig. Mit dem „VC Fonds Kreativwirtschaft" stellt die *IBB* jungen Kreativunternehmen mit hohem Wachstumspotenzial Risikokapital zur Verfügung, wie es bislang vor allem für technologieorientierte Unternehmen üblich war. Zudem wurde das *Technologie Coaching Center* (TCC) der *IBB* zusätzlich auf kreative Branchen hin erweitert.

Der Ausbau der *Investitionsbank Berlin* zum zentralen Förderinstitut des Landes wurde in den Jahren 2004 bis 2008 kontinuierlich vorangebracht. Neue Kompetenzen wurden erworben und veraltete Programme abgeschafft, aber Bewährtes wurde erhalten. An der Bereitstellung von Risikokapital hielt die *IBB* fest, auch als die Euphorie rund um den Neuen Markt – und damit auch die guten Bedingungen für Venture-Finanzierungen – verflogen waren. Heute ist das Risikokapital der *IBB* aus der Berliner Technologieförderung nicht mehr wegzudenken. Von 1997 bis Mitte 2008 sind über die *IBB Beteiligungsgesellschaft* 470 Mio. EUR in Berliner Technologieunternehmen geflossen. Dabei hat die *IBB Beteiligungsgesellschaft* 66 Mio. EUR als Lead-, Co-Lead- oder Co-Investor selbst aufgebracht.

5.7   Geschafft: Darlehen und revolvierende Instrumente statt Subventionen

Besonders wichtig für Berlin war aus meiner Sicht, dass die monetäre Wirtschaftsförderung der *IBB* eine grundlegende Neuausrichtung erfuhr. Erfolgte die Förderung früher hauptsächlich über Zuschüsse, so gelang es in den vergangenen Jahren, sie auf Darlehen und Beteiligungen umzustellen. Als ich in Berlin ankam, wurden lediglich 12 % der insgesamt für die Wirtschaftsförderung eingesetzten Finanzierungsmittel in Form von Darlehen und Beteiligungen ausgezahlt; 2007 waren es bereits fast 70 %. Ich glaube, Berlin hat damit einen Riesenschritt nach vorn gemacht. Auch damit ist ein Stück der alten Subventionsmentalität beseitigt worden. Aus meinem südwestdeutschen „Musterländle" kannte ich es gar nicht anders. Dort hatten Zuschüsse in der Wirtschaftsförderung nie eine Dimension wie in Berlin angenommen. Ich bin noch heute sehr glücklich, dass dieser Wandel in Berlin gelungen ist, denn damit steht die Wirtschaftsförderung der *IBB* auf sehr viel festeren und zukunftssicheren Füßen. Aus den Rückflüssen der Darlehen und Beteiligungen kann die *IBB* wieder neue Förderungen gewähren und eine weitaus größere Handlungsfähigkeit und Unabhängigkeit von der Willkür der Finanzpolitik garantieren.

Zu der Neuorientierung der *IBB* gehörte auch eine engere Zusammenarbeit mit den in Berlin ansässigen Geschäftsbanken. So gelang es uns immer wieder, Finanzierungslücken zu schließen und die Gesamtfinanzierungen von Projekten zu ermöglichen. Beides – die Konzentration auf revolvierende Mittel (Darlehen und Beteiligungen) sowie die Finanzierungsbeteiligung von Geschäftsbanken – sparten in erheblichem Maße öffentliche Mittel ein. Angesichts der angespannten Berliner Haushaltslage war das immens wichtig.

6   Ausblick

Heute sehe ich die *Investitionsbank Berlin* als ein modernes Förderinstitut, das nach betriebs-wirtschaftlichen Grundsätzen arbeitet und die gesamte Palette moderner Finanzierungsange-bote für Berliner Unternehmen bereithält. So oder in sehr ähnlicher Struktur könnte die *IBB* wohl auch in den meisten anderen Bundesländern tätig sein. Für mich jedenfalls ist der Unter-schied zwischen Wirtschaftsförderung in Baden-Württemberg und Berlin bei weitem nicht mehr so groß wie in den Tagen als ich neu in die Stadt kam – als Föderalist aus dem Südwes-ten. Für mich ist Berlin 20 Jahre nach dem Fall der Mauer endlich sehr nah dran an dem „Ber-lin", das ich mir immer vorstellte und wünschte – selbstbewusst und mit genug Power, seine eigenen Aufgaben mit der Zeit größtenteils selbst zu bewältigen.

Die *IBB* wird dabei weiterhin eine gewichtige Rolle einnehmen. Wie die gesamte Stadt hat auch ihre Förderbank Kraft und Selbstbewusstsein getankt. Ich wünsche mir, dass die Bank und Berlin nie vergessen, dass es sich ohne Mauern besser lebt. Die Themen werden sich än-dern. Die Globalisierung, der Klimawandel und die Alterung der Gesellschaft werden uns in der Zukunft immer stärker beschäftigen. Zur Lösung dieser Probleme werden gerade Berliner „Köpfe" in immer stärkerem Maße beitragen – davon bin ich fest überzeugt. Und die *IBB* wird hoffentlich so manch einer guten Idee mit der nötigen Anschubfinanzierung auf die Beine helfen.

Damit der eingeleitete Mentalitätswechsel in Berlin verstärkt und dauerhaft verankert wird, muss sich Berlin zu modernen Managementmethoden bekennen und sie permanent anwen-den. Egal, ob in Baden, Schwaben, Preußen, Berlin oder wo auch immer: Menschen verhalten sich immer anreizorientiert. Und deshalb sind das Subsidiaritätsprinzip und die Hilfe zur Selbsthilfe die entscheidenden Anker. Die Bürokratie wird zwar immer wieder versuchen, die Förderpolitik zu Gunsten von Subventionen zurückzudrehen, aber dies würde genau die fal-schen Anreize setzen. Glücklicherweise wirken die Defizite der öffentlichen Haushalte die-sem Streben entgegen. Sind außerdem die revolvierenden Förderinstrumente erfolgreich, in-dem sie zu Wirtschaftswachstum und zum Aufbau von Arbeitsplätzen beitragen, dürfte sich das neue System auch in Berlin stabilisieren und den Mentalitätswechsel nachhaltig gewähr-leisten.

Dieser wird allerdings ab dem 1. September 2009 in der *IBB* ohne mich vorangetrieben wer-den müssen. Nach mehr als sechsjähriger Tätigkeit, die mit dem höchsten Jahresüberschuss aller Zeiten im Jahre 2007, dem besten operativen Ergebnis 2008 und einem neuen Rekorder-gebnis 2009 – und dies in Zeiten der Finanz- und Wirtschaftskrise – gekrönt wurde, werde ich auf eigenen Wunsch aus der *IBB* ausscheiden. Dies hängt – neben anderem – damit zusam-men, dass die Landesregierung nicht bereit war, die EU-Strukturfondsmittel dauerhaft in der von mir gewünschten Höhe revolvierend einzusetzen. Darüber hinaus sträubte sich der vor-malige Finanzsenator *THILO SARRAZIN* auch erfolgreich gegen sinnvolle Public-Private-Part-nership-Finanzierungen (PPP-Finanzierungen), um z. B. endlich das marode Berliner Schul-wesen zu modernisieren. Um weiterhin in und für Berlin tätig sein zu können, habe ich nun mein eigenes PPP gegründet: Das *Puchta-Petersen-Projekt*, das sich mit zukunftsträchtigen, modernen Finanzierungsmethoden und -vorhaben beschäftigt. So sollen zum Beispiel unter anderem aus dem Berlin Economic Simulation Tool (BEST)[3] Regional Economic Simulation Tools (REST) und National Economic Simulation Tools (NEST) entwickelt werden.

---

[3]   Vgl. *KOLLMANN ET AL.* (2006).

Berlin lebte (zu) lange von Zuschüssen des Bundes. Doch nun zahlt die Stadt zurück – wenn nicht mit Geld, so doch mit ihrem geistigen Eigentum. Davon ist reichlich in der Stadt gesät und die Saat wird aufgehen. Das sage ich, der aus einem Land kommt, in dem bekanntlich die Menschen als „Cleverle" bezeichnet werden. Vor diesem Hintergrund muss ich sagen: So weit war der Sprung von Südwest nach Nordost doch nicht. Das neue Berlin wird mehr und mehr zur wichtigsten Stadt (nicht nur) aller Deutschen. Es wird zu unserer Hauptstadt im wahrsten Sinne des Wortes.

Quellenverzeichnis

KOLLMANN, A./PUCHTA, D./SCHNEIDER, F./TICHLER, R./REICHL, J. (2006): Berlin Economic Simulation Tool – BEST. A Regional Macroeconomic Model, Linz 2006.

LEPENIES, W. (1992): Folgen einer unerhörten Begebenheit – Die Deutschen nach der Vereinigung, Berlin 1992.

PUCHTA, D. (2008): Von einem Unternehmensmodell zu einem Modellunternehmen – Verselbstständigung und strategische Neuausrichtung der Investitionsbank Berlin (IBB) in: *KEUPER, F./PUCHTA, D.* (Hrsg.), Strategisches Management in Förderbanken – Geschäftsmodelle, Konzepte, Instrumente, Wiesbaden 2008, S. 3–60.

PUCHTA, D./KOOP, V. (2008): Wohnungsbau und Wirtschaftsförderung – Deutsche Geschichte am Beispiel der Investitionsbank Berlin, Berlin 2008.

RZEPKA, P./DIEPGEN, E. (2005): Die ungeliebte Hauptstadt – Die Ursachen der Berliner Haushaltsnotlage, in: Civis mit Sonderdruck – Vierteljahresschrift für eine offene und solidarische Gesellschaft, Nr. 5, 2005, S. 50–56, Sonderdruck S. 5.

SCHMERGAL, C. (o. J.): Land gegen Land – Der Länderfinanzausgleich vor dem Bundesverfassungsgericht, online: http://www.politikwoche.de/politikaktuell_laenderfinanz.htm, Stand: unbekannt, Abruf: 20.08.2009.

Zu Gast in Preußen – Auch nach 20 Jahren ist Berlin eine echte Herausforderung.

Daniela Sauter

Hotel Brandenburger Hof

1   Ein Münchner Kindl kommt nach Berlin...355
2   Der Himmel über Berlin … auf Regen folgt Sonne......................................357
3   Mein Geheimrezept … immer ein Zuhause in Berlin...................................359
4   Die Stadt als Tourismusstandort – Nach dem Event ist vor dem Event.........360
5   Erfüllte Wünsche? – Was ist eigentlich aus München geworden? 362
Quellenverzeichnis...363

1   Ein Münchner Kindl kommt nach Berlin

Berlin hat mich längst erobert. Aber bis 1988 war es für mich ein Buch mit sieben Siegeln. Als westdeutsche Insel in der mir ebenso unbekannten DDR und im Schatten der Mauer gelegen, hatte mich bis dahin nichts in die geteilte Stadt gezogen. Warum auch? München war schön. Italien und Frankreich nah. In München war mein Zuhause. In München lebten meine Freunde. Dort wuchs ich auf. Dort studierte ich Betriebswirtschaftslehre. Ach, Berlin...

Mein Bruder PETER allerdings, einer von vielen jungen und friedliebenden Männern, die auf keinen Fall den Dienst an der Waffe leisten wollten, studierte in den 1980er Jahren in Berlin Architektur und Kunstgeschichte. Er war bald begeistert von der Stadt, und wenn er Zeit hatte, spazierte er durch die Straßen und schaute sich schöne Häuser an. Berlin war damals noch recht grau, und manche der vom Krieg verschonten Jahrhundertwendehäuser hatten noch den Charme von Rohdiamanten. Wenn er sie nur renovieren dürfte.

PETERs Phantasie war längst entflammt, und die aufkommende Lust, seine im Studium erworbenen Kenntnisse und kreativen Ideen dort irgendwo umsetzen zu können, geweckt. Eines Tages stand er im Westen der Stadt in Berlin-Wilmersdorf vor einem (ziemlich heruntergekommenen) Jahrhundertwendepalais in der Eislebener Straße 14. Ganz genau vor jenem Haus, in dem heute das Small-Luxury-5-Sterne-„Hotel Brandenburger Hof" seine Gäste verwöhnt. Vor Urzeiten hatte das große alte Haus schon mal ein Hotel beherbergt. Aber das wusste er natürlich nicht. Jetzt gehörte es samt Mietern einer Erbengemeinschaft, die es gern verkaufen wollten.

Unser Vater konnte die Begeisterung seines Sohnes, genau dies Haus zu erwerben, nicht gleich teilen, fand es eher eine „Bruchbude". Gekauft hat er es dann doch. Das war 1980. Irgendwann kam mein Bruder mit der Idee: Da machen wir ein Hotel draus! Und einen Namen hatte er auch schon parat: „Hotel Metropol". Schließlich war Berlin mal eine Metropole gewesen. Berlins tolle Tage aber waren legendäre Vergangenheit. Wer hätte ahnen können, was noch kommt. Unser Vater blieb abwartend, denn mit Hotels hatte unsere Familie noch keine Erfahrung. Wir erinnerten uns bloß an die Geschichten von Großvater RICHARD, der Maître im Londoner „Hotel Savoy" gewesen war. Aber da unser Vater schon immer und bei fast allem uns hat mitentscheiden lassen, wurde der Familienrat auch in diesem Fall einberufen. Vater, Mutter, Bruder, Tochter, alle waren gleichberechtigt.

Ich war das Zünglein an der Waage für das Ja zum Hotel. Das kam 1984. Mein Bruder steckte noch mitten im Studium. Das Hotel war sein erstes Projekt. Ein praktisches schönes 4-Sterne-Hotel wollte er schaffen, mit elegantem Stuck und anderen künstlerischen Elementen. Auf jeden Fall mit viel Liebe zum Detail. In Berlin gab es zu der Zeit noch nicht so viele tolle Hotels. Die Stadt zeigte darum auch Interesse an der Idee. Unser Vater, damals schon Mitte Sechzig, dachte eher: „Muss ich mir das antun?" Schließlich wurde entmietet. Das dauerte. Die alten Kachelöfen flogen raus und die Toiletten auf halber Treppe. Die Mieter bekamen neue Wohnungen und eine Abfindung. Der Umbau begann 1988. Ich arbeitete schon in der freien Wirtschaft.

Als es schließlich darum ging, einen Direktor für unser neues Hotel zu suchen, kam mein Vater schnell auf mich. Ich war gerade mal 27 Jahre alt und hatte natürlich keine Ahnung von Hotellerie. Zwei Monate Zeit für die Entscheidung gab mir mein Vater. Ich suchte Rat bei der alten Münchner Hotelierfamilie WALTERSPIEL, und der welterfahrene KARL THEODOR WALTER-

SPIEL, der lange Jahre das Hamburger „Hotel Atlantik" leitete, machte mir Mut: „Sie schaffen das schon mit Ihrem Charme! Sie haben doch Power! Einfach reinspringen und machen!" Gesagt. Getan. Aber unter einer Bedingung: Berlin musste mir gefallen, und ich würde es nur machen, wenn meine Familie mich vollkommen frei handeln ließe. Unter denselben Bedingungen, wie auch ein fremder Hotelier anträte.

Ich wollte mein Glück versuchen, und ich hatte das ganze Vertrauen meines Vaters. Niemals werde ich ihm das vergessen. Es war schließlich ein großes Wagnis, einen nicht unerheblichen Teil des Familienvermögens der in Hoteldingen unerfahrenen Tochter anzuvertrauen. Sein Vertrauensvorschuss gab mir Kraft, und es war mir eine Freude, ihm zu zeigen, was ich kann. Eineinhalb Jahre und 36 Seminare lang arbeitete ich mich bei führenden Managementinstituten in mein neues Leben ein. Während dessen versuchte mein Bruder 1988 erstmalig, mir sein Berlin schmackhaft zu machen.

Die Mauer fand ich sehr beängstigend, das Eingeschlossensein. Aber als ich ein weiteres Mal wiederkam und das schreckliche Bauwerk – welch ein Glück! – gefallen war, hatte es mir Berlin schnell angetan. Ich kannte ja nur West-Berlin. Da war man unter sich. Und jetzt kam der Ostteil noch dazu. Das würde Eingespieltes auflockern. Es barg so viele neue glückliche Möglichkeiten. Ich dachte gleich an Reisende aus Polen, aus Russland, sah die Zukunft schon vor mir und fand mich zudem in der besonderen Lage, genau zu dem Zeitpunkt ein Hotel zu eröffnen, wo in Deutschland und besonders in Berlin eine neue Zeitrechnung begann. Ich war jung und auch naiv, und vor allem: ich war voller Enthusiasmus.

Mein Bruder stellte mir einen Bauwagen direkt vor die Hoteltür. In dem saß ich ein ganzes Jahr vor unserer Großbaustelle und betrieb das Pre-Opening des Hotels. Ich besetzte die Führungspositionen und sorgte für alles, was ein Hotel benötigt. Mein Bruder PETER kümmerte sich um die Einrichtung. Einer der ersten Handwerker, die anrückten und der die Aufgabe hatte, hunderte von Sandsteinen für die Außenfassade mit der Hand zu bearbeiten, tat mir gleich leid. Er bekam immer mal wieder ein Bier aus meinen Bauwagen-Kühlschrank.

Der ursprüngliche gedachte Name Metropol für das Haus hatte sich erledigt mit dem Mauerfall. Im Ostteil der Stadt gab es bereits ein Hotel mit dem Namen. Und da fast jedes namhafte Hotel in Deutschland irgendwie mit „Hof" heißt, sollte auch bei uns ein Hof dranhängen. So nahmen wir vom Brandenburger Tor, das spätestens mit dem Mauerfall Weltruhm erlangte, den ersten Teil. Schon hatten wir den „Brandenburger Hof". Unsere vier Salons widmeten wir dem auf dem Brandenburger Tor thronenden Pferdegespann. „Quadriga" heißt unser Gourmetrestaurant. Die vier Pferde, die die Quadriga ziehen, stehen heute für unsere vier Salons. Wir gaben ihnen Namen von berühmten Sportpferden. „Platini", „Registano", „Orofino" und „Königsstuhl". Am 1. Oktober 1991 habe ich den „Brandenburger Hof" als 4-Sterne-Hotel mit 40 Mitarbeitern, 87 Zimmern, einem Hotelrestaurant und drei Salons für Tagungen eröffnet.

2   Der Himmel über Berlin … auf Regen folgt Sonne

Ich war zwar nicht die geflügelte Siegesgöttin VIKTORIA, die die Quadriga antreibt. Aber ich war überzeugt, genau das Richtige zu tun. Der „Brandenburger Hof" war das erste anspruchsvolle Hotel, das nach dem Mauerfall in Berlin eröffnete. Das stach manchen als Dorn im Auge. „Meine Güte, was will denn diese junge Frau ohne Hotelerfahrung", hieß es schon mal. „Da warten wir einfach drei Jahre, dann ist sie pleite." Ich war keine Berlinerin. Ich war eine Frau, und ich war jung. Ich war nicht vom Fach und hatte zu allem Überfluss noch studiert, war Diplomkauffrau. Das reichte zur Vorverurteilung. Da ich niemanden kannte, hatte ich Rat bei anderen Berliner Hoteliers gesucht, die damals einen kleinen festen Kreis bildeten. Einer hat mir dann ziemlich schnell und von oben herab gesagt: „Wir nehmen nicht jeden, Frau SAUTER." Ihm stand ins Gesicht geschrieben: der hat Väterchen ein Hotel gekauft.

Na das war ein Schlag ins Gesicht. Denen würde ich es zeigen. Mir gab diese Überheblichkeit Auftrieb. Arroganz, Oberflächlichkeit und Unehrlichkeit kann ich absolut nicht akzeptieren. Einige Jahre später, als ich schon Erfolg hatte mit dem „Brandenburger Hof", kam derselbe Mann und fragte mich, ob ich nicht Präsidentin des *Hotel- und Gaststättenverbandes Berlin* werden wollte. Diesmal konnte ich ihm sagen, dass ich nicht jeden Job mache. Ich hatte außerdem genug zu tun. Denn der Berlin-Hype von Anfang der 1990er Jahre hatte uns schon im ersten Jahr eine Auslastung von 75 % beschert.

Der „Brandenburger Hof" schrieb schwarze Zahlen. Im ersten Jahr wurde allerdings auch das Personal einmal total ausgewechselt. Niederlagen gab es genug und immer wieder. Ich habe streng kontrolliert und ansonsten mit Erfolg auf meinen gesunden Menschenverstand vertraut. Die ersten drei Jahre waren die härtesten meines Lebens. An Ferien war nicht zu denken und an München auch nicht.

Ich hatte eine Vision, die erzählte ich einem Journalisten: Ich wollte in den ersten acht Jahren des Bestehens zu den ersten zehn Hotels in Berlin gehören und zu den ersten hundert in Deutschland. Der „Brandenburger Hof" sollte kein Gruppenhotel sein. Mein Wunsch war es, und das ist es immer noch, ein privates Refugium für Einzelgäste zu schaffen. Es sollte ein Ort wie Zuhause sein, an den man sich erinnert und dessentwegen man auch gern wiederkommt. Darum wurde das Haus auch eingerichtet wie ein geschmackvolles komfortables Wohnzimmer. Jedes Stück habe ich persönlich ausgewählt. Kein Hotelarchitekt noch -einrichter legte Hand an.

Ein weiteres Ziel war es, mich schnell einer exklusiven Hotelvereinigung anzuschließen. Die traditionelle „Relais & Châteaux"-Gruppe hatte ich mir ausgeguckt. Ich wollte Gastgeberin eines Hauses für anspruchsvolle Gäste sein. Die sollten bei uns die Qualität vorfinden, die sie erwarten dürfen. Das war schon extrem gewagt zu einem so frühen Zeitpunkt. Aber ich war schon immer eine Forsche. Ich brannte für die Idee. Allerdings brauchte ich dringend ein Pendant. Ich war zwar gut in Marketing und Geschäftsführung. Mir fehlte aber jemand für Food and Beverage (Essen und Trinken), schöne Bankette und außergewöhnliche Events. *MARKUS OTTO GRAF* brachte genau diese Erfahrung mit. Er wurde noch Ende 1992 mein Direktor.

Gemeinsam arbeiteten wir fortan mit verdoppelter Begeisterung an unserem Nischenprodukt. Der Gast spielte darin immer die Hauptrolle. Der Raum, in dem der sich wohlfühlen sollte, musste von uns ausgefüllt werden. Berlin war zum Mauerfall eher kein kulinarischer Lustgarten. Auch das, was unsere Küchenchefs bis 1994 auf den Tisch brachten, würde ich rückblickend als höchstens durchschnittlich bezeichnen. Für mich war Berlin in den 1970er Jahren stecken geblieben. Es gab nur sehr wenige gute Restaurants in der Stadt. Wenn also mal die Sehnsucht nach München brannte, dann nach einem schönen Biergarten und nach einem leckeren Spanferkelchen, einfach nach einer handwerklich einwandfreien Küche.

In Berlin war ich auf der Suche nach einer schmackhaften Wurst und aß am Ende doch ein Butterbrot. In meinem Hotel sollte das anders sein. Mein Gast sollte schon morgens ein Frühstück vor sich sehen, das ihn den ganzen Tag über glücklich machte. Darum kam die Wurst anfangs aus der Oberpfalz, das Brot kam aus dem Schwarzwald, das Gebäck aus dem Raum Baden-Baden und so weiter. Alles frisch eingeflogen. Das muss man sich mal vorstellen. Aber auch in der Stadt bewegte sich was. Langsam kamen Köche von außerhalb ins brodelnde Berlin. Berlin machte allen Hunger. Ich holte nach zwei Berliner Köchen zuerst einen Münchner, der kochte crossover. Dann kam wieder ein Münchner, und der brachte uns den ersten Michelin-Stern.

Der Himmel tat sich auf über dem „Brandenburger Hof". Kulinarisch waren wir angekommen. Aber auch das übrige Berlin lernte die Früchte des Umlandes kennen. Ende der 1990er wurden die Produkte aus Brandenburg immer wichtiger und vor allem besser. In unserer Küche landeten Fische aus den umliegenden Gewässern, Fleisch von Biobauernhöfen, ökologisch angebauter Spargel und anderes Gemüse, und private Kräutersammler lieferten per Fahrrad ihre duftenden Sträuße direkt beim Küchenchef an. Endlich konnten die Berliner auch so etwas wie einen gesunden Nationalstolz auf ihre guten Produkte entwickeln. So kannte ich es aus Süddeutschland, und ich war glücklich, nicht mehr alles über den gastronomischen Großhandel beziehen zu müssen. Heute hat Berlin sogar die größte Qualitätsdichte, was deutsche Weine betrifft, mal abgesehen von den Landschaften, in denen er reift.

Im November 1994 wurde der „Brandenburger Hof", inzwischen ein 5-Sterne-Haus, Mitglied von „Relais & Châteaux". Mein Ziel war erreicht. Überdies war ich von 2000 bis 2004 Präsidentin der deutschen Delegation dieser exklusiven und traditionellen Hotelvereinigung privater Häuser. 2000 wurde ich außerdem für meine unternehmerischen Leistungen als „Hotelier des Jahres" vom *Deutschen Fachverlag* ausgezeichnet. Die „Quadriga", unser Gourmetrestaurant bekam schon 1998 einen Michelin-Stern verliehen. Bis zu unserem Ausstieg 2004 waren wir das einzige „Relais & Châteaux"-Haus in der neuen alten Hauptstadt. 2005 wechselten wir zu „Small-Luxury Hotels". Die in Großbritannien ansässige Vereinigung nennt jüngere, experimentellere und trendigere Privathotels ihre Mitglieder, die mehr Wert auf Lifestyle legen und trotzdem qualitätsbewusst sind. In dieser Zeit bekam auch unser Haus ein neues und jüngeres Gewand, wurde nachhaltig designiger, ohne schnelllebig zu wirken.

Während unsere Gäste beim Start noch hauptsächlich Geschäftsleute waren, haben wir ohne nachzulassen die Nische für den anspruchsvollen Privatgast perfektioniert. Heute sind die meisten Gäste irgendwie genussorientiert. Sie kommen nach Berlin, um einzukaufen, aus der Breite der Kulturlandschaft das ihre herauszupicken oder es sich von uns servieren zu lassen. Im „Brandenburger Hof" wohnen sie, um sich auch mal zurückzuziehen. Wir sind nicht das Haus mit dem Hochglanzparkett. Mancher will auch gar nicht gesehen werden. Der findet Ruhe und perfekten liebevollen Service bei uns.

Es spricht für sich, dass der Großteil unserer Gäste bereits mehr als zwanzig Mal bei uns zu Gast war. Man feiert bei uns Geburtstag oder Hochzeit, und natürlich werden auch Geschäfte gemacht. Wir gönnen uns mal was Besonderes, das denken viele. Und die Berliner? Viele kennen den „Brandenburger Hof" nicht mal. Obwohl nicht weit vom Kurfürstendamm, liegen wir an keiner Shoppingmall, sondern in einer stillen Seitenstraße im beschaulichen Stadtteil Charlottenburg-Wilmersdorf. Bei uns kann man prima inkognito wohnen. Wir sind das geheimste 5-Sterne-Hotel der Stadt, ihr verstecktes Wohnzimmer. Das nenne ich gelebtes Understatement.

3   Mein Geheimrezept … immer ein Zuhause in Berlin

Der Mensch wächst mit den Aufgaben, nur die Zeit wird kostbarer. Nach all den Jahren inmitten von Luxus hat mich nie die Freude an den einfachen kleinen Dingen des Lebens verlassen. Immer noch und gerade jetzt ist es für mich das schönste, inmitten von Vogelgezwitscher und raschelndem Laub auf einer Bank zu sitzen. Das ist für mich wahrer Luxus. Und eigentlich ist das Hotel ja gar kein Hotel für mich. Vielleicht steckt darin das Geheimnis des andauernden und wiederkehrenden Erfolgs. Der „Brandenburger Hof" ist wie mein privates Wohnzimmer. Die Gäste werden persönlich begrüßt. Das schafft Intimität und Bindung. Bei uns werden private Tischrunden gepflegt, und das meine ich durchaus nicht nur kulinarisch.

Es ist mir ein Anliegen, Traditionen weiterzugeben, die ich selbst gelebt habe, so gut wie das eben in einem Hotel geht. Dafür kann sich der Gast entscheiden, muss es aber nicht. Niemand wird bedrängt. Die meisten staunen aber glücklich, wenn sie zu Weihnachten unseren herrlich geschmückten Tannenbaum sehen oder zu Ostern süße Hasen an ihrer Zimmertür baumeln. Das ist Brauchtum, was viele gar nicht mehr erleben, das Baden in familiären Werten, die oft vergessen sind: Feingefühl beim aufeinander Zugehen. Zuhören können. Gerne dienen wollen.

Der „Brandenburger Hof" ist keine Eintagsfliege. Ich möchte etwas Echtes schaffen im jungen Berlin, das alt werden kann. Daran arbeite ich jeden Tag. Menschlichkeit und Ehrlichkeit stehen für mich an oberster Stelle. Die Werte, die mich das Elternhaus lehrte, versuche ich zu leben und an die Mitarbeitern weiter zu geben. Stil und Klasse kann man formen und wie man miteinander spricht. Herzensbildung und positive Ausstrahlung müssen sie mitbringen. Alle zusammen wollen wir mit Begeisterung eine gemeinsame Sache vertreten. Das Team ist das wichtigste für ein gutes Gelingen.

MARKUS OTTO GRAF, mein Direktor und ich sind ein perfektes Gespann. Und das nun schon seit 18 Jahren. Jeder hat etwas, das der andere nicht hat. Herr *GRAF* ist der kreative Kopf des Hotels, der Fachmann für die Kulinarik. Er darf auch mal träumen. Und er erfindet die köstlichsten Unternehmungen für unsere Gäste, die mir so nie einfallen würden. Ich bin die Realistin im Doppel. In der Summe sind unsere Fähigkeiten eine runde Sache. Wir ziehen am selben Strang, ohne viel darüber zu reden. Gemeinsam haben wir den „Brandenburger Hof" zum Erfolg geführt. Allein wäre ich nicht so weit gekommen. Das ist Tatsache und eher eine Empfehlung als ein Geheimrezept. Als Inhaberin mache ich nach wie vor von oben bis unten alles mit. Basisarbeit. Und ich bin heute noch eine Frau, die per Handschlag arbeiten kann. Meine Partner wissen, sie können sich auf mich verlassen.

Stehenbleiben ist Gift. Einfach nachmachen, womit andere Hoteliers Erfolg haben, bringt nur kurze Freude. Wir schöpften Eigenes und wurden damit unverwechselbar. Dazu gehört auch, mal etwas anzupacken, was andere erst mal abwegig finden. Als wir 2001 in unserem Gourmetrestaurant eine ausschließlich deutsche Weinkarte mit inzwischen 950 Positionen präsentierten, haben uns alle für verrückt erklärt. Heute ist das beispielhaft und regt zum Nachmachen an. Man muss neue Wege gehen und mutige Entscheidungen treffen. Dabei kann auch mal etwas danebengehen. Als alle Welt ihr Frühstück von immer ausladender werdenden Büffets holte und sich längst langweilte, da haben wir das À-la-Carte-Frühstück eingeführt. Der Gast kann entspannen. Endlich. Man muss die Zeichen der Zeit erkennen, bevor es die anderen tun.

Eigene, im Privaten gemachte nicht so schöne Erfahrungen auf Reisen, in Hotels oder Restaurants, versuche ich, im „Brandenburger Hof" besser zu machen. Auch das ist kein Geheimnis, sondern eine Selbstverständlichkeit. Schließlich sind wir kein Tagungshotel, sondern ein städtisches Hideaway. Wir wollen immer einmaliger und sensibler sein als andere Herbergen. Das treibt uns an und in keine abgelegenen Absurditäten. Das Schlichte, Einfache, Handverlesene von allerhöchster Qualität ist doch das Besondere.

Dabei bleibt das Hotel nur ein winziger Punkt im großen Berlin. Ein traditionelles Haus auf höchstmöglichem Niveau. Viel wichtiger ist doch, dass wir es immer wieder feiern, dass es die Mauer nicht mehr gibt, auch nach 20 Jahren noch. Das wunderbare Umland ist für alle da. Wir haben von Anfang an über den Tellerrand hinaus geguckt. Wir legen unseren Gästen die preußische Landschaft ans Herz und entführen sie hin und wieder zum genussvollen Träumen auf den schon bei THEODOR FONTANE erwähnten Landsitz in Klessen oder anderswo hin.

4   Die Stadt als Tourismusstandort –
Nach dem Event ist vor dem Event

Ich glaube an Berlin. Das hat sich nicht geändert, auch 20 Jahre nach der Maueröffnung. Berlin war und ist das Tor zum Osten. Eingebettet in eine herrliche Kultur- und Naturlandschaft und durchzogen von einem Adernetz aus Flüssen und Seen ist es einerseits eine Einladung zu einem entspannten grünen Tourismus. Andererseits hat Berlin ein phantastisches dichtes Kulturleben. Allein 170 Museen kann man erleben, drei (!) Opernhäuser besuchen oder die vielen großen und kleinen Theater. Das Clubleben der Stadt erneuert sich ständig. Hochkultur und Subkultur liegen dicht nebeneinander. Was für Möglichkeiten!

Berlin lebt gern draußen: in den Cafés und Parks, wo man Konzerten lauschen kann. In Berlin darf sogar unser türkischer Mitbürger im Tiergarten und damit sozusagen im Vorgarten unseres Bundespräsidenten seinen Hammel grillen. Wo gibt's denn das? Dass in Berlin die Mieten immer noch erschwinglich sind, hat unzählige Künstler wie Honig angezogen und mit ihnen die vielen Galerien, die wiederum Künstler und Kunstinteressierte nach Berlin bringen. An der Reüssierung als Hauptstadt der Mode wird unverdrossen gearbeitet. Genau das alles macht Berlin attraktiv für Menschen aus anderen Großstädten und kleinen Orten, wo die Welt vielleicht auf den ersten Blick mehr in Ordnung scheint, aber eben auch einen Tick langweiliger ist.

In Berlin leben etwa dreieinhalb Millionen Menschen (nur halb so viel wie in London), und täglich werden seine Bewohner jünger, wie die Geburtenraten zeigen. Ein dichtes Netz an öffentlichen Verkehrsmitteln verbindet die Vielzahl der hier Kiez genannten Stadtteile. Berlin kann man auf dem Wasser, im offenen Auto, mit dem Fahrrad oder in der Fahrradrikscha sitzend erleben. U-, S- und Regionalbahn haben die Stadtteile dicht miteinander vernetzt. Berlin ist vielseitig und fast 900 km² groß, dass niemand, nicht mal der Berliner, es schafft, die Stadt ganz und gar zu kennen. Das macht neugierig. Berlin ist für alle da. Auch für Reiseanfänger. Paris und London sind für Fortgeschrittene. In Berlin wird es niemandem langweilig. Viele seiner interessierten Besucher sind unsere Gäste.

Und wo wohnen die? Ein Rückblick auf 20 Jahre Hotellandschaft sei erlaubt. Genau genommen gibt es die ersten Zahlen vom *Amt für Statistik Berlin-Brandenburg* für Gesamtberlin erst seit 1992. Damals wurden 425 Beherbergungsbetriebe (ab 9 Betten) gezählt mit insgesamt 41.955 Betten. Im Vergleich dazu sind es bis zum Mai 2009 679 Betriebe und 102.100 Betten. In fast 20 Jahren hat sich die Zahl mehr als verdoppelt. Da die deutsche Hotelklassifizierung erst vor gut zehn Jahren eingerichtet wurde, kann man nur schätzen, wie viele Berliner Häuser 1990 das 5-Sterne-Niveau hatten. Mehr als fünf waren es jedenfalls nicht. Für 2009 meldet die *DEHOGA* zwölf 5-Sterne-Häuser (eines davon ist der „Brandenburger Hof"), 88 4-Sterne-Häuser und über 100 Betriebe mit 3 Sternen.

Auf jeden Fall ist in den letzten zehn Jahren die Zahl der Hotelbetten in Berlin laut COST& LOGIS um 74,7 % gestiegen, das sind in absoluten Zahlen 41.568 Betten mehr.[1] Beim Zuwachs der Übernachtungen belegt somit Berlin Rang 1 von allen deutschen Städten. Die Anzahl der Hotelbetten in Berlin ist inzwischen so groß, dass an eine wirtschaftliche Auslastung längst nicht mehr zu denken ist. Viele Häuser verkaufen sich bereits unter ihrem Wert und schaden damit nicht nur ihrem eigenen Image, sondern auch dem Berlins. Wer zu billig ist, geht unter sein Niveau. Da kommen nur Sprücheklopfer auf ihre Kosten: „Arm aber sexy".

Ich möchte hier aus einem Artikel von THOMAS NIEDERBERGHAUS in der „Zeit" vom 9.7.2009 zitieren, der mir aus dem Herzen spricht: „Mit einem Preis von 89 Euro (pro Nacht) rutscht die Fünf-Sterne-Hotellerie [in Berlin – Anm. der Autorin] nämlich bis ins Segment der Low-Budget-Hotels ab. Was dazu führt, dass das Wort Luxus in der Hotelwelt seine Berechtigung verliert. Denn zum Luxus gehört, dass er nicht für alle und jeden erschwinglich ist. [...] Die Luxushotels von heute dagegen sind Spekulationsobjekte von Immobilienfonds, werden von Ketten betrieben, nennen ihre Gäste `Kunden´ und richten sich an die Massen."[2]

In Berlin ist aber Qualität statt Quantität gefragt und nicht immer neue Hotels. Man stelle sich vor: Von 2009 an bis 2011 sind weitere 48 Hotels bereits im Bau oder schon in der Planung mit insgesamt weiteren 11.114 Betten. Berlin braucht aber keine Hotelfassaden, hinter denen am Ende gespenstige Leere herrscht und verzweifelte Direktoren sich die Hände ringen. Es muss aufhören, dass die Stadt den Bau solcher spekulativen Objekte auch noch mit Investitionszulagen fördert.

20 Jahre nach dem Mauerfall sollte sich Berlin als Tourismusstandort neu erfinden. Noch 1990 brauchte niemand um Gäste zu werben. In der Euphorie des Neubeginns ging alles wie von selbst. Jeder wollte in Berlin sein. Jetzt reiben sich manche die Augen und denken sehnsüchtig an CHRISTOs verhüllten Reichstag 15 Jahre zuvor, an die MoMA-Kunstausstellung in

---

[1]   COST&LOGIS (2009).

[2]   NIEDERBERGHAUS (2009).

der Neuen Nationalgalerie zehn Jahre später, die Fußballweltmeisterschaft 2006: Berlin ein Sommermärchen. Ja, es gab eine Reihe phantastischer Ereignisse in Berlin, und wir wollen und können auf sie nicht verzichten, aber mit der Einstellung „Vor dem Event ist nach dem Event" kommt keiner weiter. Berlin ist eben kein permanentes Sommermärchen. Die Stadt kann nicht von Highlight zu Highlight schlingern. Wer will schon immer Kaviar essen.

Berlin muss sich doch auch mal erholen. Stattdessen muss die Stadt als Marketingobjekt herhalten. Die schönsten Plätze werden zu Rummelplätzen degradiert (der Pariser Platz vor dem Brandenburger Tor), längst restaurierte Kulturdenkmäler verschwinden (auf Nimmerwiedersehen?) hinter Werbebannern, und die Stadt wartet mit Sprüchen auf. Was für ein Ausverkauf. Berlin muss lernen, mit seinen Schönheiten zu punkten. Berlin sprüht doch vor Charme. Ein bisschen mehr Nachhaltigkeit im Tourismus wäre also gut. Vielleicht sollte man auch darüber nachdenken, ob es zeitgemäß ist, dass ausgerechnet in den Ferienmonaten, wenn hauptsächlich Touristen die Stadt erleben wollen, die gesamte Theaterlandschaft ruht.

Berlin kann seine Potenz nicht nur aus dem Tourismus ziehen. Es darf nicht nachgelassen werden, die Stadt als Wirtschaftsstandort weiter auszubauen. Wichtig ist dabei, nicht nur junge und kreative Starter zu gewinnen, sondern vor allem auch bereits etablierte Unternehmen, die durch ihre ausgewiesene Beständigkeit wiederum auf alle Welt im besten Sinne anziehend wirken.

Einen großen und wichtigen Schritt in eine erfolgreiche Zukunft hat Berlin durch den Bau des internationalen Flughafens Schönefeld schon getan. Tempelhof wurde ja leider geschlossen. Das halte ich für den falschen Weg. Auf keinen Fall sollte man bei der Fertigstellung von Schönefeld auch noch den Flughafen Tegel zumachen. Als Metropole brauchen wir einen City-Flughafen (siehe London). In der Zwischenzeit wäre es gut, wenn das internationale Flugangebot an Direktflügen von Berlin in andere Metropolen auch dem einer Weltstadt entspräche.

Berlin ist einfach unverwechselbar: Es ist jung und erneuert sich ständig und es ist fest eingebettet in die Geschichte unseres Landes. Das gibt der Stadt Tiefe und gleichzeitig die Verpflichtung für einen wohl überlegten zwar gern kessen aber bescheidenen Auftritt. Berlin bleibt begehrlich für Menschen aus aller Welt. Es ist weniger gesättigt als die meisten Metropolen. Man muss es einfach immer wieder „machen". Wir Hoteliers bieten den Raum für Menschen, die sich dabei wohlfühlen sollen.

5   Erfüllte Wünsche? – Was ist eigentlich aus München geworden?

Ich bin froh, dass ich in Berlin bin. Sehr! Jedes Mal, wenn ich in München bin, will ich nach Hause, nach Berlin. München wird mir schnell zu eng, zu provinziell. München ist eine sehr schöne Stadt, aber Berlin ist an- und aufregender. Berlin inspiriert mich immer wieder aufs Neue. Mit München im Herzen bin ich also längst Berlinerin geworden. Und nach München kann ich ja immer wieder zurückkehren. Es wird sich auch nach vielen Jahren nicht zu sehr verändert haben. Bei Berlin muss man dranbleiben und immer mal wieder eine innerstädtische Entdeckungsreise machen.

Alle Wünsche hinsichtlich des Hotels „Brandenburger Hof" haben sich erfüllt. Und mehr als das. Wir gehören fest zum vielfarbigen Bild der Stadt und bieten mit unserem Stadthotel im preußischen Gewand ein Refugium, in dem der Weltreisende ein kultiviertes vorübergehendes Zuhause findet. Meine Visionen sind Wirklichkeit geworden, und ich konnte mir und meinen Idealen immer treu bleiben. Selbst wirtschaftliche Zwänge haben mir kaum Kompromisse abringen können. Die Qualität stieg weiterhin. Darauf bin ich stolz. Ich konnte mich selbst verwirklichen.

Die Begegnung mit den Gästen empfinde ich als große Bereicherung, der Austausch mit ihnen ist ein Glück. Davon profitiert die Stadt, auch von den Erinnerungen, die unsere Gäste mit nach Hause in die weite Welt nehmen. Bei aller kontinuierlichen und nicht nachlassenden Weiterarbeit für mein schönes Hotel, verliere ich nicht aus den Augen, dass der „Brandenburger Hof" auch für eine nachfolgende Generation vorbereitet sein muss: modern, frisch, von allererste Güte. Vielleicht kann ich irgendwann dann mal eine Weltreise machen.

Rückblickend sind die letzten 20 Jahre in Berlin eine rasend schnelle und spannende Reise gewesen. Jeder, der daran teilhaben durfte, besonders die in Berlin lebenden Menschen, sollte sich glücklich schätzen für diese Chance. Währenddessen ist die Stadt ihrer ständig beschworenen Legende von den Roaring Twentieth wieder näher gekommen. Zeitgemäß allerdings, aber genau so anziehend für Menschen aller Hautfarben aus aller Welt. Ich wünsche mir, dass sich Berlin mit seiner Unverwechselbarkeit im Rang europäischer Metropolen immer weiter profiliert. Es könnte allerdings etwas weniger ruppig sein und dafür noch selbstbewusster. Gründe gibt es genug. Die letzten Mauern in den Köpfen sehe ich schon fallen. Dann können Ost und West noch mal Seite an Seite gemeinsam für ihre tolle Stadt durchstarten.

Quellenverzeichnis

COST&LOGIS (2009): Check-Up 2009. Die Hotelerie in Zahlen, Ausgabe vom 28.07.2009.

NIEDERBERGHAUS, T. (2009): Gäste sind Luxus, online: http://www.zeit.de/2009/29/Krisenhotels?page=1, Stand: 09.07.2009, Abruf: 10.08.2009.

Das Konzerthaus am Gendarmenmarkt im neuen Berlin

FRANK SCHNEIDER

Konzerthaus Berlin

1 Das *Konzerthaus* am Gendarmenmarkt – Ein kurzer historischer Abriss 367
2 Das *Konzerthaus* am Gendarmenmarkt – Ein Blick auf die Zeit der Wende 368
3 Das *Konzerthaus* am Gendarmenmarkt – Die kulturelle und wirtschaftliche
   Situation nach der Wende 369
4 Das *Konzerthaus* am Gendarmenmarkt – Die kulturelle und wirtschaftliche
   Neuausrichtung 370
5 Das *Konzerthaus* am Gendarmenmarkt – Ein neues Fundraising-Konzept
   gegen die Finanzmittelknappheit 372
6 Das *Konzerthaus* am Gendarmenmarkt – Einige Schlussbemerkungen 373

1 Das *Konzerthau*s am Gendarmenmarkt – Ein kurzer historischer Abriss

Der Gendarmenmarkt in Berlin, seit seiner Planung vor über 300 Jahren erst religiöse, dann militärische und merkantile, schließlich die kulturelle Mitte der so genannten Friedrichstadt, darf darüber hinaus von Anfang an als ein gewichtiges Zentrum des gesamtberlinisch-preußischen Geisteslebens gewertet werden. Hier bewiesen Könige Ausländerfreundlichkeit und religiöse Toleranz, indem sie verfolgten Hugenotten eine neue Heimat boten. Hier lebte seit dem 18. Jahrhundert die geistige Elite der Stadt und diskutierte in Salons und Cafés so manche soziale und politische Utopie. Hier gebar unter anderem der große romantische Dichter *E.T.A HOFFMANN* seine Gesellschaftssatiren im berühmten Weinkeller von *Lutter & Wegner*; hier auch grassierten subversive Gedanken der Schüler des bedeutenden Philosophen *GEORG WILHELM FRIEDRICH HEGEL*, hier begannen protestierende Marktfrauen den so genannten Kartoffelkrieg und konzentrierten sich die Kämpfe der Revolution von 1848. Besonders in *KARL FRIEDRICH SCHINKEL*s Theater artikulierten sich das Freiheitspathos und die Friedenssehnsüchte der literarischen Klassiker, der Romantiker, der jungen Avantgarde in der Zeit der Weimarer Republik und der besten deutschen Schauspieler auch in der Hitlerzeit unter der Intendanz des berühmt-berüchtigten Schauspielers *GUSTAV GRÜNDGENS*. An diesem Ort äußerte sich – seit der Uraufführung von *CARL MARIA VON WEBERS* „Freischütz" im Jahre 1821 – emphatisches Nationalgefühl und wurde zugleich eine musikalische Künstlerelite (erinnert sei etwa an *NICOLÒ PAGANINI*, *FRANZ LISZT* oder *RICHARD WAGNER*) dankbar umjubelt.

In diesem Haus – einer Ruine des II. Weltkriegs wie das ganze Areal – ist nach seiner umfunktionierten Rekonstruktion als Konzerthaus seit 1984 die musikalische Welt zu Gast, und auch hier – was immer zu den kunstpolitischen Repressionen oder repräsentativen Monstrositäten der DDR-Zeit kritisch zu vermerken wäre – haben die Mitarbeiter wie Musiker dieses Hauses auch unter besonders wachsamer Parteikontrolle Millionen Besuchern beim Hören großer Musik das Träumen von einer „besseren Welt" nicht verwehrt.

Freilich wollte das Regime mit der Restaurierung der kostbaren historischen Immobilie als Kulturstaat glänzen – ähnlich wie im Falle der Dresdner *Semperoper* und des Leipziger *Gewandhauses* – und speziell ein inzwischen entspannteres Verhältnis zur preußischen Kulturgeschichte demonstrieren. Da in Ostberlin genügend Theaterbauten vorhanden waren, aber für die großen Orchester ein wirklich guter Konzertsaal fehlte, kann man auch post festum die Umfunktionierung zu einer Konzertstätte akzeptabel finden. Die Regierung ging ursprünglich von der Implantierung moderner Säle in die *SCHINKEL*sche Hülle aus, ließ sich aber von den Architekten und deren Respekt vor dem großen Baumeister zu einer kostspielig historisierenden Innengestaltung bewegen. Alles in allem dachte man an ein Gegenstück zur Westberliner neuen *Philharmonie*; da aber ein vergleichbar renommiertes Orchester nicht zur Verfügung stand, wurde mit viel Personal und enormen Aufwendungen (nicht zuletzt an Devisen) eine opulente, international ausgerichtete Bespielungspolitik organisiert, die bald weltweit durchaus mit Wohlwollen honoriert wurde – während man kaum ahnen konnte, dass auch dieses Projekt das Land überfordern und zu seinem ökonomischen Kollaps beitragen würde.

2   Das *Konzerthaus* am Gendarmenmarkt –
Ein Blick auf die Zeit der Wende

Die Wende brachte natürlich auch für das *Konzerthaus* eine neue Situation und – nach Entfernung der alten Kader – eine neue Leitung mit völlig veränderten Aufgaben, ohne die alten Privilegierungen, innerhalb quasi kameralistischer Zwänge, unter den Maßgaben eines wirtschaftlich rigiden Kontrollsystems für Regiebetriebe und unter den seltsam leistungsfremden Mechanismen des Öffentlichen Dienstes.

Die sozialistisch-solitäre Glanzposition zerfiel rasch, und in der nun mauerlos offenen Stadt musste inmitten einer ungekannt harten Konkurrenzstruktur auch auf künstlerischem Gebiet nach einer sinnvollen Identität gesucht werden. Während nun erfreulicherweise die alten ideologischen Bevorzugungen und Begrenzungen im Hinblick auf Spielplankonzept und künstlerische Gäste wegfielen und sich ein ungeahnter Freiraum schöpferischer Gestaltungsmöglichkeiten eröffnete, hielt sich die finanzielle Ausstattung seit der Vereinigung der Stadt in engen Grenzen, konnte von politischer Großzügigkeit keine Rede sein. Daher konzentriert sich namentlich die Rolle des Intendanten – anstatt vor allem das musikalische Angebot mit seinen Mitarbeitern zu organisieren – angesichts fortwährender Sparrunden des Senats auf die Verteidigung seines Haushalts und die Suche nach neuen finanziellen Ressourcen in dieser per definitionem armen, vom Bund auch kulturell nur restriktiv unterstützten Kapitale.

Zu den ersten ungewohnten Aufgaben gehörte die organisatorische Zusammenführung des Hauses mit dem Berliner Sinfonie-Orchester, das kurz nach der Wende zur Abwicklung bestimmt worden war, aber schließlich – nicht zuletzt wegen der damals circa 16.000 Abonnenten aus dem Ostteil – als Hausorchester figurieren und im Rahmen eines übergreifenden Angebotsspektrums funktionieren sollte. Damit verbunden waren die Neuordnungen, die tariflichen Eingruppierungen und vor allem die Verringerung des Verwaltungspersonals auf das Niveau vergleichbarer Institutionen, vor allem der *Philharmonie*. Bis auf die richtige Grundentscheidung, dass das *Konzerthaus* alternativ zur *Philharmonie* (die jenseits der Bedürfnisse des Orchesters vermietet wird) als programmatisch selbst-produzierende Einrichtung (weit über das Orchester hinaus) geführt werden sollte, hat sich die Landespolitik seither konzeptioneller Überlegungen weitgehend enthalten und vorwiegend nur Interesse daran gezeigt, wo – neben den ruinösen, selbst zu erwirtschaftenden Tarifsteigerungen – Sparpotentiale zu entdecken sind.

Kulturpolitik gegenüber dem *Konzerthaus* beschränkte sich auf Haushaltspolitik sowie offenkundig auf die Überlegung, einen wirklich produktiv entfalteten Wettbewerb mit der *Philharmonie* gar nicht erst aufkommen zu lassen. Immerhin hat man sich auf Substanzerhaltung im Sinne des Einigungsvertrags verständigt und sich eigenen Ideen des *Konzerthauses* im Hinblick auf marktwirtschaftliche Grundlagen und viele anderweitig notwendigen Innovationen in den Bereichen der Verwaltung, des Marketings oder der Technik nicht verschlossen.

3 Das *Konzerthaus* am Gendarmenmarkt – Die kulturelle und wirtschaftliche Situation nach der Wende

Es stand die Aufgabe, dass das *Konzerthaus* – aufgrund seiner exponierten Lage am Gendarmenmarkt, als attraktives Architekturdenkmal und kunstgeschichtlich höchst signifikanter Ort – im Bereich des Musiklebens einen eigenständigen, international ausstrahlenden Beitrag auf dem Weg der ungeteilten deutschen Hauptstadt zu einer europäischen Kulturmetropole von Weltrang leistet: Klassische Musik auf höchstem Niveau in Berlins klassischer Mitte auf historischem Boden. Damit startete der Versuch, diesen „Auftrag" vor allem durch ein ebenso reich differenziertes wie programmatisch exklusives Konzertangebot in drei, mittlerweile sogar vier Spielstätten zu realisieren.

Das Orchester des Hauses, ursprünglich *Berliner Sinfonie-Orchester*, dann 2006 umbenannt in „Konzerthausorchester", bildete mit seinem großen Abonnentenstamm eine stabile Basis und wurde – mit der Maßgabe weiterer inhaltlicher und interpretatorischer Profilierung seitens der Chefdirigenten und hochkarätiger Gäste – in die inhaltliche Spezialisierung einbezogen. Dazu gehören – neben dem klassisch-romantischen Kernrepertoire – als besondere Akzente: Entdeckungen im gesamten geographischen und historischen Spektrum der europäischen (und von Europa inspirierten) Musikgeschichte, die starke, „geförderte" Präsenz der Alten und der Neuen Musik (mit jährlich mehreren Uraufführungen), wechselnde thematische Schwerpunkte (etwa zu Jubiläen großer Komponisten), die Förderung des künstlerischen Nachwuchses sowie speziell konzipierte Angebote für Kinder und Jugendliche.

Zur Ausprägung des Profils (auch als Alleinstellung gegenüber der *Philharmonie*) war es notwendig, die Produzentenfunktion zu stärken, kooperative Strukturen auszubauen, vorwiegend Spezial-Ensembles und vom Repertoire her interessante Solisten der internationalen Spitzenklasse zu präsentieren sowie unkonventionelle, neuartige Veranstaltungsformate, auch gelegentlich mit Event-Charakter, zu entwickeln und die Rahmenbedingungen im Service-Bereich modernen Anforderungen stets aufs neue anzupassen.

Nach langen Appellen wegen zusätzlicher Mittel konnten im Großen Saal die überaus problematischen akustischen Verhältnisse (als dubioses Erbe aus der DDR) weitgehend saniert werden und gewährleisten jetzt die notwenige Durchhörbarkeit sowie eine wohltuende Opulenz des Klangs der unterschiedlicher Stilarten von Musik. Bei den künstlerischen Vermietungen muss der Weg dahin gehen, weniger von Einnahmen abzuhängen, als nach künstlerischer Qualität zu fragen, die das programmlich exklusive Selbstverständnis des Hauses nicht beschädigt, sondern stärkt. Und selbstverständlich ist das Haus auch für repräsentative nicht-künstlerische Veranstaltungen nutzbar, nachdem der musikalische Terminkalender gefüllt ist.

Das Land Berlin unterhält mit dem Regiebetrieb *Konzerthaus* und der *Stiftung Berliner Philharmonie* zwei Einrichtungen für den Konzertbetrieb, die angesichts der Fülle der städtischen Orchester, Chöre und anderer Ensembles im Kammermusikbereich sowie des großen Bedarfs privater Veranstalter unverzichtbar sind. Die scheinbare Doppelung der Funktionen – eine Folge der ehemals geteilten Stadt – wird weitgehend aufgehoben durch die gravierenden Unterschiede der architektonischen Substanz, der raumästhetischen Disposition der Säle und vor allem beim *Konzerthaus* durch ein übergreifendes, nicht kommerziell geprägtes Programmprofil von insgesamt über 300 Konzerten, wovon das hauseigene Sinfonie-Orchester ein Drittel für seine Abonnenten bestreitet – mit einem Etat für künstlerische Gäste übrigens, der in vergleichbarer Höhe den Philharmonikern für sich allein zur Verfügung steht. Mit diesen Mitteln wird ein Konzertplan auf hohem künstlerischen Niveau erstellt – vorzugsweise für Bereiche des Musiklebens, die von den uns auch mietenden privaten Veranstaltern nicht abzudecken, aber kulturpolitisch unverzichtbar sind: beispielsweise Bereiche der Neuen und der Alten Musik, der Nachwuchsförderung, des besonderen Augenmerks auf thematische Zyklen oder grenzüberschreitende Gattungen. Wir wollen durchaus die vermeintlich „schwächeren" Aspekte des Kulturbetriebs zu unserer unverzichtbaren „Stärke" machen; wir geben einer nicht-alltäglichen und exquisiten Programmvielfalt bei Konzentration auf bestimmte Schwerpunkte den Vorzug vor einem äußerlich glanzvollen Mainstream, dem *HEGELs* geschichtsnotorische „Furie des Verschwindens" regelmäßig auf dem Fuße folgt; und wir hoffen darauf, dass sich unsere Strategie im doppelten Sinne auszahlt: als Gewinn für ein wirklich noch musikinteressiertes Publikum und als gesellschaftlicher Wille, solchen Zuwachs an ästhetischem Kapital mit dem dafür erforderlichen idealischen Enthusiasmus sowie den unvermeidlichen materiellen Zuwendungen zu ermöglichen.

Es scheint damit aber in unseren Zeiten auch für das *Konzerthaus* – nach 190jähriger opulenter Absicherung durch den preußischen Staat und zuletzt durch die Regierung der DDR – nicht mehr zum Besten zu stehen, denn tatsächlich bildet das einzige Konstante und vorhersehbare Moment innerhalb der desaströsen Imponderabilien der Berliner Kulturpolitik die regelmäßigen Haushaltsabsenkungen bzw. -deckelungen der ihr unterstellten großen und kleinen Institutionen. Dennoch ist es in den vergangenen Jahren dem *Konzerthaus* gelungen, sich in der musikinteressierten Öffentlichkeit neu zu positionieren und zu profilieren – was angesichts der radikal veränderten Rahmenbedingungen nach dem Mauerfall und der völlig neuen kulturpolitisch-soziologischen Situation Anfang der 1990er Jahre durchaus nicht als Selbstverständlichkeit anzusehen ist. Star-Solisten und -Dirigenten sowie die internationalen Spitzenorchester „rechneten" sich beispielsweise nur in der um 800 Plätze größeren *Philharmonie*; das Publikum, welches unser Haus stets bis auf den letzten Platz gefüllt hatte, blieb bei steigenden Eintrittspreisen, geringem Einkommen und hoher Arbeitslosigkeit der Ost-Klientel und wohl auch in Ermangelung der teuren „Big Names" immer häufiger den Konzerten fern. Das Haus brauchte einen neuen konzeptionellen Ansatz für die künstlerische Bespielung, der ihm eine eigenständige Position in der Stadt und in der internationalen Musikwelt aufs Neue sichern konnte. Heute dürfen wir mit einigem Recht behaupten, dass die Umstrukturierung des Hauses hin zu einer Kultureinrichtung, die auch nach betriebswirtschaftlichen Maßstäben funktioniert, erfolgreich vollzogen ist.

4   Das *Konzerthaus* am Gendarmenmarkt –
Die kulturelle und wirtschaftliche Neuausrichtung

Neben der umfänglichen Eigenbespielung mit einem im internationalen Vergleich eher dürftigen Budget (und einem katastrophal niedrigen für die Bewerbung) fungiert das Haus als Dienstleister für zahlreiche weitere Orchester, Chöre und Ensembles der Stadt im Umfang von jährlich etwa 250 Konzerten. Schließlich wird der berühmte *SCHINKEL*-Bau als attraktive Stätte gesellschaftlicher Ereignisse, vor allem der repräsentativen Festkultur der Medien, der Wirtschaft und der Politik vielfältig genutzt, was mittlerweile international bekannt – vielleicht schon zu bekannt ist. Vor allem diesem Nebenaspekt der Vermietungen verdankt das

Konzerthaus eine Fülle von Kontakten zu den unterschiedlichen gesellschaftlichen Kreisen, die in vielen Fällen zu regulierten Partnerschaften geführt haben, von denen beide Seiten weit über die klassischen Beziehungsformen des Sponsoring hinaus profitieren. Dabei geht es nicht nur um die gezielte Förderung einzelner Konzertprojekte in Form monetärer Zuwendungen und entsprechender Gegenleistungen, die natürlich (gegenwärtig etwa mit einer Summe von 150.000 EUR pro Jahr) die künstlerischen Vorhaben absichern helfen.

Das Haus profitiert auch, circa im doppelten Umfang, von mannigfaltigen Arten eines Sachsponsoring von der medialen Unterstützung über Hilfen bei der Modernisierung von Technik, Verwaltung und Besucherservice, bei der Schulung von Personal oder der Anwendung neuer Kommunikationsstrategien bis hin zu Erfindung und Anwendung des Corporate Design, neuartiger Werbemaßnahmen oder baulicher Veränderungen, deren vielfältig kostensenkende Effekte den stets angespannten Haushalt entlasten und in vielen Fällen zukunftsorientierte Investitionen überhaupt erst ansatzweise ermöglichen. Diese wohlwollenden, partnerschaftlichen Geschäftsbeziehungen sind uns aber nicht nur aus praktisch-naheliegenden Hilfs-Gründen erwünscht und mittlerweile unverzichtbar, denn sie schaffen darüber hinaus bei fantasievoller Umsetzung auch ein intellektuelles und emotionales Klima von Verbundenheiten, aus dem über den damit verbundenen Image-Transfer ein eigenwertiges Netzwerk kultureller Vermittlungen und damit das wichtige Segment eines neuen Publikums mit kenntnisreichen Bedürfnissen nach guter Musik entstehen kann.

Obwohl die eben beschriebene Form der bilateralen Kontakte zwischen einer Kultureinrichtung und interessierten Kreisen vor allem aus der Wirtschaft mittlerweile zur gleichsam alltäglichen Praxis gehört (die selbstverständlich auszubauen sein wird), ist dem *Konzerthaus* auch das Wunder einer Ausnahmeförderung zuteil geworden, die nicht verschwiegen werden soll, da sie ohnehin spektakuläre Schlagzeilen produzierte und beweist, dass klassisches, uneigennützig schenkendes, großzügigstes Mäzenatentum im Hinblick auf Kunst nicht nur dem Reich früherer Geschichte oder gar der Märchenerzählung angehören muss. Der bekannte Versandhausgründer *WERNER OTTO* half uns mit 4,5 Mio. EUR ein Projekt zu realisieren, das ohne seine Spende Utopie geblieben wäre: den Umbau eines bei der DDR-Rekonstruktion vernachlässigten und vor allem akustisch problematischen Orchesterprobensaals im Nordflügel des *SCHINKEL*-Baus zu einer vom Architekten *PETER KULKA* radikal modern gestalteten, vielfältig nutzbaren, öffentlich zugänglichen und durch raffinierten technischen Komfort schnell verwandelbaren vierten Spielstätte. Dort kann nun seit 2001, nach nur neunmonatiger Bauzeit bei laufendem Spielbetrieb, das hauseigene Orchester tagsüber weiterhin nun unter hervorragenden Bedingungen proben. Der Raum lässt sich schnell für ein Auditorium verwandeln, das beispielsweise experimentelle Musik, multimediale Konzerte, Lesungen oder Veranstaltungen im Zusammenspiel verschiedener Künste erleben wird, um von der Eignung des flexiblen Saals für Empfänge, Bankette und andere gesellschaftliche Anlässe nicht weiter zu reden. Das *Konzerthaus* kann von dieser Errungenschaft seines neuen „*WERNER-OTTO*-Saals" künstlerisch und wirtschaftlich gleichermaßen profitieren und möchte gern hoffen, dass dieses außerordentliche Beispiel zum Nutzen der Kunst Schule macht, obwohl eher zu befürchten steht, dass es sich unter den obwaltenden schwierigen Verhältnissen auch für die Wirtschaft um ein ziemlich singuläres Ereignis gehandelt haben wird, das nicht hoch genug zu preisen ist.

**5   Das *Konzerthaus* am Gendarmenmarkt –
       Ein neues Fundraising-Konzept
       gegen die Finanzmittelknappheit**

Um in berechenbare Gefilde zurückzukehren, muss wieder bei den sinkenden öffentlichen
Zuwendungen für unseren künstlerischen Betrieb angeknüpft werden. Sie erlauben derzeit
noch so etwas wie eine musikalische Grundversorgung, aber verbieten uns weitgehend künstlerisch opulente Sonderprojekte, mit denen das Haus eigentlich über Berlins Grenzen hinaus
und seiner großen Tradition entsprechend glänzen sollte. Statt bei der Politik aber über unzu-
längliche Ausstattung permanent zu klagen (was ohnehin erfahrungsgemäß nicht hilft), ging
das *Konzerthaus* den Weg, sich aus eigenen Kräften und mit eigener Initiative über die Akquisition von Drittmitteln größere Spielräume zu verschaffen. Mit Hilfe der international
operierenden Unternehmensberatung *A.T. Kearney*, die ähnliche erfolgreiche Formen in den
Vereinigten Staaten unterstützt, wurde deshalb ein professionelles Fundraising für das *Konzerthaus* initiiert. So entstand der Verein *Zukunft Konzerthaus*, der dank der Vermittlung der
Berliner Kulturverwaltung eine anfänglich aus Bundesmitteln finanzierte, gleichsam haupt-
amtliches Fundraising-Management hat. Mit diesem Modellversuch soll gezeigt werden, dass
Fundraising nach amerikanischem Vorbild auch in der deutschen Kulturszene, trotz fehlender
Traditionen und ungünstiger steuerlicher Voraussetzungen, eine erkennbar fördernde Chance
hat, wenn es professionell gestaltet wird. Allein die ungewöhnliche Partner-Konstellation aus
Senat, Bund, Unternehmensberatungsgesellschaft und öffentlich unterhaltener Kultureinrichtung zeigt, mit welch großen Hoffnungen das Modell „Zukunft Konzerthaus" begleitet wird,
und namhafte Persönlichkeiten aus Wirtschaft, Politik und Kultur engagieren sich im Kuratorium für seinen Erfolg.

Im Grunde geht es dabei um eine systematische und langfristige Vernetzung von bürger-
schaftlichem Engagement mit den künstlerischen Zielen des *Konzerthaus*es, um die Etablierung eines Kreises von Privatpersonen und Unternehmen, die als Spender und Förderer wirken. Wir sind überzeugt vom wechselseitigen Nutzen einer solchen Verbindung, weil ein
erkennbares Interesse von Partnern gerade am Gedeihen illustrer Kunstinstitutionen für die
Zukunft wichtige gesellschaftliche Signale setzt – nicht zuletzt für ihr positives Image in der
Öffentlichkeit, wenn sie aktiven Gemeinsinn beweisen und die Notwendigkeit von Hochkultur als bürgerschaftliche Herausforderung begreifen.

Als wichtige Voraussetzung dafür stellte *A.T. Kearney* für mehr als ein Jahr kostenlos ein
erfahrenes Beraterteam zur Verfügung, das zusammen mit der Leitung des *Konzerthaus*es ein
umfassendes Fundraising-Konzept erarbeitete und dabei von der Frage ausging, wie sich das
Haus gegenüber potentiellen Förderern eindeutiger, prägnanter und dynamischer als bislang
präsentieren konnte. Als erstes sichtbares Ergebnis – ebenfalls ein Förderprojekt der weltweit
operierenden Networking-Agentur *BBDO* – wurde eine neues Markenkonzept gefunden, mit
dessen Hilfe sich das Haus jahrelang erfolgreich in der Öffentlichkeit positionierte und seine
charakteristischen Angebote – ausgehend von der Dachmarke einer vibrierenden Note – sofort klar gegliedert und eindeutig erkennbar machte. Zweitens wurde der erwähnte Förder-
kreis gegründet, der das private Engagement initiiert und koordiniert und der nach bestimmten Leitlinien handelt. Ihnen zufolge unterstützt er das *Konzerthaus* „in seinem Ziel, sich als
international maßgebendes musikalisches und gesellschaftliches Zentrum in der historischen
Mitte Berlins zu etablieren". Er handelt „als Fürsprecher und Lobbyist für das Haus und sein
Orchester". Er hilft der Einrichtung bei den vielfältigen Angeboten und gezielten Maßnahmen

zur Gewinnung neuer Hörerschichten für klassische Musik und damit „bei der Sicherung ihres zukünftigen Publikums". Und schließlich präsentiert er den Förderern ein „attraktives musikalisches und gesellschaftliches Klima" in einem exklusiven architektonischen Rahmen mit der Gelegenheit zur Begegnung mit Künstlern, zum Erlebnis niveauvoller Events, zum Gedankenaustausch mit der Kulturszene der Hauptstadt, und nicht zuletzt natürlich zum repräsentativen Engagement für eine vielfältige Palette von Sonderprojekten, die das *Konzerthaus* noch attraktiver erscheinen lassen werden. Sie reichen von der Unterstützung spezieller Konzertzyklen oder einzelner Gala-Veranstaltungen über die Versorgung des Orchesters mit hochwertigen Instrumenten, eine notwendige Neubestuhlung des Großen Saals und dessen akustische Optimierung bis zum Vorschlag eigener Ideen zur Steigerung der gesellschaftlichen Attraktivität des Hauses. Obwohl die Formen des Engagements persönlich wie korporativ sein können, sind sie doch in jedem Fall mit einer Reihe von Vorteilen und sogar Privilegien verbunden, unter denen man das ideelle Moment eines demonstrativen Bekenntnisses zur Kunst als notweniger Triebkraft, geistiger Schärfung und emotionaler Steigerung unserer Lebensverhältnisse nicht gering schätzen sollte.

Obwohl es bei diesem Vorhaben nicht darum gehen kann, die öffentliche Hand aus ihrer grundsätzlichen Verantwortung für eine auskömmliche Finanzierung künstlerischer Einrichtungen zu entlassen, spürt man doch allenthalben zur Zeit in Deutschland eine Erosion der politischen Verpflichtungen zum Nachteil der künstlerischen Angebote und damit zum Schaden für die Kunst. Gerade deshalb gibt es auch für uns zum etablierten Fundraising-Konzept und damit zu den Aktivitäten des Fördervereins „Zukunft Konzerthaus" keine erkennbare Alternative. Aber wir erfahren auch, dass das vielbeschworene Prinzip des aktiven Bürgersinns, des „Corporate Citizenship", einen langen Atem braucht, um wirklich wirksam erfolgreich zu sein. Ein Förderselbstverständnis wie beispielsweise in den Vereinigten Staaten muss erst langsam aufgebaut werden, denn manches Mal verkehren sich zur Zeit noch die Verhältnisse zu Lasten der Institution, wenn die investiven Maßnahmen im Hinblick auf Zeit, Manpower und Kosten die erwünschten und erhofften Effekte der partnerschaftlichen Zuwendung zu stark neutralisieren. Die Anfragen von Institutionen und staatlichen Organisationen zum Fundraising-Konzept des *Konzerthauses Berlin* machten aber deutlich, dass die Nachfrage erkennbar anzieht und sich ein entsprechendes Selbstverständnis schrittweise bildet. Bemisst man den Erfolg allein an den direkt eingeworbenen Mitteln, könnte er durchaus größer sein. Jedoch ist es die Überzeugung aller Beteiligten an dem Projekt, dass es erfolgreich sein kann – besonders dann, wenn in der Gesellschaft der Sinn für die unverzichtbaren Werte von Kunst für unsere Lebensqualität geschärft wird und die Aufgabe ihrer Förderung als ureigenste Sache möglichst vieler Menschen verstanden wird.

6 Das *Konzerthaus* am Gendarmenmarkt – Einige Schlussbemerkungen

Für das *Konzerthaus* lohnt sich insbesondere ein Engagement, denn es erscheint zumindest in seiner architektonischen Gestalt ein unzerstörbar stabiles Vermächtnis zu sein. Jetzt und gewiss auch zukünftig erfüllt der berühmte Baumeister KARL FRIEDRICH SCHINKEL in mancher Hinsicht die Rolle eines mächtigen Schutzpatrons, denn einerseits ermahnt er uns täglich, der Pracht und Würde des Domizils durch ein adäquates künstlerisches Innenleben zu entsprechen, also musikalische Angebote zu machen, die dem Rang und der Vielfalt seiner Intentionen einigermaßen zu entsprechen vermögen. Andererseits kann man sicher sein, dass der kunstgeschichtliche Ruhm dieses Theaterbaus und die bedeutende kulturelle Tradition auch in Zukunft irgendwie schützen wird – etwa vor den immer einmal wieder auftauchenden Erwägungen, angesichts knapper werdender Kassen des Landes, dem Haus die Kunst allmählich auszutreiben und es vorwiegend als attraktive Immobilie dem repräsentativen und anderweitig kunstfern-gesellig-kulinarischen Event-Bedürfnissen der modernen Gesellschaft noch weit intensiver verfügbar zu machen als schon heute. Man würde dabei in Kauf nehmen müssen, dass jener weit größere Teil der Öffentlichkeit gleichzeitig ausgegrenzt würde, der an diesem historisch prägnanten Ort nach klingender Kunst verlangt und für artifizielle Belebung sorgt.

Angesichts der finanziellen Nöte des Landes Berlin ist die Gefahr nicht gebannt, dass der künstlerische Kern weiter abschmilzt und das Haus einer wahl- und niveaulosen Mietnutzung preisgegeben wird. Wer das will, kann natürlich dann auch die nostalgisch-unspezifische Gattungsbezeichnung für das Gebäude als Schauspielhaus wieder benutzen, Wer aber will, dass auch zukünftig die besondere Aura des SCHINKELbaus von der Exklusivität seiner künstlerisch geprägten und nun musikalisch akzentuierten Tradition ausgeht, sollte nicht nur den Namen *Konzerthaus* verteidigen, sondern die Einrichtung dabei unterstützen, in allen denkbaren Formen eines bürgerschaftlichen Engagements auch weiterhin der musikalischen Kunst zu ihrem Glanz zu verhelfen, eben weil hier (mit JOHANN WOLFGANG VON GOETHE) besonders „notwendig", „schön" ohnehin und schließlich „zweckend dem Ganzen" – will sagen: dem Erhalt des Rufs von Berlin als einer Weltstadt der Musik, ohne den doch letztendlich, darin kann man sich wohl einig sein, die nun ungeteilte deutsche Hauptstadt auf einen ihrer signifikantesten Vorzüge auch für ihr wirtschaftliches Gedeihen und ihr weltweites kulturelles Image verzichten müsste.

Vom sozialen Wohnungsbau zur neuen Urbanität Berlins – Städtebauliche Trends und Herausforderungen nach der Wende

KLAUS GROTH

Groth Gruppe

1	Reflektion der geschichtlichen Entwicklung im Städtebau	377
2	Bauen in West-Berlin zur Zeit der Mauer	378
3	Schaffung neuer Vorstädte nach der Wende	380
	3.1 Kirchsteigfeld – Die neue Vorstadt in Potsdam-Drewitz	381
	3.2 Neu-Karow – Die neue Vorstadt im Berliner Norden	383
	3.3 Von der Schaffung großflächiger Stadtteile zur Errichtung hochwertiger Wohnensembles	384
4	Bauen für die Hauptstadt des wiedervereinigten Deutschland	385
	4.1 Berliner Architekturdebatte: Der Kritische Rekonstruktivismus und das Leitbild der europäischen Stadt	385
	4.2 Regierungsumzug in die neue Hauptstadt Berlin	386
	4.3 Das Tiergartenviertel als Bindeglied zwischen City-Ost und City-West	388
5	Bauen für die internationale Metropole Berlin	391
6	Blick nach vorne	395
	Quellenverzeichnis	397

1   Reflektion der geschichtlichen Entwicklung im Städtebau

Jede Epoche prägt ihre Zeit in vielfacher Hinsicht – Literatur, Kunst, Musik und Architektur spiegeln den jeweiligen Zeitgeist wider. Berlin ist dabei eine der spannendsten Metropolen der Welt, die die Spuren vieler Epochen und Systeme trägt. Hier standen sich vier Jahrzehnte lang das kapitalistische und das sozialistisch-kommunistische System direkt gegenüber. Symbol der Teilung Deutschlands und Europas war die Berliner Mauer. Die unterschiedlichen Weltanschauungen hinterließen auch unterschiedliche Architektursprachen. Heute – 20 Jahre nach der friedlichen Revolution gegen das DDR-Regime – stehen sich in Berlin repräsentative Häuser der Kaiserzeit, typische Nachkriegsgebäude sowie sozialistische Bauten gegenüber. Aus architektonischer Perspektive ist Berlin ein einzigartiges und unfertiges Patchwork, das gerade wegen seiner Unfertigkeit viel Gestaltungsspielraum bietet und hierdurch weltweit eine enorme Anziehungskraft ausübt.

Die *Groth Gruppe* kam 1982 in die damals noch geteilte Stadt Berlin. Durch die vielfältigen Tätigkeiten im Immobiliensektor hatte das Unternehmen die einmalige historische Chance, das Gesicht der Stadt im Laufe der Jahrzehnte wesentlich mitzugestalten. Anfang der 1980erJahre war die *Groth Gruppe* als Projektentwickler und Bauträger für die Schaffung von dringend benötigtem Wohnraum zuständig. Im Rahmen der Internationalen Bauausstellung (IBA) 1984 setzte das Unternehmen in Kooperation mit namhaften internationalen Architekten wie *MAX HOLLEIN*, *ROB KRIER*, *GEORGI GRASSI*, *ALDO ROSSI* und anderen neue Maßstäbe im öffentlich geförderten Wohnungsbau.

Unmittelbar nach der Wende standen erneut städtebauliche Projekte in attraktiven Lagen im Fokus. Berlin erlebte Anfang der Neunziger Jahre eine Phase kräftiger Bevölkerungszuwächse. Dabei wurde allerdings nicht einmal im Ansatz der damals viel zu euphorisch prognostizierte enorme Anstieg auf bis zu sechs Millionen Einwohner erreicht. Angesichts der Bevölkerungszunahme wurden nicht nur kleine innerstädtische Flächen bebaut, sondern auch große zusammenhängende, ursprünglich landwirtschaftlich genutzte Areale am Stadtrand zu neuen Stadtvierteln entwickelt. In kurzer Zeit musste der Knappheit adäquaten Wohnraums in Ost-Berlin und Brandenburg begegnet werden. Mit der Realisierung der neuen Vorstädte Kirchsteigfeld in Potsdam-Drewitz und Neu-Karow in Berlin-Weißensee definierte die *Groth Gruppe* neue Qualitäten im Wohnungsbau. Neben dem Bau attraktiver Wohnungen, die den Menschen in den Mittelpunkt rückten, wurde eine gesamte Infrastruktur mit Schulen, Kitas, Läden und Arztpraxen geschaffen sowie ein Stadtteilmanagement ins Leben gerufen, das sich den Bedürfnissen und Problemen der unterschiedlichen Bevölkerungsgruppen annahm. Die Entwicklung von Flächen in Ostdeutschland war zur Zeit des Mauerfalls stark durch unklare Eigentumsverhältnisse beeinflusst. Viele innerstädtische Grundstücke konnten aufgrund langwieriger Rechtsstreitigkeiten zwischen Altbesitzern und aktuellen Eigentümern lange nicht entwickelt werden.

Im Zuge des Hauptstadtbeschlusses verlagerte sich schließlich das Tätigkeitsspektrum der *Groth Gruppe*. Als Projektentwickler hatte das Unternehmen die einmalige Chance, das gesamte Tiergartenviertel im Herzen Berlins, das während der Zweiteilung der Stadt einen Dornröschenschlaf fristete, mit zu gestalten. Mit dem Tiergarten Dreieck entstand zwischen 1998 und 2001 ein neues, anspruchsvolles Stadtquartier am Rande des Tiergartens, das repräsentative Gebäude für Botschaften, Verbände, Unternehmen und Kanzleien umfasst. Auch hochwertige Wohnungen fanden hier ein angemessenes Quartier. Mit Gebäuden wie der CDU-Bundeszentrale und der Mexikanischen Botschaft im Tiergarten Dreieck sowie dem Haus der Deutschen Wirtschaft in Mitte setzte das Unternehmen städtebauliche Akzente. Analog zum Tiergarten Dreieck wurde ab 2004 das Köbis Dreieck ebenfalls als neues Stadtquartier mit einer Mischung aus Büro-, Verwaltungs- und hochwertigen Wohngebäuden konzipiert.

Als der Regierungsumzug nach Berlin mit Fertigstellung und Bezug des Kanzleramts 2001 größtenteils abgeschlossen war, verlagerte sich erneut der Tätigkeitsschwerpunkt der *Groth Gruppe*. Die Führungskräfte aus Politik und Wirtschaft suchten Wohnraum, der hohen Ansprüchen genügte und sich in urbaner Lage befand. Diesen Bedürfnissen werden hochwertige Wohnensembles wie die Stadtvillen des Diplomatenparks im Tiergarten Viertel, The Charleston am Potsdamer Platz oder auch das Hofjäger Palais im Köbis Dreieck gerecht.

Zwanzig Jahre Mauerfall sind ein guter Anlass, um ein vorläufiges Resümee zu ziehen. Die ostdeutschen Bundesländer sind längst „volljährig" und haben bereits viel erreicht. Manche, in der ersten Euphorie geschürten Erwartungen, wurden jedoch mit Ernüchterung quittiert. So erwiesen sich bspw. einige Investitionen vor allem bei Büro- und Einzelhandelsimmobilien als Fehlspekulation.[1]

Am intensivsten ist der Wandel der vergangenen zwanzig Jahre in Berlin, dem Schmelztiegel zwischen Ost und West, zu spüren. Aus der einstmals geteilten Stadt wurde ein pulsierendes Zentrum mitten in Europa, das noch eine spannende Zukunft mit vielen interessanten Projekten und städtebaulichen Entwicklungsbrachen vor sich hat. Schließlich ist Berlin heute aufgrund seiner geostrategischen Lage ein wichtiges Drehkreuz der erweiterten EU und verzeichnet als Schnittstelle zu Osteuropa, Russland und Asien eine wachsende Bedeutung.

2   Bauen in West-Berlin zur Zeit der Mauer

Um eine bessere Einschätzung der enormen Umbrüche nach dem Berliner Mauerfall zu gewinnen, blicke ich kurz auf die Zeit unmittelbar vor der friedlichen Revolution zurück. Denn hier liegen die Ursprünge der jahrzehntelangen Verknüpfung zwischen den Aktivitäten der *Groth Gruppe* und der Entwicklung von West-Berlin und dem Tiergartenviertel in Berlin-Mitte.

Namensgeber des Tiergartenviertels ist der Tiergarten. Er wurde ursprünglich zur Versorgung des kurfürstlichen Hofes mit Wild genutzt. Im 18. Jahrhundert entwickelte er sich zu einem beliebten Urlaubsziel der Berliner Bürger, die hier in den Sommerlokalen verweilten. Die ersten Häuser wurden ab dem 19. Jahrhundert errichtet. Sukzessive entwickelte sich das Tiergartenviertel zu einem eleganten Wohn- und Geschäftsquartier, in dem sich Wissenschaftler und Künstler wie BETTINA VON ARNIM oder die BRÜDER GRIMM niederließen. Aufgrund der zentralen Lage im Herzen der Stadt und der Nähe zu den Regierungsgebäuden bevorzugte auch die wirtschaftliche und politische Elite das so genannte Diplomatenviertel.

---

[1]   Vgl. *OBSTFELDER* (2008), S. 159.

Nach dem II. Weltkrieg lag das ehemalige Prachtviertel in Trümmern. Mit dem Bau der Berliner Mauer 1961 rückte die einst lebendige Mitte der Stadt an den Rand West-Berlins und fristete als Brachland einen jahrzehntelangen Dornröschenschlaf.

Eine große Problematik im West-Berlin der Achtziger Jahre war der Wohnraummangel – insbesondere im Niedrigpreissegment. Die durch Kriegszerstörung entstandenen Baulücken waren noch nicht vollständig geschlossen. Zudem war durch die räumliche Begrenzung der westlichen Stadt eine Erweiterung der Stadtgrenzen nicht möglich, was Grundstücke und insofern auch Mietpreise stark verteuerte. Um günstigen Wohnraum für sozial schwache Bevölkerungsschichten zu schaffen, wurde ab 1972 der soziale (Miet-)Wohnungsbau im so genannten 1. Förderweg durch das Land Berlin unterstützt. In der Folge wurden die meisten Wohnungsbauvorhaben in Berlin im Rahmen des geförderten, sozialen Wohnungsbaus umgesetzt. Die Realisierung der Förderprogramme war zunächst vor allem im Kompetenzbereich kommunaler Wohnungsbaugesellschaften angesiedelt, seit den 1980er Jahren aber auch für private Wohnungsbauunternehmen möglich. Das 1982 unter der damaligen Firmierung *Groth + Graalfs* gegründete freie Wohnungs- und Gewerbebauunternehmen legte zunächst seinen Schwerpunkt auf den geförderten Wohnungsbau und errichtete dringend benötigte Geschosswohnungen.

Mit der Internationalen Bauausstellung (IBA) 1984 und dem damit verbundenen städtebaulichen Wettbewerb beabsichtigte der Berliner Senat, die West-Berliner Innenstadt wieder zum attraktiven Wohnstandort zu machen. Besonders jene Bereiche der Berliner Innenstadt, die durch den Bau der Berliner Mauer 1961 in eine Randlage gedrängt worden waren, sollten entwickelt werden. Im Rahmen der IBA errichtete die *Groth Gruppe* Mitte der 1980er Jahre mit renommierten internationalen Architekten wie *MAX HOLLEIN*, *ROB KRIER*, *GEORGI GRASSI* und *ALDO ROSSI* das Wohnquartier Rauchstraße in Berlin-Tiergarten. Im Rahmen des geförderten Wohnungsbaus entstanden so attraktive Geschosswohnungsbauten, die wegen ihrer hochwertigen Architektur und der urbanen Grünlage trotz der Randlage im geteilten Berlin sehr begehrt waren und es auch heute noch sind.

Die auf einem ca. 17.600 m² großen Grundstück zwischen 1983 und 1985 errichteten neun Häuser mit 239 Wohneinheiten setzten neue Maßstäbe im öffentlich geförderten Wohnungsbau.

Ein weiteres gefördertes Geschosswohnungsprojekt war die Pfarrlandsiedlung in Berlin-Rudow. Die ansprechend gestaltete Siedlung mit 49 Einzelgebäuden und insgesamt 476 Wohnungen des Architekturbüros *PROF. RAINER OEFELEIN* zeichnet sich besonders durch den hohen Wohnwert und die attraktive Landschaftsgestaltung aus. Auch wenn der Tätigkeitsschwerpunkt der *Groth Gruppe* damals auf dem geförderten Mietwohnungsbau in Tiergarten, Schöneberg, Wedding, Tegel, Wilmersdorf, Neukölln und Lichtenrade lag, so errichtete das Unternehmen parallel einige frei finanzierte Wohnhäuser und geförderte Eigentumsmaßnahmen in Wohngebieten mit besonders hohem Wohnwert wie Dahlem, Grunewald, Zehlendorf oder Waidmannslust.

Abbildung 1:   IBA-Wohnsiedlung Rauchstraße

3   Schaffung neuer Vorstädte nach der Wende

Am 20. Juli 1991 beschloss der Deutsche Bundestag, die Hauptstadt der Bundesrepublik Deutschland von Bonn nach Berlin zu verlegen. Dies führte zu einem Bauboom ungeahnten Ausmaßes. Die Stadt konnte wieder wachsen – nicht nur an den Rändern, sondern auch innerstädtisch. Der Hauptstadtbeschluss zog einen riesigen Bedarf an Regierungsbauten und neuen Büro- und Verwaltungsgebäuden für Verbände und Unternehmen nach sich. Für die zahlreichen Neu-Berliner, die durch den Hauptstadtbeschluss zu erwarten waren, musste jedoch neuer Wohnraum geschaffen werden.

Unmittelbar nach der Wende prognostizierten einige Forschungsinstitute einen Anstieg der Berliner Bevölkerung auf bis zu sechs Millionen Einwohner. Diese Schätzungen erwiesen sich später als zu optimistisch. Dennoch verzeichnete die Stadt bis 1994 einen realen Bevölkerungszuwachs auf knapp 3,5 Millionen Einwohner. Damit war der Zuwachs jedoch moderater als prognostiziert. Parallel zum dringend benötigten Wohnraum in Ost-Berlin und Brandenburg, wo zudem die Qualität der Bestandswohnungen nicht mit der im Westen vergleichbar war, traten Suburbanisierungstendenzen auf: Das Bedürfnis an den Stadtrand zu ziehen war groß, da es lange Zeit wegen der innerdeutschen Grenze nicht möglich war. Daher wurde mit Hilfe städtebaulicher Entwicklungsmaßnahmen der Bau neuer Wohngebiete forciert, die im Rahmen eines Public Private Partnership von privatwirtschaftlichen Unternehmen realisiert wurden. An den ländlich geprägten Stadträndern wurden auf großen zusammenhängenden Arealen ganze Stadtviertel mit vollständiger Infrastruktur „aus dem Boden gestampft". Die Arbeit im ostdeutschen Immobiliensektor war zu jener Zeit durch zum Teil komplizierte Eigentumsverhältnisse geprägt. So konnten viele attraktive Flächen lange Zeit nicht entwickelt werden, da Altbesitzer ihre Eigentumsansprüche einklagten und die Rückgabe von während des Nationalsozialismus enteigneten Grundbesitzes geklärt werden musste.

Die *Groth Gruppe* gehörte in den 1990er Jahren zu den bekanntesten Beteiligten im Baugeschehen Berlins und war jeweils das erste Unternehmen, mit dem die Länder Brandenburg und Berlin einen städtebaulichen Vertrag schlossen. So entwickelte das Unternehmen die neuen Vorstädte Kirchsteigfeld in Potsdam-Drewitz für rund 7.500 Bewohner und Neu-Karow in Berlin-Weißensee für etwa 13.000 Menschen.

3.1 Kirchsteigfeld – Die neue Vorstadt in Potsdam-Drewitz

Das städtebauliche Projekt Kirchsteigfeld in Potsdam war eines der größten Wohnungsbauvorhaben in den neuen Bundesländern nach der Wiedervereinigung. Auf einem ca. 60 Hektar großen Grundstück im Potsdamer Stadtteil Drewitz entstand zwischen 1993 und 2002 eine vollkommen neue Vorstadt, die Wohnraum für rund 7.500 Bewohner schuf. Die errichteten Wohneinheiten waren größtenteils dem geförderten Wohnungsbau zuzurechnen, ein bestimmter Anteil waren jedoch Eigentumswohnungen und Reihenhäuser. Die Mischung aus sozial gefördertem und frei finanziertem Wohnungsbau ermöglichte die Entstehung einer heterogenen Bevölkerungsstruktur.

Für die *Groth Gruppe* bedeutete das Projekt mit einem Investitionsvolumen von rund einer Milliarde Euro eine völlig neue Dimension der Geschäftätigkeit. Auf Grundlage eines städtebaulichen Vertrags mit dem Land Brandenburg und der Stadt Potsdam wurden neben Wohnungen eine vollständige urbane Infrastruktur mit Büros, Praxen, Geschäften, einem Gewerbegebiet, Schulen, Kindergärten, Sport- und Freizeiteinrichtungen, weitläufigen Grünflächen, einem großen Marktplatz, vielen Kilometern Straßenland sowie einer Kirche mit einem kommunalen Zentrum errichtet. „Auch die konkrete Vorstellung, am Kirchsteigfeld einen völlig neuen Stadtteil für etwa 10.000 Menschen entstehen zu lassen – mit 2.900 Wohnungen und 150.000 m² Dienstleistungsfläche, mit zwei Schulen sowie Kindertages- und Altenpflegestätten, den zentralen Läden des täglichen Bedarfs und einer Kirche – hat unsere Motivation, ein wirklich richtungsweisende Projekt zu schaffen, erheblich verstärkt."[2]

---

[2]   *KRIER/KOHL* (1997), S. 52.

Die architektonische Vielfalt der 24 beteiligten internationalen Architekturbüros, die nach dem vom Büro PROF. ROB KRIER und CHRISTOPH KOHL verfolgten Prinzip des individuellen Hauses entstand, definierte eine neue Qualität im Wohnungsbau. Diese rückte den Bewohner des Kirchsteigfelds in den Mittelpunkt und erreichte somit eine hohe Akzeptanz der neuen Vorstadt. Ziel war es, einen Stadtteil zu schaffen, der eine hohe Lebensqualität bietet und in dem die Menschen gerne wohnen.

Die Höfe wurden zum Kern des öffentlichen „Gemeinschaftsraums". „Durch diesen Kunstgriff wurde einerseits versucht, die organische Entstehung einer `Kiez´-Hinterhofs-Kultur zu ermöglichen und dabei gleichzeitig jedem einzelnen Block auch sein Identitätsgefühl zu erhalten. […] Der große Erfolg im städtebaulichen Plan von KIER KOHL ist der kluge Umgang mit dieser Offenheit: kompakte Straßenfluchten treffen an sorgsam ausgeformten Grünräumen und Plätzen zusammen, vermitteln so Klarheit und Hierarchie und machen die vielen möglichen Schlendertouren durch die Stadt zum wahren Entdeckungserlebnis. Das Kirchsteigfeld ist mehr als ein `Urban-Village´: es integriert in seine Planung den freien Fluß von Licht und Raum, diesen größten Beitrag des 20. Jahrhunderts zum Wohnungsbau, und respektiert dabei gleichzeitig die historischen Qualitäten von Ort und Identität, die wir beim Planen `belebarer´ urbaner Formen wieder schätzen gelernt haben."[3]

Um ein funktionierendes Stadtviertel zu schaffen, war nicht nur die Errichtung einer vollständigen Infrastruktur parallel zum Wohn- und Gewerbegebiet notwendig, sondern auch die Etablierung eines aktiven Stadtteilmanagements. Die *Groth Gruppe* übernahm daher die Rolle als Partner und Förderer sozialer Prozesse bis sie sich selbständig regulierten.

Das Unternehmen blieb dem Stadtteil nach dem Ende der Bautätigkeit durch die Hausverwaltung verbunden. „Dieser Konnex garantierte das uneingeschränkte Interesse des Bauherrn an einem soliden, dauerhaften und ästhetischen Bauen. Für die Bewohner des Kirchsteigfeldes ist der Bauherr also kein anonymer Großinvestor oder Bauspekulant, sondern ein Unternehmen, das durch sein exemplarisches Engagement für eine städtebauliche Idee die Rolle des Bauherrn völlig neu definieren könnte."[4]

---

[3]   KRIER/KOHL (1997), S. 10.

[4]   KRIER/KOHL (1997), S. 16.

Abbildung 2:   Das Kirchsteigfeld in Potsdam-Drewitz

3.2   Neu-Karow – Die neue Vorstadt im Berliner Norden

Neu-Karow in Berlin-Weißensee wurde als kompletter neuer Stadtteil, der das Dorf Alt-Karow erweitert, in Rekordzeit von knapp fünf Jahren 1997 fertig gestellt. Die *Groth Gruppe* schloss 1992 den ersten städtebaulichen Vertrag mit dem Land Berlin im Hinblick auf die Erschließung, Wohnbebauung und Bereitstellung der dafür benötigten Infrastruktur einschließlich öffentlicher Bauten, Straßenland und Grünflächen. Auf einem ca. 100 Hektar großen Areal baute das Unternehmen mit Partnern rund 5.200 Wohnungen sowie Schulen, Kitas, Sportanlagen, Spielplätzen und Freizeitstätten, ein Ortszentrum mit Läden, Restaurants, Praxen, Büros und ein kirchliches und kommunales Zentrum. Heute leben etwa 13.000 Menschen in der lebendigen Vorstadt mit ländlichem Charakter.

Mit einem Gesamtinvestitionsvolumen von rund 1,25 Mrd. EUR war Neu-Karow nach der Wende das größte private Wohnungsbauvorhaben in den neuen Bundesländern. Gebaut wurden überwiegend öffentlich geförderte Wohnungen, aber auch einige frei finanzierte Wohnungen sowie Doppel- und Reihenhäuser als Eigentumsmaßnahmen. Dies ermöglichte die Schaffung einer sozial gut durchmischten Vorstadt, die durch ein aktives Stadtteilmanagement begleitet wird.

Die Ausgewogenheit, Vielfalt und Harmonie des Zusammenlebens spiegelt sich in der anspruchsvollen Architektur des kalifornischen Büros *Moore, Ruble, Yudell*. Dem einheitlichen Farbkonzept in lichten Pastelltönen verdankt die Vorstadt die Bezeichnung „Californian Dream". Zwei- bis viergeschossige Gebäude in einer aufgelockerten, durchgrünten Blockstruktur prägen das Bild und sorgen mit den „Karow-Höfen" für eine überschaubare Nachbarschaft.

So bietet Karow als Symbiose zwischen städtischem und ländlichem Wohnen mit dem historischen Dorfkern Alt-Karow einen hohen Erholungswert sowie dörfliche Identität und mit Neu-Karow eine urbane Wohnqualität.

3.3   Von der Schaffung großflächiger Stadtteile zur Errichtung hochwertiger Wohnensembles

Wie Ende der 1980er Jahre im geteilten West-Berlin, so errichtete die *Groth Gruppe* auch nach der Wende in Ost-Berlin sozial geförderte Wohnungen. Die staatliche Förderung erfolgte ordnungspolitisch aufgrund des dringend benötigten Wohnraums. Das letzte bedeutende Vorhaben in diesem Bereich war das Wohnungsbauprojekt Hansastraße in Berlin-Weißensee, das 1994 fertig gestellt wurde. Der sozial geförderte Wohnungsbau verlor jedoch ab Mitte der 1990er Jahre gegenüber den Großprojekten für die Hauptstadtentwicklung an Bedeutung. Nachdem der Wohnraumbedarf in der Hauptstadt aus ihrer Sicht gedeckt war, stellte die Senatsverwaltung die Förderprogramme ein. Somit wurde aufgrund der immer noch vergleichsweise niedrigen Mietpreise in Berlin der Bau von Mietwohnungen unrentabel beziehungsweise war ohne Subventionierung nicht mehr kostendeckend möglich. Im Bereich höherwertiger Eigentumswohnungen und anspruchsvoller Einfamilienhäuser war jedoch ein deutlicher Mangel zu verzeichnen, der durch den Zuzug gut verdienender Führungskräfte im Laufe der 1990er Jahre bedingt war.

Exemplarisch für die Trendwende im Wohnungsbau ist das Wohnensemble Arkadien in Potsdam. Mit einem Gesamtinvestitionsvolumen von rund 60 Mio. EUR errichtete die *Groth Gruppe* zwischen 1995 und 1997 auf einem idyllischen Grundstück am Ufer der Havel unmittelbar hinter der Glienicker Brücke ein elegantes Ensemble großzügiger Stadtvillen. Rund um die historische Villa Kampffmeyer, die denkmalgerecht restauriert wurde, konzipierte das kalifornische Architekturbüro *Moore, Ruble, Yudell* sieben mediterran anmutende Villen mit insgesamt 43 hochwertigen Eigentumswohnungen. Da individuelle Grundrisse entworfen wurden, gleicht keine Wohnung der anderen.

Die Architekten nahmen die Formensprache von KARL FRIEDRICH SCHINKEL und LUDWIG PERSIUS auf und orientierten sich in der Gestaltung der Häuser an der Berliner Vorstadt des 19. Jahrhunderts. In der Tradition PETER JOSEPH LENNÉS entstand eine bemerkenswerte Gartenlandschaft. Nach amerikanischem Vorbild ist das Wohnensemble mit Alarmsystem, Videoüberwachung sowie einem Doorman, der kleine Service-Leistungen übernimmt, ausgestattet.

Neben den großen städtebaulichen Projekten im Wohnsegment sanierte die *Groth Gruppe* zunehmend auch historische Büro- und Geschäftshäuser in Berlin und Potsdam. Hier gab es insbesondere im Ostteil der Stadt viele prachtvolle Geschäftshäuser der Jahrhundertwende und Villen, die während des DDR-Regimes lange ihrem Schicksal überlassen waren.

Als weiteren Geschäftsbereich baute das Unternehmen sukzessive die Errichtung neuer Büro- und Verwaltungsgebäude aus. Da sich Berlin innerhalb weniger Jahre zur Dienstleistungsmetropole und Hauptstadt gewandelt hatte, waren Gewerbeobjekte Mitte der 1990er Jahre stark nachgefragt.

4 Bauen für die Hauptstadt des wiedervereinigten Deutschland

Im Zuge des Bundestagsbeschlusses 1991, den Regierungssitz von Bonn nach Berlin zu verlegen, setzte eine umfangreiche Bautätigkeit ein. Denn nicht nur die politischen Institutionen benötigten repräsentative Gebäude, sondern auch Verbände und Unternehmen, die ihre Hauptstadtrepräsentanz nach Berlin verlegten. Im Vorfeld der Bautätigkeiten wurden in einer kontroversen theoretischen Debatte die unterschiedlichen Leitbilder erörtert.

4.1 Berliner Architekturdebatte: Der Kritische Rekonstruktivismus und das Leitbild der europäischen Stadt

Zum Zeitpunkt der Wende war Berlin besonders in der Innenstadt zu einem „Steinbruch" deutscher und internationaler Städtebau- und Architekturgeschichte geworden. Die Stadt des 19. Jahrhunderts, geschweige denn der Gründungskern aus dem 13. Jahrhundert sowie die barocke Stadterweiterung des 17. Jahrhunderts waren aufgrund der Kriegszerstörungen und Nachkriegsplanungen, die die Stadttextur dem jeweiligen System anpassten, nicht mehr erkennbar. Zudem klaffte zwischen beiden Stadthälften ein breiter Mauerstreifen.

Um die Grundlagen für den Umzug von Regierung und Parlament zu schaffen, musste der Senat in kurzer Zeit strategische Entscheidungen treffen. Dabei hatte die Stadtplanung die Aufgabe, „die widersprüchlichen Interessen der Gesellschaft im Stadtraum so abzuwägen und zu koordinieren, dass man baulich handlungsfähig wird."[5]

Hierbei arbeitete die Berliner Senatskanzlei mit zwei aufeinander bezogenen Leitbildern. Das Leitbild der *Kritischen Rekonstruktion* des historischen Zentrums – wie beispielsweise der barocken Friedrichstadt und der Dorotheenstadt – besann sich auf den historischen Grundriss mit seiner Parzellenstruktur und einer Nutzungsmischung aus Geschäfts- und Wohnhäusern. Das Leitbild der Kritischen Rekonstruktion sollte an nicht mehr rekonstruierbaren Stellen wie dem Potsdamer Platz, dem Areal am Lehrter Bahnhof und dem Alexanderplatz gemäß des Leitbilds der *europäischen Stadt* ergänzt werden. Dabei ging es nicht um eine Flucht in die Vergangenheit, sondern um die Interpretation der Regeln mit architektonischer Phantasie. Denn: „Metropole wird nur eine Stadt, die sich ihre Identität bewahrt und sich ihrer spezifischen Baugeschichte immer wieder vergewissert, indem sie das historische und städtebauliche Erbe und die architektonischen Traditionen als ihre kostbarsten Gegebenheiten akzeptiert

---

[5] *KOHLBRENNER* (2001), S. 127.

und weiterentwickelt."[6] Die Rückbesinnung auf die gemeinsame Identität sollte auch das Zusammenwachsen beider Stadthälften fördern.

Der Paradigmenwechsel von der Stadtlandschaft der Moderne zur Tradition der europäischen Stadt löste die Berliner Architekturdebatte aus. „Die eine Seite insistierte auf experimenteller Fortsetzung der europäischen Städtebau- und Architekturtradition und die andere Seite idealisierte den Maßstabsbruch, das fragmentarische Gemisch von widersprüchlichen Elementen, die in innerstädtischer Peripherie, die Vermischung von Privatheit und Öffentlichkeit und vor allen Dingen das Gebäude als freistehendes Objekt und breite Straßen für den massenhaften Autoverkehr, um darin das Planungsmodell für die Stadt des 21. Jahrhundert zu sehen."[7] Doch auch dieser Diskussionsprozess gehörte zur Selbstfindung der Stadt.[8]

„Aus dem Dialog zwischen wiederhergestelltem Stadtgrundriss und der Architektur der neuen Häuser entstand nach und nach das Neue Berlin als weithin beachtete Interpretation einer europäischen Metropole am Ende des zweiten Jahrtausends."[9] Umfang und Intensität der Bautätigkeiten waren in keiner anderen europäischen Stadt vergleichbar.

Seit 1996 erarbeitete der Berliner Senat das Planwerk Innenstadt als städtebaulichen Masterplan für die gesamte Innenstadt. Es bezieht sich auf das Gebiet zwischen Ernst-Reuter-Platz im Westen und Helsingforser Platz im Osten und reicht vom Platz am Neuen Tor im Norden bis zum Halleschen Tor im Süden. Für die Bereiche Innenstadt, Nordosten, Westen und Süden wurden eigene Planwerke erstellt. 1999 wurde das Planwerk Innenstadt vom Senat als städtebauliches Leitbild beschlossen.

4.2   Regierungsumzug in die neue Hauptstadt Berlin

Der Umzug von Regierung und Parlament leitete eine neue Epoche des politischen Lebens ein. „Die Regierungsbauten der Bundesrepublik Deutschland fielen in Bonn durch ihre Unscheinbarkeit auf. Fast versteckt lagen sie inmitten vorstädtischer Wohnidyllen [...]. An der Spree hat sich das Bild gewendet. Seit dem Umzug nach Berlin sieht sich die Bundesregierung mit dem unmittelbaren Zentrum und der wechselvollen Geschichte der Hauptstadt konfrontiert. Die Bundesbauten liegen in direkter Straßenlage, ordnen sich im historischen Zentrum und der Friedrichstadt in die städtebauliche Struktur ein oder bilden im neuen Regierungsviertel im Spreebogen neue städtische Räume."[10]

Indem die meisten Ministerien ihre neue Wirkungsstätte in Altbauten im Zentrum fanden, wurden weite Teile der Innenstadt aufgewertet. Abgesehen vom Innenministerium entstanden alle regierungsrelevanten Neubauten im so genannten Band des Bundes. Die in dem als Regierungsviertel ausgewiesenen Spreebogen liegenden Gebäude sind das Bundeskanzleramt mit Kanzlerpark, PAUL-LÖBE-Haus mit Abgeordnetenbüros und Ausschussräumen, MARIE-ELISABETH-LÜDERS-Haus mit der Parlamentsbibliothek sowie der Bauplatz des geplanten Bürgerforums. Das etwa 900 Meter lange Band „entlang der ehemaligen Berliner Mauer fun-

---

[6]   STIMMANN (1995), S. 9.
[7]   STIMMANN (2001), S. 25.
[8]   Vgl. ADRIAN (2001), S. 72.
[9]   STIMMANN (2001), S. 8.
[10]   MEUSER (1999), S. 69.

giert heute als symbolische Verbindung zwischen der City-West und dem historischen Zentrum im Osten.

„Im Spreebogen geht es um die Gestaltung eines Stadtquartiers demokratischer Herrschaft. Dies drückt sich nicht nur in der Gestalt, sondern auch wesentlich in einer städtischen Nutzung aus. Im Rahmen der Neubebauung dürfen deswegen nicht nur Gebäude für Parlament und Regierung, sondern müssen auch Räume für Kultur, Medien und andere Dienstleistungen entstehen. Gefragt, und das ist schwierig, ist ein offenes Parlamentsquartier mit vielfältigem Bezug zum Tiergarten und zur Stadt, einer erlebbaren Beziehung zur Stadt-Spree mit großzügigen Freiflächen, das ein Anknüpfen an die jüngere Tradition der Feste und auch der Kundgebungen auf dem Platz der Republik zuläßt."[11] Ein exemplarisches Beispiel für die neue Kultur der Hinwendung zum Bürger ist die Verhüllung des Reichstagsgebäudes durch CHRISTO und JEANNE-CLAUDE. Während des Umbaus des Parlamentssitzes verhüllte das Künstlerduo das Gebäude mit einem silberglänzenden Gewebe und schuf so ein temporäres Kunstwerk, das etwa fünf Millionen Besucher anzog. Die von NORMAN FOSTER konzipierte Kuppel mit Aussichtsplattform macht das Parlament auch heute zu einem beliebten Besuchsort.

Ende der 1990er Jahre und Anfang des neuen Jahrtausends bezogen Parlament, Bundesrat und die Bundesministerien ihre Dienststellen in Berlin. Zahlreiche Staaten errichteten ihre Botschaften in der Hauptstadt und die Bundesländer eröffneten ihre Vertretungen. Einige Bundesländer errichteten ihre Landesvertretungen in den Ministergärten, wo einst Ministerien Preußens, des Kaiserreichs und der Weimarer Republik standen. Während des Dritten Reichs befanden sich hier die Neue Reichskanzlei und der „Führerbunker". Nach dem Ende des II. Weltkriegs lag die Ruinenlandschaft brach, da sie während des Kalten Krieges zum Gebiet des Todesstreifens gehörte.

Mit der Fertigstellung des neuen Bundeskanzleramts, das 2001 bezogen wurde, war der Umzug von Bundestag und Bundesregierung offiziell abgeschlossen.

Parallel zur wachsenden politischen Bedeutung Berlins als Hauptstadt des wiedervereinigten Deutschlands sollte die Vergangenheit nicht vergessen, sondern die Erinnerung an die Greuel der NS Zeit durch ein Denkmal für die ermordeten Juden Europas aufrechterhalten werden. Das so genannte Holocaust-Mahnmal von PETER EISENMANN befindet sich in der Nähe des Brandenburger Tores und wurde 2005 eingeweiht. Es umfasst ein etwa 19.000 m² großes Stelenfeld und ein unterirdisches Museum.

Mit der Wiedervereinigung und dem Regierungsumzug einher gingen umfangreiche Infrastrukturmaßnahmen. So wurde 2006 nach zehnjähriger Bauzeit der Tiergartentunnel eröffnet, der den Verkehr in der Innenstadt entlasten soll. Mit dem Berliner Hauptbahnhof entstand 2006 der größte Turmbahnhof Europas, der den wichtigsten Eisenbahnknoten Berlins bildet. Auf dem Areal des Lehrter Stadtquartiers im Umfeld des Hauptbahnhofs entstehen in den nächsten Jahren vorwiegend Hotelbauten.

Eine zentrale Position inmitten des wiedervereinigten Berlins nimmt der Potsdamer Platz ein. „Es handelte sich 1991 um ein höchst eigenwilliges Areal im Zentrum Berlins, freigesprengt von all jener Bebauung die das besonders an dieser Stelle pulsierende Berliner Leben von vor dem Krieg aufnahm: freies Brachland, vor kurzem noch vom Mauerstreifen durchkreuzt, das

---

[11] *NAGEL* (1992), S. 11.

sich ausbreitete zwischen der Friedrichstadt mit dem barocken Straßengrundriss und der meist gründerzeitlichen Bebauung und dem neuen Kulturforum im Westen [...]."[12] Der einst verkehrsreiche Platz, der ein beliebter Treffpunkt der politischen, sozialen und kulturellen Szene war, wurde durch Kriegszerstörungen stark in Mitleidenschaft gezogen und nahm durch die Errichtung der Berliner Mauer eine randständige Position ein. Durch die Wiedervereinigung gelangte die Brachfläche wieder ins Zentrum der Stadt und machte in den 1990er Jahren als größte Baustelle Europas auf sich aufmerksam. Heute kann der Platz, der durch solch markante Gebäude wie den Kollhoff-Tower, das durch *HELMUT JAHN* errichtete *Sony Center*, den *Bahn Tower*, *RENZO PIANOs debis-* und *PricewaterhouseCoopers*-Haus sowie das *Beisheim-Center* geprägt wird, durchaus mit anderen Metropolen konkurrieren. Der Potsdamer Platz fungiert als Bindeglied zwischen dem neuen Berliner Westen und der alten Innenstadt im Osten und zieht – auch mit Festivals wie der Berlinale – zahlreiche Besucher an.

4.3   Das Tiergartenviertel als Bindeglied zwischen City-Ost und City-West

Im Zuge der Hauptstadtentwicklung verlagerten die großen Wirtschaftsorganisationen sowie Parteien, Botschaften und die meisten Verbände und Unternehmen ihren Standort nach Berlin. Gemäß des Ausspruchs von *HELMUT JAHN*: „Eine neue großstädtische Kultur und Gesellschaft braucht eine neue Hülle"[13], waren nun repräsentative und moderne Bürogebäude gefragt. Einen zentralen Stellenwert nimmt hierbei das *Tiergartenviertel* in Berlin-Mitte ein.

Das einstmals elegante Wohn- und Geschäftsviertel lag nach dem Zweiten Weltkrieg in Trümmern und fristete bis zur deutschen Wiedervereinigung einen jahrzehntelangen Dornröschenschlaf. Im Rahmen eines städtebaulichen Vertrags entwickelte die *Groth Gruppe* von 1997 bis 2000 auf einem etwa 30.000 m² großen Areal im Tiergartenviertel unweit des Kurfürstendamms und des Potsdamer Platzes das neue Stadtquartier *Tiergarten Dreieck*. „Durch den städtebaulichen Entwurf der Architekten *WALTER STEPP* und *HILLE MACHLEIDT* wurde [...] ein dem Prinzip des Potsdamer Platzes verwandtes Konzept verwirklicht: Enge Gassen mit nur 6 m Breite bei Gebäudehöhen von 18 m erzeugen eine reizvolle, wirklich städtische Dichte. Gleichzeitig entsteht in der Mitte des Quartiers ein sogenannter halböffentlicher ´pocket park´ nach englischem Vorbild, der tagsüber öffentlich zugänglich ist."[14]

---

[12] *HILMER/SATTLER/ALBRECHT* (2004), S. 237 f.

[13] *JAHN* (1995), S. 28.

[14] *HILMER/SATTLER/ALBRECHT* (2004), S. 79.

Abbildung 3:   Luftaufnahme des Tiergartenviertels

Auf dem Grundstück, das damals zu den letzten großen und freien innerstädtischen Flächen gehörte, entstanden mit einem Investitionsvolumen von 190 Mio. EUR 14 repräsentative Büro-, Verwaltungs- und Gewerbegebäude sowie hochwertige Wohnhäuser. Markante Gebäude sind die Bundesgeschäftsstelle der CDU und die Botschaft der Vereinigten Staaten von Mexiko. Auch die Botschaften von Bahrein, Luxemburg, Malaysia, Malta und Monaco bezogen hier Domizil, ebenso wie die Bundeswirtschaftsprüferkammer, das Deutsche Verkehrsforum sowie weitere Verbände, Unternehmen und Anwaltssozietäten. Durch die Kombination repräsentativer Verwaltungsbauten und hochwertiger Wohnhäuser erzielt das neue Stadtquartier eine ideale Nutzungsmischung. Im Bereich der Corneliuspromenade, die zu einer Parkanlage mit Skulpturen entlang des Landwehrkanals gestaltet wurde, entstand ein anspruchsvolles Wohnensemble von vier Häusern mit 60 exklusiven Eigentumswohnungen und 100 Appartments rund um einen innen liegenden Garten. Neben hohen Sicherheitsstandards verfügt das Ensemble über eine Kunstgalerie und einen Doorman, der für Bewohner zahlreiche Service-Leistungen übernimmt. Das Architekturbüro *Hilmer & Sattler und Albrecht*, welches zum Beispiel auch das *BEISHEIM*-Center mit dem Luxus-Hotel *Ritz-Carlton* errichtet hat, konzipierte für das Tiergarten Dreieck zwei Wohnhäuser. Die Bauten verbinden geschickt traditionell-klassische und moderne Stilrichtungen. Das historische Vorbild wird stets in den gegenwärtigen und lokalen Kontext gesetzt. Schließlich gilt: „Wesentlicher Bestandteil architektonischer Arbeit ist eine kontinuierliche Prüfung und permanente Auseinandersetzung mit den Wesenszügen und Merkmalen zeitgenössischen Bauens als angemessenem Ausdruck einer sich stetig wandelnden Gegenwart."[15] Mit seinen städtebaulichen Qualitäten erhielt das Tiergarten Dreieck den Difa Award 2002.

---

[15] *KAHLFELDT* (2006), S. 14.

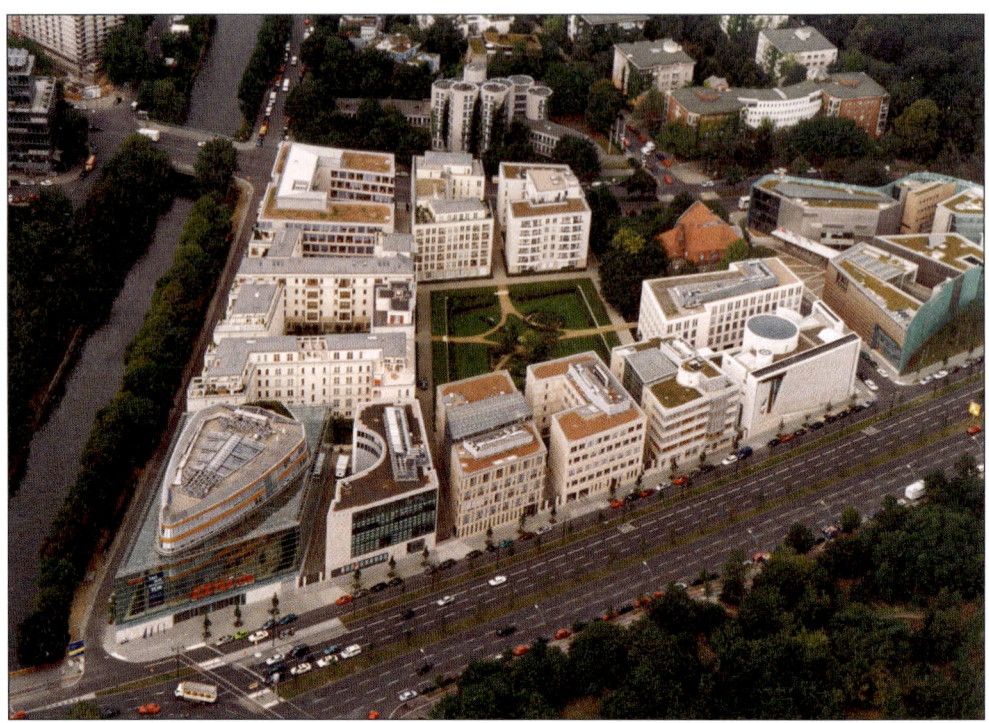

Abbildung 4:   Das Tiergarten Dreieck mit der CDU-Bundesgeschäftsstelle (links vorne)

Seit 2004 realisiert die *Groth Gruppe* mit den Partnern *Hochtief Projektentwicklung* und *Investa Projektentwicklung* das *Köbis Dreieck*. Mit einem Investitionsvolumen von rund 190 Mio. EUR entsteht gegenüber dem Tiergarten Dreieck auf der letzten großen Freifläche zwischen Köbis-, Klingelhöfer- und Von-der-Heydt-Straße ein weiteres repräsentatives Ensemble aus neun Büro- und Verwaltungsgebäuden für Verbände, Botschaften, Stiftungen, Firmenzentralen und Kanzleien. Unter anderem haben sich auf dem Areal bereits die internationale Wirtschaftsprüfungsgesellschaft *KPMG*, das *Chinesische Kulturinstitut* und die KONRAD-ADENAUER-*Stiftung* niedergelassen. Auch hier bildet ein Pocket Park den Mittelpunkt der Anlage.

Auf dem rund 23.000 m^2 großen Grundstück am Rande des Tiergartens errichtete die *Groth Gruppe* mit *Kondor Wessels/Reggeborgh* und *Investa Projektentwicklung* an der verkehrsberuhigten Köbisstraße das anspruchsvolle Wohnquartier Hofjäger Palais. Die Fertigstellung der vier Wohngebäude mit 91 Eigentums- und Mietwohnungen erfolgte 2006. Die von den Büros *Hilmer & Sattler und Albrecht* sowie *Walther Stepp* konzipierten Gebäude zeichnen sich durch eine gestaffelte und aufgelockerte Fassade aus, die von den klassischen Stadthäusern Italiens inspiriert wurde. Die großzügig geschnittenen und hochwertig ausgestatteten Wohnungen kombinieren hohe Sicherheitsstandards mit exzellentem Concierge-Service. Auf den fünf noch unbebauten Gewerbegrundstücken des Köbis Dreiecks entstehen voraussichtlich bis 2011 weitere Büro- oder Wohngebäude, geeignet beispielsweise für Botschaften und Verbände. Der Standort wäre auch für die Errichtung eines Hotel- und Boardinghouses ideal.

Abbildung 5:   Das Wohnensemble Hofjäger Palais am Köbis Dreieck

Zu den aktuellen Projekten im Berliner Tiergartenviertel zählt das Botschafts- und Wohnensemble *Diplomatenpark.*

Mit dem Diplomatenpark vollenden die *Groth Gruppe* und ihre Partner *Reggeborgh und Kondor Wessels* die Gestaltung des Tiergartenviertels. Damit hat das Unternehmen in den vergangenen 25 Jahren die Entwicklung des traditionsreichen Viertels durch ein Investitionsvolumen von mehr als 500 Mio. EUR wesentlich geprägt. Was 1984 für die *Groth Gruppe* mit dem geförderten Wohnungsbau der IBA-Wohnsiedlung Rauchstraße begann, setzte sich nach der Wende mit der Gestaltung des Tiergarten- und des Köbis Dreiecks fort.

5   Bauen für die internationale Metropole Berlin

Während Mitte bis Ende der 1990er Jahre die Errichtung repräsentativer Gebäude für Regierungsinstitutionen, Verbände und Unternehmen im Mittelpunkt der Bautätigkeiten stand, legte sich seit Mitte der aktuellen Dekade der Fokus auf das hochwertige Wohnsegment. Die nach Berlin ziehenden Führungskräfte aus Politik und Wirtschaft suchten adäquaten Wohnraum.

Zudem vollzog sich aufgrund veränderter Lebensentwürfe eine Trendwende zur Reurbanisierung, dem Zuzug in die Innenstädte. Nach Jahren der Suburbanisierung, also der ungehemmten Außenentwicklung, zeichnete sich eine Gegenbewegung ab. „In seiner Januarausgabe 2006 spricht das Deutsche Architektenblatt von einem regelrechten `Rücksturz in die Stadt`, die Wochenzeitung Die Zeit von einem `Epochenwechsel`, das *Deutsche Institut für Urbanistik* (difu) Berlin, von einer `Renaissance` und `Wiederentdeckung`.“[16] Schließlich fallen beim Wohnen im Umland aufgrund langer Fahrten höhere Kosten in Form steigender Kraftstoffpreise sowie ein sinkendes Zeitbudget an. „Der Ruf `Raus ins Grüne!“ gehört für acht von neun Lebensstilgruppen der Vergangenheit an, meint auch PETER HETTENBACH, Geschäftsführer des *Instituts Innovatives Bauen* (IIB). Alle Trends weisen nach seiner Erkenntnis auf eine `sehr urbane Gesellschaft in der Zukunft`. Das Einzelhaus am Stadtrand funktioniere nur noch für ein einziges Lebensstilmodell: `der eine macht den Haushalt, der andere geht arbeiten`. Getrennt Lebende, einsame Alte und Singles aller Altersgruppen strebten von den Rändern zurück in die Stadt.“[17] Das Interesse von jungen Ein- und Zweipersonenhaushalten, Familien aus der gehobenen Mittelschicht sowie älteren Menschen am Leben in der Stadt forcierte die Aufwertung der Innenstädte.

In Berlin traf die steigende Nachfrage nach City-Lagen auf ein vergleichsweise geringes Angebot. Dies hatte eine dynamische Entwicklung innerstädtischer Projektentwicklungen zur Folge. Als erfolgversprechendes Konzept für Stadtwohnungen erweist sich das Konzept der so genannten Townhouses, die auf regen Zuspruch stoßen. Eine Studie des *Deutschen Instituts für Urbanistik* ermittelte: „Es ist zunehmend die (gehobene) Mittelschicht – ein Bevölkerungskreis mit außerordentlich hohem Bildungsniveau, überdurchschnittlichem Einkommen und geringer Arbeitslosigkeit, der sich für innerstädtische Wohnlagen interessiert.“[18]

Berlin ist 20 Jahre nach dem Mauerfall eine attraktive Dienstleistungsmetropole, die als Wissenschaftsstandort mit dem größten deutschen Technologiepark in Adlershof und drei Universitäten sowie zahlreichen Fachhochschulen und Privatuniversitäten und auch als Medien- und Kreativstadt viele Menschen aus aller Welt anzieht. Keine Stadt in Europa hat so viel städtebauliches Entwicklungspotenzial wie Berlin, da sich aufgrund der Teilung viel brachliegende Fläche in zentraler Lage befindet. Insbesondere im Premiumbereich sind deutliche Preissteigerungen zu erwarten, weil das Miet- und Kaufpreisniveau im Vergleich zur steigenden Anziehungskraft Berlins immer noch relativ niedrig ist.

Auf das Unterangebot an hochwertigen Eigentumswohnungen in guten Lagen reagieren nationale und internationale Investoren mit der Entwicklung exklusiver Wohnensembles zwischen Alexanderplatz, Friedrichstraße und dem neuen Regierungsviertel im Spreebogen. Besonders gefragt sind die Berliner Wasserlagen. Neben einer Vielzahl von Neubauprojekten steht die Revitalisierung von Altbauten und Fabriken im Mittelpunkt der Projektentwicklungen. Umnutzungskonzepte für ehemalige Industriebauten tragen ebenfalls zur Revitalisierung der Innenstadt bei. Ausstattungsmerkmale der neuen Stadtquartiere sind weitläufige Grundrisse, großzügige Raumhöhen, Tiefgarage, Dachgärten, Schwimmbad und Fitnessräume, Concierge-Service sowie moderne Sicherheitsstandards.

---

[16] GURATZSCH (2006), S. 141.
[17] GURATZSCH (2006), S. 143.
[18] GURATZSCH (2006), S. 144.

Angesichts der derzeitigen Wirtschaftskrise mit unsicheren Börsenkursen und drohenden Inflationsszenarien erweisen sich insbesondere Wohnimmobilien als relativ sichere Kapitalanlage. Die Flucht in Sachwerte führt laut der *BulwienGesa AG* zu einer stabilen und teilweise wachsenden Nachfrage nach Neubauwohnungen in deutschen A-Städten. Das unabhängige Research-Institut hat den Markt für Projektentwicklungen in den deutschen A-Städten Berlin, München, Hamburg, Frankfurt am Main, Düsseldorf, Köln und Stuttgart untersucht und dabei die Nutzungsarten Büro, Einzelhandel, Wohnen und Hotel differenziert betrachtet. Während der Untersuchung zufolge aktuell die bis 2013 geplanten Einzelhandelsflächen um 33 % einbrechen, steigt das Planungsvolumen für Wohnflächen um knapp 20 % an.[19]

Ein Referenzprojekt für hochwertiges Wohnen in direkter City-Lage ist der so genannte Diplomatenpark in unmittelbarer Nähe des Tiergartens. Auf einem rund 24.000 m² großen Areal im Tiergartenviertel entstehen an der Tiergartenstraße zwischen Japanischer Botschaft und Canisius-Kolleg zwei Botschaften und zehn Stadtvillen.

Mit einer Investitionssumme von etwa 50 Mio. EUR errichtet die *Groth Gruppe* mit ihren *Partnern Reggeborgh und Kondor Wessels* seit Ende 2008 sechs repräsentative Villen mit 63 Wohneinheiten, die überwiegend als Eigentumswohnungen konzipiert sind. Die sechs Villen werden von den Büros *Hilmer & Sattler und Albrecht, Kahlfeldt Architekten, Kollhoff Architekten, Thomas Baumann, Lederer Ragnarsdóttir Oei Architekten* und *Thomas von Thaden* konzipiert. Durch die Wahl unterschiedlicher Architekten erhalten die Häuser eine unverwechselbare Identität. Gemäß dem Leitmotiv „Einheit in der Vielfalt" wird durch die Einhaltung einer ähnlichen Größe und Kubatur ein harmonisches Gesamtbild gewahrt. Die Appartments und Penthouse-Wohnungen verfügen über weitläufige Grundrisse, großzügige Raumhöhen und eine hochwertige, zeitgemäße Ausstattung. Darüber hinaus wird ein Doorman-Service angeboten. Insbesondere internationale Käufer und Kapitalanleger nutzen die Appartments als Zweit- oder Drittwohnsitz.

Im Premiumsegment ist neben hohen Sicherheitsstandards, einer Top-Lage und großen, hochwertig ausgestatteten Räumen das Angebot von Serviceleistungen entscheidend. So verfügt beispielsweise der Neubaukomplex „The Charleston" am Potsdamer Platz nicht nur über einen Doorman, der sich um viele Alltagsaufgaben kümmert, sondern bietet auch Zutritt zum unmittelbar angrenzenden Fitness- und Wellnessbereich an. Zudem können Bewohner die gehobene Küche des benachbarten 4-Sterne-Hotels und weitere Dienstleistungen nutzen. Das Wohnquartier „The Charleston", das von einer niederländisch-dänischen Investorenpartnerschaft errichtet wird, dokumentiert, dass Berlin für internationale Investoren eine große Attraktivität besitzt.

Bei der Errichtung von Wohn- und Gewerbegebäuden wird in Zukunft auch eine nachhaltige, ökologische Bauweise – das so genannte Green Building – immer bedeutsamer. Dabei geht es nicht allein darum, die Umwelt für nachfolgende Generationen schonend zu behandeln. Vielmehr ermöglicht die Nutzung regenerativer Energien die Unabhängigkeit von den nur begrenzt vorhandenen fossilen Energieträgern Öl und Gas sowie die Autonomie von der Entwicklung der Öl- und Gaspreise. So benötigen Häuser, die den *KfW*-55-Standard erfüllen, 45 % weniger Wärmeenergie als Neubauten nach herkömmlichem Standard, was auch einen geldwerten Vorteil für die Bewohner darstellt. Ein „Vorzeigeprojekt" im Bereich Green Building entsteht seit September 2009 mit der „Lentzeallee" in Berlin-Wilmersdorf zwischen Grune-

---

[19] Vgl. *BÜNGER* (2009), S. I2.

wald und Kurfürstendamm. Auf einem etwa 30 000 m² großen Areal im Ortsteil Schmargendorf realisiert die *Groth Gruppe* mit einem Gesamtinvestitionsvolumen von 75 Mio. EUR ein hochwertiges Wohnensemble aus Niedrigenergiehäusern. Alle 64 Doppel- und Reihenhäuser sowie die 93 Eigentumswohnungen in den daneben entstehenden acht Stadthäusern und der Stadtvilla werden den *KfW*-55-Standard sowie die Anforderungen der zu erwartenden EnEV 2009 und die Forderungen des Erneuerbare-Energien-Wärmegesetzes erfüllen. Die Versorgung mit energiesparender Fernwärme ermöglicht den Bewohnern hohe Einsparpotenziale im Energieverbrauch. Die extensive Begrünung der Dachflächen der Doppel- und Reihenhäuser ergänzt in der kalten Jahreszeit die Wärmedämmung, ermöglicht im Sommer einen natürlichen Wärmeschutz und filtert zugleich Luftschadstoffe.

Abbildung 6:   *Niedrigenergiehäuser in der Berliner Lentzeallee*

Dass sich zeitgemäßes Wohnen und eine ökologische Bauweise nicht ausschließen müssen, demonstriert das Wohnquartier „Lentzeallee", das im Stil englischer Townhouses mit abwechslungsreichen Fassaden aus rotem Klinker und Putz errichtet wird.

Eine weitere, angesichts der Alterung der Gesellschaft, immer wichtiger werdende Empfehlung für den Wohnungsbau ist die Schaffung barrierefreier Zutritte.

6   Blick nach vorne

20 Jahre nach dem Mauerfall hat sich Berlin zu einer der attraktivsten Metropolen in Europa entwickelt. Das Zusammenwachsen der beiden Stadthälften Ost und West ist vorangeschritten. Junge Kreative haben heute den ehemaligen Todesstreifen mit ihren Strandbars erobert. Dies war noch vor drei Jahrzehnten ebenso undenkbar wie die Fanmeile zwischen Brandenburger Tor und Siegessäule anlässlich der Fußball-Weltmeisterschaft im Jahr 2006.

„Mit dem Abbau der Baugerüste ist nach dem Boom der Neunziger Jahre eine Stadt zum Vorschein gekommen, die moderner ist als viele andere, indem sie an lange vergessene Traditionen anknüpft und dabei eine erstaunliche Vielfalt hervorgebracht hat." [20] Auch wenn unter städtebaulichen Aspekten bisher viel erreicht wurde, bleibt Berlin eine Stadt der Kontraste und des permanenten Wandels. „Die Spannung der Stadt liegt in den Gegensätzen, in den `Kämpfen´ und Auseinandersetzungen, die das Stadtbild prägen. Gerade das ist der besondere Charakter, heute aber auch die Chance dieser Stadt." [21] Auch 20 Jahre nach dem Mauerfall gibt es noch zahlreiche Freiflächen. Daher besitzt Berlin in städtebaulicher Hinsicht ein enormes Entwicklungspotenzial.

Ein Schwerpunkt der Stadtentwicklung wird in den nächsten Jahren die vollständige Umsetzung des vom Senat beschlossenen Planwerks Innenstadt sein. Nachdem die Dorotheen- und Friedrichstadt bereits erfolgreich als Büro-, Handels- und Wohnstandort entwickelt wurden, steht nun die Gestaltung des Berliner Ursprungskerns im Zentrum des städtebaulichen Interesses. Die alte Luisenstadt zwischen Fischerinsel im Norden und Landwehrkanal im Süden ist infolge des Zweiten Weltkriegs und der Berliner Mauer, welche die Luisenstadt in die Bezirke Kreuzberg und Mitte aufteilte, durch starke Baulücken gekennzeichnet. Heute sollen im Zuge der Revitalisierung der alten Mitte die Baulücken geschlossen werden. Die Luisenstadt entwickelt sich somit zu einer innerstädtischen Top-Lage. „Mit dem Planwerk Innenstadt wurde eine Strategie zur Reurbanisierung der historischen Mitte entwickelt. Es erfindet die Stadt nicht neu, sondern entdeckt ihre verschütteten Spuren und verbindende Stadtstrukturen wieder. [...] Der geplante Stadtumbau orientiert sich an der Gliederung der Stadt in Straße, öffentlicher Park und Platz sowie Blockbebauung und steht damit in der europäischen Städtebautradition. Ziel des Planwerks ist eine attraktive und urbane Innenstadt, die vom Alexanderplatz bis zur City-West reicht und eine verbindende Struktur mit einem Netz qualitätvoller öffentlicher Räume anbietet. Die Gebiete Spittelmarkt und Gertraudenstraße wurden im Rahmen des Planwerks Innenstadt als Schwerpunktbereich definiert." [22]

Durch die Revitalisierung des Spittelmarkts in der historischen Mitte Berlins soll der Altstadtkern mit der barocken Friedrichstadt verknüpft werden und so ein lebendiges zentrales Stadtzentrum entstehen. Ziel ist die Schaffung eines Netzes von öffentlichen Räumen mit Aufenthaltsqualität, um so die unterschiedlichen Quartiere der Stadt miteinander zu verknüpfen. Nach dem Planwerk Innenstadt soll der einst lebendige Marktplatz ein Ort mit Geschäften, Gastronomie, Arbeitsplätzen und Wohnungen werden. Dass der Spittelmarkt eine zukunftsträchtige Innenstadtlage darstellt, belegen zahlreiche Neubauvorhaben wie zum Beispiel das Projekt „Wohnen am Spittelmarkt". Auf einem Teilbereich des ehemaligen Mauer-

---

[20]   *MEUSER* (2001), S. 137.

[21]   *WINKING* (1999), S. 132.

[22]   Vgl. online *SENATSVERWALTUNG FÜR STADTENTWICKLUNG BERLIN* (2009).

streifens zwischen Spittelmarkt und Märkischem Ufer realisieren die Berliner *Groth Gruppe* und die *Reggeborgh Investment & Management GmbH* ab Herbst 2009 sechs elegante Stadthäuser. Das Ensemble „Wohnen am Spittelmarkt" umfasst 96 für Verkauf und Vermietung vorgesehene Wohnungen, die über intelligente Grundrisse und große Terrassen und Loggien verfügen, mit primär-energiesparender Fernwärme versorgt werden und durch ihre zentrale Lage in unmittelbarer Nähe zum Gendarmenmarkt, zur Friedrichstraße, dem Nikolaiviertel und dem historischen Hafen eine hohe Standortqualität haben.

Ein weiterer Bestandteil des städtebaulichen Masterplans für die Innenstadt ist die Gestaltung von Molkenmarkt und angrenzendem Klosterviertel in Mitte, den ältesten Teilen Berlins, die ab 2010 nach historischen Umrissen wieder errichtet werden. Dabei sollen der ehemalige Jüdenhof, der Französische Kirchhof sowie das Gymnasium Zum Grauen Kloster wieder aufgebaut und die Höfe begrünt werden. Um die Aufenthaltsqualität zu erhöhen, wird der Autoverkehr eingeschränkt.[23] Auch 20 Jahre nach der Wende tritt bei nahezu jedem städtebaulichen Entwicklungsprojekt die Debatte über den Dialog zwischen Tradition und Moderne wieder in den Vordergrund. Jüngstes Beispiel ist die Gestaltung des historischen Areals zwischen Rotem Rathaus und dem künftigen *Humboldt-Forum*. Ob ein großstädtischer Park oder intensiv genutzte Räume entstehen, wird sich erst 2017 zeigen.

Zu den spannendsten Projekten, die noch vor uns liegen, zählt der Wiederaufbau des Stadtschlosses, der im Sinne des Kritischen Rekonstruktivismus die historische Mitte vervollständigen wird. Hierzu wurde bereits der Palast der Republik abgerissen. In das Stadtschloss wird das *HUMBOLDT*-Forum als Ort der Kunst, Kultur und Wissenschaft integriert. Durch die Bündelung von Wissenschaftsmuseum, Bibliothek und Sammlung der außereuropäischen Kunst entsteht ein Forum für Information, Bildung, Begegnung und Veranstaltungen, das den Dialog der Weltkulturen fördert.

Mittlerweile ist Berlin von der „vergessenen" Provinzstadt am Rande Westeuropas in die Klasse der internationalen Metropolen aufgestiegen. Berlin zieht heute Investoren, Unternehmer, Wissenschaftler, Künstler und Touristen aus der ganzen Welt an. Dass die Tourismusbranche ein veritabler Wirtschaftsfaktor ist, zeigt auch die Statistik. So nimmt Berlin nach London und Paris den dritten Rang in der Reihe der beliebtesten Städte ein. Die Zahl deutscher und ausländischer Touristen wächst stetig und lag 2008 bei 7.905.145 Gästen. Auch die Investorenseite reagiert auf die steigende Bedeutung des Tourismus. Laut einer *Bulwien-Gesa*-Studie besitzt Berlin mit einem Hotelprojektvolumen von 1,78 Mrd. EUR deutschlandweit das mit Abstand höchste Volumen in diesem Segment.

Ein weiterer Wachstumsmotor Berlins ist in Adlershof zu verorten. Seit 1991 hat sich hier einer der erfolgreichsten Hochtechnologiestandorte Deutschlands mit über 800 Firmen etabliert. Für den Wissenschafts- und Technologiepark ergeben sich durch die unmittelbare Nähe zu den außeruniversitären Forschungsinstituten und den naturwissenschaftlichen Instituten der *HUMBOLDT*-Universität hervorragende Synergieeffekte. Diese guten Rahmenbedingungen schätzen Forscher aus der ganzen Welt. Zugleich ist Adlershof mit knapp 150 Medienunternehmen der bedeutendste Medienstandort Berlins.

---

[23]   Vgl. online *BERLINER MORGENPOST* (2009).

Als „Tor" zu Osteuropa, Russland und Asien nimmt Berlin auch auf dem politischen Parkett eine bedeutende Rolle ein. Parallel zur gewachsenen Anziehungskraft der Stadt wird mit dem Ausbau des Flughafens Berlin Brandenburg International (BBI), der derzeit größten Flughafenbaustelle Europas, eine adäquate Infrastruktur geschaffen. Der auf eine Kapazität von jährlich 30 Millionen Passagieren ausgerichtete Flughafen wird 2011 in Betrieb genommen und soll – nach Frankfurt am Main und München – die Funktion eines weiteren Drehkreuzes übernehmen. Mit seiner geografischen Lage verfügt BBI insbesondere im Hinblick auf Verbindungen nach Osteuropa, Asien und den pazifischen Raum über günstige Rahmenbedingungen. Dies wird nicht nur für die Tourismusbranche, sondern auch für Geschäftsreisende eine Signalwirkung besitzen. Auf das zu erwartende Wachstumspotenzial reagiert auch der BBI Business Park. Als größter zusammenhängender Gewerbepark Berlins bietet er einen attraktiven Standort für Büro-, Gewerbe- und Industrieansiedlungen.

Als Folge des BBI-Ausbaus wurde im Jahr 2008 der Flughafenbetrieb in Tempelhof, einem der ältesten deutschen Verkehrsflughäfen, eingestellt. Damit gewinnt Berlin eine rund 380 ha große innerstädtische Entwicklungsfläche.

Auf die große Attraktivität der Hauptstadt, die sich in der seit 2001 wieder steigenden Bevölkerungszunahme abzeichnet, reagiert die *Groth Gruppe* mit der Realisierung hochwertigen Wohneigentums, das neben einer sehr guten Lage und Ausstattungsqualität moderne, ökologische Standards berücksichtigt. Mit seiner hervorragenden Infrastruktur im ÖPNV-Bereich, dem Schienen-, Straßen- und Flughafennetz kann Berlin bestens einem weiteren Bevölkerungszuwachs auf bis zu sechs Millionen Einwohnern begegnen, was fast einer Verdopplung der derzeitigen Einwohnerzahl entspricht.

Auch in Potsdam plant die *Groth Gruppe* für das nächste Jahr die Errichtung anspruchsvoller Wohnungen. In der Jägervorstadt in unmittelbarer Nähe zu den Park- und Schlossanlagen Sanssouci entstehen sieben Stadtvillen mit 100 Wohneinheiten. So nimmt das Unternehmen weiterhin aktiv an der Stadtentwicklung teil. Da die Metropolregion trotz wachsender Anziehungskraft noch über ein vergleichsweise moderates Kauf- und Mietpreisniveau verfügt, stellen die Wohnungen eine sichere Kapitalanlage mit Wertsteigerungspotenzial dar.

Quellenverzeichnis

ADRIAN, H. (2001): Konzepte für die Zukunft Berlins, in: STIMMANN, H. (Hrsg.), Von der Architektur- zur Stadtdebatte. Die Diskussion um das Planwerk Innenstadt, Berlin 2001, S. 57–74.

BERLINER MORGENPOST (2009): Grüne Höfe sollen Berlins triste Mitte aufwerten, online: http://www.morgenpost.de/berlin/article1125075/Gruene_Hoefe_sollen_Berlins_triste_Mitte_aufwerten.html, Stand: 02.07.2009, Abruf: 17.07.2009.

BÜNGER, R. (2009): Westlich was Neues. In der Dorotheenstadt wird neben dem Kulturinstitut Ungarns eines der letzten freien Grundstücke bebaut, in: Der Tagesspiegel, 2009, Nr. 20309 vom 04.07.2009, S. I2.

GURATZSCH, D. (2006): Warum der Stadtumbau die Weichen für die Immobilienwirtschaft der Zukunft stellt, in: UMMEN, R./JOHNS, S. (Hrsg.): Immobilien Jahrbuch 2006, S. 140–147.

HILMER, H./SATTLER, C. (2004): Bauten und Projekte, Stuttgart/London 2004.

JAHN, H. (1995), in: STIMMANN, H. (Hrsg.), Babylon Berlin etc. Das Vokabular der europäischen Stadt, Basel et al. 1995, S. 24–33.

KAHLFELDT, P. U. P. (2006): Moderne Architektur. Anmerkungen zur Baukunst unserer Zeit, Berlin 2006.

KOHLBRENNER, U. (2001): Der Begriff der Stadtform, in: STIMMANN, H. (Hrsg.), Von der Architektur- zur Stadtdebatte. Die Diskussion um das Planwerk Innenstadt, Berlin 2001, S. 125–130.

KRIER,R./KOHL, C. (1997): Potsdam Kirchsteigfeld: Eine Stadt entsteht, Bensheim 1997.

MEUSER, P. (1999): Schlossplatz 1. Vom Staatsratsgebäude zum Bundeskanzleramt, Berlin 1999.

MEUSER, P. (2001): Die Suche nach Form, in: STIMMANN, H. (Hrsg.), Von der Architektur- zur Stadtdebatte. Die Diskussion um das Planwerk Innenstadt, Berlin 2001, S. 137–150.

NAGEL, W. (1992): Bauen im Parlaments- und Regierungsviertel, in: STIMMANN, H. (Hrsg.), Hauptstadt Berlin: Festung, Schloß, demokratischer Regierungssitz, Berlin 1992, S. 10–13.

OBSTFELDER, V. V. (2008): 2008 – Die ostdeutschen Bundesländer werden volljährig. 18 Jahre nach der Wiedervereinigung ein Blick auf den Immobilienmarkt in Ostdeutschland, in: UMMEN, R./JOHNS, S. (Hrsg.), Immobilien Jahrbuch 2008. Analysen, Trends, Perspektiven, Berlin 2008, S. 158–167.

SENATSVERWALTUNG FÜR STADTENTWICKLUNG BERLIN (2009): Spittelmarkt – Gertraudenstraße, Einführung in den Planungsprozess, online: http://www.stadtentwicklung.berlin. de/planen/staedtebau-projekte/spittelmarkt/de/einfuehrung/index.shtml, Stand 2009.

STIMMANN, H. (2001): Vorwort, in: STIMMANN, H. (Hrsg.), Von der Architektur- zur Stadtdebatte. Die Diskussion um das Planwerk Innenstadt, Berlin 2001, S. 7–10.

STIMMANN, H. (1995): Lapidarium Conferences. Internationale Architekturgespräche, in: STIMMANN, H. (Hrsg.), Babylon Berlin etc. Das Vokabular der europäischen Stadt, Basel et al. 1995, S. 9–10.

WINKING, B.(1999): Architektur und Stadt, Basel et al. 1999.

Deutsche Universitäten im Umbruch – 20 Jahre nach der Wende

OLIVER GÜNTHER und SIBYLLE SCHMERBACH

Humboldt-Universität zu Berlin

1	Der 9. November 1989 und seine Folgen	401
2	Ost- und westdeutsche Universitäten am Ende der 80er Jahre im Vergleich	403
3	Ostdeutsche Universitäten im Umbruch – Der Neuaufbau am Beispiel Berlins	405
4	Bologna und Exzellenz – Deutsche Universitäten auf dem Weg ins 21. Jahrhundert	411
5	Fazit	415
	Quellenverzeichnis	416

1 Der 9. November 1989 und seine Folgen

Wer am Vormittag des 10. November 1989, einem Freitag, der Sektion Wirtschaftswissenschaften der *Humboldt-Universität zu Berlin* einen Besuch abstattete, sah sich mit einer seltsamen Situation konfrontiert.

Das normalerweise von Lehrenden und Studierenden stark frequentierte Haus in der Spandauer Strasse 1 in Berlin-Mitte wirkte wie ausgestorben. Die Hörsäle standen leer, die Mensa harrte vergeblich ihrer Kundschaft, auch das Foyer wirkte völlig verlassen. Kleine Gruppen von Professoren und Mitarbeitern standen in Gespräche vertieft auf den Korridoren, die Gesichter von freudiger Überraschung, aber auch von Ungewissheit, ja Besorgnis erfüllt. Andere trafen sich in den Instituten oder in den Räumen der Verwaltung, um eine fundamental neue Situation zu erörtern.[1] Was war geschehen?

Am Abend zuvor, am mittlerweile historischen Datum des 9. November 1989, war die Berliner Mauer überraschend geöffnet worden. Und während viele Berliner diese historische Nacht einfach verschliefen, andere wiederum den Geschehnissen noch nicht trauen mochten, die sich da vor ihren eigenen Augen im Fernsehen abspielten, gehörten die Studierenden der Ostberliner Hochschulen zu den ersten, die sich aufmachten, um die neue Lage zu erkunden. Vergessen war der Alltag der Vorlesungen und Übungen, verdrängt die Sorge vor möglichen Sanktionen bei Kontakten mit westlichen Personen oder Institutionen.

In den ersten Tagen nach dem Mauerfall dachten nur wenige Menschen an eine Wiedervereinigung der beiden deutschen Staaten. Zu fremd war dieser Gedanke den Menschen in den 40 Jahren des Nebeneinanderlebens geworden, nicht nur in Ost-, sondern auch in Westdeutschland. In der DDR bewegten sich die Gedanken vieler Menschen eher in Richtung einer freien, demokratischen DDR, ohne staatlichen Dirigismus auf allen Ebenen von Wirtschaft und Gesellschaft, ohne SED und Staatssicherheit. Die Menschen träumten in diesen Tagen von einer DDR, die sich in freier Selbstbestimmung politisch, ökonomisch, sozial und kulturell endlich wieder in die europäische und internationale Staatengemeinschaft einreihen würde. Aber auch in Westdeutschland wagte noch kaum jemand an Wiedervereinigung zu denken. Die friedliche Koexistenz war die naheliegende Vision.

Der Überraschung der ersten Stunden und Tage folgten an vielen ostdeutschen Universitäten sehr bald konkrete Schritte. Dabei war alles andere als klar, ob der sich abzeichnende notwendige und schwierige Prozess der Erneuerung aus eigener Kraft möglich sein würde. Darüber, dass eine solche Erneuerung und auch eine Orientierung an den bestehenden westlichen Systemstrukturen notwendig sein würde, um in der neuen Weltordnung zu bestehen, herrschte allerdings weitgehend Einigkeit.

An der Sektion Wirtschaftswissenschaften in der Spandauer Strasse war sich die große Mehrheit der Sektionsmitglieder darüber einig, dass die Struktureinheit als solche bestehen bleiben sollte. Mit 33 Lehrstühlen war man sehr gut besetzt. Neben den klassischen Disziplinen Volkswirtschaftslehre und Betriebswirtschaftslehre konstituierten Angebote in Statistik, Mathematik, Wirtschaftsinformatik, Wirtschaftsgeschichte, Wirtschaftspädagogik, Demografie, Wirtschaftsrecht und Ökologie ein hinreichend breites interdisziplinäres Fächerspektrum.[2]

---

[1] Vgl. *KOLLOCH* (2001), S. 296 ff.

[2] Vgl. *HUMBOLDT-UNIVERSITÄT ZU BERLIN* (1989a).

Hierauf aufbauend machte man sich zügig daran, „Grundpositionen zum Herangehen an die Neugestaltung der Ausbildung, Forschung und Arbeitsweise der Sektion Wirtschaftswissenschaften unter den veränderten Bedingungen" zu erarbeiten.[3] Ein „Entwurf des künftigen Leistungsprofils der Fakultät Wirtschaftswissenschaften an der *Humboldt-Universität zu Berlin*" wurde Anfang 1990 zu Protokoll[4] gegeben, und bereits am 8. Februar 1990 kam es zu einem Treffen zwischen dem Rektor der *Humboldt-Universität* und dem Sektionsdirektor Wirtschaftswissenschaften, in dem eine Verständigung bezüglich der strategischen Entwicklung von Lehre und Forschung an der Sektion Wirtschaftswissenschaften herbeigeführt wurde. Demnach sollte „das Profil der Sektion [...] auf die Anforderungen Berlins als einer zentraleuropäischen Drehscheibe für die Wirtschaftsintegration unter dem gemeinsamen europäischen Dach"[5] ausgerichtet werden.

Die Grundlagenforschung sollte die aus ökonomischen, sozialen und ökologischen Fragestellungen abgeleiteten theoretischen Modelle liefern. Für die Ausbildung waren in Anlehnung an das westdeutsche Modell vier Studiengänge geplant:

➢ Diplom-Volkswirt,

➢ Diplom-Kaufmann,

➢ Diplom-Handelslehrer und

➢ Diplom-Wirtschaftsinformatiker.

Ziel der Ausbildung sollte sein, theoretisch fundiertes Wissen und globales Denken mit hoher Professionalität und Praxisverständnis zu verknüpfen. Des Weiteren sollte ein Doktorandenstudium für Graduierte mit dem Abschluss des Dr. rer. pol. eingeführt werden.

Parallel zu diesem offiziellen Vorgehen formierte sich eine Gruppe von Wissenschaftlern innerhalb des Hauses, die gänzlich andere Ziele für das zukünftige Profil der Sektion verfolgten. Ihre Bestrebungen waren zwar ebenfalls auf eine Neukonzipierung von Lehre und Forschung unter den neu entstandenen Bedingungen der offenen Grenze gerichtet, allerdings sollten diese auf der Basis eines theoretisch fundierten marxistisch-leninistischen Grundkonzepts umgesetzt werden. Unter dem Einfluss der rasanten politischen Entwicklungen des Jahres 1990 sollten sich diese Bemühungen sehr bald als erfolgloses Unterfangen erweisen.

Bereits im Frühjahr 1990 kam es vielerorts zu ersten Begegnungen und Gesprächen zwischen Vertretern ost- und westdeutscher Universitäten. Einige westdeutsche Professorinnen und Professoren kamen aus freien Stücken und ohne politischen Auftrag als Lehrbeauftragte an ostdeutsche Universitäten.

Etwa um die gleiche Zeit fanden an den ostdeutschen Universitäten die ersten freien und demokratischen Wahlen statt. Der im April 1990 gewählte Sektionsrat der Sektion Wirtschaftswissenschaften sollte gemäß den Intentionen des Konzils der *Humboldt-Universität* als ein demokratisch legitimiertes Beschluss- und Arbeitsgremium zu akademischen Fragen (Berufungen, Graduierungen und Gründungen) sowie zu grundlegenden Fragen in Forschung

---

[3]   Vgl. HUMBOLDT-UNIVERSITÄT ZU BERLIN (1989b).

[4]   Vgl. HUMBOLDT-UNIVERSITÄT ZU BERLIN (1990a).

[5]   Vgl. HUMBOLDT-UNIVERSITÄT ZU BERLIN (1990b).

und Lehre fungieren, soweit diese die Gesamtinteressen der Sektion berührten. Die einzelnen Statusgruppen waren wie folgt vertreten:

➢ 35 % Hochschullehrer,

➢ 25 % wissenschaftliche Mitarbeiter,

➢ 30 % Studierende und

➢ 10 % technische Mitarbeiter.

2 Ost- und westdeutsche Universitäten am Ende der 1980er Jahre im Vergleich

Vielen ostdeutschen Wissenschaftlern und Hochschulpolitikern war schon unmittelbar nach dem Fall der Mauer klar, dass in Forschung und Lehre eine Anpassung an westliche Paradigmen notwendig werden würde, um sich im internationalen Wettbewerb zu behaupten. Dazu gehörte auch die Erkenntnis, dass diese Zielstellung mit dem vorhandenen Lehrkörper allein nicht verwirklicht werden konnte.[6]

Zu stark unterschieden sich die alten Lehr- und Denkkonzepte von den neuen, markt- und wettbewerbsorientierten Angeboten der westdeutschen Universitäten. Eine gewisse Ausnahmestellung nahmen die Mathematik sowie die Natur- und Ingenieurwissenschaften ein. Deren Inhalte waren auch unter den Bedingungen sozialistischer Hochschul- und Bildungspolitik vergleichsweise ideologiefrei vermittelt worden. Allerdings war es den ostdeutschen Wissenschaftlern in den vorhergehenden vier Jahrzehnten weitgehend verwehrt worden, den internationalen Stand der wissenschaftlichen Publikationen systematisch zu verfolgen und in den relevanten Fachzeitschriften zu publizieren. Auch die persönliche Kommunikation und Kooperation mit der internationalen Fachwelt war auf wenige ausgewählte Kontakte beschränkt worden.

Dass deshalb bereits zu einem frühen Zeitpunkt an den ostdeutschen Universitäten ein interner Evaluierungs- und Auswahlprozess einsetzte, von dem die Angehörigen der Geistes- und Sozialwissenschaften besonders betroffen waren und bei dem auch beträchtliche wissenschaftliche Potenziale verloren gingen, bleibt ein schmerzvoller Tatbestand des Erneuerungsprozesses. In vielen Fachrichtungen hatten Wissenschaftler ab einem bestimmten Alter praktisch keine Chance mehr, sich an die neuen Anreizstrukturen anzupassen. Wer zum Zeitpunkt der Wende das 40. Lebensjahr überschritten hatte, dem gelang es nur in seltenen Fällen, in den Folgejahren an den internationalen Forschungsstand anzuschließen und dann auch selbst in den relevanten Foren zu publizieren. Dieses Phänomen der „verlorenen Generation" gehört zu den schmerzlichsten Folgen der Wende an den ostdeutschen Universitäten.

---

[6] Vgl. *KOLLOCH* (2001), S. 296 ff.

So kam es, dass die ostdeutschen Lehrstühle im Zuge des Neuaufbaus überwiegend von westdeutschen Wissenschaftlern besetzt wurden und die Ostdeutschen erst in der Folgegeneration wieder reale Chancen auf Berufungen bekamen. Wie wir im nächsten Kapitel ausführen werden, waren z. B. von den 1989 insgesamt 33 Professoren und Dozenten der Sektion Wirtschaftswissenschaften der *Humboldt-Universität* fünf Jahre später nur noch zwei an der Fakultät tätig.

In der Lehre fallen die Ergebnisse des Systemvergleichs weitaus weniger eindeutig aus. Ende der 80er Jahre waren die westdeutschen Universitäten überfüllt. In der alten Bundesrepublik waren gut 30.000 Professorinnen und Professoren damit betraut, etwa 1,4 Mio. Studierende zu unterrichten; dies entspricht etwa 47 Studierenden pro Professor. An den Fachhochschulen sah es nur unwesentlich besser aus. In den mit dem Begriff „Massenfächer" apostrophierten Disziplinen wie den Wirtschaftswissenschaften, den Rechtswissenschaften, aber auch der Medizin waren zumindest die ersten Studienjahre von Anonymität und mangelhafter Betreuung geprägt. Vorlesungen mit mehreren hundert Studierenden waren in den ersten Studienjahren die Regel, und Seminare mit 60 oder mehr Studierenden waren keine Seltenheit. Die Folge waren lange Studienzeiten und hohe Abbrecherquoten.

Auch weniger stark frequentierte Fächer wie die Geisteswissenschaften litten unter ähnlichen Problemen. In Ermangelung einer adäquaten Betreuung und einer konkreten beruflichen Perspektive studierten viele junge Westdeutsche Jahr um Jahr, ohne sich ernsthaft einem Abschluss zu nähern. Bei weitem nicht alle Studierenden waren in der Lage, mit den enormen akademischen Freiheiten effektiv umzugehen und diese produktiv für ihre akademische und persönliche Weiterqualifikation zu nutzen.

Demgegenüber zeichnete sich die universitäre Lehre in Ostdeutschland durch eine wesentlich stärkere Strukturierung – manch einer würde sagen „Verschulung" – und eine deutlich bessere Betreuungsrelation aus. 1989 gab es in der DDR an den Universitäten knapp 7.500 Professoren und Dozenten, die rund 110.000 Studierende zu betreuen hatten – mit etwa 15 Studierenden pro Professor beziehungsweise Dozent eine um den Faktor drei bessere Relation als in der alten Bundesrepublik. Die Studierenden wurden in Seminargruppen von 25 bis 35 Studierenden eingeordnet und ihre gesamte Studienzeit hindurch intensiv betreut. Jede Gruppe hatte einen eigens dazu ernannten Seminargruppenberater, der aus den Reihen des bestehenden Lehrkörpers ernannt wurde. Ein Abschluss im Rahmen der Regelstudienzeit war der Normalfall.

Von der nahe liegenden Option, die Qualitäten beider Systeme zu kombinieren, wurde kein Gebrauch gemacht. Vielmehr wurde auch in der Lehre das westdeutsche System praktisch 1 : 1 auf die ostdeutschen Hochschulen übertragen, mit allen Nachteilen, die sich bald in ähnlichen Symptomen wie in der alten Bundesrepublik niederschlugen. Im Rückblick scheinen zwei Gründe hierfür verantwortlich: Zum einen waren die finanziellen Mittel nicht vorgesehen, die hohen Personalkapazitäten in der Lehre aufrecht zu erhalten, während gleichzeitig die Forschungskapazitäten ausgebaut werden sollten. Insbesondere an den führenden Universitäten wurde der Forschung Priorität gegenüber der Lehre eingeräumt – was nur konsequent war, denn über das Renommee einer Universität entscheidet heute mehr denn je die Forschungsleistung, im Gegensatz zu allen anders lautenden Beteuerungen und Vorstellungen vieler Bildungspolitiker. Zum anderen war die Zeit zu knapp, einen sorgsam konzipierten „dritten Weg" zu wagen. Innerhalb weniger Jahre mussten die ostdeutschen Universitäten auch in der Lehre wettbewerbsfähig gemacht werden, um einen Massenexodus der Studierenden gen

Westen zu vermeiden. Da verließ man sich lieber auf bekannte Rezepte, anstatt etwas völlig Neues zu entwerfen, mit dem unvermeidlich größeren Risiko des Scheiterns.

3 Ostdeutsche Universitäten im Umbruch – Der Neuaufbau am Beispiel Berlins

So waren schon kurz nach der Wende die Weichen dafür gestellt, um an den ostdeutschen Universitäten das *HUMBOLDT*sche Prinzip der Einheit von Forschung und Lehre wieder stärker zu priorisieren. Um den Studierenden und dem wissenschaftlichen Nachwuchs an den ostdeutschen Universitäten nach der Wende umgehend attraktive Perspektiven bieten zu können, war rasches und entschlossenes Handeln angesagt.

So auch an der *Humboldt-Universität zu Berlin*: In einem Brief vom Juni 1990 an den Minister für Bildung und Wissenschaft der DDR[7] wurde das zuständige Ministerium davon in Kenntnis gesetzt, dass die Sektion Wirtschaftswissenschaften beabsichtige, mit Hilfe westdeutscher Professoren sowie Persönlichkeiten aus der Wirtschaft zügig ein wettbewerbsfähiges, völlig neu konzipiertes Lehrangebot auf die Beine zu stellen. Die notwendigen Kontakte waren schnell hergestellt, denn Angebote für Aufbau- und Intensivkurse, aber auch für Einführungsvorlesungen zum marktwirtschaftlichen System lagen in großer Zahl von westlicher Seite vor. Auch einige inhaltlich und qualitativ fragwürdige Angebote befanden sich darunter, die nach sorgfältiger Prüfung freilich ausgesondert wurden.

Während des akademischen Jahres 1991/92 übernahmen zahlreiche namhafte Wissenschaftler aus dem alten Bundesgebiet als Gastprofessoren Lehraufträge an ostdeutschen Universitäten zur Sicherung und Neustrukturierung des Lehrangebots. Dabei wurde überwiegend gut mit den ostdeutschen Kolleginnen und Kollegen zusammengearbeitet, die trotz aller Probleme der inhaltlichen Neuorientierung zu einem beträchtlichen Teil dazu beitrugen, den Lehrbetrieb in dieser schwierigen Übergangsphase aufrecht zu erhalten. So hatten die eingeschriebenen Studierenden die Möglichkeit, ihr Studium ordnungsgemäß abzuschließen. Dies erforderte von allen Beteiligten einen enormen Einsatz, zumal die lokale Infrastruktur an den ostdeutschen Universitäten viele Wünsche offen ließ, mehr noch, als an den damals auch schon unter der enormen Unterfinanzierung leidenden westlichen Hochschulen. Vielen ostdeutschen Kolleginnen und Kollegen gelang es, sich zügig auf die neuen Bedingungen einzustellen und in der Lehre und auch in der Forschung zu reüssieren. Die großen Defizite, was die verfügbare Literatur und die eigene Publikationstätigkeit angeht, konnten in so kurzer Zeit freilich nicht wettgemacht werden.

In den Folgejahren waren nun also zwei unter denkbar unterschiedlichen politischen Rahmenbedingungen entwickelte Hochschulsysteme zusammenzuführen, neu zu strukturieren und gemeinsame hochschulpolitische Zielvorstellungen und Leitlinien für die Zukunft zu formulieren.

---

[7] Vgl. *HUMBOLDT-UNIVERSITÄT ZU BERLIN* (1990c).

Besonders akut zeigte sich diese Problematik in Berlin, wo die beiden Systeme direkt neben-einander existierten und in Richtung einer klugen Mischung von Kooperation und Konkur-renz weiter zu entwickeln waren. Dies war eine äußerst schwierige, komplexe und in vielerlei Hinsicht konfliktträchtige Aufgabe, wie sich auch dem Berliner Hochschulstrukturplan von 1993 entnehmen lässt: „Im Westteil ein in die Gemeinschaftsaufgabe von Bund und Ländern integriertes Hochschulsystem, dessen Ausbau zusammen mit der Förderung anderer Wissen-schaftseinrichtungen die Standortnachteile aufgrund der besonderen politischen Lage ausglei-chen und damit die Lebensfähigkeit der Stadt sichern sollte; im Ostteil ein Hochschulsystem, das die Zentralisierung und staatliche Steuerung der Wissenschaft durch die Politik ermögli-chen und die Hauptstadtfunktion in der DDR untermauern sollte."[8]

Es war das erklärte Ziel des neuen Wissenschaftssenators MANFRED ERHARDT bei seinem Amtsantritt im Jahre 1991, „Berlin wieder zu einem Ausbildungszentrum mit internationaler Ausstrahlung und zu einer Wissenschaftsmetropole von europäischem Rang zu entwickeln [...] und [...] eine nach Struktur und Qualität einheitliche Wissenschafts- und Forschungsland-schaft in ganz Berlin [...] zu etablieren."[9] Dies erforderte teilweise völlig neue Schwerpunkt-setzungen in Forschung und Lehre, insbesondere was das Fächerspektrum und das Studien-platzangebot anging. Dass dies nicht ohne eine personelle Erneuerung möglich sein würde, war allen Beteiligten sehr früh klar.

Welche Maßnahmen wurden nun im Rahmen der Neustrukturierung und Erneuerung der Berliner Hochschullandschaft speziell für den Bereich der Wirtschaftswissenschaften zur Verwirklichung dieser Zielstellung eingeleitet? Welche Entscheidungen wurden getroffen?

Vom 3. Oktober 1990 an, dem Tag der Wiedervereinigung Deutschlands, galten auch für die ostdeutschen Universitäten das Hochschulrahmengesetz (HRG) in der Fassung vom 14. No-vember 1985 und die Hochschulgesetze der Länder. Die *Humboldt-Universität* behielt eine Rektoratsverfassung sowie das Promotions- und Habilitationsrecht. Auf der Grundlage des Berliner Hochschulgesetzes sollten bis zum 31. Dezember 1991 Neuwahlen auf allen Ebenen der Universität durchgeführt werden.

Die *Humboldt-Universität* wurde in Fachbereiche untergliedert, wobei der Fachbereich Wirt-schaftswissenschaften wunschgemäß den Status einer Fakultät erhielt. Das Fusionsgesetz vom Juni 1992, das auf Empfehlung des Wissenschaftsrates für an mehreren Berliner Univer-sitäten vertretene Fächer einen Zusammenführungsprozess vorsah, berührte die wirtschafts-wissenschaftlichen Bereiche nicht. Vielmehr wurde beschlossen, dass die Wirtschaftswissen-schaften an allen drei Berliner Universitäten als Fakultät bzw. Fachbereich verankert bleiben würden. Diesem Beschluss lag die Einsicht zu Grunde, dass die Wirtschaftswissenschaften in der heutigen Zeit einen unverzichtbaren Bestandteil jeder modernen Universität bilden. Dabei galt die Empfehlung, dass sich jeder der drei Fachbereiche ein eigenes prägendes Profil zu erarbeiten habe.

Anderen Fachbereichen war weniger Fortune beschieden. So wurden z. B. die Fachbereiche Kriminalistik sowie Wissenschaftstheorie und -organisation auf Dauer geschlossen. Weitere Disziplinen wurden an Nachbaruniversitäten ausgelagert; so wurde z. B. die Elektrotechnik der *Humboldt-Universität* an die *Technische Universität Berlin* transferiert.

---

8   Vgl. SENATSVERWALTUNG FÜR WISSENSCHAFT UND FORSCHUNG (1993), S. 1 ff.

9   SENATSVERWALTUNG FÜR WISSENSCHAFT UND FORSCHUNG (1995).

Zur strukturellen und personellen Erneuerung der ostdeutschen Universitäten wurden auf der Basis einer Empfehlung des Wissenschaftsrates Struktur- und Berufungskommissionen (SBK) ins Leben gerufen. Diese setzten sich aus drei Professoren aus den alten Bundesländern, drei Hochschullehrern sowie je einem akademischen Mitarbeiter und einem Studierenden aus der zu restrukturierenden Universität bzw. Fakultät zusammen. Den Vorsitz dieser Kommissionen übernahmen erfahrene und renommierte westdeutsche Professorinnen oder Professoren – so im Falle der Wirtschaftswissenschaftlichen Fakultät der *Humboldt-Universität* der Mathematiker und Wirtschaftstheoretiker WILHELM KRELLE aus Bonn.

Ziel dieser Struktur- und Berufungskommissionen war es, neue Fakultäten zu schaffen, die sich durch eine Atmosphäre unabhängiger Lehre und Forschung auszeichnen sollten, eingebettet in einen engen und konstruktiven Dialog mit Wirtschaft und Gesellschaft. Konkrete Ziele waren die Neudefinition von Lehr- und Forschungsbereichen, die Bildung von Schwerpunkten innerhalb dieser Bereiche, die Festlegung der Zweckbestimmung der Professuren sowie die Erarbeitung von Berufungsvorschlägen und Berufungslisten zu den neu definierten Lehrstühlen. Im Gegensatz zu der an vielen ostdeutschen Universitäten und Fachhochschulen praktizierten Verfahrensweise kam es in Berlin nicht zu bloßen Überleitungen von Professoren. Nahezu alle Neubesetzungen wurden in regulären Berufungsverfahren realisiert, die den Vorgaben des Hochschulrahmengesetzes entsprachen. Lediglich das Hausberufungsverbot wurde zeitweilig außer Kraft gesetzt.[10]

An den Universitäten wurde die Orientierung auf exzellente Forschung zu einem zentralen strategischen Anliegen erklärt. Die auf eine Lebenszeitprofessur zu berufenden Hochschullehrerinnen und Hochschullehrer sollten die Gewähr bieten, in ihrem Fachgebiet national und international an der Spitze der Forschung mitwirken zu können. Eine entsprechende Ausstattung an Mitarbeitern, Sach- und Bibliotheksmitteln sollte den Berufenen zur Verfügung gestellt werden. Für die Lehre, insbesondere im Hinblick auf eine möglichst individuelle Betreuung der Studierenden im Grundstudium sollte der so genannte „Mittelbau" angemessen ausgelegt werden. Die Struktur- und Berufungskommissionen steuerten den langen und aufwändigen Prozess der Ausschreibungen und Besetzungen der vorgesehenen Lehrstühle entsprechend den neuen Soll-Stellenplänen.

Das Mandat der Struktur- und Berufungskommissionen hatte solange Gültigkeit, bis die Voraussetzungen dafür geschaffen waren, dass sich die erneuerten Hochschulbereiche selbständig durch Wahlen konstituieren konnten und in den Fachbereichsräten die Mehrheit der Professoren aus Professoren „nach neuem Recht" bestand.

Parallel zu dieser Neustrukturierung oblagen dem noch amtierenden Dekan und Fachbereichsrat die Aufrechterhaltung und Sicherung des laufenden Studienbetriebes. Eine enge und kooperative Zusammenarbeit zwischen dem Vorsitzenden der SBK und dem amtierenden Dekan vorausgesetzt, garantierte diese doppelte Leitungsstruktur, dass Reform und Normalbetrieb parallel betrieben werden konnten.

Bezüglich der quantitativen Rahmenbedingungen zur personellen Ausstattung an den Ostberliner Hochschulen erhielten die SBKen vom Berliner Senat Vorgaben, die in dem Beschluss über die „Struktur und Festlegung von Kapazitäten und Personalausstattung im Berliner Hochschulbereich sowie Maßnahmen zur strukturellen Erneuerung im Ostteil Berlins" vom 22. Oktober

---

[10] Vgl. *ERHARDT* (2002a).

1991 festgehalten sind. Die im Westteil Berlins bis dahin geltenden Festlegungen zur personellen Ausstattung blieben vorläufig bestehen.

Was die anzustrebende Anzahl an Studienplätzen angeht, befand sich Berlin in einer besonderen und schwierigen Situation. So war es dem Westteil Berlins insbesondere durch die Bundeshilfen für Berlin möglich gewesen, einen überproportional hohen Anteil an Studienplätzen anzubieten. Der Anteil der in Berlin Studierenden am Gesamtaufkommen betrug 7 %, mehr als doppelt so viel wie der Bevölkerungsanteil der Stadt an der westdeutschen Gesamtbevölkerung. Im Ostteil Berlins war die herausgehobene Stellung der Stadt in Lehre und Forschung noch deutlicher ausgeprägt. Einem Bevölkerungsanteil von circa 8 % stand ein Anteil von Studierenden in Höhe von 20 % gegenüber. Diese privilegierte Position Gesamt-Berlins konnte im Zuge der Neustrukturierung nicht unverändert bestehen bleiben. Unter Berücksichtigung der zu erwartenden Finanzierung einigte man sich auf die in Tabelle 1 dargestellten Studienplatzzahlen und Aufnahmekapazitäten für die drei Berliner Universitäten.

Universität	Zahl der Studienplätze	Aufnahmekapazität
Freie Universität Berlin	29.000	6.000
Humboldt-Universität zu Berlin	22.100	4.950
Technische Universität Berlin	23.000	4.700

Tabelle 1:   *Sollverteilung der Zahl der Studienplätze und der Aufnahmekapazitäten pro Jahr auf die drei Berliner Universitäten 1991*

Zusammen mit den übrigen Hochschulen im Land Berlin verfügte Berlin zu diesem Zeitpunkt über eine Aufnahmekapazität von 22.340 Studierenden im ersten Fachsemester und damit, auch nach Prognosen für die folgenden Jahre, weiterhin über einen überproportionalen Anteil an Ausbildungskapazitäten im Vergleich zum Bevölkerungsanteil. Wir werden im nächsten Kapitel aufzeigen, wie diese Zahlen in den Folgejahren noch einmal deutlich nach unten korrigiert wurden.

Eine derartige Kapazitätsreduktion im Vergleich zu den Jahren vor der Wende ließ sich nur realisieren, indem Mehrfachangebote abgebaut und administrative Überkapazitäten beseitigt wurden. Diesem Druck zur Rationalisierung konnte sich keine der betroffenen Hochschulen entziehen.

Im April 1991 legte das Bundesverfassungsgericht dar, dass bei Fachbereichen, die nach Entscheidung der Landesregierungen fortgeführt werden sollten, eine Abwicklung nicht zulässig sei.[11] Das Oberverwaltungsgericht Berlin orientierte sich daraufhin an diesem obiter dictum, nahm in einem Urteil vom 10. Juni 1991 den Abwicklungsbeschluss von fünf Fachbereichen der *Humboldt-Universität* zurück und untersagte die Abwicklung. Stattdessen verwies das Gericht die Struktur- und Berufungskommissionen für ihre Arbeit an dem notwendigen neuen Zuschnitt des noch vorhandenen akademischen Personals auf die alternativen Instrumente der ordentlichen und außerordentlichen Kündigung, „von denen [...] zur Gewährleistung einer

---

[11]   Vgl. *HUMBOLDT-UNIVERSITÄT ZU BERLIN* (1998), S. 2 ff.

effektiven rechtsstaatlichen Verwaltung unter Personalabbau [...] auch Gebrauch gemacht werden muss."[12]

Die SBKen wurden dahingehend orientiert, den notwendigen Personalabbau über Kündigungen auf der Basis der im Einigungsvertrag formulierten Gründe vorzunehmen. Nach Übereinkunft zwischen dem Berliner Wissenschaftssenator und dem Rektor der *Humboldt-Universität* waren differenzierte Vorschläge zu Kündigungen zu unterbreiten, die den Fachbereichsräten, dem Akademischen Senat und dem Senator zuzuleiten waren. Der geltenden Rechtslage entsprechend galt außerdem die Einschränkung, dass die Personalentscheidungen strikt im Rahmen des Haushalts erfolgen mussten. So kamen vorwiegend die Kündigungsgründe „mangelnder Bedarf" oder „Nichteignung" zur Anwendung.[13] Die Folge war, dass auch für positiv evaluierte Wissenschaftler Kündigungen ausgesprochen werden mussten, da schlichtweg nicht genügend Stellen zur Verfügung standen. Fachbereiche, Senat und Personalrat bekamen die Möglichkeit zur Stellungnahme und Unterbreitung von Gegenvorschlägen. Die endgültige Entscheidung lag beim Wissenschaftssenator.

Die Mitarbeiterinnen und Mitarbeiter der Verwaltung hatten in diesem schwierigen Prozess die besten Chancen auf eine Weiterbeschäftigung. Anfängliche Ängste und Unsicherheiten bezüglich ihrer Zukunft erwiesen sich als unbegründet. Zudem verbesserten sich neben der sich abzeichnenden Arbeitsplatzsicherheit auch sehr schnell die materiellen Arbeitsbedingungen, insbesondere durch Geld- und Sachspenden aus der Wirtschaft, die für die dringend notwendige Verbesserung der technischen Infrastruktur und für erste Renovierungen verwendet wurden. Fast alle alten Arbeitsverträge wurden anerkannt, neue Eingruppierungen festgelegt und nach Rücksprachen mit allen Beteiligten eine Zuordnung zu den neuen Lehrstühlen vorgenommen. Kündigungen erfolgten nicht.

Für die Professorinnen und Professoren sowie die wissenschaftlichen Mitarbeiter ging die Umstrukturierung nicht so glimpflich ab. Insbesondere der traditionell hohe Anteil an – meist unbefristeten - Mittelbaustellen an den ostdeutschen Hochschulen war vor dem Hintergrund der bestehenden Haushaltslage problematisch. Obwohl allen Professoren und wissenschaftlichen Mitarbeitern die Möglichkeit offen stand, sich auf eine Stelle an den neuen Fakultäten zu bewerben, waren die Erfolgsaussichten bei realistischer Betrachtung doch sehr beschränkt. Die relevanten Leistungskriterien und Leistungsnachweise konnten von den ostdeutschen Bewerbern teils aufgrund der völlig neuen Beurteilungskriterien, teils aufgrund deren politisch-ideologischen Hintergrunds oft nicht hinreichend erfüllt bzw. erbracht werden. Die akademischen Lebensläufe in der DDR waren anderen Regeln gefolgt. Wettbewerb und Mobilität waren nicht gefordert oder gar gefördert worden, die Publikationsmöglichkeiten völlig unzureichend.

So waren Kündigungen auch von langjährigen und positiv evaluierten Wissenschaftlern unumgänglich. Die Mehrzahl der Professorinnen und Professoren, der Dozentinnen und Dozenten, sah sich mit einem abrupten Ende ihrer wissenschaftlichen Laufbahn konfrontiert, was in vielen Fällen ernsthafte psychische Probleme zur Folge hatte. Für viele war es nicht nur der Abbruch der akademischen Karriere, sondern auch das vorzeitige Ende ihres Berufslebens. Auch die Beschäftigungsverhältnisse des weiterhin an den Fakultäten verbleibenden akademischen Mittelbaus wurden überwiegend befristet. Dieser Umstand veranlasste vor allem die jüngeren Angehörigen des Mittelbaus, die Universität zu verlassen und sich in der freien Wirtschaft eine neue Existenz aufzubauen. An der *Humboldt-Universität* insgesamt hatten

---

[12] *Humboldt-Universität zu Berlin* (1991).

[13] Vgl. *Klinzing/Böhme, Richter* (1996), S. 43 ff.

nach Ablauf der Befristungen (1998) nur noch etwa 10 % des 1993 im wissenschaftlichen Mittelbau beschäftigten Personals eine Stelle.

Dennoch: Wenn man bedenkt, dass den benachbarten Demokratien Westeuropas nach dem II. Weltkrieg Jahrzehnte zur Verfügung standen, um demokratisch-liberale Strukturen in der Gesellschaft und damit auch im Bildungs- und Forschungssystem aufzubauen, während der Prozess der Grundsteinlegung und strategischen Neuorientierung in Ostdeutschland nur wenige Jahre dauerte, nur wenige Jahre dauern durfte, so darf den Verantwortlichen getrost ein gutes Zeugnis für die Implementierung dieses Prozesses ausgestellt werden.

In seiner Eröffnungsrede anlässlich eines Symposium im Februar 2002 in Berlin zum „Stand der Wissenschafts- und Hochschulpolitik", zehn Jahre nach der „notwendigen Erneuerung von Wissenschaft und Forschung im Beitrittsgebiet" (lt. Artikel 38 des Einigungsvertrags), zieht MANFRED ERHARDT, nunmehr als Generalsekretär des *Stifterverbandes für die Deutsche Wissenschaft*, eine Bilanz des Erneuerungsprozesses. Geht man von den Leitzielen des Einigungsvertrages aus und misst deren Umsetzung am Maßstab des westlichen Hochschulsystems, so sein Fazit, ist der Erneuerungsprozess, insbesondere durch die wirkungsvolle Umsetzung der Empfehlungen des Wissenschaftsrates, im Großen und Ganzen gelungen.[14] Diese Leitziele[15] beinhalteten:

➢ Einpassung von Wissenschaft und Forschung in die gemeinsame Forschungsstruktur der Bundesrepublik,

➢ Neuaufbau einer Forschungslandschaft nach den Empfehlungen des Wissenschaftsrates und den Beschlüssen der Bund-Länder-Kommission,

➢ Einbeziehung der neuen Länder in die Gemeinschaftsaufgaben Hochschulbau sowie Bildungsplanung und Forschungsförderung,

➢ Überführung des wissenschaftlichen Personals der Hochschulen in die Personalkategorien des Hochschulrahmengesetzes sowie

➢ Erlass von HRG-konformen Landeshochschulgesetzen binnen drei Jahren.

Gleichwohl bestätigt ERHARDT in seiner Bilanz unsere Einschätzung, wonach im Verlauf dieses raschen Erneuerungs- und Aufbauprozesses auch Mängel des westlichen Hochschulsystems „implantiert" worden seien, die in der Vergangenheit bereits die Universitäten der alten Bundesrepublik betroffen hätten.

So wurden sämtliche Ingenieurhochschulen und Ingenieurschulen sowie viele Höhere Fachschulen und Fachschulen geschlossen, weil sie nicht in das westliche Bildungs- und Vergütungsgefüge passten. Die Folge war eine viel zu schwache Differenzierung der Bildungswege und Bildungsgänge.

Die Hochschulen in den neuen Ländern mussten sich nun auch am starren Zuteilungsverfahren der *Zentralen Vergabestelle für Studienplätze* (ZVS) beteiligen und hatten kein Mitwirkungsrecht bei der Zulassung der Studienbewerber zu den Hochschulen. Erst mehr als zehn Jahre später sollte es den deutschen Hochschulen – diesmal in Ost wie West – wieder erlaubt

---

[14] Vgl. ERHARDT (2002b), S. 3 ff.

[15] ERHARDT (2002b), S. 3.

werden, sich ihre Studierenden selbst auszusuchen. Die Übernahme der Kapazitätsverordnung verhinderte durch ihre Ausgestaltung die Fortführung der vorbildlichen Betreuungsrelationen zwischen Lehrenden und Lernenden, wie sie in der DDR bestanden hatte. Das Fernstudium wurde flächendeckend abgeschafft. Dem Hochschulrahmengesetz entsprechend nahmen die Gruppenuniversität und das Gremienwesen Einzug in die Universitäten und Hochschulen, mit allen Licht- und Schattenseiten, die damit verbunden sind.

So erscheint es angebracht, den Erneuerungsprozess nach der anfänglichen (und durchaus begründeten) Hochstimmung über den im Großen und Ganzen gelungenen Neuaufbau auch immer wieder kritisch zu überprüfen. Wie ist es alten und neuen Bundesländern in den vergangenen Jahren auf ihrem nunmehr gemeinsamen Weg gelungen, bestehende und übertragene Strukturmängel und Reformdefizite zu erkennen und zu beseitigen?

4 Bologna und Exzellenz – Deutsche Universitäten auf dem Weg ins 21. Jahrhundert

Wie dargestellt hat der Import des westdeutschen Universitätsmodells in die ostdeutschen Hochschulen dazu geführt, dass neben den unbestreitbaren Stärken dieses Modells auch die Schwachpunkte übernommen wurden. Schlechte Betreuungsrelationen und eine wesentlich stärkere Forschungsorientierung schlugen sich in längeren Studienzeiten nieder. Wie Tabelle 2 zeigt, wurde gerade auch in Berlin die Anzahl der Studienplätze nach der Wende aufgrund der Haushaltsknappheit noch weiter reduziert.

Universität	Zahl der Studienplätze 1991	Zahl der Studienplätze 2000	Zahl der Studienplätze 2007
Freie Universität Berlin	29.000	24.700	20.480
Humboldt-Universität zu Berlin	22.100	21.370	15.560
Technische Universität Berlin	23.000	19.960	17.030

Tabelle 2:   *Entwicklung der Zahl der Studienplätze für die drei Berliner Universitäten 1991–2007*

Des Weiteren wurden Spitzenleistungen nur beschränkt honoriert, denn mehr noch als im Osten wurden im Westen qualitative Differenzen zwischen Universitäten lange aus politischen Gründen ignoriert. Universitätsbudgets wurden im Wesentlichen per Gießkanne allokiert, und ungeachtet der für jeden aufmerksamen Beobachter sichtbaren qualitativen Differenzen waren die Universitäten vor dem zuständigen Landtag alle (fast) gleich.

Zwei grundlegende Reformen der letzten Jahre haben diese Schwachpunkte wenigstens teilweise behoben: Erstens die unter dem Begriff „Bologna-Reform" bekannte Umstellung der deutschen Studiengänge von dem bekannten Diplomsystem auf eine zweistufige Ausbildungsstruktur mit den Abschlüssen Bachelor und Master, und zweitens die unter dem Stichwort „Exzellenzinitiative" bekannt gewordene Aufgabe des Prinzips der Gleichheit aller Universitäten, verbunden mit einer wettbewerbsbasierten Förderung ausgewählter Spitzenhochschulen.

Die Bologna-Reform

Im Jahre 1999 verpflichtete sich Deutschland gemeinsam mit 29 anderen europäischen Staaten, die Ziele der Bologna-Deklaration vom 19. Juni 1999, später allgemein als Bologna-Reform bezeichnet, bis zum Jahre 2010 umzusetzen. Die Bologna-Reform sieht mit dem neuen Bachelor- und Masterabschluss ein zweistufiges Studiensystem vor. Für Deutschland bedeutete dies das Ende des einstufigen Diplomabschlusses, der sich unter den bisherigen Anforderungen der Bildungspolitik und des Arbeitsmarkts durchaus bewährt hatte (allerdings nie zum Exportmodell wurde). Die neuen Herausforderungen an ein Hochschulstudium zur Vorbereitung der nachfolgenden Generationen auf den internationalen Wettbewerb setzten einen Prozess tiefgreifender und umfassender Veränderungen an den Hochschulen Europas in Gang. Dieser Prozess veränderte und verändert die Struktur der angebotenen Studiengänge, die Studieninhalte sowie die Organisationsabläufe in beträchtlichem Ausmaß.

Die Wirtschaftswissenschaftliche Fakultät der *Humboldt-Universität* hatte sich im Rahmen dieses Reformvorhabens bereits im Jahr 2003 als eine der ersten Fakultäten bundesweit dazu entschlossen, die Umstellung auf Bachelor und Master vorzunehmen. Seither wurden Bachelorstudiengänge in Betriebs- und Volkswirtschaftslehre sowie Masterstudiengänge in Betriebs- und Volkswirtschaftslehre, in „Economics and Management Science (MEMS)", in Wirtschaftsinformatik und in Statistik eingeführt und akkreditiert.

Mit dem Bachelor kann nun in der Regel nach bereits sechs Semestern Vollzeitstudium der erste berufsqualifizierende Hochschulabschluss erworben werden. Die auf dieser Stufe vermittelten allgemeinen Schlüsselqualifikationen gewinnen neben den fachlichen Kenntnissen für eine erfolgreiche Tätigkeit in der Wirtschaft zunehmend an Bedeutung. So bilden jetzt z. B. Sprachunterricht, Projektmanagement, Präsentations- und Moderationstechniken, Zeit- und Selbstmanagement, die verstärkte Orientierung auf die Anwendung von theoretischem Wissen auf konkrete praktische Fragestellungen sowie die Einbettung von nationalen und internationalen Praktika und Studienaufenthalten feste Bestandteile der Curricula.

Der Master, der in der Regel auf vier Semester ausgelegt ist, kann entweder ein wissenschaftliches oder ein anwendungsorientiertes Profil vermitteln. Die erste Option ist für Studierende gedacht, die eine Laufbahn in Forschung und Lehre anstreben, letztere bereitet auf eine Führungsposition in Wirtschaft oder Verwaltung vor.

Es hat sich gezeigt, dass diese inhaltlichen und strukturellen Modifikationen eines tiefgreifenden Umdenkprozesses bedürfen, seitens der Lehrenden und der Studierenden ebenso wie seitens der Praxis. Wer dem neuen System heute noch grundsätzlich ablehnend gegenübersteht, übersieht, dass diese Reform – ungeachtet aller Schwächen in der gegenwärtigen Umsetzung – eine längst fällige Reaktion auf die politisch gewollte wie international sich längst vollziehende Erhöhung der Hochschulzugangsquote darstellt. Sie trägt darüber hinaus den unterschiedlichen Begabungen, Interessenlagen und Karrierevorstellungen der Studierenden weitaus besser Rechnung. Noch werden häufig aus Mangel an Informationen und Erfahrung wie auch aus fehlendem Mut zu Neuem die Chancen unterschätzt, die sich durch diese an den Bedürfnissen der Wirtschaft, des Arbeitsmarkts und der Gesellschaft ausgerichtete Neustrukturierung der europäischen Hochschullandschaft bieten.

Die zweistufige Bologna-Struktur mit der Sollbruchstelle zwischen Bachelor- und Masterstudium bietet weit mehr Flexibilität als einstufige Diplom- und Magisterstudiengänge, die in der Praxis nur selten in der Regelstudienzeit abgeschlossen wurden. Mit dem Bachelor kann bereits nach drei Jahren ein berufsqualifizierender Abschluss erworben werden. So mancher wird mit dem Bachelorzeugnis in der Tasche zu dem Schluss kommen, dass nun genug studiert sei und in der Praxis attraktivere Alternativen rufen, die mehr Lebensglück – und oft auch ein höheres Lebenseinkommen – versprechen als zwei weitere Jahre akademischen (und unbezahlten) Studiums. Andere werden den Übergang vom Bachelor zum Master zum Anlass nehmen, die Fachrichtung, den Studienort oder den Hochschultyp zu wechseln, denn nach drei Jahren Bachelorstudiums weiß man oft genauer, was man will als zur Zeit des Abiturs. Die Studierenden können jetzt selbst entscheiden, welchen Weg sie gehen wollen. Diese Flexibilität sollte auch einen Beitrag dazu leisten, dass die bisher zu verzeichnenden hohen Abbrecherquoten in den Diplom- und Magisterstudiengängen deutlich gesenkt werden.

Inzwischen wurde in Deutschland die große Mehrheit der traditionellen Studiengänge auf Bachelor und Master umgestellt. Dieser Prozess scheint kaum mehr umkehrbar. Die derzeit zweifellos noch bestehenden Probleme in der Umsetzung, seitens der Lehrenden und Studierenden ebenso wie seitens der Unternehmen, dürfen in Anbetracht der Komplexität des Reformprozesses nicht überbewertet werden. Allerdings bedarf es der Bemühungen und des Engagements aller Akteure, diesen Prozess schnell und wirkungsvoll zum Erfolg zu führen.

Große deutsche Unternehmen gingen früh mit gutem Beispiel voran, wie z. B. die bereits 2004 auf den Weg gebrachte Initiative „Bachelor Welcome" der deutschen Wirtschaft zeigt. Ein System von Traineeprogrammen sorgt für die weitere Entwicklung der mit einem Bachelor-Abschluss eingestellten Mitarbeiter gemäß den differenzierten Anforderungen der Unternehmen. Ein Master wird für eine erfolgreiche Laufbahn im Unternehmen nicht vorausgesetzt. Vielmehr wird verstärkt auf „Training on the Job" gesetzt, um die jungen Hochschulabsolventen auf die konkreten Anforderungen vor Ort vorzubereiten.

Mittlere und kleinere Betriebe stehen den neuen Abschlüssen hingegen noch zurückhaltend gegenüber. Fundierte und gezielte Informationen über Chancen und Probleme des neuen Ausbildungssystems, begleitet von Erfahrungsberichten aus anderen Unternehmen sind wichtige Hilfestellungen, um den eingeschlagenen Weg zu einem erfolgreichen Abschluss zu führen.

Die Exzellenzinitiative

Im Jahr 2004 wurden von der damaligen Wissenschaftsministerin EDELGARD BULMAHN die ersten Überlegungen zur Ausschreibung eines Forschungswettbewerbs unter den deutschen Universitäten angestellt. Mit der Förderung universitärer Spitzenforschung im Rahmen der später so genannten „Exzellenzinitiative" sollten Leuchttürme der Wissenschaft in Deutschland entstehen, die auch international ausstrahlen. Insgesamt wurden für die erfolgreichen Universitäten 1,9 Mrd. EUR zur Verfügung gestellt, 75 % davon direkt vom Bund.

Die Auswahl erfolgte in zwei Runden 2006 und 2007 unter Federführung der *Deutschen Forschungsgemeinschaft* und des Wissenschaftsrats und unter Einbeziehung hoch renommierter in- und ausländischer Wissenschaftler. Die Förderung wurde auf drei Förderlinien aufgeteilt:

> Graduiertenschulen für den wissenschaftlichen Nachwuchs dienen der Einrichtung strukturierter Promotionsprogramme innerhalb eines exzellenten Forschungsumfeldes und eines breiten Wissenschaftsgebietes. Insgesamt 40 Graduiertenschulen erhalten jeweils durchschnittlich etwa eine Million Euro pro Jahr, insgesamt stehen für diesen Bereich also jährlich 40 Mio. EUR zur Verfügung.

> Mit Exzellenzclustern sollen an den Universitäten international sichtbare und konkurrenzfähige Forschungs- und Ausbildungseinrichtungen etabliert werden, die mit außeruniversitären Forschungseinrichtungen, Fachhochschulen und der Wirtschaft kooperieren. Für jeden der 37 geförderten Cluster stehen pro Jahr durchschnittlich 6,5 Mio. EUR zur Verfügung, in Summe damit insgesamt 195 Mio. EUR pro Jahr.

> Mit der Förderung von Zukunftskonzepten zum Ausbau universitärer Spitzenforschung soll das Forschungsprofil von neun ausgewählten Universitäten (umgangssprachlich „Eliteuniversitäten" genannt) weiter gestärkt werden. Voraussetzung war, dass eine Hochschule mindestens ein Exzellenzcluster und mindestens eine Graduiertenschule aufweisen kann. Darüber hinaus wurde eine schlüssige Gesamtstrategie gefordert, wie die Universität zu einem weltweit anerkannten "Leuchtturm der Wissenschaft" aufsteigen kann. Für diesen Bereich werden insgesamt etwas über 200 Mio. EUR pro Jahr aufgewandt, d. h. der Umfang je Fördervorhaben liegt bei durchschnittlich gut 20 Mio. EUR pro Jahr.

Für die *Humboldt-Universität* war das Ergebnis, wie für alle anderen ostdeutschen Universitäten auch, eher ernüchternd. Zwar gehörte die Humboldt-Universität in den ersten beiden Förderlinien zu den erfolgreichsten Deutschlands: Das Gesamtergebnis von vier Graduiertenschulen und zwei Clustern wurde von nur wenigen deutschen Universitäten übertroffen. In der prestigeträchtigen dritten Förderlinie erreichte die Humboldt-Universität zwar die letzte Runde, ging am Ende aber leer aus. In der Begründung wurde deutlich, dass zumindest manche Gutachter hierfür auch die ostdeutsche Vergangenheit der Universität verantwortlich machten – letztlich war vor 1989 eine Einbettung in den internationalen Forschungskontext nur in Ausnahmefällen gegeben, und die 17 Jahre zwischen Mauerfall und Wettbewerb reichten nach Ansicht der Gutachter nicht aus, diesen Rückstand aufzuholen.

Dass diese Begründung vor dem Hintergrund der durchgreifenden personellen und strukturellen Erneuerungen, denen sich alle ostdeutschen Universitäten unterzogen haben, nicht durchweg auf Zustimmung stieß, ist leicht nachzuvollziehen. Viele Vertreter der ostdeutschen Universitäten waren vielmehr der Ansicht, dass gerade diese aufgrund des erfolgten Neuanfangs und der tief greifenden Reformen die interessantesten Visionen und das höchste Potenzial aufzuweisen hatten. So hatten die ostdeutschen Universitäten nicht nur in der Forschung aufgeholt, sondern auch im Bereich der Prozessreorganisation sowie bei der Einführung leistungsorientierter Anreize erhebliche Fortschritte gemacht. Finanz- und zunehmend auch Personalmittel werden aufgrund von nachgewiesenen Erfolgen in Forschung und Lehre auf die Fakultäten und nachfolgend auf die Lehrstühle verteilt. Regelmäßig erscheinende Analysen weisen für alle Universitätsangehörigen klar nach, welche Lehrstühle Leistungsträger sind und an welchen Lehrstühlen Verbesserungspotenzial konstatiert werden muss. Eine derartige Transparenz und Anreizorientierung sucht an den meisten westdeutschen Universitäten noch ihresgleichen. Im Falle der Humboldt-Universität, aber auch im Falle von mehreren anderen ostdeutschen Hochschulen wie z. B. der *Technischen Universität Dresden*, spiegelte sich diese Reformarbeit auch bereits in diversen internationalen Rankings wider.

Die Juroren sahen diese Fortschritte nicht als ausreichend an, und dies muss auch als Kompliment für die erfolgreichen westdeutschen Mitbewerber aufgefasst werden. Die ausgezeichneten Universitäten in München, Aachen, Karlsruhe, Heidelberg, Freiburg, Göttingen und Konstanz haben in allen relevanten Indikatoren (u. a. Publikationen, Attraktivität für Gastforscher) auch im internationalen Vergleich sehr gut abgeschnitten. Es bleibt zu hoffen, dass ostdeutsche Universitäten in der nächsten Wettbewerbsrunde diese Schatten hinter sich lassen können und auch in der dritten Förderlinie reüssieren werden.

Aber der Wettbewerb sorgte auch völlig unabhängig von der speziellen Situation der ostdeutschen Hochschulen für Furore. Letztlich ist die Prämisse des Wettbewerbs geradezu als Sensation zu bezeichnen. Zum ersten Mal seit Kriegsende wird offiziell anerkannt, was allen Eingeweihten von je her bekannt war: nämlich, dass es enorme Qualitätsunterschiede zwischen den deutschen Universitäten gibt, was die Forschung angeht, und dass diese Qualitätsunterschiede auch unterschiedliche Finanzierungsniveaus rechtfertigen. Insofern darf der Wettbewerb ungeachtet der Positionierung der eigenen Universität als enormer Fortschritt verstanden werden. Hat er doch ein Ringen um internationales Renommee und Sichtbarkeit entfacht und dabei Kräfte freigesetzt, die ohne den Wettbewerb in kleineren Einzelaktivitäten verpufft wären. Auf eine Fortsetzung ist zu hoffen. Dabei muss gleichzeitig die zweite Kernaufgabe der Universitäten neben der Forschung – die Lehre – durch geeignetere Anreizmechanismen als bisher weiter gefördert werden.

5   Fazit

Die deutschen Universitäten befinden sich im Umbruch. Nach den durch die Wende hervorgerufenen Umwälzungen – vor allem, aber nicht nur, an den ostdeutschen Universitäten – haben die Bologna-Reform und die Exzellenzinitiative dafür gesorgt, dass in Forschung und Lehre neue Wege eingeschlagen werden. Eine Konstante bei den diversen Umstrukturierungen ist die konsequente Orientierung an internationalen Standards. Im Bereich Lehre und Studium wurde mit der Umstellung auf das Bachelor-Master-System der Anschluss an die international etablierten Strukturen vollzogen. In der Forschung werden bei Vergleichen wesentlich stärker als in der Vergangenheit internationale Maßstäbe herangezogen. Vergleichende Analysen zwischen Hochschulen, zwischen Fachbereichen und auch zwischen Hochschullehrern sind inzwischen gang und gäbe und werden zunehmend auch zur leistungsorientierten Allokation von Personal- und Sachmitteln herangezogen. Ungeachtet der Fortschritte der letzten Jahre gibt es aber noch viel zu tun.

Erstens ist bei der gewünschten Hinwendung zu einem leistungsorientierten System, unter dem leistungsstärkere Einheiten mehr Mittel erhalten als leistungsschwächere, darauf zu achten, dass den weniger leistungsstarken Einrichtungen nicht die Existenzgrundlage entzogen wird. Dass an vielen Standorten in Deutschland erfolgreich gelehrt und geforscht wird, ist eine wichtige Stärke des deutschen Systems, das uns insbesondere auch von den USA unterscheidet. Diese Stärke sollte nicht ohne Not aufs Spiel gesetzt werden. Ziel muss daher sein, exzellente Leistungen in Lehre und Forschung besonders zu fördern, ohne in der Breite Kompromisse zu machen. Wie im Sport braucht Deutschland auch in Lehre und Forschung Spitze und Breite zugleich.

Zweitens sind die erkannten Schwächen der Bologna-Reform zu beheben, ohne das Kind mit dem Bade auszuschütten. Derzeit (Mitte 2009) beobachtet man oft eine kaum nachvollziehbare Verherrlichung des Diplom-/Magistersystems der alten Bundesrepublik. Die Bologna-Reform hat wesentlich dazu beigetragen, einige der allgemein anerkannten Schwächen dieses Systems zu beheben – beispielhaft seien hier die langen Studienzeiten und die hohen Abbrecherquoten benannt. Geeignete Maßnahmen sollten im Rahmen der Reform mehr als bisher sicherstellen, dass insbesondere die internationale Mobilität eine besondere Förderung und Unterstützung erfährt. Auch Praktika sollten sich flexibel in ein Studium integrieren lassen, ggf. auch unter einer kontrollierten Verlängerung der Studiendauer. Dies darf aber nicht auf Kosten der Studierbarkeit und der Planbarkeit eines Studiums gehen, das von der großen Mehrzahl aller Fälle von den Studierenden als Vorbereitung für einen Beruf in der Wirtschaft oder öffentlichen Verwaltung wahrgenommen wird.

Drittens muss der eingeschlagene Weg, Universitäten von den Behörden, die sie einmal waren, in Orte des kreativen und kompetitiven Schaffens zu verwandeln, dezidiert weiter verfolgt werden und sich auch in Struktur- und Prozessveränderungen niederschlagen. Viele Prozesse dauern nach wie vor viel zu lang. So sind für Besetzungen von Professuren Bearbeitungszeiten von ein bis zwei Jahren die Regel, und selbst die Beschaffung eines Buches kann sich über Monate hinziehen. Mehr Flexibilität bei der Zweckbindung von Haushaltsmitteln, mehr Vertrauen in die Leistungsträger statt übertriebener Kontrolle, Verschlankung von Prozessen sowie Terminvorgaben für die in die Prozesse eingebundenen Gremien sind nur einige Optionen für eine erfolgreiche Transformation der deutschen Universität in das 21. Jahrhundert.

Quellenverzeichnis

ERHARDT, M. (2002a): Ost und West in einem Land: Berlin – Der „Masterplan" zu Beginn der 90er Jahre, Einführungsreferat im Rahmen des Symposiums „Zum Stand der Wissenschafts- und Hochschulpolitik", 8./9.02.2002, Berlin 2002.

ERHARDT, M. (2002b): Zum Stand der Wissenschafts- und Hochschulpolitik, Eröffnungsrede beim Symposium am 8./9.Februar 2002, Berlin 2002.

HUMBOLDT-UNIVERSITÄT ZU BERLIN (1989a): Aktenbestand der Wirtschaftswissenschaftlichen Fakultät der Humboldt-Universität zu Berlin, Dekanat, Berlin 1989.

HUMBOLDT-UNIVERSITÄT ZU BERLIN (1989b): Aktenbestand der Wirtschaftswissenschaftlichen Fakultät der Humboldt-Universität zu Berlin, Dekanat, Arbeitspapier vom 22.12.1989, Berlin 1989.

HUMBOLDT-UNIVERSITÄT ZU BERLIN (1990a): Aktenbestand der Wirtschaftswissenschaftlichen Fakultät der Humboldt-Universität zu Berlin, Dekanat, Arbeitsentwurf vom 16.01.1990, Berlin 1990.

HUMBOLDT-UNIVERSITÄT ZU BERLIN (1990b): Aktenbestand der Wirtschaftswissenschaftlichen Fakultät der Humboldt-Universität zu Berlin, Dekanat, Strategische Entwicklungslinien in Lehre und Forschung an der Sektion Wirtschaftswissenschaften, Entwurf, Februar 1990, Berlin 1990.

HUMBOLDT-UNIVERSITÄT ZU BERLIN (1990c): Aktenbestand der Wirtschaftswissenschaftlichen Fakultät der Humboldt-Universität zu Berlin, Dekanat, Brief vom 22.06.1990, Berlin 1990.

HUMBOLDT-UNIVERSITÄT ZU BERLIN (1991): Aktenbestand der Wirtschaftswissenschaftlichen Fakultät der Humboldt-Universität zu Berlin, Dekanat, Protokoll der 4. Sitzung der SBK am 08. Juli 1991 zum Neuaufbau des Fachbereiches Wirtschaftswissenschaften an der Humboldt-Universität zu Berlin, Berlin 1991.

HUMBOLDT-UNIVERSITÄT ZU BERLIN (1998): Hochschulstrukturplan, Berlin 1998.

KLINZING, K./BÖHME, P./RICHTER, F. (1996): Der Akademische Mittelbau an der Humboldt-Universität zu Berlin im Transformationsprozess. Ergebnisse einer Fallstudie 1994, in: Schriftenreihe des *WISSENSCHAFTSSOZIOLOGIE UND -STATISTIK E. V.* (Hrsg.), Der universitäre akademische Mittelbau. Arbeitsaufgaben – Beschäftigungsverhältnisse – Arbeitsbedingungen, Heft 9, Berlin 1996.

KOLLOCH, K. (2001): Abwicklung und Neuaufbau der wirtschaftswissenschaftlichen Fakultät der Humboldt-Universität zu Berlin zwischen November 1989 und Dezember 1993, in: *THIESSEN, F.* (Hrsg.), Zwischen Plan und Pleite. Erlebnisberichte aus der Arbeitswelt der DDR, Köln/Weimar/Wien (2001).

SENATSVERWALTUNG FÜR WISSENSCHAFT UND FORSCHUNG (1993): Berliner Hochschulstrukturplan 1993, Berlin 1993.

SENATSVERWALTUNG FÜR WISSENSCHAFT UND FORSCHUNG (1995): Presseerklärung vom 25.01.1995, Berlin 1995.

Die Gesundheitsversorgung Deutschlands auf dem adaptiven Weg der Besserung?

Heiko Burchert und *Frank Keuper*

Fachhochschule Bielefeld und *Steinbeis-Hochschule Berlin*

1   Diagnose und Befundbericht 421
2   Therapieansätze 422
     2.1   Zur Auswahl.. 422
     2.2   Zurück zur Einheitsversicherung?.. 422
     2.3   Damals Poliklinik – Heute MVZ oder Ärztehaus 425
     2.4   Damals Gemeindeschwester – Heute AGnES, EVA oder VERAH.... 427
     2.5   Studierte Lehrer braucht das Land! 429
3   Abschließender Arztbrief... 431
Quellenverzeichnis.. 432

1 Diagnose und Befundbericht

Unser Gesundheitssystem ist krank. Die Diagnose: eine „doppelte Überalterung"[1] unserer Gesellschaft, ein akuter Engpass in der Beitrags-Finanzierung des Sozialversicherungssystems, eine sich daher jetzt schon abzeichnende Versorgungslücke sowie diverse Fehlsteuerungen im Gesundheitssystem selbst.[2] Behandlungen haben bereits vor geraumer Zeit begonnen. Nachhaltige Erfolge sind bisher ausgeblieben. Gelegen kommt in diesem Zusammenhang, dass zwischenzeitlich Befundberichte über das ostdeutsche Gesundheitssystem aufgetaucht sind. Wo damals eine chronische Unterversorgung mit finanziellen Ressourcen diagnostiziert wurde, zeigen sich heute mit Blick auf Gesamtdeutschland durchaus vergleichbare Symptome. Ebenso konnten in der Krankenakte erste Hinweise darauf gefunden werden, dass bereits vor über 20 Jahren erfolgversprechende Behandlungen eingeleitet wurden.

Im vorliegenden Beitrag wird somit von der These der Vergleichbarkeit der Ereignisse im heutigen System der Gesundheitsversorgung in Deutschland und dem System der Gesundheitsversorgung in der damaligen Deutschen Demokratischen Republik – sowohl symptomatisch als auch kurativ – ausgegangen und dargestellt, inwiefern sich solche Gleichheiten erkennen und nutzen lassen. Wo dies noch nicht der Fall ist, kann die Frage gestellt werden, ob nicht doch in der einen oder anderen Situation bewusst ein damaliges Behandlungskonzept angepasst an die aktuelle Befundlage zu adaptieren wäre.

Es wird eine Reihe von bewährten ostdeutschen Therapiekonzepten herausgearbeitet, die seit geraumer Zeit bereits in bestimmten Indikationsbereichen zur Anwendung gelangen. Andere wiederum finden aktuell erst eine Etablierung als eine erfolgversprechende Behandlungsleitlinie. Demgemäß kann auch noch nicht mit gesicherten empirischen Befunden über den erhofften Behandlungserfolg aufgewartet werden. Bei wiederum anderen Indikationsbereichen möchten die Autoren auf eine Adaption seinerzeit erfolgreicher Behandlungskonzepte aufmerksam machen. Ein entsprechender Handlungs- und Erfolgsdruck lastet schon auf den Schultern der Entscheidungsträger. Die dargestellten Befunde sind erdrückend. Eine weitere Manifestation der Erkrankung sollte verhindert werden, um sie noch unter Kontrolle zu halten.

Ein abschließender Arztbrief zieht ein Fazit und gibt Hinweise für mögliche Weiterbehandlungen des Patienten.

---

[1] Unter einer „doppelten Überalterung" wird einerseits eine Alterung der Gesellschaft auf Grund einer stetig steigenden Lebenserwartung verstanden. Andererseits – und dies macht das Doppel dann aus – wird seit Jahren ein Geburtenrückgang beobachtet, sodass der Anteil der Älteren an der Gesamtgesellschaft in absehbarer Zeit den der Jüngeren übersteigen wird.

[2] Zu dem sich daraus ableitenden Phänomen der „Kostenexplosion" im Gesundheitswesen und weiteren seiner Einflussgrößen vgl. u. a. *DILGER* (2002).

2   Therapieansätze

2.1   Zur Auswahl

Wie bereits aus dem Befundbericht bekannt, hat in einem ersten Indikationsbereich bereits
eine adaptive Behandlung des deutschen Gesundheitssystems eingesetzt. Dies ist die gesellschaftliche Ebene. Zu untersuchen ist, ob die derzeitigen Behandlungen des bundesdeutschen
Systems der Sozialversicherungen bedeuten, dass es sich möglicherwiese auf dem Weg zur
einstigen Einheitsversicherung befindet. An zwei weiteren akuten Indikationsbereichen – 1)
der Schnittstelle der ambulanten und stationären Versorgung und 2) der hausärztlichen Versorgung – wird gezeigt, dass Behandlungskonzepte adaptiert wurden, sich aber noch in der
Erprobung und Evaluation befinden. In einem vierten Indikationsbereich, nämlich dem der
Hervorbringung von adäquat ausgebildeten Lehrkräften für die berufliche Ausbildung im
Gesundheitswesen, wurde das Prekäre einer Behandlung noch gar nicht erkannt. Insofern
verwundert es auch nicht, dass noch kein Behandlungskonzept vorliegt. Hier wollen wir zumindest zur Sensibilisierung beitragen.

2.2   Zurück zur Einheitsversicherung?

Das System der gesetzlichen Sozialversicherungen in der Bundesrepublik Deutschland ist
zurückzuführen auf die „Kaiserliche Botschaft von 1881", mit der die BISMARCKsche Sozial-
versicherungspolitik eingeleitet wurde. Das in den Anfängen nur auf die Krankenversicherung (1883), die Unfallversicherung (1884) und die Rentenversicherung (1889) begrenzte
Sozialversicherungssystem wurde in den Jahren 1927 um die Arbeitslosenversicherung und
1994 durch die Pflegeversicherung ergänzt. Die in diesem Zusammenhang einzurichtenden
Versicherungsträger wiesen eine in ihrer Entstehungsgeschichte begründete berufsgruppen-,
wirtschaftszweig- oder regionalbezogene Strukturierung auf. Im Versicherungsfall halten
diese Versicherungen ein Spektrum an Geld-, Sach- und Dienstleistungen bereit, das der
Überwindung der Beeinträchtigung der dort Versicherten dient. Diese Versicherungen sind
Pflichtversicherungen, die bestimmte soziale Merkmale aufweisen. Hierzu gehören u. a. eine
einkommens- und nicht etwa risikobezogene Beitragsbemessung, eine Aufteilung der Beiträge zwischen Arbeitgeber und -nehmer, eine Befreiung niedriger Einkommen von der Bei-
tragspflicht und eine Begrenzung oberer Einkommen. Seitens der gesetzlichen Versicherungen besteht eine Kontraktierungspflicht.[3]

Nach dem Zweiten Weltkrieg lebte dieses System in der Bundesrepublik Deutschland nahezu
unverändert fort. In Ostdeutschland – der damaligen Sowjetischen Besatzungszone (SBZ) –
wurde mit dem SMAD-Befehl 28[4] vom 28. Januar 1947 die Grundlage für die Einführung
eines einheitlichen Systems der Sozialversicherung in der SBZ geschaffen. Diese Sozialversicherung war eine einheitliche Pflichtversicherung, die der Erhaltung der Gesundheit und
Arbeitsfähigkeit der Versicherten diente und bei Krankheit, Mutterschaft, Alter, Invalidität,
Todesfall von Angehörigen und einer Reihe weiterer Fälle Unterstützung gewährte. Mitglieder wurden alle abhängig, freiberuflich und selbständig Erwerbstätigen.[5]

---

[3]   Vgl. BÄCKER (1996) mit weiteren Nennungen.

[4]   SMAD = Sowjetische Militäradministration in Deutschland.

[5]   Vgl. DOWE/KUBA/WILKE (2005), Stichwort: Sozialversicherung.

Diese Einheits-Sozialversicherung fand sich mit der Gründung der Deutschen Demokratischen Republik am 7. Oktober 1949 im Artikel 16 der Verfassung wieder. Eine Verordnung des DDR-Ministerrates vom 26. April 1951 übertrug die Leitung und Kontrolle der Sozialversicherung für die Arbeiter und Angestellten dem *Freien Deutschen Gewerkschaftsbund* (FDBG). Die bis dahin noch existierenden fünf Länderanstalten wurden zu einer von einem Zentralrat geleiteten Sozialversicherungsanstalt öffentlichen Rechts zusammengefasst. Ihr Haushalt war Teil des Staatshaushaltes. Mit einer Verordnung vom 23. August 1956 übertrug der Ministerrat der DDR die politische, organisatorische und finanzielle Leitung der Sozialversicherung der Arbeiter und Angestellten ausschließlich auf den FDGB. Personen, die nicht dem FDGB angehörten[6], waren bei der *Deutschen Versicherungs-Anstalt* (DVA) versichert.

Die Sozialversicherung der DDR versorgte ca. 90 % der Bevölkerung. Das Leistungsspektrum der Sozialversicherung umfasste ambulante sowie stationäre ärztliche und zahnärztliche Behandlungen, Arzneien, Heil- und Hilfsmittel, Zahnersatz, Kuren zu prophylaktischen sowie zu Heil- und Genesungszwecken einschließlich Rehabilitationsmaßnahmen, Kranken- und Ausfallgelder, die bei Krankheit, unfallbedingter Arbeitsunfähigkeit, beruflich bedingter Gesundheitsschädigung oder Quarantäne gezahlt wurden. Müttern stand Schwangerschafts- und Wochengeld zu. Unterstützungszahlungen erfolgten für die Pflege erkrankter Kinder oder nicht berufstätiger Ehegatten. Bei vorzeitiger Arbeitsunfähigkeit oder mit Erreichen der Altersgrenze wurden Unfall-, Invaliden-, Alters- und Hinterbliebenenrenten gezahlt. Es gab Blindengeld, Alterspflegegeld und Bestattungsbeihilfen.[7] Für diese im Versicherungsfall zu erwarteten Leistungen zahlten die Versicherten einen Beitrag zur Sozialversicherung in Höhe von 10 % ihres Brutto-Einkommens.

Seit der Wiedervereinigung haben sich angesichts der demographischen und ökonomischen Entwicklung Deutschlands im Sozialversicherungssystem diverse Probleme eingestellt, die einer zeitnahen Lösung bedurften und diese auch bereits erfuhren:

➢ Mitte der 1990er Jahre wurde eine akute Lücke bei der Versorgung pflegebedürftiger Menschen offenbar. In der Endkonsequenz führte die zur Verabschiedung des Sozialen Pflegeversicherungsgesetzes vom 26. Mai 1994 als Elftes Buch des Sozialgesetzbuches. Einzelne Leistungen gemäß § 28 SGB XI sind durchaus mit denen im Sozialversicherungssystem der DDR vergleichbar. Ebenso die Tatsache, dass die gesetzliche Pflegeversicherung, obgleich in einem separaten Sozialgesetzbuch geregelt, unter dem Dach der gesetzlichen Krankenversicherung angesiedelt oder, besser gesagt, als eine neu einzurichtende Aufgabe den gesetzlichen Krankenversicherungen übertragen wurde, lässt Züge einer Einheitsversicherung vermuten.

➢ Gleiches gilt für die Regelung der Beitragsabwicklung. Gemäß § 28 d SGB IV sind die Beiträge zur Kranken-, Pflege- und Rentenversicherung für einen kraft Gesetzes versicherten Beschäftigten oder Hausgewerbetreibenden sowie der Beitrag aus Arbeitsentgelt aus einer versicherungspflichtigen Beschäftigung nach dem Recht der Arbeitsförderung in Form eines so genannten – und mit dem Sozialversicherungsbeitrag der DDR vergleichbaren – „Gesamtsozialversicherungsbeitrags" zu zahlen. Bei den Krankenversicherungen wurde dazu eine so genannte Einzugsstelle eingerichtet, die diese Gesamtsozial-

---

6   Hierzu zählten u. a. die Mitglieder von Produktionsgenossenschaften und von Kollegien der Rechtsanwälte, Selbständige und Freiberufler sowie ständig mitarbeitende Familienangehörige.

7   Vgl. *DOWE/KUBA/WILKE* (2005), Stichwort: Sozialversicherung.

versicherungsbeiträge entgegen- und die Weiterleitung der Einzel-Beiträge an die jeweiligen anderen Sozialversicherungen des versicherten Arbeitnehmers übernehmen.

> Im Bereich der gesetzlichen Rentenversicherung ist es zum 1. Oktober 2005 in der Bundesrepublik Deutschland zu einer deutlichen und finanzielle Ressourcen schonenden Zentralisation der Versicherungsträger gekommen. Derzeit finden sich nur noch zwei große Rentenversicherungsträger: In der *„Deutschen Rentenversicherung Bund"* sind die bisherige *Bundesversicherungsanstalt für Angestellte* (BfA) sowie die 22 regionalen Versicherungsanstalten (vormals Landesversicherungsanstalten – LVAs) fusioniert. Die *Bundesknappschaft,* die *Seekasse* sowie die *Bahnversicherungsanstalt* wurden in der *„Deutschen Rentenversicherung Knappschaft-Bahn-See"* zusammengefasst. Da die BfA für die Durchführung der Versicherung für Angestellte, die LVAs für die Arbeiter und Handwerker, die Bundesknappschaft für bergbaulich Beschäftigte, die Bahnversicherungsanstalt für Beschäftigte der Bahn und die Seekasse für Seeleute zuständig war, ist es nicht nur zu einer Aufhebung der Trennung zwischen Arbeiter- und Angestellten-Rentenversicherung, sondern auch zu einer weitgehenden Vereinheitlichung der Rentenversicherungsträger gekommen.

Die sich daraus ergebenden Kosteneinsparungspotenziale reichen dennoch nicht aus, damit die gesetzliche Rentenversicherung ihren Aufgaben auf Grund der Beitragseinnahmen nachkommen kann. Regelmäßig wird ein Teil der Ausgaben der Rentenversicherung über Zuschüsse aus dem Bundeshaushalt finanziert. Im Jahr 2008 betrugen diese Zuschüsse 32.053,4 Mio. EUR. Stellt man diese Einnahmen den Rentenausgaben gegenüber, die sich im gleichen Jahr auf 115.727,4 Mio. EUR beliefen, so kann festgestellt werden, dass knapp 28 % der Renten nicht aus den Beiträgen zur Rentenversicherung, sondern aus dem Bundeshaushalt (also aus den Steuern) gezahlt werden.[8]

> Im Bereich der gesetzlichen Krankenversicherung hat es die meisten und deutlichsten Veränderungen der bisherigen Strukturen gegeben. Mitte der 1990er Jahre trugen die bis dahin übliche Verfahrensweise bei der Aufnahme neuer Mitglieder in die gesetzlichen Krankenversicherungen und die sich daraus ergebende Mitgliederstruktur nicht nur zu teilweise drastischen Finanzierungsdefiziten bei einzelnen Krankenversicherungen, sondern auch zu beitragshöhenbedingten Nachteilen insbesondere für die gesunden Mitglieder einer Krankenversicherung bei. Mit der Einführung des Kassenwahlrechtes zum 1. Januar 1996 wurde den Mitgliedern das Recht eingeräumt, die Beitragssatzunterschiede der gesetzlichen Krankenkassen für sich zu nutzen und die Krankenkasse zu wechseln. Einer Studie des WIDO aus dem Jahre 2006 zufolge hat in der Zeit von 1996 bis 2006 knapp die Hälfte aller Mitglieder ihre gesetzliche Krankenkasse gewechselt. Als wesentlicher Wechselgrund wurde die Unzufriedenheit mit der Höhe der aktuell zu zahlenden Beiträge genannt.[9]

Da dies alleine nicht die Finanzierungsdefizite einzelner Krankenversicherungen beheben, sondern lediglich die Beitragssatzspanne zwischen den Krankenversicherungen reduzieren konnte, wurde parallel ein Finanzausgleich zwischen den gesetzlichen Krankenkassen – der so genannte Risiko-Struktur-Ausgleich (RSA) – eingerichtet. Die gesetzlichen Krankenkassen mit einer geringen Finanzbelastung auf Grund eines geringen Gesundheitsrisikos ihrer Mitglieder, die zudem beschäftigungsbedingt für ein gutes Beitragsaufkommen sorgen, hatten zugunsten von Krankenkassen mit einer hohen Finanzbe-

---

[8] Vgl. DEUTSCHE RENTENVERSICHERUNG BUND (2009).

[9] Vgl. ZOK (2006).

lastung und einem ungünstigen Beitragsaufkommen finanzielle Mittel in einen „RSA-Topf" abzuführen. Die staatlicherseits koordinierten und vom Bundesversicherungsamt[10] organisierten Segnungen des RSA, welche sich bspw. im Jahr 2006 auf 17,17 Mrd. EUR beliefen,[11] führten jedoch nicht zum gewünschten Ergebnis. Stattdessen wurde über die Etablierung von Strukturierten Behandlungsprogrammen[12] insbesondere auf der Seite der „Zahlerkasse" versucht, das Gesundheitsrisiko der eigenen Mitglieder offenzulegen und so die Einzahlungen in den Risiko-Struktur-Ausgleich zu minimieren.

Um dieser unsolidarischen Entwicklung einen Riegel vorzuschieben, wurde zum 1. Januar 2009 der Gesundheitsfonds eingerichtet. Den Regelungen des Gesundheitsfonds zufolge zahlen alle Mitglieder einer gesetzlichen Krankenversicherung den gleichen Beitrag. Alle Krankenversicherungen sind nun „Empfängerkassen", die aus dem Gesundheitsfonds unter Berücksichtigung des Alters, des Geschlechts und der Krankheitsbilder ihrer Mitglieder Zahlungen erhalten, die sie dann zur Übernahme der Behandlungskosten an die Leistungserbringer weiterleiten können.

Die Überwindung einer Beitragsspanne durch Etablierung eines einheitlichen Beitragssatzes bei den gesetzlichen Krankenkassen, eine Reduzierung der Anzahl der Versicherungsträger in den Bereichen der Rentenversicherung sowie der hier noch nicht erwähnten Krankenversicherung[13], die Subsumierung einer neuen Sozialversicherung unter dem Dach einer anderen, die staatlichen Zuschüsse zum System der Sozialversicherung sowie die ohnehin schon geübte Abführung eines „Gesamtsozialversicherungsbeitrages" lassen doch schon deutliche Züge einer Einheitsversicherung erkennen. Und was auch sollte daran so verkehrt sein, wenn auf Grund einer Vermeidung von Doppelstrukturen wichtige finanzielle Ressourcen geschont und bereits existierendes sozialversicherungstechnisches Know-how mitgenutzt werden kann?

2.3   Damals Poliklinik – Heute MVZ oder Ärztehaus

Die Gesundheitsversorgungsstrukturen der DDR waren gekennzeichnet durch eine institutionell ausgeprägte Schnittstelle zwischen der ambulanten und der stationären Gesundheitsversorgung der Bevölkerung. Hierzu zählten insbesondere die Ambulatorien und Polikliniken. Unter Ambulatorien wurden ambulante Einrichtungen des staatlichen Gesundheitswesens in Städten, auf dem Land und in Betrieben mit drei ärztlich besetzten Fachrichtungen verstanden. Polikliniken wiesen demgegenüber neben ärztlichen Leistungen in den Bereichen Innere Medizin, Gynäkologie, Stomatologie, Pädiatrie und Chirurgie auch labor- und röntgendiagnostische sowie physiotherapeutische Leistungen auf. Zu finden waren Polikliniken in Städten, in Betrieben und angegliedert an Krankenhäuser und Universitätskliniken. Im Jahr 1989 konnten insgesamt 626 Polikliniken und 1.020 Ambulatorien gezählt werden. Während die meisten Ambulatorien (433 = 42,4 %) auf dem Land zu finden waren, also dort die Versor-

---

[10]   Vgl. www.bundesversicherungsamt.de.

[11]   Vgl. *BUNDESVERSICHERUNGSAMT* (2008), S. 92.

[12]   Auch „Disease-Management-Programme" genannt.

[13]   Im Bereich der gesetzlichen Krankenversicherung kam es ebenfalls zu umfangreichen Fusionen einzelner Kassen. Betrug die Zahl der gesetzlichen Krankenkassen laut *BUNDESMINISTERIUM FÜR GESUNDHEIT* (2009) im Jahre 1991 noch 1.209, so waren es 2007 nach Angaben der *KASSENÄRZTLICHEN BUNDESVEREINIGUNG* (2009a) nur noch 236.

gung sicherzustellen hatten, waren 227 oder 36,2 % der Polikliniken in den Städten angesiedelt.[14]

Zum Teil wird in der Literatur heute noch die Auffassung vertreten, dass sich gerade in diesen Angeboten der zwischen den beiden klassischen Sektoren der Erbringung von Gesundheitsleistungen angesiedelten Leistungserbringer die politisch-ideologisch motivierten Zentralisationsbestrebungen zeigten, die nicht zur herrschenden Klasse der Arbeiter und Bauern zählenden Ärzte oder besser die „medizinische Intelligenz" im notwendigen Umfang zu kontrollieren. An dieser Stelle sei jedoch die These vertreten, dass diese Form der Leistungserbringung eine klassische Reaktion auf den Mangel entsprechender stationärer Behandlungskapazitäten war.[15]

Während in der DDR die Mangel-Kapazitäten ausschließlich angebotsseitig bedingt waren, sind und werden sie im heutigen Deutschland gleich durch drei Erscheinungen hervorgerufen. Im Einzelnen sind dies

> die Knappheit der finanziellen Ressourcen zur Deckung stationärer Behandlungsleistungen,

> die Erkenntnis, dass deutlich mehr Behandlungen als bisher in der gleichen Qualität auch ambulant erbracht werden können, und

> die durch die „doppelte Überalterung" unserer Gesellschaft bedingte starke Zunahme der generellen Inanspruchnahme von Gesundleistungen.

Die Polikliniken der neuen Prägung heißen heute Medizinische Versorgungszentren oder Ärztehäuser.[16] Ein Medizinisches Versorgungszentrum (MVZ) ist eine fachübergreifende, ärztlich geleitete Einrichtung, in der im Arztregister eingetragene Ärzte als Angestellte oder Vertragsärzte tätig sind. Sie sind seit dem 1. Januar 2004 mit Inkrafttreten des GKV-Modernisierungsgesetzes zur ambulanten ärztlichen Versorgung im Bereich der gesetzlichen Krankenversicherung (GKV) zugelassen. Rechtliche Grundlage bildet Paragraph 95 Absatz 1 Satz 2 im fünften Sozialgesetzbuch. Ein Medizinisches Versorgungszentrum kann nur von Leistungserbringern gegründet werden, die durch Ermächtigung, Zulassung oder Vertrag an der medizinischen Versorgung der Versicherten der GKV teilnehmen. Die Ärzte haben mindestens zwei medizinische Fachgruppen zu vertreten. Kooperationen auch mit nicht-ärztlichen Gesundheitsberufen sind möglich. Ziel ist es, die Versorgung von Patienten aus einer Hand zu fördern.[17] Ende des Jahres 2008 gab es 1.206 Medizinische Versorgungszentren, wovon 451 an Krankenhäusern eingerichtet wurden.[18]

Demgegenüber sind Ärztehäuser meistens Nachfolgeinstitutionen der damaligen Polikliniken. Sie zeichnen sich dadurch aus, dass die dort tätigen Ärzte nicht angestellt sind, sondern sich zu einer großen „Praxisgemeinschaft" zusammengeschlossen haben. Eines dieser Ärztehäuser ist bspw. das Ärztehaus „An der Marienkirche" in Neubrandenburg. Die mit zwischenzeitlich

---

[14] Vgl. STATISTISCHES AMT DER DDR (1990), S. 373.

[15] Vgl. u. v. a. weitergehend auch MANOW (1994) oder WASEM (1997).

[16] Zu den Details der Auflösung der Polikliniken und der Entstehung von Gesundheitszentren sowie in der Folge Medizinischen Versorgungszentren vgl. die Ausführungen des Bundesverbands Medizinische Versorgungszentren – Gesundheitszentren – Integrierte Versorgung e. V. unter www.bmvz.de.

[17] Vgl. KASSENÄRZTLICHE BUNDESVEREINIGUNG (2009b).

[18] Vgl. KASSENÄRZTLICHE BUNDESVEREINIGUNG (2008).

auf 40 Ärzte, mehr als 200 Beschäftigte und über 200.000 Behandlungsfälle pro Jahr ange-wachsene ehemalige Poliklinik hat sich zu einem erfolgreichen und angesehenen städtischen Gesundheitszentrum für ambulante Leistungen entwickelt. Betreut wird diese „Praxisgemein-schaft" von einer so genannten *Verwaltungsgesellschaft ambulante Medizin mbH*, die im Jahre 1990 von 26 Ärzten aus Neubrandenburg gegründet wurde.[19] Ihre zentralen Aufgaben sieht die Verwaltungsgesellschaft im Unterhalt des Ärztehauses und im Angebot von Dienst-leistungen, wie etwa Finanzbuchhaltung, Personalwesen einschließlich der Lohn- und Ge-haltsberechnungen, Materialwirtschaft, logistische Aufgaben (wie zum Beispiel Zentralsteri-lisation, Wäschedienst, Reinigung und EDV-Dienste) sowie Steuer-, Rechts- und Wirtschafts-beratungen für die im Ärztehaus oder andernorts ansässigen Arztpraxen.[20]

Zusammengefasst kann also festgehalten werden, dass derzeit Bemühungen unternommen werden, um zwischen der ambulanten (einzelärztlichen) und der stationären Versorgung der Bevölkerung mit Gesundheitsleistungen eine Zwischenebene einzuführen. Zum einen ent-stammt diese noch unmittelbar den Strukturen aus der DDR. Zum anderen bildeten die dama-ligen Strukturen eine Vorlage, die auf das kassenärztliche System übertragen wurde. Wie dem auch sei, das wesentliche ist, dass die Versorgungslücke geschlossen wird und nicht notwen-dige Inanspruchnahmen stationärer Gesundheitsversorgungseinrichtungen unterbleiben kön-nen.

2.4   Damals Gemeindeschwester – Heute AGnES, EVA oder VERAH

Eine Gemeindeschwester war eine ausgebildete Pflegekraft, die in einer so genannten Ge-meindeschwester-Station angestellt war und in der Regel eine Fachweiterbildung mit dem Schwerpunkt der ambulanten Pflege absolviert hatte. Haupteinsatzgebiet war überwiegend die Betreuung alter oder behinderter Menschen und chronisch Kranker in deren Wohnung. Zu ihren nach Absprache mit dem behandelten Hausarzt zu erfüllenden Aufgaben gehörten u. a. der Verbandswechsel, die Medikamentengabe, das Setzen von Injektionen aber auch die Übernahme hauswirtschaftlicher Leistungen, soweit diese zur persönlichen Versorgung des zu Betreuenden erforderlich waren, sowie das Anleiten und Beraten von Angehörigen in Krankenpflege, Beschaffung und Gebrauch von Hilfsmitteln. Bis 1989 war die Anzahl der Gemeindeschwester-Stationen auf 5.585 angestiegen.[21] Die Gemeindeschwester genoss ein solch hohes Ansehen, dass das DDR-Fernsehen diesem Berufsstand eine eigene Fernsehserie widmete. Mit der Wiedervereinigung, in deren Rahmen das westdeutsche System zur Erbrin-gungen von ambulanten Gesundheitsleistungen auf Ostdeutschland übertragen wurde, ver-schwand sowohl dieser Berufsstand als auch das damit verbundene Leistungsangebot. Ange-sichts der aktuellen Versorgungssituation entstanden unlängst Modellvorhaben wie AGnES, EVA oder VERAH.

AGnES steht als Abkürzung für **A**rztentlastende **G**emeinde**n**ahe **E**-Health-gestützte **S**ystemi-sche Intervention. Dahinter verbirgt sich ein Versorgungskonzept im ambulanten Bereich der medizinischen Versorgung in Regionen mit ländlicher Infrastruktur und den damit verbunde-nen Bevölkerungsstrukturen sowie entsprechendem Arztinanspruchnahmeverhalten. Ziel des in den Jahren 2005–2008 in Mecklenburg-Vorpommern, Brandenburg, Sachsen und Sachsen-

---

[19] Vgl. *O. V.* (2000).

[20] Vgl. *Verwaltungsgesellschaft Ambulante Medizin mbH* (2009).

[21] Vgl. *Statistisches Amt der DDR* (1990), S. 373.

Anhalt erprobten Modellvorhabens ist die Verbesserung der Rahmenbedingungen für die Delegation ärztlicher Tätigkeiten an dafür qualifizierte nichtärztliche Mitarbeiter, wie z. B. Gesundheits- und Krankenpfleger, medizinische Fachangestellte oder Arzthelferinnen. Zugleich wird auf diese Weise eine sich ständig vergrößernde Versorgungslücke geschlossen, die entsteht, weil Patienten der Weg zu ihrem Hausarzt auf Grund ihrer Erkrankungen zu beschwerlich geworden ist. Den verbliebenen Hausärzten reicht ihr Budget für die erforderliche Anzahl von Hausbesuchen nicht. Ambulante Pflegedienste kommen – sofern sie nicht von den betreffenden Patienten privat finanziert werden – erst dann – und dann auch nur mit Pflegeleistungen – zum Einsatz, wenn gemäß § 17 SGB XI eine Pflegebedürftigkeit festgestellt wurde.

Die AGnES-Fachkraft besucht die Patienten zu Hause und misst zum Beispiel Blutdruck, Blutzucker oder andere diagnostische Werte. Sie ist speziell dafür geschult, den umfassenden Gesundheitszustand der Patienten einzuschätzen, einfache Labortests durchzuführen, Medikamente zu verabreichen, Wundversorgungen zu übernehmen, zu beraten und im Hinblick auf weitere therapeutische Maßnahmen koordinierend tätig zu werden. Um dies effizient bewerkstelligen zu können, dokumentiert die AGnES-Fachkraft ihre Tätigkeit per Laptop und kann gegebenenfalls mittels E-Health vor Ort mit dem Hausarzt oder anderen Leistungserbringern in den Kontakt treten.

Das Projekt fand in der zentralen Koordination und wissenschaftlichen Begleitung des Instituts für Community Medicine der *Ernst-Moritz-Arndt-Universität Greifswald* und des Fachbereichs Gesundheit und Pflege der *Fachhochschule Neubrandenburg* statt. Der Name des Projektes erinnert zugleich an die ursprünglich in der DDR existierende so genannte „Gemeindeschwester". „Agnes" war der Name einer solchen Gemeindeschwester, die in einer gleichnamigen DDR-Fernsehserie von Agnes Kraus (†) gespielt wurde.

Bundesweit haben sich weitere vergleichbare Projekte etabliert. So wird die gemeinsame Fortbildungsakademie der Ärztekammer und der Kassenärztlichen Vereinigung Westfalen-Lippe eine eigene Zusatzqualifikation für die medizinische Fachangestellte (die früheren Arzthelferinnen) zur „**E**ntlastenden **V**ersorgungs**a**ssistentin" (EVA) anbieten. Mit diesen zusätzlichen Fähigkeiten kann die Medizinische Fachangestellte selbständig Leistungen wie zum Beispiel in den Bereichen Hausbesuche, Impfen und Prävention übernehmen.

Die Fortbildung besteht aus acht Pflichtmodulen und einem Zusatzmodul, das aus verschiedenen Bereichen gewählt werden kann. 140 Stunden sind Pflicht, und 20 Stunden dieser berufsbegleitenden Fortbildung sind für den Wahlteil aufzuwenden. Das Curriculum beinhaltet im Pflichtteil eine Kompetenzvermittlung in den Bereichen Case Management, Notfallmanagement, Gesundheitsmanagement, Prävention, Telemedizin, Sozialrecht, Besuchs- sowie Wundmanagement und Geriatrisches Basis-Assessment. Das Angebot richtet sich an Medizinische Fachangestellte mit einer mindestens zweijährigen Berufserfahrung.[22]

Ein weiteres Angebot hält der *Deutsche Hausärzteverband e. V.* mit Sitz in Köln in seinem *Institut für hausärztliche Fortbildung im Deutschen Hausärzteverband (IhF) e. V.* bereit. Die an die Medizinischen Fachangestellten gerichtete Fortbildung zur „VERAH – **Ver**sorgungs**a**ssistentin in der **H**ausarztpraxis" zielt darauf ab, „ … die Hausarztpraxis als zentralen Ort der Versorgung zu stärken, die Berufszufriedenheit der Medizinischen Fachangestellten zu

---

[22] Ausführliche Informationen über dieses Fortbildungsangebot unter www.aekwl.de.

steigern und die Hausärztinnen und Hausärzte durch hochqualifizierte Unterstützungsleistungen zu entlasten"[23].

Das Thema der Entlastung der Hausärzte in ihrer Aufgabe der Betreuung von Patienten, die auf Grund mangelnder Mobilität den Weg zum Hausarzt nicht mehr bewältigen können, und auf der anderen Seite der Arzt, der budgetbedingt seine Arbeitszeit lieber für die Patientenversorgung in der Praxis aufwenden möchte, wird sowohl von den Berufsverbänden der Pflege als auch von den Medizinischen Fachangestellten berufspolitisch genutzt, um sich für dieses neue Aufgabenfeld zu empfehlen. Letztlich sollte und wird der entsprechende Hausarzt darüber entscheiden, ob er mit den betreffenden Aufgaben eher eine Pflegekraft oder eine Medizinische Fachangestellte betraut. Der aktuelle und zukünftige Versorgungsbedarf jedenfalls ist immens. Berufspolitische Diskussionen sollten daher zugunsten einer adäquaten Versorgungsleistung lediglich im Hintergrund geführt werden.

2.5   Studierte Lehrer braucht das Land!

Der Mitte der 1990er Jahre sich abzeichnende akute Handlungsbedarf im Hinblick auf die Versorgung der Bevölkerung mit qualifizierten Pflegeleistungen führte nicht nur zur Etablierung der gesetzlichen Pflegeversicherung. Zugleich reifte bundesweit der Entschluss, die Pflegequalität selbst auch zu verbessern. Als Lösung kristallisierte sich heraus, dass die Ausbildung zur Pflegefachkraft zukünftig von hochschulisch gebildeten Berufspädagogen zu leisten sei. Dieser bundesweite Gedanke erfuhr jedoch entsprechend den föderalistischen Strukturen länderspezifische Umsetzungen, die eine Reihe von „Besonderheiten" hervorbrachte.

In einer im Oktober 2005 – also zehn Jahre später – durchgeführten telefonischen Abfrage in den für die berufliche Ausbildung in Gesundheitsberufen zumeist zuständigen Gesundheitsministerien der Länder wurden die Einstellungsvoraussetzungen für Lehrkräfte in der beruflichen Ausbildung der Gesundheitsberufe (Pflege, Ergotherapie, Physiotherapie) zusammengetragen. In der Tabelle 1 sind die Ergebnisse zusammengestellt. Bemerkenswert an diesen Ergebnissen sind die folgenden Sachverhalte:

➢ Bis auf Sachsen haben die neuen Bundesländer an der DDR-Tradition, dass die Lehrkräfte in der beruflichen Ausbildung der Alten- und Krankenpflege sowie in der Physio- und Ergotherapie Absolventen universitärer berufspädagogischer Studiengänge (mit dem Titel „Medizin-Pädagogik") sind, festgehalten. Sachsen hatte quasi eine „Rolle rückwärts" vollführt und sieht als Lehrkraft in der beruflichen Bildung für Pflegeberufe einen Absolventen der Berufspädagogik an einer Fachhochschule vor. Für die therapeutischen Berufe wurde eine hochschulische berufspädagogische Ausbildung generell nicht mehr als erforderlich erachtet.

➢ In den Bundesländern Hamburg, Bremen, Berlin, Baden-Württemberg, Niedersachsen und Rheinland-Pfalz kam es zu der Situation, dass „mit unterschiedlichen Ellen gemessen" wurde. Während ein Berufspädagoge in der Altenpflege ein universitäres Lehrerstudium („Lehrer 1. Klasse") nachzuweisen hatte, reichte für eine Lehrerstelle in der Krankenpflege ein Fachhochschul-Studium aus. Die Lehrer „2. Klasse" waren geboren. In Schleswig-Holstein war es das gleiche Bild nur umgekehrt.

---

[23] *DEUTSCHER HAUSÄRZTEVERBAND E. V.* (2009).

➤ In den Ländern Hessen, Nordrhein-Westfalen, Saarland und Sachsen war in der beruflichen Ausbildung beider Pflegeberufe nur der Abschluss eines berufspädagogischen Fachhochschul-Studiums die Einstellungsvoraussetzung.

➤ Außer in Brandenburg, Mecklenburg-Vorpommern, Sachsen-Anhalt und Bayern wurde (und wird zum Teil heute noch!) in allen anderen Bundesländern für die Ausübung einer Tätigkeit als Berufspädagoge in der beruflichen Ausbildung der Ergo- oder Physiotherapie lediglich eine Fachweiterbildung (FWB) oder eine Pädagogische Fach-Qualifikation (PFQ) erwartet.

Bundesländer	Altenpflege		Krankenpflege		Physio- und Ergotherapie			
	Uni	FH	Uni	FH	Uni	FH	Uni	FH
Brandenburg	*		*		*			
Mecklenburg-Vorpommern	*		*		*			
Thüringen	*		*		*			
Sachsen-Anhalt	*	FPU	*	FPU	*	FPU		
Bayern	*	FPU	*	FPU	*	FPU		
Hamburg	*			*				*
Bremen	*			*			*	
Berlin	*	FPU		*			*	
Baden-Württemberg	*	FPU		*				*
Niedersachsen	*	FPU		*				*
Rheinland-Pfalz	*	FPU		*				*
Hessen		*		*				*
Nordrhein-Westfalen		*		*				*
Saarland		*		*			*	
Sachsen		*		*				*
Schleswig-Holstein		*	*					*

Legende:

Uni — Abschluss eines universitären Lehrerstudiengangs erforderlich

FH — Abschluss eine Lehrerstudiengangs an einer FH ausreichend

FPU — Einsatz von FH-Absolventen für Aufgaben im Fachpraktischen Unterricht möglich, wenngleich als Lehrer nur Universitäts-Absolventen eingestellt werden

FWB — Abschluss einer Fachweiterbildung (Umfang ca. 800 Std.) ausreichend

PFQ — Abschluss einer Pädagogischen Fach-Qualifikation (Umfang: ca. 300 Std.) ausreichend

Tabelle 1: Qualifikatorische Voraussetzungen zur Zulassung als Lehrkraft in der beruflichen Ausbildung der Altenpflege, Krankenpflege sowie Physio- und Ergotherapie nach Bundesländern (Stand: Oktober 2005)

Diese vermeintliche Berücksichtigung länderspezifischer Besonderheiten führte insbesondere bei örtlich flexiblen Studenten zu einem erhöhten Beratungsbedarf und ggf. einer zwingend erforderlichen weitergehenden Flexibilität beim Übergang in den Beruf eines Lehrers in der Ausbildung für die unterschiedlichen Gesundheitsberufe, wenn erkannt wurde, dass in dem gewünschten Bundesland der Abschluss eines Fachhochschul-Studiums zur Aufnahme einer entsprechenden Beschäftigung nicht ausreicht. Ob andersherum der Abschluss eines universitären Studiums akzeptiert wird, hängt letztendlich nur von der finanziellen Situation der jeweiligen Schule ab.

Mit dem Übergang von den Diplom-Studiengängen zur Bachelor-Master-Abfolge nahm die Komplexität des Problems der unterschiedlichen Einstellungsvoraussetzungen weiterhin zu. So wurde bspw. der Dekane-Konferenz der pflegewissenschaftlichen Studiengänge anlässlich ihrer Tagung im Jahre 2007 an der *Fachhochschule Esslingen* der gerade (bis 2011) akkreditierte Bachelor-Studiengang „Pflegepädagogik" präsentiert, während ein Gegenstand der Tagung selbst die Verabschiedung des Beschlusses war, dass als Lehrer in der beruflichen Ausbildung in der Alten- oder Krankenpflege nur Absolventen einer Bachelor-Master-Abfolge in der Lehrerbildung eingestellt werden dürfen. Offen blieb seinerzeit – und das ist es nach wie vor –, ob es sich dabei um eine Studienabfolge an einer Universität oder einer Fachhochschule handelt, was den Makel vom „Lehrer 2. Klasse" noch immer nicht ausräumt. In Baden-Württemberg gibt es seitdem den „Lehrer 3. Klasse".

3   Abschließender Arztbrief

Erste Behandlungserfolge sind beobachtbar. Die Schaffung der sozialrechtlichen Grundlagen für die Erbringung weiterer Gesundheitsleistungen an der Schnittstelle zwischen der ambulanten und stationären Versorgung gehört auf jeden Fall dazu. Einen weitergehenden Behandlungsbedarf gibt es hier nur dort, wo die berufspolitischen Diskussionen die tatsächliche Versorgungsleistung dominieren.

Auf gesellschaftlicher Ebene entwickeln sich die Dinge in die richtige Richtung. Die Reduzierung der Versicherungsträger dient aus Sicht vermeidbarer Kosten und der Nutzung vorhandener Ressourcen der Schonung der im deutschen Gesundheitssystem knappen finanziellen Ressourcen. Wenn an einzelnen Stellen Behandlungserfolge sichtbar werden, stärkt dies die Compliance des Patienten.

Als besonders akut ist der Behandlungsbedarf im Hinblick auf die Hervorbringung und Nutzung hochschulisch qualifizierter Lehrkräfte, die in der beruflichen Ausbildung einiger nichtärztlicher Gesundheitsberufe zum Einsatz gelangen. Hier bedarf es nicht 16 verschiedener, sondern eines einheitlichen Behandlungskonzeptes. Doch die Bundesländer lassen sich wohl genauso wenig in ihrer Kompetenz begrenzen, wie es bei Ärzten der Fall ist. Mit Blick auf letztere kann jedoch festgestellt werden, dass sie bei AGnES, EVA oder VERAH mit sich reden ließen. Warum also sollte es nicht gelingen?

Quellenverzeichnis

BÄCKER, G. (1996): Sozialversicherung. In: Lexikon des Sozial- und Gesundheitswesens, 3 Bände, 2. Auflage. München und Wien, S. 1892–1897.

BUNDESMINISTERIUM FÜR GESUNDHEIT (2009): Anzahl der Gesetzlichen Krankenversicherungen, online: www.gbe-bund.de, Tag des Abrufs: 9. Juli 2009, Stand: unbekannt.

BUNDESVERSICHERUNGSAMT (2008): Tätigkeitsbericht 2007. Bonn 2008.

DEUTSCHE RENTENVERSICHERUNG BUND (2009): Einnahmen und Ausgaben nach der Haushaltsrechnung, online: http://www.deutsche-rentenversicherung-bund.de/nn_7130/sid_ 94F7B5532187D6B0134B7BAD3C5063F0/DRVB/de/Inhalt/Deutsche_20Rentenversicherung/Unternehmensprofil/Finanzen_20und_20Verm_C3_B6gen/Einnahmen_20und _20Ausgaben_20nach_20Haushaltsrechnung.html, Tag des Abrufs: 9. Juli 2009, Stand: 23. Februar 2009.

DEUTSCHER HAUSÄRZTEVERBAND E. V. (2009): Fortbildung nicht nur für Hausärzte: VERAH – Versorgungsassistentin in der Hausarztpraxis, online: http://www.hausaerzteverband.de/ cms/Fortbildungstermine-fuer-MFA.394.0.html, Tag des Abrufes: 6. Juli 2009, Stand: unbekannt.

DILGER, A. (2002): Kostenexplosion im Gesundheitswesen, in: *BURCHERT, H./HERING, TH.* (Hrsg.), Gesundheitswirtschaft – Aufgaben und Lösungen. München/Wien 2003, S. 43–49.

DOWE, D./KUBA, K./WILKE, M. (Hrsg.) (2005): FDGB-Lexikon, Arbeitsversion, Berlin 2005, Arbeitspapiere des Forschungsverbundes SED-Staat; Nr. 36/2005, online: http://library.fes.de/FDGB-Lexikon/, Tag des Abrufs: 28. Juni 2009, Stand: unbekannt.

KASSENÄRZTLICHE BUNDESVEREINIGUNG (2008): Von der Idee zur bundesweiten Umsetzung. Entwicklung der Medizinischen Versorgungszentren, online: http://daris.kbv.de/daris/doc content.dll?LibraryName=EXTDARIS^DMSSLAVE&SystemType=2&LogonId=63a247 23397e25e30fea3ecc8ab836bd&DocId=003758324&Page=1, Tag des Abrufs: 6. Juli 2009, Stand: 9. Juni 2009.

KASSENÄRZTLICHE BUNDESVEREINIGUNG (2009a): Grunddaten zur vertragsärztlichen Versorgung in Deutschland 2008, online: www.kbv.de, Tag des Abrufs: 9. Juli 2009, Stand: 17. Juni 2009.

KASSENÄRZTLICHE BUNDESVEREINIGUNG (2009b): Medizinische Versorgungszentren (MVZ), online: http://www.kbv.de/koop/8791.html, Tag des Abrufs: 6. Juli 2009, Stand: 9. Juni 2009.

MANOW, PHILIP (1994): Gesundheitspolitik im Einigungsprozeß, Frankfurt am Main 1994.

O. V. (2000): Ärztehaus in Neubrandenburg, in: Schleswig-Holsteinisches Ärzteblatt, 2000, Nr. 10, S. 40–41.

STATISTISCHES AMT DER DDR (1990): Statistisches Jahrbuch der Deutschen Demokratischen Republik, 35. Jahrgang, Berlin 1990.

VERWALTUNGSGESELLSCHAFT AMBULANTE MEDIZIN MBH (2009): Impressum zum Internetauftritt Medizin-NB, online: http://www.medizin-nb.de/impressum.php3, Tag des Abrufs: 6. Juli 2009, Stand: unbekannt.

WASEM, JÜRGEN (1997): Vom staatlichen zum kassenärztlichen System – Eine Untersuchung des Transformationsprozesses der ambulanten Versorgung in Ostdeutschland, Frankfurt am Main 1997.

ZOK, KLAUS (2006): Beitragssatzkenntnis und Wechselbereitschaft in der GKV. Ergebnisse einer Repräsentativumfrage bei GKV-Mitgliedern im Zeitablauf, in: WIdO-monitor, 2006, Nr. 3 (2), S. 1–7.

Die großen Herausforderungen – Deutschlands Beitrag zur Zukunftsfähigkeit im 21. Jahrhundert

ROLF KREIBICH

IZT – Institut für Zukunftsstudien und Technologiebewertung gGmbH

1	Prolog	437
2	Zukunftsgestaltung und Alltagshandeln	437
3	Zukunftsdenken und Zukunftshandeln	440
4	Die großen Herausforderungen – Megatrends	442
5	Welt-Leitbilder – Zwei Zukunftsvisionen	446
6	Deutschlands Zukunft in der globalen Welt	449
7	Deutschlands Möglichkeiten und Chancen in der globalen Welt	452
8	Fazit	455
	Quellenverzeichnis	458

1 Prolog

Angesichts unserer hochgradig bedrohten Welt – besser Menschheit – sind die nachfolgenden Ausführungen der Versuch, aus Sicht der wissenschaftlichen Zukunftsforschung und Zukunftsgestaltung die existenziellen Fragen zu beantworten: Wie bleibt die Menschheit im 21. Jahrhundert zukunftsfähig und welchen Beitrag kann und sollte das neue Deutschland nach dem Fall der Mauer hierfür leisten? Sind wir in der Lage, aus dem großen Glück des wiedervereinten offenen Deutschlands besondere Kräfte zu mobilisieren, um einen gewichtigen Beitrag zur Zukunftsfähigkeit der Völkergemeinschaft zu erbringen?

Ausgangspunkte der folgenden Skizze liefern Erkenntnisse der modernen Zukunftswissenschaft sowie Beobachtungen und Erfahrungen aus Politik, Wirtschaft und Zivilgesellschaft. So werden im ersten Teil die großen Herausforderungen und Megatrends dargestellt, die die Entwicklungen im 21. Jahrhundert prägen werden.

Im zweiten Teil geht es um die Antworten, die Politik und Wirtschaft heute in der Regel geben. Eine kritische Analyse zeigt, dass diese angesichts der Anforderungen, die unsere hochkomplexen modernen Industrie- bzw. Wissenschaftsgesellschaften verlangen, völlig unzulänglich sind. Denn weltweit – und so auch in Deutschland – dominieren noch immer die längst überholten Vorstellungen der Vergangenheit zur Lösung der heutigen und zukünftigen Herausforderungen. Allen voran dominiert der Glaube an die allumfassende technische Lösungskompetenz und Machbarkeit und die Erzielung von Fortschritt und Wohlstand durch Wirtschaftswachstum. Nicht nur die Entscheidungsträger in Politik und Wirtschaft sind in diesen alten Entwicklungskategorien verhaftet, auch die meisten Meinungsbildner aus der Wissenschaft und dem Bildungsbereich verharren in alten Denk- und Verhaltensweisen die zu den bekannten kurzfristigen und kurzatmigen Reaktions- und Handlungsmustern führen. ALBERT EINSTEIN hat zu Recht immer wieder betont, dass man die Probleme der Zukunft nicht mit dem Geist und den Mitteln der Vergangenheit lösen und bewältigen kann.

Deshalb widmet sich der dritte Teil dieser Skizze den neuen Denk- und Handlungskonzepten möglicher und wünschbarer Zukunftsperspektiven („Zukünften") auf der Grundlage einer nachhaltig zukunftsfähigen Weltentwicklung sowie den Möglichkeiten und Chancen für Deutschland, hierfür eine gewichtige Rolle zu spielen.

2 Zukunftsgestaltung und Alltagshandeln

Der Krebsschaden realer Partei- und Regierungspolitiken sowie der meisten Wirtschafts- und Unternehmensstrategien – auch in Deutschland – liegt darin, dass ihnen keine (überzeugenden) langfristigen Zukunftsvisionen zugrunde liegen, sondern dass diese durchweg von Alltagsdrücken und Alltagshandeln geprägt sind. So kann sich trotz vielfacher gegenteiliger Beteuerungen kein Spannungs- und Motivationsfeld für langfristige Zukunftsperspektiven und nachhaltiges Zukunftshandeln aufbauen. Den Bürgern fehlen klare Orientierungspunkte.

Politisches Handeln ist in der Regel und zunehmend in unserer von Lobbygruppen dominierten parlamentarischen Demokratie auf maximal eine Legislaturperiode angelegt. Die Zeithorizonte verkürzen sich noch dadurch, dass in einer ersten Phase nach den Wahlen viel Leerlauf durch langwierige Koalitionsverhandlungen zu verzeichnen ist. Im letzten Jahr einer Legislaturperiode sind es die nahenden Wahlkampfwehen und der Wahlkampf selbst, die proaktives zukunftsorientiertes Regierungshandeln weitgehend lahmlegen. Also verbleiben Denk- und Handlungsspielräume von maximal 3 bis 4 Jahren.

Wirtschaftliche Strategien der Unternehmen und beschäftigungspolitische Perspektiven sind ebenfalls zunehmend auf kurzfristige Gewinnmaximierung sowie Shareholder-Value und immer kürzer werdende Innovationszyklen der Produkte und Dienstleistungen (maximal 2 bis 5 Jahre) ausgerichtet. Letzteres konnten wir in einer empirischen Studie repräsentativ für alle kleinen, mittleren und großen Unternehmen in Deutschland feststellen.[1] Es gibt nur wenige Ausnahmen deutscher Unternehmen, die längerfristige Strategien entwickelt haben und durchweg erfolgreicher waren als ihre Konkurrenten. Es hat sich gezeigt, dass sie die Zukunftsfähigkeit des Unternehmens weitaus besser und langfristiger gesichert hatten als ihre Konkurrenten. Bedenkt man, dass echte Innovationen etwa in der Biotechnologie, im Pharmabereich oder im Fahrzeugbau Inkubationszeiten von mindestens 8 bis 10 Jahren haben, dann müssen schon aus diesem Grund Strategien von 3 bis 5 Jahren viel zu kurz greifen. Gleiches gilt für die Entwicklung von echten Innovationsmärkten und zukunftsträchtige Wettbewerbskonzepte, die in der Regel langfristige Zeithorizonte haben (z. B. Solarenergie, Nanotechnologie).

Die Situation ist insofern besonders grotesk, als zahlreiche Politiker und Wirtschaftslenker im Prinzip wissen oder zumindest wissen könnten, dass ihre Programme und Strategien nur ein Durchwursteln („muddling through") durch ein Geflecht von Partialinteressen und weit verbreitete Inkompetenz von Meinungsmachern mächtiger Verbände, Institutionen und Medien sind. Wie sonst könnte es sein, dass zwar die meisten politischen Programmplaner und Entscheider davon schwadronieren, dass unsere Welt von langfristig wirkenden großen Herausforderungen geprägt ist und die Globalisierung und Digitalisierung, die Ökonomisierung und Individualisierung unser aller Leben bestimmen, dass sie aber in ihren realen Handlungen darauf keine Antworten geben. So sind heute zwar Begriffe wie Wissenschafts- oder Wissensgesellschaft und Nachhaltigkeit in aller Munde, die konkreten Umsetzungskonzepte jedoch weit vom wissenschaftlichen Erkenntnisstand entfernt. Wird schon das üppig vorhandene wissenschaftliche Wissen über die Vergangenheit und die Gegenwart nur bruchstückhaft ausgeschöpft und vielfach auch sehr einseitig und vorurteilsbelastet verwendet, so steht es noch viel schlechter mit der Nutzung des wissenschaftlichen Zukunftswissens.

Auch wenn die Zukunftsforschung sich der prinzipiellen Unsicherheit von Zukunftswissen bewusst ist, so verfügen wir heute gleichwohl über solide und belastbare Wissensbestände sowohl hinsichtlich möglicher als auch wahrscheinlicher und wünschbarer Zukünfte und ihrer Grundlagen in Vergangenheit und Gegenwart. Die Negierung dieses wissenschaftlichen Wissens bei der Zukunftsgestaltung führt jedenfalls mit hoher Wahrscheinlichkeit zu fatalen Folgen, die Selbstzerstörung der Menschheit eingeschlossen.[2]

---

[1]   Vgl. KREIBICH (2002).

[2]   Vgl. KREIBICH (2000).

Zusammengefasst ergibt sich die folgende Beschreibung der grundlegenden Defizite in Gesellschaft und Wirtschaft:

➢ Es gibt in den institutionellen Entscheidungsebenen von Politik und Wirtschaft keine plausiblen Zukunftsvisionen und keine Langzeit-Strategien und Langzeit-Handlungskonzepte.

➢ Es herrscht ein gravierender Mangel an Denken, Konzepten und Handlungsstrategien in vernetzten globalen Zusammenhängen.

➢ Hieraus resultiert, dass es keine überzeugenden Visionen und Zukunftsperspektiven für langfristig orientiertes praktisches Zukunftshandeln gibt und stattdessen kurzfristiges Entscheiden und Durchwursteln dominieren. Das hat vor allem zu gravierenden und zum Teil katastrophalen Entwicklungen geführt – die Stichworte Klimakatastrophe, Zerstörung der Biosphäre, Vernichtung hochwertiger Ressourcen, Krieg- und Terrorgefahren, Finanz- und Wirtschaftscrash, Massenarbeitslosigkeit und Unternehmenspleiten verdeutlichen, wo diese Art politischer und wirtschaftlicher Weichenstellungen hingeführt hat.

Vor diesem Hintergrund ist es nicht verwunderlich, dass viele Bürger über die Regierungspolitik und das politische Handeln der institutionalisierten Entscheidungsträger höchst frustriert sind, was sich in einer eklatanten Politikverdrossenheit und vielfach auch in Demotivation und Aggression widerspiegelt. Die Studien über die Befindlichkeiten, den Bewusstseins- und Kenntnisstand der Jugend in Deutschland sprechen hierzu eine deutliche Sprache.

In den Unternehmen liegen die Dinge nicht viel besser: Die Ängste um den Arbeitsplatz, die Unternehmenspleiten, der zunehmende Stress an vielen Arbeitsplätzen, die gravierenden Disparitäten zwischen den Managergehältern und den Löhnen der Arbeiter und Angestellten (bis zu 500:1) haben dazu geführt, dass auch in zahlreichen Wirtschaftsbereichen die Mitarbeiterinnen und Mitarbeiter verärgert und demotiviert sind und häufig möglichst frühzeitig aus den Lohnarbeitsverhältnissen ausscheiden wollen.

Wie lässt sich sonst erklären, dass die nachfolgend wiedergegebenen Ergebnisse einer repräsentativen Befragung der deutschen Bevölkerung im siebten Jahr nach dem Mauerfall durch das *Institut für Demoskopie Allensbach* (siehe Abbildung 1) weder damals noch heute einen Aufschrei in Gesellschaft und Wirtschaft ausgelöst haben?

Aus der Sicht einer wünschbaren und zukunftsfähigen Zukunftsgestaltung ergeben diese Zahlen ein katastrophales Szenario.

Wohl kaum jemand wird leugnen können, dass auch die letzten Armuts-Reichtumsberichte der Bundesregierung und die ebenfalls hohen Umfragewerte über Politikverdrossenheit, soziale Ungerechtigkeit, Zukunftsängste, Finanz- und Wirtschaftsdesaster oder über die Befürchtungen zu den Folgen des Klimawandels äußerst bedrückendes, aber durchaus seriöses Material liefern. Damit bestätigt sich im Jahr 2009 weitgehend die vor über 10 Jahren abgegebenen (negativen) Prognosen der Bürger, die von der Realität heute teilweise noch übertroffen wurden.

Frage: „Wie stellen Sie sich unsere Gesellschaft in 10 Jahren vor, was von dieser Liste hier wird wohl in 10 Jahren auf unsere Gesellschaft zutreffen?"	Angaben in %
Die Reichen werden immer reicher, die Armen immer ärmer,	78
Die Gesellschaft wird immer egoistischer, kälter.	71
Die Zukunft wird unsicher werden.	69
Nur die Starken werden sich durchsetzen.	52
Demgegenüber erhielten die folgenden Aussagen über die Zukunft in 10 Jahren nur sehr geringe Zustimmung:	Angaben in %
Es wird mehr Solidarität, mehr Zusammenhalt geben.	9
Man hat größere Entscheidungsfreiheit.	5
Die Politik wird bürgernäher.	5

Abbildung 1:   Ergebnisse einer repräsentativen Befragung der deutschen Bevölkerung im siebten Jahr nach dem Mauerfall[3]

Auch wenn die Zahlen von glücklicherweise nicht die ganze Wahrheit über die Befindlichkeiten der Bürger in der neuen gesamtdeutschen Republik beschreiben – es gibt auch eine Menge Optimismus und Mut zur Zukunftsgestaltung – so kann es gleichwohl keinen Zweifel geben, dass in allen Altersgruppen ein enormes Bedürfnis nach überzeugenden Zukunftsvisionen und langfristigen Strategien der Zukunftsgestaltung besteht. Viele Menschen spüren auch, dass wir im neuen Deutschland nicht nur für uns selbst für eine lebenswerte Zukunft sorgen sollten, sondern auch eine Verpflichtung haben, an den großen globalen Herausforderungen im Rahmen der Völkergemeinschaft und der Vereinten Nationen verantwortungsvoll mitzuwirken.

3   Zukunftsdenken und Zukunftshandeln

Für die meisten Menschen ist das Denken und Befassen mit langfristigen Zukunftsperspektiven (Zukünften) noch immer etwas Außergewöhnliches, Un(be)greifbares, Fiktionales. Wenn man Menschen befragt, die vielleicht 1960 das berühmte Buch von GEORGE ORWELL „1984" gelesen und darüber nachgedacht haben, dann lag diese Jahreszahl und das darin Erdachte für sie Äonen weit entfernt. Mittlerweile haben wir das Jahr 1984 schon 25 Jahre hinter uns gelassen und viele grundlegende Weichenstellungen dieser Zeit in Wissenschaft, Technik, Politik, Wirtschaft und Kultur beeinflussen und beschäftigen uns noch immer, vielfach sogar ganz elementar. Auch der Fall der Mauer und die nach wie vor vorhandenen Disparitäten und neuen Perspektiven zwischen Ost und West, zwischen den Neuen und den Alten Bundesländern und ihren Menschen gehören dazu.

---

[3]   Entnommen aus KÖCHER (1997).

Wir mussten in den letzten 100 Jahren, teilweise auch sehr schmerzhaft lernen, dass wir uns in vielfacher Hinsicht viel zu wenig mit Zukunftswissen, insbesondere möglichen und wünschbaren Zukünften, und viel zu wenig mit längerfristigen Wirkungen und Folgen von Ereignissen, Entscheidungen und Handlungen befasst haben. Die Zukunft 2030 und die des gesamten 21. Jahrhunderts wird aber ganz wesentlich schon heute gestaltet. Deshalb können und dürfen wir einer Sicht über den Tellerrand der Gegenwart in die Zukunft nicht ausweichen.

Leider ist den meisten Menschen – auch den Entscheidern in Politik, Wirtschaft und Gesellschaft – nur selten bewusst, dass durch ihr Handeln Zukünfte über mehr als fünfzig, einhundert oder sogar mehr als tausend Jahre geschaffen oder vorprogrammiert werden. Das gilt etwa für Entscheidungen zum Bau von Wohn- oder Bürogebäuden, Brücken, Straßen, Flugplätzen, Ver- und Entsorgungseinrichtungen, Eisenbahnnetzen, Pipelines oder Kernkraftwerken. Noch längerfristigere Wirkungen und Folgen ergeben sich durch die Entwicklung medizinischer Produkte oder die Verursachung von radioaktivem Müll, das Ozonloch oder den immer dichter werdenden CO_2-Mantel um die Erde als Hauptfaktor der Klimaveränderungen. Überhaupt nicht mehr rückholbar sind die Zukunftsfolgen durch irreversibles menschliches Handeln, etwa durch den gigantischen Ressourcenverbrauch fossiler und metallischer Rohstoffe oder durch die Zerstörung von Landschaft oder die tägliche Vernichtung von 100 bis 150 Pflanzen- und Tierarten.

Es kann keinen Zweifel geben, dass eine intensive Befassung mit mittel- und langfristigen Entwicklungen und Prozessen für das Leben der Menschen, insbesondere der nachfolgenden Generationen und deren Zukunftsfähigkeit, unabdingbar ist. In der modernen Zukunftsforschung heißt ein Betrachtungszeitraum von 5 bis 20 Jahren mittelfristig und von 20 bis 50 Jahren langfristig. Bei zahlreichen Zukunftsfragen wie Klimawandel, Nutzung der Biomasse, Entsorgung von radioaktivem Abfall oder der Entwicklung von nachhaltigen Energie-, Gesundheits-, Wasser-, Verkehrs- und Kommunikationsstrukturen, müssen die Betrachtungen sogar noch weit über 50 Jahre hinausgehen. Der *Wissenschaftliche Beirat Globale Umweltveränderungen der Bundesregierung* (WBGU) hat mit seinem neuesten Gutachten „Sicherheitsrisiko Klimawandel"[4] ein Thema aufgegriffen, das heute ganz oben auf der internationalen politischen Agenda steht. Dabei war es erforderlich, Zukunftsentwicklungen von über 100 Jahren in die Betrachtungen einzubeziehen.

Wir stehen somit vor dem grundlegenden Paradoxon, dass die meisten Strategieplaner, Konzeptentwickler und Entscheider in Politik und Wirtschaft zwar davon reden, dass unsere Welt von den Zukunftsfragen Langfristtrends und Globalisierung entscheidend geprägt wird, dass sie aber in ihren realen Programmen und Handlungen darauf keine Antworten geben.

---

[4]   Vgl. *WBGU* (2007).

4   Die großen Herausforderungen – Megatrends

Angesichts der gegebenen Lagebeschreibung müssen wir die Frage stellen: Haben wir alle, auch die Vertreter der Wissenschaft, speziell der Zukunftsforschung, in den Zeiten der Neo-Liberalisierung, der Globalisierung und des demografischen Wandels versagt? Man könnte das meinen, nur möchte ich für die Arbeit im Bereich der wissenschaftlichen Zukunftsforschung in Anspruch nehmen, dass wir sowohl auf die Gefahren der sich dramatisch verschlechternden ökonomischen sowie ökologischen und sozialen Entwicklungen als auch auf die Möglichkeiten ihrer positiven Umsteuerung seit Jahren und teilweise Jahrzehnten in aller Deutlichkeit aufmerksam gemacht haben: Das gilt für die Folgen der atomaren Aufrüstung sowie der Entwicklung und massenhaften Hortung von biologischen und chemischen Waffen ebenso wie für die gigantischen Zerstörungen der Biosphäre durch die fossile Energieverbrennung (Kohle, Erdöl und Erdgas). Auch über die enormen stofflichen Abfallmengen und Schadstoffemissionen der großen Industriesektoren wie Chemie, Metallurgie, Papierproduktion oder Bauwirtschaft oder durch den Verkehr auf der Straße, in der Luft und auf dem Wasser und seine katastrophalen Langfristfolgen hat die Zukunftswissenschaft seit Jahrzehnten Politik, Wirtschaft und Öffentlichkeit informiert. Das gilt ganz besonders auch für den Raubbau an der Natur (Abholzung der Wälder, insbesondere der tropischen Regenwälder, die Vernutzung wertvollster Boden-schätze, die Verseuchung der Flüsse und Meere, die Verwüstung fruchtbarer Anbauflächen etc.) und die ökonomischen, ökologischen und sozialen Disparitäten zwischen den wohlhabenden Industrie- und den armen und ärmsten Entwicklungsländern. Auch auf die Folgen der Bevölkerungsentwicklung und des demografischen Wandels und die Notwendigkeit einer radikalen Umsteuerung der Energie- und Rohstoffpolitik hat die wissenschaftliche Zukunftsforschung mit zum Teil aufrüttelnden Studien und Memoranden hingewiesen.[5]

Seit mindestens eineinhalb Jahrzehnten weist die seriöse Zukunftsforschung darauf hin, dass im neoliberalen Wirtschaftssystem ein Finanzcrash unausweichlich ist. Denn wie sollte auf Dauer ein auf gigantischen globalen Spekulationen aufgebautes Finanzsystem, ein im Kern völlig ungeregelter und intransparenter Finanzmarkt bei Versagen aller nationalen und internationalen Kontrollen und politischen Steuerung und Aufsicht funktionieren können? Wie sollten die horrenden Einnahmeverluste von Staaten durch Steuerbetrug, stillschweigende Duldung der manipulativen Verringerung der Eigenkapitalquote in den Finanzinstituten, die kriminellen Spekulationsgewinne cleverer Finanzjongleure und die Verweigerung von Spekulationssteuern jemals ausgeglichen werden?

Eine sehr einfache Überlegung hätte jeden Beteiligten in den Aufsichts- und Kontrollinstitutionen von Politik und Wirtschaft klar machen müssen, dass ein Finanzsystem, in dem Ende 2006 bereits 4.300 Mrd. USD täglich virtuell und intransparent und mit rasant steigender Tendenz global durch die Welt transferiert werden, nur noch eine Farce war. Denn in diesem System der virtuellen „Produkte" haben zahlreiche Beteiligte täglich höchst reale Gewinne gemacht. Nicht etwa in der Größenordnung einiger Millionen Dollar, sondern in Milliardenhöhe, ohne dass die Gewinner selbst auch nur einen einzigen Dollar an realen Werten geschaffen haben.

---

[5]   Vgl. MEADOWS ET AL. (1972) und MEADOWS/MEADOWS/RANDERS (1992).

Vor diesem Hintergrund, der allen einschlägigen Entscheidungsträgern bekannt gewesen sein musste oder konnte, ist es besonders bitter, dass sich gleichwohl die kurzfristigen und kurzatmigen „Muddle-through-Strategien" in fast allen Gesellschaftsbereichen und speziell bei den meisten globalen Wirtschaftsplayern durchgesetzt haben.

Noch ist es nicht zu spät, aus den negativen Erfahrungen zu lernen und endlich langfristig nachhaltige Lösungskonzepte dagegenzusetzen. Voraussetzung ist aber, dass wir auf die katastrophischen Megatrends, die unsere nächsten Jahrzehnte prägen werden, schlüssige Zukunftskonzepte finden und dafür auch die geeigneten Realisierungsstrategien und Maßnahmen durchsetzen. Hierfür brauchen wir vor allem geeignetes Orientierungswissen sowie ein Leitkonzept für zukunftsfähiges Handeln.

Wie kommen wir nun zu solchen Visionen und welche Zukunftspfade sollen wir anstreben? Um hier den Wald vor lauter Bäumen zu erkennen, ist ein Blick auf die großen Zukunftstrends unerlässlich: Das *IZT Berlin Institut für Zukunftsstudien und Technologiebewertung* hat sich schon um die Jahrtausendwende mit grundlegenden Zukunftstrends (Basis- und Megatrends) im 21. Jahrhundert befasst. Die Herausarbeitung solcher Trends und die Bewertung ihrer Relevanz ist für die Einschätzung möglicher und wünschbarer Entwicklungen eine unabdingbare Voraussetzung.

Aus einer Gesamtzahl von 50 Basistrends, die durch Auswertung nationaler und internationaler wissenschaftlicher Zukunftsstudien selektiert wurden, konnten sodann in Zukunftswerkstätten die wichtigsten Megatrends ermittelt werden. Die Zukunftswerkstätten waren jeweils mit Vertretern aus Politik, Wirtschaft, Wissenschaft und Kultur und der Zivilgesellschaft sowie relevanter Organisationen und Institutionen besetzt. Ein solches kombiniertes Analyse- und Partizipationsverfahren ermöglicht bei komplexen Bewertungsfragen seriöse und fruchtbare Ergebnisse.

Megatrends bezeichnen Entwicklungen, bei denen mindestens drei Kriterien erfüllt sein müssen: Der Trend muss fundamental in dem Sinne sein, dass er starke bis grundlegende Veränderungen im Bereich der menschlichen Gesellschaft(en) und/oder des natürlichen Umfelds (Biosphäre) bewirkt. Der Trend muss langfristig, also über 20 Jahre und mehr, starke Wirkungen und Folgen auslösen. Mit dem Trend müssen starke globale Wirkungen und Folgen für Gesellschaft und/oder Natur verbunden sein.

Hieraus ergab sich die nachfolgende Rangfolge der 10 wichtigsten Megatrends:[6]

➢ Wissenschaftliche und technologische Innovationen

➢ Belastungen von Umwelt und Biosphäre/Raubbau an den Naturressourcen

➢ Bevölkerungsentwicklung und demografischer Wandel

➢ Wandel der Industriegesellschaft zur Dienstleistungs- und Informations- bzw. Wissenschaftsgesellschaft (Tertiarisierung und Quartarisierung der Wirtschaftsstrukturen)

➢ Globalisierung von Wirtschaft, Beschäftigung, Finanzsystem und Mobilität

➢ Technologische, ökonomische und soziale Disparitäten zwischen Erster und Dritter Welt sowie Extremismus und Terrorismus

---

[6] Vgl. *KREIBICH* (2008).

➢ Individualisierung der Lebens- und Arbeitswelt

➢ Erhöhung der Personen- und Güterströme weltweit

➢ Verringerung der Lebensqualität (nach UN- und Weltbank-Indizes)

➢ Spaltung der Gesellschaften durch ungleiche Bildung, Qualifikation und Massenarbeitslosigkeit.

Welche extremen Folgen allein mit den ersten beiden Megatrends verbunden sind, sollen die nachfolgenden Faktoren und Daten zeigen: Die Entwicklung der „Moderne" im 20. und 21. Jahrhundert spiegelt sich in erster Linie in den beiden Megatrends „Wissenschaftliche und technologische Innovationen" und „Umweltbelastungen/Raubbau an den Naturressourcen" wider.

Um die Bedeutung beider Trends für zukünftiges Handeln anzudeuten, werden einige wenige Zahlen zur Weltentwicklung in Erinnerung gerufen, die sich auf die Erfolgs- und auf die Schattenseite der wissenschaftlich-technisch-wirtschaftlichen und sozialen Dynamik der Industriekultur beziehen. In keiner anderen Hochkultur haben sich auch nur annäherungsweise solche Veränderungen vollzogen wie in der durch Wissenschaft und Technik geprägten Industriezivilisation:

Wir haben in den Industrieländern einen grandiosen Wohlstand erreicht und in den letzten 100 Jahren die Produktivität im Produktionsbereich um über 4.500 % erhöht und im Bürobereich allein in den letzten 60 Jahren ebenfalls um über 4.000 %. Heute schafft etwa eine Arbeitskraft soviel Produktionswert wie vor einhundert Jahren 45 Arbeitskräfte. Durch diese Produktivitätssteigerung konnte auch das Realeinkommen in diesen 100 Jahren um ca. 4.000 % gesteigert und die Lebenszeit der Menschen fast verdoppelt, im Durchschnitt in Deutschland um 38 Jahre verlängert werden. Die Mobilität haben wir sogar durch die modernen Verkehrssysteme um etwa den Faktor 100 erhöht.

Diese Veränderungen gelten in ähnlicher Weise für alle industrialisierten Länder. Somit ist zunächst festzuhalten, dass sich in diesen Zahlen die Erfüllung langgehegter Zukunftsvisionen und Menschheitsträume widerspiegeln. Wir haben im Vergleich zu früheren Gesellschaften einen enormen materiellen Wohlstand erzielt. Hier liegt der Schlüssel dafür, dass wir nach wie vor primär in den Perspektiven von Technikentwicklung, Produktivitätssteigerung, Wirtschaftswachstum und materieller Wohlstandsmehrung die zentralen Leitziele für Zukunft und Fortschritt sehen.

Mit dem ersten Megatrend haben wir aber auch den zweiten Megatrend ausgelöst, die Belastungen der Natur und der Biosphäre und den Raubbau an den natürlichen Ressourcen, gewissermaßen die Kehr- oder Schattenseite der glänzenden Technologie- und Wirtschaftsentfaltung: Die Weltbevölkerung wächst jeden Tag um 250.000 Menschen. Täglich wird die Atmosphäre mit 75 Millionen Tonnen Kohlendioxyd aus Kraftwerken, Heizungen, Kraftfahrzeugen und Flugzeugen belastet. Täglich wird die Fläche von 63.000 Fußballfeldern Regenwald vernichtet, wodurch unsere wichtigste Kohlendioxid-Reduktions- und Sauerstoff-Produktionsmaschine systematisch zerstört wird. Wir vernichten durch anthropogene Eingriffe täglich etwa 20.000 ha Ackerland und 100 bis 150 Arten. Das sind Daten der *OECD* und des deutschen Umweltbundesamtes, die die Alarmglocken zum schrillen Läuten bringen müssten.

Aber auch die sozialen Entwicklungen sind höchst beunruhigend: Bei globaler Betrachtung lässt sich feststellen, dass der Gewinn aus dem Naturvermögen zwischen den 20 % Reichsten und den 20 % Ärmsten 60:1 beträgt. Zusätzlich werden jene Länder und deren Menschen, die nur einen geringen Gewinn aus dem Naturvermögen ziehen, durch die reichen Länder mit der Ausplünderung der Ressourcen sowie mit Abgasen und Müll extrem belastet.

Der im Jahr 2007 vorgelegte Klimabericht der *Vereinten Nationen*[7] und der so genannte *Stern*-Report[8] haben die Dramatik des durch menschliche Aktivitäten verursachten Klimawandels und möglicher Folgen nicht nur bestätigt, sondern nachdrücklich verstärkt. Die ausgelösten weltweiten Diskussionen und ersten internationalen und regionalen Reaktionen sind nicht nur zu begrüßen, sondern aus der Sicht der Zukunftsforschung seit 30 Jahren überfällig.

Der Millenniumsbericht der *Vereinten Nationen*[9] hat neben einer neuen globalen Energiestrategie, die primär auf Energieeffizienztechniken, regenerativen Energien sowie neuen Energiespeichertechnologien für Wärme und Strom beruht, das Trinkwasserproblem als zentrale Herausforderung des 21. Jahrhunderts hervorgehoben: Schon heute haben 2,4 Milliarden Menschen kein sauberes Trinkwasser mehr – vor allem in Asien, Afrika und Lateinamerika. Die Folgen für Ernährung, Gesundheit sowie Konflikte und Verteilungskämpfe sind vorprogrammiert – auch für uns und die übrige Welt – wenn nicht bald einschneidende Maßnahmen einer globalen finanziellen Hilfe und wissenschaftlich-technologischen und sozialen Kooperation greifen.

Vor diesem Hintergrund lassen sich die Kernprobleme des globalen Wandels in der Biosphäre wie folgt zusammenfassen:[10]

➢ Klimawandel

➢ Verlust biologischer Vielfalt

➢ Bodendegradation und Landschaftsverbrauch

➢ Süßwasserverknappung und -verschmutzung

➢ Verschmutzung der Weltmeere und der Anthroposphäre

➢ Bevölkerungsentwicklung und grenzüberschreitende Migration

➢ Gesundheitsgefährdung – Massenerkrankungen

➢ Gefährdung der Ver- und Entsorgungssicherheit (Ernährung, Wasser, Energie, Abfall)

➢ Wachsende globale Entwicklungsdisparitäten

➢ Ausbreitung nicht-nachhaltiger Lebensstile

---

[7] Vgl. UNITED NATIONS (2007).

[8] Vgl. STERN (2006).

[9] Vgl. UNITED NATIONS (2000).

[10] Vgl. SCHELLNHUBER (2000).

Die auf der Schattenseite des technisch-industriellen Fortschritts liegenden Belastungs- bzw. Zerstörungspotenziale lassen jedenfalls keinen anderen Schluss zu, als dass wir bei einem Fortschreiten auf dem Pfad der gigantischen Energie-, Rohstoff- und Schadstoffströme in weniger als 80 Jahren unsere natürlichen Lebens- und Produktionsgrundlagen zerstört haben werden. Wie kann, wie sollte Deutschland auf diese Herausforderungen reagieren?

5   Welt-Leitbilder – Zwei Zukunftsvisionen

Entwickelte und in Entwicklung befindliche Gesellschaften werden gegenwärtig und in der Zukunft von zwei Leitbildern geprägt: der „Wissenschafts- oder Wissensgesellschaft" (Science Society) und der „Nachhaltigen Gesellschaft" (Sustainable Society). Diese Erkenntnis gehört zu den zentralen Ergebnissen der Zukunftsforschung am Berliner *IZT*.[11]

Zur Wissenschaftsgesellschaft:
Die „Science-Society" wird in erster Linie durch den Megatrend „Wissenschaftliche und technologische Innovationen, Bildung, Wissensvermittlung und Qualifizierung" bestimmt. Sie erhält ihre stärksten Impulse aus der wissenschaftlichen Wissensproduktion, der Hochtechnologieentwicklung und der wissenschaftsbezogenen Qualifizierung. Den deutlichsten Ausdruck finden die neuen wissenschaftsbasierten technologischen, ökonomischen und gesellschaftlichen Grundlagen in den modernen, hocheffizienten Informations- und Kommunikationstechniken: Intelligente Maschinen, Mikroprozessoren sowie Netz- und Funktechniken dringen mehr und mehr in alle Lebensbereiche, von der Bildung bis zur Forschung, von der Produktion bis zu den Dienstleistungen, von den Infrastrukturen bis zur Logistik und Organisation, vom Gesundheitssystem bis zur Kultur und zur Freizeitgestaltung. Keine Produktionsstraße, kein Büro, keine Küche und kein Wohnzimmer und keine Freizeitgestaltung findet in Zukunft ohne die Anwendung moderner IuK-Techniken statt: Computer, Internet, Multifunktions-Handys, Funk, GPS-Chips, RFID-Sensoren, High-Tech-Bild- und -Touch-Systeme sowie Roboter werden sowohl in den Unternehmen als auch im Verkehr, in der Medizin, in Kindergärten, Schulen und Hochschulen und im Alltag immer omnipräsenter. Das liegt vor allem an ihrer ökonomischen und sozialen Mächtigkeit, menschliche Fähigkeiten und technische Leistungen zu erweitern, zu effektivieren und zu ersetzen.

Dass dieser Strukturwandel noch von einer Reihe weiterer wissensbasierter Schlüsseltechnologien gekennzeichnet ist, so u.a. durch die Entwicklungen der Regenerativen Energietechniken, der Mikro- und Optoelektronik, der Lasertechnik, der Bio- und Gentechnologie, der Nanotechnik oder der Hochleistungswerkstoffe, muss hinzugefügt werden.

Diese Techniken ermöglichen in Verbindung mit sozialen und kulturellen Innovationen eine ungeahnte Effizienzsteigerung und weltweit vernetzte Produktionsprozesse und Dienstleistungen, neue Organisationsformen von Unternehmen und Infrastrukturen bis hin zu virtuellen Unternehmen und hochleistungsfähigen Logistiksystemen. Diese Entwicklungen spiegeln sich auch in neuen Formen der weltweiten Arbeitsteilung sowie sekundenschnellen globalen Informations- und Kommunikationsprozessen wider mit der Folge eines dramatisch intensivierten Produkt-, Preis- und Innovationswettbewerbs. Die meisten dieser Strukturveränderun-

---

[11]   Vgl. KREIBICH (1986), S. 7 ff., und KREIBICH ET AL. (1999).

gen haben mittlerweile alle Industrie- und Schwellenländer und in den letzten Jahren auch zahlreiche Entwicklungsländer erfasst. Der Trend heißt wissenschaftsbasierter digitaler Kapitalismus global. Man kann diesen internationalen Strukturwandel auch als direkte Fortsetzung der Industriegesellschaft mit anderen Mitteln begreifen. Diese Entwicklung wird sich fortsetzen, ob uns das gefällt oder nicht. Allerdings können wir prinzipiell ihre Wirkungen und ihre Richtung bestimmen.

Die Nachhaltige Gesellschaft:
Es ist nicht verwunderlich, dass die Globalisierung und die alle Lebensbereiche dominierende Technisierung und Ökonomisierung bei vielen Menschen Angst, Ohnmacht und Unverständnis über den Fortgang und die Lösung der damit einhergehenden sozialen, ökologischen und kulturellen Verwerfungen ausgelöst haben. Wer ist schon in der Lage, die Wirkungen und Folgen globaler Unternehmensstrategien, weltweiter Vernetzungen technischer Kommunikationssysteme, gigantischer Kapitaltransaktionen oder gar die Folgen der Störungen in der Biosphäre oder des Artensterbens mit sich und dem engeren Lebensumfeld in Verbindung oder gar in Einklang zu bringen?

Auch die positiven Wirkungen der Globalisierung und Ökonomisierung wie die weltweite Öffnung des Arbeitsmarktes, die Erhöhung der Export- und Importchancen, die Verringerung der Preise für Produkte und Dienstleistungen durch die Integration der Weltmärkte oder die Verbesserung der Zugriffsmöglichkeiten auf globales Wissen und Informationen, bleiben den meisten Menschen im Alltagsleben eher verschlossen. Das liegt auch daran, weil Ängste um den Verlust des Arbeitsplatzes durch Rationalisierungsschübe, Unternehmens-Fusionen oder Verlagerung von Betrieben ins Ausland und der Verlust von Wohlstand und Sicherheit durch Unterminierung der Finanz- und Wirtschaftsstabilität fast täglich neue Nahrung erhalten. Vor diesem Hintergrund glauben die meisten Menschen in Deutschland, dass die Welt von morgen nur das weiterführen wird, was sich heute in zweifellos mächtigen technisch-ökonomischen, sozialen und immer mehr auch psychologischen und kulturellen Trends vollzieht. Es hat sogar den Anschein, dass sich viele kaum noch andere Optionen und alternative Entwicklungen vorstellen können. Das ist aber angesichts der globalen Konflikte zwischen der Ersten, Zweiten und Dritten Welt und der zunehmenden Belastungsrisiken für die Biosphäre keine vernünftige Zukunftsperspektive. Denn viele Parameter weisen aus, dass wir in der Natur an die Belastungsgrenzen globaler und regionaler Ökosysteme und im Gesellschaftlichen an die Konfliktvermeidungsgrenzen herangerückt sind.

Spätestens 1992 haben fast alle Länder der internationalen Staatengemeinschaft in Rio de Janeiro anerkannt, dass das Leitbild der Nachhaltigen Entwicklung (Sustainable Development) die wohl einzige plausible Zukunftsvision ist. Denn sie gibt sowohl auf die großen ökologischen als auch sozialen und ökonomischen Herausforderungen zukunftsfähige Antworten: Die Rio-Deklaration und die Agenda 21[12] – wichtigste Ergebnisse der Rio-Konferenz für Umwelt und Entwicklung der *Vereinten Nationen* 1992 – haben hierfür die zentralen Zukunftsziele und Grundlagen für ein weltweites Zukunftsprogramm vorgezeichnet. Diese Dokumente wurden bis heute von fast allen Staaten der Welt als Handlungsgrundlage für das 21. Jahrhundert anerkannt.

---

[12] Vgl. *UNITED NATIONS* (1992).

Das Leitbild der „Nachhaltigen Entwicklung" begründet sich hauptsächlich aus der Notwendigkeit, die Lebens- und Produktionsgrundlagen weltweit dauerhaft zu erhalten und die Gewinne aus den natürlichen und wissenschaftlich-technischen Ressourcen gerechter zu verteilen. Nachhaltige Entwicklung bedeutet, dass jede Generation so handeln muss, dass das natürliche Kapital (Quantität und Qualität der natürlichen Lebensmedien und Ressourcen) soweit erhalten bleibt, dass für künftige Generationen die Lebensgrundlagen nicht gefährdet werden und ein Zusammenleben aller Menschen in wirtschaftlicher und sozialer Stabilität langfristig möglich ist.[13]

Die nachfolgenden Leitperspektiven der Nachhaltigen Entwicklung umreißen den Zielhorizont einer Entwicklung in Richtung Sustainable Development (Kreibich 2008):[14]

➢ Verbesserung der Lebensqualität und Sicherung von wirtschaftlicher Entwicklung und Beschäftigung

➢ Erhaltung der natürlichen Lebensgrundlagen und Schonung der Naturressourcen

➢ Sicherung von sozialer Gerechtigkeit und Chancengleichheit

➢ Wahrung und Förderung der kulturellen Eigenentwicklung und Vielfalt von Gruppen und Lebensgemeinschaften

➢ Förderung menschendienlicher Technologien und Verhinderung superriskanter Techniken und irreversibler Umfeldzerstörungen.

Immer deutlicher haben sich in den folgenden Jahren sowohl in der Wissenschaft als auch der Praxis umsetzbare Strategien und Maßnahmen einer Nachhaltigen Entwicklung für die meisten Handlungsfelder herauskristallisiert. Besonders wichtig ist, dass die Kernbestandteile des Leitbildes, die Forderungen nach inter- und intragenerativer Gerechtigkeit weltweit durch einen breiten Konsens der weltlichen und religiösen Wertesysteme getragen werden.

Die Vision des Sustainable Development oder einer „Sustainable Society" ist auch deshalb zukunftsweisend, weil es viele Gewinner und nur wenige Verlierer hat. Das gilt für die unterschiedlichen Staaten ebenso wie für die verschiedenen gesellschaftlichen Akteure. Es kann somit weltweit auf einer breiten gesellschaftlichen Zustimmung aufbauen.

Das Konzept ist auch mit großen Realisierungschancen verbunden, weil es prinzipiell sowohl ökonomische als auch ökologische, soziale und kulturelle Gewinne ermöglicht.

Die wichtigste Zukunftsvision und größte praktische Herausforderung im 21. Jahrhundert besteht aus der Sicht der Berliner Zukunftsforschung nun darin, die beiden Welt-Leitkonzepte der „Wissenschaftsgesellschaft" und der „Nachhaltigen Gesellschaftsentwicklung" so zusammenzuführen, dass die Menschheit im Sinne von Sustainability überlebens- und zukunftsfähig bleibt. Das ist nach heutigen Erkenntnissen nur dadurch zu erreichen, dass die fünf Leitziele der Nachhaltigen Entwicklung in einen Optimierungsprozess unter Nutzung der effizienten wissensbasierten Technologien sowie sozialen und kulturellen Innovationen zusammengeführt werden. Das wird aber nur gelingen, wenn sich die mächtigen gesellschaftlichen Kräfte – Politik, Wirtschaft, Wissenschaft, Zivilgesellschaft und Bürgerschaft – in einem

---

[13] Vgl. KREIBICH (1996).

[14] Vgl. KREIBICH (2008).

partizipativ-demokratischen Prozess auf diese Leitziele zubewegen und ihre grundlegenden Strategien, Entscheidungen und Maßnahmen daran ausrichten und mutig umsetzen.

6   Deutschlands Zukunft in der globalen Welt

Es sollte optimistisch stimmen, dass Deutschland schon 1992 auf der Rio-Konferenz der *Vereinten Nationen* eine aktive und führende Rolle bei der Verabschiedung der Rio-Deklaration und der Agenda 21, dem Aktionsprogramm der *Vereinten Nationen* für das 21. Jahrhundert gespielt hat. Unter der Leitung des damaligen Umweltministers KLAUS TÖPFER konnten wir deutschen Delegierten einen maßgeblichen Einfluss auf grundlegende Dokumente der Rio-Konferenz nehmen und vor allem die Richtung einer nachhaltig zukunftsfähigen Weltentwicklung der Staatengemeinschaft mitbestimmen. Es wurde damals hart um jede Formulierung und die Verabschiedung der Rio-Dokumente, insbesondere um das Welt-Aktionsprogramm für eine nachhaltige Entwicklung gerungen. Schließlich konnte erreicht werden, dass 182 Staaten die Agenda 21 verabschiedeten und später auch durch ihre Regierungen und Parlamente ratifizierten.

Auch wenn in den Folgejahren in den meisten Ländern die Ziele, Strategievorgaben und Maßnahmen der nachhaltigen Entwicklung durch den neoliberalen Mainstream und eine grenzenlose Wachstumseuphorie in den Hintergrund gedrängt wurden, bleibt es eine Tatsache, dass die Vorgaben der Rio-Konferenz von 1992 – auch zusammen mit der dort verabschiedeten ersten Klimarahmenkonvention und der Deklaration zum Schutz der Wälder weltweit – eine Sternstunde der *Vereinten Nationen* war. Vermutlich werden wir eines Tages feststellen, dass es danach – bis heute – kein weiteres Zeitfenster weltweit gegeben hat, zu dem so grundlegende Beschlüsse und Handlungsstrategien für die Zukunftsfähigkeit der Völker gefasst werden konnten. Vielleicht ist es sogar die bisher größte Zukunftsleistung der *Vereinten Nationen* zur Erhaltung der Biosphäre und zur Rettung der Menschheit.

Vor diesem Hintergrund war es äußerst wichtig, dass sich Deutschland entsprechend den eingegangenen Verpflichtungen auf der Rio-Konferenz mit eindeutigen Beschlüssen der Bundesregierung, des Deutschen Bundestags, der Ministerpräsidenten der Länder und Beschlüssen der Länderparlamente zu den Grundlagen der Agenda 21 und einer nachhaltigen Zukunftsentwicklung bekannt hat.

Auch die meisten deutschen Städte und Gemeinden in Ost und West haben die Leitperspektiven der Nachhaltigkeit durch verpflichtende Beschlüsse anerkannt und im Rahmen zahlreicher lokaler Agenda 21-Prozesse und -Projekte auch begonnen, umzusetzen. Auch wenn es viele Rückschläge gegeben hat, lässt sich auf den bisher erarbeiteten Grundlagen aufbauen.

In den letzten Jahren verzeichnen wir auch ein zunehmendes Engagement der Wirtschaft für nachhaltige Zukunftskonzepte. Heute gibt es bereits in fast allen Wirtschaftsbranchen Vorreiter-Unternehmen – kleine, mittlere und große – , die die Leitziele der nachhaltigen Entwicklung angenommen haben und hieran sowohl ihr Unternehmensleitbild als auch die langfristigen Ziele sowie mittelfristigen Strategien und Maßnahmen ausrichten. Zahlreiche Nachhaltigkeitsberichte solcher Pionierunternehmen künden von den großen Innovationskräften, die in der deutschen Wirtschaft im Sinne der Nachhaltigkeit mobilisierbar sind.

Einen wichtigen Beitrag leisten auch verschiedene Unternehmensverbände, so beispielsweise der *Bundesdeutsche Arbeitskreis Umweltbewusstes Management* (B.A.U.M. e. V.) –, *Unternehmensgrün e. V.* oder der aus dem *Bundesverband der Jungen Unternehmerinnen und Unternehmer* (BJU) hervorgegangene *future e. V.* In diesen Verbänden, in denen neben zahlreichen Kleinen und Mittleren Unternehmen auch namhafte Großunternehmen vertreten sind, wird eine höchst bedeutsame Informations- und Mobilisierungsarbeit im Sinne einer nachhaltigen Wirtschaftsentwicklung geleistet.

Auch die Bundesregierung hat 2002 eine „Nationale Nachhaltigkeitsstrategie – Perspektiven für Deutschland" (Bundesregierung 2002) erarbeitet und als Grundlage ihrer Politik verkündet. In diesem Dokument legt sie detaillierte Schritte und Maßnahmen vor, wie Deutschland ökonomisch, sozial, ökologisch und kulturell zukunftsfähig zu machen ist.[15]

Unter der Überschrift „Generationengerechtigkeit" wird dargelegt, wie dies durch Maßnahmen zur Ressourcenschonung, zum Klimaschutz, zur Nutzung erneuerbarer Energien, Verringerung der Flächeninanspruchnahme, Erhaltung der Artenvielfalt, Verringerung der Staatsverschuldung, durch wirtschaftliche Zukunftsvorsorge, Förderung von technischen und sozialen Innovationen und durch Bildung und Forschung zu erreichen ist.
Unter der Überschrift „Lebensqualität" werden detaillierte Angaben zur Förderung wirtschaftlichen Wohlstands, umweltfreundlicher Mobilität, gesunder Ernährung, zur Verbesserung der Luftqualität, der Gesundheit und zur Verringerung von Kriminalität gemacht.

Zum Thema „Sozialer Zusammenhalt" finden sich wichtige Maßnahmen für mehr Beschäftigung, zur Förderung und Unterstützung von Familien und Jugendlichen, zur Verbesserung von Gleichberechtigung und zur Integration der ausländischen Mitbürger.

Im Hinblick auf die Wahrnehmung von „Internationaler Verantwortung" enthält die nationale Nachhaltigkeitsstrategie klare Aufträge zur Entwicklungszusammenarbeit und gleichberechtigten Öffnung der Märkte zwischen Deutschland und der Dritten Welt. Auch für eine offensive Wirtschafts-, Innovations-, Beschäftigungs- und Sozialpolitik werden richtungsweisende Ziele, Handlungsfelder und Maßnahmen formuliert, die teilweise sogar durch quantifizierte Indikatoren in zeitlicher und mengenmäßiger Hinsicht festgeschrieben wurden.

Hervorzuheben sind auch die Fortschreibungen der nationalen Nachhaltigkeitsstrategie durch die Fortschrittsberichte der Bundesregierung: „Fortschrittsbericht 2004 – Perspektiven für Deutschland: Unsere Strategie für eine nachhaltige Entwicklung"[16]; „Wegweiser Nachhaltigkeit 2005"[17]; „Fortschrittsbericht 2008 zur nationalen Nachhaltigkeitsstrategie: Für ein nachhaltiges Deutschland"[18].

In einer Presseerklärung der Bundesregierung vom 6.05.2008 heißt es u. a.: „Der Staatssekretärsausschuss für nachhaltige Entwicklung unter Vorsitz des Chefs des Bundeskanzleramts, Bundesminister THOMAS DE MAIZIÈRE, hat den Entwurf des Fortschrittsberichts 2008 zur nationalen Nachhaltigkeitsstrategie verabschiedet. Dieser Entwurf ist die Grundlage für die

---

[15] Vgl. BUNDESREGIERUNG (2002).

[16] Vgl. BUNDESREGIERUNG (2004).

[17] Vgl. BUNDESREGIERUNG (2005).

[18] Vgl. BUNDESREGIERUNG (2008a).

zweite Konsultationsphase. Bürgerinnen und Bürger sind aufgefordert, sich mit Anregungen und Vorschlägen an der Fortschreibung des Berichts zu beteiligen. ‚Nachhaltigkeit ist kein unverbindliches Wohlfühlthema, sondern betrifft die drängenden Themen unserer Zeit.' Über Parteigrenzen hinweg ist Nachhaltigkeit mittlerweile als wegweisendes Prinzip anerkannt. ‚Es ist unsere Pflicht, uns heute darüber Gedanken zu machen, wie wir und unsere Kinder morgen leben werden und leben wollen.' Nachhaltige Entwicklung ist ein Leitmotiv der Politik der Bundesregierung. Mit dem Fortschrittsbericht 2008 nimmt die Bundesregierung eine Bestandsaufnahme vor und entwickelt die nationale Nachhaltigkeitsstrategie von 2002 fort. Im Bericht werden der Stand der nachhaltigen Entwicklung in Deutschland anhand von Indikatoren analysiert und Ziele formuliert. Schwerpunktthemen sind: Klima und Energieeffizienz, nachhaltige Rohstoffwirtschaft sowie demografischer Wandel und soziale Chancen. Darüber hinaus wird die Bedeutung von Nachhaltigkeit für die gesamte Politik der Bundesregierung dargestellt."[19]

Nachdem der Fortschrittsbericht am 29. Oktober 2008 im Bundeskabinett als Grundlage für die Regierungspolitik der Bundesrepublik Deutschland verabschiedet wurde, sollte man meinen, sei die deutsche Politik endlich auf einem guten Weg. Zu hoffen war auch, dass die Bürger nunmehr durch diese reale Zukunftsvision wieder motiviert und aktiviert würden, die großen Herausforderungen des 21. Jahrhunderts anzunehmen. Denn es würde sich wieder lohnen, mit dieser Zukunftsperspektive konkrete Beiträge für ein nachhaltiges Deutschland und für eine weltweite zukunftsfähige Entwicklung und die Verbesserung der Lebensqualität zu leisten.

Leider ist zu beklagen, dass sich von den vielen guten Zielen, Strategien und Maßnahmen kaum etwas in den realen Umsetzungsprogrammen und politischen Entscheidungen des Bundes und der Länder wiederfindet.

Auch in der Wirtschaft ist noch lange nicht hinreichend erkannt, welche Bedeutung eine konkrete Nachhaltigkeitsstrategie für die zukunftsorientierte Entwicklung des Landes, der Volkswirtschaft und speziell auch für die Innovations- und Wettbewerbskraft der einzelnen Unternehmen hat. Die bisherigen Selbstverpflichtungen der Wirtschaft zur Einhaltung selbstgesteckter Nachhaltigkeitsziele (etwa zum Klimaschutz, zur Förderung erneuerbarer Energietechniken, zur Schaffung eines stabilen Finanzsystems) sind jedenfalls wenig ermutigend.

Demgegenüber haben zahlreiche zivilgesellschaftliche Gruppen, Organisationen und Netzwerke sowie Städte und Gemeinden hauptsächlich auf lokaler und regionaler Ebene viel getan, um die Nachhaltigkeitsziele in die Öffentlichkeit zu tragen und durch geeignete Projekte und Aktivitäten gezeigt, dass sie praktisch erfüllbar sind und neue Zukunftsperspektiven eröffnen. So konnten beispielsweise auch in Berlin unter der Leitung des *IZT Berlin* und eines mit Vertretern aus Politik, Wirtschaft und zivilgesellschaftlichen Gruppen und Organisationen besetzten Lenkungsausschusses über 100 Nachhaltigkeitsprojekte initiiert und gefördert werden. Die von der „Projektagentur Zukunftsfähiges Berlin" aus über 500 Projektkonzepten ausgewählten Pilotvorhaben haben etwa 30.000 Bürger mobilisiert und zahlreiche weitere Nachhaltigkeitsprojekte ausgelöst.[20]

---

[19] Vgl. *BUNDESREGIERUNG* (2008b)

[20] Vgl. *GÖLL ET AL.* (2001) und *GÖLL ET AL.* (2006).

7   Deutschlands Möglichkeiten und Chancen in der globalen Welt

Bewertet man die konkrete Entwicklung im Bund und in den Ländern der Bundesrepublik Deutschland aus der Perspektive wissenschaftlicher Zukunftsforschung, dann sind trotz einiger Erfolge Zweifel angebracht, dass hier die großen Herausforderungen unserer Zeit in ihrer wahren Dimension erkannt wurden. Besondere Zweifel bestehen aber vor allem, ob hinreichender Wille zu ihrer Bewältigung und konkreten Umsetzung der selbstgesteckten Ziele und Maßnahmen in Richtung Nachhaltige Entwicklung tatsächlich vorhanden ist.

Obwohl die existenzbedrohenden ökologischen, sozialen und ökonomischen Probleme für jedermann offen zu Tage treten, sind die Entscheidungen der Regierungen, Parlamente, Arbeitgeber- und Arbeitnehmervertretungen und das tatsächliche Verhalten in zahlreichen Kommunen, Unternehmen und Bildungseinrichtungen noch immer von einer kaum zu überbietenden Ignoranz und Phantasielosigkeit geprägt. Der Bundestagswahlkampf und die Landtagswahlkämpfe 2009 bieten erschreckende Belege für diese Einschätzung.

Wenn Deutschland seine eigenen Ziele und Ansprüche an eine nachhaltige Entwicklung für unser Land und als Beitrag zur Zukunftsfähigkeit der internationalen Staatengemeinschaft ernst nehmen würde, dann müssten ja nur die qualitativen und quantitativen Vorgaben der deutschen Nachhaltigkeitsstrategie für die Bereiche „Verbesserung der Lebensqualität", „Generationengerechtigkeit", „Sozialer Zusammenhalt" und „Internationale Verantwortung", also die selbstgesteckten Ziele und Zeitpläne umgesetzt werden.

Hier sollen nachfolgend aus der Sicht der Zukunftsforschung beispielhaft Chancen aufgezeigt werden, die Deutschland in Kooperation mit den Staaten der Europäischen Union hat, um die gravierenden weltweiten Probleme und Bedürfnisse heute und morgen im Sinne der Nachhaltigkeit durch Win-Win-Strategien (das heißt Gewinne für alle Beteiligten) offensiv anzugehen. Dass ich mich hier nur auf einige Zukunftsbereiche und weitgehend auf wissenschaftlich-technologische und ökonomische Perspektiven und Innovationen beschränke, ist vor allem der Begrenzung dieser Skizze geschuldet. Natürlich bedarf es auch weitgehender grundlegender sozialer und kultureller Innovationen.

Deutschland hat in zahlreichen global wichtigen Bedürfnisfeldern eine Menge zu bieten. Wenn wir für diese Aktionsfelder unsere Wissenschafts-, Technologie- und Wirtschaftspolitik und neue Strukturen der internationalen Finanz- und Handelskooperationen zügig im Sinne der Nachhaltigkeitsperspektiven und gegenseitigen Win-Win-Strategien ausrichten würden, könnte die Finanz- und Wirtschaftskrise relativ schnell überwunden werden. Auch könnte auf diesem Weg das neoliberale Diktum von der zwangsläufigen und unausweichlichen Massenarbeitslosigkeit als phantasieloses Märchen entlarvt werden.

Deutschland in der globalen Welt:

➢ Die Welt braucht dringend sauberes Trinkwasser: Deutschland (Europa) hat die besten Wassergewinnungs-, Wasserreinigungs- und Wiederverwendungssysteme sowie den weltweit höchsten Standard bei Mess-, Kontroll-, Steuerungs- und Regelungstechniken.

➢ Die Welt braucht dringend saubere und klimafreundliche Energie: Deutschland (Europa) hat gute Energieeffizienztechniken und einen hohen Entwicklungsstand bei Regenerativen Energiesystemen in den Sektoren Industrie, Haushalte, Dienstleistungen, Infrastrukturen.

➢ Die Welt braucht dringend materialsparende Produkte und Produktionsverfahren: Deutschland (Europa) hat große Erfahrungen in der Wieder- und Weiterverwendung von Produkten und Teilprodukten; Wieder- und Weiterverwertung von Wertstoffen; ökologischer Produkt- und Verfahrensentwicklung; Kreislaufwirtschaft; Mikrosystemtechnik; Nanotechnik, Informations- und Kommunikationstechnik; Telematik; Entmaterialisierung von Produkten und Prozessen; Logistik, Organisation, Distribution; Nutzung nachwachsender Rohstoffe.

➢ Die Welt braucht dringend Gesundheit und Gesundheitsdienste: Deutschland hat leistungsfähige Gesundheitsdienstleistungen, Präventionsdienstleistungen, medizinische Dienstleistungen; Medizintechniken für fast alle Fachgebiete, Präventions- und Wellness-Techniken; Pharmaprodukte; Telemedizin-Technik; Betreuungs- und Pflegedienste hoher Qualität.

➢ Die Welt braucht innovatives, energie- und materialsparendes, solares und soziales Bauen: Deutschland (Europa) hat viele exportfähige Modellprojekte entwickelt; aber viele Architekten, Bauingenieure, Investoren und die Bauindustrie sind weitgehend traditionalistisch geprägt; Deutschland könnte weltweit Schrittmacher sein, denn in diesem Wirtschaftsbereich werden weltweit die größten Energie- und Rohstoffressourcen eingesetzt.

➢ Die Welt braucht dringend effiziente, ökologisch und sozial verträgliche Infrastrukturen: Deutschland (Europa) hat leistungsfähige Schienen-, Luft- und Wasserstraßentechniken sowie diese ergänzend beste Informations- und Telekommunikationssysteme; Deutschland kann große Zukunftspotenziale in der Logistik und in logistischen Dienstleistungen mobilisieren; Deutschland könnte große Potentiale in der Gütertransport- und Schnittstellentechnik zwischen Straße → Schiene, Straße → Wasserstraße, Straße → Flugverkehr (besonders auch „Leichter als Luft-Technologien"); Containertechniken; Verladetechniken etc. weltweit einsetzen.

➢ Die Welt braucht Organisations-, Beratungs- und Ausbildungsdienste: Deutschland hat große Erfahrungen in der Organisation komplexer Infra-, Stadt-, Raum-, Produktions- und Distributionssysteme. Deutschland hat eine breite Palette qualifizierter Beratungs-, Aus- und Weiterbildungskapazitäten in allen Bildungs- und Qualifizierungsbereichen; Deutschland kann die Spitze in Systementwicklung, Logistik und Organisation für Bau-, Infrastruktur-, Produktions- und Mobilitätsprojekte sein.

Die wichtigsten Zukunftstechnologien und Innovationsfelder:
Wie zur Erarbeitung der Megatrends haben wir am *IZT Berlin* die wichtigsten internationalen Zukunftsstudien und Technikanalysen (auch Technikprognosen) ausgewertet und herausgearbeitet, welche Zukunfts- bzw. Schlüsseltechnologien und Innovationsfelder für die Entwicklung in den kommenden Jahrzehnten von besonderer Relevanz sind. Die nachfolgende Tabelle gibt das Ergebnis wieder, wobei wir zusätzlich noch eine Bewertung vorgenommen haben,

welcher Beitrag von den jeweiligen Zukunftstechnologien für innovative Impulse und Nutzungspotentiale in Richtung einer nachhaltigen Entwicklung ausgehen könnte. Diese Bewertung bestimmt in erster Linie die nachfolgende Reihung:

Zukunftstechnologien und Innovationsfelder

➢ Innovative, ökologische und solare Bautechniken: Baustoffe, Infrastrukturen, Baukonstruktion, Bauorganisation, Umfeldgestaltung, Energie- und Materialeffizienz, solare und ökologische Systemlösungen

➢ Wasser- und Wasserreinigungstechnologien: Wasserkreislaufführung; Wasseraufbereitungs- und Reinigungstechnologien; Wasserentsorgung; Wasserfernversorgung; nachhaltige Kontroll-, Mess-, Steuerungs- und Regelungstechnik

➢ Energieeffizienz-Systeme und Regenerative Energien: Energieeffizienzsysteme in allen Wirtschaftsbranchen; Energieeffizienz in Produktion, Verkehr, Wohn-, Gewerbe- und Bürobauten, Infrastruktur, Fahrzeugbau; Nutzung regenerativer Energien und Energiespeichertechniken für Wärme und Strom in allen Verbrauchssektoren (Haushalte, Industrie, Dienstleistungen, Verkehrssysteme)

➢ Kreislaufwirtschaft in Produktion und Distribution: Produktkreisläufe, Material- und Wasserkreisläufe, Wieder- und Weiterverwertung, Hilfsstoffkreisläufe, neue Logistik-Systeme; neue Organisationsmuster

➢ Nachhaltige Produkte und Produktionsverfahren: Wertstofferhaltung, Energieeffizienz, Schadstoffarmut, Wiederverwendung, Materialkompatibilität, Entmaterialisierung, Sozialverträglichkeit; nachwachsende Rohstoffe

➢ Biotechnologie und Medizintechnik: Neue biotechnologische Verfahren; sozial und ökologisch verträgliche Medizintechnik in allen Fachgebieten; Miniaturisierung in der Medizintechnik; Ökologisch und biologisch verträgliche Werkstoffe und Produkte; Gentechnik im Pharmabereich; Telemedizintechnik; Präventionstechnik

➢ IuK-Technik, Neue Logistik-Systeme und Telematik: Hochleistungsfähige Netze und Multimedia-Systeme; Produktions-, Organisations-, Marketing-, Verteil- und Verkehrslogistik; Telearbeit; Telelearning; Teleshopping

➢ Miniaturisierung und Digitalisierung in Produktion, Handel und Alltag: Mikroprozessor- und Sensortechnik; drahtlose Funktechnik, Mikrocomputerisierung, Smart-Home-Technik, RFID, Pervasive Computing; Diagnostik und Therapie durch Miniaturisierung in der Medizin; Miniaturisierung in der Verkehrs-, Organisations- und Bürotechnik

➢ Nachhaltige Mobilitäts- und Verkehrstechnik: Systemlösungen für integrierten Verkehr; Schnittstellen-Technik zwischen Straße, Schiene, Wasser, Luft; 2-Liter-Auto; 4-Liter-Fahrzeugflotte; Hybridfahrzeuge; Elektromobilität; Batterietechnik; Brennstoffzellen; Güter auf die Schiene, Leichter als Luft-Technologien

➢ Energiespeichertechniken: Langzeitwärmespeicherung; Hochleistungs-Stromspeicher

➢ Nachhaltige Produktions-, Mess-, Steuerungs- und Regeltechniken

➢ Neue ökologisch und sozial-verträgliche Hochleistungswerkstoffe: Recycelbar, biologisch abbaubar, kompatibel

➢ Nanotechnik: Stoff- und energieeffizient, schadstoffarm; sozialverträglich

> ➢ Bionik: Übertragung stoff- und energieeffizienter sowie schadstoffarmer Organisationsmuster und Prozesse aus der Natur auf technische Systemlösungen

8 Fazit

Das neue Deutschland nach dem Fall der Mauer hat große Potentiale, für das eigene Land eine zukunftsfähige Zukunft zu gestalten. Gleichzeitig sollte Deutschland die große Chance ergreifen, als Schrittmacher diese Potentiale auch für die Zukunftsfähigkeit der internationalen Staatengemeinschaft zu mobilisieren. Dass das am besten auf der Grundlage von Win-Win-Strategien funktionieren kann, sollte dieser Beitrag zeigen. Das beweisen vor allem aber die vielen internationalen Kooperationen und Projekte, die bereits heute im Sinne der Nachhaltigen Entwicklung bestehen und Vorreiter-Dienste leisten.

Seit den Debatten über die Klimaberichte der *Vereinten Nationen*[21] und den *Stern*-Bericht[22] zu den weltweiten Klimafolgen und seit dem kolossalen Finanz- und Wirtschaftscrash der neoliberal geprägten Weltwirtschaft, hat sich der Wind gedreht. Noch nie war die Situation für große Anstrengungen in Richtung einer nachhaltig zukunftsfähigen Entwicklung so günstig wie jetzt.

Es hat sich, endlich - nach dreißig Jahren vorhandenen Zukunftswissens - erwiesen und auch herumgesprochen, dass Ökonomie und Ökologie keine Gegensätze sind, sondern in einer Welt der endlichen Ressourcen und verletzbaren Ökosysteme sich gegenseitig bedingen. Dass vernünftiges ökonomisches, ökologisches und soziales Handeln zusammengeht, beweist die ökologische Energiewirtschaft, die sowohl auf die Kraft der Sonne als auch die Effizienz moderner Wissenschaft und Technologie setzt. Sie setzt auf die Konsistenz sauberer Energiequellen, nachwachsender Rohstoffe und die Intelligenz von Energiespeichertechniken für Strom und Wärme und auf die Einsicht und Vernunft eines sparsamen Verbraucherverhaltens in allen Verbrauchssektoren - Industrie, Haushalte, Dienstleistungen und Verkehr.

Widerlegt ist längst die dümmliche These, die Unternehmen müssten erst große Gewinne einfahren, um die Folgeschäden des Energieverbrauchs fossiler und nuklearer Energie reparieren zu können. Wir wissen seit Jahrzehnten, dass kein finanzieller Gewinn ausreichen würde, um die gigantischen Schäden fossiler und nuklearer Ressourcenverbrennung in der Biosphäre, die Ruinierung der Gesundheit von Menschen, die Zerstörung wertvoller Kulturgüter und Kulturlandschaften rückgängig zu machen. Zahlreiche Folgen wie die Vernichtung von Pflanzen- und Tierarten, massive Klimaveränderungen oder radioaktive Verseuchungen sind schlichtweg irreversibel.

Vor diesem Hintergrund sollen abschließend aus der Sicht eines Landes mit wenig natürlichen Ressourcen drei Empfehlungen an Politik, Wirtschaft, Wissenschaft, Zivilgesellschaft und Bürgerschaft gerichtet werden:

---

[21]   Vgl. *UNITED NATIONS* (2007).
[22]   Vgl. *STERN* (2006).

A   *Nachhaltigkeitsstrategien*:
Alle Bereiche unserer Gesellschaft sollten sich um die Durchsetzung der folgenden 4 Nachhaltigkeitsstrategien bemühen:

➢   Effizienzstrategie: Hierunter sind alle jene wissenschaftlich-technologischen, sozialen und kulturellen Innovationen zu subsumieren, die im Hinblick auf neue Produkte, Dienstleistungen, Mobilität und Informationsflüsse konsequent auf die Einsparung von energetischen und stofflichen Ressourcen sowie die Vermeidung von Abfall und Schadstoffemissionen abzielen. Das heißt, es geht darum mit wesentlich weniger Ressourceneinsatz den gleichen oder mehr Nutzen zu erzielen.

➢   Konsistenzstrategie: Produktion, Konsumtion und Dienstleistungen müssen unverzüglich wieder in die natürlichen biogeochemischen Kreisläufe der Natur eingepasst werden. Der Einsatz der regenerativen Energien und die Nutzung nachwachsender Rohstoffe und eine konsequente Kreislaufwirtschaft bilden hierfür die Grundlagen.

➢   Suffizienzstrategie: Wir werden sicher nicht ohne neue Lebensstile und Lebensweisen mit neuen Wohlstands- und Lebensqualitätsorientierungen dauerhaft zukunftsfähig bleiben. Hier können im Sinne der Nachhaltigen Entwicklung ganz individuelle Beiträge durch jede Gruppe, Initiative und jeden Einzelnen geleistet werden: Das reicht vom Wandel der Erwartungen, Bedürfnisse und Einstellungen bis hin zu bewusster sparsamer Lebensweise. Die Suffizienzstrategie zielt auf die Vision eines guten Lebens und auf Wohlstandsmodelle, die mit weniger Ressourcenverbrauch eine Balance zwischen materiellen und immateriellen Gütern herstellen und den Energie- und stofflichen Ressourcenverbrauch auf ein sozial, ökologisch und kulturell verträgliches Maß reduzieren. Neben Güterwohlstand soll vor allem auch Sozial-, Kultur- und Zeitwohlstand ermöglicht werden. Eine nachhaltige Suffizienzstrategie fragt danach, was wir für ein gutes Leben wirklich brauchen und stellt für Produkte und Dienstleistungen Kategorien wie Qualität, Einfachheit, Langlebigkeit, Wiederverwendungsfähigkeit, Schönheit in den Vordergrund und für den immateriellen Bereich sozialverträgliches Zusammenleben, Kommunikationsfähigkeit, Entschleunigung, Solidarität, Selbstbestimmung, Freizeitgestaltung, Kultur und Kunst.

➢   Selbstverantwortung und Selbstorganisation: Effizienz-, Konsistenz- und Suffizienzinnovationen wird es in einer freien demokratischen Gesellschaft nur dann geben, wenn mehr Eigenverantwortung und Selbstorganisation praktiziert wird. Nur dann werden soziale Phantasie, Kreativität und proaktives Handeln für die Leitziele der nachhaltigen Entwicklung freigesetzt. Hier sind vor allem die vielen hervorragenden Engagements und Projekte im Rahmen der zivilgesellschaftlichen Aktivitäten hervorzuheben, die in den letzten Jahren in Deutschland Ost und West ganz wesentlich zur zukunftsfähigen Entwicklung der Bundesrepublik beigetragen haben.

B   *Wissen, Bildung und Qualifizierung*:
Es ist keine Metapher, dass die Zukunftsfähigkeit Deutschlands ganz entscheidend von der Ressource „Wissen – Bildung – Qualifizierung" abhängt. An dieser Stelle kann nicht die ganze Palette der dringenden bildungspolitischen Aufgaben und Erfordernisse abgehandelt wer-den, die für eine nachhaltige Zukunft Deutschlands wichtig wären. Hier soll nur auf zwei Eckpfeiler hingewiesen werden:

Erstens: Es wird immer dringlicher, dass alle Menschen in allen Gesellschaftsbereichen akzeptieren, dass nur lebenslanges Lernen, Bilden und Qualifizieren echte Zukunftschancen und einen hohen Lebensqualitäts-Standard langfristig sichert.

Zweitens: Wir müssen in Deutschland endlich die ideologischen Grabenkämpfe um immer „neue, andere" Schul- und Hochschulstrukturen beenden. Viel wichtiger sind die Bildungsinhalte sowie die Themen und Formen der Wissensvermittlung, Bildung und ständigen Weiterqualifizierung. Was wir am dringendsten brauchen, sind gut gebildete und qualifizierte Lehrer, Ausbilder, Erzieher und Hochschullehrer, die in der Lage sind, allen Altersgruppen – vom Kindergarten bis zur Seniorenqualifizierung – für unsere Zukunftsentwicklung relevantes Wissen, breite humanistische Bildung und hohe Qualifizierungsstandards zu vermitteln. Nur dann werden die zu Bildenden, die Lernenden und zu Qualifizierenden in der Lage sein, die Zukunft nachhaltig zu gestalten. Angesichts der gigantischen Informationsmengen und riesigen Informations-Müllberge, die heute auf alle Menschen einströmen, sollten neben einem soliden Fachwissen als Grundlage vor allem folgende Wissens- und Handlungsbereiche vermittelt werden: Orientierungswissen, Selektives Wissen, Vernetztes Wissen, Praxis- und Handlungswissen, Schlüsselqualifikationen, soziale Kompetenz, Kulturelles Wissen, Fremdsprachenkompetenz, Entscheidungskompetenz.

C   *Merkmale zukunftsorientierter Unternehmen und Institutionen:*
Da der Produktions- und Dienstleistungsbereich auch in Zukunft die Grundlage der gesellschaftlichen, ökologischen, sozialen und kulturellen Entwicklungen sein wird, sollen hier noch jene Merkmale genannt werden, die in den Unternehmen und Institutionen wichtig sind, um im weltweiten Wettbewerb um die besten Nachhaltigkeitskonzepte und -innovationen zu bestehen. Diese Merkmale sind nicht etwa theoretisch abgeleitet, sondern entstammen aus empirischen Studien und aus der Praxis besonders erfolgreicher Unternehmen und Institutionen:

➤   Hohes Qualifikationsniveau der Mitarbeiter – Permanente Weiterqualifizierung

➤   Hoher Finanzeinsatz für Forschung und Entwicklung sowie Bildungsleistungen und Weiterqualifizierung

➤   Flache Hierarchien und Teamarbeit

➤   Selbstorganisation; Eigenverantwortung; Mitarbeiterbeteiligung

➤   Hohe Innovationsrate pro Mitarbeiter

➤   Netzwerkbildungen mit Fort- und Weiterbildung, Wissenschaft und Innovationen: regional, national, global

➤   Hohe Innovationsraten der Produkte/Dienstleistungen/Bildungsstandards

➤   Angebote für integrative Bildungs-, Ausbildungs- und Qualifizierungsmaßnahmen

Auch die Zukunftsforschung sagt: Wir können die Zukunft nicht vorhersagen. Gleichwohl verfügen wir über ein großes Reservoir von solidem Zukunftswissen. Deshalb sollten wir dieses wissenschaftliche Wissen nutzen, um mögliche, wahrscheinliche und wünschbare Zukünfte zu erfassen und in einem partizipativ-demokratischen Prozess darauf hinarbeiten, dass negative Entwicklungen und Katastrophen verhindert werden und das beste bekannte Zukunftsmodell, die Nachhaltige Entwicklung, schrittweise realisiert wird.

Quellenverzeichnis

BUNDESREGIERUNG (2002): „Perspektiven für Deutschland – Nachhaltigkeitsstrategie für Deutschland", Berlin/Baden-Baden 2002.

BUNDESREGIERUNG (2004): Perspektiven für Deutschland – Unsere Strategie für eine nachhaltige Entwicklung, online: http://www.bundesregierung.de/nsc_true/Webs/Breg/nachhaltigkeit/Content/__Anlagen/fortschrittsbericht-2004,property=publicationFile.pdf/fortschrittsbericht-2004, Stand: Oktober 2004, Stand: unbekannt, Abruf: 27.082.009.

BUNDESREGIERUNG (2005): Wegweiser Nachhaltigkeit 2005 – Bilanz und Perspektiven, online: http://www.sozialpolitik-aktuell.de/tl_files/sozialpolitik-aktuell/_Politikfelder/Sozialstaat/Dokumente/wegweisernachhaltigkeit.pdf, Stand: August 2005, Abruf: 27.08.2009.

BUNDESREGIERUNG (2008a): Fortschrittsbericht 2008 zur nationalen Nachhaltigkeitsstrategie – Für ein nachhaltiges Deutschland, online: http://www.bundesregierung.de/Content/DE/Publikation/Bestellservice/__Anlagen/2008-11-17-fortschrittsbericht-2008,property=publicationFile.pdf, Stand: Oktober 2008, Abruf: 27.08.2009.

BUNDESREGIERUNG (2008b): Fortschrittsbericht 2008 zur nationalen Nachhaltigkeitsstrategie, Entwurf, online: http://www.dnr.de/dnr/projekte/userdata/29/29_fb2008_entwurf_mai 08.pdf, Stand: 05.05.2008, Abruf: 27.08.2009.

GÖLL, E./FAY, C./KREIBICH, R./NOLTE, R./SCHWANZ, G. (2001): IZT-WerkstattBericht Nr. 50 „Mobilisierung für die lokale Agenda 21 – Zwischenbilanz der Projektagentur „Zukunftsfähiges Berlin."", Berlin 2001.

GÖLL, E./KAMPFHENKEL, N./MOHNBACH, E./NOLTING, K. (2007): IZT-WerkstattBericht Nr. 81 „Lokale Agenda 21 – Projekte und ihre Wirkungen. Evaluation und Einschätzung", Berlin 2007.

KÖCHER, R. (1997): Nach der Vertreibung aus dem Paradies – Die zukunftsträchtige Verbindung von Effizienz und Humanität ist noch nicht gefunden, in: Frankfurter Allgemeine Zeitung vom 12.11.1997, S. 5.

KREIBICH, R. (1986): Die Wissenschaftsgesellschaft – von Galileo zur High-Tech-Revolution, Frankfurt/Main 1986.

KREIBICH, R. (1996) (Hrsg.): Nachhaltige Entwicklung – Leitbild für die Zukunft von Wirtschaft und Gesellschaft, ZukunftsStudien Nr. 17, Weinheim/Basel 1996.

KREIBICH, R. (2000): Herausforderungen und Aufgaben für die Zukunftsforschung in Europa, in: STEINMÜLLER, K./KREIBICH, R./ZÖPEL, C. (Hrsg.), Zukunftsforschung in Europa, Baden-Baden 2000, S. 9–36.

KREIBICH, R. (2006): Denn sie tun nicht, was sie wissen: in: Internationale Politik, 61. Jg. (2006), Nr. 12, S. 6–13.

KREIBICH, R. (2008): Weltmacht China – Szenarien 2030, Eine Zukunftsstudie; Berlin 2008 (wird demnächst veröffentlicht); Kurzfassung: FOCUS 26/2008 „China im Jahr 2030", München 2008.

KREIBICH, R./SCHLAFFER, A./TRAPP, C. (2002): Zukunftsforschung in Unternehmen. Eine Studie zur Organisation von Zukunftswissen und Zukunftsgestaltung in deutschen Unternehmen, IZT-WerkstattBericht, Nr. 33, Gelsenkirchen 2002.

MEADOWS, D./MEADOWS, D./ZAHN, E./MILLING, P. (1972): Die Grenzen des Wachstums, Stuttgart 1972.

MEADOWS, D./MEADOWS, D./RANDERS, J. (1992): Die neuen Grenzen des Wachstums – Die Lage der Menschheit: Bedrohung und Zukunftschancen, Stuttgart 1992.

SCHELLNHUBER, H.-J. (2000): Erdsystemanalyse – Geokybernetische Optionen, in: KREIBICH, R./SIMONIS, U. E. (Hrsg.), Global Change – Globaler Wandel, Berlin 2000, S. 145–148.

STERN, N. (2006): Review on the Economics of Climate Change – The Stern Report, London 2006.

UNITED NATIONS (1992): Vereinte Nationen: „Agenda 21 der Konferenz der Vereinten Nationen für Umwelt und Entwicklung" (United Nations Conference on Environment and Development, UNCED), Rio de Janeiro-Dokumente, Agenda 21, New York 1992.

UNITED NATIONS (2000): Vereinte Nationen: Millenniumsbericht „Globale Umwelt – GEO 2000", New York 2000.

UNITED NATIONS (2007):Vereinte Nationen: Vierter Sachstandsbereicht des IPPC, New York 2007.

WISSENSCHAFTLICHER BEIRAT GLOBALE UMWELTVERÄNDERUNGEN (WBGU) (2007): Welt im Wandel – Sicherheitsrisiko Klimawandel, Berlin 2007.

Der humane Funktionismus –
Fall der Berliner Mauer als Vorbote
einer neuen Welt

Fredmund Malik

Malik Management Zentrum St. Gallen

1 Vorbemerkungen 463
2 Die große Transformation zum humanen Funktionismus............................. 463
3 Die neuen Realitäten des 21. Jahrhunderts 464
4 14 Thesen für die neue Welt des 21. Jahrhunderts.................................... 465
5 Was bedeuten diese Thesen? 466
Quellenverzeichnis.. 472

1 Vorbemerkungen

Der Fall der Mauer symbolisierte nicht nur das Ende des Kommunismus, sondern sollte sich rückblickend auch als Vorbote für das beginnende Ende des Kapitalismus erweisen, der zunächst als das obsiegende Ordnungssystem gefeiert wurde. Dass es noch 20 Jahre bis zur finalen Krise des neoliberalen Kapitalismus dauerte, ist zwar in menschlichen Dimensionen lange, nicht aber in historischen.

Die inneren Selbstzerstörungskräfte des Kapitalismus begannen unmittelbar nach dem Mauerfall zu wachsen und waren ab Mitte der 1990er Jahre gut nachweisbar[1], wurden vorerst aber verschleiert durch die scheinbaren Erfolge der Globalisierung. Der aktuelle Zusammenbruch des globalen Finanzsystems mit seinen Auswirkungen auf Realwirtschaft und Gesellschaft enthüllt nun die Funktionsmängel der nach dem Mauerfall entstandenen Version des neoliberalen Kapitalismus. Dies kann leicht zu einer sozialen Katastrophe führen, wenn das Gesamtsystem und dessen Logik nicht verstanden und als Folge dessen falsche Maßnahmen umgesetzt werden.

So wie die einzige Lösung nach dem Kollaps des Kommunismus logisch scheinbar zwingend der neoliberale Kapitalismus war, so erscheint jetzt krisenbedingt die einzige Lösung die Rückkehr zu sozialistisch-planwirtschaftlichen Staatseingriffen zu sein, zu einem System also, dessen Scheitern der Mauerfall symbolisiert. Aber im Pendeln zwischen den Polen Kapitalismus und Sozialismus können Lösungen für die heutige Situation nicht gefunden werden, im Gegenteil verbaut dies die Sicht auf die tiefer liegenden gesellschaftlichen Veränderungen, die sich unabhängig von der Weltkrise vollziehen

Beide Systeme, Kapitalismus und Sozialismus, und verallgemeinert Individualismus und Kollektivismus, hatten ihre Zeit. Unter den neuen Bedingungen, die sie selbst geschaffen haben, funktionieren aber beide nicht und sind deswegen inhuman, was in Rückkoppelung wieder zu ihrer eigenen Zerstörung führt.

2 Die große Transformation zum humanen Funktionismus

Wirtschaft und Gesellschaft gehen durch eine der größten Umwandlungen, die es geschichtlich je gab. Ich nenne diese die *„Große Transformation"* von einer alten Welt zu einer neuen Welt.

Die alte Welt von Kapitalismus und Sozialismus geht unter, *weil* eine neue Welt entsteht. Sie tut dies, weil durch die Alte Welt Bedingungen geschaffen wurden, denen sie selbst nicht mehr gewachsen ist. Für die Ordnung der Neuen Welt, deren Merkmale vorerst nur skizzenhaft erkennbar sind, wähle ich versuchsweise die Bezeichnung *„Humaner Funktionismus"*, um aus dem begrifflichen Gefängnis der alten Polarität von Kapitalismus und Kommunismus, resp. Sozialismus heraus zu kommen und einen neuen Weg des Verstehens aufzuzeigen.

---

[1] Vgl. *MALIK* (1993), S. 6 ff., und *MALIK* (1997).

Die neue Welt des 21. Jahrhunderts wird sich grundlegend, d. h. kategorial, von der alten Welt des 20. Jahrhunderts unterscheiden. Mit *„kategorial"* meine ich, dass ein neues Weltbild im Entstehen ist, was wiederum bedeutet, dass die Kategorien, die den Menschen noch bis vor kurzem Orientierung gaben, nicht mehr nützlich, sondern im Gegenteil schädlich sind, weil sie desorientieren und irreführen.

Die alles bestimmende Größe der Neuen Welt ist *Komplexität;* der Treiber ist *Komplexifizierung*; die Herausforderung ist *Nutzen und Meistern* von Komplexität. Die Lösung ist *kybernetisches Management* – ohne welches schon heute kein technisches Gerät funktioniert und morgen keine Organisation mehr funktionieren wird.[2]

3   Die neuen Realitäten des 21. Jahrhunderts

Meine nachfolgenden Thesen sind keine Prognosen sondern eine *Diagnose.* Sie handeln von bereits eingetretenen Entwicklungen, von Tatsachen also, die jedoch auch obersten Führungskräften in Wirtschaft und Politik kaum oder nur vage bewusst sind. Die meisten vermögen ohne zusätzliche Information im Neuen nur das Alte zu erkennen.

Weit wichtiger als Tatsachen ist jedoch die Frage, was sie *bedeuten.* Die Bedeutung von Tatsachen liegt nicht diesen selbst, sondern hängt ab vom *Kontext*, in den man sie stellt, und von den *Prämissen*, mit denen man sie zu begreifen versucht.

Der vor sich gehende Wandel macht buchstäblich ein *neues Weltbild* nötig, vergleichbar dem Übergang vom Scheibenmodell der Erde zum Kugelmodell. Die neuen Realitäten des 21. Jahrhunderts erfordern daher auch auf allen Ebenen der Gesellschaft andere Formen von Regieren und Regulieren, von Lenken und Steuern – kurz, ein radikal anderes *Management* als jenes des 20. Jahrhunderts.

Dieses basiert auf anderen Wissenschaftsgrundlagen, macht daher eine andere Management-Philosophie nötig, andere Politiken und Strategien für alle gesellschaftlichen Institutionen wirtschaftlicher und nichtwirtschaftlicher Art, neue Strukturen und eine andere Systemkultur. Dieses Management muss der Komplexität der globalen und lokalen Systeme gerecht werden, muss fähig sein, die mit wachsender Komplexität verbundenen Chancen zu erkennen und zu nutzen. Es muss ein komplexitätsgerechtes und systemisches Management sein.

---

[2]   Zu funktionierenden kybernetischen Management-Systemen vgl. *MALIK* (2006) und *MALIK* (2007).

4   14 Thesen für die neue Welt des 21. Jahrhunderts

Die mir am wichtigsten erscheinenden Beobachtungen für das 21. Jahrhundert fasse ich in 14 Thesen.[3] Sie sind Markierungen, um globales Geschehen zu verstehen, mediale Berichterstattung einzuordnen, das Verhalten der Menschen einzuschätzen und komplexe Systeme wirksam zu lenken, zu entwickeln und zu gestalten – d. h. zu managen.

1. Die komplexen Systeme des 21. Jahrhunderts sind zwar durch die Erfolge der Denkweisen und Methoden des 20. Jahrhunderts entstanden, aber sie können mit eben diesen nicht mehr gemanagt werden, weil die Systeme global dafür zu komplex geworden sind.

2. Das 21. Jahrhundert hat in den Tiefenstrukturen bereits radikaleren Wandel mit sich gebracht, als an der Oberfläche wahrgenommen wird. Nicht nur ein Paradigmenwandel findet statt, sondern ein Wandel der Kategorien, in denen wir Paradigmen als solche wahrnehmen.

3. Die kategorialen Dimensionen des neuen Weltbilds heißen Komplexität, System, Funktionieren, Control, Selbstorganisation, Information, Nicht-Linearität, Wissen und Erkenntnis.

4. Die globalen Gesellschaften transformieren sich zur Komplexitätsgesellschaft – in Mutationsschritten von der Gesellschaft von Individuen zur Gesellschaft von Organisationen zur Gesellschaft von Systemen –, die komplex sind. Aufgrund ihrer Komplexität haben sie Eigendynamiken, die ein grundlegend anderes Management als bisher verlangen.

5. Wissen ist wichtiger geworden als Zeit und Energie, Information wichtiger als Geld, die gezielte Selbstorganisationsfähigkeit von Unternehmen wichtiger als Macht.

6. Das relevante Wissen für das Funktionieren dieser Gesellschaft kommt aus den Komplexitätswissenschaften. Das sind die Kybernetik, die Systemtheorie und die Bionik. Im Anwenden dieses Wissens liegt die relevante Erkenntnis.

7. Die entscheidende Herausforderung für Funktionieren im 21. Jahrhundert ist Komplexität. Die wichtigste Fähigkeit ist, Komplexität zu meistern und zu nutzen. Die wichtigste Funktion dafür ist kybernetisches Management. Das wichtigste Mittel dafür ist kybernetische Politik. Die wichtigste Voraussetzung dafür sind Bedingungen zur Selbstorganisation, die die Eigendynamik komplexer Systeme nutzen und es Menschen ermöglichen, sich selbst zu führen.[4]

8. Die wichtigste Wirkung solcher Politik ist Master Control für sich selbst-organisierende, selbst-regulierende, selbst-lenkende komplexe Systeme.[5]

9. Komplexitätszentrum und Ankerpunkt von Master Control ist je nach Organisation der Kunde, Klient, Patient, Schüler, Wähler – kurz jeder, der ihre Leistung braucht und in irgendeiner Weise bezahlt. Nur die Organisation, die ihren Leistungsbeziehern für das Meistern der Komplexität wirksame Lösungen bietet, wird Erfolg haben.

---

[3]   Vgl. *MALIK* (2007), S. 52 f.
[4]   Vgl. *MALIK* (2008), S. 63 ff.
[5]   Vgl. *MALIK* (2008), S. 276 ff.

10. Die Epoche von Beliebigkeit von und im Management ist zu Ende, denn die Kybernetik etabliert die wissenschaftlich zwingenden Gesetzmäßigkeiten und Maßstäbe für funktionierendes Management im Komplexitätszeitalter. Auch zu Ende ist damit die Epoche des bisher auf Beliebigkeit beruhenden Opportunismus in den Management Consulting Services aller Kategorien.

11. Es wird nur noch zwei Gruppen von Menschen geben: Erstens jene, die im Neuen nur Altes erkennen und nicht mehr genug verstehen, weil sie die Erkenntnisse hinsichtlich Welt, Wirklichkeit, System und Information der letzten Jahrzehnte versäumt haben. Zweitens jene, die das Neue als solches erkennen und es nutzen, weil sie diese Entwicklung schon in Zeiten aufmerksam mitverfolgt und verstehen gelernt haben, lange bevor deren Konsequenzen allgemein spürbar wurden.

12. Die heutigen gesellschaftlichen Institutionen (r)evolutionieren sich oder sie verschwinden, weil sie unmanageable sind und daher ihre Zwecke nicht mehr erfüllen. Finanzierungsschwierigkeiten sind nur das Symptom ihres Nicht-Funktionierens. Die Ursache ist ihr Mangel an richtigem, komplexitätsgerechtem Management.

13. Regierungspolitik wird in den globalen Gesellschaften zwar weiterhin wichtig, aber in ihrer heutigen Form immer mehr Quelle von Störungen, Behinderung und Begrenzung sein. Heutige politische Parteien erfüllen keine Zwecke mehr, denn das Funktionieren gesellschaftlicher Systeme hat keine Partei-Farben und folgt keiner Ideologie. Es ist nicht rechts oder links, sondern richtig oder falsch.

14. Die Schlüsselfähigkeit für den Menschen in der Komplexitätsgesellschaft ist das Beherrschen von professionellem Management und Selbst-Management. Es wird für das soziale Überleben sowie für die Lebens- und Evolutionsfähigkeit jeder Gesellschaft dieselbe Bedeutung haben, wie Lesen und Schreiben für den Schritt vom leibeigenen Analphabeten zum mündigen Bürger. Solides kybernetisches Management wird die Funktions- und Kulturfähigkeit der Komplexitätsgesellschaft sein.

5   Was bedeuten diese Thesen?

These 1: Die komplexen Systeme des 21. Jahrhunderts sind zwar durch die Erfolge der Denkweisen und Methoden des 20. Jahrhunderts entstanden, aber sie können mit eben diesen nicht mehr gemanagt werden, weil die Systeme global dafür zu komplex geworden sind.

Die Erfolgsmethoden des Westens sind *Marktwirtschaft* und *Management* verbunden mit *Wissenschaft* und *Technologie*. In der zweiten Hälfte des 20. Jahrhunderts führte ihre Anwendung auch als Folge des II. Weltkrieges zu vorher kaum vorstellbarem Wohlstand, Fortschritt und Erfolg. Ihre enorme Wirksamkeit zeigten die beiden Methoden besonders dort, wo sie auch in totalitären Rechts- und Links-Systemen nach deren Zusammenbruch angewandt wurden.

Jedoch führt jeder Erfolg, besonders der große, auch an seine eigenen Grenzen und schafft selbst die Bedingungen für sein Scheitern. Aus *Misserfolgen* resultierende Probleme versucht man nie mit jenen Methoden zu lösen, die zu den Misserfolgen führten, weil man diese Methoden leicht als die Ursachen des Scheiterns erkennen kann. Probleme hingegen, die die

Folge von *Erfolgen* sind, stellen kategorial andere Fragen. Mehr vom Selben, lautet in solchen Fällen die Maxime. Nichts erscheint den Zeitgenossen plausibler, logischer, zwingender, empirisch besser gesichert, durch Mehrheiten legitimiert – *und nichts ist falscher*.

Es war schon die Einsicht von ALBERT EINSTEIN, dass man Probleme nicht mit denselben Methoden lösen kann, durch die diese entstanden sind. Besonders gilt das für das Schlüsselproblem des 21. Jahrhunderts, nämlich Komplexität, die als Folge der Erfolge entstanden ist. Sie ist eine Realität, die ein neues Denken und neue Methoden erfordert.

These 2: Das 21. Jahrhundert hat in den Tiefenstrukturen bereits radikaleren Wandel mit sich gebracht, als an der Oberfläche wahrgenommen wird. Nicht nur ein Paradigmenwandel findet statt, sondern ein Wandel der Kategorien, in denen wir Paradigmen als solche wahrnehmen.

Das Bild an der Oberfläche täuscht. Hier sieht man noch die vertrauten Dinge. In Wahrheit sind es Projektionen längst überholter Prämissen. So versucht man zum Beispiel, Mängel von Sozialsystemen mit Geld zu reparieren, weil deren Funktionsprobleme sich letztlich in Geldmangel manifestieren. Die verbreitete Überzeugung lautet: Wo Geld fehlt, muss Geld zugeführt werden. In Wahrheit ist aber *zu wenig* Geld heute eine Folge von *zu viel* Geld früher. Unter anderem hat das leichtsinnig und nachlässig gemacht und die Suche nach anderen Wegen unnötig erscheinen lassen.

Die Lösung liegt aber nicht in *mehr Geld*, sondern in *besserem Funktionieren*, das ein anderes Wort für *richtiges Management* ist. Funktionieren ist keine Frage von Geld, sondern von Erkenntnis, Verstehen, Wissen und Information, insbesondere über die Naturgesetze des Funktionierens. Mit der Hälfte des Geldes können Institutionen doppelt so gut funktionieren, wenn sie komplexitätsgerecht organisiert und gemanagt werden.

Es mag ein Paradigma-Wechsel sein, wie es viele nennen, wenn man statt wie früher viel Geld plötzlich wenig Geld hat. Eine echte Alternative erkennt man aber nur mit einer gänzlich anderen *Problemsicht*, d. h. durch andere *Kategorien*, in denen man Tatsachen, wie „viel Geld" oder „wenig Geld" wahrnimmt und versteht.

These 3: Die Kategorialen Dimensionen des neuen Weltbilds heißen Komplexität, System, Funktionieren, Control, Selbst-Organisation, Information, Nicht-Linearität, Wissen und Erkenntnis.

Das sind die neuen Begriffe, mit denen man sich vertraut machen muss, um unter den Bedingungen hoher Komplexität erfolgreich zu sein. Im Gegensatz dazu heißen die *alten Kategorien* Materie, Energie, Kausalität, Einfachheit, Linearität, Berechenbarkeit, Vorhersehbarkeit, Beherrschbarkeit. Das 20. Jahrhundert war die Zeit der scheinbar unbeschränkten *Machbarkeit* auf Grundlage des mechanistischen Denkens und der reduktionistischen Methode. Aus diesen Kategorien sind zwar die bisherigen enormen Erfolge von Wissenschaft und Technik entstanden, aber auch die Illusion, man könne Systeme immer und überall mit eben diesen bisherigen Denkweisen und Methoden beherrschen.

These 4: Die globalen Gesellschaften transformieren sich zur Komplexitätsgesellschaft – in Mutationsschritten von der Gesellschaft von Individuen zur Gesellschaft von Organisationen zur Gesellschaft von Systemen –, die komplex sind. Aufgrund ihrer Komplexität haben sie Eigendynamiken, die ein grundlegend anderes Management als bisher verlangen.

Die Erfolgsmethoden des 20. Jahrhunderts haben zu einer unvorstellbaren und unbestimmbaren Zahl von Organisationen in enormer Vielfalt geführt, und sie haben unter anderem dadurch das Phänomen der *Komplexität* und *Hyperkomplexität* hervorgebracht. Es wurde ein Prozess der fortgesetzten, sich beschleunigenden, nicht mehr zu korrigierenden *Komplexifizierung* ausgelöst, der zwar in der biologischen Evolution recht gut verstanden ist, in der kulturellen hingegen kaum. So variantenreich die Erscheinungsformen von gesellschaftlichen Institutionen, wie Wirtschaftsunternehmen, Universitäten, Krankenhäuser, Schulen, Verkehrssysteme, Verwaltungs-, Steuer- und Sozialsysteme auch sind, so haben sie eine Gemeinsamkeit: Das ist ihre immense Komplexität.

Alle Institutionen sind mit anderen vernetzt, voneinander abhängig, aufeinander angewiesen, bedingen und beeinflussen sich gegenseitig – sie fügen sich zu einer undurchschaubaren, unberechenbaren und unverstehbaren *Ökologie hyperkomplexer Systeme.*

Die Entwicklung des Menschen hat bislang stammes- und individualgeschichtlich in überschaubaren, verstehbaren, einfachen Klein-Systemen stattgefunden, sei es in der Familie, der Nachbarschaft oder im Dorf. Für das Einfache sind wir geschaffen, nicht für das Komplexe. Was unter einfachen Bedingungen gültig ist, könnte jedoch für hohe Komplexität falscher nicht sein. Der Psychologe DIETRICH DÖRNER hat das in seinem Buch „Die Logik des Misslingens" anschaulich dargestellt.[6]

Das *Management komplexer Systeme* ist radikal verschieden vom *Management einfacher Systeme.* Nur für diese sind unsere Reflexe, Erfahrungen, Intuitionen, Gestaltungs- und Lenkungsfähigkeiten passend; für komplexe Groß-Systeme müssen sie versagen. Das einfache System kann organisiert und gesteuert werden, das Groß-System hingegen muss aus naturgesetzlichen Gründen *sich selbst* organisieren und steuern.[7]

These 5: Wissen ist wichtiger geworden als Zeit und Energie, Information wichtiger als Geld, die gezielte Selbstorganisationsfähigkeit von Unternehmen wichtiger als Macht.

Im „Scheibenmodell" regiert Geld die Welt. Im „Kugelmodell" der Welt sind die Signal- und Regulierungsmittel jedoch Information und Wissen. Wer zum Beispiel das *Wissen* hat, wie man in China Geschäfte macht, wird immer das dafür nötige Geld beschaffen können, ja man wird es ihm aufdrängen. Wer aber das nötige Wissen nicht hat, wird sein Geld rasch verloren haben. Die aktuelle Finanzkrise ist denn auch darauf zurückzuführen, dass es nicht an Geld mangelte, sondern offenkundig am Wissen darüber, wie man mit Geld umgeht.

Als weiteres Beispiel: Die Macht der totalitären Regime des 20. Jahrhunderts wurde nicht durch Gegenmacht gebrochen, sondern durch *Information*, die sich zuerst über Radio und Fernsehen verbreitete, und heute – in milliardenfacher Verstärkung – durch das Internet. Die einzige *Macht* also, die funktioniert, ist das Wissen, wie man Unternehmen so organisiert, dass sie sich selbst organisieren können. Genau diese Macht folgt aus der *Kybernetik* und ihren Gesetzen der Information und Kommunikation, Selbstregulierung und Selbstorganisation.

---

[6]   Vgl. DÖRNER (2003).

[7]   Vgl. MALIK (2008), S. 63 ff.

These 6: Das relevante Wissen für das Funktionieren dieser Gesellschaft kommt aus den Komplexitätswissenschaften. Das sind die Kybernetik, die Systemtheorie und die Bionik. Im Anwenden dieses Wissens liegt die relevante Erkenntnis.

Was ich hier *Komplexitätswissenschaften* nenne, ist kein Fach, das man an den heutigen Universitäten studieren kann. Ich betrachte das als Vorteil, weil sie nicht in die herkömmlichen akademischen Strukturen gezwängt sind, die ihrerseits Ergebnisse der alten Welt sind.

Die *Kybernetik* ist die *Wissenschaft vom Funktionieren*, die *Systemwissenschaft* die *Wissenschaft vom Ganzen*, und die *Bionik* ist die *Wissenschaft vom Lernen von der Natur*, d. h. von der Nutzung von Problemlösungen für Technik, Organisationen und Gesellschaft, die in der Natur entstanden sind.

These 7: Die entscheidende Herausforderung für Funktionieren im 21. Jahrhundert ist Komplexität. Die wichtigste Fähigkeit ist, Komplexität zu meistern und zu nutzen. Die wichtigste Funktion dafür ist kybernetisches Management. Das wichtigste Mittel dafür ist kybernetische Politik. Die wichtigste Voraussetzung dafür sind Bedingungen zur Selbstorganisation, die die Eigendynamik komplexer Systeme nutzen und es Menschen ermöglichen, sich selbst zu führen.

Diese Gedankenfolge muss kaum kommentiert werden. Hervorheben will ich aber den Kern: *Komplexität* ist nicht etwas Negatives, Gefährliches und Bedrohliches, wie die meisten meinen, sondern Komplexität ist die unabdingbare Voraussetzung für *alle höheren Funktionsleistungen*. So braucht es rund 10 Milliarden vernetzter Gehirnzellen für die Entstehung von Bewusstsein und Selbstbewusstsein. Komplexität darf man also nicht beseitigen, abschaffen oder bekämpfen, sondern man muss sie nutzen. Wer besser mit Komplexität umgehen kann, wird in allen Dimensionen des Funktionierens und im globalen Wettbewerb überlegen sein.

Die beliebte Maxime „Keep it simple" funktioniert nur dort, wo die Verhältnisse einfach genug sind. Niemand käme auf die Idee, ein Interkontinental-Flugzeug mit den rudimentären Mitteln einer Cessna zu steuern. Im 21. Jahrhundert können wir nicht mehr wählen, ob wir es einfach haben wollen oder nicht, auch wenn die Sehnsucht nach Einfachheit aufgrund unserer stammesgeschichtlichen Entwicklung noch stark ist.

Komplexität und Komplexifizierung sind Realität. Man kann sie zwar ignorieren, aber deswegen verschwinden sie nicht, genauso wenig, wie das Gesetz der Schwerkraft verschwindet, nur weil ich es nicht beachte oder es mir nicht passt. Wer überleben will, muss mit der Komplexität des Lebens fertig werden, und wenn er erfolgreich sein will, muss er diese nutzen.

Die Gesetzmäßigkeit von Komplexität und ihrer Nutzung sind Naturgesetze im selben Sinne wie das Gravitationsgesetz. Es sind die Naturgesetze des Funktionierens und im erweiterten Sinne des Erfolges. So wie es die *Logik des Misslingens* gibt, gibt es eine *Logik des Gelingens*.

These 8: Die wichtigste Wirkung solcher Politik ist Master Control für sich selbst-organisierende, selbst-regulierende, selbst-lenkende komplexe Systeme. *Master Controls* nenne ich die obersten, allgemeinsten und daher machtvollsten *Regulierungsprinzipien*, die in einem System wirken. Diese werden durch *Grundsatzentscheidungen* eingeführt. Es sind jene Entscheidungen, die zu den erwähnten *Selbstfähigkeiten* führen. So wie Hilfe zur Selbsthilfe schon immer die beste Hilfe war, ist Organisation zur Selbstorganisation die beste Organisation.

Die Mittel des erfolgreichen *Komplexitätsmanagements* sind u. a.:

➢ Real Time-Control,

➢ in sich geschlossene Kreisläufe,

➢ Central Performance Controls,

➢ integrierte Ganzheits-Modelle,

➢ Redundanz der funktionskritischen Systeme und

➢ intelligenzverstärkende Regulierung.

Was aus Sicht des „Scheibenmodells" der Erde utopisch klingt, ist in der „Kugel-Welt" längst Wirklichkeit, zum Beispiel in der *Auto-Elektronik*: ABS-Systeme, Traction Controls, Break Assistance Controls, GPS-Navigation, radargestützte Distance Control Systems, SpeedTronic Systems, COMAND Controls, PreSafe- und PostSafe-Systems und viele andere sind Kybernetik pur – durch Technik realisiert.

Sie arbeiten auf Basis derselben Funktionsprinzipien wie die *Selbst-Regulierungs-Systeme* von Organismen und ihren Nervensystemen und Gehirnen. Ob Chips oder Proteine als Funktionselemente im System wirken, ist nicht wesentlich. Wesentlich sind die *Gesetze, Strukturen und Prozesse des Funktionierens*. Genau diese sind durch die *Kybernetik* entdeckt, erforscht und praktisch nutzbar gemacht worden. Wo immer man sie anwendet, finden wir spektakuläre Erfolge.

Archaisch-dumpfe Ängste von der Versklavung des Menschen durch Systeme, wie sie immer wieder hochkommen, sind Folge des „Scheiben-Denkens" und der Unfähigkeit zur kategorial anderen Sichtweise des „Kugel-Modelles". So wird durch die Systeme des intelligenten Autos niemand „versklavt", sondern wird befreit und kann die Freude am Fahren geniessen, weil die kybernetischen Intelligenzverstärker dem Fahrer die Last abnehmen, Leistungen zu erbringen, für die der Mensch nicht geschaffen ist, und ihm dafür die Freiheit geben, das zu tun, was er am besten kann.

These 9: Komplexitätszentrum und Ankerpunkt von Master Control ist je nach Organisation der Kunde, Klient, Patient, Schüler, Wähler – kurz jeder, der ihre Leistung braucht und in irgendeiner Weise bezahlt. Nur die Organisation, die ihren Leistungsbeziehern für das Meistern der Komplexität wirksame Lösungen bietet, wird Erfolg haben.

Funktionsfähige Systeme sind außenorientiert. Sie stehen in aktivem Austausch mit ihrer Umwelt. Ihre Navigations-Fixsterne sind die Empfänger ihrer Leistung. Denn nur von dort können sie jene Information bekommen, die ihre *Selbst-Regulierung* und *Selbst-Organisation* in jene Richtung lenken, die wiederum ihre dauerhafte, nachhaltige Funktionsfähigkeit sichert, ein Regelkreis also für Erhaltung des Systems und seiner Identität, in der Fachsprache „Autopoiesis" genannt. Shareholder- und Stakeholder-Orientierung, wie sie durch den neoliberalen Kapitalismus entstanden sind, sind daher beweisbar falsch und irreführend. Diese etablieren einen krebsartigen, systemzerstörenden Regelkreis. Die einzig richtige Lösung für das Wirtschaftsunternehmen ist Customer-Orientierung. Und per analogam ist die einzig richtige Lösung für eine funktionierende Politik die Bürgerorientierung, die durch die vorherrschende Alt-Welt-Parteienpolitik immer mehr Lippenbekenntnis und immer weniger Wirklichkeit ist, wodurch der Politik auch immer mehr die unverzichtbaren Feedbacks über ihre Wirkung fehlt. Die politische Struktur der EU perfektioniert die systemzerstörenden Funktionsmängel der lokalen Systeme.

These 10: Die Epoche von Beliebigkeit von und im Management ist zu Ende, denn die Kybernetik etabliert die wissenschaftlich zwingenden Gesetzmäßigkeiten und Maßstäbe für funktionierendes Management im Komplexitätszeitalter. Auch zu Ende ist damit die Epoche des bisher auf Beliebigkeit beruhenden Opportunismus in den Management Consulting Services aller Kategorien.

So wie jede entwickelte Wissenschaft, wie Physik, Medizin und die Biowissenschaften, ihre Begriffe, Standards, Regeln und Gesetze hat, hat Management die Komplexitätswissenschaften und wird damit auf dieselbe Stufe der Professionalität gestellt wie die Naturwissenschaften. In der Physik kennt man zwar Probleme, offene Fragen, kritische Diskussion und wissenschaftlichen Fortschritt – aber keine *Moden*. In einer entwickelten Disziplin gibt es keine Beliebigkeit. In Management und Managementlehre ist genau dies aber der vorherrschende Zustand.

These 11: Es wird nur noch zwei Gruppen von Menschen geben: Erstens jene, die im Neuen nur Altes erkennen und nicht mehr genug verstehen, weil sie die Erkenntnisse hinsichtlich Welt, Wirklichkeit, System und Information der letzten Jahrzehnte versäumt haben. Zweitens jene, die das Neue als solches erkennen und es nutzen, weil sie diese Entwicklung schon in Zeiten aufmerksam mitverfolgt und verstehen gelernt haben, lange bevor deren Konsequenzen allgemein spürbar wurden.

Ein Kommentar hierzu erübrigt sich. Nötig ist hingegen, sich zu entscheiden, zu welcher Kategorie man selbst zählen will. Diese Entscheidung ist von grundsätzlicher Natur, und jeder ist frei, sie auf seine Weise zu treffen. Man ist frei, auch falsche Entscheidungen zu treffen. Außer in künstlich geschützten Bereichen ist der Preis dafür Chancen- und Erfolglosigkeit.

These 12: Die heutigen gesellschaftlichen Institutionen (r)evolutionieren sich oder sie verschwinden, weil sie unmanageable sind und daher ihre Zwecke nicht mehr erfüllen. Finanzierungsschwierigkeiten sind nur das Symptom ihres Nicht-Funktionierens. Die Ursache ist ihr Mangel an richtigem, komplexitätsgerechtem Management.

In den großen *Reformdiskussionen*, z. B. über das Gesundheitswesen, Bildungs- oder Sozialsystem, fehlt in allen Ländern systematisch der Begriff *Management*. Die Diskussionen werden getragen von Begriffen wie Ethik, Politik, soziale Solidarität und Sicherheit, Finanzierbarkeit und Lebensqualität. Danach richten sich auch die Maßnahmen – oft klug und kreativ. Was hingegen nicht vorkommt, sind *Management* und *Kybernetik*, der *Beruf der Wirksamkeit* und die *Wissenschaft vom Funktionieren*. Reformen scheitern nur selten am Geld, sondern an ihrer Umsetzung, was gleichbedeutend ist mit fehlendem oder schlechtem Management.

These 13: Regierungspolitik wird in den globalen Gesellschaften zwar weiterhin wichtig, aber in ihrer heutigen Form immer mehr Quelle von Störungen, Behinderung und Begrenzung sein. Heutige politische Parteien erfüllen keine Zwecke mehr, denn das Funktionieren gesellschaftlicher Systeme hat keine Partei-Farben und folgt keiner Ideologie. Es ist nicht rechts oder links, sondern richtig oder falsch.

Denkweise und Organisation der heutigen politischen Parteien sind vor rund zweihundert Jahren entstanden – und haben sich seither im Kern nicht verändert. Die früheren Erfolge der Parteien sind Bestandteil der heutigen Probleme. Wie ich einleitend sagte, können Probleme aber nicht mit denselben Methoden gelöst werden, durch die sie entstanden sind. Zwar wird es die heutigen Parteien noch lange geben, so wie es noch heute Ritterburgen gibt: Prächtige Zeugen einer großartigen, aber vergangenen Zeit.

These 14: Die Schlüsselfähigkeit für den Menschen in der Komplexitätsgesellschaft ist das Beherrschen von professionellem Management und Selbst-Management. Es wird für soziales Überleben sowie Lebens- und Evolutionsfähigkeit jeder Gesellschaft dieselbe Bedeutung haben, wie Lesen und Schreiben für den Schritt vom leibeigenen Analphabeten zum mündigen Bürger. Solides kybernetisches Management wird die Funktionierens- und Kulturfähigkeit der Komplexitätsgesellschaft sein.

Aus dem Scheitern und den Erfolgen von Kommunismus und Kapitalismus kann die neue Ordnung des *„Humanen Funktionismus"* entstehen, eine für Menschen funktionierende Gesellschaft mit funktionierenden Organisationen im Dienste lebenswerter Gemeinschaft, die es Menschen ermöglicht, ihren individuellen Lebenssinn zu finden. So könnte der Fall der Berliner Mauer ein Symbol für das Ende der beiden polaren Systeme sein und für den Anfang einer neuen Welt des humanen Funktionierens.

Quellenverzeichnis

DÖRNER, D. (2003): Die Logik des Mißlingens – Strategisches Denken in komplexen Situationen, Reinbek 2003.

MALIK, F. (1993): Malik on Management, Nummer 6, Dezember 1993.

MALIK, F. (1997): Wirksame Unternehmensaufsicht. Corporate Governance in Umbruchzeiten, neu aufgelegt und ergänzt unter dem Titel „Die Richtige Corporate Governance", Frankfurt am Main 2008.

MALIK, F. (2007): Management. Das A&O des Handwerks, Band 1 der Reihe Management: Komplexität meistern, Frankfurt am Main 2007.

MALIK, F. (2008) Unternehmenspolitik und Corporate Governance. Wie Organisationen sich selbst organisieren, Band 2 der Reihe Management: Komplexität meistern, Frankfurt am Main 2008.

Autorenverzeichnis

BAUMGÄRTNER, FRANK: Dr., Dipl.-Kfm., Industriekaufmann, geb. 1962, seit 1997 geschäfts-
führender Gesellschafter bei der *TellSell Consulting GmbH*, die führende Unternehmensberatung für Konzeption und Umsetzung von Business-Development- und
Wachstumsstrategien mit Büros in Frankfurt (Hauptsitz), Zug, Wien und Peking.
TellSell Consulting wurde von *Capital* und *Manager Magazin* jeweils zum Hidden
Champion im Business Development ausgezeichnet (www.tellsell.de), Studium der
Betriebswirtschaftslehre an der *Universität Trier* mit dem Schwerpunkt Marketing,
1994 Promotion an der *Universität Kassel* im Fachbereich Wirtschaftswissenschaften
bei *PROF. DR. A. TÖPFER* und Einstieg bei *TellSell Consulting*; Mitherausgeber des
Standardwerks „Public Private Partnership in Deutschland" sowie vielfältige Veröf-
fentlichungen zu den Themen Business Development, Servicecenter und -strategien.

BERGER, ROLAND: Prof. Dr. h. c., Dipl.-Kfm., geb. 1937, Gründer und Chairman von *Roland
Berger Strategy Consultants*, Studium der Betriebswirtschaftslehre in München und
Hamburg, Mitglied des Hochschulrats der *Ludwig-Maximilians-Universität München*
sowie der *Hochschule für Musik und Theater* in München, Mitglied im Kuratorium des
ifo Instituts für Wirtschaftsforschung an der *Universität München* und dem Board-
Mitglied der europäischen Business School *INSEAD* in Fontainebleau (Frankreich),
Vorsitzender des Kuratoriums der *Roland Berger Stiftung* zum weltweiten Schutz der
Menschenwürde und der Menschenrechte sowie zur Förderung begabter junger Menschen aus bildungsfernen Schichten in Europa; Mitglied verschiedener Aufsichts- und
Beiräte von nationalen und internationalen Unternehmen, Stiftungen und Organisationen, u. a. *Fiat Group*, *Telecom Italia*, *Fresenius SE* (Vorsitzender des Prüfungsaus-
schusses), *Prime Office AG* (Vorsitzender), *FC Bayern München*; außerdem Mitglied
internationaler Advisory Boards, z. B. *Deutschen Bank AG*, *MillerBuckfire*, *Sony Cor-
poration* und *The Blackstone Group*.

BULLINGER, HANS-JÖRG: Prof. Dr.-Ing. habil. Prof. e. h. mult. Dr. h. c. mult., Dipl.-Ing. für Maschinenbau, geb. 1944, seit 2002 *Präsident der Fraunhofer-Gesellschaft*, Professor für
Arbeitswissenschaft und Technologiemanagement an der *Universität Stuttgart*, Gründer und langjähriger Leiter des *Fraunhofer-Instituts für Arbeitswirtschaft und Organisation IAO*; vertritt die angewandte Forschung als beratendes Mitglied im *Rat für Innovation und Wachstum* der Bundeskanzlerin, Vorsitzender der *Forschungsunion
Wirtschaft – Wissenschaft zur Umsetzung der Hightech-Strategie der Bundesregierung*. Forschungsschwerpunkte: Informationsmanagement (Unternehmensführung, Informationssysteme, Arbeitsgestaltung) sowie Produktionsmanagement (Produktionsplanung, FuE-Management, Personalmanagement).

BURCHERT, HEIKO: Prof. Dr. rer. pol., Dipl.-Ing.-Ökonom, geb. 1964, Inhaber der Professur für das Fachgebiet: Betriebswirtschaftliche und rechtliche Grundlagen des Gesundheitswesens am Fachbereich Wirtschaft und Gesundheit an der *Fachhochschule Bielefeld*. Seit 1999 neben *PROF. DR. TH. HERING, FernUniversität Hagen/Westfalen*, Mitherausgeber der Schriftenreihe „Studien- und Übungsbücher der Wirtschafts- und Sozialwissenschaften" im *R. Oldenbourg Verlag* München und Wien. Seit 1996 verantwortlicher Schriftleiter der im Verlag Neue Wirtschaftsbriefe Herne und Berlin erscheinenden Zeitschrift „Betriebswirtschaftliche Forschung und Praxis". Arbeits- und Forschungsgebiete: Betriebswirtschaftslehre, Gesundheitswirtschaft (insbesondere Gesundheitsversorgung, Ökonomie der Rehabilitation, Pflege und Telemedizin) sowie Anrechnung beruflich erworbener Kompetenzen in Gesundheits- und kaufmännischen Berufen.

CZUPALLA, MICHAEL: Dipl.-Ing., geb. 1950, seit 2008 Landrat des Landkreises Nordsachsen (hervorgegangen aus den Landkreisen Delitzsch und Torgau-Oschatz), zwischen 1990 und 2008 Landrat des Landkreises Delitzsch, seit 1991 Präsident des *Ostdeutschen Sparkassenverbandes*, seit 1995 Mitglied im Beirat der Hauptverwaltung der *Deutschen Bundesbank* der Länder Sachsen und Thüringen.

DIEPGEN, EBERHARD: Jurist, geb. 1941, Rechtsanwalt bei *Thümmel Schütze und Partner* (Berlin, Stuttgart, Frankfurt, Dresden, Singapur); von Februar 1984 bis März 1989 und von Januar 1991 bis Juni 2001 Regierender Bürgermeister von Berlin; seit 1963 Mitglied der *CDU* Deutschlands, 1965 stellvertretender Vorsitzender des *Verbandes Deutscher Studentenschaften*, von 1971 bis 2001 Mitglied des Abgeordnetenhauses von Berlin, 1981 bis 1984 und 1989 bis 2001 Vorsitzender der *CDU*-Fraktion und von 1983 bis 2001 Landesvorsitzender der Partei in Berlin sowie Mitglied des Bundesvorstands und des Bundespräsidiums der *CDU*, 1980/1981 Mitglied des Deutschen Bundestags; in der *Europäischen Union* Mitglied im *Ausschuss der Regionen*; Studium der Rechtswissenschaften an der *Freien Universität Berlin*; Autor und Herausgeber einer Reihe von Publikationen zu Themen rund um die deutsche Wiedervereinigung, u. a. „Zwischen den Mächten. Von der besetzten Stadt zur Hauptstadt" (2004), „Deutsche Einheit – Gedanken, Einsichten und Perspektiven" (2000) oder „Erlebte Einheit. Ein deutsches Lesebuch" (1995).

ESCH, FRANZ-RUDOLF: Univ.-Prof. Dr., geb. 1960, seit 1996 Universitäts-Professor für Betriebswirtschaftslehre mit dem Schwerpunkt Marketing an der *Justus-Liebig-Universität Gießen*, Direktor des Instituts für Marken- und Kommunikationsforschung (www.imk-giessen.de) sowie Gründer und wissenschaftlicher Beirat von *ESCH. The Brand Consultants* (www.esch-brand.com). Tätigkeit in Beiräten verschiedener Unternehmen, u. a. als Vorsitzender des Marketingbeirats der *Volkswagen AG*, Vize-Präsident des *Deutschen Marketing-Verbandes*, Mitglied der Jury zum Markenaward sowie Vorsitzender der Jury zum Wissenschaftspreis des *Deutschen Marketing-Verbandes*; 2005 Ernennung zum Saarlandbotschafter. Gründer und schriftführender Herausgeber der Reihe Marken- und Produktmanagement im *Gabler Verlag* sowie Mitherausgeber der Reihe Konsum und Verhalten im *Gabler Verlag*. Forschungsschwerpunkte: Markenführung, Kommunikationsmanagement und Kundenverhalten.

FIETZ, GÜNTER: Prof. Dr. rer. pol., Dipl.-Kfm., Bankkaufmann, geb.1942, von 1996 bis 2006 Professor für Betriebswirtschaftslehre mit den Schwerpunkten Finanzierung und Investition an der *Hochschule Harz* und nebenberufliche Beratertätigkeit im In- und Ausland, zuvor von 1993 bis 1996 Senior Manager bei der *Paul Hellermann GmbH/Pinneberg*, von 1991 bis 1993 Direktor für Betriebswirtschaft bei der *EKO-Stahl AG/Eisenhüttenstadt*, von 1969 bis 1990 Assistent/Dozent an der *Universität Hamburg*. Forschungs- und Arbeitsgebiete: Optimale Ersatzrhythmen bei Investitionsketten, Bartergeschäfte im Ost-West-Handel.

GEGENBAUER, WERNER: Kaufmann, geb. 1950, seit 1976 Mitglied der Unternehmensleitung der *Unternehmensgruppe Gegenbauer*, von 1988 bis 2001 Führung des Unternehmens, danach Vorsitzender im Aufsichtsrat und Beirat; Mitglied im Konzernbeirat der *IVG Immobilien AG*, im Aufsichtsrat der *IDEAL Versicherung AG*, der *Schindler Deutschland Holding GmbH*; seit 05/2008 Präsident von *Hertha BSC e. V.*, von 2000 bis 05/2008 Mitglied im Aufsichtsrat von *Hertha BSC*, von 1997 bis 2004 Präsident der *Industrie- und Handelskammer zu Berlin* und seit 2004 ihr Ehrenpräsident, Mitglied im Präsidialausschuss der Handelskammer Deutschland – Schweiz und Mitglied in mehreren Fördervereinen, z. B. *Berlinische Galerie, Deutsches Historisches Museum, Kunsthochschule Weißensee* und *Komische Oper Berlin*.

GROTH, KLAUS: Geschäftsführender Gesellschafter der *Groth Gruppe*, geb. 1938, 1982 Gründung der *Groth Gruppe* unter der damaligen Firmierung *Groth + Graalfs* in Berlin, 1976 Gründung eines eigenen Projektentwicklungs-, Wohnungs- und Gewerbebauunternehmens in Kiel, in den Jahren 1969 bis 1976 Geschäftsführertätigkeiten für verschiedene Projektentwicklungs-, Bauträger und Fondsgesellschaften, von 1955 bis 1968 Verwaltungsangestellter und Kommunalbeamter; seit 1990 Sachverständiger für diverse Fachausschüsse des Bundestages und der Fraktionen der Landesregierungen sowie seit 2005 Mitglied im Beirat der *Stiftung Zukunft Berlin*, von 1995 bis 2001 Vorstandsvorsitzender des *Landesverbandes Freier Wohnungsunternehmen Berlin-Brandenburg* (LFW), zwischen 1994 und 1996 Mitglied des Aufsichtsrates der *Berliner Stadtreinigung* (BSR) und von 1992 bis 1995 Mitglied im *Beirat für Stadtentwicklung, Wohnen und Verkehr* der Landesregierung Brandenburg; von 1996 bis 2004 Übernahme wichtiger Funktionen bei der *Industrie- und Handelskammer zu Berlin*, u. a. als Mitglied des Präsidiums.

GÜNTHER, OLIVER: Univ.-Prof., M.S. und Ph.D. in Computer Science (U.C. Berkeley), Dipl.-Wirtsch.-Ing., geb. 1961, seit 1993 Direktor des Instituts für Wirtschaftsinformatik (iwi.wiwi.hu-berlin.de), *Humboldt-Universität zu Berlin*, zudem seit 2006 Dekan der *Wirtschaftswissenschaftlichen Fakultät* und Sprecher des *Interdisziplinären Zentrums „Ubiquitäre Information"*, davor zwischen 1996 und 2006 Sprecher des *DFG*-geförderten Graduiertenkollegs „Verteilte Informationssysteme". Gastprofessuren an der *European School of Management and Technology* in Berlin, der *École Nationale Supérieure des Télécommunications* und dem *Pôle Universitaire Léonard de Vinci* in Paris, der *U.C. Berkeley* und der *University of Cape Town*. Langjährige Tätigkeit als IT-Strategieberater, Beteiligung an mehreren Unternehmensgründungen, u. a. als Aufsichtsratsvorsitzender der *Berliner Poptel AG*, Deutschlands erstem Internettelefonie-Unternehmen, sowie als Chief Technology Officer der kalifornischen Firma *TeamToolz*. Mitglied des Kuratoriums von *SAP Research*, Mitglied des Auswahlausschusses der *Studienstiftung des deutschen Volkes* sowie Vorsitzender des *Vereins zur Förderung der deutsch-amerikanischen Zusammenarbeit auf dem Gebiet der Informatik und ihrer Anwendungen*. Arbeits- und Forschungsgebiete: IT-Strategie, IT in der Wertschöpfungskette, IT-Architekturen, IT-Wirtschaftlichkeit, Unternehmenssoftware, Prozessmodellierung, Sicherheit und Datenschutz.

HAASIS, HEINRICH: Dipl.-Verwaltungswirt (FH), geb. 1945, Präsident des *Deutschen Sparkassen- und Giroverbandes*, Präsident der *Europäischen Sparkassenvereinigung* (ESV), Vorsitzender des Verwaltungsrates der *DekaBank*, Vorsitzender des Aufsichtsrates der *Landesbank Berlin Holding AG*, Vorsitzender des Aufsichtsrates der *Deutschen Sparkassen Leasing Verwaltungs-AG*, Vorsitzender des Aufsichtsrates der *Stiftung Schloss Neuhardenberg GmbH*, Vorsitzender des Kuratoriums der *Sparkassenstiftung für Internationale Kooperation e. V.*, Mitglied im Verwaltungsrat der *Kreditanstalt für Wiederaufbau* (KfW), Vorsitzender des Hochschulrates der *Hochschule der Sparkassen-Finanzgruppe*.

HANNIG, FRANK: Rechtsanwalt, geb. 1970, selbstständig seit 1997 mit der *Rechtsanwaltskanzlei Hannig & Partner*, Inhaber und Seniorberater der Unternehmensberatung *DRG Dresdner Ratgeber Gesellschaft mbH*, zuvor Tätigkeit bei der *Bundesanstalt für vereinigungsbedingte Sonderaufgaben* (BvS); Studium der Rechtswissenschaft in Erlangen; Vorsitzender des Aufsichtsrates der *PRODATIS AG*, Dresden, Sektionsvorstand im *Wirtschaftsrat Deutschland e. V.*, Mitglied verschiedener Verbandsgerichte beim *Deutschen Handballbund* (DHB), Vorstand im *Familienverband Sächsische Schweiz e.V.*

HANNIG, GITTA: Rechtsanwältin, geb. 1974, Leiterin HRD und Vertriebsqualifizierung bei der *Telekom Shop Vertriebsgesellschaft mbH*.

HOGENSCHURZ, BERNHARD: Ass. jur., geb. 1960, Geschäftsleiter HR bei der *Deutschen Telekom AG*, Bereich Geschäftskunden, verantwortlich für die Kernbereiche HR, Organisation und Service. Maßgeblicher Gestalter der Kooperation der *Telekom Shop Vertriebsgesellschaft mbH* mit der *Steinbeis-Hochschule Berlin* zur Schaffung einer Corporate University mit Bachelor und Master-Studiengängen auf dem Gebiet des Sales & Service Management. Vertreter der Interessen der *Deutschen Telekom AG*, Geschäftskunden, im Rahmen der Kooperation mit der *Steinbeis-Hochschule Berlin* und zuständig für die strategische Positionierung und Ausgestaltung des Sales & Service Research Center im Advisory Board und Arbeitsausschuss.

HOLTMANN, CLAUS FRIEDRICH: Dipl.-Kfm., geb 1949, Wirtschaftsprüfer, Steuerberater, Geschäftsführender Präsident des *Ostdeutschen Sparkassenverbandes*, Vorsitzender des Aufsichtsrates der *Landesbausparkasse Ost AG*, Vorsitzender des Aufsichtsrates des *SIZ Informatikzentrums der Sparkassenorganisation GmbH*, Bonn, Vorsitzender des Vorstandes der *Ostdeutschen Sparkassenstiftung*.

JANIK, MARIANNE: Dr. jur., geb. 1965, seit 2003 Mitglied der Geschäftsleitung der *ESG Elektroniksystem und Logistik GmbH* in München und seit 2007 in Personalunion Geschäftsführerin der *ESG Consulting GmbH*, zuvor von 2000 bis 2003 in verschiedenen Managementfunktionen im In- und Ausland und bei der *Plaut GmbH* tätig, davor Berufsstationen bei der *ILO* und von 1990 bis 1999 bei *Daimler Benz*; Studium der Rechtswissenschaft in Würzburg und Genf, 1991 Promotion im Außenwirtschaftsrecht. Arbeits- und Beratungsschwerpunkte: Geschäftsentwicklungsmethoden für Serviceunternehmen, Innovationsmanagement, Wissensinfrastrukturen.

KEUPER, FRANK: Prof. Dr. rer. pol. habil., Dipl.-Kfm., geb. 1966, Inhaber des Lehrstuhls für Betriebswirtschaftslehre, insbesondere Konvergenz- und Medienmanagement (www. konvergenz-management.com) an der *School of Management and Innovation* der *Steinbeis-Hochschule Berlin*, Herausgeber und Geschäftsführer der betriebswirtschaftlichen Fachzeitschrift „Business+Innovation – Steinbeis Executive Magazin", Geschäftsführer und Akademischer Leiter des Sales & Service Research Center Hamburg an der *Steinbeis-Hochschule Berlin* (Förderer: Telekom Shop Vertriebsgesellschaft mbH) sowie der *T-Mobile Business School T-Vertrieb*, Gastprofessor u. a. an der *Universität Tai'an* (Provinz Shandong/China), diverse Dozenturen an europäischen Hochschulen, Assoziierter Partner bei *inRESTRUCT* – ein Mitglied der *iKnowledge Group*. 10/2002–08/2004 Vertretungsprofessur für Betriebswirtschaftslehre, insb. Risikomanagement und Controlling, Fachbereich Rechts- und Wirtschaftswissenschaft der *Johannes Gutenberg-Universität Mainz*. Promotion und Habilitation an der *Universität Hamburg* sowie Studium an der *Westfälischen Wilhelms-Universität zu Münster*. Arbeits- und Forschungsgebiete: Investitions- und Finanzierungstheorie, Planungs- und Entscheidungstheorie, Produktion, Medienmanagement, Kostenmanagement, Strategisches Management, Konvergenzmanagement, Kybernetik, Systemtheorie, Unternehmensplanung und -steuerung, Sales & Service Management, IT-Service Management.

KREIBICH, ROLF: Prof. Dr. phil., Dipl.-Phys., Professor für Soziologie der Technik, Technikfolgenabschätzung und Zukunftsforschung; seit 1981 Wissenschaftlicher Direktor und Geschäftsführer des *IZT – Institut für Zukunftsstudien und Technologiebewertung*, Berlin und seit 1990 Direktor des Sekretariats für Zukunftsforschung in Gelsenkirchen/ Dortmund; von 1989 bis 1999 Wissenschaftlicher Direktor der Internationalen Bauausstellung Emscher Park des Landes Nordrhein-Westfalen, von 1977 bis 1981 Direktor und Geschäftsführer des *Instituts für Zukunftsforschung Berlin*; von 1969 bis 1976 Präsident der *Freien Universität Berlin* und zwischen 1968 und 1969 Leitung des Instituts für Soziologie der *Freien Universität Berlin*; Studium der Physik und Mathematik (*Technische Universität Dresden, Humboldt-Universität zu Berlin* und *Freie Universität Berlin*); Festkörper- und Hochpolymerphysik am *Fritz-Haber-Institut* der *Max-Planck-Gesellschaft* in Berlin; Studium der Sozial- und Wirtschaftswissenschaften und Wissenschaftlicher Assistent am Institut für Soziologie der Freien Universität Berlin; Mitglied zahlreicher wissenschaftlicher Beratungseinrichtungen, Kommissionen und Sachverständigengremien, so u. a. Sachverständigenkommission der Bundesregierung für den Fünften Altenbericht „Potenziale des Alters in Wirtschaft und Gesellschaft"; Wissenschaftlicher Beirat der REGIONALE 2010; Jury des *Janssen-Cilag*-Zukunftspreises; Jury des *OSSIP-K. FLECHTHEIM*-Preises; Jury des *SIA Schweizerischer Ingenieur- und Architektenvereins* zur Vergabe des Nationalen Nachhaltigkeitspreises; *Umwelttechnik-Board* des Bundesministers für Umwelt, Naturschutz und Reaktorsicherheit SIGMAR GABRIEL; *Rat für Nachhaltige Entwicklung und Ressourcenschutz* des Landes Brandenburg; *Board des „Netzwerk Zukunftsforschung"*; Mitglied des Vorstands und Vorsitzender des *Beirats der Vereinigung Deutscher Wissenschaftler* (VDW); Mitglied des *Beirats des Nationalen Nachhaltigkeitskongresses N21*; Sachverständigenkommission der *GÜNTER-ALTNER-Stiftung* zur „Zukunft der Universitäten – Hochschule neu denken"; Vorsitzender des Kuratoriums der *Stiftung für die Rechte zukünftiger Generationen* (SRzG); Member of the *WFC World Future Council* (Weltzukunftsrat).

MALIK, FREDMUND: Prof. Dr. oec. habil., geb. 1944, Präsident des Verwaltungsrats der international tätigen Unternehmensgruppe *Malik Management Zentrum St. Gallen*, Managementexperte und Unternehmer, Berater renommierter in- und ausländischer Unternehmen für General Management-, Strategie- und Strukturfragen, Human Resources-Development und Ausbildungsfragen, Educator für Tausende von Führungskräften, intimer Kenner von Corporate Governance durch Mitgliedschaft und Vorsitz in Corporate-Governance-Organen, wie Aufsichtsräten, Stiftungsräten Beiräten; bis 2004 Lehrtätigkeit an der *Universität St. Gallen* und zwischen 1992 und 1998 gleichzeitig Gastprofessur an der *Wirtschaftsuniversität Wien*, 1984 Gründer der *Management Zentrum St. Gallen Aktiengesellschaft*; von 1979 bis 1984 Direktionsmitglied des *Instituts für Betriebswirtschaft* der *Universität St. Gallen*, ab 1977 Direktor im *Management Zentrum St. Gallen*; mehrfacher Bestsellerautor, u. a. 10 Bücher, über 200 weitere Publikationen und seit 1993 der monatlich erscheinende und im deutschsprachigen Europa meistgelesene Managementbrief „Malik on Management®". Arbeits-, Forschungs- und Publikationsthemen: funktionierendes General Management in komplexen, vernetzten Systemen auf der Grundlage der Komplexitätswissenschaften Kybernetik, Systemik und Bionik.

MORALES, WOLFRAM: Dipl.-Ökon., geb. 1961, Leiter des Büros des Geschäftsführenden Präsidenten des *Ostdeutschen Sparkassenverbandes*.

MOST, EDGAR: Dr. h. c., Dipl.-Wirtschaftler, von 1990 bis 2004 Mitglied der Geschäftsleitung der *Deutschen Bank AG* (Filiale Berlin); 1964 Abschluss eines Fernstudiums an der *Fachschule für Finanzwirtschaft* Gotha als Finanzwirtschaftler und 1971 Abschluss eines Fernstudiums an der *Hochschule für Ökonomie* Berlin-Karlshorst als Diplom-Wirtschaftler; zuvor von 1945 bis 1962 Lehrling und Ökonom in der *Deutschen Notenbank* Bad Salzungen, von 1962 bis 1963 Ökonom in der *Deutschen Investitionsbank* (Sonderbankfiliale Schwedt/Oder), zwischen 1964 und 1967 Arbeitsgruppenleiter und Abteilungsleiter in der *Deutschen Investitionsbank* (Sonderbankfiliale Schwedt/Oder) und dort von 1967 bis 1974 auch Direktor, von 1974 bis 1990 Sektorenleiter und Abteilungsleiter in der *Staatsbank der DDR* (Zentrale Berlin), von Februar bis März 1990 Vizepräsident der *Staatsbank der DDR*, vom 01.04.1990 bis 30.06.1991 Vorsitzender des Vorstands der *Deutschen Kreditbank AG*, vom 01.07.1990 bis 27.12.1990 Mitglied des Vorstands der *Deutschen Bank – Kreditbank AG*, vom 28.12.1990 an Mitglied der Geschäftsleitung der *Deutschen Bank AG* (Filiale Berlin); seit Juni 2008 Vorsitzender des Hochschulrats der *Technischen Universität Ilmenau*, seit dem 28.12.1990 Ehrensenator der *Europa-Universität Viadrina* Frankfurt (Oder), vom 01.06.1999 bis Mai 2004 Vorsitzender des Vorstands des *Ostdeutschen Bankenverbandes*, von Oktober 2003 bis 2005 Mitglied des Gesprächskreises Ost der Bundesregierung, am 01.11.2004 Ernennung zum Dr. h. c. der *Russischen Ökonomischen Akademie G. V. Plechanow* in Moskau; Vorsitz und Mitgliedschaft in mehreren Aufsichtsräten, Verbänden und Vereinen.

MÜLLER-GÜLDEMEISTER, LOTHAR: Volljurist, geb. 1947, Rechtsanwalt in der Kanzlei *Knauthe Rechtsanwälte*, Berlin; ab 2005 Rechtsanwalt in Berlin, 1998 Begründer der gewerblichen Prozesskostenfinanzierung in Deutschland, Gründer und Vorstand der börsennotierten *FORIS AG*, zwischen 1990 und 1998 Rechtsanwalt in Magdeburg, bis 1987 Tätigkeit als Geschäftsführer von Immobiliengesellschaften und als Filmproduzent in Hamburg, von 1977 bis 1983 Bankjustitiar; Veröffentlichungen zur Prozessfinanzierung, zur Rechtspolitik sowie Reiseberichte; Mitglied in Aufsichts- und Beiräten von Dienstleistungs- und Produktionsunternehmen.

NEUDECKER, NIELS: Dipl.-Kfm., geb. 1981, seit 2009 wissenschaftlicher Mitarbeiter an der Professur für Marketing von *PROF. DR. F.-R. ESCH* und Dozent an der *Verwaltungs- und Wirtschafts-Akademie Gießen*, seit 2008 Doktorand an der Professur für Marketing von *PROF. DR. F.-R. ESCH* sowie Projektmitarbeiter am *Institut für Marken- und Kommunikationsforschung* an der *Justus-Liebig-Universität Gießen*, zuvor von 2002 bis 2007 Studium der Wirtschaftswissenschaften an der *Martin-Luther-Universität Halle-Wittenberg*, in 2005 einjähriges Auslandsstudium an der *Ewha University Seoul in Südkorea*, während des Studiums Vorstandsvorsitz im *Akademischen Börsenkreis Universität Halle e. V.* sowie Gründung der studentischen Initiative *„Wissen Direkt"*.

OTTE, MAX: Prof. Ph.D. (Princeton), M.A., Dipl.-Vw., geb. 1964, o. Professor für allg. und internationale Betriebswirtschaftslehre mit dem Schwerpunkt Corporate Finance an der *Fachhochschule Worms*, Publizist und Unternehmer (Präsident des Verwaltungsrats der *Privatinvestor Verwaltungs AG* und Gründer *IFVE Institut für Vermögensentwicklung GmbH*), von 1998 bis 2000 Assistant Professor of International Relations an der *Boston University*, zuvor Projektleiter und Regional Director Public Sector in der Unternehmensberatung (*Artur D. Little, Kienbaum Unternehmensberatung*) mit Aufträgen für die *UNO*, die *Weltbank*, Bundes- und Landesministerien sowie M&A-Berater für den Mittelstand; Tätigkeiten in Deutschland, Österreich, Schweiz, Osteuropa, Amerika und Afrika; mehr als 15 Buchveröffentlichungen, u. a. *„Der Crash kommt"* (2006); Vorstand des gemeinnützigen Zentrums für *Value Investing e. V.*, Mitglied der *Atlantik-Brücke e. V.* und Ehrenmitglied *des German-American Business Club Frankfurt*.

PUCHTA, DIETER: Prof. Dr. rer. soc., Dipl.-Vw., geb. 1950, seit 2004 Vorstandsvorsitzender der *INVESTITIONSBANK BERLIN*, von 2003 bis 2004 Mitglied des Vorstands der Landesbank Berlin, zuvor von 2002 bis 2003 Mitglied des Vorstands der *L-Bank*, Stuttgart und Karlsruhe, ebendort von 2000 bis 2003 Bankdirektor und Bereichsleiter für Wirtschaftsförderung, zwischen 1992 und 2000 Professor für allgemeine Betriebswirtschaftslehre mit den Schwerpunkten Steuern und Finanzierung an der *Hochschule Konstanz* und Vorsitzender des Finanzausschusses im Landtag von Baden-Württemberg, 1981 Promotion mit einer Dissertation über die *Deutsche Bundesbank* zum Thema „Inflation und Deutsche Bundesbank: Elemente einer politisch-ökonomischen Theorie der schleichenden Inflation mit endogenisiertem Zentralbankverhalten", davor von 1970 bis 1974 Studium der Volks- und Betriebswirtschaftslehre sowie der Verwaltungswissenschaften an den Universitäten Konstanz und Freiburg; Mitglied mehrerer Aufsichts- und Verwaltungsräte sowie von Kuratorien und Hochschulräten.

SAUTER, DANIELA: Dipl.-Kffr., seit 1990 Geschäftsführende Gesellschafterin der *Brandenburger Hof Hotel GmbH* und *Inhaberin des Hotels Brandenburger Hof Berlin*; von 2000 bis 2005 Geschäftsführerin der *Luxushotels und Restaurants Marketing GmbH Berlin*, 2001 Auszeichnung für herausragende unternehmerische Leistungen als „Hotelier des Jahres Deutschland" (Deutscher Fachverlag); Studium der Betriebswirtschaftslehre und Jura an der *Ludwig-Maximilians-Universität München*, von 2000 bis 2004 Präsidentin der *Deutschen Delegation Relais & Châteaux* und Mitglied des Internationalen Verwaltungsrates *Relais & Châteaux Paris*; Mitglied des *Beirats der Mannheimer Holding AG*, Mitglied der *Atlantik-Brücke e. V.*, u. a.

SCHMERBACH, SIBYLLE: Dr. oec. (Statistik), geb. 1945, seit 2003 wissenschaftliche Mitarbeiterin im Dekanat und seit 2006 Prodekanin für Studium und Lehre der *Wirtschaftswissenschaftlichen Fakultät*, zuvor von 1992 bis 2003 wiss. Mitarbeiterin am *Institut für Statistik und Ökonometrie* und von 1994 bis 2003 Geschäftsführerin des Sonderforschungsbereiches 373 „Quantifikation und Simulation ökon. Prozesse" an der *Wirtschaftswissenschaftlichen Fakultät*, ebendort seit 1993 Lehrtätigkeit zur Wirtschafts- und Bevölkerungsstatistik sowie zu Datengrundlagen der Wirtschaftspolitik; Forschungsarbeiten und Publikationen zu Strukturgleichungsmodellen mit latenten Variablen sowie zu neuen Lehrkonzepten der Wirtschafts- und Bevölkerungsstatistik für Betriebswirte und Volkswirte; Studium an der *Humboldt-Universität zu Berlin*, Diplom-Ökonomin und Diplom-Pädagogin; seit 2008 Mitglied des *Herausgeberbeirats des AStA – Wirtschafts- und Sozialstatistisches Archiv der Deutschen Statistischen Gesellschaft* und seit 2008 Mitglied des *Akademischen Senats der Humboldt-Universität zu Berlin*, zwischen 2003 und 2006 stellv. Vorsitzende des *Ausschusses für „Ausbildung und Weiterbildung"* der *Deutschen Statistischen Gesellschaft*, von 1991 bis 1994 Mitglied der *Struktur- und Berufungskommission* (SPK) der *Wirtschaftswissenschaftlichen Fakultät*.

SCHNEIDER, FRANK: Prof. Dr. phil. Dr. sc., Musikwissenschaftler, von 1992 bis 09/2009 Intendant des *Konzerthauses Berlin*; zuvor 1989 Professor für Musik, von 1980 bis 1989 Wissenschaftlicher Mitarbeiter am *Institut für Ästhetik und Kunstwissenschaften* der *Akademie der Wissenschaften der DDR* und während dessen 1988 Promotion B zum Dr. sc. an der *Ernst-Moritz-Arndt-Universität* Greifswald, von 1975 bis 1980 Dramaturg an der *Komischen Oper Berlin*, von 1971 bis 1975 Assistent am Fachbereich Musikwissenschaft der *Humboldt-Universiät zu Berlin* und dort 1975 Promotion zum Dr. phil., von 1968 bis 1971 Wissenschaftlicher Mitarbeiter beim *Komponistenverband der DDR*, davor Studium des Dirigierens an der *Musikhochschule Dresden* und Studium der Musikwissenschaft an der *Humboldt-Universität zu Berlin*; umfangreiche wissenschaftliche und publizistische Tätigkeit vor allem über die Musik des 20. Jahrhunderts (insbesondere der Neuen Musik der DDR) und der Methodik der Musikgeschichtsschreibung.

SPOMER, OLGA: Dipl.-Kffr., geb. 1982, seit 2009 wissenschaftliche Mitarbeiterin an der Professur für Marketing von *PROF. DR. F.-R. ESCH* und Dozentin an der *Verwaltungs- und Wirtschafts-Akademie Gießen*, seit 2007 Doktorandin an der Professur für Marketing von *PROF. DR. F.-R. ESCH* sowie Projektmitarbeiter am Institut für Marken- und Kommunikationsforschung an der *Justus-Liebig-Universität Gießen*, zuvor von 2001 bis 2006 Studium der Wirtschaftswissenschaften an der *Justus-Liebig-Universität Gießen*, während des Studiums außeruniversitäres Praktikum mit *AIESEC* in der Ukraine sowie Mitglied der *Fachschaft Wirtschaftwissenschaften*.

TROPPMANN, GÜNTHER: Dipl.-Kfm., geb. 1951, Vorsitzender des Vorstands der *Deutschen Kreditbank AG* (DKB), nach dem Studium der Mathematik und Betriebswirtschaftslehre in Regensburg und Innsbruck von 1979 bis 1987 beim *Bayerischen Sparkassen- und Giroverband*, München, im Referat „Computerunterstützte Unternehmensführung" und anschließend von 1987 bis 1995 in der *BayernLB* als Leiter des Unternehmensbereichs Marketing und Controlling tätig; seit 1995 Mitglied, ab 1996 Sprecher und seit dem Jahr 2000 Vorsitzender des Vorstands der *DKB* und hier vorrangig für das Privatkundengeschäft, den Bereich Revision und die Unternehmensentwicklung verantwortlich.

WAGENER, HANS: Dipl.-Kfm., Bankkaufmann, Wirtschaftsprüfer und Steuerberater, geb. 1950, seit 1992 Mitglied des Vorstands der *PricewaterhouseCoopers AG* (PwC) und seit 2003 dessen Sprecher, Studium der Betriebswirtschaftslehre an der *Universität Göttingen*, seit 1977 bei *PwC* bzw. deren Vorgängerunternehmen *Treuarbeit AG* in Frankfurt tätig; Inhaber eines Lehrauftrags an der *Johann Wolfgang Goethe-Universität* in Frankfurt am Main; zudem Mitglied des Vorstands des *Deutschen Rechnungslegungs Standard Committee* (DRSC).

WALTER, NORBERT: Prof. Dr. rer. pol., Dipl.-Vw., geb. 1944, seit 1992 Geschäftsleiter *Deutsche Bank Research* und Chefvolkswirt der *Deutschen Bank Gruppe*, Frankfurt am Main, und ab 1990 Chefvolkswirt der *Deutschen Bank Gruppe*; ab 1987 Ökonom in der Volkswirtschaftlichen Abteilung der *Deutsche Bank AG*, ab 1986 Leiter der Abteilung Ressourcenökonomik und ab Sommer 1986 als *JOHN J. MC CLOY* Distinguished Research Fellow am *American Institute for Contemporary German Studies* an der *Johns Hopkins University* in Washington D. C. (USA), ab 1978 Professor und Direktor am *Institut für Weltwirtschaft* in Kiel, davor im Jahr 1971 Promotion zum Dr. rer. pol., Wechsel zum *Institut für Weltwirtschaft* nach Kiel und dort zuerst Assistent von *PROF. DR. DR. H. C. MULT. HERBERT GIERSCH*, danach Forschungsgruppenleiter, zwischen 1968 und 1971 Mitarbeiter am *Institut für Kapitalmarktforschung* in Frankfurt am Main, zuvor Studium der Volkswirtschaftslehre an der *Johann Wolfgang Goethe-Universität* in Frankfurt am Main; Juli 2000 Mitglied im Gremium der „Sieben Weisen" zur Regulierung der europäischen Wertpapiermärkte bei der *Europäischen Kommission* in Brüssel, von Oktober 2002 bis 2004 Mitglied in der interinstitutionellen Monitoring-Gruppe (ernannt vom *Europäischen Parlament*, dem *Europäischen Rat* sowie der *Europäischen Kommission*) für den *LAMFALUSSY*-Prozess (zur Überwachung der Wertpapiermärkte); zudem Autor und Koautor verschiedener Fachpublikationen.

WASSEF, RIMON: Dipl.-Kfm., geb. 1971, seit 2007 als Principal bei der *ESG Consulting GmbH* verantwortlich für den Geschäftsbereich Public Sector, zuvor von 2005 bis 2007 Berater im Bereich Projektmanagement, Controlling, Organisationsentwicklung und eGovernment bei der *Elektroniksystem- und Logistik GmbH*, zwischen 1992 und 2004 verschiedene Verwendungen als Marineoffizier in der Bundeswehr u. a. als Dozent an der *Bundesakademie für Wehrverwaltung und Wehrtechnik* im Bereich Controlling, neue Steuerungsinstrumente; zuvor Studium der Wirtschafts- und Organisationswissenschaften an der *Universität der Bundeswehr München*.

WOWEREIT, KLAUS: Jurist, geb. 1953 in Berlin, seit 2001 Regierender Bürgermeister von Berlin, seit 2006 auch zuständig für Kultur und seit 2007 Bevollmächtigter der Bundesrepublik Deutschland für kulturelle Angelegenheiten im Rahmen des Vertrages über die deutsch-französische Zusammenarbeit. Von 1999 bis 2001 Vorsitzender der *SPD*-Fraktion im Abgeordnetenhaus von Berlin, seit 1995 Mitglied des Abgeordnetenhauses, zuvor von 1984 bis 1995 Bezirksstadtrat für Volksbildung und Kultur im Bezirk Tempelhof, von 1981 bis 1984 Regierungsrat zur Anstellung beim Senator für Inneres von Berlin, von 1973 bis 1979 Studium der Rechtswissenschaften an der *Freien Universität Berlin*.

Call for Papers

Im April 2010 erscheint die erste Ausgabe von

„Business + Innovation – Steinbeis Executive Magazin (B+I)".

Als unabhängige, betriebswirtschaftliche Fachzeitschrift mit dem Fokus der transferorientierten Forschung widmen sich Autoren aus Theorie und Praxis vier Mal jährlich auf mehr als 60 hochwertig gestalteten Seiten praxisrelevanten Themen aus den Bereichen

- Strategie (Strategisches Management, Organisations-Management, Business Modelling),
- Innovation (Innovations- und Wissensmanagement, Technologie- sowie IuK-Management),
- Global View (v. a. branchenübergreifende Trends und aktuelle Marktentwicklungen).

Interviews, interdisziplinäre Fallstudien und ein Meinungsspiegel runden die genannten Rubriken zusätzlich ab. Der Leser erhält kurz und prägnant die erfolgsrelevanten Informationen, um mit den sich wandelnden Management-Herausforderungen permanent Schritt halten zu können.

Als Schmelztiegel zwischen Theorie und Praxis richtet sich B+I an

- Entscheidungsträger aus großen und mittleren Unternehmen aller Branchen,
- Fach- und Führungskräfte aus den Bereichen strategische Unternehmens- und Organisationsentwicklung sowie
- Universitätsprofessoren, Hochschuldozenten und Studenten betriebswirtschaftlicher Studiengänge.

Die Qualität der eingereichten Beiträge wird durch das Double-blind-review-Verfahren gesichert. Diese Aufgabe nimmt das fachlich exzellent besetzte Editorial-Board, dem namhafte Experten aus Wirtschaft und Wissenschaft angehören, wahr.

Interessierte Autoren aus Wissenschaft und Praxis sind gleichermaßen herzlich zur Einreichung von Beiträgen zu den oben genannten Themenbereichen aufgefordert. Weiterführende Informationen erhalten Sie unter der unten angegebenen Kontaktadresse:

Kontakt zum Herausgeber:

Prof. Dr. rer. pol. habil. Frank Keuper | Mollerstraße 12 | 20148 Hamburg |

+49 (0)40 41 33 086 0 | dr.keuper@t-online.de | www.konvergenz-management.com